HISTOIRE

DES

FRANÇAIS DANS L'INDE

SAINT-QUENTIN. — IMP. JULES MOUREAU.

HISTOIRE

DES

FRANÇAIS DANS L'INDE

DEPUIS LA FONDATION DE PONDICHÉRY

JUSQU'À LA PRISE DE CETTE VILLE

(1674-1761)

PAR

LE LIEUTENANT-COLONEL MALLESON

COMPANION OF THE MOST EXALTED ORDER OF THE STAR OF INDIA,

GOUVERNEUR DE SA MAJESTÉ LE ROI DE MYSORE

TRADUCTION DE Mme S. LE PAGE

PARIS

LIBRAIRIE DE LA SOCIÉTÉ BIBLIOGRAPHIQUE

75, RUE DU BAC, 75

1874

Moracin et bien d'autres, donnent en entier toutes les correspondances de ces diverses époques. Ce sont d'excellentes bases pour construire une histoire; mais peu de personnes en entreprendraient la lecture pour leur plaisir, et nul n'y trouverait une compensation suffisante à l'ennui qu'il aurait éprouvé en compulsant de si nombreux volumes, écrits il y a plus d'un siècle.

N'ayant pas trouvé l'ouvrage que je cherchais, j'ai entrepris de le faire.

Ce fut d'abord accidentellement que j'étudiai la carrière de Lally, et l'intérêt du sujet m'entraîna à pénétrer plus avant dans l'histoire de l'établissement auquel son sort avait été si intimement lié. Pendant deux ans et demi, j'ai consacré à ce travail mes moindres instants de loisir. J'ai trouvé un stimulant dans la conviction que je pouvais jeter quelque nouveau jour sur cette période intéressante.

L'histoire de François Martin est bien peu connue des auteurs anglais; du moins ils n'en font guère mention. Je me suis appliqué à donner une version nouvelle, et, je crois, exacte de la querelle entre Dupleix et La Bourdonnais; j'ai mis en relief les motifs qui dictèrent la conduite de ce dernier, et si l'on trouvait que cette partie de mon ouvrage est surchargée de détails, qu'on veuille bien se rappeler que, depuis plus de cent ans, les écrivains anglais et français, d'accord au moins sur ce point, ont diffamé la mémoire de Dupleix; des accusations si fortes, si durables et si peu contredites ne peuvent se réfuter que par des preuves nombreuses et suffisantes. Je pense aussi qu'on reconnaîtra que j'ai rendu plus palpables les raisons qui guidèrent la politique de Dupleix, et que j'ai jeté une lumière nouvelle sur les relations de Bussy avec le soubab du Décan et sur la cause de la chute de Chandernagor. Pour exécuter la tâche importante que je m'étais donnée, j'ai contracté de grandes dettes envers les auteurs dans lesquels j'ai puisé, et que je vais passer rapidement en revue. C'est, en première ligne, M. Orme et l'abbé Guyon, puis l'*Inde méridionale* du colonel Wilks, l'*Histoire des Mahrattes* du capitaine Grant Duff, l'*Inde* de M. Xavier Raymond, l'*Histoire de la Conquête de l'Inde par l'Angleterre* du baron Barchou de Penhoen, et ce petit volume admirable, mais trop peu connu, que Broome a publié sous le titre d'*Histoire de l'Armée du Bengale*.

Je rends hommage à la courtoisie avec laquelle M. Bontemps, gouverneur des établissements français dans l'Inde, et M. Derussat, chef des établissements du Bengale, ont répondu aux nombreuses questions dont je me suis vu forcé de les accabler, et m'ont procuré tous les extraits qui pouvaient m'être nécessaires et qui ne se trouvaient que dans les archives du gouvernement.

Ce volume a paru d'abord, en articles détachés, dans la *Revue de Calcutta,* afin de provoquer la critique des personnes que leur présence dans l'Inde mettait plus à même de contrôler mes assertions.

Les encouragements que j'ai reçus de la presse indienne pour ces fragments m'ont déterminé à en former un volume pour l'offrir à mes compatriotes.

G. B. M.

Simla, 24 mai 1867.

HISTOIRE DES FRANÇAIS

DANS L'INDE

CHAPITRE PREMIER

LES PREMIERS FRANÇAIS DANS L'INDE

Des cinq grandes puissances maritimes de l'Europe au seizième et au dix-septième siècle, la France fut la quatrième à établir des relations commerciales avec l'Inde; quant à l'Espagne, elle ne fit aucune tentative de ce genre. Le Portugal, la Hollande et l'Angleterre avaient déjà recueilli des profits considérables de leurs entreprises avant que l'attention du peuple français eût été suffisamment attirée vers ce but. Néanmoins, quoique le dernier à tenter l'aventure, et ne le faisant que lorsque ses trois devancières avaient déjà poussé dans le sol de profondes et solides racines, son génie se manifesta bientôt de manière à le mettre rapidement à la hauteur de ses rivaux les mieux placés. L'infatigable activité avec laquelle la France du dix-septième et du dix-huitième siècle avait fomenté des troubles en Europe, trouva bientôt dans l'Inde un vaste champ d'action, et l'ambition qui avait poussé le plus fameux de ses monarques à rêver la domination universelle en Occident, ne tarda pas à lui suggérer des plans pour la fondation d'un empire en Orient. Ce fut un homme d'État français, qui le premier osa songer à asservir le vaste empire du Mogol à une volonté européenne ; ce fut encore un homme d'État français qui conçut l'idée de conquérir l'Inde avec l'aide des Indiens, d'armer, de discipliner, d'instruire les indigènes à la manière des soldats européens, créant ainsi le germe de cette armée cipaye devenue depuis si fameuse. Ils étaient français, ces soldats qui, les premiers, démontrèrent sur le champ de bataille, la supériorité d'une poignée d'Européens disciplinés, sur les hordes asiatiques dépourvues d'instruction. Si nous considérons les grandes œuvres accomplies par la France sur le sol de l'Indoustan, si nous lisons les nombreux exemples de conceptions puissantes, d'actions héroïques, de vigueur intellectuelle et d'indomptable énergie déployée par ses enfants, nous ne pouvons qu'être profondément surpris de l'anéantissement soudain d'espérances aussi belles, de plans aussi vastes et aussi bien assis. Il peut y avoir, et de fait il y a toujours, de nombreuses excuses pour le mauvais succès ; quelquefois l'échec doit être attribué uniquement à la supériorité du talent, du génie, de la force de caractère de l'un des adversaires ; ce peut encore être l'intervention hostile d'un tiers ou son manque de foi qui amène un semblable résultat. Mais il est aussi d'autres causes purement accidentelles, qui souvent exercent une influence encore plus décisive : une attaque de dyspepsie empêcha la destruction de l'armée russe à Borodino, et causa ainsi l'anéantissement des soldats de Napoléon dans les glaces de la Russie. Un mouvement maladroit du maréchal Marmont, animé du fiévreux désir d'accaparer toute la gloire d'expulser les Anglais de l'Espagne, amena la bataille de Salamanque, qui fut le fait déterminant de la guerre de la Péninsule. L'orage qui eut lieu dans la nuit du 17 juin, entrava matériellement les mouvements de l'Empereur français à Waterloo et contribua grandement au résultat de cette terrible bataille. La mauvaise direction d'une dépêche amena la bataille de Navarin ; et l'on croit à Vienne que si le général autrichien ne s'était pas trouvé, par accident, absent de son poste, Napoléon III eût été fait prisonnier à Magenta. Le sort d'un peuple est souvent modifié ainsi par bien des causes, les unes naturelles, les autres dépendant de la constitution personnelle d'un homme ; il en est d'autres enfin qui ne sauraient être prévues et conséquemment comprises dans les calculs les mieux réfléchis. Il n'est donc pas vrai que tout le génie, toute la force de caractère, toute la valeur soient du côté des vainqueurs. On a vu le génie forcé de succomber en présence d'une combinaison d'incidents en apparence insignifiants, mais contre lesquels il n'avait pas été possible de se prémunir et qui, se manifestant soudainement, au moment où l'on s'y attend le moins, nous forcent de reconnaître le pouvoir de la suprématie providentielle qui, agissant avec ses propres instruments, et en vue de ses desseins particuliers, arrange et dirige les destinées des nations.

Malgré cette théorie, il y a toujours dans les actions humaines beaucoup de circonstances dont il faut tenir compte et qui s'expliquent par des causes naturelles. Bien des conséquences découlent du caractère, soit du pouvoir dirigeant, soit des instruments qu'il emploie pour exécuter sa politique, et c'est à ce point de vue que l'histoire des Français dans l'Inde offre une étude des plus instructives et des plus intéressantes : elle est intéressante parce que les grandes actions des hommes illustres charment et excitent toujours l'imagination ; elle est instructive parce que nous y trouvons grandement développée la mesure de l'initiative individuelle, la révélation du génie et du caractère particulier de chaque nation. La scène est placée à une époque assez éloignée de la nôtre pour que nous voyions clairement les acteurs dirigeant leurs habiles intrigues et engagés dans des négociations complexes ; nous avons sur eux l'avantage d'une perception nette des motifs qui les inspiraient et des causes qui les faisaient agir. Cette époque, féconde en événements, est si riche en détails que son histoire offre tout l'intérêt et tout l'entraînement d'un roman, et encore n'existe-t-il pas d'ouvrage de ce genre dont les personnages aient osé concevoir des projets aussi étendus et aussi profonds que ceux dont les héros de cette histoire furent les auteurs. Un autre trait caractéristique, c'est que les hommes qui s'y distinguèrent ne se bornèrent pas à concevoir de vastes plans, mais qu'ils surent les conduire jusqu'à la veille du succès, et que leurs revers eurent pour conséquence de faire tomber ces plans entre les mains d'une nation rivale qui, stupéfaite, interdite à la vue de leur grandeur, se refusa longtemps à les continuer et n'y consentit enfin que lorsque la force des événements l'eut convaincue qu'il n'y avait pas de milieu entre sa propre ruine et leur exécution.

N'est-il pas étrange que toutes ces merveilles soient aujourd'hui presque oubliées? Il est vrai qu'il fut publié, dans le dernier siècle, une relation des faits se rattachant à la formation et au progrès de la Compagnie française des Indes-Orientales; mais cet ouvrage est peu connu de la génération actuelle, et, d'ailleurs, depuis sa publication, la lumière s'est faite sur beaucoup d'événements alors voilés aux yeux des contemporains par l'ombre et le mystère. On rencontre par hasard quelques aperçus des hauts faits des Français sur le sol indien dans les anciens récits de voyages célèbres, ou encore dans les ouvrages oubliés des historiens français sur l'Inde, ou enfin dans les histoires plus récentes consacrées par les Anglais à la glorification de leurs compatriotes. Il arrive encore de trouver dans quelque ancien mémoire biographique ou dans des notes annexées à quelque histoire plus importante, d'intéressantes notices sur ces hommes qui, après avoir vu s'anéantir les projets et les espérances de leur nation, continuèrent encore une lutte énergique sous les ordres des princes indigènes pour s'opposer au développement de la puissance de leurs rivaux. Nous nous sommes souvent étonné qu'il ne se soit pas trouvé un Français qui entreprît une histoire plus moderne de ces événements dramatiques. Serait-ce parce qu'un désastre a été le dénoûment de ces brillantes perspectives? Mais aucun discrédit n'a pu en rejaillir sur les armes françaises ; s'il y eut de la honte, elle ne peut être imputée qu'à l'administration décrépite du représentant de la monarchie. Nous croyons devoir attribuer cette lacune dans la littérature moderne à ce fait que la Révolution française a creusé un profond abîme entre les temps dont nous nous occupons et le présent.

Nous avons dit que trois des puissances maritimes de l'Europe avaient formé des établissements permanents dans l'Inde avant que la France eût fixé son attention sur les avantages qui en devaient être recueillis. Cette indifférence doit être attribuée bien moins à un manque d'initiative de la nation elle-même, qu'aux folles distractions dans lesquelles se plongeait son gouvernement. Une époque dans laquelle les guerres civiles et les guerres étrangères désolaient alternativement le pays n'était guère favorable au développement du commerce avec les contrées lointaines. Cependant, malgré l'agitation des temps et les vices inhérents au gouvernement, des aspirations vers le commerce étranger se manifestèrent de bonne heure chez les Français. En 1503, sous Louis XII, deux navires, affrétés par des marchands de Rouen furent expédiés vers les mers de l'Inde, mais on n'eut jamais de nouvelles de cette expédition partie du Havre dans le courant de l'année. Le successeur de Louis XII, François Ier adressa à ses sujets, en 1537 et 1543, des proclamations pour les exhorter à entreprendre des voyages de long cours, et leur exposa les avantages pécuniaires et nationaux qu'ils pourraient recueillir en suivant ses conseils. Mais l'histoire du règne de François Ier n'est remplie que du récit des guerres qui épuisaient la France et l'empêchèrent de répondre aux appels du roi. Probablement les dissensions civiles qui occupèrent constamment le règne de Henri III neutralisèrent tout l'effet qu'aurait pu avoir, dans un temps plus calme, un édit que ce prince promulgua le 15 septembre 1578 dans le même but que ceux de son grand-père. Le règne prospère d'Henri IV fit naître de nouvelles perspectives. Le 1er juin 1604 une Compagnie fut autorisée par lettres patentes du roi lui accordant le privilége du commerce exclusif de l'Inde pendant un laps de quinze ans. Mais quoiqu'on se fût assuré les services de Gérard Leroy, navigateur flamand qui avait déjà fait aux Indes plusieurs voyages pour le compte des Hollandais, la mésintelligence entre les associés et la pénurie des fonds entravèrent l'action de la Compagnie qui n'eut aucun résultat. Sept ans plus tard, sous Louis XIII, le projet fut repris, mais les mêmes causes produisirent les mêmes effets; enfin, en 1615, deux négociants de Rouen, indignés de l'inaction de la Compagnie, pétitionnèrent auprès du roi, pour obtenir le transfert des priviléges qui lui avaient été accordés, affirmant qu'ils étaient prêts à équiper des navires dans l'année même. La Compagnie fit opposition à cette pétition et le roi, après avoir entendu les arguments des deux côtés, se décida en faveur d'une association entre les parties opposées, et cet arrangement ayant été conclu, il publia le 2 juillet 1615 des lettres-patentes conférant à la nouvelle Compagnie les priviléges accordés à l'ancienne [1].

La Compagnie se mit activement à l'œuvre. Dans le cours de l'année suivante (1616) deux navires furent équipés et le commandement du plus grand fut donné au commodore de Nets, ancien officier de marine ; le capitaine Antoine Beaulieu qui avait déjà fait un voyage sur la côte d'Afrique, commanda le second. Beaulieu a laissé une relation intéressante des expéditions qu'il fit dans les Indes. La première n'ayant pas absolument échoué, fut alors regardée comme un succès plus positif qu'il ne l'était en réalité. Il paraît que les navigateurs rencontrèrent une grande opposition de la part des Hollandais établis à Java, et comme il y avait dans leurs équipages un nombre considérable de marins hollandais, le président des possessions de cette nation publia l'ordre à tous les sujets de la République de quitter à l'instant les vaisseaux français, ce qui jeta les commandants dans un grand embarras, et nécessita la vente du vaisseau de Beaulieu qui dut, avec le reste de l'équipage, passer à bord de celui que commandait de Nets. Ils réussirent assez dans leurs transactions commerciales pour que l'expédition ne donnât pas de déficit malgré la perte d'un navire.

Encouragée par ce premier résultat, la Compagnie prépara en 1619 une autre expédition de trois vaisseaux sous les ordres de Beaulieu créé commodore. Les noms de ces vaisseaux étaient : *le Montmorency*, de quatre cent cinquante tonneaux, portant cent soixante-deux hommes et vingt-deux canons, *l'Espérance*, de quatre cents tonneaux, cent dix-sept hommes et vingt-six canons ; et *l'Ermitage*, aviso de soixante-quinze tonneaux, trente hommes et huit canons. Ils étaient munis de vivres pour deux ans et demi. Cette flotille partit de Honfleur le 2 octobre 1619 et après un voyage prospère atteignit Achéen dans l'île de Sumatra. A Java, qu'ils visitèrent ensuite, Beaulieu eut le malheur de perdre un de ses vaisseaux, *l'Espérance*; on soupçonna qu'il avait été coulé par les Hollandais, et pour Beaulieu les soupçons se changèrent en certitude. Quelle qu'ait été la cause réelle, il est toujours certain que

---

1. *Relation de divers voyages curieux*, par Thévenot.

l'Espérance, avec tout son équipage et une cargaison évaluée de soixante-dix à quatre-vingt mille livres sterling, coula bas en quittant Java. Après cette perte, Beaulieu fit voile pour le Havre avec ses autres navires bien chargés, et y arriva le 1ᵉʳ décembre 1620.

Il se passa plus de vingt ans après cette seconde expédition sans que la Compagnie tentât rien pour s'ouvrir des voies commerciales en Orient. Quelques efforts passagers faits par des négociants isolés pour créer un établissement à Madagascar ne produisirent aucun résultat positif. Le puissant ministre qui alors gouvernait virtuellement la France s'occupa, pendant presque toute la durée de son administration, d'assurer d'une manière stable l'autorité de son maître sur les nobles récalcitrants, et n'eut que bien peu de temps à consacrer aux soins nécessaires pour assurer l'extension du commerce. Cependant en 1642, Richelieu, devenu maître, ayant triomphé de tous ses ennemis, s'occupa de renouer des relations commerciales avec l'Orient. Sous ses auspices une nouvelle Compagnie se forma dans le but avoué de trafiquer avec les Indes. Des lettres-patentes datées du 24 juin 1642 lui accordèrent un privilége exclusif de vingt années ; ses directeurs, la désignant sous le nom de Compagnie des Indes, commencèrent des préparatifs sérieux pour justifier ses droits à ce titre. Le premier navire venait de partir quand Richelieu mourut. Cet événement n'altéra en rien la détermination qui avait poussé la Compagnie des Indes à consacrer en premier lieu toute son énergie à l'exploitation de l'île de Madagascar, si grande et si fertile.

Éclairés comme nous le sommes par les événements subséquents, il ne nous sied pas de déclarer que cette détermination manquât de sagesse. Il semble, au contraire, qu'elle fut dictée par une politique profonde et prévoyante. La possession du Cap de Bonne-Espérance par les Portugais avait démontré les avantages d'une station entre l'Europe et les Indes ; les Français étaient trop prudents pour négliger cet exemple au moment d'entreprendre pour la première fois un commerce lointain. Quoique forcés, après plusieurs tentatives, d'abandonner leurs prétentions sur Madagascar, ils ne le firent pas avant de s'être emparés de plusieurs petites îles qui en sont voisines, et qui furent pour eux un solide appui dans leurs guerres contre l'Angleterre.

Madagascar, originairement découverte par Marco Polo en 1298, puis ensuite comme perdue de vue, fut rouverte aux entreprises européennes par les Portugais sous Fernand Suarez, l'un des officiers de Laurent Almeida en 1506. L'année suivante elle fut visitée par une escadre française commandée par Tristan de Cunha qui, après un examen attentif de la topographie du pays, des coutumes de ses habitants et des productions du sol, jugea inopportun d'y former un établissement et continua sa route vers l'Est. Deux ans plus tard, le gouvernement portugais trouva utile de créer un poste sur la côte de l'île. On choisit un lieu dans la partie septentrionale, mais ceux qui s'y établirent furent massacrés avant l'expédition française de 1642.

Le premier vaisseau français équipé par la Compagnie des Indes atteignit Madagascar dans l'été de 1642 et débarqua ses colons sur un point rapproché de l'extrémité Sud de l'île. Ils entreprirent dès lors de suivre un plan régulier de colonisation et consacrèrent à ce but toutes les ressources de la Compagnie. Mais ils s'aperçurent bientôt que, comme le sage Tristan de Cunha l'avait prévu, le sol de l'île, tout riche et tout fertile qu'il fût en apparence, ne pouvait produire en quantité notable les denrées convenables pour la consommation européenne. D'autres difficultés encore plus grandes les attendaient lorsqu'ils commencèrent à pratiquer des routes dans l'intérieur : ils se trouvèrent en contact avec une race nombreuse et guerrière, détestant les étrangers et préférant la liberté sauvage à leur domination civilisatrice. Ces indigènes opposèrent tout d'abord une hostilité marquée aux Français, et ce sentiment s'accrut jusqu'à une véritable haine après un acte imprudent des Français; nous voulons parler de l'enlèvement par trahison et de la déportation à Maurice d'un certain nombre d'indigènes qu'on y réduisit à l'esclavage en punition de ce qu'ils étaient entrés dans les limites du territoire français. Cet acte impolitique eut des conséquences ruineuses pour les colons : depuis cette époque les habitants, non contents de repousser tous les efforts des Français pour pénétrer dans l'intérieur, et enhardis par leurs succès, prirent l'offensive et commencèrent à attaquer les misérables fortifications honorées par leurs colons du nom de forts, et qui leur avaient coûté tant de travail et de dépenses. Les insulaires étaient si nombreux et si hostiles que les Français eurent grand'peine à leur opposer une résistance efficace. Mais le temps et le travail exigés par ces opérations étaient enlevés à l'agriculture, et quoique les colons eussent, en définitive, réussi à conserver leurs forts, ce succès leur coûta aussi cher qu'une défaite, car il engloutit sans espoir de retour les grandes sommes qui avaient été destinées à la colonisation. Si l'on ne savait combien il lui était nécessaire de garder une portion du pays pour en faire un lieu de repos et de refuge dans le long voyage des Indes, on aurait lieu de s'étonner que, dans de telles circonstances et malgré l'abandon par la Compagnie française de ses prétentions sur l'île dès 1672, le gouvernement français eût encore cherché pendant plusieurs années à conserver la possession de la côte.

Quoique le mauvais succès de l'entreprise ne parût pas immédiatement apprécié en France, cependant le désir de renouveler la tentative ne se manifesta pas pendant plusieurs années. La longue minorité de Louis XIV et le ministère du cardinal Mazarin embarrassé de ses guerres de la Fronde, et de ses contestations avec l'Espagne, n'étaient pas favorables aux entreprises commerciales. Mazarin mourut en 1661. Son successeur Colbert fut une des gloires de la France ; c'était un de ces hommes qui donnent leur nom au siècle dans lequel ils vivent. Né dans la classe moyenne de la société, fils d'un marchand, élevé lui-même pour être un banquier et ayant été à ce titre chargé d'administrer la fortune personnelle de Mazarin, il gagna si complétement la confiance de ce ministre, qu'à son lit de mort, le cardinal le recommanda à son maître comme un homme d'une capacité immense, d'une fidélité parfaite et d'une application infatigable. Colbert lui succéda ; d'abord ce ne fut que comme contrôleur des finances, mais il ne tarda pas à être investi de l'administration entière du pays. Sous sa direction salutaire, la France s'éleva rapidement à un rang qu'elle n'avait encore jamais occupé, relativement au reste de l'Europe. Les finances, le commerce, l'industrie, l'agriculture, les arts, tout ressentit l'impulsion de sa puissante volonté et de sa ferme direction. Il créa la marine française et peu d'années après son arrivée au pouvoir elle possédait cent vaisseaux et soixante mille marins. Il créa les ports maritimes de Brest, Toulon et Rochefort; il acheta Dunkerque aux Anglais, il commença Cherbourg et confondant l'industrie, le commerce et la marine dans un commun avenir, il créa des colonies pour assurer des débouchés à l'industrie et au commerce, en même temps qu'il donnait de l'emploi à la marine en temps de paix.

Colbert n'était resté ni aveugle ni indifférent devant les avantages que les Portugais, les Hollandais et les Anglais avaient recueillis de leurs possessions dans l'Inde, et l'une de ses pensées dominantes fut d'encourager la formation d'une grande compagnie, quelque peu sur le modèle anglais, pour établir un trafic régulier avec ce pays. Il promit le plus grand appui de la part du gouvernement et une charte accordant le droit de commerce exclusif avec l'Inde pendant cinquante ans; la Compagnie devait être exemptée de toute contribution et le gouvernement s'engageait à lui rembourser toutes les pertes qu'elle pourrait éprouver dans le cours des dix premières années. Dans ces conditions la « Compagnie des Indes » se forma. Son capital était de quinze cent mille livres tournois, mais malgré les privilèges que le gouvernement avait assurés, il ne se trouva pas assez de souscripteurs et le Trésor dut faire l'avance d'un cinquième, soit trois cent mille livres. Cet exemple eut un grand effet sur la noblesse et les riches courtisans qui aussitôt désirèrent vivement se joindre au gouvernement dans une entreprise qui paraissait être un de ses projets favoris [1].

Les destinées de la Compagnie semblaient donc brillantes lorsqu'elle se créa sous les auspices d'une monarchie qui n'avait pas encore, il est vrai, atteint le faîte de sa puissance, mais qui semblait marcher à grands pas vers ce but et qui, par ses talents dans les opérations offensives et le déploiement d'une force réelle, contrastait avantageusement avec les autres États européens; la

---

1. Louis XIV, influencé par Colbert, chercha à entraîner sa noblesse à participer à cette entreprise en déclarant qu'un homme de noble naissance ne dérogeait pas en faisant le trafic avec l'Inde. Edit du Roi, août 1664.

Compagnie paraissait ne demander qu'une direction ferme et régulière pour obtenir un grand succès. Néanmoins les premiers actes ne furent ni bien conçus ni couronnés de succès. Pleins du souvenir de la tentative qui avait été faite en 1642, à Madagascar, où un établissement était toujours regardé comme le préliminaire indispensable d'un voyage aux Indes encore inconnues, les directeurs de la nouvelle Compagnie conçurent l'idée qu'en y transportant quelques colons, ils y pourraient encore recueillir quelque fruit des travaux de leurs prédécesseurs. Ils dirigèrent donc leur première expédition sur Madagascar. Le 7 mars 1665, quatre grands vaisseaux armés pour la guerre aussi bien que pour le commerce, et montés de cinq cent vingt hommes, firent voile du port de Brest et arrivèrent à Madagascar le 10 juillet suivant. Le premier acte des colons fut de changer le nom de Saint-Laurent, donné à l'île par les Portugais, en celui d'île Dauphine, en l'honneur de l'héritier présomptif alors âgé de quatre ans. Mais cela ne devint qu'un mince honneur pour le Dauphin, car ils reconnurent bientôt qu'au lieu d'éviter les méprises de leurs devanciers, ils étaient eux-mêmes tombés dans des erreurs identiques ; ils virent que leurs labeurs étaient entravés par trois causes : Le climat, la nature du sol et l'hostilité des indigènes qui avait encore pour fâcheux résultat de les tenir continuellement sur le qui vive, exposés au danger et à la fatigue. Leurs souffrances furent si grandes et prouvèrent si bien que l'entreprise était sans espoir, que la Compagnie, après avoir longtemps envoyé des renforts à la colonie, résolut enfin d'abandonner toute pensée d'un établissement permanent à Madagascar, et de tourner son énergie d'un autre côté. Le départ des colons fut encore précipité par le succès des indigènes, qui réussirent, en 1672, à surprendre le fort Dauphine, et massacrèrent le plus grand nombre de ceux qui étaient renfermés dans ses murs. Après cette déception, quelques-uns des colons partirent pour l'Inde, d'autres se contentèrent de former un petit établissement dans l'île de Mascarenhas, située, comme Cerné, un peu à l'est de Madagascar. Ces îles ont été depuis lors bien connues, d'abord sous les noms d'île de France et d'île Bourbon, et ensuite sous ceux de Maurice et de la Réunion. L'île Maurice, ou Cerné, avait été découverte et aussitôt abandonnée par les Portugais ; elle fut ensuite occupée par les Hollandais qui, en l'honneur du prince de Nassau, lui donnèrent le nom de Maurice ; abandonnée par eux, de 1703 à 1710, elle fut depuis cette époque jusqu'en 1719, occupée par les Français, qui changèrent son nom en celui d'île de France. Bourbon ou Mascarenhas, appelée ainsi du nom d'un noble Portugais, était absolument déserte lorsque les Français, allant à Madagascar en 1649 y touchèrent et en prirent possession au nom du roi de France. Elle resta sans être colonisée jusqu'en 1654 ; alors huit Français et six nègres y émigrèrent de Madagascar, mais ils la désertèrent au bout de quatre ans. L'île demeura inhabitée jusqu'en 1672, lorsqu'à la ruine de l'entreprise de Madagascar, un petit nombre de colons en prit possession et forma le noyau d'un établissement qui depuis est devenu puissant.

En 1666, une nouvelle expédition s'organisa et le commandement en fut confié à François Caron, homme qui possédait alors une grande réputation d'expérience pour les entreprises en Orient. Quoique d'origine française, Caron était né en Hollande, et avait passé de nombreuses années au service de la république hollandaise. Tout jeune encore, il avait été employé comme second cuisinier à bord d'un vaisseau de guerre hollandais à destination du Japon, et dans le cours du voyage il avait montré tant d'intelligence, qu'il fut élevé au poste de commis aux vivres. Il consacra à l'étude de l'arithmétique les loisirs que lui laissait son emploi, et dès qu'il fut arrivé au Japon, il s'appliqua à l'étude des langues du pays dont il acquit bientôt assez de connaissance pour traiter lui-même les affaires avec les agents de la compagnie hollandaise dans le pays ; il fut peu après nommé membre du Conseil général d'administration et directeur du commerce ; mais non content de ces distinctions, il demanda un poste plus important à Batavia et fut refusé [1]. Là-dessus Caron n'écoutant que sa colère, se démit

---

1. Quelques écrivains ont affirmé que pendant que Caron était chargé de l'agence hollandaise au Japon, il fit une tentative audacieuse pour s'établir sur la côte. Il s'était fait bien venir du roi et en avait obtenu la permission de faire bâtir une maison tout auprès de la factorerie hollandaise. Sachant que les Japonais étaient complètement ignorants en fait de fortifications, il construisit sa maison de forme quadrangulaire et en fit une véritable forteresse. Il s'adressa ensuite au gouverneur de Batavia pour qu'il lui

immédiatement des fonctions qu'il tenait des Hollandais et offrit ses services à Colbert. Celui-ci s'empressa de l'accueillir, et Caron reçut bientôt des lettres patentes le nommant directeur-général du commerce français dans l'Inde. Il avait pour collègue un Persan, nommé Marcara, natif d'Ispahan, et dont les connaissances spéciales sur l'Inde faisaient espérer de grands avantages.

L'expédition partit de France au commencement de 1667 et fit bonne route jusqu'à Madagascar ; mais à son arrivée, Caron trouva les établissements de la côte dans une condition si déplorable qu'il perdit l'espoir d'opérer quelque amélioration et se détermina à ne pas gaspiller ses ressources dans une tentative de cette nature, mais à cheminer immédiatement vers l'Inde. En conséquence, il dirigea sa course vers Surate, lieu que les entreprises des autres puissances avaient rendu familier aux trafiquants sur l'Orient. Le 24 décembre 1667, il aborda à Cochin où il fut bien reçu ; de là il continua son voyage, atteignit Surate au commencement de 1668 et y établit la première factorerie française de l'Inde. Dès le début, ses transactions furent couronnées de succès ; il expédia promptement une riche cargaison à Madagascar. Ce résultat ne fut pas plutôt connu en France, que le Roi, pour le récompenser de ses efforts, et sans doute pour l'exciter à en faire de nouveaux, lui conféra le ruban de l'ordre de Saint-Michel.

L'année suivante, on résolut d'étendre le cercle des opérations. Marcara fut chargé de se rendre à la cour du roi de Golconde alors indépendant, afin d'obtenir de lui le privilége de commercer dans toute l'étendue de ses domaines et d'établir une factorerie à Masulipatam. Pour en arriver là, Marcara eut non-seulement à combattre les obstacles particuliers à une cour orientale, mais encore à lutter contre l'opposition des Anglais et des Hollandais. Cependant il triompha de toutes ces difficultés et, le 5 décembre 1669,

envoyât, avec des barils d'épices, d'autres barils remplis de canons emballés dans du coton ou des étoupes. Cela fut fait, mais malheureusement pour Caron, quand on les roula sur le rivage, un baril creva et un canon de bronze fit son apparition. Ceci découvrit la fraude. Caron fut aussitôt saisi, envoyé à Yeddo et mis en présence du roi. Incapable de faire valoir aucune excuse, il fut condamné à avoir la barbe arrachée poil à poil, à être vêtu comme un fou et à être promené en cet état dans toutes les rues de la ville. Après avoir subi ce châtiment, il fut rembarqué pour Batavia. *Recueil de voyages du Nord*. (Ce récit n'est pas admis par les écrivains plus modernes.)

obtint un firman qui permettait à la Compagnie française d'entreprendre des affaires commerciales dans les domaines du Roi, sans payer de droits, soit d'importation, soit d'exportation ; à la même époque il reçut l'autorisation d'établir la factorerie de Masulipatam, et s'y rendit aussitôt [1].

Chose singulière ! un déplorable sentiment, la jalousie, entacha dès cette époque tous les efforts des Français pour s'établir dans l'Inde, et contribua grandement à leur insuccès. Il y eut dans cette entreprise peu de chefs qui sussent voir sans envie un de leurs collègues réussir dans quelque expédition ; presque toujours la jalousie l'emporta dans leur cœur, sur l'amour du pays et du bien public. A mesure que nous avancerons dans cette histoire, nous pourrons apprécier l'importance des avantages qui furent sacrifiés a ces misérables considérations personnelles au détriment des intérêts de la patrie.

Les Français n'étaient pas à Surate depuis deux ans, que déjà ces tristes dissentiments s'étaient manifestés. Caron, qui par lui-même avait accompli de si grandes choses, ne supportait pas l'idée qu'un de ses collègues pût s'attribuer exclusivement l'honneur de certaines opérations. Le succès de Marcara, loin de donner à Caron la joie qu'aurait dû en ressentir un Français dévoué à son pays, ne lui inspira que l'envie. Il dépouilla de leurs emplois les amis du Persan et dans les rapports qu'il fit au ministre il osa présenter sa conduite sous le jour le plus défavorable. Marcara, avisé des imputations dont il était l'objet, transmit à Colbert un exposé détaillé de sa conduite. Ce compte-rendu était si précis et si bien appuyé sur les faits, qu'après une enquête sérieuse, Marcara fut déclaré complétement justifié. Néanmoins, la mésintelligence entre les deux principaux officiers dans l'Inde ne pouvait avoir que de déplorables conséquences pour les établissements naissants [2].

Caron nourrissait des projets plus grandioses ; il exposa au ministre que pour s'établir solidement dans le pays, il était néces-

---

1. *Mémoires du sieur Marcara ; histoire des Indes Orientales.*
2. Après la querelle avec Caron, Marcara ne pouvant plus s'entendre avec lui, s'embarqua avec ses adhérents à bord d'un navire français et fit voile pour Java. Arrivés à Bantam, ils y établirent des factoreries dont les Hollandais les dépossédèrent environ dix ans plus tard.

saire de s'assurer la possession absolue de quelque point à l'abri des attaques des indigènes, et d'en faire le centre des opérations commerciales avec les habitants du continent. Ses propres appréciations, d'accord avec les idées d'Albuquerque, l'ayant conduit à préférer, pour atteindre ce but, l'occupation d'une île, il avait indiqué la côte de Ceylan, dont une partie était alors occupée par les Hollandais, et qui lui paraissait très-convenable pour l'établissement projeté[1]. Il ne manqua pas de faire remarquer les avantages commerciaux que la France devait recueillir en se livrant au commerce des épices, il insinua qu'il avait sondé le roi de Candie au sujet de la dépossession des Hollandais et que le prince était disposé à prêter son concours à l'entreprise. Le projet fut approuvé par Colbert qui mit à la disposition de Caron, une flotte commandée par l'amiral Lahaye, homme de quelque réputation[2] qui avait abandonné les emplois civils pour satisfaire ses goûts aventureux. Ils dirigèrent leur première attaque sur la Pointe-de-Galle, vers la fin de 1672; mais, soit que la place fût trop forte, soit que la division qui régnait à bord de l'escadre nuisît à leurs opérations, les Français ne réussirent pas. Ils furent plus heureux à Trinquemale, dont ils s'emparèrent et où ils mirent une garnison; mais à peine avaient-ils eu le temps de débarquer les canons nécessaires à la défense de la forteresse, qu'on signala une flotte hollandaise de force égale à la leur; elle s'avançait sous les ordres du commodore Rylckoff van Gœns[3]. L'amiral Lahaye déclinant la rencontre, laissa la garnison se tirer d'affaire comme elle pourrait et fit voile pour Méliapore, alors Saint-Thomé, sur la côte de Coromandel. Quoique cette place eût été bien fortifiée par les Portugais à qui les Hollandais l'avaient prise douze ans auparavant, le commandant français réussit promptement à s'en rendre maître après n'avoir perdu que cinq hommes; mais cet unique résultat

---

1. *Journal du voyage des Grandes Indes.*
2. Il paraîtrait que la réputation de Lahaye dépassait de beaucoup ses talents; non-seulement il avait, comme gouverneur général de Madagascar, abandonné les colons quand ils étaient le plus pressés par les indigènes, mais sa conduite dans l'attaque de Ceylan et postérieurement nous semble tout à fait indigne d'un homme revêtu de fonctions aussi élevées.
3. *Annales des Provinces-Unies.*

d'une expédition sur laquelle tant d'espérances étaient fondées, satisfit peu Colbert. La garnison de Trinquemale avait été forcée de se rendre à la flotte hollandaise et, de leurs conquêtes, il ne restait plus aux Français que Saint-Thomé; Masulipatam et Surate n'étaient que des factoreries. Comme il est ordinaire en pareil cas, on attribua la faute au promoteur de l'entreprise et Caron eut tous les torts possibles. Les uns étaient jaloux de sa position, les autres détestaient son caractère impérieux, d'autres déclamaient contre ses dispositions envahissantes. Si Caron eût réussi, ses défauts eussent passé inaperçus, mais comme il avait échoué on en prit occasion de demander son rappel. Les Directeurs français qui, eux aussi, recherchaient avec impatience des résultats, furent si mortifiés du mauvais succès de cette coûteuse expédition, qu'ils pétitionnèrent aussi auprès du ministre pour qu'il rappelât Caron, afin, disaient-ils, de vérifier ses comptes. Le ministre se rendit à leurs désirs et dans la crainte que Caron n'éludât ses instructions, au lieu de lui notifier un rappel absolu, on l'invita en termes flatteurs à revenir en France pour être consulté sur de nouvelles entreprises. Caron obéit et, s'embarquant avec toutes les richesses qu'il avait amassées, partit en 1673 pour Marseille. Il avait déjà passé le détroit de Gibraltar quand un vaisseau qu'il rencontra lui fit connaître les intentions réelles du gouvernement à son égard. Il changea aussitôt sa direction et cingla sur Lisbonne; mais en entrant dans le port, le navire toucha sur un rocher et coula immédiatement; un des fils de Caron survécut seul à cette catastrophe [1].

Dans les expéditions entreprises contre Ceylan et Saint-Thomé, une grande part appartient à François Martin qui consacra fructueusement une longue carrière à l'exécution et à la prospérité des desseins de la France en Orient. On sait peu de chose de sa vie antérieurement à 1672, si ce n'est que, comme Caron, il avait débuté au service de la Compagnie hollandaise des Indes-Orientales et qu'il l'avait quittée de bonne heure pour passer à celui de la France. Il est probable qu'il avait fait la connaissance de Caron

---

1. *Histoire des Indes-Orientales*, vol. III.

lorsqu'ils servaient l'un et l'autre sous le pavillon hollandais. Ce qui est certain, c'est qu'il était connu à Surate comme un homme dont l'énergie et la discrétion inspiraient toute confiance à Caron, et lors de l'expédition contre la Pointe-de-Galle et Trinquemale il fut regardé comme l'âme de l'entreprise. Quelques personnes ont avancé que si la Pointe-de-Galle ne fut pas prise, ce fut par suite du refus qu'on fit à Martin, qui dirigeait l'attaque, du titre de gouverneur qu'il avait demandé. Mais cette imputation qui ne trouva pas grand crédit à cette époque, a été victorieusement réfutée par le reste de sa carrière. Une preuve positive de la confiance qu'il avait inspirée à ceux sous lesquels il servait, c'est que, malgré sa position de subordonné dévoué à Caron, il fut également honoré de l'estime des officiers auxquels ce dernier laissa la direction des affaires: l'amiral Lahaye et M. Baron.

La situation dans laquelle ces fonctionnaires se trouvèrent n'était en rien digne d'envie. Ils avaient provoqué l'hostilité des Hollandais en attaquant leurs possessions, et maintenant ces Hollandais, animés contre eux du désir de la vengeance, étaient maîtres des mers. Ils avaient repris Trinquemale et les Français ne pouvaient guère espérer qu'on leur laisserait la paisible possession de Saint-Thomé. Les deux Directeurs français, dans le but de s'assurer un lieu de refuge en cas de revers, donnèrent à Martin l'ordre de se mettre en rapport avec Shere Khan Lodi, le gouverneur des possessions du roi de Béjapore à Tanjore et dans le Carnate pour en obtenir la concession d'un coin de terre qu'ils pussent appeler le leur. Martin obéit, trouva accès auprès du gouverneur et fut autorisé à acheter un peu de terrain sur le littoral de la province de Gingi près de l'embouchure de la rivière du même nom, et fort au Nord de la rivière Coleroon.

Cet arrangement étant conclu, Martin retourna à Saint-Thomé pour y retrouver les Directeurs qui ne conservaient plus de doutes sur les intentions des Hollandais. En effet, ce n'était plus un secret pour personne que le gouvernement de Hollande, fort irrité de l'attaque contre ses possessions de Ceylan, ne se contentait pas de la reprise de Trinquemale, mais qu'il avait envoyé à ses agents de pressantes instructions pour expulser les Français, même de

Saint-Thomé. Ce gouvernement était déterminé à user du pouvoir qu'il possédait pour rayer la France de la liste de ses rivaux dans le commerce de l'Inde. L'amiral Van Gœns était comblé de récompenses pour l'énergie qu'il avait déployée dans la capture de Trinquemale, ce qui l'excitait à continuer dans la même voie et à mettre fin, par un coup bien dirigé, aux ambitieux projets des Français en Orient.

Les agents hollandais se mirent immédiatement à l'œuvre pour exécuter ces instructions ; leur premier soin fut de s'assurer des alliés indigènes. En conséquence, ils représentèrent au roi de Golconde que la prise de Saint-Thomé avait été de la part des Français une attaque délibérée sur des possessions qu'ils n'occupaient que comme ses vassaux ; que les nouveaux venus étaient d'une race entreprenante et énergique, qui ne se contenteraient pas de posséder un port sur la côte, et que sa sécurité aussi bien que son honneur était intéressée à les chasser. Enfin ils exploitèrent si bien la jalousie et les craintes d'Aboul Hassan, le dernier représentant de la maison de Koutub-Shah, qu'ils obtinrent de lui l'envoi d'un corps de troupes pour assiéger Saint-Thomé par terre pendant que les Hollandais l'attaqueraient par mer.

Les forces combinées firent leur apparition devant Saint-Thomé au commencement de 1674, mais pendant longtemps elles ne firent éprouver aucun dommage aux ouvrages qui défendaient la ville. La garnison ne comptait guère que six cents hommes, restes de l'expédition qui, deux ans auparavant, était partie en si bonnes dispositions pour attaquer la Pointe-de-Galle ; mais quoique réduits à un petit nombre, ils étaient commandés par un chef qui n'avait jamais connu le découragement. Telle fut l'énergie de leur défense, que les Hollandais, reconnaissant au bout de quelques semaines l'inutilité de leurs efforts, résolurent de débarquer un corps de troupes destiné à seconder l'armée de Golconde. Ils réussirent ainsi à serrer de près la garnison ; les Français ayant consommé toutes leurs provisions et hors d'état de s'en procurer de nouvelles, furent contraints de se rendre. Ils obtinrent des conditions favorables, car il leur fut permis de sortir avec les honneurs de la guerre, et de prendre la direction qu'ils préféreraient[1]. Si le but des Hollandais était d'expulser les Français de l'Inde, ils eurent bien lieu de regretter une capitulation renfermant une pareille clause dont ils étaient loin sans doute de prévoir les conséquences.

La garnison, résolue mais peu nombreuse, ne s'était pas dissimulé qu'elle aurait à subir une capitulation, et était préparée à cette épreuve. Libre de choisir le lieu de leur retraite, soixante d'entre eux s'étant décidés en faveur de la concession qu'ils avaient achetée au Nord du Coleroon, partirent sous les ordres de François Martin et arrivèrent à leur destination dans le mois d'avril 1674. Ils avaient tout à créer et ne disposaient que de minces ressources. Les autres, et c'était la majeure partie, préférèrent retourner à Surate, sur les vaisseaux qui leur étaient restés ; de ce nombre étaient les deux Directeurs Lahaye et Baron[2].

Martin était maintenant en possession d'une autorité sans partage. Il avait avec lui soixante Européens, y compris l'équipage de la frégate *la Vigilante*, seul vaisseau qui lui fût demeuré ; il avait de plus, toutes les valeurs mobilières apportées de Saint-Thomé et une somme assez considérable en espèces. Son premier soin fut d'obtenir du gouverneur l'autorisation d'élever toutes les constructions nécessaires pour garantir la population et les propriétés d'une attaque imprévue. Les relations qu'il avait nouées avec lui, étaient telles que la permission demandée fut accordée sans difficulté. La prépondérance de la Hollande sur les mers interdisait à Martin tout commerce avec l'Europe et le gouverneur, manquant de fonds tandis qu'il ne pouvait tirer parti des siens, il avait jugé d'une bonne politique de lui en prêter au taux alors modéré de dix-huit pour cent. Le caractère de Shere Khan Lodi permettait au Français de le faire sans beaucoup risquer ; et, contrairement au vieux proverbe, cette transaction lui fit de l'emprunteur un ami dévoué[3]. Sous sa protection, de chétives fortifications et des habitations

---

1. *Annales des Provinces-Unies.*

2. Il semble que Lahaye et Baron aient visité, en allant à Surate, le lieu sur lequel Pondichéry fut plus tard construit. De Surate, Baron écrivit à la Compagnie qu'après Saint-Thomé le site choisi par Martin était de beaucoup le mieux approprié à leurs projets sur la côte de Coromandel. (*Mémoire* dans les *Archives de la Compagnie des Indes.*)

3. *Mémoire*, dans les *Archives de la Compagnie des Indes.*

s'élevèrent rapidement et grâce aux sages rapports de Martin avec les indigènes, ceux-ci créèrent bientôt, à l'abri du nouvel établissement, un petit village dont la population travaillait pour la factorerie. Le tout forma une sorte de ville que les natifs appelèrent d'abord Phoolchéry, nom qui se transforma en celui de Pondichéry sous lequel les Européens l'ont toujours désignée [1].

Les mesures adoptées par Martin pour régulariser les transactions commerciales, étaient empreintes de la même prudence. Dans ces temps, l'Inde approvisionnait l'Europe de pièces d'étoffes, et les colons portèrent d'abord toute leur attention sur ce genre de commerce et sur les débouchés à lui ouvrir ; leurs efforts eurent un tel succès, que moins de deux ans après leur arrivée, Martin écrivit à la Compagnie qu'il était en mesure de lui expédier annuellement des étoffes pour un million de livres ou même plus. Il donnait en outre une description détaillée du lieu, affirmait qu'il était des plus convenables pour un établissement français, que la rade qui le précédait, le mettant à l'abri de l'approche des vaisseaux de guerre, le préservait de toute attaque soudaine ; qu'il était bien abrité contre la Mousson, qu'il avait un climat salubre et se trouvait favorablement situé pour les besoins commerciaux. Ce rapport et la correspondance qui l'accompagnait, si différents des nouvelles que présageait la chute de Saint-Thomé, furent reçus avec la plus grande satisfaction par les Directeurs.

Il ne faut pas s'imaginer que les colons fussent entièrement affranchis d'inquiétudes et d'alarmes. Pondichéry fut, de fait, fondé et élevé au bruit des armes et au retentissement des royaumes qui s'écroulaient. Le Sultanat de Béjapore, dont une partie avait été concédée pour la création de Pondichéry, cessa en 1676 d'être au nombre des souverainetés indépendantes. Un an plus tard Golconde qui avait concouru à l'expulsion des Français de Saint-Thomé, tombait elle-même en proie à l'insatiable ambition d'Aurengzeb. A la même époque, l'ennemi invétéré de toute autorité établie, Sevadgi, s'occupait de lever des contributions partout où il pouvait en obtenir, d'annexer des villes et des provinces à ses possessions

---

1. *Chronique du Carnatique de Browne.*

et de poser les fondements de ce puissant brigandage que ses successeurs portèrent si loin. Dans un temps semblable à celui-là et surtout pour une colonie comparativement riche, la seule chance de sécurité c'était d'être bien armée et capable de se bien défendre. Martin sentit cela mieux que personne. En voyant l'accroissement périodique de ses manufactures, il comprit qu'elles avaient besoin de défenseurs plus nombreux que ses quelques Européens. En conséquence, il eut recours à son ami Shere Khan Lodi, pour obtenir l'autorisation d'entretenir des soldats indigènes dans un but de défense. Shere Khan y consentit volontiers et lui céda trois cents de ses hommes; Martin en fit non-seulement des soldats, mais aussi des colons; il donna à chacun d'eux un morceau de terre, les encouragea à bâtir des maisons et à fabriquer des tissus et autres articles d'exportation.

Pendant quelque temps, tout sembla aller au mieux, et la colonie jouit d'une prospérité croissante; mais au dix-septième siècle la paix et la tranquillité étaient rares dans l'Inde, et Pondichéry s'en ressentit à son tour. En 1676, Sevadgi qui, dans les quatre dernières années, s'était emparé de plusieurs villes sur la côte de Malabar, et avait été couronné roi des Mahrattes, se transporta à Golconde et ayant fait alliance avec ce gouvernement pour la protection de ce territoire pendant son absence, il s'élança comme un torrent sur le Carnate. En mai 1677, il passa par Madras, alors occupé par les Anglais et parut devant Gingi, regardé comme inaccessible. Cependant Gingi se rendit, grâce à une intelligence ménagée avec le commandant. Continuant sa route vers le sud, il se rencontra avec l'allié de Martin, Shere Khan à la tête de cinq mille cavaliers, le battit et le fit prisonnier. Sevadgi investit ensuite Vellore, prit Arni et menaça d'anéantir l'établissement formé par les Français sous le prétexte qu'ils étaient dépendants de son ennemi Shere Khan Lodi.

La situation était critique. Les trois cents soldats manufacturiers de Martin étaient impuissants, dans une pareille conjoncture, quelque secours que leur prêtât la colonie européenne. La résistance était donc hors de question. Mais Martin avait déjà traité avec les Asiatiques, et il connaissait un argument sans réplique auprès d'eux ; pour plus de sûreté cependant il expédia par mer à Madras toutes les valeurs de la compagnie. Ensuite il pria un petit chef indigène [1], qui avait fait sa soumission à l'invincible Mahratte, de lui représenter qu'il était tout disposé à reconnaître l'autorité de Sevadgi et à payer les sommes nécessaires pour obtenir la permission de trafiquer dans ses domaines. Cette requête accompagnée de riches présents réussit pleinement. Sevadgi, qui n'était jamais pressé d'attaquer les Européens et n'avait en cette occasion aucune animosité personnelle à satisfaire, accorda tout ce qui lui était demandé à la seule condition que les Français ne prendraient part à aucune opération militaire contre lui. La négociation était à peine terminée que la nouvelle de l'invasion de Golconde par les Mogols entraîna Sevadgi dans la direction du Nord ; de sorte qu'à peine le danger passé, Pondichéry se trouva dans une sécurité complète.

A partir de ce moment, les affaires marchèrent tranquillement pendant quelque temps. Néanmoins, après l'invasion de Sevadgi, Shere Khan, le vieil ami et le protecteur de la colonie naissante, semble avoir été constamment occupé de guerres assez malheureuses. Aussi les Français commencèrent-ils à penser qu'il était temps de réclamer à Shere Khan, pendant qu'il était encore dans le cas de les rendre, les sommes qu'ils lui avaient avancées en 1674, et qui s'élevaient à huit mille roupies ; Martin lui signifia donc ses désirs d'une manière amicale. Shere Khan, incapable de payer en argent comptant, lui abandonna en compensation le revenu des terres du district de Pondichéry, et lui fit une cession absolue de la ville elle-même, arrangements très-avantageux pour les intérêts français. Martin s'occupa avec une nouvelle activité d'améliorations de toute nature ; ses soixante Européens étaient maintenant réduits à trente-quatre, mais il ne désespérait pas du succès. Il continua à bâtir des maisons, des magasins et au commencement de 1689, il obtint, non sans peine, la permission de Sambadgi, fils de Sevadgi de transformer ces ouvrages de défense en fortifications régulières [2].

1. Guyon en parle comme d'un Brahmine habitant Pondichéry.
2. C'est une tradition de Pondichéry que ces défenses furent conçues et exécutées par un capucin, le Père Louis.

Dans cette même année cependant, la guerre éclata entre la France et la Hollande ; les Hollandais parurent déterminés à saisir cette occasion pour réparer la faute qu'ils avaient commise en 1674, en permettant aux Français de se retirer librement de Saint-Thomé. La prospérité de Pondichéry les alarmait, le moment était propice pour y mettre obstacle, les Français étant trop occupés en Europe pour secourir leurs possessions sur la côte de Coromandel, possessions systématiquement négligées depuis leur origine. Les Hollandais, au contraire, avaient des forces considérables dans les mers d'Orient, et, libres de toute crainte d'opposition, ils résolurent d'en faire usage pour étouffer dès son début le jeune établissement français de Pondichéry.

En conséquence, une flotte de dix-neuf vaisseaux de ligne, sans compter les transports et les navires plus petits, parut devant Pondichéry à la fin d'août 1693. C'était un des armements les plus imposants qui eussent jamais navigué sur les mers de l'Inde. Cette flotte portait quinze cents soldats européens, deux mille marins également européens, outre les Chingalais, indigènes à la solde de la Hollande. Elle amenait seize canons de bronze, six mortiers et un équipage de siége. Néanmoins les Hollandais, ne se confiant pas encore complétement à leurs propres forces, avaient offert à Ram-Raja, nommé régent des Mahrattes à la mort de Sambadgi, de lui acheter le district de Pondichéry. La réponse de Ram-Raja est digne d'être rapportée : « Les Français, dit-il, ont honorablement « acheté Pondichéry et l'ont payé une somme considérable ; tout « l'argent du monde ne me donnerait pas la tentation de les en « déloger [1]. » Mais, quand la flotte hollandaise parut devant Pondichéry, le noble Mahratte se trouva dans l'impossibilité d'user de son influence en leur faveur ; lui-même fut enfermé dans la forteresse de Gingi, dont la prise était le but des désirs d'Aurengzeb. Pendant le siége, le pays environnant tomba sous l'influence du pouvoir prépondérant des Mogols, qui n'hésitèrent pas, sur la demande des Hollandais, à leur vendre le district de Pondichéry

---

1. *Mémoires,* dans *les Archives de la Compagnie des Indes,* DUFF's *History of the Mahrattas.*

moyennant cinquante pagodes, et même à leur donner un corps de troupes pour appuyer leurs prétentions.

Pour résister à cette formidable agression, Martin n'avait littéralement aucunes ressources ; d'un autre côté la Compagnie française, en reprenant les affaires en 1684, avait eu la douleur de reconnaître que loin de tirer profit de ses entreprises commerciales, elle avait à cette époque perdu la moitié de son capital ; elle était d'autant moins disposée à envoyer des secours matériels à Martin, que depuis quelque temps on en était venu à juger son entreprise comme téméraire et impraticable. Dès le principe, Martin avait donc été abandonné à lui-même ; malgré cela, nous avons vu ce qu'il avait accompli, comment il avait construit et fortifié une ville, établi un négoce, gagné la confiance des indigènes, aussi bien des princes que des peuples, et posé les bases d'une prospérité durable. Et maintenant tout cet édifice allait crouler ! Ses alliés indigènes, battus dans les luttes qui désolaient le pays, ne pouvaient lui être d'aucun secours. Il avait six canons, trente ou quarante Européens, trois ou quatre cents indigènes, et il se voyait attaquer par une flotte et une armée assez fortes pour prendre possession de tous les établissements français dans l'Inde.

Ce dut être un triste jour pour Martin que celui où il contempla l'orage éclatant sur sa tête et détruisant les résultats incontestables de sa sage et habile politique. Néanmoins, il rassembla toutes les ressources d'un esprit habitué à juger avec calme et de sang-froid.

Il prit la précaution de faire sortir de la ville tous les gens inutiles et se prépara à une vigoureuse défense. Les Hollandais ne lui donnèrent aucun répit ; ils débarquèrent leurs troupes vers la fin d'août, l'isolèrent tout à la fois de la terre ferme et de la mer et conduisirent leur attaque avec tant de vigueur, que le 6 septembre, après une résistance de douze jours, Martin, voyant l'impossibilité de tenir plus longtemps, demanda à parlementer. On en vint à signer le 8 septembre une capitulation contenant treize articles dont les principaux étaient : que la place serait abandonnée à la Compagnie hollandaise des Indes-Orientales, que la garnison sortirait avec les honneurs de la guerre, que les soldats indigènes se retireraient où bon leur semblerait, mais que les Français seraient renvoyés en Europe, soit dans cette même année, soit au commencement de la suivante. Ces conditions furent implicitement consenties [1].

Ainsi se termina, et en apparence pour toujours, la tentative de la France pour s'établir d'une manière permanente sur la côte de Coromandel. De tous les efforts qu'ait jamais faits une nation pour fonder un établissement dans l'Inde, aucun ne fut tenté sous de plus tristes auspices et avec d'aussi faibles ressources ; et cependant, jusqu'à la prise de Pondichéry, cette colonie avait répondu à toutes les espérances. Composée de soixante Européens, débris de la garnison de Saint-Thomé, dépourvue de renforts réguliers, ne se recrutant que d'enfants perdus incorporés à l'occasion, elle avait réussi non-seulement à se maintenir pendant dix-sept ans, mais encore à se concilier le respect des indigènes. Nous avons déjà fait connaître ce qu'elle avait accompli, et quand on étudie l'histoire de ces dix-sept ans d'occupation, on se demande forcément comment cette poignée d'hommes, abandonnés à eux-mêmes, put créer tant de choses, tandis que d'autres expéditions, abondamment pourvues des ressources de la Compagnie, avaient si complétement échoué. Le caractère du fondateur de Pondichéry explique nettement cette contradiction. Tout était dû à François Martin. Son énergie, sa persévérance, sa douceur à l'égard des indigènes, son équité dans les transactions furent les véritables bases de la colonie. Jamais aventurier, si même en bonne part on peut lui appliquer cette épithète, n'eut les mains plus pures, ne fut plus entièrement dévoué aux intérêts de la France, et plus insoucieux des siens propres. En ceci, il était tout l'opposé de Caron. Caron était avare, avide, jaloux de la réputation des autres. Martin avait l'esprit indépendant, libéral, le cœur large ; c'était un vrai patriote, sans une pensée d'envie ou de jalousie. Tels sont les hommes qui fondent les empires et sont la vraie gloire de leur patrie !

Les fondements que Martin avait posés n'étaient pas destinés, il est vrai, à supporter un splendide édifice, mais cet honneur seul

---

[1]. *Mémoire*, dans les *Archives de la Compagnie des Indes*. La Capitulation y est donnée en entier.

leur manqua et les malheurs qui survinrent ne peuvent en rien lui être imputés ni diminuer sa gloire. Nous le voyons maintenant, après le renversement de toutes ses espérances, regagner son pays sans même y pouvoir porter un témoignage visible du résultat de ses labeurs. Était-il donc entièrement dépourvu? Si la connaissance approfondie de ces régions lointaines, si l'aptitude à diriger les hommes, si l'habileté, l'énergie qui ont su se suffire de leurs propres ressources, si tout cela n'est rien, assurément Martin rentra dans son pays absolument dénué de tout; mais, à cette époque, de pareils avantages étaient appréciés à un plus haut prix qu'ils ne le sont souvent aujourd'hui, et Martin ne tarda pas à constater qu'il avait acquis la confiance de son pays au point d'être bientôt mis à même de réparer les pertes de 1693, et de réédifier sur les anciennes bases un établissement durable.

Avant de continuer le récit des tentatives ultérieures des Français pour s'établir sur la partie méridionale de la côte de Coromandel, il est nécessaire de jeter un coup d'œil sur leurs actes dans d'autres parties de l'Indoustan.

Nous avons déjà fait allusion à leur établissement à Surate [1], qui prit de l'importance lorsqu'à la cession de Madagascar à la couronne de France en 1672, on y transféra le siége de l'autorité supérieure d'abord installé dans cette île [2]. Quelques-uns des colons de Madagascar passèrent, ainsi que nous l'avons dit, dans l'île de Mascarenhas, depuis Bourbon; d'autres vinrent à Surate. Mais l'établissement de Surate ne réussit pas. Le mauvais état des affaires de la Compagnie-mère affectait naturellement ses rejetons

---

1. Grand Duff raconte que « quand Surate fut pillée pour la seconde fois par Sevadgi (3 octobre 1670), les Anglais, comme la première fois, se défendirent victorieusement sous la direction de M. Streingham Masters et tuèrent beaucoup de Mahrattes ; la factorerie hollandaise, située à l'écart, n'eut pas à souffrir; mais les Français achetèrent une honteuse neutralité en permettant aux troupes de Sevadgi de passer par leur factorerie pour aller attaquer un malheureux prince tartare qui revenait d'une ambassade à la Mecque. » Il n'est pas dans le caractère français d'éviter ignominieusement un combat et si l'on considère qu'en cette circonstance les forces de Sevadgi s'élevaient à quinze mille hommes de troupes choisies, tandis que les Français, en très-petit nombre, occupaient une position faible, on ne s'étonnera plus qu'ils soient entrés en arrangement pour sauvegarder leurs propriétés. Le pillage du prince tartare ne peut guère être considéré comme une conséquence de ces conventions. Surate fut pendant trois jours au pouvoir des troupes de Sevadgi, et le prince tartare aurait, dans tous les cas, été pillé.

2. Édit de Louis XIV, 12 novembre 1671.

et les empêchait de trafiquer avec autant de vigueur et de succès que les Hollandais ou les Anglais. En politique, la location de cette factorerie n'était d'aucun avantage pour les Français et sa valeur commerciale diminuait en proportion de l'importance croissante de Pondichéry et de Chandernagor. Pendant bien des années, le commerce de Surate fut languissant; au commencement du dix-huitième siècle, ce point fut définitivement abandonné par la Compagnie française, et d'une manière qui ne lui fit pas honneur. Ses agents laissèrent après eux des dettes s'élevant à une très-forte somme, et il en résulta que quelques années plus tard (1714), lorsqu'une Compagnie de Saint-Malo tenta de commercer avec Surate, ses navires furent saisis et confisqués pour payer les dettes de la Compagnie française avec laquelle celle de Saint-Malo n'avait rien de commun. En parlant de ces événements, nous avons un peu laissé en arrière le sujet principal de notre récit, mais cela importe peu, car nous n'aurons plus guère à nous occuper de Surate.

La factorerie française à Masulipatam fut, comme nous l'avons vu, fondée par le Persan Marcara en 1669, en vertu d'une patente du roi de Golconde. Au début, son commerce fut extrêmement florissant, mais l'expulsion des Français de Saint-Thomé, opérée, on se le rappelle, avec le concours de l'armée de Golconde, porta un rude coup à sa prospérité. Pendant longtemps, Masulipatam n'exerça qu'une bien légère influence sur les affaires politiques; elle se releva lors de la création de Pondichéry. En 1693, les Français obtinrent la permission de bâtir une place qui existe encore et est connue sous le nom de France Peta. Masulipatam devint plus tard un des plus importants parmi les établissements secondaires de la France. Nous reviendrons sur les circonstances qui se rattachent à son accroissement.

En 1663, Shaista Khan, oncle maternel de l'empereur Aurengzeb, ayant été chassé du Décan et forcé, pour sauver sa vie, de fuir devant Sevadgi (qu'il était chargé de combattre) fut nommé vice-roi du Bengale comme dédommagement de cette humiliation. Ce fut pendant cette vice-royauté [1], qu'une flotte française entra

---

1. Vers l'année 1676, dit Stewart dans son *Histoire du Bengale*.

dans l'Ougli et débarqua une troupe de colons dans le village de Chandernagor. Ce village leur fut cédé par un édit d'Aurengzeb en 1688. Huit ans plus tard, Sobha Singh propriétaire de terres du Burdwan se révolta contre l'autorité du vice-roi, Ibrahim-Khan, successeur de Shaista-Khan, et ralliant à son étendard les Affghans d'Orissa et d'autres mécontents, pilla Ougli et porta la dévastation jusqu'aux portes mêmes des établissements européens. Dans cette crise les négociants français, anglais, hollandais, insistèrent auprès du vice-roi, sur l'urgence de les autoriser à fortifier, et l'on agit en conséquence. Néanmoins les Français de Chandernagor ne tentèrent jamais d'être autre chose que des commerçants. Tous les écrivains français parlent de leur négoce comme ayant été longtemps languissant. Par lettres-patentes datées de février 1701, Chandernagor et les autres possessions françaises des Indes, Balasore, Kassimbazar, rejeton de Chandernagor, Masulipatam, furent placées sous l'autorité du gouverneur de Pondichéry. Ce ne fut qu'au bout de trente ans environ que le commerce reçut une impulsion qui fit de Chandernagor une des plus florissantes colonies de la Compagnie. Nous nous occuperons en temps et lieu de ce changement et de ses causes. La factorerie de Balasore était insignifiante et fut abandonnée de bonne heure.

On sait par ce qui précède que, de tous les lieux de l'Inde où les Français s'établirent, Pondichéry était, en 1693, le plus développé et celui qui donnait le plus d'espérances. Et Pondichéry était perdu ! Les Hollandais connaissaient bien la valeur de leur conquête. Sa situation, abritée pendant neuf mois contre la Mousson, le peu de force du ressac, l'embouchure d'une petite rivière navigable pour les bateaux plats, en faisaient un établissement supérieur à tout autre sur la côte de Coromandel. Ils résolurent en conséquence de la rendre digne d'être la capitale de l'Inde hollandaise ; leur premier soin fut d'augmenter ses ouvrages de défense. Ils bâtirent de nouveaux murs, soutenus de bastions et en firent la plus solide forteresse que possédassent les Européens dans l'Indoustan. Ils cherchèrent aussi à cimenter avec les indigènes des relations aussi cordiales que celles des Français. Il y avait un but vers lequel ils tendaient constamment ; c'était de toujours garder, en faisant la paix, les places fortes dont ils s'étaient emparés pendant la guerre. Ils avaient agi ainsi en traitant avec les Portugais, et ils espéraient que la paix avec les Français les assurerait dans la possession de leur conquête en Orient.

Pendant ce temps, Martin et ses compagnons étaient arrivés en France; on leur avait fait une réception encourageante. Le ministre et les Directeurs prenaient également plaisir à honorer un homme qui avait accompli tant de choses avec si peu de moyens. Le roi lui conféra la dignité de Chevalier de l'Ordre de Saint-Lazare. D'un autre côté les Directeurs qui n'avaient jamais éprouvé que des pertes étaient tout émus de la description que Martin leur faisait de Pondichéry et des avantages qu'on pouvait en tirer. Ils commencèrent enfin à apprécier l'importance de cette position, jusqu'ici complétement négligée et qui, par suite de cette indifférence, était perdue pour eux. En ce moment il n'y avait rien à faire : la France combattait seule contre l'Espagne, l'Allemagne, l'Angleterre et la Hollande, et dans les Indes ces deux dernières puissances étaient des rivales heureuses. Il fallait attendre la paix pour agir.

La paix vint enfin. Le 21 septembre 1697, le traité de Ryswick fut signé. Un des articles de ce traité portait qu'il y aurait restitution mutuelle de toutes les places fortes, soit en Europe, soit au dehors; et à la suite de cet article, une clause stipulant tout particulièrement que la forteresse de Pondichéry serait restituée dans son état actuel et que ses fortifications ne seraient pas détruites.

Pondichéry, ainsi regagné, la Compagnie résolut de ne plus le laisser échapper de ses mains. Martin fut nommé commandant de la place, et il reçut pour instructions d'ajouter encore à sa force. On convint de rembourser aux Hollandais seize mille pagodes qu'ils assuraient avoir dépensées aux fortifications. Une escadre fut envoyée à la même époque dans l'Inde, ayant à bord deux cents hommes de troupes régulières, plusieurs ingénieurs, un grand approvisionnement de munitions de guerre, plusieurs canons de rempart et de campagne et d'abondants matériaux pour l'établissement.

Dès son arrivée à destination, Martin commença son œuvre de

perfectionnement; il agrandit et consolida les fortifications, réunit une garnison de sept à huit cents Européens et dressa le plan d'une grande ville qu'il s'occupa d'édifier sans retard. Un an s'était à peine écoulé que déjà cent nouvelles maisons s'étaient construites et l'aspect de la ville tellement modifié qu'on n'aurait pu reconnaître en elle l'établissement remis aux Hollandais en 1693. Il ne négligea pas de reprendre ses relations avec les indigènes ; la douceur de ses manières et sa loyauté eurent, comme précédemment, le don de les attirer en grand nombre dans la colonie, de sorte qu'à sa mort, en 1706, la ville indigène passait pour contenir près de quarante mille habitants.

Nous avons dit que lors de l'abandon de Madagascar, en 1672, la direction des affaires françaises dans l'Inde avait été transférée à Surate. Mais en 1701, moins de trois ans après la reprise de possession de Pondichéry, le commerce devint si peu profitable à Surate qu'on décida l'abandon de cette factorerie ; nous avons vu comment cela se passa. Mais, avant cet épisode peu honorable, des lettres patentes avaient été accordées par lesquelles le conseil supérieur des Indes, comme on l'appelait, fut transféré de Surate à Pondichéry, et cette ville devint la résidence du Directeur ou Gouverneur général, revêtu de l'autorité suprême sur toutes les autres factoreries françaises. Presque aussitôt après, Martin fut nommé président du conseil supérieur et directeur des affaires dans l'Inde [1].

Pendant ce temps les opérations de la Compagnie française toujours mal dirigées ne recueillaient pas grand avantage de la paix ; ne pouvant, à cause du mauvais état de ses finances, faire elle-même des expéditions de commerce, elle se vit forcée de recourir à la vente des licences. Avec des capitaux, une bonne direction à Paris, et un Martin à Pondichéry, les Français auraient pu établir dans l'Inde un commerce presque impossible à supplanter et qui aurait admirablement favorisé les projets ambitieux de quelqu'un des successeurs de Martin. Mais, à la fin du dix-septième siècle, les ressources de la Compagnie étaient à peu près épuisées.

---

1. Lettres patentes signées par Louis XIV en date de février 1701.

Elle continua encore à lutter pendant quelque temps, grâce aux ressources que nous venons d'indiquer. Mais l'aide matérielle qu'elle donnait à la colonie de Pondichéry était fort peu de chose. Les négociants qui achetaient des licences faisaient leur fortune, tandis que les Directeurs qui les leur vendaient réalisaient à peine de quoi empêcher leurs employés de mourir de faim. Il était déplorable de voir administrer ainsi les affaires de la Compagnie en France, lorsque dans l'Inde elles étaient dirigées par un homme d'une capacité hors ligne et d'une rare intégrité. Tandis que la ville de Pondichéry s'accroissait et que la population indigène continuait à s'augmenter rapidement, à raison du bon gouvernement qu'elle y trouvait, les rapports avec la Compagnie-mère devenaient chaque jour plus précaires et plus incertains, et le conseil supérieur ne pouvait s'empêcher de craindre que le moment ne fût proche où Pondichéry se verrait abandonner comme cela était arrivé pour Surate et Madagascar.

Les affaires étaient dans cette situation incertaine lorsque Martin mourut, le 30 décembre 1706. Sur ce coin de terre dont il avait pris possession trente-deux ans auparavant avec soixante hommes, existait maintenant une ville florissante, créée sous ses auspices, et lui, son fondateur, loin d'avoir amassé des richesses, s'éteignait dans la pauvreté, mais entouré de l'estime générale. Il avait consacré à son pays toutes ses facultés, publiques ou privées. Quoique, à l'époque de sa mort, Pondichéry ne fût encore que dans l'enfance, comme ville, cependant on y pouvait reconnaître un air de prospérité inconcevable. Il renfermait un beau palais pour le gouverneur, des maisons, des boutiques, le tout construit en briques. Martin, prévoyant l'importance que prendrait un jour la ville qu'il fondait, avait eu soin d'en tracer les rues de telle façon que les maisons qu'on y construirait ne pussent que contribuer à sa régularité et à sa beauté. Les bons fruits de ses sages règlements se produisirent sous ses successeurs et peuvent encore être constatés aujourd'hui.

Dix années s'étaient écoulées depuis que les Hollandais avaient rendu Pondichéry, et elles avaient été des années de paix et de prospérité croissante. Les Français étaient alors en grand renom dans les cours indigènes, précisément pour les qualités opposées à celles qu'ils déployaient alors en Europe [1]. Le pouvoir et les ressources de la France, l'inviolabilité de ses enfants étaient des sujets sur lesquels les Français ne s'appesantissaient jamais dans l'Inde. Ils avaient soin, au contraire, de montrer la plus grande déférence pour les désirs des princes avec lesquels ils se trouvaient en contact, et de tâcher de gagner leur confiance en reconnaissant leur pouvoir et leur autorité. En un mot, leur politique était d'adopter autant que possible les usages indigènes, sans cependant se départir de ces principes sévères dont la pratique fidèle pouvait seule leur mériter la confiance. Sous ce rapport, le législateur de Pondichéry avait beaucoup à réparer, car les circonstances fâcheuses qui avaient caractérisé l'abandon de Surate avaient porté atteinte au crédit des Français. Quoique Martin ait dû inévitablement laisser à ses successeurs le soin d'effacer complétement cette tache, il avait déjà, par sa droiture dans les affaires, mis ses relations avec les indigènes sur un pied tel que ceux-ci avaient pleine confiance en lui et en ses compatriotes qu'ils entouraient d'estime et de respect. Ce fut ainsi qu'il posa les bases de cette intime liaison avec les pouvoirs indigènes dont ses plus illustres successeurs firent usage pour élever un empire français dans l'Inde. Il est probable que, livré pendant si longtemps à ses propres ressources, il avait compris qu'une politique conciliante était celle qui lui donnerait le plus de sécurité. Même dans ce cas, c'est toujours à lui qu'on doit sans aucun doute attribuer le mérite d'avoir su s'insinuer si bien dans l'esprit des natifs, qu'il savait les faire servir à ses projets tout en paraissant déférer à leurs désirs, profiter de l'attaque de Sevadgi pour réclamer la protection des Mahrattes, et convertir le prêt fait à Shere Khan Lodi en un moyen d'obtenir un revenu fixe et perpétuel.

Un des résultats remarquables de l'habile politique de Martin, c'est que les progrès de Pondichéry ne causèrent ni envie, ni appréhension à aucun des gouvernements du pays, et ce résultat ne peut être attribué qu'à la confiance que sa politique avait inspirée. Les canons des remparts étaient regardés non comme une

---

1. *Histoire des Indes-Orientales.*

menace pour les puissances indigènes, mais comme un moyen de se défendre contre quelqu'une des nations européennes ses rivales. Quand un prince indigène visitait Pondichéry, on le recevait bien, on l'entourait de prévenances, on le pressait de prolonger son séjour. On n'admettait en aucun cas la possibilité de regarder les indigènes comme des ennemis. Les reconnaissant pour les souverains seigneurs du pays, les Français faisaient profession d'être leurs meilleurs tenanciers, ceux qui leur souhaitaient le plus de bien. Pondichéry s'éleva donc sans exciter le moindre sentiment de méfiance. Les plus puissants parmi les nobles et les princes du voisinage y avaient un libre accès, et les bons offices des Français étaient souvent réclamés dans l'arbitrage des contestations. Ils s'acquirent ainsi non-seulement la tolérance, mais l'affection et l'estime. Ils étaient la seule nation européenne pour laquelle les indigènes eussent une sympathie réelle, dont ils donnaient constamment des preuves, et les événements postérieurs en ont démontré la sincérité.

Cette cordiale union avec les enfants du sol, base sur laquelle devait s'élever l'Inde française, était, ainsi que tous les prodiges que nous avons racontés, l'œuvre de ce Martin, auquel le dernier ouvrage français publié sur l'Inde française consacre six lignes [1] ! Est-ce sa faute si ses successeurs risquèrent et perdirent ce qu'il avait créé avec tant de soins, d'énergie, de prudence ? Les plus fervents admirateurs de Dupleix, les défenseurs les plus déterminés de Lally, les partisans les plus prévenus de Bussy, ne sauraient le prétendre. N'était-ce pas plutôt parce que la grande facilité du succès de Martin fit apparaître devant ses successeurs cette splendide vision de domination suprême, qui est surtout attrayante pour ceux qui se sentent en possession de grands moyens ? Pour répondre à cette question, il faut étudier et interroger leurs œuvres.

1. *Histoire des Indes-Orientales,* par M. l'abbé Guyon.

CHAPITRE II

LA COMPAGNIE PERPÉTUELLE DES INDES

Le monopole de cinquante ans accordé en 1664, par Louis XIV, à la Compagnie des Indes, arrivait à son terme, huit ans après la mort de Martin ; et il était grandement temps qu'il prît fin, la Compagnie étant depuis plusieurs années hors d'état d'utiliser par elle-même les priviléges dont elle était investie. Dès 1682, pour compléter ses chargements, elle avait dû concéder à divers spéculateurs la faculté de faire des expéditions, à la seule condition que les vaisseaux de la Compagnie seraient exclusivement affectés à ces transports et lui donneraient ainsi le bénéfice du fret. En 1708, elle accorda à un négociant, nommé Creuzat, la permission d'équiper deux navires, sous le nom de la Compagnie, moyennant qu'il lui payât quinze pour cent de la somme qu'il réaliserait, et deux pour cent sur le produit des captures que ses vaisseaux pourraient faire en deçà de la Ligne. La Compagnie réservait en outre, pour ses agents dans l'Inde, le droit d'expédier dix tonnes de marchandises de Pondichéry par chaque voyage de retour ; mais ces expédients ne purent suffire à mettre la Compagnie dans le cas de payer ses dettes, ni de reprendre les opérations en vue desquelles elle avait été instituée ; ses ressources diminuèrent même tellement, qu'en 1712, deux ans avant l'expiration de son privilége, la Compagnie fut forcée de renoncer à toute tentative d'expédier des navires aux Indes, et dut se contenter de céder ses droits aux marchands de Saint-Malo, en échange d'une rente annuelle. Ainsi lorsqu'en 1714, elle sollicita du roi le renouvellement de ses priviléges, elle était complétement incapable de s'en servir elle-même, et ne soutenait son existence languissante qu'en aliénant ses droits au profit des autres [1].

Il est facile de comprendre comment un tel état de choses réagissait sur Pondichéry. Dépourvus d'argent, ne recevant plus aucune expédition de la Compagnie, les premiers successeurs de Martin, Dulivier et Hébert, furent presque réduits à l'impuissance [2]. Peu à peu, le commerce qui s'éteignait entre leurs mains passait à d'autres compagnies, et depuis cette époque jusqu'en 1722, les affaires de Pondichéry ne cessèrent de décliner. Les dettes de Surate étaient toujours dues, et ce fait suffisait à lui seul pour nuire au crédit de la ville où le gouvernement de Surate avait été transféré. Cependant, malgré leur situation très-critique d'agents d'une compagnie banqueroutière, Hébert et Dulivier faisaient tous leurs efforts pour seconder les tentatives que les Directeurs renouvelaient de temps à autre, mais toujours en vain, dans l'espoir d'améliorer la situation. Et cependant la Compagnie avait eu, durant cette période, la chance heureuse de ne subir aucune agression des puissances indigènes, alors que l'Inde entière résonnait du bruit des armes après la mort de l'empereur Aurengzeb, arrivée en 1707, et que le Décan et la côte de Malabar étaient le théâtre de nombreuses opérations militaires. Quels avantages la France n'eût-elle pas obtenus, dans de pareilles conditions, des efforts d'une Compagnie riche et active ? Mais dans les circonstances actuelles, Pondichéry, négligé et appauvri, dut s'estimer heureux de prolonger, pendant les quatorze années qui suivirent la mort de Martin, sa misérable existence, en espérant des jours meilleurs. Cette époque ne présente que peu d'événements dignes d'appeler l'attention de l'historien. Tout l'intérêt se concentre sur le change-

---

1. *Histoire des Indes-Orientales*, par M. l'abbé Guyon.

2. Dulivier succéda à Martin le 1er janvier 1707, mais n'occupa ce poste que jusqu'à l'arrivée du chevalier Hébert en juillet 1708. Hébert administra les affaires de la colonie jusqu'en octobre 1713. Dulivier reprit l'emploi, et au bout de deux ans il le céda de nouveau à Hébert qui fut gouverneur jusqu'au 19 août 1718. *Extrait des Archives de la Compagnie*, par M. Bontemps.

ment apporté à la situation de la Compagnie mère et qui, au bout de ces quatorze années, mit les autorités de Pondichéry à même de rentrer dans la lice et de tenter de nouveau la fortune. Jetons donc un coup d'œil sur les affaires de la Compagnie en Europe.

Nous avons déjà dit que la Compagnie avait, en 1714, sollicité le renouvellement de ses priviléges qui touchaient à leur fin. Sa triste situation était aussi bien connue du monde des affaires que du gouvernement, et l'opinion publique se prononçait avec énergie contre la concession d'un monopole, dont elle ne pouvait tirer quelque parti qu'en le cédant à d'autres. Mais les Directeurs avaient un puissant intérêt à réussir, et l'opinion publique était peu écoutée dans ces temps. Le 29 septembre 1714, un édit du roi prorogea les priviléges de la Compagnie pour une période de dix ans, à dater du 1er janvier 1715, avec la seule condition que dorénavant un dixième du produit des captures faites par les vaisseaux de la Compagnie, appartiendrait au grand amiral de France.

Durant ces dix années, les affaires de l'Inde française parurent plus que jamais condamnées à languir, peut-être même à périr faute d'aliment; mais le 1er septembre 1715, se produisit un événement qui changea la face des affaires en France et dans ses possessions : Louis XIV mourut, laissant après lui une dette publique de deux billions quatre cent douze millions de francs, et un revenu engagé pour de longues années. La misère et la maladie décimaient la population; le commerce et l'industrie étaient dans une stagnation complète, et la banqueroute nationale imminente. Le duc d'Orléans, cousin du roi, auquel incombait la régence, quoique ne se flattant guère du succès, était déterminé à employer tous les expédients plutôt que de recourir à une mesure aussi ruineuse que la banqueroute publique. Un mois après la mort du roi, tandis que le Régent songeait aux moyens de sortir d'embarras, un jeune Écossais vint lui déclarer qu'il savait comment sauver la France de l'abîme, et lui rendre le crédit de la prospérité.

Dans la situation où se trouvaient les finances de l'État, toute voix annonçant le salut, devait être écoutée; quoique les détails qui vont suivre se rattachent plus spécialement à l'histoire de France, nous sommes forcés, pour faire comprendre la révolution qui atteignit alors la Compagnie des Indes-Orientales, de donner un aperçu rapide des mesures financières adoptées par Law, avec la sanction du Régent. D'après leurs instructions, on créa par lettres patentes du 2 mai 1716, une banque de dépôt et d'escompte, autorisée à émettre des billets au porteur, payables en espèces au cours du moment. Le capital de cette banque générale s'élevait à six millions de francs, divisés en douze cents actions de cinq mille francs et payables en quatre termes : un quart en numéraire et les trois autres en papier du gouvernement. Le principal but de cette organisation, était de relever le crédit public, en acceptant au pair pour le payement des actions, le papier du gouvernement, qui ne s'escomptait guère qu'à 70 ou 80 pour cent de perte. La banque déclara en même temps que son papier serait payable à vue, au porteur, au cours de l'argent. L'établissement soudain d'une banque sur de telles bases, avec un taux d'escompte comparativement réduit, à une époque où toute confiance avait disparu, eut un effet électrique. Elle fut immédiatement l'objet d'une grande faveur, et un empressement extrême se manifesta pour participer aux avantages qu'elle offrait. La confiance en sa stabilité devint telle, que malgré l'exiguïté de son capital de six millions, Law se vit en peu de temps à même d'émettre des billets pour une valeur de quinze ou vingt millions. Le crédit de la banque s'accrut encore par suite de la publication d'un décret en date du 15 avril 1717, ordonnant à tous les agents chargés de l'administration des finances de l'État, de recevoir les billets de banque comme argent, et de les rembourser à présentation, jusqu'à concurrence des ressources de leur caisse.

Le succès de la Banque avait déjà considérablement relevé le crédit de l'État, car la condition de payer les trois quarts des actions en bons du gouvernement avait fait rechercher ces dernières valeurs et les avait remises en faveur. Le réveil du crédit stimula les diverses industries, et le commerce naguère si languissant ne tarda pas à reprendre sa position normale.

Mais ce n'était là qu'un début. Law se sentit encouragé à proposer les plans de spéculation qu'enfantait sa fertile imagination et il les vit accueillis par le régent et le public. Le district de la

Louisiane, dans l'Amérique du Nord, découvert en 1541 et traversé en 1682 par M. de la Salle, lui parut être un terrain convenable pour une entreprise qui assurerait à la France d'immenses avantages commerciaux et améliorerait ses finances. L'idée en elle-même n'était pas neuve. Un spéculateur nommé Antoine Crozat y avait déjà fait une tentative de colonisation, et, malgré son peu de succès, il ne se montrait pas disposé à céder ses priviléges à Law. Mais si l'idée n'était pas nouvelle, le plan proposé par Law différait singulièrement de ce qui avait été imaginé jusqu'à ce jour. Il déclarait nécessaire la création d'une Compagnie, appuyée sur un capital considérable et capable de lutter avec celles d'Angleterre et de Hollande. Ce capital ne devait pas être inférieur à cent millions divisés en deux cent mille actions de cinq cents francs, payables en bons du gouvernement. Comme ceux-ci étaient encore en grande défaveur, la proposition fut d'abord reçue avec méfiance, puis avec étonnement. Mais Law, qui ne doutait pas du succès, prétendait imprimer ainsi un nouvel élan aux bons du gouvernement et les ramener au pair.

Le projet fut rendu public en août 1717. A cette date, des lettres patentes conférèrent à la Compagnie Occidentale, comme on l'appelait, le monopole de tout le commerce de la Louisiane et du Canada, pour une période de vingt-quatre ans. Tous les droits du citoyen, du commerçant et du propriétaire territorial étaient compris dans ce privilége. La seule condition imposée était de rendre hommage au roi de France à titre de vasselage. Mais il se passa quelque temps encore avant que Law se trouvât dans des conditions favorables à la réalisation de ce projet. Le Parlement, le président du Conseil des finances d'Argenson, et les frères Pâris se montraient, en effet, les adversaires déterminés de sa personne et des mesures qu'il proposait ; aussi jugea-t-il prudent d'attendre une époque où il pût agir avec la certitude du succès.

La lutte qui s'éleva à cette occasion entre le Parlement et le Régent se termina par la victoire de celui-ci. Il en profita pour réaliser une œuvre de despotisme, en publiant le 4 décembre 1718, une proclamation en vertu de laquelle la Banque générale devait être réunie à l'État à dater du 1ᵉʳ janvier 1719 sous le nom de Banque royale. Le Roi, c'est-à-dire l'État, devenait garant des billets. Ce changement s'effectua par le rachat que fit l'État des douze cents actions qui composaient le capital primitif de la Banque. Ces actions furent payées en numéraire. Or, on se rappelle qu'un quart seulement de la valeur de ces titres, avait été payé en espèces et les trois autres quarts en papier de l'État, qui s'escomptait à soixante-dix ou quatre-vingts pour cent de perte. L'opération était donc très-favorable aux actionnaires, mais on ne tarda pas à voir qu'elle ne le serait pas également pour l'État. Bientôt le papier de la Banque se multiplia tellement, que Law reconnut l'impossibilité de se conformer au règlement qui avait fait la fortune de la Banque générale, et d'après lequel le remboursement des billets, devait avoir lieu en espèces au cours de l'argent. Sous ses auspices, on décréta que dorénavant, la somme que représentait le billet, serait payée en livres tournois d'une valeur fixe et invariable, quelles que pussent être les variations que subirait l'argent monnayé. Le payement en numéraire n'était obligatoire que pour les billets d'une valeur inférieure à six cents francs. Au-dessous de ce chiffre, le banquier était libre d'échanger les billets, soit contre d'autres, soit contre des espèces à sa convenance.

Cette intervention dans le libre commerce du change, renversant l'édifice sur lequel Law avait fondé sa réputation, fut sans aucun doute une grande faute ; la Banque générale avait été une entreprise si prospère, que le public fut lent à s'apercevoir de l'erreur, et avant qu'elle fût reconnue, Law avait créé, dans toute son activité, l'opération commerciale et financière, dont l'histoire est si intimement liée à la nôtre. Nous voulons parler de la formation de la Compagnie Occidentale. Pendant que s'opérait la conversion de la Banque générale en Banque royale, Law avait pour ainsi dire abandonné à elle-même la nouvelle Compagnie Occidentale, dont les actions payées en papier déprécié, étaient tombées à moitié de leur valeur. C'est alors qu'il conçut la pensée de réunir à cette nouvelle Compagnie, l'ancienne Compagnie des Indes-Orientales, fondée par Colbert, ainsi que les Compagnies de la Chine et du

Sénégal, qui n'étaient ni l'une ni l'autre dans une situation florissante. Il se flattait que cette Compagnie, ainsi refondue, absorberait tout le trafic de la France avec l'Orient, aussi bien qu'avec l'Occident. Le Régent adopta ses vues et fit rendre un décret royal en date de mai 1719, qui en ordonnait l'exécution. Dans cet édit, la décadence de la Compagnie fondée par Colbert était reconnue, la cessation de son commerce, l'abandon fait par elle de ses priviléges aux marchands de Saint-Malo, étaient relatés et attribués à sa mauvaise direction ; la prorogation de dix ans que lui avait accordée le roi défunt, le 1er janvier 1715, était admise ; mais on ajoutait : « La Compagnie s'est affranchie de ses engagements les plus légitimes (le payement de ses dettes). Nous avons reçu des Indiens des plaintes réitérées de ce que la Compagnie ne veut payer ni intérêt ni capital, et depuis seize ans elle n'a pas envoyé un vaisseau à Surate. » Après avoir envisagé l'inévitable conséquence d'une telle administration, l'édit portait qu'il avait été jugé utile à la prospérité du royaume, de rétablir et d'augmenter le commerce des Français avec les Indes, et de maintenir l'honneur de la nation en payant les dettes contractées par la Compagnie. Pour arriver à ce but, on avait résolu de supprimer les priviléges accordés aux Compagnies des Indes et de la Chine, et de les réunir à celle des Indes Occidentales. Ce préambule était suivi de douze décrets révoquant les priviléges des anciennes Compagnies, et conférant à la Compagnie Occidentale le droit exclusif de commercer avec les contrées à l'Est du Cap, comprenant, outre les îles de l'Afrique et des mers de l'Inde, la mer Rouge, la Perse, les territoires de Mogol, Siam, la Chine, le Japon, les détroits de Magellan et les mers du Sud. On accordait à la même Compagnie la possession des terres, îles, forts, maisons, magasins, munitions de guerre et vivres, nègres, animaux, marchandises, en un mot tout ce que les Compagnies des Indes et de la Chine avaient réussi à conquérir ou à acquérir, ou ce qui leur avait été concédé en France, dans les Indes ou en Chine ; et cela, à la condition de payer aux Français aussi bien qu'aux Indiens, toutes les dettes légitimes des Compagnies de l'Inde et de la Chine. Les avantages concédés à la nouvelle Compagnie étaient des plus larges. Il lui était accordé un droit exclusif d'importer des contrées désignées, tous les produits non prohibés en France, et des facilités lui étaient données pour vendre à l'étranger les articles prohibés. Le onzième décret établissait que, dorénavant, la Compagnie serait appelée *Compagnie des Indes*, et prendrait les armes de la Compagnie Occidentale.

Mais le plus important des décrets promulgués à cette occasion était peut-être celui qui établissait la manière dont seraient réunis les fonds nécessaires à cette grande Compagnie. La partie du sixième décret qui réglait ce point, autorisait à émettre de nouvelles actions de cinq cent cinquante francs, payables seulement en argent comptant, jusqu'à concurrence d'une somme de vingt-cinq millions de francs. Elles seraient de la même nature que celles représentant le capital de cent millions de la Compagnie Occidentale dès lors en circulation, leurs numéros feraient suite à la dernière de celles-ci, et moyennant les dix pour cent payés par les acheteurs en sus du pair, ces nouvelles actions auraient des droits égaux à ceux des anciennes.

Law avait aussi à sa disposition, cinquante mille actions d'une valeur nominale de cinq cents francs chacune, mais dont les acheteurs étaient tenus de payer un dixième en plus. Cependant le plan de Law était plus étendu que ne semblait l'indiquer le décret mentionné ci-dessus. Immédiatement avant la fusion des Compagnies, il avait acheté le plus grand nombre possible d'actions de la Compagnie Occidentale. Ce procédé les avait fait remonter au pair et même un peu au delà. Mais ce fut bien autre chose lorsque, aussitôt après le décret de fusion, Law obtint du Régent d'ordonner que, dans le but d'assurer des chances égales à tous, sans favoriser personne, nul ne serait apte à devenir acheteur des actions nouvelles, s'il ne possédait, en actions anciennes de la Compagnie Occidentale, une valeur quadruple de celle qu'il voulait souscrire. Il est curieux de remarquer les conséquences de cet édit. Les anciennes actions avaient été émises à cinq cents francs, payables en quatre versements de papier de l'État coté alors à soixante-dix pour cent de perte. De cette somme, le premier quart avait seul été appelé, c'est-à-dire que la propriété d'une action n'avait coûté qu'un payement en espèces de moins de quarante francs [1]. La nouvelle combinaison de Law, interdisant la vente des actions nouvelles à ceux qui n'en possédaient pas un nombre quadruple de la première émission, eut pour conséquence une recherche extraordinaire de celles-ci qui atteignirent bientôt un cours très-élevé. Les détenteurs primitifs et ceux qui, comme Law et ses amis, avaient acheté avant la fusion, réalisèrent ainsi de grands bénéfices. Les Parisiens, avec leur heureux esprit d'à-propos, donnèrent aux anciennes actions le nom de *mères* et aux nouvelles celui de *filles*, indiquant que celles-ci apportaient toujours leur dot avec elles, car telle était la fièvre de spéculation, croissant d'heure en heure, qu'un acheteur pouvait immédiatement réaliser le double ou le triple de ce qu'il avait déboursé [2].

Les actions de la Compagnie des Indes reçurent bientôt une nouvelle impulsion. Les bénéfices de la monnaie lui avaient été cédés pour une durée de neuf années contre le payement au roi de cinquante millions à époques fixes pendant un espace de quinze mois. Pour réaliser cette somme, il fallait une nouvelle émission d'actions ; la Compagnie fut autorisée à en émettre cinquante mille au taux de cinq cents francs ; mais à cette époque, les premières actions, *les filles*, étaient montées de cinq cent cinquante francs au chiffre énorme de mille francs l'une, c'est-à-dire presque de cent pour cent. Afin de tirer parti de cette hausse, la Compagnie décida que les cinquante mille actions nouvelles seraient émises au taux nominal de cinq cents francs, mais qu'elles ne seraient livrées qu'au cours des anciennes, soit mille francs. Outre cela, et dans le but d'augmenter encore la valeur des anciennes actions, Law fit décréter que, pour en obtenir de nouvelles à ce cours exorbitant, il faudrait prouver la possession d'une valeur quintuple en titres anciens, et les payer non en espèces, mais en billets de la Banque du roi. Les actions de la dernière émission reçurent le nom de *petites-filles :* le désir d'en obtenir faisait non-seulement hausser les actions *mères*, mais encore rendait chacun empressé

---

1. En supposant que les billets fussent en perte de soixante-dix pour cent, la valeur de cent vingt-cinq francs pouvait être achetée par vingt-sept francs cinquante centimes en numéraire. Or cent vingt-cinq francs représentaient le premier appel fait aux actionnaires de la Compagnie Occidentale.
2. *Law, son système et son époque.*

d'échanger son argent contre les billets de la Banque du roi. Cette mesure complétait la première partie de la révolution financière inaugurée par Law. Les billets du gouvernement qui, en 1715, étaient descendus à soixante-dix ou quatre-vingt pour cent d'escompte, se relevèrent au pair [1] et les actions de la Compagnie furent cotées à deux cents pour cent de prime.

Dans cette même année, la Compagnie fit sa plus importante acquisition, presque la seule qui ait survécu au règne d'or de Law, et put ainsi prolonger sa propre existence. Elle acquit du gouvernement, au prix de quatre millions vingt mille francs le monopole des tabacs; la valeur de ce monopole s'accrut au point qu'au bout de quelques années, il produisait un revenu annuel de huit millions, somme presque suffisante pour payer l'intérêt du capital de la Compagnie, fixé en 1725 à huit pour cent. Ce fut aussi vers cette époque que lui fut concédée la ferme des mines de sel de l'Alsace et de la Franche-Comté.

Malgré la grandeur et le succès inouï de ses premières mesures, Law voulait aller plus loin. Sa pensée dominante était d'éteindre la dette publique au moyen de la Compagnie. Cette dette s'élevait alors à quinze ou dix-huit cent millions et l'intérêt annuel en était de quatre-vingt millions. Au milieu de la confiance et de l'excitation qui régnaient autour de lui, Law croyait possible de substituer à la dette les actions de la Compagnie des Indes. Il offrait de prêter à l'État une somme de douze millions, portée ensuite à quinze, au taux de trois pour cent, à la condition qu'il serait autorisé à émettre une pareille somme d'actions et qu'il serait chargé de la perception des impôts publics. Le 2 décembre le gouvernement accepta officiellement ces offres. La Compagnie créa aussitôt trois cent vingt-quatre mille nouvelles actions portant la valeur nominale de cinq cents francs; mais comme ses autres actions antérieurement émises étaient alors montées à mille pour cent, chacune de celles-ci valait alors sur le marché cinq mille

---

1. Quand Law, faisant connaître au public le projet de la Compagnie Occidentale en 1717, se vanta qu'un des résultats serait de faire remonter au pair les billets dépréciés, le public incrédule, déclara que, s'il accomplissait ce miracle, il serait digne que la France lui élevât des statues; il le fit cependant et n'eut pas de statues.

francs. On arrêta d'abord de les offrir au public à ce cours. Subséquemment, on résolut de les vendre par séries aux enchères devant la porte du magnifique palais que la Compagnie venait d'acheter au coin de la rue Vivienne. Là et dans les rues avoisinantes, une foule compacte se tenait, même pendant de longues nuits, oubliant le froid, la faim, la soif ; chacun muni de son lourd sac d'argent ou de son portefeuille bien garni, s'inquiétait uniquement de conquérir une bonne place d'où il pût mettre des enchères. La Compagnie ne réalisa pas moins de mille pour cent de bénéfice sur la valeur nominale des trois cent vingt-quatre mille nouvelles actions. Dans leur compte-rendu de novembre, les Directeurs déclarèrent qu'ayant émis 624,000 actions pour la somme de 312,000,000, dont ils étaient responsables, ils les avaient vendues 1,797,500,000 francs, ce qui donnait l'énorme bénéfice de 1,485,500,000 francs ! Malheureusement, une faible partie seulement fut réalisée.

Il est impossible de décrire l'empressement et l'avidité avec lesquels le public entrait dans cette lutte pour la fortune. Des hommes, naguère mendiants, devinrent subitement riches au delà de toutes prévisions. Un savetier gagna pendant quelque temps deux cents francs par jour, en établissant une boutique où il vendait du papier et de l'encre pour les calculs des spéculateurs. Des hommes faisaient métier de prêter leur dos pour servir de pupitres, et gagnaient ainsi des sommes relativement considérables. Le duc de Bourbon réalisa par ses spéculations vingt millions de francs, le duc d'Antin douze, et ces exemples n'étaient pas rares. Le luxe s'accrut en proportion de cette richesse. Des meubles, des voitures, des articles de toilette furent payés des prix inouïs ; on aurait cru vivre dans l'âge d'or. Toutefois, les plus grands bénéfices furent réalisés par ceux qui étaient dans la confidence de Law. Obtenir son amitié ou seulement faire sa connaissance était le but de l'ambition de tous. Les princesses disputaient aux duchesses l'honneur d'une introduction auprès de ce dispensateur de la fortune [1], et quand cela était impossible, elles n'hésitaient pas à recourir à toutes

---

1. La duchesse douairière d'Orléans écrivait : « Law est tellement entouré, qu'il n'a de repos ni le jour ni la nuit. Une duchesse a devant tout le monde baisé sa main ; si une duchesse agit ainsi, que feront les autres femmes ? »

sortes d'artifices pour obtenir une occasion de lui parler. Pendant tout ce temps, la rue Quinquampoix, le grand marché d'affaires, était encombrée de nobles et de valets, d'évêques et d'ecclésiastiques, d'hommes d'épée et de magistrats, de marchands et de voleurs, de marquises et de servantes, de Français et d'étrangers, tous animés d'un même désir, celui d'enlever d'assaut la fortune. Telle était la confiance dans le papier de Law qu'il était maintenant préféré aux métaux les plus précieux, et l'argent monnayé n'était plus considéré que comme un grossier moyen d'échange. Law fut nommé le 5 janvier 1720, contrôleur-général après avoir embrassé la foi catholique romaine, pour se frayer la voie à un si haut emploi.

Mais quoiqu'il semblât avoir atteint le terme le plus élevé de son ambition, une crise était imminente. Beaucoup de gens enrichis par la spéculation étaient assez clairvoyants pour juger qu'il serait sage de placer une portion de leurs gains en terres. Cette idée qui fut presque simultanément adoptée par beaucoup de personnes, jeta un grand nombre d'actions sur le marché et abaissa le prix des titres. Dès la fin de 1719, les actions avaient une tendance à la baisse. Law se tint bravement sur la brèche, et s'efforça par une série de mesures, de rendre encore le papier-monnaie plus avantageux que l'argent. Il offrit de nouvelles facilités aux petits capitalistes et aux rentiers pour les faire concourir à son projet. En même temps il montrait un front haut au public en ordonnant aux employés de la banque du roi d'affecter beaucoup d'empressement à livrer des espèces contre des billets. Mais en février 1720 la fureur de spéculation s'était changée en fureur de réalisation. Les hommes de toutes les classes se hâtaient d'échanger leurs billets contre de l'argent, qu'ils convertissaient en propriétés tangibles. Ce système fut à son tour poussé jusqu'à une telle extravagance que quand les magasins des joailliers et des tapissiers eurent été épuisés, le public acheta des épiceries et même des livres. Tout placement paraissait préférable au papier, maintenant discrédité. Dans un espace de temps incroyablement court, il était tombé si bas dans l'opinion publique, que les marchands augmentaient leurs prix de cinquante et de cent pour cent, quand on leur offrait du papier en payement.

Cependant Law encore plein de confiance s'efforçait par de nouvelles mesures de maintenir la valeur du papier et d'abaisser celle des espèces. Dans ce but, il provoqua divers édits, la plupart fort arbitraires ; ainsi il fut défendu de payer en argent, les sommes supérieures à dix francs, et en or, celles qui dépasseraient trois cents francs. Il fut interdit de porter des diamants, des perles et des pierres précieuses : la fabrication des objets d'or et d'argent fut resserrée dans d'étroites limites. Un décret du 28 janvier ordonna l'abaissement du titre des monnaies au-dessous d'une certaine valeur, afin de faire entrer au trésor les pièces démonétisées : Un autre en date du 27 février défendit que personne possédât plus de cinq cents francs en argent, et exigea que tous les payements, au-dessus de cent francs, fussent faits en billets de banque. Le 11 mars on publia que, à partir du 1er mai suivant, l'or serait entièrement retiré de la circulation, et l'usage de l'argent, sauf pour la petite monnaie, fut interdit à partir du 1er août. Dans le même mois, Law espérant ainsi soutenir la Banque royale, la réunit à la Compagnie des Indes. La valeur des actions de cette dernière fut irrévocablement fixée à neuf mille francs, et deux bureaux furent ouverts pour la conversion à ce cours des actions en billets et vice versa. Le premier de ces bureaux fut aussitôt assailli par la foule; des hommes munis de leurs billets s'élançaient pour les vendre à perte contre de l'argent comptant, ou les envoyaient vendre dans la province, où ils étaient encore acceptés. Le produit était immédiatement placé en propriétés.

Les manœuvres de Law n'empêchèrent pas la chute de tout l'édifice. Les clauses prohibitives firent, il est vrai, rentrer à la banque beaucoup d'espèces possédées par les classes moyennes, mais elles étaient impuissantes à l'égard de la haute noblesse, qui, à cette époque était au-dessus de la loi [1]. D'ailleurs, si elles amenaient de l'argent dans les caisses publiques, elles détruisaient complétement la confiance, et la dépréciation ne s'arrêtait pas. Law après

---

1. Aussitôt que le décret fut rendu, le prince de Conti retira de la Banque, trois charettes pleines d'espèces. Le duc de Bourbon en retira vingt-cinq millions, mais les personnes d'un rang inférieur ne pouvaient défier ainsi la loi. L'Etat fit saisir chez un boutiquier soixante mille marcs d'or et d'argent, à cause de sa contravention à l'Edit. *Law, son système et son époque.*

quelques opérations de moindre importance, également inefficaces, essaya d'arrêter cette défaveur en décrétant le 21 mai que la valeur des actions serait graduellement abaissée à cinq mille francs, en même temps que les actions de la banque seraient réduites à moitié de leur valeur actuelle. Si la confiance eût existé, cette mesure, en raison de la diminution des espèces, aurait été avantageuse aux actionnaires ; mais dans l'état actuel des choses ils ne la considérèrent que comme une réduction de moitié des valeurs en leur possession. La panique s'accrut à tel point, que Law fut obligé de provoquer, le 27 mai, un nouveau décret, rapportant celui du 21. Ces tergiversations n'avaient d'autre résultat que d'augmenter de plus en plus les inquiétudes ; les actions tombèrent à leur valeur nominale ; des troubles eurent lieu dans les rues, le capital disparut, la misère du peuple grandit de jour en jour, faute de moyens de réaliser le papier monnaie ; la banque était assiégée de malheureux, impatients d'échanger leurs billets pour un peu d'argent. On donna une garde à Law en apparence pour l'empêcher de fuir, mais en réalité pour le protéger. Une catastrophe était imminente : ce fut alors que la Compagnie des Indes se présenta pour offrir de reprendre tous les billets de banque et de les rembourser sur le pied de cinquante millions de francs par mois pendant un an, à la condition que ses priviléges commerciaux deviendraient perpétuels. Cette offre fut acceptée par le gouvernement, le décret fut publié en juin 1720 et depuis lors, la Compagnie, qui de la rue Vivienne gouvernait l'Inde française, prit dans l'histoire le titre de « Compagnie perpétuelle des Indes. »

Mais cette mesure que le Parlement refusa d'enregistrer, ne mit pas un terme à la panique. Au mois d'octobre de la même année, on se décida à reprendre les payements en argent. L'union établie entre la Banque du roi et la Compagnie perpétuelle des Indes fut en conséquence rompue, et cette Compagnie fut réorganisée sur les bases d'une association commerciale, indépendante de l'État : ses actions étaient réduites à deux mille francs. Vers la même époque, le contrat qui lui conférait le droit de battre monnaie et de percevoir les revenus de l'État fut annulé. Bientôt après Law ayant été obligé de quitter la France, les actionnaires furent déclarés responsables de tous les engagements qu'il avait contractés et de tout le papier qu'il avait émis. Les propriétés de la Compagnie furent séquestrées et une commission dont les membres reçurent le titre de régisseurs, fut désignée par le gouvernement pour diriger ses affaires. Il résulta des investigations et des annulations auxquelles cette commission dut avoir recours, qu'en 1723, la Compagnie était devenue une société particulière de commerce, au capital de cent douze millions de francs, divisé en cinquante mille actions de deux mille francs chacune et deux ans plus tard ce nombre fut réduit de cinq mille actions, représentant un capital de dix millions. De tous les grands priviléges concédés à la Compagnie sous l'administration de Law, il ne restait plus que l'héritage que lui avait légué la Compagnie de Colbert et le monopole des tabacs [1].

Pendant tous ces événements, la Compagnie n'avait pas oublié, au milieu de ses vastes spéculations, l'un des principaux buts de son existence. Confiante dans la permanence de sa prospérité et désirant en retirer tous les avantages possibles, elle avait équipé et expédié à Pondichéry, en 1720, trois vaisseaux richement chargés, non-seulement de marchandises européennes, mais aussi d'or et d'argent. Ces vaisseaux arrivèrent à leur destination en 1721. Le Noir, le plus capable des successeurs de Martin, avait été appelé à remplacer temporairement M. de La Provostière qui venait de mourir. C'était un marchand rusé, réfléchi, actif, entêté et bien fait pour diriger des opérations calmes et régulières, mais l'arrivée de ces trois vaisseaux le prit complétement au dépourvu. Nous avons déjà vu comment, depuis l'année 1712, la Compagnie avait été forcée de cesser son commerce et de l'abandonner pour diverses causes aux marchands de Saint-Malo. Le Noir n'était donc en aucune manière préparé à tirer parti de l'arrivée de ces navires, mais c'était cependant un événement très-acceptable. Le non-payement des dettes contractées à Surate pesait depuis longtemps sur le crédit français dans l'Inde, et d'autres obligations avaient

---

1. Pour cette histoire de Law, nous avons puisé nos renseignements dans les ouvrages suivants : *Law, son système et son époque*, de Cochut ; *Histoire du système des finances sous la minorité de Louis XV*, de Duverney, et nous avons comparé avec ces ouvrages les nombreux édits publiés sous la Régence.

dû être prises à Chandernagor, à Balasore et dans d'autres établissements par suite du dénûment dans lequel ils avaient été abandonnés depuis la mort de Martin. Le Noir jugeant avec raison que le bon crédit est la meilleure base du succès, se décida à consacrer la plus grande partie de l'argent qu'il recevait, au payement des dettes de l'ancienne Compagnie, plutôt que de les laisser encore en souffrance, et de renvoyer des cargaisons en Europe. Il s'en suivit l'inévitable résultat que la Compagnie ne reçut en échange de ses importantes avances, qu'un retour insignifiant.

Le système de Law ayant croulé ainsi que nous l'avons vu, et le papier de la Compagnie ayant été supprimé avant la fin de 1720, elle ne possédait plus les ressources nécessaires pour faire de nouvelles expéditions dans l'Inde. Pas un seul navire ne fut envoyé, ni en 1721, ni en 1722. L'établissement de Pondichéry fut réduit à la plus affreuse pénurie pendant cette dernière année et une grande partie de la suivante. Le gouvernement local n'avait ni marchandises, ni argent, ni ressources, et devint par suite un objet de dérision pour ses rivaux, qui commerçaient dans l'Ougli et sur la côte de Coromandel ; mais ce n'était pas encore là le plus fâcheux résultat de la désorganisation des choses en France. Le Noir avait tout naturellement regardé la venue des trois navires et des fonds qu'ils apportaient comme les prémices de nouveaux arrivages. Il avait reçu des Directeurs l'assurance qu'il lui serait envoyé chaque année de semblables renforts. En prévision de l'arrivée d'une expédition en 1722, il avait fait de grands préparatifs pour ouvrir de nouveaux marchés aux cargaisons attendues. Mais il fut cruellement désappointé en ne voyant arriver ni une flotte, ni même un seul navire. Il avait engagé son crédit, et à cette époque, la prospérité du petit établissement de Pondichéry ne reposait que sur la confiance inspirée aux indigènes. Mais c'est dans de telles circonstances que le mérite d'un système de gouvernement est apprécié et porte ses fruits. Dans cette crise, les colons français recueillirent les avantages, non-seulement du système de bonne foi suivi par Martin, mais encore de l'acte honorable par lequel Le Noir avait, l'année précédente, employé les richesses qu'il recevait, à l'acquittement des dettes de la Compagnie. Les riches indigènes avec lesquels il avait traité, connaissant la cause qui l'empêchait de remplir ses engagements, consentirent à attendre des temps meilleurs. Ce fut avec leur aide et par leur tolérance que Le Noir put sauver le crédit de la colonie, dans cette pénible situation.

Nous avons rapporté comment, en 1723, les restrictions imposées par le gouvernement français à la Compagnie furent levées et comment elle devint dès lors une institution particulière au capital de cent douze millions de francs. La conséquence de cet arrangement fut l'envoi à Pondichéry de deux navires chargés de marchandises. L'un d'eux apportait la nomination de M. Beauvallier de Courchant à l'emploi de gouverneur en remplacement de Le Noir. M. Beauvallier prit possession de son emploi le 6 octobre et ne voulut altérer en rien le système adopté par son prédécesseur. Les chargements des deux navires de 1723 ne suffirent qu'à peine à réparer e dommage causé dans la colonie, par deux années d'abandon, et encore ils ne remportèrent que des cargaisons de peu de valeur. Néanmoins depuis cette époque jusqu'en 1726, la Compagnie continua d'envoyer chaque année à Pondichéry trois ou quatre navires, de sorte que le commerce presque éteint de cette colonie, se releva graduellement. Postérieurement à 1726, les progrès furent plus rapides. Les longues années de paix qui, sauf pendant une courte interruption, signalèrent l'administration du cardinal Fleury, furent d'un grand avantage pour la Compagnie et son établissement de Pondichéry. Le Noir redevenu gouverneur pour la seconde fois, après M. Beauvallier, le 4 septembre 1726, regarda comme un grand progrès sur le passé, d'avoir pu envoyer en Europe, en octobre 1727 et janvier 1728, des marchandises pour une valeur d'environ 2,234,385 francs, soit 900,000 roupies; mais en septembre 1729 et janvier 1730, le montant des expéditions atteignit le chiffre de 5,404,290 francs (environ 2,170,000 roupies). Cette année fut, il est vrai, exceptionnellement bonne, mais enfin elle atteste les grands progrès commerciaux de la colonie et une véritable résurrection de l'anéantissement dans lequel elle était tombée en 1722 et 1723. En 1725, le capital de la Compagnie avait été réduit de dix millions par suite du retrait de cinq mille actions qui, cette année même, furent annulées et brûlées publiquement en vertu d'un décret du Roi. L'intérêt à huit pour cent du capital ainsi réduit étant fourni par les fermiers généraux du monopole des tabacs, la Compagnie pouvait attendre des bénéfices de ses opérations commerciales, mais des charges bien lourdes pesaient encore sur elle. Elle avait dépensé des sommes énormes à Lorient dont elle avait fait un des plus beaux ports de France ; elle avait été forcée de mettre sur un pied respectable ses établissements maritimes, soit en France, soit dans l'Inde, de construire de grands navires, d'acheter des loges et des comptoirs : d'élever des magasins et de dépenser quinze millions de francs dans les marécages de la Louisiane. Cependant, jusqu'au moment où des guerres funestes par les désastres commerciaux qui en furent les conséquences ruineuses, par suite des fréquentes réquisitions de secours adressées à la Compagnie, vinrent accroître les dépenses et anéantir toute perspective de recettes, jusqu'alors la situation de la Compagnie perpétuelle des Indes était en réalité satisfaisante et pleine d'avenir, quoiqu'elle pût paraître amoindrie relativement à ce qu'elle avait été sous l'âge d'or du contrôle général de Law.

Mais revenons à la colonie. Au retour de la prospérité, le gouverneur Beauvallier avait pris à tâche d'exécuter dans la ville les travaux conçus par Martin, et demeurés depuis lors à l'état de projet. Le Noir fit mieux encore que de continuer cette œuvre. Le temps et le développement des affaires ayant amené un accroissement considérable de la population, la création d'un mur d'enceinte fut résolue. A cet effet, tous les habitants durent acquitter chaque mois, un impôt égal à une journée de leur revenu. Au bout d'un certain temps, cet impôt, quoique très-modéré, avait permis d'achever l'enceinte sur trois côtés de la ville. Il était réservé à Dupleix d'élever, dans un moment de pressante nécessité, le quatrième côté qui, destiné à protéger la ville vers la mer, se trouva par cela même le plus important. Vers la même époque furent commencés les embellissements de Pondichéry ; ces travaux prirent de grandes proportions sous la direction de Le Noir et de son successeur. A l'ouest de la maison du gouvernement, fut disposé un magnifique jardin, planté de belles avenues qui devinrent des promenades publiques. Au centre de ce jardin s'éleva un palais magnifiquement meublé, destiné à servir de résidence aux princes étrangers et aux ambassadeurs. Près de ce palais était le collége des jésuites, renfermant douze à quinze prêtres, auxquels était confiée l'éducation de la jeunesse de la colonie. Il y avait aussi une maison pour les missions étrangères, habitée par deux ou trois prêtres et une autre qu'occupaient sept ou huit capucins. Une des conditions de la concession du territoire faite aux Français, avait été la tolérance pour le culte indou ; aussi dut-on conserver les deux pagodes ou temples qui existaient antérieurement. Toutes les rues furent régulièrement tracées, larges, à angles droits, et bordées de maisons se joignant sans interruption. Le côté de la ville faisant face à la mer, n'était qu'à cent mètres du rivage, et la haute marée ne s'élevait jamais à plus de deux pieds. Les plus grands navires étaient obligés de jeter l'ancre à environ une lieue au large. Ses fortifications créées par les Hollandais, après la restauration de cette ville, et augmentées par Le Noir et Dumas, suffisaient pour tenir éloigné un ennemi indigène, mais ce fut seulement lors de la guerre 1743, que Dupleix réussit à la mettre en état de résister à une attaque européenne. La ville indigène fut séparée de la ville européenne par un canal ; les maisons de cette dernière étaient solidement construites en bois et *chunam*, sorte de composition faite avec des coquilles réduites en poudre et formant une pâte qui, exposée à l'air, devient aussi blanche et presque aussi dure que la pierre.

Le gouvernement de Pondichéry se composait d'un conseil suprême de cinq membres présidés par le gouverneur. Toute l'administration reposait entre leurs mains. La justice était rendue et les lois appliquées au nom du Roi, mais les conseillers et le gouverneur étaient les employés de la Compagnie qui pouvait les remplacer sans en référer au souverain ou aux ministres. Tous les officiers coloniaux, judiciaires ou autres étaient à la nomination du conseil auquel étaient également subordonnés tous les chefs des autres comptoirs ou établissements dans l'Inde. Il est curieux de lire l'étiquette observée par le gouverneur, aux premiers temps de l'occupation. Dans les grandes occasions, il était accompagné de douze gardes à cheval, vêtus d'écarlate brodé d'or et commandés par un officier du grade de capitaine. Il avait de plus une garde à pied de trois cents indigènes appelés péons, et ne paraissait en public, que porté dans un palanquin richement orné de franges d'or [1]. Telle était cependant l'économie de ces premiers temps, que lorsque ces gardes n'étaient pas réclamés par leur service, ils travaillaient au port ou dans les magasins, et tiraient de là les seuls gages qui leur fussent attribués.

Toutes les institutions dépendant du conseil local reçurent leur entier développement sous les successeurs de Martin et principalement de Le Noir. Leur système était tout pacifique. Peut-être eût-il été avantageux à la colonie de faire durer davantage cette politique de non-intervention à l'égard des indigènes. Mais les excellentes intentions du gouverneur ne purent longtemps prévaloir contre la force des circonstances. Le Noir exerçait depuis peu de temps son second gouvernement lorsque survint un événement qui mit en scène un homme destiné à jouer quelques années plus tard un rôle important dans les luttes dont le maintien de l'empire était l'objet. C'est cet événement que nous allons maintenant raconter.

1. *Histoire des Indes-Orientales*, par M. l'abbé Guyon.

CHAPITRE III

ÉLÉVATION DU POUVOIR DES FRANÇAIS DANS L'INDE

En l'année 1725, une escadrille française commandée par M. de Pardaillan, agissant en vertu des ordres du gouvernement de Pondichéry parut devant la petite ville de Maihi [1] (Mahé) située au-dessous de Tellichéry, sur la côte de Malabar, et la fit sommer de se rendre. Par sa situation, Maihi paraissait à l'abri de tout danger : construite sur un sol s'élevant brusquement au-dessus de la mer, arrosée au Nord par une petite rivière dont l'embouchure, obstruée de roches, était inabordable, même aux bâtiments d'un faible tonnage, il semblait que Maihi pût défier impunément une attaque maritime. Confiant dans cette force naturelle de la position, le chef qui la commandait refusa de se rendre. Le commandant français lui-même semblait douter du succès; du moins il hésitait sur la marche à adopter en cette circonstance, quand le capitaine d'un de ses vaisseaux lui soumit un plan dont il le pria de lui confier l'exécution. Le nom de ce capitaine était Bertrand-François Mahé de La Bourdonnais.

Comme ce nom occupera une grande place dans les pages qui

---

1. On ne sait que peu de chose sur Maihi, antérieurement à cette attaque par les Français. Elle faisait, de nom, partie des possessions du petit rajah de Karical, mais il y a tout lieu de penser que de fait elle était indépendante. L'attaque dont il est ici question eut lieu par les ordres des Directeurs dans le but de s'assurer sur la côte de Malabar, d'un point qui indemnisât les Français de la perte de Surate, et Maihi remplissait parfaitement les conditions nécessaires.

vont suivre, il est à propos de dépeindre, dès à présent, celui qui le portait et que nous voyons dès lors se distinguer dans les mers de l'Inde. La Bourdonnais naquit à Saint-Malo en 1699. Il n'avait pas encore dix ans quand il s'embarqua sur un navire marchand à destination de la mer du Sud. A peine revenu, en 1713, il partit pour un second voyage aux Indes-Orientales et aux îles Philippines. Pendant la traversée, un jésuite qui se trouvait à bord, lui enseigna les mathématiques. En 1716 et 1717, il fit son troisième voyage, cette fois ce fut dans la mer du Nord; dans l'année suivante, il accomplit le quatrième, dans le Levant. Dans sa vingtième année, il entra au service de la Compagnie française des Indes, comme lieutenant en second d'un vaisseau envoyé à Surate. En 1722, il fut nommé lieutenant en premier et c'est avec ce grade qu'il visita l'Inde pour la troisième fois. Pendant la traversée il s'occupa d'écrire un traité sur la mâture des vaisseaux. Dans son voyage de retour, il eut l'occasion de montrer qu'il avait autant d'initiative que de présence d'esprit : son vaisseau, *le Bourbon*, faisait eau et manquait de tout en arrivant en rade de l'île Bourbon ; aucun navire n'était en vue et l'île ne présentait aucune ressource, Dans cette extrémité, la Bourdonnais n'hésite pas à s'embarquer dans une chaloupe pour gagner l'Ile de France et y chercher un navire de secours ; il réussit, et, grâce à cette audacieuse entreprise, *le Bourbon* fut sauvé.

La Bourdonnais était à peine rentré en France qu'il recevait l'ordre de partir pour les Indes, comme capitaine commandant une frégate. Durant ses précédents voyages, il avait acquis des connaissances étendues en artillerie, en navigation et dans tout ce qui a rapport aux constructions navales ; dans celui-ci il fit une étude particulière de la fortification, sous l'habile direction de M. Didier, ingénieur au service du Roi, et bientôt il acquit, dans cette branche de l'art de la guerre, une habileté exceptionnelle. En arrivant à Pondichéry, il fut attaché à l'escadre de M. de Pardaillan, qui faisait voile pour la conquête de Maihi. C'est sous les ordres de ce commandant qui hésitait à attaquer la place, que nous le trouvons maintenant.

Le plan que La Bourdonnais soumit au commandant était de

construire un radeau sur lequel les troupes se rendraient à terre en ordre de bataille, protégées par le feu de l'escadre. Il insista pour être chargé d'exécuter ce qu'il avait conçu. M. de Pardaillan, frappé de la simplicité de ce plan, aussi bien que de l'énergie et de la promptitude de décision qu'annonçait le jeune officier, donna son approbation à ce projet qui fut mis immédiatement à exécution. Le radeau construit, les troupes y montèrent et, dirigées par La Bourdonnais, débarquèrent au pied de la falaise, presque rangées en bataille. La grande difficulté se trouvait ainsi vaincue, et la ville fut prise d'assaut. Comme récompense de l'intrépidité et de l'habileté dont le jeune capitaine avait fait preuve, le commandant, par un léger changement au nom indien de la ville conquise, Maihi ou Mahi, lui donna le premier des noms de La Bourdonnais, Mahé, qui fit bientôt oublier l'autre, tant il fut vite adopté [1].

Nous ne poursuivrons pas en ce moment la carrière de La Bourdonnais, l'ordre des événements nous appelant à Pondichéry. Nous devons maintenant, porter notre attention sur les actes d'un homme qui devait exercer sur l'Inde française une influence encore plus directe, plus puissante et plus durable; dont le brillant génie compléta l'œuvre commencée par François Martin; qui ne dut qu'à sa seule énergie les grandes choses qu'il accomplit et ne fut entravé dans l'exécution de ses projets grandioses que par ce système de corruption universelle qui, pendant le règne de Louis XV, rongea jusqu'au cœur de la France, régna dans ses palais et souilla ses emplois publics. Est-il besoin de dire que c'est de Joseph-François Dupleix que nous voulons parler?

Cet illustre homme d'État naquit à Landrecies en 1697; son père, riche fermier général, était l'un des Directeurs de la Compagnie des Indes. Le jeune Dupleix montra d'abord une véritable passion pour les sciences exactes, particulièrement pour les mathématiques, et une aversion marquée pour la carrière commerciale à laquelle son père le destinait. Pour le guérir de ses habitudes méditatives

---

1. C'est dans la Chronologie du Carnatie de M. Brown que nous avons puisé l'indication de cette origine du nom de Mahé. Evidemment, elle était ignorée de M. Mill ainsi que des auteurs des *Indian Gazetteers*.

et le lancer sans retour dans la vie pratique, le vieux fermier-général envoya sur mer le jeune penseur de dix-sept ans. Le résultat répondit entièrement à ses espérances ; au retour de l'Atlantique et des mers de l'Inde, Dupleix était guéri de son amour pour les sciences abstraites, impatient de se mêler au monde et de mettre en pratique les théories que son voyage lui avait inspirées en fait d'entreprises commerciales. Il était au pouvoir de son père de favoriser l'accomplissement de ses projets. Directeur de la Compagnie des Indes et jouissant d'une grande influence parmi ses collègues, il fit sans peine nommer son fils, qui n'avait alors que vingt-trois ans, à la seconde position de Pondichéry, c'est-à-dire au poste de premier conseiller et de commissaire militaire du Conseil supérieur. Dupleix prit possession de ses fonctions en 1720, et s'occupa aussitôt de donner un corps à ses pensées. Les colons étaient exclusivement préoccupés des relations commerciales entre l'Europe et Pondichéry ; il se proposa de développer et d'étendre le trafic des nombreux ports du littoral avec les grandes villes de l'intérieur. Ne se contentant pas de voir Pondichéry se livrer à l'exportation des produits de ses propres manufactures et de celle de ses voisins immédiats, il voulut en faire le port de transit du commerce de l'Inde méridionale. Le gouvernement de Pondichéry n'était pas alors dans une position financière qui lui permît de se lancer sans difficultés dans cette entreprise que le gouverneur Le Noir jugeait cependant praticable et même fort désirable. Mais Dupleix ne s'arrêta pas devant cet obstacle ; au contraire, le commerce privé étant permis par la Compagnie, il fut heureux de saisir une occasion de montrer aux Européens résidant à Pondichéry et qui pour la plupart étaient des agents de la Compagnie, comment ils pourraient s'enrichir par les moyens les plus légitimes. Tout ce qui contribuerait à leur créer une position indépendante ne pouvait que les attacher aux intérêts du pays et à la prospérité de l'établissement. Il ne se fit pas scrupule de donner un exemple hardi en risquant sa fortune personnelle dans une tentative de ce genre. Les résultats furent tels qu'il les avait prévus. Il réalisa en peu de temps de grands bénéfices et l'exemple de son succès fut plus efficace pour entraîner ses compatriotes à marcher sur ses traces que n'aurait pu l'être l'exposé de toutes ses théories.

Depuis la formation de la Compagnie perpétuelle des Indes, le contrôle des Directeurs de Paris sur leurs agents à Pondichéry était devenu beaucoup plus absolu et plus direct qu'il ne l'était antérieurement à 1720. Ils entraient dans des détails sur lesquels l'administration de la Compagnie ne pouvait être compétente; il en résulta des ordres arbitraires, souvent mal reçus, des malentendus, puis enfin de la mésintelligence; ce fut ainsi qu'en décembre 1726, M. Le Noir, étant gouverneur, Dupleix fut suspendu de ses fonctions, par ordre des Directeurs; Dupleix ne voulut pas profiter du passage gratuit qui lui fut offert pour rentrer en France; il résolut d'attendre dans l'Inde l'effet d'un mémoire qu'il s'occupa immédiatement de rédiger. Il lui fallut près de quatre années pour obtenir enfin la justice qu'il sollicitait. La sentence de suspension fut rapportée le 30 septembre 1730 et, comme compensation de l'injustice dont il avait été victime, il fut bientôt après nommé intendant ou directeur de Chandernagor, poste retiré à un jeune officier que Le Noir y avait placé.

Depuis l'époque de sa première occupation en 1676, jusqu'à celle où Dupleix en devint l'intendant, Chandernagor n'avait été considéré que comme un établissement de très-mince importance. Ses colons, négligés par la Compagnie, manquant de ressources comme d'initiative, avaient toujours été impuissants à entreprendre de grandes affaires. Cette ville, ainsi que nous l'avons vu [1], avait été fortifiée en 1688. Des postes commerciaux dépendant de Chandernagor avaient aussi été établis à Kassim-Bazar, à Jongdia, Dacca, Balasore et Patna, mais leurs opérations n'étaient pas étendues. La longue pénurie d'argent de la Compagnie avait eu entre autres effets pernicieux celui de produire la stagnation, compagne ordinaire de la pauvreté. Les agents en étaient arrivés à regarder cette stagnation comme un état de choses normal et avaient ainsi perdu l'énergie, l'initiative et toute idée d'avenir. Leurs efforts se bornaient à faire face à une circonstance difficile,

---

1. Chapitre premier.

à trouver le moyen de sortir d'un embarras momentané, mais, la crise passée, ils retombaient aussitôt dans le *far niente* qui était devenu leur vie habituelle. La ville présentait une apparence de désolation et de ruine parfaitement en rapport avec cette situation ; ses rues silencieuses étaient envahies par les broussailles : devant ses quais déserts, le rapide courant de l'Ougli faisait passer les marchandises de l'Orient, destinées aux rivaux qui créaient les riches entrepôts du vieux Calcutta sur les ruines de terre de Chutta-Nutty.

C'était pour administrer un établissement réduit à cet état de décrépitude toujours croissante que Dupleix fut désigné en 1731. Mais malgré la situation de dépérissement dans laquelle il trouva Chandernagor, il ne s'abandonna ni à l'inquiétude, ni au découragement. Au premier coup d'œil il discerna les ressources que ce lieu pouvait fournir, et, d'autant plus confiant dans ses propres moyens qu'il avait prouvé à Pondichéry le mérite de ses conceptions commerciales, il sentit que la restauration de Chandernagor serait une tâche praticable. La mission qui lui était confiée avait donc l'attrait d'une grande œuvre à accomplir, et il se sentait capable de la mener à bonne fin. Il ne perdit pas de temps en délibérations, et mettant immédiatement à contribution la grande fortune qu'il avait acquise, il engagea les autres à suivre son exemple. Il acheta et affréta des navires, se procura des chargements, ouvrit des communications avec l'intérieur, attira à la ville les marchands indigènes, et Chandernagor ressentit bientôt l'influence de cette main puissante. Animés par son exemple, les subordonnés secouèrent leur nonchalance habituelle et voulurent entrer dans la voie qu'il leur ouvrait. Dupleix avait de la place pour tout le monde. Aux uns il avançait de l'argent, il s'associait les autres ; tous recevaient de l'encouragement. Il n'était pas encore en fonctions depuis quatre ans que déjà les cinq ou six bateaux du pays qui, lors de son arrivée, se trouvaient amarrés sans emploi au quai de Chandernagor, étaient remplacés par trente ou quarante navires ; au moment de son départ, leur nombre s'élevait à soixante-douze ; ils portaient les marchandises du Bengale à Surate, Yeddo, Moka, Bassora et jusqu'en Chine. Il ne négligea pas non plus le commerce continental et sut établir des relations commerciales avec les principales villes de l'intérieur, même avec le Thibet. Sous un semblable régime, Chandernagor eut bientôt amélioré sa condition, naguère si misérable. Après avoir été le dernier des établissements européens du Bengale, il en devint, en peu d'années, le plus important et le plus florissant. Cette renaissance causa une grande satisfaction en France; le gouvernement et les Directeurs apprécièrent, comme ils le devaient, l'avantage d'avoir pour chef de l'établissement un homme doué d'une telle confiance en lui-même, redoutant si peu la responsabilité et n'hésitant jamais à faire les avances nécessaires aux besoins publics, bien que se livrant pour son compte personnel à d'importantes affaires commerciales. Il arriva donc que sa fortune et celle de Chandernagor grandirent côte à côte. Si ses bénéfices étaient considérables, on pouvait s'assurer, en comparant le Chandernagor de 1741 au Chandernagor de 1731, que ceux de la colonie n'avaient pas grandi dans une proportion moindre que les siens propres.

M. Le Noir, après avoir administré Pondichéry et ses dépendances pendant une seconde période qui dura neuf années, avait été remplacé le 19 septembre 1735, comme gouverneur général, par M. Benoît Dumas, alors gouverneur des îles de France et de Bourbon. Depuis la mort de Martin jusqu'à cette époque, les relations entre Pondichéry et les chefs indigènes n'avaient que peu varié ; mais avec la venue de Dumas parurent les premiers symptômes d'un nouvel ordre de choses. Ce changement ne doit pas être attribué au caractère personnel de ce nouveau fonctionnaire ; il fut le résultat des événements dont la province du Carnate allait devenir le théâtre. Il est conséquemment nécessaire que nous entrions dans quelques détails sur les faits se rattachant au gouvernement de Dumas.

Dumas était âgé de dix-sept ans lorsqu'il entra, en 1713, au service de l'ancienne Compagnie des Indes et fut immédiatement envoyé à Pondichéry. Il y fit preuve de tant de capacité et d'aptitude aux affaires qu'au bout de cinq ans, on le nomma membre du Conseil supérieur, et en juin 1721, avocat général. Il fut ensuite envoyé aux îles de France et de Bourbon, comme membre du gouvernement supérieur, et après avoir successivement rempli les fonctions de Directeur général pour la Compagnie des Indes et de Président du Conseil supérieur, il fut enfin nommé gouverneur de ces îles. Il conserva ce poste jusqu'en 1735, époque où il remplaça M. Le Noir comme gouverneur général des possessions françaises dans l'Inde [1]. Le nouveau gouverneur était un homme adroit, calculateur, prudent, nullement enclin à risquer beaucoup sans avoir en vue un résultat très-tangible, brave, résolu, jaloux de l'honneur de la France, parfaitement au fait des mœurs du pays, fidèle aux traditions de François Martin, aimant la paix et désireux par-dessus tout d'étendre par des moyens pacifiques le territoire français dans l'Inde.

Dumas réunissait donc toutes les qualités nécessaires pour pratiquer cette politique douce et paisible. Sous sa direction, Pondichéry ne perdit aucun des attraits qu'il offrait aux chefs indigènes indépendants. Peu après que Dumas eut pris possession de son poste, il se présenta une circonstance favorable pour resserrer encore les liens d'amitié qui unissaient déjà les Français au plus puissant de leurs voisins, Dost Ali-Khan, nabab du Carnate.

Sadutoulla Khan, nabab du Carnate, l'un des indigènes les plus distingués de cette époque, étant mort en 1732, son neveu et plus proche parent, Dost Ali, prit possession de la dignité vacante, sans cependant obtenir la sanction de son supérieur immédiat, le vice-roi du Décan. Cette circonstance ne fut sans doute pas sans influence sur la disposition que Dost Ali montra de très-bonne heure à s'appuyer sur les Européens; il ne tarda pas à nouer des relations très-intimes avec les colons bienveillants, hospitaliers et sociables qui s'étaient établis à Pondichéry. Il se lia d'une étroite amitié avec Dumas, en particulier; celui-ci désirant tirer parti de cette liaison dans l'intérêt de la colonie, pressa Dost Ali de lui procurer la permission de frapper monnaie, permission que les Anglais avaient obtenue mais dont ils n'avaient pas tardé à négliger de faire usage. Le nabab transmit la requête à Delhi après y avoir joint de pres-

---

(1) Ce résumé des services antérieurs de M. Dumas est tiré des lettres patentes de Louis XV en date du 4 septembre 1742 confirmant son anoblissement à l'occasion de sa rentrée en France.

santes recommandations et à la fin de 1736, il réussit à obtenir un firman de Mahomed-Shah, adressé au Nabab d'Arcate, autorisant les Français à frapper de la monnaie courante du pays, en or et en argent ; elle devait porter d'un côté l'effigie du Mogol; et de l'autre le nom du lieu où elle aurait été frappée [1].

Les Français retirèrent de grands bénéfices de cette autorisation; la réputation de la monnaie indo-française grandit rapidement et devint l'origine d'un commerce lucratif de lingots d'or et d'argent. La somme en espèces frappées ne s'éleva pas à moins de cinq ou six millions de roupies [2] et les bénéfices de ce monnayage produisirent un revenu annuel de deux cent mille roupies (six cent quatre-vingt mille francs), somme fort importante pour un établissement qui, comme Pondichéry était presque abandonné à lui-même par les Directeurs d'Europe [3].

Mais l'intimité avec Dost-Ali amena encore d'autres résultats importants. Dost-Ali avait deux fils et plusieurs filles, dont l'une, mariée à son neveu Mortiz-Ali et une autre à un parent plus éloigné, Chunda-Sahib. Sufder-Ali, l'aîné des fils, quoique ne partageant pas complétement la partialité de son père pour les Français, avait cependant un certain respect pour eux et surtout pour les fortifications de Pondichéry; Chunda-Sahib, au contraire, professait la plus grande admiration pour les étrangers. Il était peut-être le seul des indigènes qui les comprît. Né sans fortune, mais avec une grande capacité, de l'énergie et une ambition sans bornes, il avait été placé par son mariage dans une position qui, sans lui permettre d'aspirer ouvertement à de hautes destinées, laissait cependant le champ libre à de secrètes espérances. Il n'avait per-

1. Voici la traduction d'un extrait de la lettre adressée à ce sujet par Dost-Ali à Dumas : « La réputation de sincère et fidèle ami que vous avez acquise est connue partout. Dans le but de gagner aussi votre amitié, je vous accorde la permission de frapper à Pondichéry, de la monnaie d'Arcate, conformément au Paravanah que je vous envoie.» GUYON.

2. La roupie française était un peu plus grande qu'un schelling anglais et beaucoup plus épaisse. Quant au titre, il était supérieur à l'étalon anglais. La monnaie d'or était la pagode valant environ neuf schellings (10 fr. 80); trois cent vingt-cinq roupies équivalaient à cent pagodes; d'où il suit que la roupie indo-française valait plus de deux schellings, neuf deniers, ou 2 fr. 80.

3. En récompense de son succès dans les négociations qu'il avait entreprises à ce sujet Dumas fut créé Chevalier de l'Ordre de Saint-Michel et reçut des lettres de noblesse. GUYON.

sonnellement que peu de famille et se trouvait sans cesse en contact avec des parents dont l'ambition égalait la sienne, mais dont la puissance et les droits étaient de beaucoup supérieurs aux siens ; il avait depuis longtemps compris que c'était en dehors de sa famille, qu'il devrait chercher des appuis. Il se sentait attiré vers les Français, et semblait avoir deviné leur désir latent d'accroître leur territoire. En tout cas, il est certain qu'il saisit la première occasion de leur offrir son aide pour faire passer de nouvelles provinces sous leur domination. Il n'est pas douteux qu'en agissant ainsi son but ne fût de s'assurer l'appui des Français. Depuis qu'il était entré dans la famille de Dost-Ali, il avait été parmi les alliés de Dumas, le visiteur le plus assidu à Pondichéry et s'était acquis, plus que tous les autres, l'estime des autorités de cette ville.

Le rajah indou de Trichinopoly étant mort sans enfants, vers la fin de 1735, un conflit s'éleva immédiatement entre sa veuve, la Ranée, et l'un des parents éloignés du prince défunt. Dans sa détresse, la Ranée appela Dost-Ali à son secours. L'occasion était trop tentante pour être négligée ; Dost-Ali envoya, pour prendre possession du territoire contesté, des troupes, dont le chef nominal était son fils Sufder-Ali ; mais le commandant réel était son gendre Chunda-Sahib. Le royaume fut bientôt envahi ; la capitale seule se défendit ; Chunda-Sahib s'en rendit maître le 26 avril 1736, en faisant serment [1] que ses troupes ne seraient employées qu'au service de la Ranée ; mais il ne tint ce serment que jusqu'au moment où il fut en possession de Trichinopoly ; alors il emprisonna la Ranée, et, avant de retourner à Arcate, Sufder-Ali l'investit de pleins pouvoirs pour gouverner le pays en qualité de lieutenant de Dost-Ali. Dans ce poste, il continua d'entretenir des rapports intimes avec les Français.

Le royaume indou de Tanjore se trouvait placé entre la côte de Coromandel et Trichinopoly ; il était borné au Nord par le Coleroon qui se jette dans la mer à trente milles au-dessous de

---

[1]. Orme rapporte que les habitants du pays crurent que la Ranée était tombée amoureuse de Chunda Sahib ; mais cette histoire est invraisemblable ; Chunda-Sahib put se croire dégagé de son serment, parce qu'il l'avait prêté non sur le Coran lui-même, mais bien sur une brique placée dans la couverture du livre saint.

de Pondichéry. Tanjore, l'une des conquêtes de Shahgi, le père du fameux Sevadgi, avait été assuré à perpétuité par ce dernier à son frère Venkadgi, qui fut remplacé par son fils Toukadgi. Celui-ci mourut en février 1738, laissant deux fils légitimes, Baba-Sahib et Sahodgi et un autre Pertab-Singh qu'il avait eu d'une concubine. Baba-Sahib qui avait succédé à son père, mourut sans postérité, dans la même année. Après un court interrègne, pendant lequel le commandant mahométan de Tanjore, Seid-Khan, ne suscita deux candidats que pour les faire immédiatement disparaître, le dernier fils légitime Sahodgi parvint au pouvoir. Peu de temps après son avènement, Seid-Khan mit en avant Sidodgi, cousin prétendu du roi, et fomenta une révolution en sa faveur. Réunissant promptement leurs amis, ils réussirent à s'emparer du palais et des places fortes du royaume de Tanjore. Sahodgi eut à peine le temps de fuir à cheval accompagné de quelques amis; ils passèrent le Coleroon et se réfugièrent dans la pagode de Chillumbrum, position très-forte, à environ six milles au nord du Coleroon et à vingt-quatre milles de Pondichéry. C'est de là que Sahodgi ouvrit des négociations avec Dumas. Il offrait de mettre les Français en possession de la ville de Karical, du fort Kircan Gurrie, de dix villages et de toutes les terres qui en dépendaient, si Dumas voulait lui fournir l'aide nécessaire pour recouvrer le royaume de Tanjore. Aucune offre ne pouvait être plus tentante; depuis longtemps les Français cherchaient à conclure quelque arrangement qui leur permît de prendre pied dans le royaume de Tanjore; mais jusqu'ici leurs desseins avaient été déjoués par la jalousie des Hollandais établis à Négapatam, à quelques milles au sud de Karical, et voilà qu'on leur offrait tout ce qu'ils désiraient le plus. Il n'y avait pas beaucoup à risquer, car on n'aurait qu'à fournir à l'une des parties belligérantes des secours matériels pour assurer une victoire facile. Dumas n'hésita pas, il entra aussitôt en pourparlers avec les envoyés de Sahodgi et s'engagea à fournir à ce prince un lakh (250,000 fr.) en roupies d'argent, des armes, de la poudre et autres munitions de guerre, et enfin à lui donner tous les secours en son pouvoir. En retour, Sahodgi lui envoya un engagement de lui livrer Karical, le fort de Kircan-Gurrie et les dix villages avec leur territoire. En exécution de ces conventions, Dumas fit partir deux vaisseaux de guerre, *le Bourbon*, de soixante canons, et *le Saint-Géran*, de quarante, chargés de troupes d'artillerie et de munitions, pour aller prendre possession de Karical et seconder l'entreprise convenue. Ces vaisseaux jetèrent l'ancre devant Karical dans le mois d'août de cette même année 1738 [1].

Pendant ce temps Sahodgi avait mis en œuvre des moyens qui lui convenaient mieux que la force. Par des dons et des promesses, il avait gagné les principaux nobles de Tanjore et même le tout-puissant Seïd. On convint d'une série d'opérations par suite desquelles, l'usurpateur Sidodgi fut surpris dans son palais. Avis en ayant été transmis à la pagode Chillumbrum, Sahodgi se hâta de monter à cheval pour rentrer en triomphe dans Tanjore.

C'est par ces nouvelles que furent salués les capitaines du *Bourbon* et du *Saint-Géran* lorsqu'ils mouillèrent devant Karical. On les prévint en même temps que le secours des Français n'était plus utile; que Karical était occupé par trois ou quatre mille hommes de troupes sous Khan Sahib, officier dévoué à Sahodgi, et que toute tentative de débarquement serait considérée comme un acte d'hostilité et repoussée comme tel. Sur cet avis, le plus âgé des capitaines décida qu'on attendrait de nouvelles instructions de Pondichéry.

Mais en même temps que Sahodgi avait envoyé ce message à Karical, il avait écrit dans un tout autre sens à Dumas. Il lui déclarait qu'il était tout disposé à lui livrer Karical, mais qu'il était dans l'impossibilité de le faire immédiatement. Non-seulement, disait-il, il était à peine en sécurité dans sa capitale, mais encore, du côté de Trichinopoly, il était menacé par Chunda-Sahib. Il insistait sur l'impossibilité où il était, dans de telles circonstances, de se priver de ressources essentielles à sa sûreté.

Ces excuses, toutes plausibles qu'elles pussent être, ne trompèrent pas Dumas. Il ne pouvait, sans un grand déplaisir, voir cette proie, convoitée depuis si longtemps, lui échapper au moment même où il croyait la saisir. Il sentait bien cependant qu'avec

---

1. Les détails de cette expédition contre Karical sont tirés principalement du rapport communiqué par Dumas à l'abbé Guyon et d'un document fort ancien intitulé : *Mémoire particulier sur l'acquisition de Karical*.

deux vaisseaux de guerre, la conquête de Karical était aisée ; sans doute, la tentation eût été grande pour un homme moins circonspect, mais la première des qualités de Dumas était la prudence. Il ne voulut pas risquer, même pour une si belle proie, de perdre la réputation que les Français s'étaient acquise d'être une nation non agressive. Convaincu qu'il avait fait un grand pas en obtenant du rajah de Tanjore la cession légale de Karical et de ses dépendances, il aima mieux attendre une occasion qu'il jugeait devoir se présenter d'elle-même, dans un avenir plus ou moins rapproché, et rappela les vaisseaux à Pondichéry.

L'occasion désirée ne tarda pas à se produire : Chunda-Sahib, n'eut pas plutôt appris que Rajah-Sahodgi avait refusé de remplir son engagement à l'égard de Karical, que le prince rusé jugea le moment venu de cimenter son alliance avec les Français. Il écrivit donc à Dumas, l'informant qu'il était en guerre avec Sahodgi et lui offrant de marcher avec ses troupes sur Karical, pour la conquérir et la donner en toute souveraineté aux Français. Il ne demandait aucune aide, ne voulant, disait-il, se servir que de ses propres soldats.

Chunda-Sahib, était, on se le rappelle, le gendre de Dost-Ali, nabab du Carnate et souverain féodal du territoire au Nord des possessions françaises ; lui-même, comme lieutenant de Dost-Ali, gouvernait la partie Sud-Ouest. Le Sud-Est était sous les ordres du rajah de Tanjore. Il était donc évident que la proposition faite aux Français de conquérir, à leur profit, une partie des possessions de ce rajah, ne pourrait avoir pour eux de conséquences fâcheuses, ni même les rendre suspects de projets ambitieux. C'était simplement l'offre d'un puissant prince indien de forcer un de ses inférieurs à remplir ses engagements. Dumas ne viola donc aucun des principes de la politique de son prédécesseur en acceptant cette offre aussitôt qu'elle lui fut faite.

Dès que Chunda-Sahib eut reçu l'autorisation d'agir, il détacha quatre mille hommes de cavalerie, commandés par un Espagnol à son service, nommé Francisco Pereira, homme sincèrement attaché aux intérêts français à Karical. Les forces de Tanjore reculèrent à leur approche, et Pereira parvint sans obstacle à Karical le 6 février 1739. Il trouva le fort de Kircan-Gurrie, situe sur la rivière de Karical à environ une demi-lieue de la ville, occupé par quatre cents hommes de Tanjore. Il l'attaqua sur-le-champ, le prit d'assaut, et se hâta d'en porter la nouvelle à Pondichéry. Dumas, ravi d'un aussi prompt succès, chargea un petit navire, d'environ cent cinquante tonneaux, de toutes les troupes et des vivres qu'il pouvait porter, et l'expédia à Karical sous la conduite de Pereira. En vingt-quatre heures il fut rendu à sa destination; aussitôt la ville de Karical, le fort de Kircan-Gurrie et le territoire environnant, précédemment cédés par Sahodgi, furent remis aux Français. Cette cession porte la date du 14 février 1739 [1]. Dumas, en ayant été informé peu de jours après, se hâta d'envoyer un bâtiment chargé de tout le matériel nécessaire pour mettre la ville en état de défense.

Ces mesures énergiques produisirent sur le rajah Sahodgi l'effet prévu; cet homme faible et pusillanime en fut atterré; il se hâta de déclarer à Pondichéry que la conduite hostile qu'on pouvait lui reprocher dans le passé était imputable uniquement à la mauvaise influence des Hollandais, et que sa pensée avait toujours été d'opérer la remise des territoires dans le délai fixé; il protestait d'ailleurs de son empressement à exécuter désormais toutes les clauses du traité de Chillumbrum. Comme preuve de sa sincérité, il envoyait deux documents datés du 25 avril 1739; l'un contenant une ratification du précédent traité, l'autre un ordre aux habitants des districts concédés, de reconnaître les Français pour leurs maîtres et de leur obéir à ce titre. Il est probable qu'en ceci le bon vouloir de Sahodgi fut particulièrement stimulé par une clause du traité de Chillumbrum, stipulant en sa faveur une indemnité de cent mille roupies ; or, selon les idées orientales, les Français, ayant maintenant pris possession, pouvaient bien éluder cet engagement. Mais avant que les propositions de Sahodgi fussent parvenues à Pondichéry, une révolution de palais l'avait renversé du trône. Son successeur et demi-frère, Pertab-Singh, ne se borna pas à confirmer la convention de Chillumbrum, il y ajouta encore

---

1. On trouvera de plus amples détails de ces événements dans l'*Histoire des Indes Orientales*, par l'abbé Guyon, et dans le *Mémoire particulier sur l'acquisition de Karical*.

une plus grande étendue de territoire ; et dans une entrevue qu'il eut en personne avec Dumas, au commencement de l'année 1741, il alla jusqu'à lui recommander de fortifier les villes dont il avait récemment pris possession. A partir de cette date, le district de Karical put être regardé comme partie intégrante des possessions françaises dans l'Inde [1].

D'autres événements d'une plus grande importance s'étaient accomplis pendant ce temps. Les conquêtes des Mahométans dans le Sud de l'Inde avaient éveillé la jalousie des Mahrattes, qui réunirent cinquante mille de leurs soldats renommés, sous les ordres de Raghogi-Bhonsla, et marchèrent vers l'Est avec l'intention avouée de piller le Carnate, si longtemps respecté. Mais Dost-Ali n'était pas disposé à leur permettre d'y arriver sans obstacle. En apprenant, vers la fin de 1739, qu'ils se dirigeaient vers le passage de Damalcherry, situé au Nord de la rivière Pone, il se hâta d'occuper cette forte position avec les seules troupes dont il pût disposer, et dont le chiffre ne dépassait pas dix mille hommes; il envoya ensuite des ordres pressants à son fils et à son gendre, Chunda-Sahib, les appelant immédiatement à son secours ; mais, l'un et l'autre étaient fort occupés de leurs conquêtes dans le Sud, et tout en protestant de leur obéissance, ils ne se conformèrent que lentement, et comme avec répugnance, à ses instructions. De sorte qu'avant leur arrivée, les Mahrattes avaient déjà atteint les abords du passage. Cette position étant la plus importante, Dost-Ali s'en était réservé la garde ; mais au Sud se trouvait une gorge dont il avait confié la défense à l'un de ses lieutenants, un Indou. Ce dernier se laissa séduire et permit à l'armée mahratte d'occuper, dans la nuit du 19 mai, la gorge qu'il gardait. Les Mahrattes, ainsi assurés de leur proie, s'avancèrent sans bruit, dès le lever du soleil,

---

1. Les districts cédés se composaient de : la ville de Karical, la forteresse de Kircan-Gurrie, dix villages sur la côte et d'une étendue de terrain d'environ quinze à seize milles, très-fertile en riz, produisant aussi du coton et de l'indigo, peuplée de dix ou douze mille habitants et donnant un revenu annuel d'environ dix mille pagodes (cent douze mille cinq cents francs). La ville de Karical renfermait alors six cent trente-huit maisons de pierre et de briques et plus de trois mille habitants. La forteresse était à une portée de canon de Karical. L'une et l'autre étaient sur la rivière Karical, bras du Coleroon, navigable pour les navires de deux cents tonneaux. Karical est à soixante quinze milles Sud de Pondichéry et douze N. de Négapatam.

derrière la position occupée par Dost-Ali. Ce dernier, reconnaissant l'approche d'un corps de cavalerie, crut que son fils, Sufder-Ali, venait à son aide, et ne fut détrompé que par des manœuvres décidément hostiles. Il résolut alors de vendre chèrement sa vie. La bataille s'engagea, et malgré la disproportion des forces, elle fut vaillamment disputée ; la lutte ne cessa que quand Dost-Ali et son fils Hassan-Ali eurent perdu la vie. Le premier ministre, Meer-Assud fut fait prisonnier; presque tous les principaux officiers furent tués ou foulés aux pieds des éléphants : il y eut un carnage sans exemple, même à cette époque. La déroute ne pouvait être plus complète.

Le récit de cette défaite répandit la terreur et la consternation dans le Carnate. Sufder-Ali apprit ce désastre en arrivant à Arcate; il se hâta, par prudence, de diriger ses troupes sur Vellore, place convenablement fortifiée, où il pourrait attendre les événements. Chunda-Sahib, plus lent, n'était pas encore sorti des limites de sa satrapie. Les nouvelles qu'il reçut le déterminèrent à ne pas la quitter et à mettre sa capitale dans le meilleur état de défense. Il retourna donc à Trichinopoly.

Les deux beaux-frères agirent d'ailleurs comme inspirés par une même pensée sur un point important ; regardant comme très-incertaine l'issue de la lutte engagée avec les Mahrattes, ils eurent l'idée de confier à la protection des murailles de Pondichéry et à la courtoisie de Dumas, l'un sa propre famille, et l'autre celle de son père, ainsi que toutes les valeurs qui pouvaient se transporter aisément.

La victoire des Mahrattes eut ainsi pour résultat de placer Dumas dans une situation analogue à celle de Martin après la défaite de Shere Khan Lodi, par Sevadgi. Dans l'un et l'autre cas, les Mahrattes avaient complétement vaincu les anciens chefs du pays, amis et protecteurs des Français; mais il y avait cette différence que le Pondichéry de Dumas était capable d'une résistance bien autrement sérieuse que la cité naissante du commandant Martin. Cependant Dumas, malgré sa confiance dans les défenses de Pondichéry, apprécia fort bien les difficultés de sa situation, et se mit en mesure d'agir avec la prudence et le jugement dont il avait déjà donné des preuves. Il augmenta, par tous les moyens à sa portée, les fortifications du côté de l'Ouest. Pendant quinze jours, des chariots et des bêtes de somme apportèrent sans interruption, dans Pondichéry, des grains et autres approvisionnements. Dumas surveillait lui-même toutes les opérations d'achat, faisait emmagasiner les grains, et dirigeait les travaux des fortifications. Rien n'était négligé ; son industrie était infatigable. Les indigènes des alentours qui avaient quelque chose à perdre arrivaient en foule, apportant avec eux des vivres et des richesses. Mais d'autres hôtes d'un rang plus élevé s'approchaient. Le 25 mai, cinq jours après la bataille, au moment où tous ces préparatifs étaient en pleine activité, on signala un grand cortége se dirigeant vers Pondichéry. On apprit bientôt qu'il se composait de la veuve de Dost-Ali, de ses enfants et de sa suite, avec ses bijoux et ses richesses ; le tout escorté par un corps nombreux de cavalerie. Arrivé au pied des fortifications, cette princesse envoya un message à Dumas, le suppliant de l'admettre dans la ville.

Personne ne savait mieux que Dumas que si quelque chose pouvait attirer sur lui la colère des Mahrattes, et les engager à marcher sur Pondichéry, c'était assurément la connaissance que cette ville renfermait dans ses murs les plus précieuses richesses du nabab défunt. Il est certain que, dans les circonstances présentes, les sentiments chevaleresques naturels à un homme d'honneur devaient le pousser à ouvrir ses portes toutes grandes à une femme dans l'infortune. Mais ici, il ne pouvait se laisser entièrement diriger par ses sentiments personnels. Il était préférable à ses yeux d'attirer les Mahrattes sur Pondichéry plutôt que de s'exposer à la certitude pour les Français d'être déshonorés et méprisés de toute l'Inde. Sufder-Ali n'était pas encore soumis ; le refus d'admettre sa mère devait inévitablement en faire un ennemi qui aurait alors les meilleures chances pour devenir le prince suzerain de tout le pays entourant Pondichéry. Néanmoins, avant de répondre à la requête de la veuve d'Ali, Dumas convoqua le conseil. Il exposa que, dans son opinion, l'honneur, la reconnaissance, l'humanité et la politique étaient d'accord pour conseiller l'admission ; puis, examinant l'hypothèse contraire, il en fit ressortir les dangers. Le Conseil, se rangeant à son avis, décida l'admission du cortége dans la ville.

Cette réception se fit avec beaucoup de pompe et de cérémonie. La garnison prit les armes et les remparts furent garnis de troupes. Le gouverneur lui-même, dans un magnifique palanquin, suivi de ses gardes, à pied et à cheval, se rendit à la porte de Valdaour qui fut immédiatement ouverte. La veuve du nabab entra aussitôt avec ses filles et ses parents portés dans vingt-deux palanquins suivis de quinze cents hommes de cavalerie, huit éléphants, trois cents chameaux, deux cents voitures attelées de bœufs, et deux mille bêtes de somme. L'entrée de la veuve fut saluée par l'artillerie des remparts et Dumas lui-même la conduisit aux appartements préparés pour la recevoir [1]. Une réception semblable fut faite quelques jours plus tard à la femme et au fils de Chunda-Sahib [2]. Pendant que Pondichéry ouvrait ainsi généreusement ses portes, les Mahrattes profitaient de leur victoire pour arriver à Arcate dont ils s'emparaient sans coup férir. De là ils envoyaient des détachements piller tout le voisinage ; mais cette dévastation qu'ils infligeaient au pays était loin de leur procurer les avantages sur lesquels ils avaient compté. Dès les premiers bruits de guerre, les habitants du Carnate s'étaient hâtés de mettre leurs richesses à l'abri dans les villes fortifiées. Les uns avaient gagné Madras, d'autres Vellore, d'autres enfin Pondichéry. Il en résulta que, malgré leur âpreté à s'emparer de toutes choses, cette campagne fut considérée comme un revers par les légions de maraudeurs et de pillards. De là naquit en eux une disposition à écouter favorablement les offres qu'on pourrait leur faire en vue de les décider à quitter un pays où ils n'avaient trouvé que désolation et stérilité. Ces offres leur arrivèrent en temps opportun. Ils avaient rendu la liberté à Meer-Assud, ministre de Dost-Ali ; son premier soin, en arrivant à Vellore, fut de conseiller à son nouveau maître de faire à l'ennemi des propositions de paix ; Meer-Assud, adversaire déclaré de Chunda-Sahib, avait réussi à exciter les soupçons de Sufder-

---

[1]. Ces détails, et en général ceux qui se rapportent à l'administration de Dumas, sont empruntés à l'ouvrage de l'abbé Guyon, que nous avons déjà cité.

[2]. Orme rapporte que la femme de Sufder-Ali se réfugia aussi à Pondichéry, mais il ressort de la correspondance de Dumas avec les Mahrattes qu'elle dut rejoindre son mari à Vellore.

Ali sur les desseins de son beau-frère. Il lui avait aisément persuadé qu'en sacrifiant Chunda-Sahib il obtiendrait des conditions moins onéreuses. Ce fut sur cette base que s'ouvrirent les négociations et, dans le mois d'août 1740, on signa un traité réglant que Sufder-Ali succèderait à son père comme nabab du Carnate ; qu'il payerait à des échéances convenues dix millions de roupies aux Mahrattes ; qu'il joindrait ses troupes aux leurs pour repousser Chunda-Sahib d'Arcate ; enfin que tous les princes indiens de la côte de Coromandel seraient remis en possession des villes qu'ils occupaient avant 1736. Ces deux derniers articles furent tenus secrets, et, pour prévenir tout soupçon, les Mahrattes se retirèrent aussitôt du Carnate.

Cependant quelques bruits relatifs à ces articles secrets parvinrent jusqu'aux oreilles de Dumas qui ne manqua pas d'en faire son profit. Déjà il avait été menacé par Raghogi-Bhonsla, et il s'en était suivi entre eux une correspondance qui n'avait rien d'amical. On lui avait demandé de payer un tribut, et il avait refusé ; sommation lui avait été faite de livrer la femme et le fils de Chunda-Sahib avec leurs trésors ; sa réponse avait été que tous les Français habitant l'Inde périraient plutôt que de commettre une pareille lâcheté. Enfin, à la menace de traiter Pondichéry comme l'avait été Bassem, récemment pris par les Mahrattes sur les Portugais, il avait simplement répondu que, si Bhonsla marchait contre Pondichéry, les Français s'efforceraient de mériter son estime par la vigueur de leur défense [1]. Une pareille correspondance fait comprendre tout l'intérêt que Dumas devait attacher à connaître les clauses secrètes du traité. La réparation des anciennes fortifications se poursuivit avec une grande activité ainsi que la construction de nouveaux ouvrages. Il forma un corps

---

1. Voici quelques extraits de la correspondance échangée entre Raghogi-Bhonsla et Dumas ; de Raghogi-Bhonsla : « Quarante années se sont écoulées depuis que notre souverain vous a donné la permission de vous établir à Pondichéry, et cependant depuis que notre armée est arrivée dans ces parages, je n'ai pas reçu une seule lettre de vous. Notre souverain, persuadé que vous méritiez son amitié, que les Français étaient des gens de parole qui ne manqueraient jamais à leurs engagements envers lui, vous a concédé un territoire étendu. Vous avez consenti à lui payer un tribut annuel, et vous ne l'avez jamais payé. Enfin, après un temps considérable, l'armée des Mahrattes s'est avancée jusque dans ces districts. Elle a battu les Musulmans, enflés d'orgueil, et les

d'infanterie européenne, composé de douze mille hommes, auquel il adjoignit ensuite de cinq à six mille musulmans armés et

a forcés à payer un tribut. Nous n'avons pas besoin de vous apprendre ces choses. Nous avons maintenant l'ordre du Maharaja, de prendre possession des forteresses de Trichinopoly et de Gingi et d'y placer une garnison. Nous avons aussi l'ordre de percevoir le tribut dû par les villes européennes de la côte. Je suis obligé d'obéir à ces ordres. En considérant votre conduite et la manière dont le roi nous a favorisés en vous permettant de vous établir dans son territoire, je ne puis m'empêcher de dire que vous avez tort de ne pas payer le tribut. Nous avons eu de la considération pour vous, et vous avez agi contre nous. Vous avez donné refuge aux Mogols dans votre ville. Cela était-il bien ? et encore, Chunda-Sahib a placé sous votre protection les trésors de Trichinopoly et de Tanjore, ses pierres précieuses, ses éléphants, ses chevaux et tout ce qu'il possédait dans ces royaumes, ainsi que sa famille. Cela était-il bien ? Si vous voulez que nous restions amis, il faut nous livrer ce trésor, ces bijoux, ces chevaux ces éléphants, aussi bien que la femme et le fils de Chunda-Sahib. Je vous envoie ma cavalerie à laquelle vous pourrez les remettre. Si vous refusez d'accéder à cette demande, nous serons forcés de vous y contraindre, aussi bien qu'au payement du tribut que vous retenez depuis quarante ans.

« Vous savez comment nous avons traité la ville de Bassem. Mon armée est très-nombreuse et a besoin d'argent pour subvenir à ses dépenses. Si vous n'agissez pas conformément à mes demandes je saurai comment vous obliger à payer dorénavant mon armée. Nos vaisseaux vont arriver d'ici à peu de jours ; il vaut mieux pour vous régler promptement cette affaire. Je compte que conformément à cette lettre, vous allez m'envoyer la femme et le fils de Chunda-Sahib, avec ses éléphants, ses chevaux, ses bijoux et son trésor. »

Extrait de la réponse de Dumas. « Vous me dites que nous devons, depuis quarante ans, un tribut à votre roi. La nation française n'a jamais été soumise à aucun tribut ; il m'en coûterait la tête si le Roi de France, mon maître, était informé que j'eusse consenti à payer un tribut à qui que ce soit.

« Quand les princes du pays donnèrent aux Français un morceau du territoire sur les sables du rivage de la mer, pour y bâtir une ville et une forteresse, ils n'exigèrent pas d'autre condition que le respect des pagodes et de la religion du peuple. Quoique vos armées n'aient jamais paru dans notre voisinage, nous avons toujours fidèlement observé ces conditions.

« Vous dites que vous avez ordre de prendre possession des forteresses de Gingi et de Trichinopoly. Cela est bel et bon, tant que cela ne vous oblige pas à devenir notre ennemi. Tous les Mogols qui ont été maîtres ici ont traité les Français avec amitié et distinction. Nous n'avons reçu d'eux que des faveurs. En vertu de cette amitié, nous avons donné asile à la veuve du dernier nabab, Dost-Ali-Khan, et à toute sa famille.

« Devions-nous lui fermer nos portes et la laisser errer dans le pays ? Des hommes d'honneur sont incapables d'une telle lâcheté. La femme de Chunda-Sahib est aussi venue ici avec sa mère et son frère, et les autres ont gagné Arcate.

« Vous m'avez écrit de livrer à vos cavaliers cette dame, son fils et les richesses qu'elle a apportées ici. Vous, qui êtes noble, généreux, plein de bravoure, que penseriez-vous de moi, si j'étais capable d'une pareille bassesse ? La femme de Chunda-Sahib est dans Pondichéry sous la protection du Roi de France, mon maître, et tous les Français qui sont dans l'Inde mourraient plutôt que de vous la livrer. . . . . . .

« Vous me menacez, en finissant, que, si je ne cède pas à vos demandes, vous amènerez vous-même vos armées ici. Je me prépare de toutes mes forces, à vous bien recevoir, à bien mériter votre estime en vous montrant que j'ai l'honneur de commander à la nation la plus brave du monde, qui sait se défendre avec intrépidité contre ceux qui l'attaquent injustement. Pardessus tout je place ma confiance, dans le Dieu tout-puissant, devant qui les plus puissantes armées sont comme la balle que le vent emporte. J'espère qu'il favorisera la justice de notre cause. J'ai appris ce qui est arrivé à Bassem, mais cette ville n'était pas défendue par des Français. »

(*Mémoires dans les archives de la Compagnie des Indes.*)

disciplinés à l'européenne (ce fut l'origine de l'armée cipaye); ces troupes se rendirent fort utiles en faisant le service journalier de la garnison. Il fit ensuite rentrer dans la ville, les équipages des vaisseaux et les exerça aux diverses manœuvres de l'armée de terre. Enfin, il ne cessa d'accumuler des approvisionnements de toute nature.

Pendant que tous ces préparatifs s'accomplissaient, le nouveau nabab, Sufder-Ali, vint visiter Pondichéry. Son but ostensible était de remercier Dumas de la protection qu'il avait accordée aux femmes de la famille de son père. Mieux que personne, Sufder-Ali, savait avec quel déplaisir les Mahrattes avaient appris que les familles et les trésors de son père et de Chunda-Sahib étaient en sûreté dans les murs de Pondichéry. Il savait bien que leur chef Raghogi avait annoncé sa détermination de faire repentir les Français de leur audace et, comme tous les chefs du Carnate, il était pénétré d'admiration pour l'attitude calme et fière prise par Dumas. Son but était donc de le remercier et de le récompenser. Un message de sa mère qui désirait le voir, hâta son voyage. Chunda-Sahib, qui se doutait peu de la trame qui s'ourdissait contre lui et qui s'était déjà transporté à Arcate pour rendre hommage à son beau-frère devenu son souverain légitime, fit avec lui le voyage de Pondichéry.

Ils y arrivèrent dans la soirée du 1er septembre 1740; Dumas les reçut avec de grandes démonstrations d'amitié et de respect, dans une tente splendidement décorée et brillante de lumières, qu'il avait fait construire en dehors des murs. Après s'y être reposé quelques instants, Sufder-Ali fut conduit à la résidence de sa mère et de ses sœurs dans les jardins publics. Il y passa les deux jours suivants, dans le deuil et la retraite; le quatrième, il fit à Dumas une visite officielle. Il le remercia à plusieurs reprises de sa courtoisie et de l'hospitalité qu'il avait accordée à sa famille dans des circonstances qui ne laissaient pas que d'être embarrassantes et même dangereuses; il déclara qu'il n'oublierait jamais cette noble conduite, et que dorénavant les Français seraient aussi maîtres que lui dans le Carnate. C'étaient là, sans doute, des formules orientales, usitées pour exprimer la gratitude, et Dumas n'y attachait pas d'autre importance; néanmoins, le nabab avait jugé d'une bonne politique de se concilier le Gouverneur de Pondichéry par des preuves de son estime plus sérieuses que de vaines paroles. Avec l'avis de sa prochaine arrivée dans les murs, il lui avait fait parvenir les titres d'une donation personnelle, lui concédant la propriété de terres limitrophes des possessions françaises de Pondichéry, et dont le revenu s'élevait à dix mille roupies. Cette concession fut ensuite ratifiée par un firman de la cour de Delhi.

Au bout de quelques jours, les visiteurs quittèrent Pondichéry. Sufder-Ali emmena sa famille à Arcate; Chunda-Sahib, laissant encore sa femme et son fils, retourna seul à Trichinopoly. C'est de ce côté que doit maintenant se porter notre attention.

Les soins que Dumas ne cessa d'apporter au perfectionnement des fortifications et à la réunion d'approvisionnements considérables, prouvaient assez que le départ des Mahrattes ne le tranquillisait guère pour l'avenir. Il est même probable qu'il avait fait part à Chunda-Sahib de ses inquiétudes à ce sujet, et lui avait conseillé de laisser encore à Pondichéry sa famille et ses richesses. Cependant, celui-ci n'eut pas plutôt regagné sa capitale, qu'il agit comme si une seconde invasion des Mahrattes n'était pas à redouter. Lors de la première, il avait pris soin d'emmagasiner des grains, dans la conviction que la ville, bien approvisionnée, était d'ailleurs assez forte pour résister indéfiniment aux Mahrattes. Mais après son retour de Pondichéry, et comme s'il eût été assuré de la paix à l'avenir, il vendit ses grains, et loin de penser qu'il pût avoir à défendre son territoire actuel, il forma le dessein de l'accroître; dans ce but, il envoya son frère Bara-Sahib à Madura. Ceci se passait à la fin de novembre. Raghogi qui, à la tête de ses Mahrattes, ne s'était pas retiré au delà de Schevagunga à environ quatre-vingts milles au Sud de la capitale, fut bientôt informé des mouvements de Bara-Sahib et de la vente des grains qui approvisionnaient Trichinopoly. Il n'attendait que cette occasion. Sans perdre une heure, il rassembla ses troupes, se dirigea à marches forcées sur Trichinopoly et campa devant la ville avant que Chunda-Sahib eût pris la moindre mesure pour sa défense.

Quoique surpris de la sorte, Chunda-Sahib ne résolut pas moins de lutter avec courage. Il comptait sur son frère et lui envoya l'avis de venir promptement à son secours. Bara-Sahib se rendit à son appel; il réunit à la hâte des approvisionnements de toute nature et les dirigea vers Trichinopoly, les escortant lui-même, à la tête de trois mille cavaliers et de sept mille fantassins. Mais les Mahrattes, informés de tous ses mouvements, envoyèrent contre lui un corps de vingt mille hommes. La rencontre eut lieu à quinze milles de la ville; elle fut terrible. Bara-Sahib combattit avec l'énergie du désespoir. Il fut frappé et renversé de son éléphant; ses partisans, n'étant plus stimulés par sa présence, se débandèrent et prirent la fuite. Le corps de Bara-Sahib, qui fut retrouvé sur le champ de bataille, fut revêtu de riches étoffes et envoyé à Chunda-Sahib pour lui montrer combien était vaine l'espérance qu'il fondait sur l'aide de son frère.

Ainsi réduit à ne plus compter que sur lui-même, Chunda-Sahib continua néanmoins à déployer une inébranlable résolution et un courage admirable. Enfin, après trois mois d'une défense héroïque, à bout de vivres et d'argent, privé de ses meilleurs soldats, il n'eut plus qu'à se soumettre. La seule grâce qu'il put obtenir de ses ennemis, fut d'avoir la vie sauve. Les tranchées avaient été ouvertes le 15 décembre, et ce fut le 21 mars qu'il dut se rendre. On l'envoya sous bonne escorte à Sâttara. Les Mahrattes confièrent le gouvernement du royaume à Morari-Rao, et laissèrent à sa disposition un corps de quatorze mille hommes.

Cependant, depuis qu'il assiégeait Trichinopoly, Raghogi n'avait pas cessé de menacer Dumas. Ses exigences allaient toujours croissant. Il demandait maintenant le payement immédiat de six millions de roupies (deux cent quatorze millions de francs), un tribut annuel et régulier et la remise de la femme et du fils de Chunda-Sahib, avec leurs éléphants, leurs chevaux et leurs bijoux. A ces demandes, Dumas ne répondit que par un ferme refus. Il prit cependant la précaution d'envoyer aux îles de France et de Bourbon un messager exprès pour demander l'expédition immédiate de tous les hommes dont on pourrait se passer, afin de renforcer sa garnison. D'un autre côté, le Mahratte était résolu à l'intimider. Dans ce but, pendant qu'il était encore devant Trichinopoly, il avait détaché seize mille hommes pour ravager la côte. Ces soldats marchèrent sur Porto-Novo, ville située à environ trente-trois milles Sud de Pondichéry, et qui servait de lieu de transit aux Hollandais, aux Français et aux Anglais ; ils la pillèrent, mais les Français avaient eu la précaution de porter la plus grande partie de leurs valeurs à Pondichéry et souffrirent peu de ces hostilités. Ils se dirigèrent ensuite sur Cuddalore, établissement anglais à douze milles de Pondichéry, et le traitèrent comme Porto-Novo. S'avançant enfin jusqu'à moins de six milles de Pondichéry, ils y campèrent et adressèrent de là des lettres menaçantes à Dumas. De petits détachements furent disséminés pour ravager le pays et recueillir du butin. En même temps, et à l'instigation du Bhonsla, une expédition s'organisait sur la côte occidentale pour attaquer l'établissement français de Mahé.

Dumas ne se laissa émouvoir ni par ces lettres, ni par la visite encore plus menaçante qu'il reçut de l'un des officiers supérieurs de l'armée des Mahrattes, chargé de l'informer que le sort de Trichinopoly était réservé à Pondichéry. Loin de là, il reçut l'officier avec la plus exquise politesse, lui montra les vivres qu'il avait emmagasinés, les canons braqués sur les remparts, les Européens bien disciplinés, les Cipayes armés ; en un mot, il ne lui cacha rien. Ensuite il lui déclara que Pondichéry ne serait pas évacué tant qu'il resterait un Français vivant. Quant à la prétention du général mahratte relative au tribut, il lui fit répondre par son envoyé que le territoire occupé par les Français ne renfermait ni mines d'or, ni mines d'argent, mais qu'il était riche en fer, et que ceux qui l'habitaient sauraient s'en servir contre les ennemis. L'envoyé se retira fort impressionné par la puissance et les ressources de l'établissement français et par le caractère résolu de son Gouverneur.

Il arriva qu'en prenant congé, l'officier mahratte reçut de Dumas le don de dix bouteilles de diverses liqueurs. De retour au camp, il en offrit quelques-unes à son général, qui lui-même en fit part à sa femme. Celle-ci trouva le *cordial* tellement de son goût, qu'elle exigea qu'on lui en procurât d'autres, à quelque prix que ce fût. Or, l'influence féminine a toujours été d'une puissance proverbiale. Après toutes ses menaces, Raghogi-Bhonsla ne devait pas être disposé à retrancher un iota de ses exigences ; mais le *cordial* de

Cognac avait donné aux Français une alliée contre laquelle il n'avait pas plus de pouvoir qu'un enfant. Il fallait avoir recours à tous les moyens pour obtenir ces liqueurs, et l'on reconnut qu'il n'y avait pas d'autre voie pour y parvenir que d'entrer en relations amicales avec Dumas. Après de longs pourparlers, cet impérieux désir amena finalement une pacification. Raghogi fut si ravi d'un présent opportun de trente bouteilles de liqueurs, qu'il fut bientôt disposé à oublier sa haine contre les Français. Il interdit tout pillage aux environs de Pondichéry et prêta une oreille plus complaisante aux rapports qui lui affirmaient qu'en attaquant Pondichéry il avait tout à perdre et rien à gagner. Il retira donc les demandes faites pour le payement d'une somme déterminée et d'un tribut, ainsi que pour la remise entre ses mains de la famille de Chunda, et, fortifié par le *cordial*, il se retira sans plus de démonstrations vers la côte occidentale.

L'expédition contre Mahé n'eut d'autres résultats qu'un blocus de huit mois auquel M. de La Bourdonnais mit fin ainsi que nous le rapporterons bientôt.

La conduite de Dumas dans ces événements, son refus ferme et absolu de livrer ses hôtes, le sang-froid qu'il avait opposé aux menaces du vainqueur de Trichinopoly lui valurent parmi les nations de l'Inde méridionale, la réputation d'un héros. Les félicitations et les remercîments lui arrivaient en foule de tous côtés. Le soubab du Décan, Nizam-oul-Moulk, lui écrivit une lettre de remercîments conçue dans les termes du plus profond respect et lui offrit en même temps un habit d'honneur. Comme marque d'estime, Sufder-Ali lui envoya l'armure enrichie d'or et de pierres précieuses qui avait appartenu à son père Dost-Ali, avec trois éléphants, plusieurs chevaux, un grand nombre d'épées et d'armes ornées de pierreries; son ministre favori fut chargé de porter ces présents en même temps qu'une lettre de Sufder-Ali. L'empereur de Delhi, Mahomed Shah, en apprenant le succès de la résistance opposée par Dumas à la présomption des Mahrattes lui conféra le rang et le titre de nabab, avec le commandement de quatre mille cinq cents hommes, dont deux mille seraient spécialement attachés à son service personnel en temps de paix sans qu'il eût aucune dépense à faire pour leur entretien. A la demande de Dumas, le titre et le commandement furent déclarés transmissibles à son successeur.

Peu de temps après avoir été ainsi comblé d'honneurs, Dumas informa ses supérieurs du désir qu'il éprouvait de rentrer dans son pays natal. Sa démission fut acceptée et Joseph-François Dupleix, l'habile intendant de Chandernagor, fut nommé pour le remplacer. Dupleix arriva à Pondichéry au mois d'octobre 1741, prêta aussitôt serment comme Gouverneur, se déclara nabab du Mogol, et se fit reconnaître comme tel par les quatre mille cinq cents hommes de cavalerie dont son prédécesseur avait le commandement.

Le récit des six années que dura l'administration de Dumas, montre assez clairement qu'il fut le digne successeur de François Martin. Il se distingua par son tact, sa prudence, sa bravoure et son habileté ; il comprit parfaitement le caractère indigène et sut si bien faire usage de cette connaissance approfondie en la combinant avec le mélange de hardiesse et de prudence qui était le fond de son caractère, que, malgré la défaite de tous ses alliés, il réussit, mais de la façon la plus légitime, à retirer un profit de leurs malheurs. Sa conduite fut si adroite qu'il obtint, sans tirer l'épée, le territoire qu'il convoitait. Bien loin même de paraître en désirer la possession, il se donna le mérite de ne faire que l'accepter comme témoignage de la reconnaissance de ses amis indigènes. Sous sa direction, la domination française sur la côte de Coromandel s'accrut considérablement en étendue et en importance ; le prestige de cette puissance, aux yeux des indigènes, avait grandi d'une façon vraiment incroyable. Lorsque Dumas quitta Pondichéry il semblait que son successeur n'eût autre chose à faire que de continuer sa politique à la fois sûre, prudente et hardie, ayant toujours pour but l'accroissement de Pondichéry, en vue d'en faire la première et la plus puissante ville de l'Inde méridionale.

Ce successeur, nous le savons, fut Dupleix, que nous avons laissé occupé à rendre à Chandernagor son crédit et sa fortune. Il y avait réussi au delà de toute attente. Dans sa position d'Intendant et de Gouverneur général de Chandernagor, nominalement sous les ordres du Gouverneur et du Conseil supérieur de Pondichéry et par conséquent irresponsable ; mais obligé chaque jour et presque à chaque heure, d'agir d'après ses propres inspirations, Dupleix, il n'y a pas lieu de s'en étonner, avait dû quelquefois se trouver en opposition avec les vues de son supérieur immédiat. La promptitude même des actes de Dupleix devait les faire paraître irréfléchis et précipités aux yeux d'hommes habituellement calmes et prudents. Plusieurs divergences d'opinion s'étaient récemment manifestées entre lui et Dumas. Celui-ci, voulant mettre un frein à des prétentions qu'il ne trouvait ni justes ni autorisées, avait chargé l'un des conseillers, M. Godeheu, qui retournait en Europe, d'expliquer, mieux qu'il ne pouvait le faire par écrit, l'état exact des affaires ; mais les Directeurs de Paris entrèrent complètement dans les vues de leur agent de Chandernagor, dont le génie entreprenant et pratique leur avait été si profitable, et lors de la démission de Dumas, ils nommèrent, sans hésiter, Dupleix au poste de Gouverneur général de Pondichéry. Il y fut installé au mois d'octobre 1741.

Dupleix avait trouvé Chandernagor en ruines, et lorsqu'il quitta cette ville, elle était devenue, par l'étendue de son commerce, par son crédit sans égal, par le nombre et l'importance de ses constructions, le premier établissement européen au Bengale. Lui-même s'était personnellement acquis par le commerce une immense fortune, ce qui était non-seulement permis, mais encouragé par les Directeurs. Au commencement de l'année où il fut nommé à Pondichéry, Dupleix avait épousé la veuve d'un conseiller, Mme Vincent[1], femme née et élevée dans l'Inde, mais que sa nature forte et dévouée, et sa brillante intelligence rendirent une compagne accomplie pour ce politique perspicace et ce génie fertile et profond. Sa connaissance des divers dialectes était sans prix pour Dupleix dans ses rapports confidentiels avec les princes indigènes ; elle joignait d'ailleurs à cette instruction, une compréhension prompte, un zèle dévoué, qualités dont l'ensemble était inestimable.

En prenant le gouvernement de Pondichéry, Dupleix trouva cet

---

1. Elle était fille d'un Français nommé M. Albert. Sa mère appartenait à la famille portugaise de Castro.

établissement languissant par suite de l'invasion des Mahrattes. Ces guerriers maraudeurs, lorsqu'ils n'avaient pas dévoré jusqu'au sol, en avaient cependant par leur présence empêché la culture, de sorte qu'aux désolations de la guerre avaient succédé les misères de la famine. Outre cela, l'anarchie menaçait d'envahir le Carnate. Sufder-Ali ne s'était préservé de la rivalité supposée de Chunda-Sahib que pour tomber entre les griffes de Nizam-oul-Moulk, le soubab du Décan, qui lui réclamait avec de pressantes instances les arrérages de la rente due par lui comme vassal du Mogol. Les défenses de Pondichéry, quelque formidables qu'elles pussent paraître à une puissance indigène, étaient loin d'être suffisantes pour résister à un ennemi européen. Les fonds manquaient pour les augmenter ou les réparer, et cependant, dès cette époque, les bruits de guerre entre la France et l'Angleterre étaient apportés par chaque bâtiment venant d'Europe.

Mais Dupleix était capable de faire face à ces difficultés. Convaincu que Pondichéry avait maintenant acquis un assez grand développement pour que le pouvoir de la France dût se faire reconnaître et respecter, il se revêtit en public, et avec une certaine ostentation, des dignités conférées à son prédécesseur par le Mogol, et reçut l'hommage des petits chefs du voisinage dont le rang nobiliaire était inférieur au sien. Il se mit aussi à l'œuvre pour découvrir les causes de l'augmentation des dépenses publiques, pour faire cesser la corruption parmi les officiers subalternes de l'administration, et pour examiner les fortifications. Il adressa à la Compagnie des rapports sur ces divers points et sur la marche à suivre pour corriger les inconvénients actuels. Ayant ainsi mis toutes choses en bon ordre, il se rendit au Bengale pour s'y faire reconnaître comme nabab de Chandernagor. Après la cérémonie, qui fut très-pompeuse, il se rendit à Hougli avec beaucoup d'apparat, dans le but de rendre hommage au Gouverneur mahométan, mais celui-ci, reconnaissant le rang supérieur de Dupleix, insista pour faire lui-même la première visite ; les honneurs qui furent rendus à cette occasion au représentant de la France, le faste dont il fut entouré, parurent faire une profonde impression sur les indigènes déjà disposés à juger favorablement tout ce qui concernait les Français; aussi les relations avec eux devinrent-elles de plus en plus intimes et agréables.

Revenu à Pondichéry après ces visites, Dupleix s'y entoura de beaucoup plus de luxe et d'étiquette que ses prédécesseurs ; il entrait dans sa politique de convaincre les princes indigènes de son voisinage, que, lui aussi était un officier du Mogol, et qu'il tenait son rang de l'empereur de Delhi. En conséquence, il ne permit pas qu'on négligeât ou qu'on omît le moindre des honneurs auxquels son rang lui donnait droit. Sa résidence à Pondichéry, ville fort éloignée de la cour désunie du descendant d'Akbar, lui permettait d'utiliser le crédit que lui donnait parmi les indigènes sa position d'officier de ce monarque, sans qu'il en résultât aucune entrave à ses actes ou aucune atteinte à ses devoirs envers son propre souverain. En un mot, il était maître absolu de la situation, et il employait uniquement à assurer et à grandir sa position, l'influence que lui donnait son titre.

Au moment même où il se préparait à réaliser ses grands desseins, à donner réellement aux fortifications de Pondichéry la valeur que leur supposaient les indigènes, Dupleix reçut de la Compagnie une de ces étranges dépêches, inspirées par un esprit étroit, ne pouvant que paralyser et amoindrir ses agents dans l'Inde, et telles que la Compagnie en expédiait fréquemment. Dans cette dépêche, datée du 18 septembre 1743, les Directeurs l'informaient que par suite de la probabilité de la guerre entre la France et l'Angleterre, ils étaient forcés de réduire à quatre le nombre des vaisseaux consacrés à l'Inde ; deux seraient destinés à Pondichéry et deux au Bengale. On lui recommandait ensuite avec instance, 1° de réduire d'au moins moitié les dépenses générales de toute nature ; 2° de suspendre tous travaux de construction et de fortification. Les Directeurs se disaient convaincus que « l'exécution de ces mesures ne pouvait être remise en meilleures mains, sa sagesse et son zèle étant bien connus [1] ; c'est ce qui la détermine (la Compagnie) à vous charger seul de l'exécution de cette opération et à n'entrer à cet égard dans aucun détail avec le Conseil. »

---

1. Mémoire pour Dupleix.

L'avis donné par cette dépêche que la guerre était imminente entre les deux grandes rivales européennes dans l'Inde et sur les mers, et l'injonction qui y était jointe de ne faire aucune dépense pour les fortifications dont l'état incomplet et peu satisfaisant était cependant bien connu de la Compagnie, dut frapper étrangement Dupleix. Non-seulement les fortifications n'étaient pas en bon état, mais du côté de la mer il existait un espace d'au moins mille toises (deux mille mètres) entièrement dépourvu de défenses. Opposant à cet état de choses la perspective d'une guerre européenne qui pouvait donner aux ennemis de la France la suprématie dans les mers de l'Inde, il sentit que son devoir comme Gouverneur de la ville de Pondichéry, dont il était responsable envers son souverain, devait primer tous les autres. Il enfreignit donc hardiment les ordres qu'il recevait. Il fit élever dans toute la longueur de la ville, du côté de la mer, un solide rempart précédé d'un fossé large et profond. Les travaux se poursuivaient nuit et jour, mais malgré toute la diligence qu'on y apporta, le rempart ne fut achevé que deux ans environ après l'explosion de la guerre avec l'Angleterre, et il fallut tout le génie, toute l'habileté de Dupleix pour préserver ses défenses inachevées de l'attaque d'une puissante escadre anglaise. Sa bourse et son crédit firent face à toutes ces dépenses, et ce fut aux mêmes sources qu'il puisa pour arriver à fournir des cargaisons aux deux navires envoyés par la Compagnie, et qui autrement auraient regagné l'Europe sans chargement. Quant à l'ordre de réduire les dépenses publiques il l'exécuta avec beaucoup de fermeté, mais l'avis qu'à lui seul était confié l'exécution des ordres de la Compagnie à cet égard, rendait sa situation particulièrement délicate, car, non-seulement il était privé de l'appui qu'il aurait pu trouver dans le Conseil, mais il devait craindre que les Conseillers vinssent, au contraire, apporter des entraves à l'exécution d'instructions qu'ils ne connaissaient pas et qui les traitaient avec si peu d'égards.

La conduite de Dupleix fut hautement appréciée par la Compagnie. Sa désobéissance, même à l'égard des fortifications reparées et complétées, parut obtenir son approbation, ce qui n'avait rien d'extraordinaire puisqu'il avait généreusement fourni les fonds pour ces importants travaux. Nous trouvons dans le Mémoire pour Dupleix le passage suivant d'une lettre de la Compagnie en date du 21 novembre 1743, relative aux cargaisons des deux navires : « La Compagnie, suivant que vous le verrez par cette lettre, a été très-satisfaite du zèle que vous et les Conseils de Pondichéry et de Chandernagor lui avez témoigné pour ses intérêts en procurant des cargaisons aux deux vaisseaux de l'escadre, *le Fleury* et *le Brillant*, envoyés de l'Isle-de-France. Comme c'est par vos soins que ces opérations se sont faites, c'est aussi sur vous que l'honneur en rejaillit principalement. »

Quant aux fortifications, une autre lettre du 30 novembre 1746 renferme ce qui suit : « La promptitude avec laquelle la ville de Pondichéry a été fermée du côté de la mer, nous a fait un vrai plaisir, *nous vous en avons bien de l'obligation* »..... Et plus loin : « Nous n'avons pas vu avec moins de satisfaction tous les mouvements que vous vous êtes donnés, tant pour vous mettre en état, malgré votre détresse, de procurer des cargaisons aux vaisseaux qui vous avaient été annoncés, que pour seconder M. de La Bourdonnais dans les opérations qu'il méditait [1]. »

Mais avant la réception de cette seconde lettre, la guerre, depuis si longtemps menaçante, s'était enfin allumée. La mort de l'empereur Charles VI sans descendance masculine donna à la France, à la Prusse et à la Bavière la tentation de combiner leurs forces pour dépouiller son héroïque fille de ses États héréditaires. Le roi d'Angleterre, Georges II, se trouva bientôt impliqué dans cette guerre, comme électeur de Hanovre. Sans aucune déclaration préalable de l'Angleterre, il avait, en 1743, transporté une armée combinée d'Anglais, de Hanovriens et de Hessois, dans la vallée du Mein pour opérer de concert avec les Autrichiens. Le 27 juin de la même année, il allait se trouver contraint de se rendre au duc de Noailles, lorsque la folle impétuosité du duc de Grammont le sauva de ce désastre, et mieux encore lui donna l'occasion de remporter une grande victoire avant même que les deux nations fussent officiellement en guerre. Mais c'en était trop pour la longanimité de la

---

1. Mémoire pour Dupleix.

France ; au mois de mars 1744 elle déclara formellement la guerre à l'Angleterre.

Cet événement était donc prévu depuis longtemps et la rupture de la paix n'avait été qu'une question de temps. On a vu comment Dupleix s'était préparé à répondre aux hostilités qu'il prévoyait. Il nous reste maintenant à le considérer sous un autre aspect et à faire connaître l'infatigable ardeur qu'il déploya pour préserver complétement Pondichéry.

Quand les Directeurs de la Compagnie des Indes annoncèrent à leur Gouverneur général de Pondichéry que la guerre avec l'Angleterre était inévitable, ils lui apprirent en même temps que M. de La Bourdonnais avait reçu l'ordre de se porter à son secours avec son escadre; ils insistaient pour qu'il fît tous ses efforts afin d'arriver à un traité de neutralité avec le Gouverneur de l'établissement anglais, et pour convenir avec lui que le commerce des deux nations avec l'Inde se continuerait sans entraves de part ni d'autre. Ces instructions trouvèrent Dupleix tout disposé à s'y conformer quoiqu'il eût peu d'espoir de réussir dans ses négociations. Il n'avait aucune connaissance positive des mouvements de La Bourdonnais ; même avant la déclaration de guerre, les croiseurs anglais s'étaient répandus dans les mers de l'Inde et se tenaient tout prêts à ruiner le commerce français [1]. Cependant, soit par des bâtiments égarés, soit par toute autre voie, l'avis lui était parvenu qu'une flotte aux ordres du commodore Barnet avait pris la mer avec la mission spéciale de détruire de fond en comble l'Établissement français.

Il fit néanmoins la tentative ordonnée et poussa ses instances presque jusqu'aux supplications. Mais M. Morse, le Gouverneur de Madras et son Conseil avaient pour désirer la guerre précisément les mêmes motifs qui faisaient rechercher la paix par Dupleix. L'escadre de Barnet était, ils le savaient bien, dans les mers orientales, occupée à intercepter les bâtiments français naviguant entre la Chine et l'Europe ; elle était prochainement attendue à Madras avec ses

---

1. Depuis Le Noir le commerce français avait fait de grands progrès : en 1740, la Compagnie possédait quarante grands vaisseaux équipés pour le commerce de l'Inde où il s'en expédiait dix ou douze par an.

prises ; des lettres reçues quelque temps auparavant avaient annoncé son départ d'Europe, et ces lettres contenaient des instructions pour l'anéantissement de tout commerce français. Aussi M. Morse ne répondit-il, aux propositions de Dupleix qu'en alléguant les ordres qu'il avait reçus d'Angleterre[1].

Un autre désappointement était encore réservé au Gouverneur français ; il avait espéré que, dans le cas où ses négociations resteraient sans résultat, il recevrait l'assistance annoncée de l'escadre de La Bourdonnais ; or, au moment même où lui parvint la réponse défavorable de M. Morse, il reçut l'avis, que, obéissant à des instructions venues de Paris, La Bourdonnais avait renvoyé son escadre en France et paraissait dépourvu de tout moyen de le secourir. Ne connaissant pas encore l'indomptable énergie et la ferme résolution qui caractérisaient le Gouverneur de l'Ile de France, Dupleix se regarda alors comme entièrement réduit à ses propres ressources, et ne devant désormais compter que sur lui seul. Avec une garnison qui ne comprenait que quatre cent trente-six Européens, des fortifications augmentées, il est vrai, mais encore inachevées, un seul petit vaisseau à sa direction, il devait affronter l'attaque probable de trois vaisseaux de guerre et une frégate, auxquels se joindraient bientôt deux autres vaisseaux dont la seule artillerie tirant de la rade pouvait détruire la ville, sans qu'eux-mêmes fussent exposés au moindre danger. Dupleix fit partir son unique vaisseau pour l'Ile de France, avec mission d'exposer à La Bourdonnais son pressant besoin d'être secouru. Une pareille situation était bien de nature à mettre en relief la valeur d'un homme. Comment nous détourner de pareils dangers, comment surtout en tirer avantage ? La chose était assurément difficile ; Dupleix néanmoins résolut heureusement ce double problème. Ce fut au moment où les dangers venant d'Europe paraissaient le plus menaçants, que cette vieille politique, inaugurée par Martin et continuée par ses successeurs, ce système de relations amicales et sur un pied d'égalité avec les indigènes, portèrent les fruits qu'on en devait attendre. Se voyant menacé par Morse, Dupleix fit appel à l'amitié du successeur

---

1. Dupleix, Orme, Cambridge.

de Shere-Khan-Lodi et de Dost-Ali. Les réponses qu'il en reçut montrèrent que l'estime professée de tous temps par les nababs du Carnate pour le représentant de la nation française n'était pas une vaine et fugitive apparence. Anwaroudin, le représentant de ses chefs, avait conservé leurs traditions ; il répondit à l'appel de Dumas en se montrant plus fidèle à ses promesses qu'on ne l'est souvent en Europe, et Pondichéry fut sauvé. Pour rendre plus clair et plus intelligible le récit des faits qui vont se succéder, il est nécessaire de rapporter brièvement les principaux événements qui avaient eu lieu dans le Carnate depuis que nous l'avons quitté.

Le Carnate souffrant de la famine causée par l'invasion des Mahrattes ; Chunda-Sahib prisonnier à Sattara ; son beau-frère, le nabab Sufder-Ali pressé par son suzerain de payer les arrérages du tribut ; telle était la situation où se trouvait le Carnate au milieu de 1741 ; elle était plus triste encore pour le peuple que pour le souverain, car le peuple avait été pillé et mourait de faim, tandis que les trésors de Sufder-Ali étaient demeurés intacts dans les murs de Pondichéry. Malgré ses dénégations il avait encore plus de richesses qu'il n'en fallait pour payer les arrérages réclamés par le soubab ; mais il ne lui convenait pas de le faire. Le soubab n'avait pas appuyé sa réclamation par la force et Sufder-Ali était résolu à ne pas obtempérer à une simple demande verbale. Il leurra donc le soubab par des défaites et pour se préparer à tout événement, il transféra sa résidence à Vellore, et ses trésors à Madras, sous la garde des Anglais [1] ; mais une crise était imminente ; l'impôt dont Sufder-Ali avait dû frapper sa noblesse pour payer le tribut imposé par les Mahrattes l'avait rendu extrêmement impopulaire. Dans le but de s'y soustraire, ses courtisans avaient organisé une conjuration, à laquelle ils étaient d'ailleurs encouragés par la nature peu amicale de ses relations avec le soubab. Ils étaient convaincus que sa chute serait bien accueillie de ce côté. Au nombre des conspirateurs se trouvait son autre beau-

---

1. Orme affirme qu'il avait transporté sa confiance, quant à la garde de ses trésors et de sa famille, des Français aux Anglais, à l'instigation de son premier ministre, Meer-Assud, qui suspectait l'existence de quelque lien entre Chunda-Sahib et Dupleix. Ce Meer-Assud fut l'ennemi invétéré de Chunda-Sahib et la cause de tous ses malheurs.

frère, Mortiz-Ali, bien connu par sa lâcheté, sa cruauté, ses richesses et sa parcimonie. Le 2 septembre 1742, cet homme, se fiant au mépris que professait le nabab à son égard, saisit un moment où Sufder-Ali n'était que peu entouré, pour le faire empoisonner ; n'ayant pas réussi, il le fit tuer et se proclama nabab ; s'étant ensuite rendu maître de Vellore, il se fit reconnaître par les troupes et s'installa à Arcatie. Mais l'horreur qu'inspira son crime joint au mépris dont il était l'objet, ne le laissa jouir que peu de temps de cette dignité. Ses principaux officiers lui firent déclarer la guerre par Morari-Rao, gouverneur de Trichinopoly. Sa noblesse insurgée requit les Anglais de protéger la famille et les trésors de Sufder-Ali, tandis que l'armée, son seul appui, réclama tumultueusement sa solde arriérée. Mortiz-Ali, terrifié par ces événements et ne possédant pas un courage égal à sa perversité, courba la tête, se déguisa en femme et courut chercher un refuge dans le fort de Vellore. Aussitôt que sa fuite fut connue, on proclama nabab le fils de Sufder-Ali, Séïd-Mahomed Khan, enfant qui était auprès de sa mère à Madras.

Cet avénement ne pouvait assurer la tranquillité d'une province où chaque noble espérait à devenir indépendant. Au commencement de l'année suivante, Nizam-oul-Moulk, soubab du Décan, parut sur la scène avec une armée de quatre-vingt mille chevaux et deux cent mille hommes d'infanterie. Il devint aussitôt maître de la situation ; les nobles révoltés furent écrasés par la menace d'être châtiés par le fouet s'ils tentaient de s'arroger le titre de nabab, et l'un de ses principaux officiers, Khaja-Abdallah, fut désigné pour administrer la province. Le soubab marcha ensuite sur Trichinopoly que les Mahrattes évacuèrent sans coup férir ; ayant recouvré cette principauté au nom du Mogol, il revint à Golconde et y emmena Khaja-Abdallah.

Le soubab avait projeté d'envoyer cet officier l'année suivante pour reprendre la régence du Carnate, mais la veille de son départ il fut trouvé mort dans son lit. Anwaroudin, connu pour sa bravoure, fut désigné pour lui succéder comme régent et tuteur du fils de Sufder-Ali. Quelques mois après Séïd-Mahomed, Khan fut assassiné dans les fêtes d'un mariage auxquelles Mortiz-Ali, le meurtrier de son père, avait aussi été convié. Au milieu de la confusion Mortiz-Ali monta à cheval et entouré de nombreux cavaliers s'enfuit à Vellore. Le résultat de ces événements fut que Anwaroudin, qui n'avait aucune parenté avec l'ancienne dynastie, fut nommé nabab du Carnate.

Tel était l'homme auquel eut recours le gouvernement de Pondichéry dans les circonstances difficiles où il se trouvait. On lui rappela l'amitié qui avait toujours uni ses prédécesseurs à la nation française, l'appui moral et la protection efficace que leurs familles avaient trouvés à Pondichéry lors de l'invasion mahratte; on fit allusion aux dispositions conciliantes qu'avaient toujours montrées les Français, à leur désir constant de vivre en paix avec ceux qui les entouraient, et on pressa le nabab de prévenir, par son autorité, l'agression de l'autre nation européenne qui occupait une portion de la côte du Carnate, envers ceux qui avaient toujours été les amis des nababs et dont le Gouverneur était lui-même officier et vassal du Mogol.

Anwaroudin ne resta pas insensible à tout ce qu'il y avait de force et de raison dans cet appel. Aucune des puissances européennes représentées sur la côte de Coromandel, n'avait montré jusqu'ici de tendances agressives, et la supériorité des soldats européens ne s'était pas affirmée sur le champ de bataille. Il était naturel qu'il désirât maintenir la paix dans sa juridiction et ses dépendances ; il est même probable, et les événements l'ont prouvé, qu'il était très-sensible à l'amitié, à la cordialité que les Gouverneurs de Pondichéry avaient toujours montrées. Il notifia donc au Gouverneur de Madras qu'il ne permettrait aucune attaque contre les possessions françaises sur la côte de Coromandel. Il essaya d'adoucir, par une démonstration de probité, ce qu'il y avait de despotique dans cette communication, car il informa en même temps M. Morse que, si plus tard la puissance française devenait prépondérante, il userait de la même autorité pour empêcher toute agression de sa part. M. Morse n'avait d'autre parti à prendre que celui de la docilité.

Quoiqu'il fût ainsi préservé d'une attaque immédiate, Dupleix n'en était pas moins dans une situation très-inquiétante ; l'escadre anglaise longeait la côte; elle avait reçu des renforts et les vaisseaux dont elle se composait pouvaient, par leurs continuelles croisières, intercepter et détruire les navires de commerce français. La Compagnie des Indes, même avant la rupture de la paix, avait cessé d'envoyer des vaisseaux à Pondichéry, de sorte que Dupleix n'avait plus de nouvelles que par des arrivages irréguliers. Le prestige de la France avait reçu une rude atteinte à Pondichéry et dans les pays environnants. On savait partout, que sans l'intervention du nabab, Dupleix aurait été forcé de se soumettre aux Anglais, et, ainsi qu'il arrive en pareil cas, les sycophantes et les adulateurs du succès, comme il s'en trouve en tous pays, se hâtèrent de s'éloigner de lui. Cependant, au milieu de l'incertitude et du découragement qui l'entouraient, il conservait toute sa résolution, et, quoique son cœur fût rempli d'anxiété, son attitude ne perdait rien de son calme ni de sa dignité. Ce fut néanmoins avec un grand soulagement qu'il apprit de bonne source, au mois de mai 1746, qu'on avait à Mahé des nouvelles de l'escadre de La Bourdonnais, cette escadre tant désirée et qu'il n'espérait plus voir.

Nous avons présenté Mahé de La Bourdonnais à nos lecteurs comme l'officier habile et entreprenant qui avait réussi à s'emparer, en 1725, de la ville à laquelle il donna son nom. Nous allons donner un rapide aperçu des dix-neuf années qui se sont écoulées depuis ce brillant début dans les Indes. Réduit à l'inactivité par la paix à laquelle la France paraissait alors disposée, La Bourdonnais, après la prise de Mahi, équipa un navire pour son propre compte et trafiqua pendant trois ou quatre ans dans les mers d'Arabie. L'ascendant qu'il acquit en peu de temps sur tous ceux avec lesquels il se trouva en rapport et qui se manifesta surtout à l'occasion d'un conflit survenu entre des marins portugais et des Arabes, conflit qu'il réussit à apaiser, lui valut l'estime du gouverneur de Goa, et détermina ce vice-roi à lui offrir le commandement d'un vaisseau de guerre au service du roi de Portugal; à cet emploi étaient attachés certains ordres ou titres. La Bourdonnais ayant accepté l'offre, fit une expédition à Mozambique et plusieurs croisières dans les mers des Indes. Mais il n'est jamais sans inconvénient de servir une puissance étrangère; au bout de deux ans, La Bourdonnais reconnut que les ennuis auxquels il était sans cesse en butte n'étaient pas compensés par les jouissances ou les avantages de son commandement. Il s'en démit donc et retourna en France en 1733, s'y maria et fut désigné, en 1735, pour succéder à Dumas comme Gouverneur des îles de France et de Bourbon.

Pour être à même d'apprécier tout ce qu'il accomplit dans son nouvel emploi, il faut bien se rappeler ce qu'avaient été ces îles pour les Français depuis leur occupation. Nous avons donné dans notre premier chapitre une esquisse rapide de cette histoire depuis leur découverte par les Portugais jusqu'au moment de l'occupation de Bourbon par une petite troupe de colons repoussés de Madagascar en 1672, et de l'établissement formé à l'Ile de France, entre 1710 et 1719. Il est probable que le reste de ces colons de Madagascar ayant peu de goût pour le travail en lui-même auraient volontiers saisi la première occasion favorable pour quitter une île où ils paraissaient devoir être privés de tout rapport avec le monde extérieur. Mais ils s'étaient échappés pêle-mêle, hommes et femmes, ces dernières indigènes, dans deux canots, et ils n'avaient aucun moyen de se diriger plus loin. Ils furent donc contraints de se construire des huttes et de se livrer à la culture du sol pour pourvoir à leur subsistance. Heureusement le sol était de nature à ne requérir que peu de travail, pour les mettre en état de vivre dans le confort et l'abondance. Bientôt leur nombre s'accrut par le naufrage d'un pirate à bord duquel se trouvaient de nombreuses prisonnières. Petit à petit, il s'augmenta encore de quelques matelots déserteurs des navires de l'Inde qui y relâchaient[1]. Ceux-ci y étaient retenus par l'appât de la vie facile que la fertilité du sol offrait aux habitants. La prospérité de l'île grandit avec une rapidité hors de proportion avec les éléments dont elle était peuplée. Les maisons s'élevèrent, de petits navires de commerce furent construits, la plupart pour faire le métier de pirates; on acheta des esclaves

---

1. Il est établi que ce ne furent pas là les seuls éléments dont se forma la population de Bourbon; elle dut se recruter encore parmi les pirates anglais qui vinrent avec Avery, England, Condon et Patterson, et qui, après avoir amassé des richesses considérables dans la Mer Rouge et sur les côtes d'Arabie et de Perse, quittèrent leur genre de vie, s'établirent dans l'île et obtinrent leur pardon du Roi de France. Quelques-uns vivaient encore en 1763 et leurs descendants sont nombreux dans l'île.

(*Dalrymple's Oriental Repertory.* Vol. 2.)

et on se livra à la culture de tout ce qui était propre à l'exportation. Les navires qui relâchaient dans l'île Bourbon firent en France des récits si brillants de sa prospérité que, vers la fin du dix-septième siècle, ou le commencement du dix-huitième, la Compagnie admit la requête présentée par les habitants pour en être déclarés possesseurs, et y envoya cinq ou six familles avec un Gouverneur [1]. Ce Gouverneur fut d'abord bien reçu, mais les descendants des pirates ou des déserteurs trouvèrent bientôt son autorité incommode ; ils se saisirent de lui et l'emprisonnèrent dans un donjon où il demeura jusqu'à sa mort. Leur révolte n'eut pas d'autre résultat. Un nouveau Gouverneur fut envoyé avec l'ordre, qu'il exécuta ponctuellement, d'ériger un fort pour sa sûreté et de punir les fauteurs de troubles.

En 1717, la population de l'île s'élevait à deux mille neuf cents hommes libres et à onze cents esclaves ; l'année suivante fut marquée par un événement qui donna une nouvelle impulsion à son commerce et assura sa prospérité future. Nous voulons parler de l'introduction de la culture du café, qui fut dès lors la principale production de l'île. Dès 1715, on avait pris possession de l'île déserte appelée Ile de France, mais aucune tentative sérieuse de colonisation n'eut lieu avant 1721. Un édit daté de novembre décréta la formation d'un Conseil provincial dépendant de celui de Bourbon, et en 1723, Dumas fut nommé gouverneur des deux îles. De grands avantages furent alors offerts aux habitants de Bourbon pour les déterminer à émigrer vers la plus grande des deux îles. Dans ce but, des terrains étaient concédés aux colons et la Compagnie faisait à chacun d'eux une avance de fonds proportionnée à l'importance de la concession. Néanmoins, pendant assez longtemps, ces efforts ne semblèrent pas devoir réussir. Douze ans après, les colons n'avaient pu encore rembourser les avances qu'on leur avait faites. Mais au moment où l'on hésitait sur la ligne de conduite à adopter pour l'avenir, La Bourdonnais apparut en France. Sa réputation de talent, d'énergie et de résolution l'avait précédé, et les Directeurs

---

1. Il paraîtrait cependant, d'après le calendrier des îles de France et de Bourbon, que les habitants avaient eu une suite régulière de Gouverneurs pris dans leur sein depuis le début de la colonie. Ainsi, on rapporte qu'en 1675 le P. Hyacinthe, un capucin, y arriva en qualité de curé, et exerça l'autorité de Gouverneur.

décidèrent de donner encore une chance favorable à la colonie, en nommant pour son Gouverneur un homme qui avait fait preuve de qualités si éminentes.

La Bourdonnais se rendit à Bourbon : il y trouva un sol fertile, un air salubre, une colonisation relativement avancée. Quant à l'Ile de France, la majeure partie de son territoire était couverte de forêts impénétrables. Des deux ports qu'elle présentait, un du moins, pouvait, au moyen de quelques travaux, devenir sûr et même excellent. Elle jouissait d'un climat doux et sain, et le sol, moins fertile que celui de Bourbon, était cependant susceptible de culture. Aux yeux de La Bourdonnais, l'avantage de posséder un port donnait à l'Ile de France une grande supériorité sur Bourdon, et il en fit le siége de son gouvernement.

Mais quel peuple était-il appelé à gouverner ! Avec un caractère moins fortement trempé, La Bourdonnais aurait pu reculer devant la tâche qui lui incombait de tirer parti d'une race à laquelle le moindre travail quelconque semblait être le pire de tous les maux. Presque nus, sans défense, mourant de faim, ayant préféré le dénûment et la misère à la petite somme de labeur qui, dans le climat, aurait amplement pourvu à tous ses besoins, habitant de misérables cabanes, ne possédant aucune énergie, craignant sans cesse pour leur vie, par suite des attaques des Marrons (les libres descendants des esclaves enlevés dans leur enfance, de Madagascar et qui avaient trouvé un refuge dans l'intérieur), n'étant doués que de l'instinct animal de l'existence, ces soi-disant colons étaient encore capables d'organiser une résistance contre toute autorité appelée à ces dominer. Mais La Bourdonnais n'était pas homme à se laisser jouer. Il leur prouva par cent exemples qu'il avait résolu de rester le maître. Et cependant, tout en agissant de la sorte, il montra tant de tact et fut si calme dans sa fermeté ; ses mesures furent si sages et les avantages qui en découlaient si évidents aux yeux de tous, que, tout en murmurant, les colons durent reconnaître en lui le plus sage et le plus doux, le meilleur des Gouverneurs, le seul homme qui pût les faire renoncer à leurs vieilles habitudes d'indolence et d'oisiveté. Se faisant lui-même agriculteur pour leur enseigner les premiers principes de la culture, ou les méthodes les plus perfectionnées, mécanicien, industriel, pour leur apprendre à se servir des machines ou des métiers dont ils pouvaient tirer parti; faisant sans cesse ressortir à leurs yeux l'évidente nécessité du travail, il réussit promptement à faire de ces éléments bruts une communauté civilisée. Sous son influence, les uns s'adonnèrent aux plantations, d'autres à des fabrications diverses; d'autres, enfin, se firent soldats. La Bourdonnais les aidait de diverses manières : il importa des nègres de Madagascar, les employa à la police et en fit des cultivateurs et des artisans. En peu de temps, l'île eut pris un tout autre aspect; les vastes terrains incultes de l'intérieur avaient changé de face, les misérables huttes parsemées sur la côte avaient disparu; de tous côtés s'élevaient de solides maisons d'habitation, des magasins, des arsenaux, des barraques, des fortifications, des moulins, des quais, des canaux et des aqueducs. Parmi ces derniers, on en cite particulièrement un, long de trois mille six cents toises, qui fut construit dans le but d'amener l'eau dans le port et les hôpitaux. Mais sa plus grande sollicitude se portait vers la côte. Il y avait, nous l'avons dit, deux ports : l'un au Sud-Est de l'île, ouvert aux vents dominants, l'autre au Nord-Ouest, abrité du vent, mais qui n'avait d'accès que par un étroit passage. La Bourdonnais concentra tous ses soins sur celui-ci et l'eut bientôt mis en état de recevoir des navires de trente-cinq ou quarante tonneaux. Il y adjoignit des bassins à flot, des pontons, des canaux et l'approvisionna de vergues et de bois de construction. Il devint aussi facile de construire ou de réparer des navires au Port-Louis, nom qu'il donna à sa capitale, que dans un port d'Europe. En 1737, c'est-à-dire dix-huit mois après son arrivée, il assista au lancement d'un brigantin. L'année suivante, il construisit deux bons navires et en mit un de cinq cents tonneaux sur le chantier [1]. Mais ce ne fut là qu'une faible partie des travaux qu'il accomplit pendant sa vice-royauté.

---

1. Ainsi qu'on pouvait le prévoir, son premier essai en fait de construction navale ne fut pas un succès. On raconte qu'après avoir coûté beaucoup de peine, de temps et d'argent, le bâtiment se trouva si lourd lors du lancement qu'on fut obligé de le remettre à terre pour enlever des pièces de bois qu'on remplaça par de plus légères avant qu'il pût naviguer. Ce vaisseau, l'*Insulaire*, se perdit en 1746 dans le Gange en allant à Chandernagor après le combat avec le commodore *Peyton*.

Son administration intérieure était également énergique et judicieuse. Il veillait attentivement à ce que les nègres ne fussent pas injustement traités par les colons, et obligea les propriétaires à donner une plantation de tapioca de cinq cents mètres carrés à chaque nègre employé à leur service. Il encouragea la culture de la canne à sucre, qui, plus tard, devint si importante ; s'opposa au massacre imprévoyant du bétail, et jusqu'à ce que ce produit de l'agriculture fût redevenu abondant, il força les équipages des navires à se contenter de poisson et de tortue pendant leur séjour dans le port.

Quoique, lors de son arrivée, Bourbon fût beaucoup plus avancé en civilisation, il réussit également à y exercer une influence bienfaisante. Il voulait surtout organiser ces îles de manière à les rendre utiles à la mère-patrie, et en faire des stations entre la France et l'Inde. Il fallait pour cela qu'elles fussent fortifiées. Malgré le peu de ressources dont il disposait pour de pareils travaux, La Bourdonnais avait réussi, au bout de cinq ans, à créer des ouvrages dont la puissance ne laissait que peu de chances de succès aux attaques de l'ennemi.

En 1740, La Bourdonnais revint en France ; à son arrivée il apprit que des plaintes portées contre lui l'avaient précédé. Le cardinal Fleury était encore ministre : économiste timide, à vues étroites, Fleury n'avait qu'un principe en fait de politique extérieure, c'était le maintien à tout prix de la paix, surtout de la paix avec l'Angleterre. La crainte de causer de l'ombrage à cette puissance et ses habitudes d'économie, le conduisirent à laisser dépérir la marine, à négliger l'armée et à ne donner aucun encouragement au commerce. Un homme de cette nature ne pouvait sympathiser avec la bouillante énergie de M. de La Bourdonnais, avec son esprit fertile et son désir sans bornes de développer la grandeur de la France. Aussi, quand quelques spéculateurs sans foi et des capitaines dont il avait dû restreindre les déprédations et les gains illicites, présentèrent au ministre et aux Directeurs de la Compagnie une longue liste de leurs griefs en y joignant, selon l'habitude des gens de cette sorte, de perfides insinuations contre la probité et le désintéressement de La Bourdonnais, l'esprit étroit du cardinal ne repoussa pas ces charges. Influencé dans ce même sens par les Directeurs, il s'occupa sérieusement avec eux de le remplacer. Officieusement informé de ce qui se passait et déterminé à se justifier, La Bourdonnais s'était dans ce but décidé à quitter le théâtre de ses travaux.

Mais si le cardinal Fleury n'avait pas le jugement large, ce n'est pas à dire qu'il fût volontairement injuste. Il accueillit d'abord le grand colonisateur avec une défaveur marquée, mais cette disposition ne persista pas longtemps devant la candeur et la franchise qui caractérisaient l'extérieur de La Bourdonnais aussi bien que ses paroles. La Bourdonnais voulut connaître les accusations portées contre lui, et n'eut pas de peine à justifier sa conduite ; mieux encore, à convaincre le ministre et les Directeurs de la grande valeur des mesures qu'il avait accomplies. Les imputations auxquelles il avait été en butte tombèrent d'elles-mêmes ; il démontra qu'il n'avait jamais possédé un pouce de terre dans les îles ; qu'il n'avait jamais fait pour *une livre* de trafic, et que la grande confiance des colons en son impartialité, le rendait l'arbitre de leurs différends dont un seul avait été l'objet d'un appel en justice.

Disculpé de ces accusations, rétabli dans la confiance de ses chefs, La Bourdonnais put de nouveau rendre à son esprit fertile la liberté d'enfanter de nouveaux projets. A cette époque, 1740 à 1741, les hostilités entre la France et l'Angleterre semblaient imminentes. Ces deux puissances avaient embrassé les partis opposés dans la guerre de la succession d'Autriche, et il était évident que les détours du cardinal ne réussiraient pas longtemps à retarder une déclaration de guerre. Dans cet état de choses, La Bourdonnais, prévoyant que celle des deux puissances qui à l'ouverture des hostilités l'emporterait, par la supériorité de ses forces, dans les mers de l'Inde, pourrait écraser sa rivale, sollicita l'autorisation d'équiper et d'armer en guerre six ou huit vaisseaux dont il se proposait de former une escadre qu'il conduirait à l'Ile de France pour y attendre les événements. Quand la guerre serait déclarée il intercepterait et capturerait les navires de commerce anglais, puis de là, se rendant aux Indes, il y ruinerait les établissements ennemis.

Ce plan était non-seulement praticable, mais d'une exécution facile et d'un succès assuré, si, laissant le champ libre à un homme comme La Bourdonnais, on lui en confiait l'exécution. Mais une idée si largement conçue ne pouvait convenir à la politique craintive des Directeurs qui ne manquèrent pas de la repousser au premier abord. Cependant Fleury, malgré la timidité de son caractère, était trop homme d'État pour ne pas comprendre quels immenses avantages cette combinaison pourrait produire. La Bourdonnais était présent au Conseil, et il ne manqua pas de faire remarquer entre autres arguments, que le consentement du cardinal ne donnerait lieu à aucun acte d'hostilité ouverte contre l'Angleterre, et que l'escadre attendrait patiemment au Port-Louis la déclaration de guerre. Fleury, convaincu par ces raisons et d'autres semblables, donna son approbation au projet, sauf quelques modifications dans les détails, et réduisit au silence l'opposition des Directeurs.

Entre autres changements apportés au plan primitif, deux des navires que La Bourdonnais comptait armer en guerre devaient être remplacés par deux vaisseaux de la marine royale. Mais en France, sous Louis XV, les plans étaient rarement exécutés. Quand arriva le temps fixé pour le départ de l'escadre, les deux vaisseaux du Roi, qui pouvaient être si utiles, furent distraits pour quelque mission insignifiante, et La Bourdonnais se trouva réduit au commandement de cinq bâtiments appartenant à la Compagnie. Ceux-ci lui auraient encore suffi s'il lui eût été permis de poursuivre son plan jusqu'au bout. L'armement de ses vaisseaux était considérable, ils avaient à bord douze cents marins et cinq cents soldats, mais il y eut bien des difficultés à vaincre pour arriver à tirer parti de ce personnel. Parmi les marins, très-peu avaient vu la mer et les soldats étaient presque étrangers aux exercices militaires. La Bourdonnais dut recourir, pour façonner ces deux classes d'hommes, aux procédés qui lui avaient si bien réussi avec les colons de l'Ile de France. Il commença par leur bien faire connaître la nature de leurs devoirs en leur donnant lui-même l'exemple du dévouement à les accomplir. Son incessante occupation pendant la traversée fut ensuite de les exercer aux divers travaux dont ils devaient être chargés plus tard. Il réussit à tel point que les vaisseaux qui, en partant de France le 5 avril 1741, étaient montés par des cultivateurs en guise de marins, et portaient des recrues sous le nom de soldats, arrivèrent à l'Ile de France le 14 août suivant avec des équipages aussi capables que ceux qui manœuvraient à bord des vaisseaux du Roi, et des soldats aussi instruits dans tous les maniements d'armes que ceux qui combattirent à Fontenoy.

Mais il était dans la triste destinée des héros qui luttèrent pour établir un empire français dans l'Inde de trouver leurs principaux et leurs plus redoutables ennemis en France même. Le génie de Clive, la valeur persévérante de Coote et la bravoure presque oubliée de Forde, n'auraient pu réussir à renverser le solide établissement créé par les Gouverneurs de Pondichéry, si la France avait fidèlement soutenu ses enfants combattant pour elle. Mais la France de Louis XV ressemblait plus à la Médée de l'histoire ancienne qu'à une mère tendre et vigilante. Quand elle n'immolait pas ses enfants de ses propres mains, elle traitait les meilleurs et les plus braves comme des ennemis qu'il fallait traverser, duper, persécuter, réduire au désespoir, sans paraître apprécier le dévouement de ces hommes qui consacraient toute leur énergie, toutes leurs pensées à l'accroissement de sa domination. Le gouvernement français trahit donc son vaillant champion, il trahit l'homme qui, sans les actes de son gouvernement, aurait mis à profit la meilleure occasion de créer un empire français dans l'Inde et d'en bannir tous ses rivaux. La Bourdonnais avait à peine repris la mer, que de lâches intrigants, parasites inséparables des gouvernements corrompus, dont les calomnies n'auraient osé se produire en sa présence, insinuèrent que cet armement dispendieux était sans but pour la France et ne devait servir qu'à satisfaire l'ambition de son promoteur ; que la neutralité dans les mers de l'Inde était la seule politique à adopter, et ils communiquèrent aux Directeurs la conviction, qu'en cas de guerre, l'Angleterre serait disposée à accéder à une convention de cette nature. Des Directeurs cette clameur arriva jusqu'aux ministres. Le faible cardinal, alors âgé de quatre-vingt-dix ans et n'étant plus sous le charme de la présence de La Bourdonnais, lutta quelques jours, puis céda.

Dans une heure funeste pour la France et pour l'Inde française, cet arbitre des destinées de sa patrie sous Louis XV expédia à La Bourdonnais, l'ordre de renvoyer ses vaisseaux en France, quand même il ne pourrait leur procurer de cargaison.

Pendant que ces choses se passaient, La Bourdonnais, bien loin de soupçonner ces influences occultes, était arrivé ainsi que nous l'avons vu à l'Ile de France. Les nouvelles qui l'y attendaient étaient bien de nature à mettre en action toute son énergie. Dumas l'informait du danger dont l'attaque de Rhagogi menaçait Pondichéry, et réclamait un prompt secours. Déjà, pour répondre à son appel pressant, les autorités de l'île lui avaient expédié leurs garnisons. Convaincu de la nécessité de sauver Pondichéry à tout prix, La Bourdonnais ne séjourna qu'une semaine à l'Ile de France et s'embarqua aussitôt pour cette colonie. Il apprit en y arrivant le 30 septembre que, grâce au tact et à l'habilité de son Gouverneur, cet établissement ne courait plus aucun danger, mais que Mahé était encore entouré d'ennemis. Il remit donc à la voile pour le théâtre de ses premiers triomphes et y eut bientôt rétabli l'ascendant français. N'ayant plus rien à faire dans l'Inde il regagna l'Ile de France afin d'y poursuivre l'exécution des plans concertés avec le cardinal Fleury. Mais ce retour fut marqué pour lui par une de ces douleurs amères qui atteignent surtout les âmes fortes et les intelligences d'élite, lorsqu'elles voient leurs projets entravés par la faiblesse et l'incapacité. C'est alors qu'il reçut l'ordre de renvoyer ses vaisseaux en Europe ; il comprit immédiatement les conséquences de cet ordre ; il lui fallait abandonner toute prétention à la prépondérance dans l'Inde, assister, spectateur impuissant, aux triomphes des Anglais, peut-être se voir réduit faute de moyens de défense à devenir leur proie. Devant lui s'évanouissaient l'espoir de sa vie entière, le but de ses efforts, l'accomplissement assuré de sa légitime ambition. Mais que faire ? L'ordre était impératif. Il fallait obéir ! Avec une douleur, un déchirement que peu d'hommes ont éprouvé et que dut encore augmenter la réalisation de ses tristes prévisions, il fit partir la flotte ; mais en même temps il envoya sa démission en priant de pourvoir sans retard à son remplacement.

Pourquoi, hélas, avait-il obéi ! Assurément on ne peut lui en faire un crime, mais il est évident qu'une véritable fatalité pesait alors sur la France. Quelques brises favorables, un navire meilleur voilier, un capitaine plus énergique et le sort de l'Inde eut été tout différent! A peine avait-il cherché à calmer la vivacité de son désappointement en se consacrant plus activement que jamais aux soins que réclamait la colonie, qu'il vit arriver à Port-Louis, un navire français porteur d'une dépêche du contrôleur général des finances et ministre d'État, M. Philibert Orry, autorisant La Bourdonnais à garder la flotte et exprimant l'espoir qu'il aurait désobéi aux précédentes instructions. Le cardinal Fleury était mourant, Orry remplissait les fonctions de ministre ; il avait parfaitement compris l'importance des projets de La Bourdonnais, et s'était empressé de lui expédier ce navire et ces nouvelles instructions. Trop tard, hélas ! les vaisseaux étaient partis, et il n'y avait aucun moyen de les rappeler ; le souverain avait été trop scrupuleusement obéi, et cette obéissance lui fit perdre un empire.

On conçoit aisément toute l'aggravation que dut apporter ce message aux douleurs de La Bourdonnais. Bien d'autres, à sa place, auraient été réduits au désespoir, mais c'était un homme d'une trempe supérieure. Si, comme nous aurons à le faire connaître, il eut aussi son côté faible et ne fut pas toujours à l'épreuve des coups de la fortune, du moins, dans cette circonstance, il ne se laissa pas briser par le désappointement. Il ne tarda pas à savoir que le ministre et les Directeurs refusaient d'accepter sa démission, et, reprenant avec calme ses fonctions de Gouverneur, il se mit en devoir de faire face, dans la mesure du possible, aux éventualités qu'il prévoyait.

Les ministres avaient bien refusé la démission de La Bourdonnais, mais ils n'avaient pas aussitôt renvoyé les navires. Ils lui écrivirent qu'il possédait toute leur confiance et que le gouvernement général de l'Inde lui serait confié si quelque événement privait la France des services de Dupleix. Le cardinal était mort le 20 janvier 1743, la guerre était déclarée, et La Bourdonnais voyait avec peine les grands rivaux de sa patrie recueillir les avantages qu'il avait préparés. Cette flotte anglaise du commodore Barnet, dont nous avons déjà parlé, était venue croiser dans les mers de l'Inde et capturait de tous côtés les bâtiments de commerce français[1]. La Bourdonnais ne pouvait opposer aucun frein à ses déprédations, et comme pour ajouter encore à sa perplexité, un message de Dupleix vint, à ce moment de complète impuissance, le supplier d'aller en toute hâte, et avec toutes ses forces, au secours de Pondichéry.

On vit alors qu'il n'est pas de difficultés insurmontables pour un homme vraiment digne de ce nom. Porter secours à son compatriote, dans l'état de détresse où lui-même se trouvait, pouvait sembler impraticable. Cependant, il lui fut donné de prouver une fois de plus la vérité de ce vieil axiome : Rien n'est impossible au brave, non pas brave dans le sens étroit du courage personnel, mais dans l'acception la plus étendue de ce mot : brave pour supporter le reproche injuste, affronter la diffamation, le mécontentement et la haine ; brave pour vaincre le mauvais vouloir, pour mépriser le coup d'œil insolent et l'hostilité de supérieurs de hasard, brave pour aller droit au but, en dépit de tout, de la raillerie, de l'insulte, de l'opposition déclarée, de la calomnie secrète. La Bourdonnais était un brave de cette sorte : aussi fit-il l'impossible !

Or, voici quel était l'impossible : sans vaisseaux, sans marins, sans troupes, sans autres ressources que celles qu'il avait créées dans la colonie, il lui fallait embarquer une armée, traverser l'Océan Indien couvert de croiseurs ennemis, éviter ou battre la flotte anglaise bien armée et bien montée, dégager enfin la capitale assiégée de l'Inde française. Pouvait-il, en frappant la terre du pied, faire surgir les hommes, les canons, les navires, le matériel qui lui manquaient? Assurément, il était permis de voir là une impossibilité. Cependant, ne se laissant pas arrêter par ces redoutables apparences, La Bourdonnais entreprit avec une application calme et persévérante d'accomplir ce qui lui était demandé.

Pour réussir dans une pareille tentative, il fallait surtout savoir beaucoup oser, rejeter toute crainte de responsabilité, et employer, dans toute leur étendue, les pouvoirs dont il disposait. C'est ainsi que

---

1. « Nous exécutons maintenant contre vous, disait le commandant Barnet à un capitaine de commerce français qu'il avait pris, ce que M. de La Bourdonnais avait projeté contre nous. »

La Bourdonnais sut agir : tout navire, et, malgré les croiseurs anglais, il en arrivait encore, tout navire qui touchait à l'Ile de France et lui semblait pouvoir être utilisé, était retenu par lui en imposant silence aux capitaines et aux intéressés. Malheureusement, une autre calamité, la disette, était venue s'ajouter à tant d'autres, les récoltes avaient été entièrement perdues et les îles étaient hors d'état de subvenir à la subsistance des équipages. Un bâtiment, venant de France avec un chargement de vivres, le *Saint-Géran*, avait coulé en entrant dans le port. La disette était devenue telle, que le Conseil local avait dû réduire chaque Européen ou homme libre à la ration quotidienne d'une livre de pain ou de riz, et chaque nègre à celle de une livre et demie de riz. D'un autre côté, tout manquait : les fournitures nécessaires à l'équipement des navires, les charpentiers, les ingénieurs, les serruriers et les voiliers pour les mettre en œuvre, les marins pour les manœuvrer, les soldats enfin qu'on devait transporter. La Bourdonnais résolut de créer ce qu'il n'avait pas. Il se fit charpentier, ingénieur, voilier, et, de ses propres mains, fabriqua les modèles de tous les objets nécessaires. Sous sa surveillance personnelle, des hommes apprirent à tailler et à confectionner les voiles, d'autres devenant charpentiers s'occupèrent à fabriquer des affûts pour les canons, et à mettre les navires en état de les recevoir. Les uns préparaient les matériaux pour la construction, d'autres les assemblaient ; les marins furent exercés au travail en commun, au service des pièces, à l'escalade, au tir à la cible, au jet du grappin. Trouvant leur nombre insuffisant, il recruta un certain nombre de nègres et les incorpora dans les compagnies. Ce fut ainsi que, par un travail extraordinaire, La Bourdonnais se trouva bientôt à la tête d'un corps assez considérable, formé d'hommes suffisamment exercés, bien disciplinés, et prêts à entreprendre tout ce qu'il leur commanderait.

Il déploya la même activité, le même génie inventif pour se procurer les vivres nécessaires. Déjà, il avait presque complétement équipé cinq navires y compris le bâtiment de vingt-six canons porteur de la dépêche de Dupleix, lorsqu'il reçut de France la bonne nouvelle de l'envoi de cinq vaisseaux partis de Lorient, et qui devaient lui arriver au mois d'octobre de cette même année 1745.

Dans la pénurie de vivres où il se trouvait, la venue de cette escadre n'était pas un mince embarras ; il se mit donc en mesure d'expédier successivement à Madagascar chacun de ses navires aussitôt qu'il était prêt à prendre la mer, avec mission d'en rapporter tout le riz et les autres denrées alimentaires qu'il serait possible de se procurer. Ce fut ainsi qu'à force de prévoyance, il put vaincre une difficulté qui semblait insurmontable.

L'escadre promise pour octobre 1745 n'arriva qu'en janvier 1746. Elle se composait d'un vaisseau de guerre de soixante-dix canons, *l'Achille*, et de quatre bâtiments marchands [1]. Armer et équiper les navires, persuader à leurs capitaines de laisser mettre à terre leurs chargements [2], c'était une tâche qui réclamait toute son habileté. Cependant il y réussit. L'artillerie se composait presque entièrement de pièces de huit ou de douze, calibres insignifiants, relativement à celui des canons qui, dès cette époque, formaient ordinairement l'armement des bâtiments de guerre. Encore, le nombre de ces canons était-il fort insuffisant, car la plupart des navires qu'il transformait ainsi en bâtiments de guerre étaient percés pour recevoir beaucoup plus de pièces qu'il ne pouvait leur en donner. Cependant, quoique imparfaitement équipés, ils partirent un à un pour Madagascar, et quand tous eurent quitté l'île, lui-même s'embarqua plein de confiance et d'enthousiasme pour aller les rejoindre [3].

Ceci se passait le 24 mars. A peine avait-il revu son escadre

---

[1]. Voici comment La Bourdonnais s'exprime dans ses *Mémoires* au sujet de ces bâtiments : « Il est à propos d'observer, au sujet de ces vaisseaux, qu'ils étaient fort mal montés quant aux équipages. *L'Achille* seul était armé en guerre. Les autres n'étaient pas plus armés que de simples navires marchands. »

[2]. L'armement de ces navires exigeait qu'on enlevât toutes les marchandises dont ils étaient chargés, et cela au grand détriment des capitaines.

[3]. L'escadre était composée de :

L'Achille, de	.	. . . . .	.	70	canons.
Le Bourbon,	percé	pour 42	portant	36	»
Le Phénix,	»	» 44	»	38	»
Le Neptune,	»	» 36	»	30	»
Le Saint-Louis,	»	» 36	»	26	»
Le Lys,	»	» 36	»	26	»
Le Duc-d'Orléans,	»	» 36	»	24	»
La Renommée,	»	» 28	»	24	»
L'Insulaire.	»	» 30	»	20	»

(Mémoire pour La Bourdonnais.)

qu'elle fut assaillie par une de ces violentes tempêtes qui se produisent périodiquement dans l'Océan Indien. Ses navires, qui avaient jeté l'ancre furent entraînés et devinrent pendant trois jours le jouet des flots. L'un d'eux coula [1]. Le vaisseau amiral *Achille* perdit toute sa mâture, plusieurs autres furent sérieusement endommagés. Ils parvinrent enfin à trouver un refuge et la sécurité sur la côte Nord-Est de Madagascar, dans la baie d'Antongil, au centre de laquelle se trouvait une île déserte. Ce fut là, dans les conditions les plus contraires, sur une île marécageuse, insalubre, fortement détrempée par les pluies périodiques et qui avaient commencé à tomber, que La Bourdonnais résolut de réparer son escadre. Les navires avaient cruellement souffert, les équipages étaient épuisés de fatigue, la côte présentait la plus grande difficulté d'abordage. La forêt qui devait fournir le bois se trouvait sur la terre ferme, à plus de deux milles du rivage. Elle en était séparée par un large marais où serpentait une rivière qui rendait les communications très-difficiles, mais dont la profondeur était insuffisante pour se prêter au flottage des bois. Lorsqu'enfin ces matériaux étaient parvenus au bord de la mer, il restait encore trois milles pour atteindre le mouillage. Néanmoins toutes ces difficultés furent vaincues. Un quai fut construit avec des pierres extraites de l'île ; des ateliers furent disposés pour la préparation des mâts, des cordages et autres agrès ; une route fut créée à travers le marais pour le halage des troncs d'arbres ; enfin on construisit de grossières embarcations qui servirent à remorquer jusqu'au mouillage les mâts et d'autres pièces de bois. Pour choisir les arbres et reconnaître les meilleures essences, La Bourdonnais dut pénétrer lui-même dans des forêts pestilentielles. Son exemple entraînait toute la flotte. Ceux mêmes qui, au premier abord, avaient témoigné du mécontentement, ne purent résister à son influence magique. Au bout de peu de temps, tous apportaient au travail une ardeur dont on n'aurait pu les croire capables quelques mois auparavant. En quarante-huit jours, toutes les avaries furent réparées, mais on avait perdu quatre-vingt-quinze Européens et trente-trois nègres, victimes du climat ou de

---

1. *Le Neptune des Indes*, non compris dans la liste ci-dessus.

la fatigue. Enfin l'escadre était sauvée et prête à reprendre sa course vers le but tant désiré[1].

Elle partit le 1ᵉʳ juin, ne comptant plus que neuf vaisseaux armés de deux cent quatre-vingt-dix canons et portant trois mille trois cent quarante-deux hommes dont près d'un quart étaient des Africains. Après une traversée favorisée par un bon vent et pendant laquelle La Bourdonnais n'avait cessé d'exercer et d'encourager ses équipages, il atteignit Mahé dès la fin du mois. Il y apprit que la flotte anglaise avait été vue pour la dernière fois devant Négapatam au-dessous de Karical ; que, moins nombreuse en bâtiments que la sienne, elle lui était à peu près égale en troupes et très-supérieure en artillerie, attendu qu'elle portait du vingt-quatre ; enfin qu'elle l'attendait à Négapatam pour lui couper le passage. La Bourdonnais réunit à son bord les capitaines de ses navires. Tout disposé à combattre, il voulait, avant de prendre une décision, connaître la pensée de ceux qui commandaient sous ses ordres. Sa joie fut grande de trouver chez tous une impatience égale à la sienne et la volonté de conquérir par mer l'empire de l'Inde. Bien édifié sur ce point, il modifia sa direction et en peu de jours se trouva devant Trinquemale.

Que devenait pendant ce temps la flotte anglaise du commodore Barnet ? Par suite de l'interdiction prononcée par le nabab Anwaroudin, elle avait dû renoncer à l'attaque de Pondichéry et se borner à des opérations navales. Mouillée à Mergui, à l'entrée des détroits de Malacca, elle s'était occupée utilement à intercepter la navigation française et à entraver son commerce. Le bruit de l'expédition préparée par La Bourdonnais étant parvenu jusqu'à Barnet au commencement de 1746, il était retourné sur la côte de Coromandel et avait jeté l'ancre devant le fort Saint-David. C'est là qu'il mourut au mois d'avril, laissant le commandement au commodore Peyton.

Cette escadre se composait d'un vaisseau de soixante canons, trois de cinquante, un de quarante et un de vingt, en tout six bâtiments[2];

---

1. *Mémoire pour La Bourdonnais.*
2. *Le Medway*, commandant Peyton . . . . 60 canons.
   Le Preston, capitaine lord Northesk. 50   »

mais son artillerie était au complet et ses canons étaient, pour la plupart, du calibre de vingt-quatre. Avec des forces semblables, un habile commandant aurait porté la destruction parmi les bâtiments à demi armés de La Bourdonnais.

Le commodore Peyton avait été prévenu de l'apparition d'une flotte française aux environs de Ceylan et il croisait devant Négapatam pour arrêter sa marche. Le 6 juillet de grand matin, elle fut aperçue et presque au même instant ses propres vigies signalèrent de leur côté la flotte anglaise. Les deux adversaires commencèrent alors à manœuvrer, les Anglais voulant conserver l'avantage du vent, et les Français cherchant à le prendre. A cause de son infériorité en canons et de sa supériorité en hommes, La Bourdonnais comprenait que sa seule chance de succès était dans un combat corps à corps, et tous ses efforts tendaient à l'abordage. Mais l'adresse de Peyton, qui devina l'intention de son antagoniste, déjoua ce projet, et à quatre heures de l'après-midi cet officier avait pu prendre une position qui lui permettait d'ouvrir à bonne distance le feu sur les Français.

L'éloignement était tout en faveur des Anglais. Leurs pièces de vingt-quatre causaient un grand dommage à bord des Français, dont les canons de huit ou de douze ne pouvaient pas plus que les mousquets riposter utilement. Trois de leurs bâtiments furent désemparés, l'un même complétement démâté dès le commencement de l'action, et si La Bourdonnais, qui montait *l'Achille,* n'eût pendant près d'une demi-heure attiré sur lui tout le feu des Anglais, l'escadre était perdue. La nuit vint séparer les combattants avant qu'aucun avantage décisif eût été remporté de part ni d'autre.

Le jour naissant trouva l'escadre française rangée en ligne, mais l'avantage du vent était encore, comme la veille, en faveur des Anglais. Restait à savoir si ces derniers renouvelleraient la lutte. De nombreuses et puissantes raisons devaient les engager à tenter sans délai une affaire décisive. Ils n'avaient eu que soixante hommes

Le Harwich, capitaine Carteret	50	»
Le Winchester, capitaine lord T. Bertil	50	»
Le Medway's prize, capitaine Griffith.	40	»
Le Lively, capitaine Stevens.	20	»

Les équipages formaient un total de mille six cent soixante hommes.

tués ou blessés [1] et un seul de leurs bâtiments avait eu de graves avaries ; c'étaient tous des vaisseaux de guerre, tandis que, nous l'avons déjà dit, huit des bâtiments français n'étaient armés que d'une manière incomplète. Enfin la flotte anglaise avait choisi la station de Négapatam afin d'empêcher le passage de la flotte française. Abandonner ce mouillage c'était laisser Madras exposé aux attaques de l'ennemi.

Mais, en 1746, les Anglais n'étaient pas encore accoutumés à se regarder comme maîtres de l'empire des mers. Certains officiers à bord de l'escadre pouvaient se rappeler que quand, pendant des semaines entières, la flotte victorieuse de Tourville balayait la Manche, la flotte anglaise avait cherché un refuge dans la Tamise [2]. Ce qui est certain c'est que le commodore Peyton agit alors comme aucun commodore anglais n'aurait pensé à le faire à l'époque des guerres de la Révolution. Parce qu'un de ses vaisseaux avait une voie d'eau, il jugea le combat trop hasardeux pour s'y risquer ; confirmé d'ailleurs dans cette opinion par son conseil de guerre, il fit voile vers le Sud, se dirigeant sur Trinquemale, laissant ouverte la route de Pondichéry et désertant Madras qu'il était venu pour protéger.

Si La Bourdonnais se réjouit de la fuite de son ennemi il ne le montra pas ; au contraire, il sembla vouloir le poursuivre, mais ce ne fut qu'une démonstration et en réalité il dut éprouver un grand soulagement de sa disparition car il avait dépensé une grande partie de ses munitions et n'avait plus de provisions que pour vingt-quatre heures [3]. Il put donc reprendre le cours de ses projets, et envoyer au Bengale son vaisseau démâté *l'Insulaire* pour qu'il y fût réparé, puis, ralliant rapidement le reste de l'escadre, il reprit

---

[1]. Les Anglais perdirent 14 tués et 46 blessés. Les Français eurent 27 tués et 53 blessés.

[2]. Après la bataille de Beachy-Head, le 30 juin 1690.

[3]. La Bourdonnais avance dans ses *Mémoires* qu'il eut un extrême regret en voyant les Anglais s'échapper. Il ajoute que n'ayant pas de provisions et ayant à bord beaucoup de malades et de blessés, il fut forcé de renoncer à les poursuivre. Dans sa lettre à Dupleix, il ne parle pas de la disparition des Anglais, mais il s'exprime ainsi : « La crainte de manquer Pondichéry, de gros fonds à remettre et, plus que tout, la disette de vivres, dont plusieurs navires n'avaient plus que pour vingt-quatre heures, me firent envisager la situation affreuse où je me trouverais si, malheureusement, je tombais sous le vent de la place, et cela m'a déterminé à faire voile pour Pondichéry. »

sa course vers le Nord et le lendemain soir mouilla en rade de Pondichéry.

Une partie de sa tâche si difficile était donc accomplie: Pondichéry sauvé, la flotte française maîtresse dans les mers de l'Inde, Madras à découvert. Les rôles des deux parties belligérantes étaient maintenant intervertis. Celui de la France était de menacer, et celui de l'Angleterre de rechercher la neutralité. Quel serait le résultat final? Le nabab du Carnate demeurant neutre entre les deux rivales, étendrait-il aux Anglais la protection précédemment accordée aux Français? S'il n'en était pas ainsi, leur situation semblait presque désespérée. Madras, abandonné par leur flotte, n'ayant dans ses murs que trois cents Européens, ne possédait que des moyens de défense bien inférieurs à ceux de Pondichéry. Le gouverneur Morse n'était ni un Dumas ni un Dupleix. Au contraire, les Français avaient à leur tête, deux chefs, pleins d'intelligence, d'énergie, d'ambition; l'un était un véritable homme d'État, habile dans le conseil, familiarisé avec toutes les souplesses de la politique, mais peu versé dans les choses de la guerre; l'autre, grand dans le conseil, prompt dans l'action, accoutumé à commander, à se voir obéi, à renverser tous les obstacles, mais n'ayant pas encore donné la preuve qu'il sût aussi bien pratiquer l'obéissance. L'incertitude à cet égard formait le seul nuage visible qui obscurcît alors l'horizon de l'Inde française. Ce génie actif qui avait « conquis l'impossible, » créé des soldats et des marins, des navires et des canons avec lesquels il avait délivré Pondichéry, surbordonnerait-il cette grande volonté à la volonté d'un autre, son supérieur par le grade, mais dont jusqu'ici l'habileté ne s'était manifestée que dans les affaires commerciales? A l'époque où La Bourdonnais jeta l'ancre devant Pondichéry, jamais l'ombre d'une contestation ne s'était élevée entre les deux Gouverneurs; ils avaient agi indépendamment l'un de l'autre et leurs rapports avaient toujours été remplis de cordialité. « L'honneur du succès, écrivait Dupleix au commencement de l'année, vous appartiendra, et je m'estimerai heureux d'y contribuer par tous les moyens qui n'auront de valeur que par votre talent. » De son côté, La Bourdonnais s'exprimait ainsi: « Nous devons nous regarder comme également intéressés au progrès des événements et agir de concert. Pour ma part, monsieur, je me dévoue d'avance entièrement à vous et je vous jure une parfaite confiance. » Mais les circonstances avaient changé. On était parvenu au succès et ces deux hommes allaient pour la première fois se trouver en contact immédiat. Lequel prendrait la haute main ? La possibilité de quelque désaccord entre ces deux puissantes natures, habituées l'une et l'autre à commander, constituait les chances les plus favorables pour le Gouverneur Morse et pour Madras.

CHAPITRE IV

LA BOURDONNAIS ET DUPLEIX

Après avoir repoussé la flotte anglaise, l'escadre de huit vaisseaux que commandait La Bourdonnais mit à l'ancre devant Pondichéry dans la soirée du 8 juillet 1746. L'entrevue du Gouverneur et de l'Amiral fut cordiale [1]. Il n'y avait aucune raison pour qu'il en fût autrement, puisqu'ils visaient à un même but, but qui ne pouvait être atteint que par leur coopération mutuelle. La Bourdonnais avait un commandement indépendant sur mer, mais sur le continent indien, il était subordonné au Conseil supérieur de Pondichéry [2]. Cependant, Dupleix était tout disposé à lui abandonner la direction complète de l'expédition projetée contre les Anglais. Il désirait pardessus tout que les opérations fussent bien mûries; et il devait naturellement être résolu à conserver entre ses mains la supériorité du pouvoir politique. Ainsi que nous l'avons vu, leur correspondance avait toujours été des plus amicales. Dupleix avait déclaré que l'honneur du succès appartiendrait à La Bourdonnais, et qu'il ferait tout ce qui serait en son pouvoir pour

---

1. La Bourdonnais affirme dans ses *Mémoires* qu'il fut reçu par Dupleix d'une manière « peu décente »; mais quand même cela eût été le cas, il ne semble pas, d'après leur correspondance, que cela ait altéré en rien les bons termes dans lesquels ils conférèrent dans les premiers jours qui suivirent l'arrivée de La Bourdonnais.
2. L'ordre envoyé de Paris à La Bourdonnais, en 1741, portait que, tandis qu'en toutes circonstances, il commandait sur les mers, son contrôle sur les forces de terre, dans tout établissement français au delà des limites des îles, dépendait de l'autorité dont il pourrait être investi par les Conseils locaux.

contribuer à ce succès. Il ajoutait : « qu'il s'estimerait heureux d'y avoir contribué par des moyens qui tireraient tout leur mérite de la conduite de La Bourdonnais et des heureux résultats qu'il (Dupleix) désirait vivement. Il espérait que ses assurances passées aussi bien que la présente le convaincraient du jour sous lequel il envisageait la question. Ne craignez donc pas, mais comptez sur moi comme sur vous[1]. » La Bourdonnais avait répondu : « Soyez assuré, écrivait-il de la côte de Malabar, le 21 juin, que ma conduite sera autant que possible guidée par vos conseils. Je brûle d'impatience de nous embrasser et de concerter avec vous les mesures pour réparer nos pertes. » Assurément il ne semble pas qu'il y eût entre ces deux hommes aucun motif de se contrecarrer.

Et cependant l'on vit alors ce qu'on a souvent revu depuis : un exemple de la difficulté extrême qu'éprouvent à se soumettre à une autorité supérieure les hommes d'action, accoutumés à commander, à concevoir, à exécuter les projets qu'ils ont conçus. Ils n'obéiront volontiers qu'à un homme d'un génie incontesté et d'un pouvoir sans contrôle. Ainsi Masséna et Ney, Soult et Suchet, reconnaissaient le génie et le pouvoir combinés dans la personne de Napoléon, et s'y soumettaient. Mais hors de cette influence, Ney s'emportait et murmurait s'il était placé sous les ordres de Masséna; malgré sa capacité réelle, Suchet refusa, pour ne pas se mettre sous les ordres de Soult, de faire un mouvement qui aurait donné à l'armée française une grande supériorité sur Lord Wellington. Peut-être, à Pondichéry, en 1746, La Bourdonnais, sûr de sa propre capacité, éprouva-t-il une répugnance qu'il ne pût vaincre, à agir sous les ordres d'un homme dont la réputation était surtout celle d'un négociant habile, et dont il n'avait pas eu l'occasion de mettre à l'épreuve le talent diplomatique. Ce qui est certain, c'est que La Bourdonnais n'était à terre que depuis peu, lorsqu'il adopta une ligne de conduite, tout à fait incompatible avec son caractère d'initiative bien connu ; il montra du doute, de l'hésitation, de l'incertitude, refusa de partir pour une expédition, sans

1. Lettre datée d'avril 1746 et reçue par La Bourdonnais à Mahé.

des ordres positifs du Conseil dont, en vertu de sa commission d'Amiral, il était membre : il refusa de choisir entre les deux alternatives qui lui étaient présentées ; soit d'aller à la recherche de la flotte anglaise, soit de faire voile immédiatement sur Madras.

La prise de Madras avait toujours été regardée par les Français comme le premier fruit à recueillir d'un victoire décisive sur mer. Très-peu de jours après son arrivée à Pondichéry, La Bourdonnais écrivit une longue lettre, au sujet de ses plans, et il fit, en ces termes, allusion au projet concernant Madras : « Dès notre autre escadre de 1741, vous sçavez, monsieur, que j'avais un dessein formé sur Madraz ; encouragé par M. Dumas, auquel j'avais confié mon projet, je vous le fis expliquer lorsque vous vîntes prendre possession de votre gouvernement ; vous l'approuvâtes et fîtes en conséquence des préparatifs que la paix rendit inutiles. Depuis la guerre, persistant dans mon premier dessein, je vous en ai fait part, en vous priant d'ajouter à nos anciens préparatifs, tous ceux qui peuvent faciliter notre réussite. Mon plan est donc de détruire et dissiper l'escadre anglaise, s'il est posssible. La prise de Madraz en sera le fruit[1]. »

La réponse de Dupleix était empreinte du même esprit[2] : « Votre idée au sujet de Madraz est la seule qui puisse indemniser la Compagnie de toutes ses pertes et dépenses, rétablir l'honneur de la nation, et procurer à la colonie un fondement plus solide que par le passé ; cette entreprise est très-aisée et vos forces plus que suffisantes pour l'exécuter ; mais elle ne peut être tentée avec quelque sécurité avant que l'escadre anglaise soit détruite ou battue. » Quant au traitement à infliger à Madras, dans le cas où il tomberait entre ses mains, La Bourdonnais s'en était expliqué en écrivant le 17 juillet à Dupleix : « Si la fortune nous favorise que pensez-vous, monsieur, que nous devions faire de Madraz ? Pour moi, mon sentiment est d'en tirer les marchandises que nous y trouverons, pour les embarquer dans nos vaisseaux, et de rançonner le reste, car, quand nous bouleverserions toutes les pierres

---

1. 17 juillet 1746.
2. 20 juillet 1746.

de cette ville, dans un an d'ici tout sera relevé et Madraz sera plus fort qu'il ne l'est aujourd'hui. » La réponse de Dupleix mérite d'être rapportée ; il écrivait le 20 juillet : « Je ne puis vous dire, ni sçavoir à présent, le parti qu'il conviendra prendre sur Madraz, si vous avez le bonheur de vous en emparer ; les circonstances décideront de celui qui sera le plus convenable. Je vous ferai simplement la réflexion, que tandis que cette place subsistera, Pondichéry ne fera que languir, et que tout le commerce y tombera toujours. Il n'est pas suffisant de se contenter d'un avantage présent, peut-être incertain, il convient un peu de songer à l'avenir. Je ne suis point du tout du sentiment que cette ville étant démantelée puisse se rétablir en un an. Plusieurs années n'ont pu suffire à la mettre comme elle est. Les facilités et facultés sont actuellement bien moindres. »

Dans la lettre que nous avons déjà citée, La Bourdonnais avait donné un état exact de l'armement de sa flotte et avait réclamé de Dupleix qu'il lui fournît, à l'arsenal même de Pondichéry, tout ce qui lui faisait défaut. Il avait aussi demandé à Dupleix de lui procurer quarante-quatre canons de dix-huit, et quatorze de douze. Il n'était pas au pouvoir de Dupleix d'accéder littéralement à ces demandes, sans affaiblir d'une manière dangereuse les défenses de Pondichéry ; mais ce qu'il donna était plus qu'équivalent. Au lieu de quarante-quatre canons de dix-huit et quatorze de douze, il lui en envoya vingt-huit de dix-huit, douze de douze, et vingt-deux de huit, offrant de remplacer ceux qui ne seraient que légèrement endommagés. Il accompagna cet envoi d'une explication si franche et si courtoise, qu'il est surprenant que sa conduite, en cette occasion, ait pu donner lieu à quelque accusation [1].

---

1. Après avoir démontré la nécessité que Pondichéry fût une place forte, sous les murs de laquelle les vaisseaux français pussent toujours trouver un refuge assuré, et après avoir indiqué l'accroissement d'ennemis maritimes qui pouvait résulter des chances d'une guerre avec la Hollande, Dupleix ajoute : « Cette augmentation d'ennemis, la seule chose que nous ayons à appréhender, doit me rendre plus circonspect à l'égard d'une ville aussi considérable dont la sûreté dépend entièrement des autres (le triomphe de la flotte française). Mille contretemps, auxquels les forces maritimes sont exposées, peuvent priver pendant longtemps Pondichéry des canons que vous désirez lui emprunter. Le ministre m'a donné l'ordre de vous aider, et j'obéis volontiers à des ordres si dignes de respect. Mais je ne puis me persuader qu'il soit dans ses intentions que je risque la sûreté de Pondichéry. Je crois, au contraire, et je me flatte qu'il sera plus satisfait que je la garantisse. Néanmoins, pour complaire à ses ordres et à vos de-

Quoiqu'il fût maintenant pourvu de canons, de munitions, de vivres et d'hommes [1], La Bourdonnais ne se décidait pas à mettre à la voile. L'idée que la flotte anglaise pouvait bien se tenir hors de vue, attendant des renforts d'Europe, pour ensuite le surprendre dans une situation défavorable devant Madras, sembla d'abord le préoccuper vivement. Pour obvier à ce danger et attirer les Anglais à portée de combattre, il proposa, le 10 août, de diriger un corps de troupes sur Cuddalore, à quatre lieues Sud de Pondichéry pour attaquer le fort Saint-David, bâti dans le voisinage par les Anglais. Si la flotte se disposait à défendre ce fort, c'est contre elle qu'il tournerait ses coups ; mais si elle demeurait neutre, il en conclurait qu'elle avait beaucoup souffert dans la dernière action et il s'emparerait sans difficulté du fort Saint-David [2].

Dupleix protesta énergiquement contre ce plan, mis en balance avec l'attaque, méditée depuis si longtemps, sur Madras : « Cuddalore et le fort Saint-David ne valent pas la poudre et le plomb qu'ils vous coûteront. » Il faisait remarquer que leur capture rangerait probablement le nabab du côté des Anglais, ce qui sauverait Madras. « Cette entreprise contre Madraz, ajoute-t-il, est la seule qui puisse nous indemniser et honorer notre nation dans l'Inde, et je ne puis approuver votre plan d'abandonner ce projet pour un autre qui ne mérite ni votre attention ni la mienne et dont les conséquences seront ruineuses et honteuses pour nous. » Et il continuait à lui développer longuement les deux principaux motifs qui l'avaient amené dans l'Inde : la destruction de la flotte anglaise, et la prise de Madras ; abandonnant l'une de ces entreprises, il devait

---

mandes, je suis prêt à vous remettre vingt-huit pièces de dix-huit, douze de douze et vingt-deux de huit, et à remplacer les canons qui ne sont que peu endommagés et pourront, après réparation, être remis en état de servir. Ces canons feront un grand vide, mais la parole que vous me donnez de me les rendre et la certitude morale que j'ai de votre victoire sur l'ennemi me permettent de dégarnir ainsi nos murs, avec moins d'inquiétude. »
(*M. Dupleix à M. de La Bourdonnais*, 20 juillet 1746.)

1. Les renforts fournis par Pondichéry se composaient de deux cents Européens, cent topas ou Indo-Portugais, trois cents Cipayes, outre les officiers, les lascars, plus cent soixante-dix matelots et cinquante soldats européens appartenant à la garnison et servant déjà sur la flotte.

2. C'est dans cette lettre que La Bourdonnais informe Dupleix de la maladie qui s'est déclarée à bord de son escadre, maladie attribuée à l'usage de l'eau prise à Pondichéry, et dont il était lui-même gravement atteint. Dans ses Mémoires il en fait un grief contre Dupleix, insinuant que cela entrait dans un plan général de vexations à son égard.

s'attacher d'autant plus sérieusement à l'autre. Le lendemain de cet échange de lettres, La Bourdonnais profita d'une brise favorable pour aller à la recherche de l'escadre anglaise. Il arriva le 13 août devant Karical et obtint, non sans difficulté, des renseignements positifs sur l'ennemi. On avait aperçu six de ses vaisseaux, à environ quinze milles de la côte, dans la direction du Nord de Ceylan. Ils avaient répondu à l'officier hollandais qui était monté à bord, qu'ils avaient été repoussés par les Français, mais que toutes leurs avaries ayant été réparées, ils n'attendaient que l'arrivée des renforts pour renouveler l'attaque. Certain, déclara-t-il, qu'il n'avait rien à craindre de ce côté, La Bourdonnais résolut de retourner à Pondichéry, d'y embarquer le 19 les soldats, les cipayes et les autres troupes qui l'attendaient, puis d'accomplir immédiatement le grand dessein formé contre Madras. Il ajoutait, dans sa lettre, que sa santé étant considérablement affaiblie, il ne consentirait pas, même au prix de l'Inde tout entière, à demeurer sur la côte après le 15 octobre, époque où « la Mouçon règne. » Mais au lieu d'agir d'après ce plan qu'il avait communiqué à Dupleix par l'intermédiaire de M. Paradis, commandant de la garnison de Karical, La Bourdonnais, changeant soudain d'avis, se mit à la recherche des Anglais. Il les trouva devant Négapatam et chercha à engager le combat ; mais, quoiqu'il eût hissé les couleurs hollandaises pour les tromper, ils s'enfuirent devant lui, de manière, dit-il, à être bientôt hors de vue [1]. Dans la pensée qu'ils reviendraient peut-être à Négapatam, il les y attendit deux jours ; mais, ne les rencontrant pas, il remit à la voile et mouilla devant Pondichéry dans la soirée du 25.

La fuite des Anglais et l'incertitude sur leur destination changèrent complétement les vues de La Bourdonnais. Le 14, sachant que la flotte anglaise attendait des renforts devant Négapatam, il s'était dit prêt à gagner Madras sans perdre de temps, et voilà que

---

[1]. M. Orme avance que les Anglais évitèrent l'engagement parce qu'ils avaient aperçu le supplément de canons reçus de Pondichéry. M. Mill fait simplement remarquer qu'ils prirent la fuite. La raison donnée par M. Orme ne paraîtrait suffisante, croyons-nous, à aucun amiral de nos jours ; les navires anglais étant pour la plupart armés de pièces de vingt-quatre, tandis que les Français n'avaient pris à bord que vingt-huit canons de dix-huit et d'autres d'un moindre calibre.

le 26 il hésite, quoiqu'il sache qu'elle s'est éloignée sans destination connue. Il s'appuie sur la différence qu'il y a à commander les vaisseaux du Roi ou ceux de la Compagnie. Sur les premiers, disait-il, on doit tout risquer pour la gloire, et sur les seconds on doit regarder au profit; il émettait son opinion que la flotte était insuffisante pour la double tâche d'attaquer Madras et de détruire l'escadre anglaise, renforcée des vaisseaux qu'elle attendait. Dans cette perplexité, il s'adressa au Conseil supérieur pour obtenir son avis [1].

Le Conseil se réunit extraordinairement à ce sujet; treize membres étaient présents. On prit une décision très-positive qui fut transmise à La Bourdonnais, dans une lettre datée du jour même. Après avoir récapitulé les préparatifs qui avaient été faits, le temps qui avait été perdu, les changements d'opinion de l'Amiral, on lui offrait le choix entre deux partis. Il devait, lui disait-on, ou aller attaquer Madras ou aller chasser la flotte anglaise des mers de l'Inde. Elle devait alors être en position d'intercepter tout vaisseau venant d'Europe, tandis qu'il restait là, ne faisant rien et parlant d'abandonner dès le 15 octobre la colonie, à la merci de la flotte anglaise. La lettre se terminait ainsi : « Nous croyons pouvoir dire qu'il seroit fâcheux, honteux même pour la nation, d'abandonner ces deux moyens pendant que nous avons une certitude morale que le trésor et les vaisseaux que nous attendons d'Europe seront pris par l'escadre ennemie et qu'il y a une aussi grande certitude que vous réussirez dans l'un des deux. Il est également important de ne pas rendre inutiles les dépenses et les forces de votre escadre. Quels reproches n'auriez-vous point à vous faire si, en même temps que vous paraissez vouloir abandonner un projet qui peut servir d'indemnité, nos ennemis, presque à la portée de votre escadre, s'emparaient des vaisseaux que nous attendons d'Europe [2] ?

Quelle étrange transformation peut produire dans le caractère d'un homme, la contrainte à l'obéissance que veut lui imposer une

---

1. *M. de La Bourdonnais à M. Dupleix*, 26 août 1746.
2. Lettre du Conseil supérieur, 26 août 1746.

autorité supérieure ! Comment aurait-on pu croire que ce vaillant et énergique capitaine qui avait « conquis l'impossible » dans les îles, qui y avait créé des vaisseaux et des marins, des soldats et des canons, qui avait navigué d'un bout à l'autre de l'Océan avec des équipages sans pareils, et qui avait rencontré et défait les vaisseaux de guerre de l'ennemi, que cet homme, dont la devise était « action » aurait soudainement changé au point de se faire adresser un ordre d'agir conçu dans les termes que nous venons de lire. Et cependant, nous avons vu de notre temps, combien la vanité blessée peut obscurcir un jugement droit, faire oublier même les plus simples devoirs de la politesse et ouvrir l'oreille aux malignes suggestions des calomniateurs et des sycophantes, chez des hommes qui, en toute autre circonstance, se sont montrés supérieurs. Jusqu'à l'envoi de cette lettre, Dupleix et le Conseil avaient accueilli, de la manière la plus obligeante, les demandes de La Bourdonnais ; ils lui avaient cédé les officiers qu'il avait préférés, au nombre desquels était Paradis ; ils lui avaient accordé toutes les provisions, les munitions et même, ainsi que nous l'avons vu, tous les canons dont ils pouvaient se passer. Seulement ils le pressaient d'agir. Mais La Bourdonnais habitué à imposer sa volonté à ceux qui l'entouraient, ne put se voir placé sous l'autorité du Conseil et du Gouverneur sans une révolte intérieure qui faisait bouillonner son sang et altérait son caractère. Le refrain de ses lettres était : « qu'il ne pouvait attaquer Madras, parce que l'escadre anglaise n'était pas détruite ; qu'elle ne l'était pas parce qu'il ne pouvait l'amener à combattre, et qu'il ne resterait pas sur la côte passé le 15 octobre. » Le sens réel était : qu'il ne voulait rien faire jusque-là. La lettre du Conseil supérieur elle-même ne réussit pas à l'émouvoir. Malgré la clarté de ses termes : qu'il devait attaquer, soit Madras, soit la flotte anglaise, il eut la hardiesse de déclarer que son contenu l'empêchait d'agir parce qu'elle ne précisait pas lequel des deux plans il devait adopter. La lettre en main, il disait à tout venant que le Conseil supérieur était le seul obstacle qui l'arrêtât. Cette conduite exaspéra Dupleix qui, le 27, convoqua de nouveau le Conseil, et soumit à son approbation la marche suivie par l'Amiral.

Les délibérations du Conseil dans cette crise furent courtes, rapides et allèrent droit au but. MM. D'Espresménil, Barthélemy et Bruyères, procureur-général, se transportèrent chez M. de La Bourdonnais, pour le « sommer de la part du Roi de choisir l'un des deux partis qui lui sont présentés par notre lettre du 26 du courant, les seuls que le conseil juge faisables et convenables aux circonstances présentes, à la gloire du Roi, à l'honneur de la nation, aux intérêts de la Compagnie, à la force de son escadre, secondée des secours d'ici, et à la faiblesse de nos ennemis par terre et par mer ; et faute par lui de choisir celui du choix duquel on le laisse le maître, de *répondre en son propre et privé nom de tout ce qui pourra arriver par la suite* et des dépenses immenses que son projet sur Madraz, depuis si longtemps médité, et conduit au point de l'exécution a occasionnées à la *Compagnie*. »

« Et si la maladie l'empêche d'agir lui-même, comme il n'y a point de temps à perdre, et que les moments sont précieux, le Conseil juge M. de la Porte-Barré, dont la capacité et la prudence sont connues, très-capable d'exécuter celui des partis qu'il choisira. »

La réplique de La Bourdonnais fut courte : « J'ai reçu, écrivait-il, la citation et son contenu. Je n'ai consulté le Conseil de Pondichéry que sur l'affaire de Madraz ; il n'avait à donner que son avis, pour ou contre. Quant à la destination de mon escadre, il n'a aucun droit de s'en mêler. Je sais ce que je dois faire et mes ordres sont donnés pour qu'elle quitte Pondichéry ce soir [1]. » En conséquence, la flotte fit voile sous les ordres de M. de la Porte-Barré [2], La Bourdonnais demeurant seul en arrière, à cause de son état de maladie. L'escadre, croisant le long de la côte, réussit à capturer deux petits navires dans les parages de Madras. Elle revint ensuite

---

1. A Messieurs du Conseil supérieur de Pondichéry, le 27 août 1746.
2. M. Mill affirme que Dupleix poussa les mauvais procédés jusqu'à ordonner à La Bourdonnais de remettre à terre les troupes de Pondichéry. Il est très-vrai que le 27, en apprenant par la réponse de La Bourdonnais que la flotte allait partir, mais ignorant pour quelle destination et dans quel but elle allait être employée, Dupleix ordonna le débarquement de deux cent cinquante soldats et de cent topas avec leurs officiers, dans les termes suivants : « La distance à laquelle notre escadre peut se trouver, par suite des événements que Dieu seul peut prévoir, et ces troupes étant inutiles dans vos vaisseaux, je vous prie de débarquer les troupes ci-dessus mentionnées, afin que je sois en état de répondre au Roi, de la place qu'il a confiée à mes soins, etc. » Il n'est pas moins vrai aussi que, recevant à la même date la réponse de La Bourdonnais, que la destination de son escadre était de balayer les routes de Madras et qu'elle ne serait pas absente plus de huit ou dix jours, il ne retira de l'escadre que cent vingt-cinq Européens et cinquante Cipayes utiles pour la défense de Pondichéry.

à Pondichéry. Pendant ce temps, la santé de La Bourdonnais s'était améliorée et l'annonce de sa détermination d'attaquer Madras, semblait avoir rétabli sur un meilleur pied ses relations avec le Conseil. Il s'embarqua donc dans la soirée du 12, pour mettre à exécution cette entreprise méditée de si longue date. Le 14, s'étant approché du rivage à quatre lieues Sud de Madras, il débarqua cinq ou six cents hommes et deux pièces de canon. Naviguant lentement et parallèlement avec ces troupes, il arriva le 15, à une demi-portée de canon de la ville, alors il débarqua avec mille ou onze cents Européens, quatre cents Cipayes, trois ou quatre cents Africains et somma la place de se rendre : il avait encore laissé dix-sept à dix-huit cents hommes à bord de la flotte.

Le fort Saint-Georges et la ville de Madras qu'il défendait, avaient été bâtis sur un coin de terre cédé aux Anglais en 1639, par le dernier chef indou de Bijanugger. Quatorze ans après, le petit établissement était devenu une Présidence et pendant de longues années il constitua le principal centre des Anglais dans l'Inde ; il n'était pas très-bien situé pour cela, car il se traînait sur un promontoire exposé à toute la violence de la Mousson ; le courant y était toujours rapide, et il s'y produisait un ressac qui rendait la navigation impossible aux bâtiments anglais ; il aurait été difficile de trouver une position moins favorable que Madras aux opérations commerciales. La rade était si dangereuse pendant quelques mois de l'année, surtout d'octobre à janvier, qu'à la moindre apparence de brise, pendant ces mois, les vaisseaux étaient forcés de lever l'ancre et de gagner au plus vite la pleine mer. La fertilité du pays environnant n'offrait pas de compensation pour ces désavantages. Le sol était dur, sec et stérile ; la population était pauvre et disséminée. Il semble que dans ces temps, ce fût une coutume des diverses nations européennes de rechercher pour leurs établissements des points de la côte aussi voisins que possible l'un de l'autre, et il est probable que le fait d'être à quatre milles de l'établissement portugais de Saint-Thomé, fût le principal mérite de l'emplacement de Madras aux yeux de M. Day, le marchand anglais qui négocia la cession de ce territoire.

Mais malgré sa situation défavorable, l'industrie et l'initiative des colons anglais firent bientôt naître la prospérité dans Madras. En 1678, les indigènes attirés par la protection dont ils jouissaient à l'ombre du drapeau anglais formaient une population de 300,000 âmes et le revenu des taxes s'éleva au bout de neuf ans, à environ 160,000 roupies, ce qui, eu égard à l'accroissement probable de la population pendant cette période, équivalait à un impôt de huit annas par tête. En 1696, M. Thomas Pitt, le grand-père du célèbre député, le propriétaire du fameux diamant Pitt, devint Gouverneur de cette colonie et occupa cet emploi pendant onze ans. Ce fut sous son administration que Madras se trouva pour la première fois en état d'hostilité avec les princes indigènes. Daoud-Khan, nabab du Carnate sous l'empereur Aurengzeb, chef qui se fit remarquer par son goût pour les liqueurs fortes d'Europe, adressa soudain à M. Pitt (1702), une demande de dix mille pagodes, environ quarante mille roupies. M. Pitt, chercha par des politesses et de somptueux divertissements, à amuser le nabab jusqu'à lui faire oublier sa demande. Mais si Daoud-Khan aimait les liqueurs, il aimait encore plus les roupies. Voyant qu'on éludait sa requête, il soumit le fort Saint-Georges à un blocus sévère, intercepta les arrivages du pays, se saisit de toutes les marchandises qui étaient en route pour cette ville et ne leva le siège que quand M. Pitt eut, malgré lui, consenti à un compromis. Outre Madras, et sous sa dépendance, les Anglais possédaient alors sur la côte de Coromandel, le petit établissement du fort de Saint-David, tout près de Cuddalore, à seize milles Sud de Pondichéry, et les factoreries de Porto-Novo, Pettipolee, Masulipatam, Madapollam et Vizagapatam. L'histoire de Madras ne paraît pas avoir renfermé d'autres incidents remarquables jusqu'à l'époque qui nous occupe maintenant. En 1744, M. Nicolas Morse avait été nommé Gouverneur du fort Saint-Georges. Morse était un marchand de l'ancienne Compagnie, étranger à la politique dont il se souciait peu ; c'était un homme mou, sans valeur, qui exécutait toujours avec une obéissance servile les ordres de ses supérieurs d'Angleterre, quels que pussent être les changements survenus dans l'intervalle. C'est ainsi que, peu de temps après son arrivée au gouvernement de Madras, il reçut de Dupleix des ouvertures pour garder la neutralité dans l'Inde pendant la guerre qui se préparait ; quoique intimement convaincu de la sagesse de cette mesure, il s'excusa d'y accéder, se fondant sur les instructions qu'il avait reçues de la Compagnie.

Nous avons vu combien ces instructions avaient été peu avantageuses aux Anglais. Quoique possesseurs de l'empire des mers, au moment où la guerre éclatait, ils avaient été empêchés par la liaison de Dupleix avec Anwaroudin, de profiter de tous leurs avantages. Il leur était interdit de trafiquer sur la côte et ils avaient été contraints de borner leurs opérations à la capture de quelques navires marchands égarés sur les mers. La Cour des Directeurs se croyant sûre de sa conquête n'avait pas même supposé que Madras se trouvât jamais en danger. En conséquence, on avait négligé de se procurer des soldats pour sa défense. Il ne paraît même pas que la possibilité d'un cas où la défense serait nécessaire, se fût jamais présentée à l'esprit du Gouverneur Morse. Cependant, quand les nouvelles se succédant rapidement au fort Saint-Georges, il fut connu que l'escadre de La Bourdonnais avait quitté l'Ile de France, qu'elle avait combattu et repoussé l'escadre anglaise devant Négapatam, qu'elle était arrivée à Pondichéry, et se préparait à une attaque contre Madras lui-même, on peut s'imaginer la surprise et la consternation qui se répandirent dans la ville. Les défenses du fort Saint-Georges n'étaient pas formidables. Le fort lui-même, construction oblongue, de cent mètres de large sur quatre cents de long, était entouré d'un mur de peu d'épaisseur, et défendu par quatre bastions et quatre batteries, d'une construction défectueuse et peu solide ; il n'existait pas d'ouvrages extérieurs. La garnison anglaise comptait trois cents hommes parmi lesquels étaient des vagabonds, des déserteurs portugais et des nègres, et, en réalité, il y avait à peine deux cents hommes propres au service. En fait d'officiers, il y avait trois lieutenants, dont deux étaient des étrangers, plus sept enseignes sortis des rangs [1].

Dans cette extrémité, le Gouverneur Morse eut recours au nabab du Carnate. On se rappelle que quand ce personnage avait interdit toute hostilité de la part des Anglais contre les possessions françaises

---

1. East India Chronik.

sur la côte de Coromandel, il avait accompagné cet ordre de la promesse que, si, dans l'avenir, les Français obtenaient une certaine supériorité, il leur imposerait la même restriction. Cet événement, alors si peu probable qu'on l'avait cru impossible, s'était maintenant réalisé et les Français se préparaient à attaquer les établissements anglais de la côte de Coromandel. Le Gouverneur Morse réclama l'intervention du nabab.

On ne peut supposer qu'un homme qui connaissait si bien les usages de l'Inde, ignorât les formalités indispensables pour s'approcher d'un chef indien. C'est une coutume consacrée par le temps dans les cours orientales, qu'un envoyé ne se présente jamais devant le prince auprès duquel il est accrédité sans être muni de présents. Que la coutume soit bonne ou mauvaise, telle n'est pas la question ; elle existait déjà et les Anglais l'observent encore de nos jours ; la négliger, c'était commettre, à l'époque qui nous occupe, une véritable insulte. Mais le Gouverneur Morse agit avec le sans-façon anglais, comme s'il eût traité avec des compatriotes et négligea cette précaution. Son ambassadeur parut en présence du nabab, les mains vides, pour lui rappeler simplement sa promesse et réclamer pour les Anglais la protection qu'il venait d'accorder à l'ambassadeur français. Mais celui-ci, en revenant demander l'autorisation de châtier ses rivaux, avait eu soin d'apporter des présents. A son arrivée, l'envoyé anglais trouva le nabab indécis ; tout en refusant de donner aux Français la permission formelle d'attaquer Madras, néanmoins il ne le leur défendait pas positivement.

Le Gouverneur Morse était encore sous l'impression du désappointement causé par l'insuccès de ses négociations avec le nabab, quand, le 29 août la flotte de La Bourdonnais parut en rade. A la manière inhabile dont elle manœuvrait, il était aisé de juger que le célèbre amiral qui avait amené les vaisseaux de l'Ile de France n'était pas à bord [1]. Ne voyant pas de flotte anglaise, et trouvant la route libre, M. de la Porte-Barré se contenta, ainsi que nous l'avons vu, de la capture de deux navires marchands qu'il rencontra dans la rade et revint à Pondichéry le 5 septembre. Huit jours

---

1. Orme.

après, La Bourdonnais s'embarqua, et, étant arrivé devant Madras le 15, il somma la ville de se rendre.

Jusqu'à ce moment le Gouverneur avait été soutenu par l'espoir que le commodore Peyton viendrait veiller à la conservation des établissements anglais. Mais cet espoir était déçu, et presque simultanément il voyait arriver la flotte française et recevait la décourageante nouvelle que le commodore avec tous ses vaisseaux avait été aperçu, le 3 septembre, devant Paliacate, faisant voile pour le Bengale. Le vaisseau avarié de soixante canons servit encore de prétexte pour déserter Madras, et d'excuse pour éviter une lutte avec l'escadre de La Bourdonnais [1].

Le 15, l'amiral débarqua ses troupes et se prépara dès le même soir et le lendemain à élever des batteries qui pussent tirer sur la ville. Le 17, la partie indigène de la garnison fit une sortie, mais elle fut aisément repoussée, et les Français, poursuivant leurs succès, prirent possession de la maison du Gouverneur, située à une demi portée de mousquet des murs de la ville, et s'y fortifièrent. Le 18, ils commencèrent de grand matin le bombardement avec leurs batteries de terre, et aussitôt que la nuit tomba, les trois vaisseaux les plus fortement armés ouvrirent le feu sur la ville. Dans la nuit du 18, il se passa un fait qui montre combien il aurait été facile au commodore Peyton, commandant une escadre plus fine voilière que celle des Français, de sauver Madras. Le 17, on avait aperçu quatre navires devant Pondichéry. Dupleix, présumant qu'ils devaient faire partie de l'escadre, en prévint La Bourdonnais avec toute la promptitude possible. Celui-ci fut fort troublé par cette nouvelle qui, si elle eût été vraie, n'aurait été que la confirmation de ce qu'il avait si souvent affirmé à Dupleix : savoir, que tenter le siége de Madras avant d'avoir détruit la flotte, était le comble de l'imprudence. Il déclare lui-même que dans ces conjonctures il sentit qu'il n'y avait qu'une route à suivre, c'était de pousser le siége avec la plus grande vigueur. M. Orme affirme, mais nous ne savons sur quelle autorité il se fonde, que « ce bruit causa tant d'alarme dans le camp français, qu'on se prépara à rembarquer même les lourds

---

1. Orme.

canons. » Quoi qu'il en puisse être, il est certain que si le commodore Peyton eût cinglé vers Madras et attaqué l'escadre privée de la plus grande partie de ses équipages, il lui aurait causé le plus grand dommage, si même il ne l'avait forcée à lever le siége.

Mais le 19 au matin, arriva un exprès annonçant que la nouvelle relative aux vaisseaux étrangers était fausse. Rassuré sur ce point, mais ignorant toujours quelles chances il avait de voir apparaître une escadre ennemie, La Bourdonnais poussa le siége avec une vigueur dont le résultat fut que, dans la soirée, il reçut une lettre de Mme Barneval, la fille de Mme Dupleix, mariée à un Anglais habitant Madras. Cette lettre offrait, de la part du Gouverneur Morse, de traiter avec les Français.

La Bourdonnais ayant répondu favorablement à cette ouverture, MM. Monson et Hallyburton se présentèrent le lendemain matin au camp français. Pour entamer les négociations, ils offrirent de payer une certaine somme à La Bourdonnais pour qu'il s'éloignât. Cette proposition ayant été nettement refusée, les députés se retirèrent pour aller demander de nouvelles instructions au Gouverneur. Après leur départ, le feu recommença jusqu'à trois heures. Depuis ce moment, jusqu'à huit heures, personne ne se présenta au nom des Anglais, sauf un étranger au service du nabab, mais dépourvu de pouvoirs pour négocier ; à huit heures, La Bourdonnais fit recommencer le feu de terre et de mer et le continua toute la nuit. Vers le matin, l'arrivée des députés anglais amena une interruption [1].

Cette fois, ils étaient munis de pleins pouvoirs pour capituler. Après une courte discussion, ils convinrent des conditions dont voici la substance. Ils s'engagèrent à livrer en ce même jour, 21 septembre, à deux heures de l'après-midi, le fort Saint-Georges et la ville de Madras avec toutes leurs dépendances. La garnison et tous les Anglais habitant la ville étaient prisonniers de guerre; tous les conseillers, officiers et autres employés de la Compagnie étaient libres sur parole d'aller et venir où il leur plairait, même en

---

[1]. Les Français ne perdirent pas un seul homme dans ce siége, les Anglais n'en perdirent que cinq.

Europe, pourvu qu'ils ne portassent pas les armes contre la France, avant d'avoir été échangés.

Les articles de la capitulation ayant été signés, il fut arrêté que ceux qui concernaient la remise de la place seraient discutés à l'amiable entre M. de La Bourdonnais et le Gouverneur ou ses députés, ceux-ci s'engageant pour leur part à livrer fidèlement aux Français les marchandises reçues ou à recevoir, les livres de compte, les arsenaux, les vaisseaux, les munitions de guerre, les vivres et toutes les propriétés appartenant à la Compagnie, sans aucune réserve ; de plus, toutes les matières d'or et d'argent, les denrées et toutes autres valeurs, renfermées dans la ville et le fort, n'importe à qui elles appartinssent et sans aucune exception. La garnison serait, comme prisonnière de guerre, conduite au fort Saint-David.

Si la ville de Madras venait à être rachetée moyennant rançon, il serait permis à la garnison d'y revenir, mais en ce cas, un nombre égal de prisonniers français (faits ailleurs) seraient rendus en échange de la garnison.

Les marins devaient être envoyés à Cuddalore et y être échangés, ainsi que ceux qui étaient à Pondichéry ; le surplus devait retourner en Angleterre sur leurs propres navires. Mais ils ne devaient pas non plus porter les armes contre la France avant d'avoir été régulièrement échangés, soit dans l'Inde, soit en Europe.

Le jour même où cette capitulation fut signée, La Bourdonnais écrivit à la hâte quelques lignes à Dupleix. Sa première lettre, datée du 21 septembre, à deux heures après midi, annonce simplement qu'il vient d'entrer dans la ville à la tête de cinq cents hommes et que le drapeau blanc flotte sur les remparts. La seconde, datée de huit heures du soir, est plus importante, car elle montre comment La Bourdonnais apprécie les conditions qu'il a accordées. Dans celle-ci, il dit : « La précipitation avec laquelle je vous ai fait part de la prise de Madraz ne m'a permis d'entrer dans aucun détail. J'étais trop occupé à relever les postes de cette place. MM. les Anglais se sont rendus à moi avec plus de précipitation encore que je ne vous l'ai écrit. Je les ai à ma discrétion, et la capitulation qu'ils ont signée m'est restée sans qu'ils aient songé à m'en demander un double. »

Deux jours après, il rédigea un long rapport dans lequel il discute toute la question au point de vue de l'avenir. Ce document commence ainsi : « Enfin Madraz est aux Français. Les conditions auxquelles cette ville s'est rendue à moi, la mettent pour ainsi dire à ma discrétion. Cependant il y a une sorte de capitulation signée du Gouverneur dont ci-joint est copie. Elle ne fait, comme vous voyez, qu'autoriser les droits que j'ai sur le sort de cette place. »

Il ressort de ces extraits et de la teneur de la capitulation elle-même, que Madras s'était rendu à discrétion ; que la ville, le fort et tout ce qu'ils renfermaient étaient devenus propriété française. Il est évident également, qu'il y eut quelque débat entre La Bourdonnais et les députés anglais à l'égard d'une rançon, mais que, finalement, on résolut de régler ultérieurement la question [1].

1. La Bourdonnais décrit ainsi dans ses Mémoires, l'engagement qu'il a pris au sujet d'une rançon : « Le lendemain 21, les députés revinrent pour la seconde fois et convinrent enfin de se rendre aux conditions qui leur avaient été proposées la veille, c'est-à-dire moyennant la faculté de racheter leur ville. Sur-le-champ on dressa les articles de la capitulation ; le sieur Hally-Burton les porta au Gouverneur qui, les ayant examinés, les renvoya par le même sieur Hally-Burton, avec ordre de représenter à M. La Bourdonnais que le Gouverneur ni le Conseil ne devaient pas être prisonniers de guerre dans le temps qu'il serait question du rachat. Sur cette représentation, le sieur La Bourdonnais qui désirait que le Gouverneur et le Conseil restassent prisonniers de guerre jusqu'au moment où ces conditions seraient convenues, se contenta d'assurer les Députés qu'il donnerait un acte de liberté au Conseil et au Gouvernement dès qu'ils seraient d'accord avec lui sur la rançon. Les Députés ayant alors demandé que cette proposition fût insérée dans la capitulation, le sieur de La Bourdonnais y consentit et il en a été fait un article. Enfin, les Députés reportèrent la capitulation au Gouverneur qui la signa. En la rapportant, ils demandèrent encore au sieur de La Bourdonnais sa parole, pour surcroît de la promesse du rachat. « Oui, Messieurs, dit-il, je vous renouvelle la promesse que je vous ai faite hier de vous remettre votre ville, moyennant une rançon dont on conviendra à l'amiable ; et d'être raisonnable sur les conditions. — Vous nous en donnez donc votre parole d'honneur, répondirent les Députés. — Oui, dit-il, je vous la donne et vous pouvez compter qu'elle sera inviolable. — Eh bien, répliquèrent les deux Anglais, voici la capitulation signée de M. le Gouverneur, vous êtes le maître d'entrer dans la ville quand il vous plaira. »
En lisant les Mémoires de La Bourdonnais on doit toujours avoir présent à l'esprit : 1° Qu'ils ont été écrits quelque temps après les événements racontés ; 2° qu'il les a écrits dans le but de se disculper de quelques accusations spéciales portées contre lui. Or, la question de la rançon et celle de savoir si un engagement avait été pris par lui au moment de la reddition formaient une de ces accusations. — Par conséquent il ne faut lire le récit de La Bourdonnais qu'avec la plus grande réserve. La correspondance officielle du temps est un guide beaucoup plus sûr : nous avons donné le texte de toutes les dépêches relatives à la reddition. D'après cela nous voyons qu'il n'est fait

Sur ces entrefaites, le nabab Anwaroudin apprit que les Français avaient réellement exécuté leurs intentions et mis le siége devant Madras. Quoique ce prince fût indubitablement porté vers les intérêts français, rien n'était plus loin de ses intentions que de leur permettre de s'établir sur le territoire de leurs rivaux européens. En conséquence, il dépêcha à Dupleix un messager monté sur un rapide chameau et porteur d'une lettre par laquelle le nabab exprimait sa surprise des événements qui se passaient à Madras, et menaçait, si les opérations contre cette ville ne cessaient immédiatement, d'envoyer une armée pour assurer l'exécution de ses ordres. Mais Dupleix connaissait à fond les Asiatiques. Déterminé à poursuivre ses projets sur Madras et cependant ne voulant pas s'attirer des hostilités de la part du représentant du Mogol, il conçut un plan par lequel, pensait-il, Madras serait à toujours perdu pour les Anglais, même si les Français ne conservaient pas leur conquête. Dans ce but, il envoya immédiatement à son agent à Arcate, des instructions pour informer le nabab qu'il ne prenait Madras que pour le lui remettre aussitôt après la reddition. Dupleix, étant bien renseigné sur la rançon de Madras dont La Bourdonnais lui avait vaguement parlé dans sa précédente correspondance, il devenait urgent qu'il instruisît l'amiral de l'engagement qu'il venait de prendre. Donc, le 21 à huit heures du soir, il lui envoya un exprès, muni d'une lettre informant La Bourdonnais de la négociation entamée avec le nabab, et lui interdisant d'admettre aucunes

---

mention d'aucune promesse au sujet d'une rançon. Dans la lettre du 21, huit heures du soir, et écrite seulement six heures après l'entrevue qu'il raconte, La Bourdonnais dit : « MM. les Anglais se sont rendus à moi avec plus de précipitation encore que je ne vous l'ai écrit. Je les ai à ma discrétion. » Pas un mot de rançon ! Dans la lettre plus étudiée qu'il écrivit deux jours après, il dit : « Les conditions auxquelles cette ville s'est rendue à moi la mettent pour ainsi dire à ma discrétion. Cependant il y a une sorte de capitulation, signée du Gouverneur et dont ci-joint est copie. Elle ne fait comme vous voyez, qu'autoriser les droits que j'ai sur le sort de cette place. » — Ici encore, pas un mot des promesses solennelles et réitérées rapportées avec tant de détail dans ses Mémoires ! De plus, si nous examinons la capitulation elle-même, nous verrons que tout y est conditionnel. Il y avait eu, sans nul doute, une discussion au sujet d'une rançon, mais la question avait été différée; qu'elle fût douteuse, on le voit par les termes employés dans le quatrième article ; il y est dit que : « Si la ville est restituée contre rançon, alors les Anglais, etc. »

Quoi qu'il en soit, il est certain qu'il n'y avait aucun lieu, pour La Bourdonnais de faire une semblable supposition, Madras étant complétement à sa merci, et aussi qu'elle était en opposition formelle avec les desseins qu'il savait avoir été formés par Dupleix, son supérieur sur le sol indien.

propositions pour la rançon de Madras car : « Ce serait tromper le nabab et le faire se joindre à nos ennemis[1]. »

Cette lettre arriva à Madras dans la nuit du 23. Avant sa réception, La Bourdonnais avait, comme nous l'avons vu, envoyé à Dupleix une copie de la capitulation avec une longue lettre dans laquelle il s'étendait sur les motifs qui avaient dirigé sa conduite. Il voyait devant lui trois partis à choisir : prendre Madras pour en faire une colonie française, ou la raser de fond en comble, ou traiter de sa rançon[2]. Le premier ne pouvait être conseillé parce que, selon lui, il ne serait pas favorable aux intérêts de la Compagnie qu'elle eût sur la même côte deux établissements aussi rapprochés. Il ajoutait : « Par les premiers ordres que j'ai reçus du ministre, il m'est défendu de garder aucune place conquise[3] ; » il

---

1. La lecture de cette lettre ne laissera aucun doute sur la sincérité de Dupleix dans ses négociations avec le nabab : « J'ai informé le nabab par l'intermédiaire de mon agent à Arcate que, lorsque nous serons les maîtres de la ville de Madras, on la lui remettra ; bien entendu, dans l'état que nous jugerons convenable ; » voulant dire qu'il raserait d'abord les fortifications. Il ajoute : « Cet éveil doit vous engager à presser vivement cette place, et à ne point écouter les propositions que l'on pourrait vous fair pour la rançonner après sa prise, car ce serait tromper le nabab et le faire se joindre à nos ennemis. Au reste, lorsque vous serez le maître de cette place, je ne vois pas où les Anglais pourront trouver de quoi payer cette rançon ; et cette place, subsistant dans son entier, sera toujours un empêchement certain à l'augmentation de celle-ci. Je vous prie de faire à ce sujet les réflexions convenables. »
(*Dupleix à La Bourdonnais, datée de Pondichéry, 21 septembre 1746, huit heures après-midi.*)

2. Le fait que, dans cette lettre, qui accompagnait la capitulation, La Bourdonnais se considère comme libre de choisir un des trois partis dont deux auraient rendu la rançon de la place impossible, ce fait, disons-nous, prouve d'une manière concluante que jusqu'au 23 il n'était lié par aucun engagement de rendre Madras contre une rançon et que l'histoire racontée dans ses Mémoires a été fabriquée après coup.

3. Comme c'est ici la seule fois que dans toute sa correspondance La Bourdonnais fait allusion à la défense du ministre de garder un établissement conquis sur l'ennemi, et comme néanmoins il s'en sert dans ses Mémoires pour la principale justification de sa conduite ; comme de plus M. Mill, M. Orme et d'autres auteurs d'*Histoires de l'Inde*, jusqu'au plus récent, M. Marshman, ont admis sans examen les assertions de La Bourdonnais sur ce point, il devient nécessaire de les soumettre à une enquête.
Il est parfaitement vrai que le ministre avait envoyé à La Bourdonnais un ordre lui défendant de prendre possession d'aucun établissement ou comptoir appartenant à l'ennemi, dans le but de le garder. Mais, même indépendamment de la circonstance qu'un tel ordre n'emportait pas la nécessité de rendre à l'ennemi la place prise, il est de fait qu'il n'avait aucun rapport avec la campagne que faisait La Bourdonnais en 1746 ; il est vrai que dans ses Mémoires, il le place parmi d'autres donnés en 1745 et 1746 et ayant chacun une date précise, mais il est curieux qu'il ait omis d'en assigner une à celui-ci. Le fait est que cet ordre lui avait été donné en 1741 à un moment où La Bourdonnais venait d'être placé à la tête d'une flotte combinée des vaisseaux du Roi et de ceux de la Compagnie, pour croiser dans les mers d'Orient aussitôt que les hostilités éclateraient. Même dans ces circonstances, cet ordre n'avait pas la portée qu'il lui attribuait. Ainsi que le professeur Wilson le remarque avec justesse (*Wilson's*

est sûr qu'à la paix, la reddition de cette place seroit un des articles du traité. Le Roi la rendroit et la Compagnie n'en auroit rien.

Contre le second plan, la destruction de la ville, il arguait qu'il serait impossible d'empêcher les Anglais d'établir quelque autre comptoir également convenable pour leurs besoins, et à moins de frais qu'ils n'en payeraient volontiers pour le rachat de Madras. Il ajoutait alors que son opinion inclinait fortement pour ce dernier parti, et qu'il n'y aurait pas de difficulté à traiter ainsi, parce que le Gouverneur Morse était prêt à donner des billets sur l'Angleterre pour la somme qu'on demanderait, et à livrer huit et même dix otages jusqu'à ce que le payement fût opéré. Cette lettre fut portée à Pondichéry ainsi que la capitulation par M. Paradis qui commandait alors le contingent de Pondichéry. Le lendemain, La Bourdonnais écrivit à Dupleix, un court billet résumant ses arguments et demandant à être instruit des pensées du Gouverneur général, quant à la manière dont Madras devait être traité[1], et

---

Mill, vol. III, page 49 note), « La lettre aux propriétaires explique la teneur des instructions de La Bourdonnais plus clairement que M. Mill ne l'avait fait. Il ne devait former aucun établissement nouveau ; et les seules alternatives en son pouvoir, au sujet de Madras, étaient de le rendre ou de le détruire. Le but de la Compagnie française des Indes-Orientales était d'améliorer au moins ses établissements déjà existants, avant d'en créer d'autres. Ainsi, lorsqu'il fut donné, cet ordre avait un but différent de celui que lui assigne ici La Bourdonnais. Mais la situation de 1746 était bien différente de celle de 1741. En 1746, il s'agissait d'un territoire qui, du moment qu'il devenait français par la conquête, tombait sous la domination du Gouverneur général de l'Inde française. Parce que, six ans auparavant, il lui avait été interdit de faire des conquêtes permanentes tandis qu'il commandait une croisière indépendante, pouvait-il à bon droit soutenir qu'il ne devait pas maintenant exécuter les instructions d'un supérieur investi de l'autorité suprême sur tout le sol indien déjà français ou pouvant le devenir ? L'extrait suivant de la commission délivrée à Dupleix démontre clairement que son autorité avait bien cette étendue. Il était nommé : « Gouverneur des ville et fort de Pondichéry et autres postes qui en dépendent, et Président du Conseil supérieur, pour y commander tant aux habitants, commis de la dite Compagnie et autres employés qui y sont ou seront établis, qu'à tous Français et étrangers qui s'y établiront à l'avenir de quelque qualité et condition qu'ils puissent être ; ensemble aux commandants, gouverneurs, officiers et gens de guerre qui y sont ou pourront être en garnison. De plus, il lui est ordonné de faire tout ce qu'il jugera à propos pour la conservation des dits forts, établissements et comptoirs, et pour le commerce et la gloire de notre nom. «Mandons à tous nos sujets de quelque qualité et condition qu'ils soient, gouverneurs, commandants, officiers, soldats, habitants et employés de la Compagnie, de reconnaître ledit sieur Dupleix en ladite qualité de commandant des forts et établissements français dans l'Inde, de lui obéir sans y contrevenir en quelque sorte et manière que ce soit, à peine de désobéissance.» Les ordres d'octobre 1746 étaient encore plus catégoriques, quant à la suprême autorité du Gouverneur de Pondichéry sur le sol indien.

1. Datée du 24 septembre 1746. Les propres mots étaient: «Faites-moi donc, monsieur, un plan suivi de la façon dont vous pensez que je doive traiter cette ville; » demande

le 25 il envoya une réponse formelle à une lettre reçue du Conseil supérieur de Pondichéry, qui le remerciait au nom de la nation, des peines, des soucis, des travaux, des fatigues qu'il avait eues à éprouver et à surmonter. Cette réponse contenait une expression remarquable. « J'ai reçu la gracieuse lettre que vous m'avez fait l'honneur de m'écrire au sujet de la prise de Madraz ; après les remercîments qu'à cette occasion vous devez adresser au Dieu des armées, c'est M. Dupleix qui a droit à votre reconnaissance. Son activité, ses soins attentifs à m'approvisionner de tout ce dont j'avais besoin pour le siége, ont été les principales causes du succès. »

Nous nous sommes appesanti en détail sur la marche suivie par La Bourdonnais après la prise de Madras, afin qu'il ne pût subsister aucun doute sur les événements de cette époque qui a été tant controversée. Nous pensons qu'il est désormais prouvé : 1° Que en qualité de commandant de l'expédition, La Bourdonnais n'avait aucun pouvoir pour conclure un traité définitif avec les Anglais, sans le consentement du Gouverneur général de l'Inde française; 2° que, jusqu'au 25 septembre, cinquième jour après la capitulation, aucun traité semblable n'avait été sérieusement discuté, quoiqu'il y eût eu un entretien à l'égard d'une rançon ; et 3° que, jusqu'à cette date, les sentiments de La Bourdonnais, entretenus par le succès, avaient été des plus amicaux à l'égard des autorités de Pondichéry. Il était même sorti de sa réserve ordinaire, comme nous l'avons vu dans sa lettre au Conseil supérieur, pour rendre justice à Dupleix.

Nous avons maintenant à nous occuper de l'acte qui, émané de Dupleix et du Conseil supérieur, changea ces rapports bienveillants en une amère hostilité, aussi ruineuse pour celui qui en était l'objet que pour la cause qu'il défendait. Mais avant cela, nous devons examiner minutieusement les motifs pour lesquels Dupleix, que sa position rendait responsable, fut poussé à adopter le plan qu'il suivit.

qui montre clairement que le 21 il n'avait été pris aucun engagement de rendre la ville contre rançon.

Personne ne doute qu'à cette époque, le principal but de la politique de Dupleix ne fût l'expulsion des Anglais de la côte de Coromandel. L'expérience des trois dernières années lui avait appris que la sécurité d'une des puissances europénnes ne pouvait être assurée que par la disparition de l'autre. Il avait dû faire appel à toute son énergie et tirer parti de toutes ses ressources pour préserver Pondichéry des dangers qui l'avaient menacé en 1744. Sans la défense du nabab Anwaroudin, les établissements auraient assurément été détruits, mais cet appui était un roseau sur lequel il n'était pas prudent de toujours compter. Le successeur d'Anwaroudin pouvait n'être pas animé des mêmes sentiments; une autre incursion des Mahrattes pouvait anéantir la puissance du représentant du Mogol, ou encore, l'anarchie pouvait prévaloir, comme cela avait été le cas récemment dans le Carnate. Quant au ministère français ou aux Directeurs de la Compagnie, les événements des dernières années avaient pleinement convaincu Dupleix qu'il ne devait pas compter sur eux. Tout en prévoyant, depuis trois ans, des hostilités inévitables, les hommes qui, de Paris, gouvernaient l'Inde avaient littéralement réduit à la famine leur plus importante colonie. Ils ne lui avaient envoyé ni vaisseaux de guerre, ni argent; pas même de bonnes nouvelles. En proie à l'hésitation et à la crainte, ils avaient, en deux ans, expédié deux navires seulement et avec des secours très-insuffisants; qui plus est, quand un Gouverneur entreprenant avait proposé un plan au moyen duquel on aurait pu, avec fort peu de risques, assurer l'ascendant de la France en Orient, et qu'il avait arraché le consentement d'un vieux ministre décrépit, on avait saisi la première occasion d'anéantir ce projet, et privé le Gouverneur des moyens dont il espérait faire usage pour l'exécuter.

Dupleix avait donc peu d'espoir en la France; d'un autre côté, il voyait l'Angleterre, impatiente de le détruire, l'Angleterre forte de l'énergie de ses fils, des ressources de sa Compagnie des Indes, et, de plus, de son gouvernement qui pouvait passer pour bon, comparativement à celui de la France; il avait vu que, dans cette même année, l'Angleterre ayant agi comme La Bourdonnais avait proposé de le faire, en avait recueilli les meilleurs résultats; et il lui paraissait évident que, sans l'intervention du nabab, Pondichéry aurait été anéanti. L'énergie supérieure et la bonne direction de l'Angleterre au dix-huitième siècle, ne pouvaient manquer de lui donner la conviction que, très-probablement, l'occasion se présenterait pour les Anglais de faire une nouvelle tentative dans des conditions plus favorables.

Dans ces conjonctures, quelles chances de succès pouvait-il avoir ? il n'en avait qu'une : c'était d'adopter la politique consacrée par le génie, la politique d'Alexandre, d'Annibal, de Gustave, en un mot de porter la guerre sur le sol ennemi et d'employer, pour l'écraser à tout jamais, les moyens mis à sa disposition d'une manière si merveilleuse et si inattendue. Une fois Madras en son pouvoir, le fort Saint-David ne résisterait pas ; alors, sûr de la côte de Coromandel, Dupleix pourrait expédier une flotte au Bengale, pour détruire la colonie qui avait été la rivale de Chandernagor, et menaçait maintenant d'anéantir cet établissement, objet, plus que tout autre, de sa prédilection ; nous voulons parler de Calcutta.

Avec de telles vues, on peut se figurer quelle fut sa mortification quand il apprit que malgré ses précieux avertissements, malgré l'engagement positif pris avec le nabab, La Bourdonnais négociait encore pour la rançon de la place qu'il avait conquise. Il sentait que cela aurait un triste résultat, car, au moment où la flotte anglaise aurait recouvré sa supériorité dans les mers de l'Inde, événement sans cesse redouté de Dupleix comme de La Bourdonnais, une tentative aurait infailliblement lieu pour soumettre Pondichéry au sort de Madras, et, en cas de succès, les Anglais en tireraient le plus grand avantage.

Ce fut sous l'empire de ces idées que, le 25, il écrivit à La Bourdonnais une lettre dans laquelle, après lui avoir rappelé que, par les ordres du ministre, il était subordonné à l'autorité du Conseil supérieur de Pondichéry, il insistait sur la nécessité d'abandonner toute idée de rançon. « La rançon que vous pensez à demander pour Madraz, disait-il, n'est qu'un avantage momentané et incertain. Tous les otages que vous aurez ne contraindront pas la Compagnie anglaise d'accepter les traités que le Gouverneur aura pu nous donner, et lui qui est aujourd'hui prisonnier, dira probablement qu'il a agi ainsi par contrainte et pour se procurer la liberté, et la Compagnie dira comme lui. » Le même courrier porta à La Bourdonnais une lettre officielle du Conseil supérieur sur le même sujet.

Cette lettre, ainsi que le ton de supériorité qui y perçait, semble avoir décidé La Bourdonnais à agir. Il paraîtrait que, jusqu'au 25 septembre inclusivement, il s'était occupé de discuter avec le Gouverneur Morse et les députés les termes de la rançon. Le 26 au matin, il écrivit à Dupleix qu'il était presque d'accord avec le Gouverneur Morse sur les conditions, et qu'il ne restait plus que de légers différends à régler, et les termes du payement à fixer ; mais dans cette journée du 26 il reçut de Dupleix, non-seulement les lettres auxquelles nous avons fait allusion, mais une autre du Conseil en date du 24, l'informant que MM. Dulaurent et Barthélemy arriveraient ce jour même à Madras pour le complimenter sur son succès, et former avec MM. D'Esprémesnil, Bonneau, Desforges et Paradis, tous de Pondichéry, un Conseil dont il aurait la présidence. Son parti fut immédiatement pris. Il établit dans ses Mémoires, qu'à partir de ce moment, il n'eût plus de doutes sur les vues de Dupleix ; qu'il reconnut sa volonté de se rendre maître de Madras et des vaisseaux, afin d'en disposer selon son bon plaisir. Il résolut alors de combattre cette prétention à la suprématie.

Quoique le traité de rachat ne fût pas encore signé, il écrivit à Dupleix comme s'il l'eût été : « Je voudrais de tout mon cœur que ces messieurs fussent arrivés cinq ou six heures plus tôt. Il eût été temps de les instruire de ce qui se passait entre le gouvernement anglais et moi ; mais tout était conclu lors de leur arrivée. » Il ajoutait : « Si, cependant, ces messieurs veulent s'employer pendant leur séjour en cette ville, je leur trouverai de l'occupation. » En même temps il écrivait au Conseil et le prenait de haut, reconnaissant que les établissements alors français dans l'Inde étaient sous l'autorité du Gouverneur général de Pondichéry ; mais, ayant conquis Madras, il revendiquait le droit d'en disposer. En un mot, il repoussait toute subordination envers Pondichéry. Le lendemain il mit le sceau à ses déclarations, en envoyant à Madras la copie d'une convention (non signée du Gouverneur Morse) par laquelle il s'engageait à rendre Madras aux Anglais contre la remise de un million cent mille pagodes, en billets payables à une date peu éloignée [1].

Alors éclata entre ces deux hommes une lutte préjudiciable à la cause qu'ils avaient également à cœur, à la nation à laquelle ils appartenaient, et, fatale par ses résultats, à la fortune de l'un d'eux. Dupleix, sentant bien que cette résistance de Madras aurait eu pour effet d'exposer Pondichéry à une attaque, dès que La Bourdonnais et son escadre repartiraient pour les îles, résolut de maintenir l'autorité que le Roi et la Compagnie lui avaient conférée. De son côté, La Bourdonnais ne voulant se soumettre à aucune autorité, et impatient de tout contrôle, déclara que le ministre lui ayant confié, comme Amiral, la conduite entière de ses opérations, il était, même sur le sol indien, parfaitement indépendant du gouvernement de Pondichéry. En admettant que cette phrase : « Maître de ses opérations, » employée par le ministre de France, semblât lui reconnaître une autorité indépendante, il était manifeste qu'il ne pouvait entrer dans les intentions du Gouvernement français d'établir une seconde autorité supérieure, un *imperium in imperio*, à quelques milles du siége du gouvernement. Mais La Bourdonnais était sourd à toutes ces considérations. Quoique, avant de quitter Pondichéry pour entreprendre cette expédition, il eût prouvé qu'il admettait l'autorité du Conseil, au point de refuser de partir sans un ordre positif émané de lui : maintenant que la victoire était remportée et qu'il était requis d'exécuter les instructions du Conseil, comme provenant d'une autorité supérieure à la sienne, il reniait sa subordination et refusait de reconnaître aucune suprématie.

Il n'est pas hors de propos de rechercher ici quel pouvait être, quel était réellement le motif qui le poussait à cette révolte, à ce sacrifice des meilleurs intérêts de son pays? Était-ce seulement parce qu'il regardait sa politique comme la meilleure? Cela n'est

---

1. Les termes étaient 500,000 pagodes payables en Europe à six mois de vue en cinq lettres de change de 100,000 chacune ; 600,000 en trois payements égaux de chacun 200,000, le premier un mois et le deuxième, un an après l'arrivée des vaisseaux en Europe.

guère probable. Personne ne sentait plus vivement que La Bourdonnais qu'il lui était impossible de rester sur cette côte avec quelque chance de sécurité après la seconde semaine d'octobre. Son plan avait été d'envoyer deux ou trois de ses vaisseaux hiverner à Achem, et de faire voile avec les autres munis de cargaisons vers les îles, *en route* pour la France. Maintes fois Dupleix lui avait démontré que dans ces circonstances Pondichéry courait les plus grands dangers. N'étant plus protégé par une escadre, ayant encouru la colère du nabab, excité la vengeance des Anglais, la capitale française, située comme elle l'était entre les deux forts anglais de Saint-Georges et de Saint-David, ne pouvait être sauvée que par le retour au printemps de La Bourdonnais avec des forces importantes. La rançon de Madras, non pas contre des espèces, mais bien contre des lettres de change non encore acceptées, avec la perspective dans l'avenir que Madras serait bientôt en position de rançonner Pondichéry ne pouvait paraître, même à La Bourdonnais, une saine politique.

Mais il est un autre jour sous lequel il faut considérer la transaction. Voyons si, quoique cette politique ne fût pas saine pour la France, elle ne l'était pas pour les intérêts personnels de La Bourdonnais. Ici nous rencontrons des révélations qui ne peuvent manquer d'étonner le lecteur. Nous avons vu précédemment que durant cinq jours, du 21 au 25 septembre, des négociations avaient eu lieu entre La Bourdonnais et le Gouverneur Morse quant au montant et aux termes de la rançon. Mais en dehors de la rançon officielle de Madras, il y en avait une autre non moins puissante, celle d'une somme remise en secret à La Bourdonnais. Qu'il ait reçu une somme considérable [1], c'est un fait indubitable, et quoiqu'un

---

1. De son vivant La Bourdonnais a été accusé d'avoir accepté des Anglais un don de 100,000 pagodes (environ quatre lakhs de roupies) comme prix du droit qu'il leur accordait de se racheter.
L'accusation fut portée séparément par M. D'Esprémesnil et M. de Kerjean. Le premier dit qu'il avait entendu M. Dupleix affirmer qu'un Anglais lui avait dit que 100,000 pagodes avaient été données à La Bourdonnais pour cette rançon. Il ajoutait qu'il avait tout fait pour découvrir la vérité, mais qu'il n'avait pu rien apprendre.
Le second, M. de Kerjean, assurait qu'il avait entendu un Juif retiré à Pondichéry assurer que les Anglais avaient donné à M. de La Bourdonnais 100,000 pagodes en reconnaissance du bon traitement qu'ils avaient reçu de lui, et que lui, le Juif, avait été taxé pour sa part, à la somme de 7,000 pagodes, qu'il n'avait pas encore payées.

semblable marché s'accordât avec les coutumes de l'Inde dans les premiers temps, il devait, presque dans tous les cas, exercer une grande influence sur la conduite de ceux qui avaient la faiblesse de se laisser ainsi corrompre. Avec la connaissance de ces faits, on s'explique l'opposition faite par La Bourdonnais aux plans, qu'en véritable homme d'État, Dupleix avait conçus. Sachant comme nous le savons maintenant, que des trois partis qu'il avait lui-même soumis à l'appréciation de Dupleix, savoir : l'occupation de Madras par les Français, sa destruction ou sa rançon, ce dernier était le seul qui lui procurât des avantages matériels, tout le mystère qui voilait sa conduite disparaît. Il est dépouillé d'une grande partie de sa gloire, de cette brillante auréole de pur désintéressement dont les historiens ont cherché à l'entourer, mais au moins sa conduite devient plus compréhensible. Nous pouvons maintenant envisager ses actes avec la certitude morale que nous avons sous les yeux, le mobile par lequel tous ont été inspirés.

La Bourdonnais répondait à cela que les deux hommes de qui émanaient les assertions étaient, l'un le neveu, et l'autre le gendre de Dupleix ; qu'il avait évité la dernière entrevue avec le Gouverneur anglais parce qu'il avait appris que celui-ci avait l'intention de lui offrir un présent ; que s'il avait reçu un tel présent il se serait mis dans l'obligation de le rendre en différant l'évacuation de Madras du mois d'octobre à celui de janvier ; qu'il n'était pas probable qu'il eût été reçu avec tant de distinction à Londres par deux membres du Conseil de Madras s'ils avaient su (et ils n'auraient pu l'ignorer) que la rançon était le résultat de la corruption.

A cette époque l'affaire fut abandonnée, l'accusation étant considérée comme sans preuves. Elle fut reprise en 1772 par un Anglais, M. Grose, qui écrivit une relation de son voyage et de sa résidence dans les Indes-Orientales; il s'exprime ainsi : Le Gouverneur et le Conseil réglèrent le prix de la rançon avec le Commodore français (La Bourdonnais) à 1,100,000 pagodes ou 421,666 livres sterling (10,441,650 fr.) *outre un présent d'une valeur notable au Commodore qui consentait, à ces conditions, à évacuer sa conquête* et à laisser les Anglais en pleine possession de leur présidence. (*Grose's East Indies*, vol. II, page 29.)

Dans le livre intitulé : *Mill's India* (5e édition, vol. III, pages 37 et 38), nous avons une preuve dans le même sens. Le professeur H. Wilson, affirme que : « Une lettre adressée à un propriétaire, et publiée en 1750 par une personne qui était évidemment employée dans le gouvernement de Madras, rapporte les discussions qui eurent lieu au siège de ce gouvernement à l'égard de bons délivrés pour lever de l'argent, jusqu'à concurrence de 100,000 pagodes qui, est-il dit, furent offertes au Commodore français pour prix de sa modération. »

Mais il existe un preuve beaucoup plus claire et beaucoup plus positive de ce fait. Des papiers déposés actuellement dans India House (Law case, n° 31, datés du 3 mars 1752) montrent que les Directeurs de cette époque furent convaincus, par le témoignage des membres du Conseil de Madras, que La Bourdonnais eut la promesse par écrit de 100,000 pagodes (1,000,000 de fr.) en plus des 1,100,000 pagodes stipulées dans le document qui lui a été remis pour l'usage officiel, en considération de ce qu'il rendrait Madras aux Anglais. — Ceci nous paraît concluant.

L'existence de cette case a été révélée à l'auteur par sir Walter Morgan, Chief Justice de la haute cour d'Agra.

La nature de son contenu a été vérifiée depuis sur les lieux par son ami le professeur Fitz Edward Hall, bibliothécaire d'India House.

Toutefois nous ne serions pas bien compris du lecteur s'il croyait que nous attribuons à ce seul motif toute l'influence exercée sur La Bourdonnais ; nous admettons au contraire que peut-être il n'eut pas conscience de l'effet qui se produisait en lui, car souvent les grands hommes eux-mêmes subissent à leur insu des influences qui les dominent. Ce dut être plus particulièrement le cas pour un homme qui se rebellait contre l'autorité supérieure aussi violemment que le faisait La Bourdonnais. Déterminé, comme il l'était, à ne pas subordonner sa volonté à celle de Dupleix, il put ne pas apprécier cet empire secret qui cependant agissait si puissamment sur lui. Ce qui nous paraît le plus probable, c'est que ces deux mobiles se combinant, dominèrent tellement son moral qu'il ne se rendit pas compte de l'influence que son intérêt personnel pouvait exercer sur sa conduite et se persuada qu'il n'était guidé que par son devoir. Quoi qu'il en puisse être, nous avons ici à juger l'homme par ses actes, et en considérant ces actes, nous ne pouvons mieux faire que de tirer parti de toutes les circonstances de nature à jeter quelque lumière sur ce qui les produisit. Dans la lutte entre Dupleix et La Bourdonnais, le premier a été impitoyablement condamné, condamné, nous en sommes convaincu, sans une enquête complète et loyale, et sans qu'il lui fût permis de publier pour sa défense les documents officiels. — Toutefois il importe de rechercher si, en outre des mobiles qui leur ont été attribués, il n'en a pas existé d'autres, restés secrets, qui les aient poussés l'un ou l'autre à dépasser leurs pouvoirs. — Pour Dupleix, nous voyons une raison avouée, savoir, la détermination de chasser à tout prix les Anglais de la côte de Coromandel, fondée sur les pouvoirs dont il se croyait possesseur comme Gouverneur général de l'Inde française, mais nous ne trouvons de traces d'aucune autre. Il n'avait aucun intérêt personnel à se refuser au rachat de Madras. Il lui paraissait clair que rendre cette place créait deux dangers, l'attaque par le nabab, et le renouvellement des hostilités de la part des Anglais, contre lesquels Pondichéry serait sans défense. Les causes de sa conduite sont vraiment si simples, si naturelles et si ostensibles que nous cherchons en vain un motif secret et, à plus forte raison, un but d'intérêt personnel.

Mais il n'en est pas ainsi pour La Bourdonnais ; il est maintenant évident que, jusqu'au 26 septembre, il n'avait pris aucun engagement positif de rendre ses conquêtes contre une rançon. Il est certain, du moins nous le pensons, que le 26 les clauses furent verbalement arrêtées avec le Gouverneur Morse ; qu'une des clauses stipulait à son profit un don d'environ 1,000,000 de francs ; que recevant le même jour de Pondichéry l'avis positif que ni Dupleix, ni le Conseil supérieur n'adhéreraient à aucun contrat de rachat, il résolut soudain de rompre avec eux, afin de s'assurer une action indépendante. Est-ce trop que d'inférer que son intérêt personnel alarmé ait, à son insu, poussé son ambition jalouse à se révolter contre les sentiments meilleurs qui lui étaient naturels?

Mais il est temps de reprendre notre récit ; nous avons laissé La Bourdonnais refusant, le 26 septembre au soir et le 27 au matin, de reconnaître l'autorité des agents envoyés par le Conseil supérieur pour conférer avec lui, envoyant à Pondichéry, pour y être ratifié, un exemplaire du traité de rachat, et, étrange inconséquence, affirmant sa complète indépendance de tout contrôle de ce Conseil. Mais avant que les faits se fussent réalisés, il en était parvenu quelque rumeur à Pondichéry. Parmi les officiers de l'armée assiégeante, le commandant de fait du contingent de Pondichéry était M. Paradis, Suisse de naissance, d'une nature hardie, énergique, entreprenante ; il était depuis longtemps connu de La Bourdonnais qui, même avant d'arriver à Pondichéry, l'avait spécialement demandé pour être sous ses ordres. Revêtu du commandement du contingent de Pondichéry, et sur la terre ferme le second après La Bourdonnais, il s'était conduit de manière à donner la plus grande satisfaction à son chef, et jusqu'à l'époque de la capitulation leurs relations avaient été des plus cordiales. Le 26, nous apprenons qu'il s'était élevé quelque désaccord entre eux sur un point relatif au commandement des troupes, et que Paradis était parti de Madras pour Pondichéry porteur de lettres de La Bourdonnais pour Dupleix. Il est probable que, par sa position, Paradis avait eu connaissance de la nature des négociations qui se poursuivaient à Madras et qu'il avait averti le Conseil que, s'il ne revendiquait à temps son autorité, il n'en conserverait aucune. Le Conseil fut sans doute influencé par ces considérations, lorsqu'il envoya MM. D'Esprémesnil, Dulaurent et Barthélemy à Madras. Le 28, arrivèrent les lettres de La Bourdonnais. On lui adressa aussitôt une réponse dans laquelle étaient récapitulés les arguments déjà produits contre la restitution de la place aux Anglais; on lui annonçait que M. D'Esprémesnil, second membre du Conseil, serait autorisé à recevoir de lui le commandement de la place et du contingent fourni par Pondichéry; la lettre se terminait par une protestation formelle contre tous les engagements qu'il pourrait contracter sans la connaissance et l'assentiment du Conseil. Le lendemain, Dupleix lui écrivit de sa propre main la lettre la plus touchante, la plus pressante, le conjurant comme un ami, comme un frère, d'abandonner toute idée de traiter d'une rançon, et le suppliant d'entrer de tout cœur dans les desseins qu'il nourrissait pour l'expulsion des Anglais. Après avoir appuyé sur la nullité d'une rançon promise par des prisonniers, et tiré de l'histoire des exemples prouvant que des traités conclus dans de semblables circonstances n'avaient jamais été considérés comme valables, il ajoutait : « Au nom de Dieu, monsieur, au nom de vos enfants, de votre épouse, laissez-vous persuader à ce que j'ai l'honneur de vous dire; finissez comme vous avez commencé et ne ménagez pas un ennemi qui n'a eu d'autre but que celui de vous réduire à la plus dure extrémité. Tels sont les ordres que l'escadre ennemie met en œuvre autant qu'elle peut; si elle n'a pu faire mieux, c'est qu'elle ne l'a pu. La Providence nous a servis mieux qu'eux. Profitons-en, monsieur, pour la gloire de notre monarque et pour l'intérêt général d'une nation qui vous regardera comme son restaurateur dans l'Inde. Fasse le ciel que je puisse parvenir à vous persuader, et à vous convaincre de la nécessité d'annuler un traité qui, dans un moment, nous fait perdre des avantages dont toute l'étendue se connaîtra incessamment, pour peu que vous vouliez avoir égard à ce que j'ai l'honneur de vous représenter. »

Pendant ce temps les trois conseillers, MM. D'Esprémesnil, Dulaurent et Barthélemy, voyant leurs pouvoirs méconnus par La Bourdonnais, lui adressèrent une protestation formelle contre son usurpation d'autorité aussi bien que contre la restitution de Madras aux Anglais ; ils envoyèrent aussi aux divers commandants des troupes la copie des ordres du Roi, conférant à Dupleix le pouvoir suprême dans l'Inde, mesure à laquelle, disaient-ils, ils avaient été forcés par la marche qu'avait adoptée M. de La Bourdonnais, contrairement aux ordres qu'il avait reçus de Pondichéry. Le 30, les trois Conseillers firent une seconde protestation et annoncèrent leur intention de se retirer à Saint-Thomé pour y attendre de nouveaux ordres de Pondichéry.

Ceci n'était que le prélude de mesures plus énergiques ; le 2 octobre, une commission composée du major général de Bury, de M. Bruyère, procureur général, et de M. Paradis, arriva à Madras armée de pouvoirs pour l'exécution des ordres donnés par Dupleix, comme représentant de son souverain dans les Indes-Orientales. Ils apportaient une déclaration émanée de Dupleix, au nom du Roi et de la Compagnie des Indes, déclaration qu'ils avaient ordre de lire publiquement à Madras, et affirmant entre autres choses que le traité de rançonnement ayant été fait « par la pure volonté et sans autorité légitime de M. de La Bourdonnais, et avec des prisonniers, qui ne peuvent s'engager pour d'autres que pour eux, surtout dans une affaire de cette importance, est nul de plein droit, que nous l'annulons et le regardons comme non avenu. » Une seconde déclaration de Dupleix, au nom du Roi, également apportée par la commission, créait un Conseil provincial au fort Saint-Georges, « pour rendre au nom du Roi, la justice civile aussi bien que criminelle à tous les habitants présents et à venir. » M. D'Esprémesnil en était nommé président, les membres étaient : MM. Dulaurent, Barthélemy, Bonneau, Desfarges, Bruyère et Paradis. Une autre ordonnance nommait M. D'Esprémesnil Commandant et Directeur « des ville et fort de Madraz pour, en cette qualité y commander sous nos ordres, tant aux officiers de terre que de mer, habitants dudit lieu, commis de ladite Compagnie et à tous autres Français ou étrangers qui y sont établis ou qui pourraient s'y établir, de quelque qualité et condition qu'ils puissent être. » Ils apportaient encore deux réquisitions, l'une du Conseil supérieur de Pondichéry, l'autre des principaux habitants de la ville, protestant, l'une et l'autre, contre l'usurpation de pouvoir de la part de La Bourdonnais, et contre la restitution de Madras aux Anglais, comme mesure injurieuse à l'intérêt national et pleine de dangers pour Pondichéry.

Dès le matin du 2 octobre, six[1] des membres des nouveaux Conseils, l'un provincial, l'autre exécutif, accompagnés de leur premier employé, entrèrent à Madras et se rendirent au quartier-général de La Bourdonnais, qui les reçut et les conduisit dans la grande salle. Là, le général de Bury entama l'affaire en présentant à La Bourdonnais une lettre du Conseil supérieur, établissant qu'il était, lui, le général, autorisé à répondre à sa lettre du 27 septembre. Ensuite le commis lut à haute voix, devant un grand concours de peuple attiré par le bruit de cette scène extraordinaire, les déclarations et les protestations que nous avons énumérées.

Pendant cette lecture, on vit affluer dans la salle des officiers de tout grade, la plupart appartenant aux troupes que La Bourdonnais avait amenées des îles. Aussitôt que la lecture fut terminée, La Bourdonnais répondit qu'il ne reconnaissait dans l'Inde aucune autorité supérieure à la sienne ; que les ordres qu'il avait reçus de France se terminaient par une phrase spéciale, le laissant « maître de ses opérations[2]. » M. D'Eprémesnil répliqua que l'autorité qu'il invoquait, n'invalidait en rien les pouvoirs confiés au Gouverneur général, et, par le fait, n'avait aucun rapport avec le sujet en question. La Bourdonnais était entêté, et, se sentant soutenu par un certain nombre de ses partisans, il prit un ton plus hautain, et menaça de frapper le général et de faire prendre les armes aux troupes qu'il commandait. — A l'ouïe de cette menace de s'armer les uns contre les autres, il s'éleva dans toute l'assemblée un cri d'indignation. Alors, La Bourdonnais assembla dans la pièce voisine un Conseil de guerre composé des officiers qui étaient venus

1. MM. D'Eprémesnil, Dulaurent, Barthélemy, Bruyère, Paradis et le général de Bury.
2. Cela était indubitable et avait été reconnu par le Conseil de Pondichéry lorsque deux mois auparavant il l'avait pressé de prendre une décision ; quant à ces mêmes opérations, La Bourdonnais avait alors refusé d'agir à moins que le Conseil ne lui prescrivît une marche positive. On doit observer de plus, que le fait d'être maître de ses opérations, tout en le laissant libre de choisir son terrain, ne le relevait pas de sa subordination à l'égard du représentant de son souverain dans les territoires soumis à ce souverain.

des îles avec lui, et, après une courte délibération, il en communiqua le résultat aux députés de Pondichéry. C'était qu'ils ne jugeaient pas qu'il dût revenir sur la parole qu'il avait donnée aux Anglais. Là-dessus les députés se retirèrent[1]. La Bourdonnais, ayant ainsi repoussé les demandes légalement formulées par les députés de Pondichéry, s'occupa sans délai de leur enlever tout moyen de les faire exécuter par la force. Répandant le bruit que la flotte anglaise avait été vue devant Paliacate, il publia un ordre général d'envoyer cinquante hommes à bord de chaque navire, et donna de secrètes instructions à ses subalternes dévoués, pour qu'ils assignassent ce service aux troupes du contingent de Pondichéry. Cette mesure fut exécutée le 4 octobre au matin, de sorte que l'amiral se trouva à la tête de troupes qui lui étaient entièrement dévouées et maître absolu de ses mouvements.

Les membres du Conseil provincial n'en essayèrent pas moins d'établir légalement leur autorité ; ayant découvert dans la journée la ruse qu'il avait employée si adroitement, du moins pour ses propre intérêts, ils résolurent de le placer sous une contrainte morale. Dans ce but, le général de Bury, MM. Latour et Largé, se présentèrent au quartier-général et remirent à l'Amiral un document écrit, lui défendant de quitter Madras sans un ordre exprès de Dupleix. Mais le temps où La Bourdonnais se croyait obligé de dissimuler son ressentiment était passé ; il s'était débarrassé des troupes de Pondichéry, et il était déterminé à user avec la plus grande rigueur de son autorité usurpée. Il mit immédiatement les députés en état d'arrestation, et quand Paradis, informé de cette indignité, se hâta de lui adresser ses remontrances, il l'accusa d'être un intrigant qui les avait tous mis à deux doigts de leur perte, l'envoya rejoindre ses collègues et déclara qu'il les laisserait prisonniers des Anglais au 15 octobre, jour où il avait projeté de remettre Madras aux ennemis.

Nous n'essayerons pas de dépeindre les sentiments de Dupleix,

---

1. Il existe deux récits de cette entrevue ; l'un est un procès-verbal rédigé sur-le-champ par D'Esprémesnil et ses collègues, l'autre est une narration écrite trois ans plus tard par La Bourdonnais. Ce dernier document abonde en accusations personnelles que nous nous abstenons de rapporter.

lorsqu'il apprit ces procédés. Pour arriver au but favori de toute sa politique, la destruction du pouvoir anglais dans le Carnate, il avait employé les prières, les avis, la persuasion, la force morale, le tout en vain. Il était atterré de l'impertinence de son rival; il ne lui restait pas une seule ressource. Son autorité était méconnue, ses soldats envoyés à bord des vaisseaux de l'amiral, ses députés arrêtés et emprisonnés à Madras; à ses instances on avait répondu par de froids refus; l'affirmation de son autorité avait rencontré une dédaigneuse négation. Que lui restait-il à faire? Il en aurait en vain appelé à Paris, aucune réponse ne pouvait arriver avant quinze mois, et La Bourdonnais ne pouvait, sans un péril extrême, rester quinze jours de plus sur la côte. Dupleix était irrité, ennuyé, non-seulement de l'anéantissement des vastes desseins qu'il avait conçus, mais encore de son impuissance à prévenir tout acte qu'il pourrait plaire à l'impérieux chef des forces navales et militaires d'exécuter. Tout ce qu'il pouvait faire c'était de protester, et c'est ce qu'il fit dans une lettre calme et digne [1] aussitôt qu'il reçut la nouvelle de ce qui s'était passé à Madras.

La Bourdonnais n'était pas lui-même à l'aise. Le mois d'octobre, mois fameux par les ouragans et les tempêtes qu'il amène sur la côte de Coromandel était maintenant arrivé. Il avait compris et toujours affirmé qu'il serait dangereux pour lui de séjourner dans la rade de Madras passé le 15 octobre. Cependant il avait été si absorbé par sa querelle avec Dupleix, qu'il s'était fort peu occupé d'embarquer le butin qu'il avait acquis. L'inventaire n'en avait

---

1. Datée de Madras le 6 octobre 1746 du Conseil supérieur de Pondichéry à La Bourdonnais.

« Monsieur, nous apprenons par la lettre du Conseil de Madraz du 4 du courant que vous avez fait arrêter MM. Bury, Paradis, Latour d'Argy et Changeat. Nos précédentes et ce que vous a intimé M. Bury ont dû vous prévenir que le corps de Pondichéry ne pouvait plus être sous vos ordres, dès lors que nous avions nommé un commandant à Madraz et établi un Conseil. Les choses étant sur ce pied nous pourrions nous demander de quel droit, par quelle autorité vous les avez fait arrêter? Mais nous sentons l'inutilité d'une telle démarche de notre part. Nous n'avons d'autre parti à prendre sur tout ce que vous faites, que d'attendre tranquillement quel sera le dénoûment de tout ceci.

« Nous confirmons l'ordre à MM. du Conseil de Madraz, aux officiers et aux troupes de Pondichéry de ne pas évacuer la place de Madraz, et de ne point s'embarquer à bord des vaisseaux, à moins que vous ne les y forciez les armes à la main. Nous leur disons aussi, c'est-à-dire aux officiers et à la garnison, de suivre nos ordres pour le service de la place pendant que vous y serez. Ne nous sera-t-il jamais permis d'espérer qu'un rayon de lumière vous engagera à faire les réflexions les plus sérieuses. »

même pas été fait ; quitter Madras le 15 comme il l'avait projeté, c'était abandonner sans conditions sa conquête à Dupleix, et perdre pour lui-même, aussi bien que pour la France, le prix qui lui avait été promis comme rançon. A quoi lui aurait-il servi d'avoir méconnu les autorités de Pondichéry, si, après son départ, les mêmes autorités avaient pour agréable d'ignorer toutes ses conventions et de traiter Madras comme une conquête dont elles auraient seules le droit de disposer? Et pourtant cette manière d'agir était bien la plus probable. — S'appuyant sur la force matérielle dont il disposait, il avait arrêté leurs généraux qu'il avait traités avec le plus grand dédain. Il avait trop l'expérience des hommes pour croire que quand la supériorité de la force serait de leur côté, les autorités de Pondichéry consentiraient à ratifier des engagements pris en opposition avec tous leurs ordres.

Ainsi donc au moment même de son triomphe apparent, La Bourdonnais sentait combien sa position était hasardée ; à moins qu'il n'en vînt à une transaction avec Dupleix, tous ses plans seraient détruits, les billets souscrits pour la rançon, et pour sa gratification personnelle, ne vaudraient pas même le papier sur lequel ils étaient écrits. Mais en venir à un arrangement avec ceux qu'il avait dédaignés et méprisés lui semblait de toutes les tâches la plus impossible. Courber, abaisser son esprit hautain pour solliciter celui qu'il avait repoussé, lorsque, par affection, il le suppliait comme un frère, un ami, c'était une conduite qui répugnait à La Bourdonnais plus qu'à tout autre. Il était nécessaire pourtant de prendre une décision, et comme Dupleix pouvait attendre l'avenir, il fallait bien que les ouvertures vinssent de La Bourdonnais.

Il les fit ; mais non pas d'une façon ouverte et franche, en reconnaissant son erreur, ce qui aurait immédiatement rétabli les relations cordiales entre Dupleix et lui ; il s'engagea dans la route tortueuse que suivent ceux qui, ayant commis une erreur et voyant que cette erreur retombe sur eux-mêmes, sont encore trop esclaves de leur fausse vanité pour faire une sincère confession.

Voici donc le plan qu'il adopta : il chargea le commandant Paradis, qu'il avait fait arrêter, de sonder Dupleix, sur le point de savoir s'il consentirait au traité de rançon, à la condition que la restitution de Madras aux Anglais fût différée d'octobre à janvier ou février, dans le but ostensible de faire un partage équitable des dépouilles. S'il y consentait, devait ajouter Paradis, La Bourdonnais laisserait cent cinquante hommes de ses troupes pour renforcer la garnison de Pondichéry.

Cette proposition, faite à Dupleix au lendemain du jour où il s'était vu insulter et bafouer, où il s'était vu opposer, à lui, le représentant du pouvoir civil, l'irrésistible argument de la force brutale, cette proposition, disons-nous, ne pouvait rencontrer un accueil favorable. Il avait deviné, sinon tous, du moins quelques-uns des motifs de La Bourdonnais et il avait pris la résolution de n'entrer en aucun arrangement avec lui. Rompre ouvertement toute correspondance avec celui qui maniait toutes les forces de la colonie ne pouvait, pensait-il, être favorable ni aux intérêts de la France en général, ni à ceux de Pondichéry en particulier. Mais en recevant cette ouverture indirecte de Paradis, il y vit le moyen de se débarrasser de celui qui non-seulement refusait d'exécuter les plans qu'il regardait comme essentiels pour les intérêts français, mais encore empêchait les autres de les accomplir. Il résolut donc d'adopter cette politique que les faibles de tous les siècles ont regardée comme une arme légitime dans leurs luttes contre les forts, celle de la dissimulation. Il écrivit le 7 octobre à La Bourdonnais comme devant s'occuper du projet; mais le lendemain survint un événement qui lui donnait une grande force. Trois vaisseaux de guerre, attendus depuis longtemps, *le Centaure*, de soixante-quatorze canons, *le Mars*, de cinquante-six, et *le Brillant* de cinquante, ayant à bord douze cent cinquante hommes, jetèrent l'ancre le 8 au matin dans la rade de Pondichéry. Ils apportaient des nouvelles intéressantes. M. Orry avait été remplacé comme contrôleur-général, en décembre 1745, par M. Machault d'Arnouville, membre du Conseil d'État, sans expérience dans les finances, mais dévoué à Mme de Pompadour. La Compagnie informait Dupleix de ce fait et aussi de l'imminence de la guerre entre la France et la Hollande. Dupleix devait donc se préparer à rencontrer un nouvel ennemi dans son voisinage. On lui envoyait aussi, en prévision de sa réunion avec La Bourdonnais, des instructions relatives sur la nature des relations que le commandant de la flotte devait entretenir avec lui.

Comme c'était précisément là le point sur lequel La Bourdonnais avait basé sa résistance aux ordres de Dupleix, ce document était d'un grand intérêt pour le Conseil de Pondichéry. Il était daté du 6 octobre 1745 et ainsi conçu : « La Compagnie juge qu'il est convenable et même décent que le commandant des escadres assiste dans les Conseils supérieurs ; qu'il y soit appelé, lorsqu'il s'y traitera des matières concernant quelques expéditions militaires, où ce commandant doit avoir la plus grande part ; qu'il y ait voix délibérative; mais elle entend aussi que tout ce qu'on y aura délibéré soit exécuté sans difficulté, de quelque nature d'affaire dont il s'agisse, quand même il serait question de disposer de tous les vaisseaux de la Compagnie qu'il commanderait. » Ces ordres parurent à Dupleix trop clairs pour être contestés; en conséquence, le même jour, il en envoya copie à La Bourdonnais en ajoutant qu'ils avaient été approuvés par le nouveau ministre [1].

Mais les expédients auxquels une nature décidée, travaillant pour

---

1. La Bourdonnais trouva une occasion de contester la validité de cette pièce dans la date même du 6 octobre 1745 antérieure de deux mois à la nomination de M. Machault comme contrôleur-général et qui ne s'accordait pas avec le compte que Dupleix rendait de son contenu. « Comment est-il possible » fait-il observer dans ses Mémoires, « que le nouveau ministre ait envoyé à M. Dupleix, des ordres datés du 6 octobre quand sa nomination n'est datée que du 6 décembre, et que moi-même je recevais par le même courrier des lettres de M. Orry, l'ancien ministre en date du 25 novembre. » Il continue à en parler comme d'une « lettre supposée. » Mais le raisonnement tout plausible qu'il paraisse n'avait aucun fondement. Il est parfaitement vrai que la nomination de M. Machault comme contrôleur général n'était datée que du 6 décembre 1745, mais il n'est pas moins vrai que depuis plusieurs mois déjà, il avait été désigné comme le successeur d'Orry, qui était en disgrâce et qu'il avait été consulté sur toutes les questions alors pendantes. Dupleix annonçait simplement, que les ordres reçus par lui avaient été approuvés par le « nouveau ministre. » Quoi de plus naturel qu'avant de les expédier on ait consulté sur des ordres aussi importants l'homme, qui, s'il n'était pas ministre officiellement, l'était virtuellement, et devait être chargé de leur exécution ? Il est certain que telle était la coutume à cette époque et l'expression même employée par Dupleix, indique bien qu'elle fut observée à cette occasion. Les navires ayant quitté la France avant la nomination officielle de Machault, il y aurait eu de la part de Dupleix une fausseté trop transparente, d'ailleurs sans nécessité et sans excuse, à employer l'expression dont il se servait, s'il n'avait été appuyé sur des faits. — L'authenticité de cet ordre ne peut être révoquée en doute, mais il y a encore un autre point à examiner. — La Bourdonnais ajoute que la lettre que lui adressait Orry était la confirmation de son autorité indépendante dans les mers de l'Inde, et comme preuve il en cite deux courts extraits. Nous rétablissons en entier les deux premiers paragraphes d'où sont tirés les extraits avec la pensée que n'étant plus mutilés ils donneront plus de force à la cause que nous plaidons. On se rappellera que la lettre est

un but arrêté, peut avoir recours n'étaient pas encore épuisés. La Bourdonnais, dans sa réplique, s'en référait aux instructions du nouveau ministre : « A l'égard de l'extrait que vous m'envoyez, vous pouvez compter que je me conformerai toujours aux ordres du ministre, quand je les aurai reçus ; il ne me croit plus ici, et l'extrait que vous m'envoyez regarde les capitaines des vaisseaux de la Compagnie et non moi [1]. » Il ajoutait n'avoir reçu qu'une lettre de la Compagnie et priait Dupleix de faire rechercher les autres. Cette dépêche était à peine partie que les lettres égarées arrivèrent. Si elles avaient quelque rapport avec les ordres envoyés à Dupleix, cela est impossible à dire [2]. Mais ce qui est certain, c'est qu'à partir de leur réception le ton des lettres de La Bourdonnais changea complétement. Dans celle du 10, il annonçait à Dupleix qu'il attendrait la communication de ses idées jusqu'au 13, et l'assurait qu'il n'y avait pas de condition qu'il n'acceptât, pourvu qu'elle ne le fît pas manquer à sa parole. Dans la soirée du même jour, il reçut la réponse de Dupleix aux ouvertures faites par Paradis, et aussitôt il transmit à Dupleix, les conditions auxquelles il remettrait Madras aux autorités de Pondichéry, avant son départ.

adressée à La Bourdonnais, comme Gouverneur des îles de France et de Bourbon, et que lorsqu'elle partit, Orry n'avait pas la moindre idée que La Bourdonnais eût pu, avant de la recevoir, réussir à équiper une flotte pour les Indes. — Il le croyait encore à l'Ile de France. Cette lettre est ainsi conçue : « La Compagnie vous expédiera cette année, Monsieur, six de ses vaisseaux, dont cinq doivent partir dans le commencement du mois prochain, et le sixième dans le courant de février. Elle *a pris le parti de vous les adresser tous, et de vous laisser le maître d'en disposer suivant les circonstances et les nouvelles que vous aurez reçues des Indes.* Votre principale attention, doit être cependant, de faire passer à Pondichéry, en saison convenable, le nombre de vaisseaux qui sera nécessaire, pour y porter sûrement et le plus promptement que faire se pourra, l'argent, les troupes, les munitions de guerre et de bouche, et les autres effets qui sont destinés pour le comptoir. *On ne vous gêne pas sur la façon dont vous devez vous y prendre pour réussir dans cette expédition* dont vous sentirez vous-même toute l'importance, persuadé que je suis que vous ferez tout pour le mieux. Votre point de vue principal doit être la conservation de la ville de Pondichéry et des autres établissements que la Compagnie possède au delà du cap de Bonne-Espérance et aux Indes. Cet objet doit être préféré à toute entreprise. — Vous devez vous concilier à cet égard avec M. Dupleix et lui faire passer les secours qu'il pourra vous demander, et qui dépendront de vous. 25 novembre 1745. »

Cette lettre donne de très-grands pouvoirs au Gouverneur des îles de France et de Bourbon, mais elle n'autorise en aucune façon le Gouverneur à s'attribuer l'autorité dans le pays soumis à celui auquel était destinée une partie des secours, et c'est pourtant là l'interprétation forcée que lui donne La Bourdonnais.

1. La Bourdonnais à Dupleix. Madras, 10 octobre 1746.
2. Dans une deuxième lettre du 10 octobre à Dupleix, il dit : « Je viens de recevoir les lettres du ministre, elles ne détruisent en rien mes précédents ordres. » Mais il ne donne pas les lettres.

Les principales de ces conditions étaient : que le traité annexé à sa dépêche, serait ponctuellement observé ; que le Gouverneur serait choisi parmi ses officiers et non à Pondichéry ; que Madras serait évacué le 1er janvier 1747. Le traité contenait des articles très-favorables aux Anglais, surtout si l'on se rappelle que, lors de sa reddition, Madras était, par la faiblesse de sa garnison, incapable de se défendre plus longtemps. Le second article portait que la moitié des munitions serait rendue aux Anglais ; le quatrième que ce qui resterait des vivres (dont la quantité était considérable) après le ravitaillement de l'escadre française, serait aussi rendu. Les autres articles avaient trait à la rançon ou à des points déjà indiqués.

Le lendemain 12, il expédia une autre lettre portant que M. D'Esprémesnil lui ayant assuré que Dupleix accepterait les conditions, il était maintenant impatient de partir. Il joignait à sa lettre cinq articles dont les deux principaux garantissaient que Madras serait évacué au plus tard à la fin de janvier ; qu'avant cette époque, il ne serait attaqué par aucune des deux nations, et qu'aussi longtemps qu'il serait en la possession des Français, la route serait ouverte aux vaisseaux de l'une comme de l'autre. Le Conseil supérieur répondit à ces lettres, le 13 et le 14. Quant aux conditions sur lesquelles La Bourdonnais insistait, on consentait à remplir les engagements qu'il avait pris avec les Anglais pourvu qu'ils tinssent les leurs ; mais on requérait que La Bourdonnais laissât, en partant, cent cinquante hommes de ses troupes, comme il l'avait promis à Paradis ; D'Esprémesnil serait commandant avec un Conseil de quatre membres (dont deux à la nomination de La Bourdonnais) sous l'autorité de Pondichéry, et la place ne serait pas évacuée avant qu'on n'eût procédé à un partage équitable du butin. Dans sa lettre du 14 [1], le Conseil refusait positivement de consentir à l'évacuation pour l'époque proposée et donnait des raisons qui montraient combien il serait dangereux pour les intérêts français d'accéder aux autres conditions proposées [2].

---

1. En réponse à celle de La Bourdonnais, du 12.
2. Nous extrayons les passages les plus saillants de cette lettre du Conseil supérieur datée de Pondichéry le 10 octobre. « Monsieur, M. Dupleix nous a communiqué votre

Mais avant que cette lettre fût parvenue à La Bourdonnais, un événement imprévu avait tranché le nœud plus que gordien que les partis ne pouvaient s'accorder à dénouer. Dans sa lettre adressée à Dupleix, le 11 octobre, La Bourdonnais s'exprimait ainsi : « Ce que nous avons de plus contraire, c'est la Mouçon ; je veux bien rester ici jusqu'au 20 et peut-être jusqu'au 25, si le ciel nous est favorable. »

Le lendemain, il écrivait : « Le vent du Nord a commencé à souffler, il y a donc nécessité absolue de quitter la place..... J'écris aujourd'hui à chacun des capitaines leur donnant des ordres pour que, si la nouvelle lune et la mouçon les forcent à prendre la mer, ils puissent ensuite regagner la côte. »

Le lendemain 13 fut une journée délicieuse, une des plus belles de la saison. Cependant la nuit vit éclater un de ces ouragans qui apportent périodiquement la ruine et la dévastation sur la côte de Coromandel. Les vaisseaux français, à l'exception de trois, *le Saint-Louis*, *le Lys* et *la Renommée*, envoyés à Pondichéry avec une partie des dépouilles de Madras, se trouvaient en chargement dans la rade. Outre leurs équipages, ils avaient à bord près de cinq cents hommes de troupes, le contingent de Pondichéry que La Bourdonnais avait, on se le rappelle, fait embarquer pour s'assurer une autorité sans conteste à Madras. La tempête, ainsi que cela est ordinaire, n'annonça que peu son approche. Cependant, avant qu'elle eût atteint toute sa violence, les vaisseaux avaient levé l'ancre et cherché à gagner la pleine mer. Pendant toute la nuit, l'ouragan se déchaîna avec fureur. La Bourdonnais, au premier sifflement de la tempête, s'était occupé des préparatifs

---

lettre du 12 avec quelques articles que nous avons examinés attentivement. Plusieurs raisons nous ont empêchés d'y accéder. Le temps que vous limitez pour l'évacuation de la place n'est point suffisant pour faire le partage de l'artillerie, des agrès et des vivres, et les enlever. Tout ce que l'on peut faire est d'y travailler aussi promptement qu'il sera possible.

« Quant aux otages, billets, lettres de change, nous voulons bien nous engager avec vous de les recevoir sans que cette acceptation de notre part puisse passer pour un acquiescement aux articles qui les concernent..... La rade de Madras ne peut être libre pour les Anglais, pendant la durée du partage. L'escadre anglaise n'a qu'à y venir avec cinq ou six vaisseaux d'Europe, autant de l'Inde et faire descendre petit à petit leur monde : il serait, vous le voyez, bien aisé aux Anglais de s'emparer de Madras à moins d'y entretenir une garnison de deux mille Européens. C'est par cette raison que nous avons mis que la rade de Madras ne pourrait être fréquentée par les Anglais. »

qui pouvaient le mettre à même de faire face à tous les événements ; il s'efforça en vain, quand le jour parut, de découvrir quelques traces de la flotte. Il n'y avait pas un vaisseau en vue. La tourmente continuait et vers huit heures du matin, elle sembla redoubler de violence. Dans toute cette journée, son anxiété alla croissant d'heure en heure, mais il ne demeura pas inactif. Toutes les qualités du grand organisateur reparurent en lui dans tout leur éclat. Il envoya des compagnies, le long de la côte, avec des moyens de sauvetage pour les équipages qui pourraient être en détresse. A Madras même, il fit, sur une grande échelle, des préparatifs dans le même but. Il écrivit à Dupleix, pour lui dépeindre sa terrible anxiété et lui demander des nouvelles des vaisseaux de Pondichéry. En outre, toutes les chelingues ayant été détruites, il détacha des catimarons [1] dans l'après-midi, lorsque la tempête commença à s'apaiser, pour lui porter des lettres ; il décrivait l'état des choses à Madras et demandait les nouvelles qu'on pourrait avoir des vaisseaux. Il ne reçut aucune nouvelle avant huit heures du soir, et l'on n'aperçut aucune voile. A cette heure, il apprit que *la Marie-Gertrude*, prise anglaise, ayant à bord beaucoup de soldats, avait été perdue corps et biens entre Saint-Thomé et Covelang : qu'un navire démâté et un autre qui avait conservé ses mâts, étaient en sécurité à l'ancre devant Saint-Thomé ; qu'un vaisseau hollandais avait coulé devant ce même port et que deux petites barques de commerce avaient eu le même sort. Tout le jour suivant, ses inquiétudes ne firent qu'augmenter. A neuf heures du matin, il apprit que *le Bourbon* était à quinze milles au large, n'ayant plus qu'un mât et fatiguant d'une manière terrible ; que *l'Achille* était presque dans le même état et qu'un vaisseau dont on ignorait le nom, avait été aperçu totalement démâté. Chaque heure apportait avec elle de nouveaux désastres. A sept heures du soir, il annonça à Dupleix que *le Bourbon* était perdu sans ressources [2] et qu'il serait à peine possible de sauver une partie de son équipage ; que

---

1. Un catimaron était composé de trois ou quatre pièces de bois, longues d'environ vingt pieds et reliées ensemble, sur lesquelles un homme naviguait à l'aide d'une pagaie.
2. Il fut cependant sauvé.

le *Duc-d'Orléans* était aussi perdu, un seul homme ayant été sauvé ; et qu'un autre vaisseau complétement démâté était en vue.

Le 16, le temps s'améliora, mais ce fut seulement le 17, que La Bourdonnais connut l'étendue de ses pertes. Des huit vaisseaux [1] qui avaient jeté l'ancre le 13 dans les eaux de Madras, *l'Achille* était le seul qui eût résisté, mais il avait couru de grands dangers, perdu deux de ses mâts et fait le sacrifice de seize canons de dix-huit. *Le Neptune*, complétement démâté, avait jeté à la mer quatorze canons de douze et avait dans sa cale sept pieds d'eau ; tout son chargement de butin était avarié. *Le Bourbon* fut sauvé par un miracle ; il avait perdu son grand mât et celui de misène, avait aussi dû sacrifier quatorze de ses canons, et avait en outre éprouvé des avaries qui devaient le rendre impropre à la navigation. *Le Phénix* était perdu corps et biens. *Le Duc-d'Orléans* avait subi le même sort ; huit hommes de son équipage furent seuls sauvés. *La Princesse-Marie* était démâtée et l'eau s'élevait à huit pieds dans sa cale. *La Marie-Gertrude* et *l'Advice* avaient coulé. Donc, sur ces huit vaisseaux quatre étaient perdus, deux tout à fait incapables de naviguer et les deux derniers étaient tellement endommagés qu'il faudrait des efforts surhumains pour les mettre en état de reprendre la mer. La flotte française avait soudain cessé d'exister. La perte en hommes dépassait douze cents [2].

Ce fut au milieu de ces inquiétudes, avant même de connaître ses pertes, que La Bourdonnais reçut du Conseil supérieur la lettre du 11 octobre dont nous avons parlé et dans laquelle on refusait de fixer une époque pour l'évacuation des troupes françaises de Madras. Il paraît s'être attendu à cette réponse : « J'ai reçu du Conseil la réponse que j'attendais au sujet de l'affaire de Madraz. Je prendrai, je crois, le parti le plus simple, qui est de vous laisser copie de la capitulation, vous abandonner la terre, pour me donner tout entier à sauver les *débris* de nos pertes par mer. »

---

1. *L'Achille, le Bourbon, le Phénix, le Neptune, le Duc-d'Orléans*, armés en guerre ; *la Princesse-Marie, la Marie-Gertrude* et *l'Advice*, trois bâtiments capturés sur les Anglais.

2. Plus soixante hommes de la garnison anglaise qui étaient à bord du *Duc-d'Orléans* (Grose's East Indies).

Quatre jours plus tard, quand il connut toutes ses pertes, il exprimait encore des espérances pour l'avenir, se proposant d'hiverner à Goa et d'y réparer ses avaries, tandis que la partie de la flotte qui n'avait pas souffert demeurerait à Achem sous la protection de Pondichéry. Il ajoutait ensuite : « Mon parti est pris sur Madraz ; je vous l'abandonne [1], je signe la capitulation ; c'est à vous à tenir ma parole. Au reste, je suis si dégoûté de ce malheureux endroit que je voudrais pour un bras n'y avoir jamais mis les pieds. Il nous en coûte trop cher. »

Le lendemain, il signa le traité ; ce même traité que le 11 et le 12 il avait envoyé à Pondichéry et dont quelques articles avaient provoqué les objections du Conseil. Il le signa, établissant dans le préambule qu'il agissait ainsi parce que le Conseil de Pondichéry, dans des conventions signées le 13 et dans une lettre du 14 [2], s'était engagé à exécuter les termes de la capitulation.

Ayant ainsi, par un acte non autorisé et que les circonstances rendaient déshonorant, mis un terme à cette rivalité et réussi, nous voudrions le taire, à assurer ses projets secrets, c'est-à-dire la remise de la somme ajoutée à la rançon, La Bourdonnais assembla les Conseillers anglais, leur donna lecture du traité dans les deux langues et reçut leur adhésion à son contenu ; puis le Gouverneur Morse et cinq de ses Conseillers [3] y apposèrent leurs signatures. Le traité fut envoyé le même jour à Pondichéry par La Bourdonnais, avec l'avis aux membres du Conseil qu'il les rendait

---

1. Il est nécessaire de faire remarquer que ceci ne fut écrit qu'après que La Bourdonnais eut fait de vains efforts pour ranger sous ses ordres les capitaines du *Centaure*, du *Mars* et du *Brillant* qui venaient d'arriver. Ils refusèrent en alléguant les instructions qu'ils avaient reçues de se mettre sous les ordres et à la disposition du Gouverneur général et du Conseil de Pondichéry. *La Bourdonnais à Messieurs du Conseil suprême de Pondichéry*, 18 octobre 1746.

2. Dans une note de la page 149, nous avons donné l'extrait des parties les plus importantes de cette lettre. Si le lecteur veut bien s'y reporter, il reconnaîtra que bien loin de donner à La Bourdonnais l'autorisation d'accéder aux termes énoncés, elle repoussait deux des plus importantes conditions, qui cependant ont été maintenues dans le traité que La Bourdonnais signa, appuyé, dit-il, sur cette lettre. Dans ses Mémoires, La Bourdonnais déclare que les lettres antérieures de Dupleix consentaient en termes généraux, et l'autorisaient à agir de la sorte. Mais pourquoi donc ne les a-t-il pas citées dans son préambule ?

3. M. Grose, qui était contemporain et naturellement partisan des intérêts anglais, a écrit : « Si les Français n'avaient pas perfidement rompu leur engagement, le prix de la rançon aurait été une circonstance très-favorable pour la Compagnie anglaise. » Sans doute, et c'est bien pour cela que Dupleix s'y opposa, mais on ne doit pas dire qu'il rompit un engagement puisqu'il n'en avait pris aucun.

responsables individuellement et collectivement de toutes les contraventions que les Français pourraient commettre contre les clauses qu'il renfermait.

Pendant ce temps, il avait tout mis en œuvre pour réparer et réarmer ses vaisseaux. Là, il était bien dans son élément; rien ne pouvait surpasser l'énergie, le zèle qu'il savait inspirer à ses subordonnés. A peine cinq jours s'étaient écoulés depuis que les restes de l'escadre s'étaient rapprochés de Madras, et déjà il avait réussi à regréer *l'Achille* avec des mâts de rechange; *le Neptune* et *la Princesse-Marie* étaient mis en état de reprendre la mer, et, même *le Bourbon* avait été réparé de manière à pouvoir gagner Pondichéry. Ayant chargé tout ce qu'il pouvait de butin sur ces vaisseaux, La Bourdonnais ordonna une grande parade pour le 23 octobre au matin, et remit publiquement le commandement de Madras à D'Esprémesnil. A ce moment, le vent s'étant élevé, les vaisseaux craignirent une nouvelle tempête et prirent immédiatement le large. La Bourdonnais attendit la fin de la cérémonie, puis, au milieu d'un affreux coup de vent, se jeta dans une chaloupe pour les rejoindre, adressant ainsi, au milieu des éléments déchaînés, un dernier adieu à ce Madras dont il avait dit: « Qu'il donnerait un bras pour n'y avoir jamais mis le pied. »

Pendant tous ces événements, Pondichéry avait joui d'un calme parfait; la tempête du 13 ne s'était pas étendue au Sud jusqu'à la capitale; les trois vaisseaux arrivés d'Europe et les trois expédiés de Madras avant la tempête avaient mouillé tranquillement dans les eaux de Pondichéry, tandis que leurs confrères de Madras coulaient ou étaient démâtés. Aussitôt que ces terribles pertes furent connues, le Conseil s'assembla pour délibérer sur les mesures à prendre pour faire face aux suites possibles d'une pareille calamité. Toutefois, on ne pouvait faire que peu de chose, car le concours prêté par Pondichéry à l'expédition de Madras avait épuisé ses magasins, et les vaisseaux n'étaient pas prêts à partir immédiatement. Le 22, le Conseil tint une séance à laquelle assistèrent les capitaines des vaisseaux, et on délibéra sur l'emploi de la flotte. Après avoir pris l'avis des capitaines, le Conseil arrêta que les six vaisseaux commandés par M. Dordelin, capitaine en second, se rendraient à Achem pour y rester jusqu'au 20 ou 25 décembre, époque du départ de la flotte pour Paliacate ; ensuite, si l'état de la mer le permettait, ils iraient de là à Madras. Ces ordres furent adressés, cachetés, à Dordelin. Il ne paraît pas que ni lui, ni les capitaines sous ses ordres, aient été des hommes d'énergie et d'initiative ; et l'autorité en présence de laquelle ils se trouvèrent bientôt, exerça sur leur nature faible une puissance irrésistible. Ils n'avaient pris la mer que depuis peu d'heures, lorsqu'ils reçurent une lettre de La Bourdonnais les informant de son départ de Madras et leur enjoignant de longer la côte afin de le rejoindre. Ils ouvrirent aussitôt leurs ordres cachetés et se trouvèrent dans une extrême perplexité. Il leur était difficile de discerner à qui ils devaient l'obéissance. Pendant qu'ils hésitaient, ils furent ralliés par l'escadre de La Bourdonnais. Son esprit audacieux et déterminé eut bientôt tranché la question. Il prit le commandement de l'escadre réunie, et ordonnant aux capitaines de l'accompagner, il continua sa route pour Pondichéry. Le 27, il jetait l'ancre en rade.

A peine fut-il revenu devant cette ville que la lutte recommença entre les deux chefs. Il entrait dans le plan de La Bourdonnais de rassembler l'escadre sur la côte de Malabar et cette combinaison était bonne. Pendant que les vaisseaux en bon état feraient une croisière dans la mer d'Arabie, il conduirait les autres dans le port neutre de Goa, les y ferait complétement réparer ; puis, achetant d'autres bâtiments à Goa et à Surate, il réunirait toute la flotte et reviendrait sur la côte de Coromandel avec des forces suffisantes pour contrebalancer celles des Anglais. Mais pour exécuter ce plan, il fallait mettre à contribution toutes les ressources de Pondichéry.

Il voulait lui emprunter tous ses soldats, ses plus forts canons, une grande partie de ses munitions, et ce qui pouvait être resté dans ses magasins dégarnis. En un mot, il demandait à Pondichéry d'assumer tous les risques qui pouvaient résulter de sa croisière et de demeurer pendant ce temps entièrement exposé aux attaques de l'ennemi. Il était tout entier à ses projets et pressait instamment Dupleix de les épouser. « Aidez-moi, dit-il, avec le même zèle que vous avez fait pour la prise de Madras et nous pourrons nous relever, même soutenir nos avantages. »

On se demande si, dans de telles circonstances et même avec la perspective de grands avantages, le Gouverneur de Pondichéry devait se croire obligé à courir de si grands dangers? Toujours est-il qu'après l'expérience des quatre derniers mois, Dupleix ne se sentait pas disposé à permettre que la sécurité de la colonie dépendît des caprices d'un homme qui jusqu'alors n'avait cessé de traverser et d'entraver ses projets les mieux conçus et les mieux mûris. Considérant que l'escadre du commodore Peyton n'était pas encore détruite, il sentait qu'il était absolument nécessaire, pour la sécurité de Pondichéry, que la flotte séjournât dans des parages sûrs, d'où on pût la rappeler en cas d'urgence. Dans son opinion et celle du Conseil, Achem était le lieu qui *présentait les garanties* désirables. En conséquence, malgré le ton conciliant dans lequel étaient conçues les lettres par lesquelles La Bourdonnais lui faisait ses propositions, quoiqu'il sollicitât Dupleix de tirer un rideau sur le passé et de donner comme pour l'expédition de Madras toutes les ressources de Pondichéry, il se sentait contraint de refuser son concours. Le fait est qu'il ne pouvait tirer le rideau. Il ne pouvait oublier les terribles épreuves des six dernières semaines, le défi porté ouvertement à son autorité, l'arrestation de ses agents, l'envoi du contingent de Pondichéry à bord de l'escadre, l'usurpation de pouvoir appuyée uniquement sur la force matérielle. En tous temps, de pareils actes eussent été véritablement difficiles à oublier ; remettre volontairement la colonie à la merci de celui qui n'avait montré aucun respect pour l'autorité de son Gouverneur, eût été le comble de la folie ! Les phrases mielleuses de La Bourdonnais s'adressaient donc à un personnage qui n'avait plus aucune confiance ni en elles, ni en leur auteur. Le Conseil supérieur refusa de donner suite à ce plan, du moins pour le présent. La Bourdonnais n'avait pas voulu descendre à terre ; le Conseil déclina son invitation de se rendre à bord pour y discuter les affaires. Aucun des deux partis ne voulait se fier à l'autre. Dans cette situation, on ne doit pas s'étonner si en répondant aux propositions de La Bourdonnais, on se borna à réitérer purement et simplement les ordres donnés à l'escadre de faire voile pour Achem.

Dans la première lettre [1] que La Bourdonnais adressa au Conseil supérieur après sa jonction avec l'escadre que commandait Dordelin, il avait promis qu'il n'interviendrait pas dans le commandement des vaisseaux de la Compagnie. Son nouveau plan étant rejeté, il s'occupa de tenir cette promesse. Il avait à sa disposition quatre vaisseaux en bon état [2] et trois autres avariés et désemparés [3]. Il se proposait d'en former deux escadres qui, naviguant de conserve, chercheraient à gagner Achem. Si elles y arrivaient, il enverrait de là *le Lys* et *le Sumatra* aux îles. *L'Achille* après avoir été radoubé partirait à la fin de décembre pour Paliacate afin d'y appuyer les ordres du Conseil supérieur. Mais s'il ne réussissait pas à atteindre Achem avec les deux escadres, la première, sous les ordres de M. Dordelin, devait toujours s'y rendre, pour s'y tenir aux ordres de Pondichéry, tandis qu'il conduirait aux îles les vaisseaux endommagés.

C'est ainsi qu'il agit : le 29 octobre après une station de deux jours seulement, dans les eaux de Pondichéry, et sans avoir voulu descendre à terre, il partit pour Achem avec ses sept vaisseaux. Ses prévisions se réalisèrent : les vaisseaux endommagés eurent bientôt perdu les autres de vue. Ces derniers arrivèrent devant Achem le 6 décembre. La Bourdonnais désespérant de gagner ce port avec des vaisseaux en aussi mauvais état, abandonna cette route et mit le cap sur Port-Louis. Il y arriva dans d'assez tristes conditions le 16 décembre.

Ce fut ainsi qu'après une campagne de quatre mois, La Bourdonnais quitta ces latitudes dont la possession avait été le rêve des meilleures années de sa vie. Et dans ces quatre mois combien d'événements s'étaient accumulés ! Arrivant dans l'Inde avec une flotte qu'il avait créée lui-même pour cette expédition, des équipages qu'il avait formés, des soldats qu'il avait disciplinés, il rencontra et battit tout d'abord une flotte anglaise inférieure, il est

---

1. A Messieurs du Conseil de Pondichéry, 26 octobre 1746.
2. *Le Centaure, le Brillant, le Mars* et *le Saint-Louis.*
3. *L'Achille, le Lys* et *le Sumatra. Le Sumatra* était venu des îles en mauvais état. Les autres bâtiments : *le Bourbon, le Neptune, la Renommée* et *la Princesse-Marie* avaient trop souffert pour pouvoir faire la traversée.

vrai, quant au nombre des vaisseaux, mais très-supérieure en artillerie ; puis, s'étant ravitaillé et réarmé à Pondichéry, il avait repris la mer pour rencontrer encore une fois l'escadre anglaise. Celle-ci, n'osant pas accepter le défi s'enfuit devant lui et La Bourdonnais, ayant ainsi obtenu l'empire des mers, alla attaquer la forteresse des Anglais, sur la côte de Coromandel. L'ayant prise sans perdre un seul homme, il apprend bientôt l'arrivée à Pondichéry de trois vaisseaux de la Compagnie, armés en guerre. Quelle position cela lui donnait ! Conquérant de Madras, maître de l'Océan, sans entraves qui s'opposassent à de nouveaux progrès, ayant affaire à un Gouverneur de Pondichéry qui lui représentait sans cesse la nécessité de déposséder les Anglais de tout établissement dans l'Inde, il pouvait remonter l'Hougli, conquérir Calcutta et détruire le commerce anglais des mers de l'Inde. En agissant ainsi, il aurait accompli le véritable but de sa mission et aurait réalisé les rêves chéris de sa vie. Pourquoi donc ne le fit-il pas ? La réponse se trouve dans les circonstances que nous avons dévoilées. Ce fut, en partie, nous croyons même que ce fut surtout parce que, après avoir surmonté des difficultés qui auraient découragé tout autre que lui, après avoir vaincu ses ennemis sur terre et éloigné ses rivaux sur mer, il ne s'était pas vaincu lui-même. Il y avait encore une autre raison sur laquelle il nous est impossible de garder le silence. Le prix promis par le traité de rachat de Madras, tout en n'influant peut-être pas ouvertement sur sa conduite, dut cependant stimuler, par son pouvoir démoralisateur, cet esprit orgueilleux et rebelle, et le poussa d'avance à s'opposer à tous les ordres qui rejetaient le traité qu'il avait conclu, et ensuite à assumer une attitude aussi provocatrice qu'inconvenante, aussi funeste aux intérêts de la France que préjudiciable à son propre honneur.

A l'époque dont nous retraçons l'histoire, il contemple pour la dernière fois les lieux témoins de ses triomphes. Ce n'était plus à lui qu'on demanderait de conquérir l'Inde. En arrivant à l'Ile de France, au commencement de décembre, il y trouva installé comme son successeur M. David, avec l'ordre de laisser le commandement de la flotte à M. de La Bourdonnais, mais seulement dans le cas où les comptes de son gouvernement seraient trouvés en bon état.

M. David s'étant prononcé favorablement sur ce point, La Bourdonnais fut investi du commandement de l'escadre et invité à faire route pour la France en passant par la Martinique. En doublant le cap de Bonne-Espérance, sa flotte eut à souffrir d'une tempête ; mais il réussit avec quatre de ses vaisseaux à gagner la Martinique. Là, il apprit que la route vers la patrie était obstruée par des croiseurs anglais, impossibles à éviter et trop nombreux pour qu'il pût les combattre. Impatient cependant d'arriver en France pour se disculper, il se rendit, sous un nom supposé, à Saint-Eustache, y convertit sa fortune en bijoux [1], et prit passage sur un vaisseau hollandais ; mais la guerre était déclarée entre l'Angleterre et la Hollande, et le navire qui le portait fut pris et conduit dans un port anglais. La Bourdonnais fut reconnu et déclaré prisonnier de guerre.

Ici nous nous éloignerons un instant de notre histoire pour raconter la fin de sa carrière. Regardé par les Anglais, à cause de sa conduite à Madras, comme le champion de leurs intérêts (triste honneur pour un amiral français !) il fut comblé de toutes parts de témoignages d'estime et de considération. Il fut traité avec la plus grande distinction par la famille royale, par la cour des Directeurs et par le public. Son impatience de répondre aux accusations portées contre lui était telle, qu'il obtint du ministère de le laisser retourner en France sur parole.

Sa réception en France ne fut pas favorable. Il fut accusé d'avoir méconnu les ordres du Roi, d'avoir fait des conventions secrètes avec l'ennemi, d'avoir détourné, pour son propre usage, les fonds de la Compagnie. Il fut, en conséquence, conduit à la Bastille et demeura trois ans dans cette forteresse, sans qu'il lui fût permis de voir sa famille et de se servir ni de plumes, ni d'encre [2]. Cependant, au moyen de mouchoirs empesés, de marc de café et d'une plume façonnée avec une pièce de monnaie de cuivre, il avait réussi à écrire sa biographie, qui, publiée au moment où le sort de Dupleix était

---

1. Mme de La Bourdonnais s'embarqua sur un navire portugais avec la plus grande partie de ses valeurs et arriva saine et sauve à Lisbonne, d'où elle se rendit à Paris.
2. Il n'y avait que les Directeurs de la Compagnie des Indes-Orientales et le Conseil de Madras qui eussent le pouvoir de prouver l'accusation de prévarication. L'une et l'autre préférèrent garder le silence.

mis dans la balance, ne contribua pas peu à tourner l'opinion publique contre cet homme d'État. Il ne survécut pas longtemps à cette captivité, car il mourut dès le 9 septembre 1753.

Retournons maintenant à Pondichéry, où Dupleix demeure Gouverneur sans conteste, maître de Madras et même des mers, du moins pour le moment. Sa politique a triomphé, mais des dangers semblent naître de deux côtés. De l'un, c'est l'Angleterre qui, alarmée par la perte de Madras, fait des efforts surhumains pour se venger sur Pondichéry. De l'autre, c'est le nabab, qui, jaloux de l'agrandissement des Français, réclame, par des messages pressants, la remise de Madras, la renonciation des Français à de futures conquêtes, et menace de la guerre en cas de refus.

Dans notre prochain chapitre nous rapporterons avec quelle habileté consommée Dupleix préserva Pondichéry, retint Madras, et prépara l'établissement d'un empire français dans l'Inde.

CHAPITRE V

PREMIÈRE LUTTE DANS LE CARNATE

Nous avons raconté comment Dupleix s'y était pris pour obtenir l'assentiment du nabab aux projets qu'il avait sur Madras. N'ayant qu'un seul but, celui d'en chasser les Anglais, il avait, dans une conjoncture qui, sans cela, pouvait devenir funeste, pris le parti de sacrifier la portion la moins importante, et renonçant à un accroissement de territoire pour sa nation, il s'était engagé à remettre au nabab les conquêtes qu'il pourrait accomplir. Nous avons donné nos raisons de croire à la sincérité de Dupleix. Dans la lettre qu'il écrivit à ce sujet à La Bourdonnais et qui n'était pas destinée à être vue par d'autres, il avait exprimé son intention de remettre la ville au nabab, après en avoir détruit les fortifications, et avait fait valoir cette raison pour n'accéder à aucune convention relative à une rançon. Nous avons vu comment l'obstination de La Bourdonnais avait longtemps retardé l'exécution des engagements pris par Dupleix; comment, depuis le 21 septembre, jour de la capitulation, jusqu'au 23 octobre, jour de son départ, La Bourdonnais avait retenu Madras entre ses mains ; et comment, pendant cette période, toute l'attention de Dupleix avait dû se concentrer sur les moyens de se faire remettre la ville qu'on semblait n'avoir prise que pour l'en éloigner. Nous avons vu que ces délais avaient eu pour funeste résultat la destruction de la flotte sur laquelle il avait compté non-seulement pour se défendre, mais aussi pour porter de nouveaux coups aux Anglais. Cependant, quelque fâcheuses que fussent ces conséquences, ce n'était rien auprès de la mauvaise impression que produisirent sur le prince asiatique tous ces retards à l'exécution des conventions. Ce traité n'était-il donc qu'une ruse pour se jouer de lui?

Le drapeau français flottait depuis plus de cinq semaines sur les remparts du fort Saint-Georges, sans que rien annonçât qu'il dût céder la place à celui du Mogol; il y avait bien là de quoi justifier les doutes qu'Anwaroudin commençait à manifester. La querelle de Dupleix et de La Bourdonnais pouvait bien n'être qu'une manœuvre artificieuse pour le frustrer de la conquête promise, car peu lui importait que le Gouverneur de Madras s'appelât Dupleix ou La Bourdonnais; à ses yeux c'était toujours un Français. Son engagement avait été conclu avec le Gouverneur des possessions françaises dans l'Inde, et c'était à ce Gouverneur qu'il en demandait l'exécution.

Cependant, quand il vit les jours succéder aux jours, les semaines aux semaines, et qu'au lieu de Madras il ne reçut que des excuses fondées sur la prétendue insubordination de l'officier français commandant à Madras, le nabab commença à perdre patience. Qu'étaient donc ces Français, demandait-il, ces étrangers qui s'étaient montrés si soumis et si complaisants, et qui, après s'être servis de lui comme d'un instrument pour arriver à leurs fins, osaient maintenant le narguer en face? Sur quelles forces s'appuyaient-ils donc pour se croire en état de poursuivre leurs ambitieux desseins? S'ils avaient quelques centaines d'Européens et deux ou trois mille indigènes, il pouvait, lui, leur opposer vingt hommes contre un, et faire appel à toutes les forces de la province du Carnate pour balancer les avantages que leur donnait la possession de quelques ports de la côte. Il apprendrait à ces Européens sans foi à redescendre à leur place, à respecter son pouvoir, et s'ils hésitaient plus longtemps à exécuter leurs engagements, il les y contraindrait par la force des armes. Anwaroudin en était arrivé à cette détermination, longtemps avant que La Bourdonnais eût remis Madras à D'Esprémesnil; il avait même envoyé un détachement de troupes dans le voisinage pour y attendre l'arrivée du corps principal : celui-ci, fort de dix mille hommes et commandé par Maphuz Khan, fils aîné du nabab, vint bientôt camper sous les murs de Madras ; c'était à peu près au moment où La Bourdonnais dit un dernier adieu à cette rade.

Ce fut la première grande difficulté en face de laquelle Dupleix se trouva, après le départ de son rival. Considérons un instant quelle était sa situation présente. Quand il avait promis de livrer Madras au nabab, il était bien résolu à en démolir d'abord les fortifications. La conduite de La Bourdonnais avait mis obstacle à cette démolition, et quand, le 23 octobre, son lieutenant D'Esprémesnil prit le commandement de Madras, il était déjà menacé par Anwaroudin. D'un autre côté, il était gêné par les engagements pris par La Bourdonnais avec les Anglais, et quoiqu'il ne les eût pas ratifiés, il ne se sentait cependant pas complétement libre d'agir. Il se trouvait ainsi entouré de complications capables d'embarrasser un homme ordinaire. Le jugement droit et sûr de Dupleix le guida dans la marche claire et logique qu'il devait adopter. De toutes les circonstances difficiles dont il était entouré, l'attitude menaçante du nabab était la plus fâcheuse : ce fut donc de ce côté que se porta son attention. Personne n'était plus à même que lui d'apprécier toute la délicatesse de la tâche qui lui incombait. Il avait promis de livrer Madras, mais le jour où il devenait en son pouvoir de le faire, la présence des troupes du nabab, l'empêchait de procéder à la ruine des fortifications qui, selon lui, devait inévitablement précéder la remise de la place. Si le nabab était déjà irrité par les retards, que serait-ce donc si l'on tentait de démanteler la ville, en face de son armée ? D'un autre côté, livrer Madras avec toutes ses fortifications, c'était une trahison envers la France, car alors, il serait au pouvoir du nabab de faire ses conditions aux Anglais et de leur revendre cette ville, dont les Français avaient fait la conquête dans le but de les chasser de la côte de Coromandel. Dupleix ne pouvait se résigner à agir ainsi, et avec les dispositions du nabab, toute autre conduite était pleine de périls. Cependant ces dangers possibles lui parurent encore moins formidables que ceux qui résulteraient certainement d'une honteuse soumission aux menaces du nabab. Il résolut donc d'encourir plutôt sa colère, que de remettre à sa merci les intérêts français, jugeant qu'il valait mieux garder Madras, que de le rendre tel qu'il était. Mais, tout en s'arrêtant à cette détermination, il voulut, en obtenant un délai, épuiser toutes les chances d'éviter les hostilités qui, pour la première fois, menaçaient la colonie. Il se considéra comme délié de sa promesse par le fait que le nabab cherchait maintenant à obtenir par la force des armes, ce que lui, Dupleix, était tout disposé à faire dès la première occasion compatible avec sa propre sécurité.

Ayant adopté ce plan de conduite, il envoya à D'Esprémesnil l'ordre de garder Madras à tout événement, et de s'abstenir à l'égard des troupes de Maphuz Khan de tout acte d'hostilité qui ne serait pas rendu inévitable pour la défense de la place. La garnison française se composait de cinq à six cents Européens et d'environ autant d'indigènes disciplinés à l'européenne. Conformément aux ordres qu'il avait reçus, D'Esprémesnil, à l'approche de l'ennemi, fit rentrer toutes ses troupes dans l'intérieur de la ville avec l'intention formelle de se borner à une stricte défensive. Mais comme Maphuz Khan se montrait fort impatient d'attaquer et qu'en peu de jours il détourna la seule source d'eau douce qui alimentât la ville, D'Esprémesnil dut abandonner sa prudente politique et tenter une sortie. Le 2 novembre au matin, il détacha un corps de quatre cents hommes munis de deux pièces de campagne pour attaquer la portion de l'armée ennemie qui gardait la source. Quand cette poignée d'hommes, suivie de deux canons, s'avança, marchant, semblait-il, vers une ruine certaine, en présence des forces considérables du Mogol, la cavalerie ennemie se rassembla et s'élança à leur rencontre, dans le but de les culbuter. Mais les Français, ne se laissant pas intimider par l'apparence imposante de l'escadron qui les menaçait, avançaient toujours avec calme. Quand ils jugèrent que les Indiens étaient à portée du canon, ils firent halte et, ouvrant les rangs, démasquèrent leurs pièces. La première décharge porta au centre de la cavalerie et tua un certain nombre de chevaux ; il en résulta un moment de confusion et d'hésitation dont les Français profitèrent pour charger de nouveau. Les ennemis connaissaient si peu l'artillerie européenne qu'ils regardaient un coup par quart d'heure comme un résultat très-satisfaisant ; ils ne s'attendaient donc nullement à ce qu'une seconde décharge eût lieu aussi promptement, et au lieu de s'avancer pour refouler les Français, ils demeurèrent comme paralysés par un mélange de doute, de surprise et de crainte. Mais quand une troisième et une quatrième décharge se succédèrent, ils n'hésitèrent plus, prirent la fuite, et dans la terreur que leur causait ce nouveau mode de guerre, abandonnèrent au vainqueur leurs tentes et leurs bagages. Cette canonnade leur coûta soixante-dix hommes, et les Français n'eurent pas un seul homme blessé.

L'activité de Dupleix ne s'était pas ralentie dans Pondichéry. Les rapports qu'il recevait de Madras l'ayant convaincu de la réalité et de la gravité de l'attaque sur cette ville, il jugea que ce serait une faute en politique que de persister à garder une attitude purement défensive, et il arrêta d'opérer une diversion en menaçant le camp ennemi du côté de Pondichéry, ce qui forcerait à lever le siége. Il confia à Paradis, le plus capable de ses officiers, le commandement du corps de deux cent trente Européens et de sept cent Cipayes, qui était chargé d'exécuter cette manœuvre.

Maphuz Khan reçut avis de la marche de ce petit détachement aussitôt après la défaite de sa cavalerie par la garnison de Madras, et prit immédiatement une décision digne d'un grand capitaine. C'était de marcher à sa rencontre avec le gros de ses troupes, pour l'intercepter et le détruire avant qu'il eût pu entrer en communication avec Madras. Dans ce but, Maphuz Khan se dirigea vers Saint-Thomé et prit position sur la rive Nord de l'Adyar, petite rivière qui coule vers le Sud pour se jeter dans la mer, et que Paradis devait nécessairement traverser pour communiquer avec Madras.

Le 4 novembre au matin, Paradis parut en vue de l'armée du nabab, forte d'environ dix mille hommes, postée sur le bord de la rivière et protégée par des canons. Il n'avait pas d'artillerie ; mais son caractère ferme et résolu, prompt à prendre les décisions, savait les mettre à exécution sans perte de temps. Le spectacle qui s'offrait à lui ne l'intimida pas. Il avait reçu l'ordre d'ouvrir des communications avec Madras ; pour l'exécuter il ne fallait ni s'arrêter ni reculer ; il résolut donc de se frayer un passage au travers de l'ennemi ; sans s'arrêter à faire une reconnaissance, il s'élança dans la rivière qu'il savait guéable, escalada l'autre rive sous le canon de l'ennemi, et commanda la charge. L'effet fut électrique. L'ennemi tourna bride immédiatement, se précipita en désordre dans Saint-Thomé, et une fois à l'abri derrière ses fortifications, tenta de résister. Mais Paradis n'était pas homme à laisser la besogne à moitié faite : il poursuivit l'ennemi avec vigueur et faisant halte devant la ville, tira sans interruption sur les masses qui obstruaient les rues. Les Indiens n'avaient plus qu'une pensée, se sauver. Leur grand nombre était un obstacle de plus à leur salut et ce ne fut qu'après bien des pertes, que les derniers réussirent à se soustraire à la mort. A peine se croyaient-ils sauvés, qu'ils furent assaillis par un nouvel ennemi. La garnison de Madras, en apprenant l'approche de Paradis, s'était hâtée de voler à son secours. Elle arriva en temps pour couper la retraite aux troupes de nabab, qui essuyèrent la plus complète déroute. Dès la première charge des Français, le général Maphuz Khan avait pris la fuite ; son principal corps d'armée se trouvant sans chef, frappé de terreur par l'impétuosité des ennemis et perdant tout espoir de prendre Madras, suivit l'exemple du général et ne s'arrêta qu'après avoir dépassé cette ville de plusieurs milles, dans la direction d'Arcate.

On peut affirmer que, parmi les brillants faits d'armes qui eurent lieu dans l'Inde, aucun ne fut plus mémorable que celui-ci ; jamais on ne vit déployer une audace égale à celle de Paradis, et, de mémoire d'homme, aucune victoire semblable n'a été remportée par des forces aussi disproportionnées. Ce qui la caractérise surtout, c'est qu'elle a été la première en ce genre, et qu'elle a prouvé, à la surprise des deux parties belligérantes, quelle immense supériorité la discipline donne aux soldats européens sur leurs antagonistes asiatiques.

Jusqu'à cette époque les princes indiens, se fondant sur leur position de seigneurs du sol ou de satrapes du Mogol, sur leur nombreux état-major et sur leur pouvoir incontesté, s'étaient arrogé une supériorité qu'aucun des colonisateurs européens n'avait jamais eu la pensée de leur disputer. De la part des Français c'était, nous l'avons dit, un principe politique d'éviter jusqu'à l'apparence même d'hostilités à l'égard des indigènes. Nous avons vu que les efforts de Martin, de Dumas et de Dupleix, avaient toujours tendu vers ce but; ce dernier n'avait jamais conçu l'espoir de vaincre le nabab sur le champ de bataille; son but avait plutôt été de l'apaiser pendant la durée du siége, et voilà qu'il apprend qu'une victoire aussi prompte qu'inespérée venait de le placer dans la situation la plus avantageuse : en effet, à la suite de cette action, les Français se trouvaient supérieurs au nabab de Carnate, eux, naguère ses vassaux, dont les moindres mouvements, dépendaient de son bon plaisir. Par l'affaire de Saint-Thomé, les positions du nabab et du gouvernement se trouvaient désormais interverties; elle inaugurait un nouvel ordre de choses, et était réellement le point de départ de la conquête de l'Indoustan, par une puissance européenne. Serait-ce l'Angleterre ou la France? cela dépendait des forces respectives des deux nations, et surtout du caractère des hommes auxquels serait confié l'empire de leurs forces. La bataille qui produisit un si grand changement, mérite qu'on s'en souvienne, mais, en nous la rappelant, nous ne devons pas oublier, nous, Anglais, de noter que tout le mérite en appartient uniquement et entièrement à cette grande nation à laquelle nous disputâmes plus tard la suprématie dans l'Inde, et qui ne remporta pas la dernière victoire. L'avantage gagné par les Français à Saint-Thomé, procura à Dupleix les moyens d'aplanir tous les obstacles qui l'entouraient. Il se trouva en état d'exécuter les plans qu'il avait formés au temps de la conquête de Madras par La Bourdonnais. En lui déclarant la guerre, en assiégeant Madras, en s'efforçant d'intercepter et de détruire sa petite armée, le nabab avait mis à néant l'engagement qu'il avait pris de lui livrer sa conquête. Cette difficulté se trouvait donc heureusement aplanie. Celle que lui avait léguée La Bourdonnais, la restitution de Madras, n'était plus un obstacle. Il n'avait jamais ratifié les engagements que ce dernier avait pris sans y être autorisé; pour lui, ils n'avaient jamais existé. Madras, il le savait bien, se serait rendu le jour même, ou tout au plus le lendemain, s'il n'eût pas été question d'une rançon, car la place ne pouvait tenir plus longtemps. Il la regarda donc comme sa conquête, comme le prix légitime de la valeur française, et il résolut d'employer, pour le bien de la France, le pouvoir dont il disposait maintenant, sans tenir compte des engagements par lesquels La Bourdonnais s'était lié.

Aussitôt qu'il eut reçu avis de la défaite du nabab et de la victorieuse délivrance de Madras, il nomma Paradis Gouverneur militaire de cette place, en remplacement de D'Esprémesnil, qui, par sa position civile, n'aurait pu, pensait-il, exercer une autorité suffisante sur les troupes. Le nouveau Gouverneur fut chargé de publier une proclamation déclarant Madras ville française par droit de conquête, et déclarant nuls et non avenus tous les engagements pris par La Bourdonnais, qu'il désavouait.

Paradis exécuta ces ordres sans perdre de temps. Il avait battu l'armée du nabab le 4 novembre et était entré à Madras le même jour ; le 9, il avait reçu ses instructions, le 10, la proclamation fut publiée. Elle annulait le traité de rachat conclu par La Bourdonnais, déclarait propriété française les marchandises, vivres, munitions et chevaux, et ordonnait à tous les résidents anglais qui ne voudraient pas prêter serment d'allégeance aux Français, de quitter la ville dans le délai de quatre jours. De plus, il était permis aux Anglais de disposer de leurs meubles, vêtements et bijoux ; ils étaient simplement requis de ne pas servir contre la France, jusqu'à ce qu'ils eussent été échangés. Le Gouverneur Morse et les autres officiers furent conduits prisonniers à Pondichéry, où ils furent traités avec beaucoup de courtoisie et d'égards [1]. Les Anglais protestèrent en masse contre la conduite hardie de Paradis, et quelques-uns d'entre eux se réfugièrent au fort Saint-David. Parmi eux se trouvait un jeune écrivain nommé Robert Clive, qui deviendra plus tard l'un des héros de notre histoire.

Le fort Saint-David, situé à environ douze milles au Sud de Pondichéry et à deux milles au Nord de Cuddalore, avait été acheté par les Anglais, en 1691, et petit à petit très-bien fortifié. Sa force

---

1. M. Orme affirme que les prisonniers anglais furent conduits avec ostentation dans les rues de Pondichéry ; mais il ne cite aucune autorité à l'appui de son dire. Le fait est que les prisonniers furent traités avec la plus grande considération, et que l'histoire de la procession fut plus tard inventée par La Bourdonnais, qui avait quitté Pondichéry longtemps avant l'arrivée des prisonniers.

défensive s'accrut du voisinage de cette ville dont le côté regardant la mer, était le seul non fortifié. Il était devenu, par suite de la capture de Madras, le siége du gouvernement anglais, et ses autorités étaient résolues à le défendre jusqu'à la dernière extrémité, dussent-elles s'il le fallait, réclamer le secours des chefs indigènes.

Il était grand temps qu'ils se préoccupassent de leur salut, car Dupleix avait arrêté que leur dernier refuge serait sa prochaine conquête. Après avoir traversé tant de vicissitudes, tant d'épreuves, ce grand homme d'État semblait toucher enfin au moment d'en recueillir les fruits. Madras était en son pouvoir ; il était libre désormais de toute crainte d'intervention de la part du nabab. Quelle barrière l'empêcherait donc de mener à bonne fin le projet qu'il nourrissait depuis si longtemps, d'expulser les Anglais de la côte de Coromandel ? Pour amener les choses où elles en étaient, il s'était exposé à tout ; et à une lutte contre La Bourdonnais et à la fureur du nabab. Maintenant qu'il se sentait libre de profiter de ses avantages et d'attaquer le fort Saint-David, il prit avec sa promptitude accoutumée la résolution de ne pas perdre un moment ; détermination urgente, car quelques mois de retard pouvaient lui faire perdre l'empire de la mer.

Dupleix résolut de confier le commandement de cette expédition à celui de ses officiers dont la capacité lui était le mieux connue ; nous voulons parler de Paradis. Il lui envoya des instructions pour qu'il ramenât à Pondichéry toutes les troupes dont il pouvait disposer, aussitôt qu'il aurait mis ordre aux affaires de Madras ; mais Paradis ne put se mettre en mouvement avant la fin de novembre. Ayant donc laissé dans la ville le gros de la garnison, il partit pour Pondichéry avec le butin de Madras, qu'escortaient trois cents hommes.

Ces démarches des Français n'avaient pas échappé à l'attention du nabab. Le mois qui s'était écoulé depuis la défaite de Maphuz Khan, avait déjà suffi pour affaiblir dans l'esprit des Mogols la leçon qu'ils avaient reçue. Maphuz Khan surtout était impatient d'en effacer la tache. Il pensait ne pouvoir trouver une meilleure occasion de le faire que le moment où un corps de trois cents hommes serait embarrassé par les transports chargés du butin de Madras. Pénétré de cette idée, il réunit un corps de trois mille hommes d'infanterie et de deux mille cavaliers, l'élite de son armée, et prit position au petit village de Konetur à trente milles au Sud de Madras, village par lequel il savait que le détachement devait passer. Paradis marchait avec un certain laisser-aller, et n'avait aucun soupçon du voisinage de l'ennemi. Il avait divisé sa troupe en deux corps dont l'un précédait le convoi et l'autre en formait l'arrière-garde. Soudain, on aperçoit dans la plaine la cavalerie de Maphuz Khan qui semblait vouloir attaquer l'arrière-garde. L'attitude des Français paraît modifier leurs intentions, ils se contentent de les harceler de loin, les forçant à se tenir sans cesse sur la défensive. Paradis, inquiété par ces manœuvres, et craignant d'être surpris par la nuit avant d'avoir pu atteindre l'établissement hollandais de Sadras, prend le parti de changer l'ordre de sa marche ; il fait passer les transports en avant, les couvre par ce qui formait précédemment l'avant-garde, et fait faire toute diligence pour arriver à Sadras. Pendant ce temps, l'arrière-garde avait pour mission de s'avancer plus lentement afin d'occuper l'ennemi. Cette manœuvre répondit à toute l'attente du général français. Le premier détachement et les coolies arrivèrent à Sadras sans avoir perdu un homme ; le second eut douze hommes faits prisonniers, plus par leur faute que par celle du commandant. Parvenu à Sadras, Paradis y fit halte en attendant des renforts. Lorsqu'ils furent arrivés, il put rejoindre, sans être inquiété, le principal campement de l'armée française à Ariancopan, à deux milles au Sud de Pondichéry. Il y fit son entrée le 17 décembre. Maphuz Khan, de son côté, reconnaissant qu'il était impossible de remporter aucun avantage matériel sur les Français, renonça à ses prétentions quand il les vit arrivés à Sadras.

La jonction de Paradis compléta les préparatifs de Dupleix. Avec des forces composées de neuf cents Européens, six cents indigènes, cent Africains, six pièces de campagne et six mortiers, il devait être maître absolu de la côte ; la garnison du fort Saint-Denis ne comptait que deux cents Européens et cent indigènes. Les Français étaient encore sous l'impression de leur récente victoire. L'expédition projetée paraissait donc avoir bien plus de chances de succès que celle de La Bourdonnais contre Madras. Mais personne ne savait mieux que Dupleix qu'en dépit de toutes les apparences favorables, le plus indispensable élément de succès lui faisait défaut. Il avait bien les soldats, les canons, les munitions de guerre ; mais où était le général? S'il n'avait un homme capable d'en remplir les fonctions, il échouerait évidemment à la veille de réussir. Il en avait la conviction, et il s'occupa avec son énergie accoutumée de remplir ce vide.

Le commandant en chef des troupes françaises était à cette époque le général de Bury. Cet officier était âgé, et avait les infirmités qui accompagnent les années. Confier l'expédition à un homme placé dans ces conditions, c'était courir à un désastre certain, et cependant, par son âge même il avait droit au commandement. A côté se trouvait Paradis, le héros de Saint-Thomé, ingénieur de profession, dont le courage et la capacité étaient prouvés par la passé. Dirigée par lui, l'entreprise aurait réuni toutes les conditions favorables ; aussi tous les efforts de Dupleix eurent-ils pour but de lui en assurer le commandement.

Mais pour le malheur de la France et pour le sien propre, Dupleix ne réussit pas. Entre de Bury et Paradis, il y avait d'autres officiers qui protestaient contre un semblable passe-droit. L'origine suisse de Paradis, son grade inférieur, la jalousie que sa récente victoire avait causée, tout se réunit pour s'opposer à son élévation, et en présence de la vive opposition que rencontra Dupleix, il dut renoncer à ce choix.

Ce fut donc sous le commandement de de Bury que les forces françaises se mirent en marche, dans la soirée du 19 décembre. Le matin suivant, elles traversèrent la rivière Pounar presque sans opposition, et s'emparèrent d'un jardin entouré de murs, à un mille et demi Nord-Ouest du fort Saint-David. Après une longue marche, les troupes cédant à la fatigue et à la faim, se croyant d'ailleurs en pleine sécurité, déposèrent leurs armes et se mirent à préparer leur repas.

Qu'avaient fait les Anglais depuis que nous les avons quittés? Irrités par les procédés de Dupleix à Madras, et par l'annulation du traité, ils étaient décidés à tout plutôt qu'à se rendre. Pour augmenter la garnison de trois cents hommes dont nous avons parlé, ils avaient pris à leur service mille indigènes qu'on appela, Péons, et ce qui était plus important, ils avaient formé une étroite alliance avec le nabab. Il avait été convenu de concert avec lui que, tandis que les Français seraient occupés à attaquer le fort Saint-David et Cuddalore, il saisirait cette occasion pour les surprendre et les mettre entre deux feux.

Il est probable que si les Français avaient été conduits par un général d'une capacité même ordinaire, ce plan n'aurait pas réussi ; mais de Bury manquait de toutes les qualités que doit posséder un général. En prenant possession du jardin et en permettant à ses troupes de se débander pour la préparation de leur repas, il croyait avoir complétement rempli son rôle. Il n'eut pas même le soin de placer des détachements en observation ni de poser des sentinelles : il n'y avait pas un seul homme chargé de faire le guet ; il ne s'occupa pas des avantages que pouvait donner la position qu'il occupait, mais se livrant avec imprévoyance au repos que réclamait son âge, il agit et laissa agir ses troupes comme si l'on venait d'effectuer une simple course en temps de paix, et en pays ami.

Il ne fut que trop justement puni de sa négligence. Ses soldats étaient dispersés, les armes en faisceaux, quand l'alarme se répandit ; l'ennemi était là, une panique gagna les Français : saisissant la première arme qu'il trouvaient sous leur main, quelques-uns même à demi vêtus, ils s'élancèrent pour sortir de cette enceinte qu'ils auraient pu aisément défendre même contre toute l'armée du nabab. N'ayant plus qu'une pensée, celle de gagner la rivière et de la traverser, ils prirent tous, et en grand désordre, cette direction : mais l'armée ennemie forte de six mille chevaux et de trois mille fantassins que commandaient les deux fils du nabab, se trouvait en face d'eux. Néanmoins, les Français s'élancèrent étourdiment dans la rivière, n'ayant qu'un but, celui de gagner la rive opposée. Heureusement pour eux, leur artillerie admirablement servie, et qui ne s'était pas laissé entraîner dans le sauve-qui-peut, tint l'ennemi en respect. Son commandant ne se contenta pas de protéger la retraite désordonnée de l'infanterie, mais il transporta courageusement ses canons un à un, en face de l'ennemi, et, quand ils furent sur l'autre bord, s'en servit pour tenir les Mogols en échec. Ce ne fut qu'au bout de deux heures que les indigènes se mirent à la poursuite des Français et encore ne le firent-ils que sur les instances de la garnison du fort, arrivée trop tard pour prendre part à l'escarmouche de la rivière Pounar. Leur tardive poursuite n'eut aucun résultat. Les Français étaient depuis longtemps remis de leur frayeur, et l'attitude qu'ils prirent à l'approche des ennemis fit juger aux princes mogols qu'il était plus urgent de penser à leur propre sûreté, qu'à tenter une attaque. Le général de Bury était de son côté peu porté à exposer son armée à de nouveaux dangers, et aussitôt que les forces réunies des Anglais et des Mogols commencèrent leur mouvement rétrograde vers Cuddalore, il continua à se retirer sur Ariancopan, où il arriva dans la soirée, après avoir perdu, dans cette expédition mal conduite, douze hommes tués et cent vingt blessés. Une petite quantité de mousquets et de munitions abandonnés dans le jardin qu'ils avaient occupé à leur arrivée, tombèrent au pouvoir de l'ennemi. De Bury n'eut d'autre satisfaction que d'avoir sauvé son artillerie, et d'avoir tué ou blessé plus de deux mille ennemis.

Après cette stérile expédition, l'armée française demeura trois semaines au camp; mais pendant ce temps, Dupleix n'était pas resté dans l'inaction. Dès le début des hostilités, il avait mandé à Dordelin qui, on se le rappelle, commandait l'escadre hivernant à Achem, d'amener promptement quatre vaisseaux sur la côte. Dans l'attente de leur prochaine arrivée, il voulut ouvrir de nouveau les négociations avec le nabab et lui prouver la folie qu'il y aurait à continuer sa protection à un peuple réduit, comme les Anglais, à la dernière extrémité, et, au contraire, l'utilité qu'il y avait à entretenir des relations amicales avec la puissance européenne qui, en Asie comme en Europe, occupait le premier rang parmi les nations. Et afin que l'intérêt personnel contribuât à prédisposer le nabab à prêter une oreille favorable à ses propositions, il donna au commandant de Madras, l'ordre de préparer un simulacre d'attaque contre Arcate.

Les envoyés de Dupleix trouvèrent le nabab fatigué de ces hostilités sans résultat, et assez disposé à entrer en arrangement avec les Français, quoiqu'il réclamât encore l'exécution de la convention antérieure. Pour le pousser à prendre une plus prompte décision et en diminuer en même temps l'importance, Dupleix résolut de surprendre Cuddalore, et à cet effet, dans la nuit du 10 décembre, il embarqua cinq cents hommes à Ariancopan. La nuit était obscure, mais belle ; Cuddalore n'était pas fortifié du côté de la mer, et tout faisait espérer le succès, lorsqu'un coup de vent força les embarcations à regagner le rivage qu'elles venaient de quitter.

Dix jours plus tard, l'escadre de Dordelin arrivait, et Dupleix semblait désormais en état d'attaquer simultanément par terre et par mer l'établissement anglais, qui ne pouvait manquer de succomber. Il est impossible de dire pourquoi il ne fit pas cette tentative dont il devait cependant apprécier toute l'importance. Il est probable qu'il fut entravé par l'impuissance des chefs de terre et de mer : Dordelin était faible et sans initiative ; de Bury usé et incapable.

Mais, quoique l'escadre ne fût pas aussi utilement employée qu'elle aurait pu l'être avec d'autres chefs, toutefois sa présence sur la côte ne fut pas absolument sans effet. Le nabab, impressionné par cette augmentation de forces, et apprenant que les environs d'Arcate avaient été ravagés par les troupes françaises, arriva à cette conclusion : qu'il s'était engagé dans une lutte où il ne recueillerait que des pertes et du déshonneur ; que les Anglais étaient abandonnés même par leurs compatriotes, et que toutes les considérations de la politique se réunissaient pour l'engager à accepter les offres du gouvernement français. Il cessa de demander la réalisation du traité de Madras, et en signa un autre. Les Français étaient confirmés dans la possession de tous les territoires qu'ils occupaient, et le nabab s'engageait à abandonner les Anglais à leur sort. Ce traité fut ratifié par Maphuz Khan lui-même dans la visite qu'il fit à Dupleix, à Pondichériy, à la fin du mois de février suivant.

Les Anglais allaient donc tomber au pouvoir de Dupleix. Abandonnés de tous, réduits à deux cents hommes, occupant une position où ils ne pouvaient plus faire une longue défense, d'où pouvaient-ils espérer le salut? Si Dupleix avait alors mis en œuvre ce grand principe de la guerre qui doit aussi s'appliquer à la plupart des entreprises humaines : concentrer toutes ses forces sur le point capital, il aurait certainement atteint son but. Entre l'arrivée de Dordelin, le 20 janvier, et la visite de Maphuz Khan à la fin de février, il y avait eu plus de temps qu'il n'en fallait pour mener cette expédition à bonne fin. Quand nous voyons l'inaction prolongée de la flotte et de l'armée, nous ne reconnaissons plus cette habileté pratique et ce fertile génie qui caractérisaient généralement les opérations du Gouverneur français. Cette inaction est d'autant plus inexplicable que Dupleix savait fort bien que l'escadre du commodore Peyton ne restait dans l'Hougli que pour attendre de jour en jour l'arrivée de renforts et qu'aussitôt qu'elle les aurait reçus, son commandant s'occuperait de rétablir la prééminence de l'Angleterre dans la baie du Bengale. Il est bien possible que ce qui suit ait influé sur sa conduite. Nous avons vu par sa correspondance avec La Bourdonnais, combien il avait à cœur de conserver une réserve de quelques navires français, à portée de Pondichéry. La petite escadre de Dordelin était tout ce qui lui restait, et l'on comprend qu'il hésitât à engager contre les batteries du fort Saint-David ces quatre navires sous un commandant également dépourvu de fermeté et d'énergie, sachant bien que les brises du Nord, qui à cette saison soufflent dans le golfe, pouvaient, d'un moment à l'autre, amener l'escadre de Peyton avec ses renforts. Il est probable qu'il fut guidé par les mêmes considérations quand, aussitôt après avoir terminé à son gré les négociations avec le nabab, il expédia, le 19 février, son escadre dans le port neutre et abrité de Goa.

Mais quels qu'aient pu être ses motifs, qu'il ait été influencé soit par les considérations que nous avons rapportées, soit par d'autres qui ne sont pas parvenues à notre connaissance, il est toujours certain qu'il perdit une occasion précieuse [1]. Il ne devait pas tarder

---

1. Dans ses Mémoires, Dupleix ne fait pas allusion à la possibilité d'employer ses navires pour attaquer Saint-David ni Cuddalore quoique ce dernier point ne fût pas défendu du côté de la mer. Il semblait penser que la supériorité maritime étant à la veille de passer aux Anglais, il ne pouvait mieux employer son temps qu'à rompre leur alliance avec les indigènes.

hélas ! à éprouver que de semblables occasions doivent être saisies au vol ; car, une fois manquées, elles ne se représentent plus.

Et pourtant il se préoccupait toujours de chasser les Anglais du fort Saint-David. Les arrangements avec le Mogol étaient à peine terminés et ses troupes retirées, qu'il convoqua un conseil de guerre auquel il exposa la situation dans laquelle il se trouvait ; qu'il s'attendait chaque jour à l'apparition de la flotte anglaise et qu'il était urgent de tenter encore une fois de prendre le fort Saint-David. Il insistait sur le talent de Paradis pour le commandement ; et représentant aux officiers réunis la nécessité d'étouffer toutes considérations d'intérêt personnel en présence d'une crise, il fit appel à leur abnégation et à leur active coopération dans un but aussi important que celui dont il s'agissait. Cet appel au patriotisme trouva un écho dans le cœur des officiers français, qui consentirent à reconnaître Paradis pour leur chef, et à lui obéir comme tel.

Mais, pendant ces préliminaires, la garnison du fort avait été secourue. Un navire anglais, abusé par les couleurs de sa nation flottant sur le fort Saint-David s'était avancé, sans méfiance, à la fin de novembre, dans les eaux de Madras, mais ayant été aussitôt attaqué, il avait réussi à s'éloigner et à gagner Trinquemale. Ce fut là que le capitaine apprit le véritable état des affaires sur la côte de Coromandel, et présumant qu'il pourrait rendre service à ses compatriotes, il mit bravement le cap sur Saint-David. Malgré les quatre vaisseaux que commandait l'indolent Dordelin, l'officier anglais réussit à débarquer un renfort de vingt hommes et soixante mille livres sterling en argent. Ce secours arrivait d'autant plus à propos que, peu de temps auparavant, un autre navire anglais, chargé de soldats et d'argent, ayant touché au fort, et son capitaine ayant jugé que la garnison était dans une situation désespérée, avait refusé de débarquer soit des soldats, soit de l'argent, et avait en toute hâte fait voile pour le Bengale.

Ces renforts inattendus étaient arrivés le 2 mars. Le 13, Paradis mit ses troupes en mouvement et, côtoyant la mer, prit le même jour position à une petite distance de la rive Nord de la rivière. Le

Pounar, guéable en quelques endroits, est ailleurs d'une assez grande profondeur pour rendre le passage difficile, surtout en face de l'ennemi. Connaissant cet obstacle, la garnison anglaise avait résolu de ne pas attendre les assiégeants dans le fort, mais bien d'aller s'opposer à leur passage. Les Anglais se portèrent donc au Sud de la rivière, et commencèrent une vive canonnade avec les trois pièces de campagne qu'ils avaient amenées. Paradis se contenta d'abord de leur répondre ; puis à la nuit, il remonta la rivière, et la traversa sans danger, les volontaires anglais envoyés en observation ayant précipitamment regagné le fort après avoir perdu deux des leurs. Paradis reprit aussitôt possession du jardin muré, si malheureusement abandonné par de Bury, et se prépara à attaquer le fort le lendemain.

On put alors juger, de manière à ne pas s'y méprendre, des fatales conséquences auxquelles on s'expose en ne tirant pas parti des occasions qui se présentent. Du 10 décembre au 13 mars, l'armée française était restée inactive à Ariancopan. L'escadre de Dordelin était arrivée le 20 février, et dans les dix jours qui suivirent, le nabab avait notifié son intention de retirer son appui aux Anglais. S'il eût été permis à Paradis de marcher le 14 février au lieu du 13 mars, ces vingt-huit jours auraient plus que suffi pour s'emparer du fort. N'eût-il commencé ses opérations que dans les premiers jours de mars, il aurait encore eu de grandes chances de réussite. Tandis que Dordelin aurait attaqué Cuddalore avec la certitude du succès, Paradis se serait porté sur le fort avec des probabilités non moins grandes. Par la promptitude avec laquelle cette ville se rendit bientôt après à Lally, malgré l'accroissement de ses fortifications, on peut regarder comme certain qu'elle aurait succombé infailliblement. Si les événements avaient tourné ainsi, les flottes anglaises n'avaient plus de lieu de dépôt pour les soldats qu'elles portaient dans le Carnate, et les fondements de l'empire français dans l'Inde étaient posés d'une manière inébranlable.

Mais il n'en devait pas être ainsi. Cette inaction d'un mois, inexpliquée, et, selon nous inexplicable, avait laissé échapper une inappréciable occasion. A cette époque, Dupleix agit comme s'il avait cru qu'il serait toujours le favori de la fortune ; mais la capricieuse déesse lui prouva qu'elle ne continue pas longtemps à aider ceux qui ne s'aident pas ; en donnant son appui au guerrier habile et intrépide, elle lui laisse cependant l'exercice de son libre arbitre, et s'il montre de l'indolence, de l'indécision ou de l'aveuglement, elle l'abandonne avec justice aux conséquences de ses propres actes.

Le 14 mars, Paradis était dans la position où, si Dupleix l'avait voulu, il aurait pu être dès le commencement de février, et à cette époque il n'aurait eu affaire qu'à la garnison seule; mais le 14 mars au matin, lorsqu'il observa la mer avant de se mettre en marche, il y découvrit plusieurs bâtiments, évidemment des vaisseaux venant du Nord. Il savait que Dordelin était en route pour Goa, et que les Français n'avaient qu'un seul bâtiment dans le voisinage de Madras; quels étaient donc ces vaisseaux, sinon l'escadre renforcée de Peyton? Son incertitude, si toutefois il en eut, ne fut pas de longue durée. Le pavillon hissé à bord lui apprit bientôt que la quatrième expédition contre le fort Saint-David aurait le même sort que ses devancières.

C'était bien réellement l'escadre depuis si longtemps redoutée, renforcée de deux vaisseaux, l'un de soixante canons, l'autre de quarante, et ce, qui n'était pas moins important, sous la direction d'un nouvel officier. Ce nouveau commandant, l'amiral Griffin, apprenant à Calcutta le danger qui menaçait le fort Saint-David, avait, sans le moindre délai, volé à son secours, et était arrivé juste à temps pour le soustraire, avec sa garnison, à une perte certaine. Il amenait avec lui un renfort permanent de cent Européens, venant du Bengale, et les marins de ses équipages pouvaient fournir un secours passager beaucoup plus important.

Dans de telles circonstances, Paradis n'avait qu'un parti à prendre. L'arrivée de la flotte mettait en péril la sécurité de Pondichéry ; sa petite armée constituait la principale force de cette ville pour la défense comme pour l'attaque ; le commandant n'avait donc qu'une marche à suivre : y retourner. Il prit aussitôt sa détermination, et les Anglais étaient encore tout entiers à la joie que leur causait l'arrivée inespérée de leurs navires, que déjà Paradis avait repassé le Pounar et parcouru une partie de la route qui le séparait d'Ariancopan. Il y arriva le même soir. Quand peu de jours après, la flotte de Griffin fit son apparition devant Pondichéry, il y fut rappelé par Dupleix.

C'était maintenant au tour de Dupleix d'être séparé de la mer et d'être livré à ses propres ressources. Non-seulement une puissante flotte anglaise stationnait dans les eaux de Pondichéry, mais des vaisseaux de Bombay, de Tillichéry et autres ports, apportaient sans cesse des renforts de toute nature à la garnison de Saint-David. Au lieu de trois cents Européens et indigènes qui la composaient au mois de janvier, elle comptait maintenant, en juillet, deux mille hommes, dont plus de six cents Européens empruntés à la flotte. Le nabab, Dupleix le savait bien, pencherait toujours pour le plus fort. Madras n'avait qu'une faible garnison, et le moindre mouvement du nabab suffirait pour couper sa seule voie de communication, celle de terre, avec Pondichéry. Cette ville elle-même courait risque d'être bombardée ou bloquée par l'escadre anglaise. Cependant Dupleix semblait être né pour briller au sein de l'adversité; ses grandes qualités ne jetèrent jamais un plus grand éclat que lorsqu'il était entouré de dangers. Quoique privé de communications avec la mer, il trouva cependant le moyen d'envoyer à Dordelin l'ordre de partir pour les îles, aussitôt la mousson finie, afin de réunir à son escadre tous les navires français qu'il pourrait y trouver, et représenter au Gouverneur quel besoin urgent il avait d'un secours prompt et efficace. Pendant ce temps-là, il se préparait non-seulement à se défendre, mais encore à reprendre l'offensive, le cas échéant.

La possession des îles de France et de Bourbon, à moitié route entre la mère-patrie et l'Inde, donnait, dans cette première période de la lutte, un grand avantage aux Français sur leurs compétiteurs. Ces îles servaient de centre aux entreprises, soit militaires, soit maritimes, qu'ils formaient dans l'Inde. Elles étaient regardées comme à l'abri de toute attaque et une escadre française pouvait y stationner en sûreté, s'y réparer, s'y approvisionner, et calculer avec certitude les chances de rencontrer ou d'éviter une flotte ennemie. Les navires isolés pouvaient y être retenus, comme au temps de La Bourdonnais, jusqu'à ce qu'il y en eût un nombre suffisant, et enfin, s'il n'y en arrivait pas assez, il était prouvé qu'on trouvait dans les îles, les matériaux nécessaires pour en construire.

Les Anglais ne possédaient aucune station analogue ; ce n'était qu'en cas d'alliance avec la République Hollandaise, comme à l'époque dont nous nous occupons, qu'ils pouvaient tirer parti du cap de Bonne-Espérance et profiter de ses ressources pour augmenter leurs armements. Mais cet avantage incertain et temporaire ne pouvait entrer en balance avec l'utilité permanente qui résultait, pour les habitants de Pondichéry, de la possession d'un solide point d'appui dans l'Océan Indien.

Dordelin avait donc pour mission de demander aux îles les ressources qui y abondaient; il y arriva en décembre 1747; le moment était opportun, car il trouva le Gouverneur, M. Bouvet, tout disposé à bien accueillir sa requête, et possédant ou attendant les moyens d'y accéder. Deux vaisseaux, l'un de cinquante canons, l'autre de quarante, étaient récemment arrivés de France avec des troupes et des fonds à destination de Pondichéry ; ils avaient été envoyés en croisière sur la côte de Malabar et on attendait leur retour d'un jour à l'autre. Deux autres bâtiments plus petits étaient dans le Port-Louis prêts à appareiller.

Des causes accidentelles différèrent jusqu'au commencement de mai le départ de cette escadre, qui se composait, après le retour des navires croiseurs, de sept grands vaisseaux et de deux petits [1]. M. Bouvet mit alors à la voile, et le vent lui étant favorable, il arriva à Karical au milieu de juin. Il apprit là quelle était la supériorité numérique de l'escadre anglaise [2], et se décida à ne pas risquer un engagement qui pouvait avoir pour conséquence de mettre en péril, peut-être même de ruiner les intérêts français, mais plutôt à manœuvrer de manière à leurrer l'amiral anglais par la perspective d'une lutte probable ; puis à prendre avantage de la nuit pour

---

[1]. Il y en avait un de soixante-quatorze, un de cinquante-six, deux de quarante et un de vingt-six.

[2]. Elle comprenait trois vaisseaux de soixante, trois de cinquante, trois de quarante et un de vingt.

se rendre à Madras. Il exécuta ce projet avec une extrême habileté; il arriva devant le fort Saint-David dans l'après-midi du 21, reconnut l'escadre anglaise, et en fut aperçu ; comme il avait l'avantage du vent et qu'il dépendait de lui d'engager ou non l'action, il modifia sa course au Sud-Ouest, comme s'il projetait d'attendre le matin pour attaquer. L'amiral anglais était si convaincu qu'il avait cette intention ou celle de gagner Pondichéry, qu'il ne profita pas du vent de terre qui s'éleva dans la soirée autrement que pour se maintenir en mer à la hauteur du fort Saint-David. Aussitôt que la nuit se répandit, Bouvet changea de nouveau sa direction, et gouverna pour Madras. Y étant arrivé le lendemain matin, il ne prit que le temps de débarquer trois cents hommes, dont quelques malades et cinq millions de francs en espèces ; ceci accompli, il repartit pour l'Ile de France, ayant complétement trompé les Anglais et réalisé au moins une grande partie de son dessein.

Cette expédition eut des résultats indirects encore plus importants que ne le furent les conséquences ostensibles ; l'amiral Griffin, ignorant quelle direction la flotte française avait prise, quitta le voisinage du fort Saint-David pour se mettre à sa recherche. Dupleix, en ayant eu avis, voulut en profiter pour tenter un hardi coup de main sur Cuddalore. Dans ce but, il fit partir le 27 juin dix-huit cents hommes, dont huit cents Européens, par une route détournée qui devait les conduire inaperçus jusqu'auprès de cette ville, sur laquelle ils tomberaient à la nuit. Mais le major Lawrence qui, depuis six mois, était arrivé d'Angleterre pour commander les forces anglaises dans l'Inde, était trop bien servi par ses affidés pour n'être pas informé de l'arrivée des Français et aussi de leurs intentions. Il ne fit aucun mystère de cette nouvelle, et s'en servit pour accroître la confiance de l'ennemi. Il déplaça ostensiblement la garnison et les canons de Cuddalore, et annonça qu'il avait l'intention de se consacrer à la défense du fort; mais aussitôt que l'obscurité le lui permit, il ramena dans la ville une forte garnison et plaça sur les remparts tous les canons dont il pouvait disposer. Les Français, complétement dupes des mouvements qu'ils avaient observés pendant le jour, se croyaient sûrs de leur conquête, et négligèrent toute précaution. A la nuit, ils s'avancèrent sans beaucoup d'ordre vers la ville, croyant ne rencontrer qu'une faible résistance. Leurs échelles étaient à peine dressées contre les remparts, qu'une décharge de mitraille et de mousqueterie sema la confusion et la mort dans leurs rangs. Frappés d'étonnement et de terreur, ils se retirèrent en désordre et, sans presque faire de halte, arrivèrent à Pondichéry, déconcertés et humiliés [1].

Dupleix vit encore une fois échouer ses projets sur le dernier refuge des Anglais; mais cette fois ce n'était certes pas par sa faute. Si un général expérimenté et entreprenant eût été à la tête du détachement français, il aurait assurément donné lieu au major Lawrence de regretter sa finesse. Si les Français, au lieu d'attendre la nuit, avaient attaqué la ville aussitôt qu'ils virent ses remparts dégarnis et sa garnison s'éloigner, toutes les chances leur étaient favorables. C'eût été au major Lawrence d'être surpris, et le stratagème eût tourné contre son auteur. Mais, pour cela, il aurait fallu une tête pour concevoir, une volonté pour exécuter sans retard, et ces deux éléments manquaient dans le commandement des troupes françaises. Une insouciante confiance existait là où auraient dû régner l'énergie et la vigilance; et une action qui aurait pu être fatale aux Anglais devint au contraire la cause d'une terrible défaite pour les Français, et, par suite de l'indolence de leur chef, menaça leur colonie d'une destruction presque inévitable; car en ordonnant cette dernière attaque, Dupleix avait des vues bien autres que dans ses précédentes tentatives. Jadis, il luttait pour obtenir la prépondérance dans l'Inde, il voulait chasser les Anglais de cette côte; mais, depuis que l'attaque du 14 mars avait été déjouée par l'arrivée de la flotte anglaise, l'aspect des affaires avait bien changé. Non-seulement l'amiral Griffin, en restant sur la côte, empêchait tout trafic français et interceptait toute communication avec la France; non-seulement Bouvet n'avait paru devant Madras que pour y débarquer des renforts et retourner aussitôt aux îles, mais Dupleix avait appris que les Anglais avaient équipé une flotte et une armée également formidables, plus nombreuses que toutes celles qui avaient jusqu'ici paru dans les mers de l'Inde, et cela, dans le but d'assiéger

---

[1]. Il ne nous a pas été possible de nous assurer du nom de l'officier qui commandait les troupes françaises dans cette affaire.

Pondichéry et de lui infliger le sort qu'avait subi Madras. Il savait par des lettres reçues du ministre français que cette flotte et cette armée avaient quitté l'Angleterre au mois de novembre précédent, et l'on devait s'attendre qu'au premier jour elles feraient leur apparition dans le golfe du Bengale. C'était donc dans un but purement défensif qu'il avait combiné sa quatrième attaque contre Cuddalore ; s'il avait pu s'assurer de cette place, et par suite du fort Saint-David, en l'absence de l'amiral Griffin, les Anglais se seraient vu enlever leur unique centre d'opérations et auraient été forcés de chercher, sous le feu de leurs ennemis, un point de débarquement sur cette côte qui, par sa nature, présentait de très-grandes difficultés. La négligence de ses officiers fit avorter un plan si bien combiné.

Réduit encore une fois à ne compter que sur lui-même, forcé de se résigner à la défensive, il s'appliqua avec l'énergie qui le caractérisait à accroître autant que possible la force des points qu'il possédait encore avant que l'ennemi révélât sa présence. Après Pondichéry, le lieu le plus important était Ariancopan, petit poste peu éloigné de Pondichéry et encore plus rapproché de la mer. Paradis y fut envoyé avec le titre d'ingénieur en chef, et des pouvoirs pour se faire donner tous les secours possibles pour la défense. Il s'acquitta ponctuellement de sa mission. Le fort était un triangle n'ayant que peu d'ouvrages à l'extérieur comme à l'intérieur. Paradis entreprit de construire au dedans des murs trois cavaliers, un fossé profond et un chemin couvert. La garde de ces ouvrages fut confiée à un jeune capitaine nommé Law, neveu du célèbre financier écossais.

Nous avons rapporté avec quel noble désintéressement Dupleix s'était dévoué dans les premiers temps de son administration à l'achèvement des fortifications de Pondichéry [1]. Celles qui faisaient face à la mer et auxquelles il avait donné tous ses soins, se composaient de deux demi-bastions aux deux extrémités de l'enceinte. Sur les trois autres côtés, la ville était défendue par une muraille et un rempart flanqués de onze bastions. Le tout était entouré d'un

---

1. Chapitre III.

fossé et d'un glacis imparfait [1]. Le côté qui regardait l'intérieur des terres était aussi défendu par des batteries basses pouvant recevoir plus de cent canons, et protégeait les approches de la ville de ce côté. Outre les défenses artificielles, il en existait une naturelle et très-efficace qui consistait en une épaisse haie de poivriers épineux qui, commençant au bord de la mer à un mille au Nord de la ville, l'entourait d'une enceinte semi-circulaire qui ne s'arrêtait qu'au fort d'Ariancopan sur le bord de la rivière du même nom, qui continuait la ligne de défense jusqu'à la mer. Dans cette enceinte se trouvaient des bois si épais de cocotiers et de palmiers, qu'il eût été très-difficile à des ennemis de s'y engager. Après avoir terminé les travaux d'Ariancopan, Paradis fut nommé ingénieur en chef des fortifications de Pondichéry, avec mission de les défendre.

On se rappelle que, lorsque les Hollandais attaquèrent les Français à Saint-Thomé en 1674, cette entreprise dut principalement son succès à ce que l'amiral hollandais réussit à persuader au roi de Golconde d'attaquer Saint-Thomé par terre, au moment où il l'attaquait par mer et que, comme pendant le siége de Pondichéry en 1693, les Hollandais avaient enrôlé à leur service un corps important d'indigènes ; Dupleix fut averti par le ministre que l'Angleterre observerait encore cette tactique, ferait les plus grands efforts pour gagner à ses intérêts les princes du pays et enfin que le commandant des forces anglaises était pourvu de nombreux présents pour ce but spécial.

Laissons un moment le Gouverneur français se consacrer à la défense des territoires qu'il commandait au nom de son souverain et chercher par tous les moyens à combattre et à atténuer l'effet que ces présents devaient, il ne le savait que trop, produire sur l'esprit d'Anwaroudin, et occupons-nous des mouvements de cette flotte, dont le départ d'Angleterre avait causé tant de perturbation et de trouble dans l'établissement français. Il est vrai que la Compagnie anglaise des Indes-Orientales, outrée de la perte de Madras, avait pris la détermination de n'épargner aucun effort pour en

---

1. Les détails concernant les fortifications de Pondichéry et de son siége en ce qui se rapporte aux opérations des Anglais, ont été puisés dans le journal d'un officier anglais, témoin oculaire, ouvrage réimprimé dans le *Asiatic Annual, Register*, fév. 1802.

reprendre possession, et que le ministère anglais, partageant les sentiments qui animaient la Cour des Directeurs, avait promis l'aide d'une flotte et d'une armée. Tous les préparatifs de départ étant terminés, le double commandement en fut confié au contre-amiral E. Boscawen. Ce fut le second et dernier exemple, depuis la révolution de 1688, de cette réunion de deux commandements dans la même main.

L'amiral était un homme distingué par sa naissance et sa valeur personnelle. Il était petit-neveu du fameux Marlborough, et était entré dans la marine à l'âge de douze ans ; il avait passé honorablement par tous les grades inférieurs, et dès l'âge de vingt-six ans, il avait été nommé capitaine de vaisseau ; deux ans après, le bâtiment qu'il commandait fut compris dans la flotte avec laquelle l'amiral Vernon prit Porto-Bello, et échoua devant Carthagène. Quoique ces expéditions n'eussent pas été complétement heureuses, le capitaine Boscawen n'ayant perdu aucune occasion de se distinguer, s'était bientôt acquis une réputation de talent et d'initiative qui, jointe à sa haute naissance, le désignait pour un futur commandement.

Cette distinction ne se fit pas longtemps attendre. Quand l'Angleterre se fut décidée à frapper un grand coup pour venger la capture de Madras, Boscawen, qui ne comptait alors que trente-six ans, fut choisi pour commander l'expédition. Ses instructions étaient de s'efforcer d'enlever aux Français leur centre d'action, en s'emparant des îles de France et de Bourbon, et, qu'il y réussît ou non, il devait attaquer vigoureusement Pondichéry lui-même.

Le 15 novembre 1747, Boscawen quitta l'Angleterre, à la tête de huit vaisseaux de guerre et d'un convoi de onze navires portant quatorze cents hommes de troupes régulières. La plupart de ces vaisseaux atteignirent le cap de Bonne-Espérance le 9 avril 1748, les autres n'y arrivèrent que seize jours plus tard, et le 19 mai suivant, la flotte, grossie encore de six navires et de quatre cents soldats appartenant à la Compagnie hollandaise, fit voile pour les îles, que les vigies signalèrent le 4 juin.

L'Ile de France n'eût opposé que peu de résistance à l'amiral anglais, si elle fût demeurée telle qu'elle était en 1735. Mais, pendant les cinq premières années de son administration, La Bourdonnais avait apporté tous ses soins à fortifier la côte, de sorte que, surtout dans la saison où les vents soufflaient de terre, il y avait peu de probabilités pour qu'une attaque eût quelque succès. Aussi, quoique la petite garnison ne comptât que cinq cents soldats réguliers et mille marins empruntés aux bâtiments du port, les ouvrages de défense étaient si bien disposés, tout annonçait une si ferme résolution de se défendre à outrance que l'amiral, après avoir perdu trois jours à observer la place et à s'informer en vain de la force de la garnison, réunit un conseil de guerre pour délibérer sur l'opportunité d'une attaque. On décida, de concert avec l'amiral, qu'il fallait éviter une tentative dans laquelle la flotte pourrait être mise hors d'état d'exécuter la grande entreprise qu'il ne fallait plus différer, et le lendemain on mit à la voile. La flotte s'étant séparée des vaisseaux hollandais, arriva au fort Saint-David le 11 août, et opéra sa jonction avec celle de l'amiral Griffin.

Cette réunion mit alors sous les ordres de l'amiral Boscawen l'escadre la plus puissante qui eût jamais visité les mers de l'Inde, beaucoup plus nombreuse que celle avec laquelle les Hollandais prirent Pondichéry en 1693, et bien supérieure à celle de La Bourdonnais lors de la conquête de Madras. Outre cet avantage, l'amiral avait encore celui de conserver ses communications parfaitement libres, car aucune flotte hostile ne menaçait d'inquiéter ses opérations ou de lui disputer l'empire de la mer. Il pouvait donc bannir toute crainte d'attaque, et regarder la prise de Pondichéry comme presque assurée. Pour y parvenir, il débarqua une armée qui, réunie aux troupes du fort Saint-David et à douze cents Hollandais envoyés de Négapatam, s'éleva à six mille hommes, dont trois mille sept cent vingt Européens.

Le 19 au matin, il détacha sept cents de ces derniers pour attaquer Ariancopan. Nous avons décrit les préparatifs faits par Dupleix pour mettre ce boulevard de Pondichéry en état de résister à l'ennemi ; ses mesures avaient été si bien prises que les Anglais ignoraient complétement tout ce qui y avait été fait en dernier lieu et, comme les Français l'avaient fait à Cuddalore, ils marchaient avec une confiance qui semblait annoncer la certitude d'une facile victoire. Law, qui commandait la garnison, les laissa s'avancer jusqu'à quarante mètres des fortifications sans tirer un seul coup ; mais, arrivés là, ils furent reçus par une décharge de mitraille et de mousqueterie qui fit un grand ravage dans leurs rangs. Les Anglais, complétement surpris, n'ayant pas d'échelles de rempart, ne pouvant avancer et ne voulant pas reculer, restèrent un moment sur place. Mais le feu des Français, continuant toujours, leur fit comprendre qu'il y aurait folie à y demeurer plus longtemps exposés. Ils se retirèrent donc après avoir perdu cent cinquante hommes tués ou blessés. Ce succès eut le meilleur effet sur la garnison et rendit aux soldats la confiance que l'échec de Cuddalore avait ébranlée. Ils avaient des raisons d'espérer qu'une défense persévérante d'Ariancopan contribuerait fortement à sauver Pondichéry. Dans cette persuasion, ils s'occupèrent de jeter une batterie de gros canons sur l'autre rive de la petite rivière au Nord du fort, de sorte que l'ennemi qui s'avancerait serait pris en flanc et d'enfilade. De leur côté, les Anglais, après un ou deux essais infructueux, élevèrent aussi une batterie couverte d'un retranchement, afin de répondre au feu de l'ennemi de manière à le faire cesser, et la servirent en partie par des marins de la flotte. Law, voulant profiter de l'enthousiasme qui dominait encore la garnison, sortit du fort avec soixante chevaux et cent cinquante hommes de pied, et, sous la protection du feu de ses remparts, chargeant à la tête de ses cavaliers, renversa d'abord les marins, puis les soldats réguliers, les chassa du retranchement et fit quelques prisonniers parmi lesquels se trouvait l'illustre major Lawrence, auquel sa défense de Saint-David et de Cuddalore avait fait une réputation que l'avenir devait encore grandir.

Jusqu'ici les Français avaient grandement sujet de se féliciter du succès qui avait couronné leurs opérations défensives. Ils commençaient même à nourrir l'espoir qu'Ariancopan échapperait aux attaques de l'ennemi. Mais leurs espérances furent anéanties par un de ces accidents imprévus auxquels toute armée peut se trouver exposée : la poudrière du fort fit explosion, l'effet fut des plus désastreux, plus de cent hommes furent tués ou blessés; dès lors le commandant, jugeant la défense impossible, fit sauter les murailles et les autres ouvrages, et se retira à Pondichéry, qui était encore sous l'impression du succès obtenu; la confiance était d'autant plus grande, qu'on voyait le commandant anglais agir avec plus de précautions. Après que les Français eurent évacué Ariancopan, il y entra, et au lieu de marcher immédiatement sur Pondichéry, il perdit cinq jours à réparer les fortifications de cette place, qui lui était inutile, et dont les Français ne pouvaient plus tirer aucun parti.

Le 6 septembre, Boscawen marcha sur Pondichéry, et prit possession d'une redoute située à l'angle Nord-Ouest du bois épineux dont nous avons parlé ; mais ce ne fut que le 10 qu'il arriva à environ quinze cents mètres du chemin couvert. Le lendemain, cent cinquante hommes furent chargés de s'établir à cent mètres plus près. Alors Paradis, à la tête de douze cents hommes de la garnison [1], fit une sortie pour attaquer les deux tranchées à la fois. Mais une blessure mortelle l'ayant renversé dans la mêlée, le désordre se mit dans sa troupe, qui fut repoussée après avoir perdu sept officiers et cent soldats; sa mort fut le plus grand malheur qui pût frapper Dupleix dans ces conjonctures. C'était le plus capable de ses officiers, le seul homme dont la prudence, le savoir et l'initiative réunis lui inspirassent toute confiance. Dans ses Mémoires il le dépeint comme « un homme d'intelligence, instruit dans sa profession, parfaitement familier avec le pays et au fait des défauts de la place, qui avait fait usage de tous les moyens pour opposer de la résistance à l'ennemi, particulièrement dans les points où les fortifications étaient plus faibles. » La perte d'un tel homme était d'autant plus grande que Pondichéry n'en possédait pas un autre qui pût prendre sa place sous les ordres de Dupleix, mais celui-ci donna la preuve que son grand génie était susceptible de se plier à tout et que même l'art de la guerre n'était pas hors de sa portée.

Une autre épreuve, moindre il est vrai, lui était encore réservée. Fidèle aux instructions qu'il avait reçues d'Angleterre, l'amiral Boscawen avait sans retard pressé le nabab de se déclarer ouverte-

---

1. Elle comptait dix-huit cents Européens et trois mille Cipayes.

ment contre les Français, dont il lui prédisait la destruction comme certaine. L'amiral accompagna sa requête de présents d'une valeur considérable. Dupleix n'avait que peu de chose à offrir; mais le respect qu'inspiraient les Français était si grand et on avait si haute opinion des grandes qualités du Gouverneur que, malgré les apparences qui lui étaient si défavorables, le nabab hésita longtemps avant de céder aux instances de Boscawen. Ce ne fut qu'après la chute d'Ariancopan et quand les Français se furent renfermés dans les murs de Pondichéry, qu'il conclut l'alliance sollicitée et promit de fournir aux Anglais deux mille chevaux. Toutefois, il n'envoya réellement que trois cents hommes, et seulement vers la fin du siége.

Par suite de la mort de Paradis, la direction de la défense retombait, jusque dans ses moindres détails, sur Dupleix. Pour employer ses modestes expressions, « l'étude des mathématiques, et surtout de la fortification que son père lui avait imposée, lui fut alors d'un grand secours; il fut assez heureux pour se rappeler ce qu'il avait pu savoir en ce genre, de sorte que ses opérations réussirent au delà de ses espérances. » Heureusement pour lui, ses efforts avaient pour auxiliaire l'inexpérience de l'amiral dans l'art militaire, par suite de laquelle il négligea les premiers principes de la conduite d'un siége. Mais cette incapacité n'aurait pas empêché le succès final des Anglais, si Dupleix n'avait su relever le moral de ses troupes, un moment ébranlé par la mort de Paradis ; calme au milieu du danger, il conserva un extérieur serein et confiant qui devint contagieux ; l'attention qu'il donnait à toutes les mesures de défense, l'habileté avec laquelle il fortifiait les points trop faibles et réparait ceux que l'ennemi avait entamés, créèrent autour de lui une telle foi en sa capacité, qu'elle fut bientôt un véritable enthousiasme. Ce fut, en un mot, le Gouverneur civil qui devint l'âme de la défense, l'espoir des défenseurs, et la principale cause du mauvais succès des assiégeants.

Après quarante-deux jours de tranchée ouverte, après un siége poussé avec toute la vigueur possible, tous les efforts de ceux-ci devaient échouer devant le talent et la valeur de Dupleix. Des sorties continuelles retardaient l'approche des Anglais et détruisaient leurs ouvrages. Cependant, ils avaient déjà réussi à pousser leurs tranchées jusqu'à huit cents mètres des murs, quand ils arrivèrent à un marais qui leur prouva l'impossibilité d'aller plus loin, et ils durent se résigner à raser les batteries qu'ils avaient élevées. Ils changèrent donc de direction, et ouvrirent un feu bien nourri contre une autre partie de la ville ; mais ils reconnurent bientôt que, grâce à l'énergie de Dupleix, le feu des assiégés était double du leur, et les vaisseaux de la flotte qui, en dernière ressource, furent appelés à bombarder la ville, se virent en peu de temps forcés de prendre le large, après avoir reçu plus de dommages qu'ils n'en avaient pu causer [1]. La défense fut si énergique, si déterminée, si victorieuse, qu'au bout de cinq semaines, l'amiral anglais reconnut qu'au lieu de rien gagner, il avait perdu une partie de ses meilleurs officiers et beaucoup d'hommes, et que d'ailleurs l'ennemi était en position de répondre à ses diverses attaques par un feu beaucoup plus meurtrier que le sien. Ajoutons que les pluies périodiques, qui avaient commencé à la fin de septembre, causaient des maladies dans son camp, et l'avertissaient que ses traverses n'étaient qu'à leur début. En présence de ces faits, et après avoir pris l'avis d'un conseil de guerre, il commença le 14 octobre à détruire ses batteries, et le 17, cette armée, la plus importante qui eût foulé le sol indien et qui comptait un Clive [2] dans ses rangs, se débanda et se retira sur le fort Saint-David, après avoir perdu mille soixante-cinq hommes, victimes du feu de l'ennemi ou de la maladie.

C'est ainsi que Dupleix, par sa fermeté, son mérite, l'étonnante activité de son génie, avait su déjouer cette grande entreprise qui devait amener la destruction de l'Inde française et déraciner les établissements de cette nation du sol de l'Indoustan. Quand nous jetons un coup d'œil rétrospectif sur tout ce qui avait été accompli

---

1. L'auteur du Journal que nous avons déjà cité, fait naïvement remarquer que, par suite de la distance qui séparait les navires de la ville et, par l'effet de la houle, les coups ne portaient jamais deux fois sur le même objet.

2. L'auteur du Journal s'exprime ainsi : «Le célèbre Lord Clive, alors enseigne, servit en cette occasion dans les tranchées, et par sa bravoure, donna les premiers indices de ce grand esprit militaire qui, par la suite, présida à ses actions et fut la principale source de cette intrépidité et de cet esprit élevé qui furent ses dons les plus remarquables. »

durant cette première lutte dans le Carnate, nous ne pouvons refuser un juste tribut d'admiration à cet homme dont le cerveau conçut tant et de si grandes choses, que ses talents surent mettre à exécution. La capture de Madras, sa conservation aux Français, la détermination d'affronter la lutte avec le Mogol, le glorieux résultat de cette détermination et la défense de Pondichéry, qui couronna tous ces actes, étaient les conceptions de son génie, et la plus grande partie du mérite de leur exécution doit lui être attribuée. Même à une époque si difficile, il trouvait le moyen d'envoyer les secours utiles aux autres établissements dépendant de Pondichéry, véritable tour de force, apprécié avec reconnaissance par ses supérieurs [1]. Si, dans une occasion et sans doute sous l'empire de circonstances que nous ne connaissons pas, il ne tira pas parti de la facilité qui s'offrait à lui pour détruire le dernier établissement des Anglais sur les côtes de Coromandel, on ne peut lui refuser de reconnaître qu'il racheta amplement ce tort, s'il exista, par l'incroyable habileté et l'énergie qu'il déploya comme Gouverneur civil, comme commandant militaire et comme ingénieur, en dirigeant la défense de Pondichéry contre des forces tellement considérables qu'elles devaient être regardées comme irrésistibles. Nous ne pouvons que nous faire l'écho du langage employé à ce sujet par les Directeurs et déclarer que si tout ce qu'il avait accompli jusque-là avait droit aux remercîments de la France, dont il servait si bien les intérêts,

---

[1] « Tout ce que vous aviez fait jusque-là devoit à la vérité nous tranquilliser sur le sort de Pondichéry, et vos dernières lettres du 28 août, écrites dans le même temps que les Anglais avaient commencé l'attaque de vos postes avancés, ne nous laissaient rien à désirer, ni sur les précautions que vous aviez prises, ni sur les dispositions courageuses que vous aviez inspirées à la garnison et à tout le monde. Mais nos démonstrations de joie devaient-elles être moindres lorsque le 20 du mois, un courrier, dépêché par M. Durant, notre agent, à Londres, vint annoncer à la Cour ce nouveau triomphe pour les armes de la nation. S'il était déjà bien satisfaisant pour nous que la Compagnie pût dire que la prise de Madras était due aux secours que vous aviez fournis à M. de La Bourdonnais, que c'était votre fermeté, la justesse de vos mesures et le choix des braves officiers que vous aviez employés, qui avaient réduit les Maures à vous demander la paix ; que vous eussiez même enlevé le fort Saint-David aux Anglais sans l'arrivée inopinée de l'amiral Griffin, et qu'enfin, malgré la difficulté des communications pendant toute la guerre, vous aviez trouvé les moyens de pourvoir à la subsistance et à l'entretien des comptoirs de Chandernagor, de Karical et de Mahé ; quels éloges ne méritez-vous donc pas aujourd'hui, lorsque par l'utile et glorieux usage que vous avez fait des secours que vous aviez reçus de M. David, vous venez de repousser les plus puissants efforts de nos ennemis, et conserver à la Compagnie tous ses établissements. » *(Lettre de la Compagnie des Indes, 11 avril 1749.)*

le succès par lequel il venait de couronner tous les autres, l'élevait sur un piédestal si haut que les applaudissements ordinaires ne pouvaient l'y atteindre.

Nous pouvons nous figurer, nous qui l'avons suivi pas à pas dans toute sa carrière, nous qui avons vu comme il savait s'emparer des moindres circonstances qui pouvaient exalter le pouvoir de la France aux yeux des indigènes, nous pouvons nous figurer combien il sut mettre à profit la retraite de l'armée anglaise pour grandir encore sa propre nation. Il dépêcha des messagers à Arcate, à Hydrabad, à Delhi même, pour apprendre aux potentats indigènes comment la plus forte armée européenne qui eût jamais débarqué dans l'Inde avait été traitée sous les murs de Pondichéry. Les nombreuses lettres de félicitations qu'il reçut en retour, montrent bien clairement à quelle hauteur il s'était placé dans l'estime des indigènes.

Les Anglais étaient considérés comme une puissance inférieure, presque anéantie ; et l'unique résultat de cette attaque si longtemps redoutée fut de revêtir Dupleix d'une influence et d'une autorité telles qu'aucun chef européen n'en posséda jamais une semblable sur le sol indien.

Le siège avait été levé, nous l'avons dit, le 17 octobre. Les Anglais s'étaient retirés fort abattus au fort de Saint-David, où, dans les premiers moments, ils pensèrent plus à leur sûreté qu'à attaquer les possessions françaises. Dupleix, de son côté, faisait activement ses préparatifs pour reprendre l'offensive. Dès le début de l'année suivante, 1749, il reçut un renfort de deux cents hommes et de l'argent de M. Bouvet, qui sut, malgré la présence au fort Saint-David de la flotte anglaise encore nombreuse, atteindre la rade de Madras et débarquer sans encombre soldats et argent. Ce fut à ce moment où Dupleix combinait de nouvelles entrepries contre les Anglais, qu'arriva d'Europe l'ordre de suspendre les hostilités en attendant le résultat des négociations qui se poursuivaient à Aix-la-Chapelle. Cet ordre fut bientôt suivi de la nouvelle de la conclusion du nouveau traité qui prit le nom de cette antique cité.

Un des articles de ce traité portait la restitution réciproque des conquêtes, condition qui entraînait l'abandon par Dupleix de

Madras, acquis avec tant d'audace, conservé par tant de vigilance et malgré une si grande jalousie. Avec quelle amère douleur le Gouverneur ne dut-il pas recevoir l'ordre de faire une restitution qui ne pouvait manquer d'être le premier pas pour créer à ses rivaux détestés, la base nouvelle d'un pouvoir grandement accru. Combien il dut déplorer l'aveuglement des ministres qui, ne possédant pas son vaste coup d'œil, pouvaient regarder le cap Breton comme la compensation suffisante d'une place qui, restée aux Français en 1749, leur aurait assurément donné, comme nous le verrons plus tard, une incontestable supériorité, et les aurait conduits à l'empire. Mais Dupleix devait obéir et non faire des remontrances. Les ordres reçus étaient sans appel ; et pour s'y conformer il dut, vers la fin du mois d'août, remettre Madras à l'amiral Boscawen. Ce qui ajoutait encore à ses regrets, c'était de le rendre, non plus dans l'état où il l'avait reçu, mais amélioré de toutes façons, muni de fortifications nouvelles et solides, débarrassé de tout ce qui l'obstruait et, sous tous les rapports, en voie de devenir digne des grandes destinées qu'il se complaisait à lui préparer.

Ainsi, après une lutte de cinq années, les deux nations se retrouvaient dans la position qu'elles occupaient lors de la rupture de la paix. Telle était du moins l'apparence ; mais combien la réalité était différente ! La rivalité vindicative qui s'était affirmée dans la lutte de Madras et dans les tentatives sur le fort Saint-David et sur Pondichéry avaient créé les germes d'une inimitié éternelle, inimitié qui ne pourrait s'éteindre que par la destruction de l'un des adversaires. D'un autre côté, la supériorité des Européens sur les indigènes, prouvée dans la bataille décisive de Saint-Thomé, avait fait naître, surtout chez son chef, une soif de pouvoir qui, d'abord vague et indécise, prenait chaque jour plus de corps. Puis les dépenses que causaient aux deux nations l'entretien et la solde des troupes venues successivement d'Europe pesaient lourdement sur les ressources des colonies et les plaçaient, pour ainsi dire, dans la nécessité de mettre leurs forces au service des divers compétiteurs qui se disputaient la puissance. Ainsi, dans le cours des années 1745 à 1749, les rôles avaient été complétement intervertis. Les

Européens n'étaient plus de simples négociants considérés comme tels par les princes du Carnate ; ils étaient maintenant redoutés, les Français surtout, par les potentats du voisinage ; leur alliance était ardemment recherchée et leur appui sollicité avec instances. De vassaux ils étaient devenus seigneurs.

Cette guerre donna naissance à une nouvelle ère qui date du moment où le traité d'Aix-la-Chapelle remit nominalement les puissances européennes dans les situations respectives qu'elles occupaient avant 1745. Les Compagnies de Paris et de Londres ne soupçonnaient même pas tout ce qu'il y avait de changé. Elles aimèrent à croire que le nouveau traité mettait leurs agents à même de reprendre leurs opérations commerciales. Elles espérèrent qu'après cinq années d'hostilité, il s'opèrerait une réaction de confiance mutuelle. La paix qui régnait en Europe ne devait-elle pas s'étendre en Asie ? Vain rêve ! Hélas, avec l'ambition éveillée, la jalousie excitée et la tentation de s'agrandir, quelle paix pouvait-on espérer ?

CHAPITRE VI

L'INDE FRANÇAISE A SON ZÉNITH

Nous avons dit, en terminant le chapitre précédent, comment la paix d'Aix-la-Chapelle avait eu pour conséquence l'introduction dans l'Inde d'un usage qui, plus tard, acquit un développement considérable.

Cette paix laissait sans emploi des armées dont l'importance s'était notablement accrue dans les derniers temps. Leur solde, leur entretien, devenaient pour les Gouverneurs l'objet de sérieux embarras; afin de diminuer cette charge, ils s'étaient décidés à mettre une partie de leurs troupes à la solde des princes indigènes, leurs alliés. Dans une lettre, à la date du 31 mars 1749, Dupleix exposait à la Compagnie comment l'obligation d'une stricte économie l'avait placé dans la nécessité de recourir à ce moyen.

Les Anglais furent les premiers à entrer dans cette voie. Quoique nous ayons déjà mentionné la double révolution dont le rajah de Tanjore avait été victime, et son expulsion définitive en faveur de Pertab-Singh, nous devons cependant revenir un peu sur ce sujet. Ce fut en effet ce même rajah Sahodgi qui, par ses instances et ses promesses, persuada aux Anglais de se faire les champions des royautés errantes et détrônées. Ce principe, qu'ils adoptèrent, leur fut fatal en cette occasion, et près d'un siècle plus tard mit leur puissance en péril dans les neiges de l'Afghanistan [1]. Depuis le bannissement de Sahodgi, Tanjore avait joui d'un calme et d'une prospérité qu'elle n'avait pas connus sous son règne. Mais la triste expérience des grandeurs, les dangers qu'il avait courus, l'envahissement de son palais par ses ennemis qui s'étaient emparés de lui au milieu même de ses gardes, rien n'avait pu éteindre dans le cœur de ce prince la soif de régner, ni le décider au repos. Pour ressaisir le trône et se plonger de nouveau dans cette existence sensuelle, objet de ses regrets, il était prêt à risquer sa vie, à consentir même au démembrement de son pays.

Quand donc la réunion à Aix-la-Chapelle des plénipotentiaires eut amené la suspension d'armes, Sahodgi, qui avait eu des preuves de la supériorité des Européens sur les soldats indigènes, résolut de se procurer l'aide de ces guerriers redoutables. Il comprit bien qu'il s'adresserait inutilement aux Français : il les avait trompés en 1738, et depuis cette époque ils avaient vécu en bons termes avec son successeur Pertab-Singh.

Il n'avait de chances de réussir qu'auprès des Anglais ; il leur adressa donc sa requête ; ses propositions furent très-larges, et le Gouverneur, embarrassé de soldats inactifs, se laissa tenter par l'appât qui lui était offert. Ses troupes devaient être entièrement défrayées tant que durerait la guerre, et la ville de Dévicotta, située près de l'embouchure du Coleron, à cent vingt-deux milles au Sud de Madras, leur serait cédée avec tout son territoire. Cette proposition fut accueillie avec empressement, et au commencement d'avril 1749, quatre cent trente Européens et mille Cipayes partirent sous la conduite du capitaine Cope, pour aller rétablir le rajah Sahodgi sur le trône de ses ancêtres.

Voulant nous borner à écrire l'histoire des Français dans l'Inde, nous ne suivrons les mouvements des Anglais que lorsqu'ils auront dû exercer quelque influence sur les actes de leurs rivaux. Aussi

---

[1]. Quoique cette coutume se soit modifiée, elle existe encore en un certain sens, et on doit le regretter. Ce n'est plus, il est vrai, au Gouverneur général de l'Inde anglaise que s'adressent les rajahs et les nababs renversés des trônes que souillaient leurs vices. Ils font acheter en Angleterre les hommes disposés à se vendre, et sacrifient ainsi des sommes énormes, qu'en d'autres temps, ils auraient employées dans leur pays au grand avantage de leurs propres sujets.

ne donnerons-nous aucuns détails sur l'expédition de Tanjore, que nous avons mentionnée dans le seul but de prouver qu'en mettant des troupes à la solde des princes indigènes, Dupleix n'avait fait que suivre l'exemple donné par les Anglais. Mais entre sa politique et la leur, il y eut cette grande différence que, jusque dans ses moindres entreprises, Dupleix agissait en vue d'un but bien déterminé, tandis que les Anglais n'eurent pendant longtemps qu'une politique d'aventure, et que bien des années se passèrent avant qu'ils adoptassent instinctivement le principe d'opposer en toute occasion, une vigoureuse résistance au développement de la puissance française.

Nous avons dit quel avait été le sort de Chunda-Sahib à la suite de ses vains efforts pour défendre Trichinopoly contre l'armée de Raghogi-Bhonsla. Envoyé à Sattara, il avait été retenu prisonnier pendant sept ans, malgré toutes ses instances et quoique la nababie du Carnate eût passé de la famille de Dost-Ali, à laquelle il était allié, à une famille étrangère. Cependant, il ne semble pas que les Mahrattes eussent eu, pour agir avec cette rigueur, quelque motif politique ; c'était une simple question de rançon. Mais Chunda-Sahib n'avait pas exercé une autorité indépendante pendant assez longtemps pour lui permettre d'amasser de grandes richesses. D'ailleurs une partie de son trésor avait été enlevée lors de la prise de Trichinopoly, le reste était à Pondichéry, avec sa femme et son fils. Il était donc pauvre et complétement hors d'état de payer la rançon royale dont les Mahrattes faisaient la condition absolue de sa mise en liberté. Il voyait ainsi les royaumes changer de main, les années se succéder et l'oubli, sort ordinaire des souverains dépossédés, naître et grandir dans le cœur de ses sujets.

Enfin la fortune sembla cesser ses rigueurs : l'empereur de Delhi, Mahomed-Shah, étant mort en avril 1748, son fils aîné, Ahmed-Shah, fut appelé à lui succéder. Dans les premiers mois de son règne, les embarras que lui suscitèrent son homonyme et d'autres ennemis ne lui permirent pas de veiller avec toute la vigilance nécessaire à ce qui se passait dans la province lointaine du Décan. Le vice-roi de cette partie de l'empire, Nizam-oul-Moulk, arrivé à un âge très-avancé, avait suivi de près son empereur au tombeau.

La faiblesse de l'autorité centrale, et l'usage, bien plus que le droit, avaient laissé cette vice-royauté devenir héréditaire. Or, en mourant, Nizam laissait cinq fils : l'ainé, Gazi-Oudin-Khan, occupait à la cour de Delhi un rang élevé, qui lui promettait un avenir trop brillant pour qu'il fût tenté d'aller revendiquer un héritage qu'il lui faudrait d'ailleurs conquérir par la force des armes. Le second, Nazir-Jung, avait toujours été en révolte contre l'autorité paternelle ; cependant il était rentré en grâce depuis quelque temps, et se trouvait auprès de son père lorsque celui-ci mourut. Les trois autres étaient des hommes de peu d'importance qui se contentaient d'une vie de plaisir à la cour d'Aurengabab. Mais, outre ces fils, il existait un petit-fils, né d'une fille de Nizam-oul-Moulk, que son grand-père avait désigné pour lui succéder. Le consentement de Mahomed-Shah avait été préalablement obtenu, et à la mort de Nizam, la cour de Delhi publia un firman nommant Mozuffer-Jung vice-roi du Décan. Ce successeur légitime était alors dans son gouvernement de Bizapore, tandis que le fils rebelle se trouvait sur les marches du trône. Celui-ci se hâta d'employer les moyens usités de temps immémorial chez les Mahométans pour s'emparer du pouvoir. Il fit main-basse sur les trésors de son père, gagna les officiers de l'armée et, déclarant ne pas reconnaître les prétentions de Mozuffer-Jung, il se proclama soubab du Décan.

Mozuffer, qui ne se trouvait pas alors en mesure de soutenir efficacement ses droits, n'était cependant pas disposé à les abandonner sans lutte. Il eut l'idée de recourir aux Mahrattes, ces ennemis héréditaires de l'autorité mahométane, et résolut d'aller en personne à Surate pour solliciter leur appui. Là, il rencontra Chunda-Sahib, dont la réputation lui était bien connue ; ces deux hommes comprirent qu'ils pouvaient se rendre de mutuels services, et s'entendirent bientôt pour réclamer des secours matériels des Mahrattes et la mise en liberté sans conditions de Chunda-Sahib.

Les négociations entamées à ce sujet paraissaient promettre une issue satisfaisante, lorsque Chunda-Sahib, qui n'avait en réalité qu'un fort mince désir d'être aidé par ses anciens ennemis à reconquérir le Carnate, communiqua tous les détails de ce plan à Dupleix, avec lequel il entretenait une correspondance suivie par l'entremise de sa femme. Dupleix, menacé par les Anglais, ne se souciait guère de voir les difficultés existantes se compliquer d'une invasion mahratte. La perspective de rétablir vice-roi du Décan un prince qui deviendrait ainsi son protégé et de rendre le Carnate à un homme aussi dévoué que Chunda-Sahib aux intérêts de la France, était trop attrayante pour qu'il y résistât. Après avoir médité sur les voies qui pourraient le conduire à ce but, il fut bientôt convaincu qu'il ne lui fallait qu'une politique hardie et décidée pour y arriver. Alors il embrassa ce projet avec toute l'ardeur de son naturel passionné, écrivit à Chunda-Sahib de négocier seulement pour sa liberté, sans demander de troupes; il s'engagea à garantir à la cour de Poona le payement de la rançon qui serait convenue et promit à Mozuffer-Jung et à Chunda-Sahib de les aider de toute son influence et de tout le pouvoir dont il disposait comme chef de l'Inde française. Cette dépêche produisit l'effet attendu. Sur la garantie donnée par Dupleix pour une rançon de sept cent mille roupies, la liberté fut rendue à Chunda-Sahib et on lui fournit une garde de trois mille cavaliers pour l'escorter à son retour dans son pays.

L'un des premiers actes de Chunda-Sahib fut de s'engager envers Dupleix à prendre à sa solde environ deux mille indigènes disciplinés à l'européenne et qui faisaient partie de la garnison de Pondichéry. De plus, pour reconnaître un secours de quatre cents Européens, il céda aux Français une petite portion de territoire dans le voisinage immédiat de Pondichéry. Pendant que les troupes se mettaient en marche pour le rejoindre, il avait réussi, après quelques alternatives de fortune, à gagner la frontière du Carnate et à porter, chemin faisant, sa troupe à six mille hommes. Il fut rejoint par Mozuffer-Jung à la tête de trente mille. Chunda-Sahib, dont la capacité était bien supérieure à celle de son allié, décida qu'on attaquerait Arcate aussitôt que les troupes auxiliaires fournies par les Français seraient arrivées. Une victoire sur ce point le rendrait maître des ressources du Carnate, et le mettrait en communication directe avec les Français. De là, il pourrait agir avec des chances de succès contre Nazir-Jung.

Vers la fin de juillet, Chunda-Sahib s'étant assuré du passage de

Damalcherry, y fut rejoint par son fils et par M. d'Auteuil, à la tête du contingent français. Ils apprirent alors que Anwaroudin et ses deux fils, à la tête de vingt mille hommes de troupes choisies et comprenant soixante aventuriers européens avaient pris position à Ambour, à environ trente milles au Sud et se préparaient à leur livrer bataille. Ils prirent donc cette direction. La position d'Ambour, défendue sur un flanc par une montagne, appuyée de l'autre à un lac, était extrêmement forte ; cette importante entrée du Carnate avait en outre été fortifiée par des retranchements armés de canons servis par les Européens. En arrière se tenait l'armée principale du nabab.

Ce fut le 3 août au matin que l'armée combinée de Chunda-Sahib et de M. d'Auteuil arriva en vue de ce poste. On résolut immédiatement de l'emporter d'assaut, et M. d'Auteuil s'offrit d'ouvrir l'attaque avec ses Français. Une telle proposition fut acceptée avec empressement, et M. d'Auteuil s'avança à la tête de ses vaillants compatriotes. Les canons du nabab étaient si bien servis par ses canonniers européens que les assaillants furent repoussés avec perte. D'Auteuil, indigné, rallia ses hommes et les conduisit de nouveau au pied du retranchement; déjà ils escaladaient le parapet, quand, au fort de l'attaque, d'Auteuil fut blessé à la cuisse ; dans la confusion qui s'en suivit, ses soldats en désordre se retirèrent. Le commandement revenait à M. de Bussy et les soldats, encouragés par lui et les autres officiers, demandèrent ardemment à faire une troisième attaque. Leur intrépidité démoralisa les assiégés, parmi lesquels il y avait déjà beaucoup de victimes, et quand même, ils n'auraient pu résister longtemps à une semblable impétuosité. Guidés par le brave de Bussy, les Français réservèrent leur feu jusqu'au moment où ils eurent atteint le retranchement, firent alors une décharge et s'élancèrent sur le parapet ; la journée fut à eux. Cette position perdue, les indigènes d'Anwaroudin n'opposèrent plus qu'une courte résistance. Les Français, suivis de Chunda-Sahib et de ses troupes, avançaient toujours. Ce fut en vain qu'Anwaroudin, âgé de cent sept ans, fit les plus vaillants efforts pour regagner l'avantage. Au moment où il défiait Chunda-Sahib à un combat singulier, il fut frappé au cœur par un soldat africain.

Le désordre s'accrut ; la défaite devint une déroute. Maphuz Khan se rendit prisonnier, et son père ne dut son salut qu'à une fuite rapide. Le camp, le bagage, soixante éléphants, un grand nombre de chevaux et toute l'artillerie furent la proie des vainqueurs. Mais, leur plus grand avantage était la conquête du Carnate désormais assurée par cette victoire. Le lendemain cet espoir fut confirmé par l'occupation d'Arcate, la capitale. Les Français avaient perdu douze hommes tués et soixante-trois blessés ; parmi leurs Cipayes trois cents furent tués ou blessés [1].

Le premier acte de Mozuffer-Jung, en arrivant à Arcate, fut de se proclamer soubab ou vice-roi du Décan et de nommer Chunda-Sahib vice-roi du Carnate. S'étant, au moyen de petits corps détachés, assurés du pays environnant, les deux chefs se rendirent à Pondichéry pour témoigner à Dupleix leur reconnaissance, l'un du secours qu'il en avait reçu en cette occasion, l'autre, de toute la protection que, depuis des années et même dans les circonstances les plus difficiles, il n'avait cessé d'accorder à sa famille [2]. Ils furent reçus avec beaucoup de pompe ; personne mieux que Dupleix ne connaissait l'influence d'un brillant cérémonial sur les esprits orientaux. Mais il ne se borna pas à de simples démonstrations de grandeur ; il mit en relief cette puissance qui, surtout en Asie, est le moyen le plus sûr d'imposer le respect. Les fortifications qui avaient résisté aux Anglais, furent garnies de troupes ; les Européens, dont la supériorité avait été prouvée à Saint-Thomé et à Ambour, furent mis au premier rang ; les vaisseaux hissèrent leurs pavillons d'apparat. Aucun soin ne fut négligé pour persuader aux hôtes que la brillante réception qui leur était faite n'était que la conséquence naturelle d'une richesse et d'une influence fondées sur un pouvoir auquel rien ne pourrait résister dans l'Inde. Ce but fut complétement atteint ; Mozuffer-Jung fut captivé par cette ostentation et la gratitude de Chunda-Sahib n'eut plus de bornes. Dans les premiers transports de son enthousiasme il conféra à

---

1. Après la bataille, Chunda-Sahib distribua soixante-quinze mille roupies parmi les troupes françaises, et fit don à M. d'Auteuil d'un territoire produisant quatre mille roupies de revenu.

2. M. Floyer, Gouverneur du fort Saint-David, fut l'un des premiers à féliciter Chunda-Sahib et à le reconnaître comme nabab.

Dupleix la souveraineté de quatre-vingt-onze villages ou Aldées avoisinant Pondichéry. Mozuffer-Jung passa huit jours dans cette ville pendant lesquels son armée demeura campée dans un rayon de vingt milles [1].

Au milieu des fêtes qui suivirent l'arrivée des deux nababs, Dupleix ne perdit pas un instant de vue les motifs qui leur avaient fait prendre les armes. Nous avons déjà dit que, si Mozuffer-Jung occupait le rang le plus élevé, Chunda-Sahib lui était bien supérieur sous le rapport intellectuel, de sorte que, quand le vice-roi retourna à son camp, Dupleix retint le nabab pour régler avec lui les comptes et s'entendre sur l'avenir. La possession du Carnate semblait bien avoir été décidée par la victoire ; le vieux nabab était mort, l'un de ses fils prisonniers, l'autre en fuite ; toutefois Chunda-Sahib ne pouvait se regarder comme parfaitement en sûreté tant qu'il lui restait un compétiteur. Il est hors de doute que, par sa naissance, et en vertu de la nomination impériale, il avait plus de droits à cette dignité que tout autre membre de la famille d'Anwa-roudin. D'abord, il était le représentant de la famile de Dost-Ali, ensuite il avait été nommé par Mozuffer-Jung, dont le titre de vice-roi avait été confirmé par un firman de la cour de Delhi ; mais au milieu du désordre qui régnait dans l'empire du Mogol, aucun droit ne pouvait être considéré comme assuré, s'il n'était basé sur une possession incontestée, et quelle possession pouvait avoir ce caractère lorsqu'un prétendant se tenait prêt à saisir la première occasion favorable d'affirmer ses droits. Dupleix qui sentait bien ce danger, s'efforçait de persuader à Chunda-Sahib qu'il était absolument nécessaire de s'assurer de la soumission de Mahomed-Ali avant de s'abandonner aux soins plus paisibles du gouvernement. Il insistait sur la nécessité d'agir sans délai, Mahomed-Ali s'étant réfugié dans Trichinopoly, dont les fortifications avaient été fort augmentées depuis l'époque où Chunda-Sahib avait été forcé de se rendre à Raghogi-Bhonsla. Il ajoutait que Nazir-Jung, le prétendant à la vice-royauté

---

1. Extrait de la lettre de M. Dupleix à la Compagnie, le 18 juillet 1749 ; copie d'un extrait du registre des délibérations du Conseil supérieur de Pondichéry, 13 juillet 1749. Mémoires pour Dupleix, Orme, Cambridge et autres. Tels sont les ouvrages qui, avec la correspondance et les documents officiels nous ont fourni tous les renseignements sur lesquels nous nous sommes appuyé pour écrire ce chapitre.

du Décan s'occupait de lever une armée avec laquelle il voulait écraser son neveu et rival et qu'il était surtout nécessaire de purger le Carnate et ses dépendances de tous ses ennemis avant que le plus puissant d'entre eux fût prêt à l'attaquer. Les exhortations adressées par Dupleix à Chunda-Sahib pour le déterminer à marcher sans délai sur Trichinopoly étaient pressantes et réitérées. Mais ce prince ne crut pas pouvoir s'y conformer, et voici pourquoi.

La bataille d'Ambour avait été livrée le 3 août; en vertu des stipulations du traité d'Aix-la-Chapelle, Madras avait été remis aux Anglais à la fin du même mois. Néanmoins, l'amiral Boscawen était resté sur la côte, et, profitant du désordre occasionné par les événements, il s'était emparé du petit établissement de Saint-Thomé, et y avait arboré son pavillon national. On le savait convaincu de la nécessité de rester dans ces parages pour y soutenir les intérêts anglais et il avait déclaré qu'il était disposé à y prolonger son séjour, si la demande lui en était faite officiellement. Il sembla donc à Chunda-Sahib, qu'en marchant sur Trichinopoly, tandis que l'amiral Boscawen demeurait sur la côte, il encouragerait tacitement cet officier à y séjourner plus longtemps, et peut-être les Anglais seraient-ils ainsi conduits à embrasser, pendant qu'ils avaient encore des forces considérables, le parti de son rival Mahomed-Ali. Il hésita donc sur ce qu'il devait faire, préférant attendre les événements dans l'espoir que les vents d'octobre forceraient un si dangereux ennemi à s'éloigner.

Laissons-le dans l'attente d'une occasion favorable, et disons en peu de mots quelle fut l'issue de l'expédition des Anglais contre Tanjore.

Nous avons vu que le but avoué de cette expédition était de replacer sur le trône le rajah Sahodgi, qui en avait été renversé deux fois, mais leur projet réel était de s'assurer la possession de Dévicotta. Le capitaine Cope, à la tête de quatre cent trente Européens et de mille Cipayes, avait quitté le fort Saint-David au commencement d'avril, et était arrivé le 24 sur les bords de la Vellour près de Porto-Novo. Le lendemain matin, un ouragan d'une violence extrême, causa de sérieux dommages à l'armée de terre, qui perdit un grand nombre de ses bêtes de trait et une partie considérable de ses munitions et de ses vivres ; mais la flotte fut encore plus maltraitée ; le vaisseau portant le pavillon de l'amiral, *le Namur*, de soixante-quatorze canons, *le Pembroke*, de soixante canons, et *l'Apollon*, vaisseau hôpital, furent complétement perdus avec la majeure partie de leurs équipages [1]. Il fallut donc suspendre pour quelque temps la marche de l'expédition.

Quand, après avoir réparé ses pertes, le capitaine Cope reprit sa route et approcha du territoire de Tanjore, il trouva un état de choses fort différent de ce qui lui avait été annoncé. Non-seulement rien n'indiquait que les habitants fussent disposés à agir en faveur de Sahodgi, mais, au contraire, leur armée, postée sur la rive Sud de Coleron, semblait prête à s'opposer au passage des Anglais. La vérité est qu'ils n'avaient aucune intention de livrer bataille sur ce point, mais qu'ils espéraient entraîner le capitaine Cope vers le Sud, dans une région où les difficultés naturelles du terrain amèneraient sa perte certaine. Cependant la direction que prirent les Anglais, après avoir passé la rivière, prouva clairement quel était leur vrai but en épousant la cause de Sahodgi ; ils prirent la route, non pas de Tanjore, mais bien de Dévicotta, où ils comptaient sur le concours de la flotte ; cependant cet espoir fut déçu, car, lorsqu'ils arrivèrent le soir même à un mille de Dévicotta, aucune voile n'était en vue. Après avoir inutilement canonné la ville pendant la nuit, ils reconnurent le jour l'impossibilité d'en franchir les murailles, et, comme ils étaient dépourvus de toute espèce d'approvisionnements, ils prirent le sage parti de retourner au fort Saint-David, ce qu'ils réussirent à faire sans grande opposition. S'ils avaient eu sérieusement l'intention de rétablir Sahodgi, ils en avaient assez vu pour ne pas douter que ce projet exigerait l'emploi de toutes les forces de la Présidence, et qu'il leur faudrait affronter la guerre avec une puissance indigène. Ils affectèrent donc de n'avoir plus aucune vue de ce côté. Mais Dévicotta [2] leur avait été promis, et cette place présentait de trop grands avantages pour qu'on

---

1. Journal d'un officier présent au siége de Pondichéry.
2. Le Coleron qui se jette dans la mer auprès de Dévicotta était regardé comme pouvant devenir navigable pour des bâtiments du plus gros tonnage. Le seul obstacle venait des sables, mais on pensait qu'avec un peu de dépense et de travail on surmonterait cet obstacle.

y renonçât légèrement. Peu leur importait qu'elle leur fût remise par Sahodgi ou par Pertab-Singh : ils étaient déterminés à en devenir possesseurs à quelque prix que ce fût; dans ce but désormais avoué, ils mirent de côté Sahodgi et envoyèrent une seconde expédition composée de huit cents Européens et de quinze cents Cipayes sous le commandement du major Lawrence.

Sans nous appesantir sur les détails de cette entreprise, nous nous bornerons à dire qu'elle fut couronnée de succès. Dévicotta fut emporté d'assaut après une brillante défense, et Pertab-Singh voulant éviter de nouvelles hostilités et désirant s'assurer désormais l'alliance des Anglais contre Chunda-Sahib, qu'il regardait comme le plus dangereux ennemi du royaume de Tanjore, consentit à leur céder cette forteresse avec un territoire assez étendu pour produire un revenu annuel de trente-six mille roupies. Les Anglais s'engagèrent de leur côté à abandonner la cause de Sahodgi et même à le garder en surveillance à Madras, moyennant une pension viagère de quatre mille roupies. Tel fut le résultat qu'il obtint de son alliance avec une puissance européenne.

Les Anglais étaient tout occupés de leur récente conquête lorsque leur parvint la nouvelle du succès de Chunda-Sahib à Ambour. Ils se hâtèrent de lui envoyer leur reconnaissance à Arcate. Cependant la pensée de sa visite à Pondichéry, le séjour prolongé qu'il y avait fait, l'intimité qui régnait entre Dupleix et lui, les empêchèrent de fermer complétement l'oreille aux sollicitations de Mahomed-Ali, quelque minces que fussent ses chances de succès. Ils voulurent connaître la marche que suivrait Chunda-Sahib avant d'arrêter le parti qu'ils devaient prendre. Le voyant demeurer oisif à Pondichéry, sans faire aucune démonstration contre son rival, ils devinrent de plus en plus incertains.

L'amiral Boscawen était personnellement désireux de soutenir Mahomed-Ali, et il n'attendait qu'une demande officielle pour rester sur la côte. Mais M. Floyer, le Gouverneur, refusa d'entrer dans une voie qui obligerait la Présidence à prendre fait et cause pour un prétendant *in extremis*. Il laissa donc partir l'amiral le 1ᵉʳ novembre, après en avoir reçu un renfort de trois cents hommes qui s'ajoutèrent à la garnison.

Le départ de l'amiral Boscawen était l'instant attendu par Chunda-Sahib, dont tous les préparatifs étaient faits. Dupleix avec ce rare désintéressement et ce soin incessant des ressources de la colonie qui l'ont si éminemment distingué, avait avancé à ce prince cent mille roupies de ses propres fonds, et persuadé à d'autres personnes d'y en ajouter deux cent mille [1]. Il lui fournit aussi huit cents Européens, trois cents Africains et un train d'artillerie dont l'entretien cessa de peser sur Pondichéry, quoique Dupleix se réservât le droit de rappeler ses troupes. Elles marchèrent vers Trichinopoly avec Chunda-Sahib, sous le commandement immédiat de M. Duquesne, le jour même où la flotte s'éloigna. La prise de cette ville devait mettre fin à toute résistance puisque le seul homme qui eût l'ombre d'un droit à faire valoir en opposition à Chunda-Sahib, s'était enfermé dans cette forteresse.

A cette heure il est aussi évident pour nous qu'il l'était alors pour Dupleix, que de la capture de Trichinopoly dépendait l'établissement de la prépondérance permanente de la France dans l'Inde méridionale. Si elle se fût réalisée, Chunda-Sahib n'avait plus aucun rival, et les Anglais plus le moindre prétexte pour refuser de reconnaître sa suprématie qui, dès lors, aurait été tellement consolidée, qu'ils n'auraient pas osé la mettre en question. Ils se seraient donc vus forcés d'admettre sur la côte de Coromandel la domination d'un prince irrévocablement lié aux Français par inclination, par reconnaissance et par intérêt.

Voilà bien quelle était la politique de Dupleix ; pour la faire triompher, il mettait tous les secours possibles à la disposition de ses alliés. Il leur donnait de l'argent, des hommes, des canons et des officiers. De leur côté, l'obligation qu'ils s'étaient imposée en quittant Pondichéry, était de suivre le plan que leur avait tracé Dupleix comme le plus profitable à leurs intérêts aussi bien qu'aux siens, savoir, de marcher droit sur Trichinopoly.

Mais ici nous rencontrons un nouvel exemple de l'impuissance qui frappe le plus grand génie, quand il ne trouve dans les instruments dont il peut disposer, que faiblesse et hésitation. Assurément, après avoir

---

[1]. Ces avances étaient garanties par des terres abandonnées temporairement aux Franç .

fait tant de sacrifices en faveur de ses alliés, Dupleix était bien en droit de compter que, fidèles à leurs engagements, ils se rendraient à la destination convenue ; une fois là, il s'en rapportait à Duquesne pour ce qui restait à faire. Aussi quelle ne fut pas sa douleur en apprenant qu'après avoir passé le Coleron, ils avaient quitté le chemin de Trichinopoly pour prendre celui de Tanjore.

Le fait est que, pendant leur séjour à Pondichéry, les deux princes avaient gaspillé pour leurs plaisirs les fonds que Dupleix destinait à l'entretien de l'armée, et qu'après avoir passé le Coleron, ils s'étaient trouvés en pays ennemi avec un trésor vide. Dans cet embarras Chunda-Sahib se souvint du rajah de Tanjore dont les richesses étaient proverbiales, et Mozuffer-Jung se regarda comme ayant, en sa qualité de soubab du Décan, le droit de percevoir le tribut arriéré, dû par le rajah à l'empereur du Mogol. Dans l'espoir de contraindre ce monarque à payer une somme suffisante pour les délivrer de leurs inquiétudes et avec la pensée que, grâce à leurs troupes françaises, ce but serait facilement et rapidement atteint, ils se dirigèrent sur Tanjore, sans avoir même consulté Dupleix.

Cette ville, située au delà du Coleron et du Cavéry, était défendue par deux forts d'inégale importance. Le plus grand était entouré d'une haute muraille et d'un fossé, mais ces ouvrages n'étaient pas de nature à présenter une vigoureuse résistance. L'autre fort, composé d'une triple enceinte de un mille environ de circonférence avec fossés creusés dans le roc et glacis, présentait un obstacle beaucoup plus sérieux. Il renfermait une pagode surpassant en magnificence toutes les constructions de ce genre dans l'Inde, et que l'on disait contenir d'immenses richesses. L'armée alliée arriva devant la ville le 7 novembre, et la somma de se rendre. Le rajah se montra disposé à entamer des négociations et profita du temps qu'il gagna ainsi pour envoyer des messages pressants aux Anglais et à Nazir-Jung. Les Anglais qui avaient déjà fourni cent vingt hommes à Mahomed-Ali dans Trichinopoly, donnèrent l'ordre d'en transférer sur ce nombre vingt à Tanjore. Nous verrons plus tard quelle fut la réponse de Nazir-Jung. En recevant la réponse des Tanjoriens, Duquesne, agissant suivant des instructions reçues de

Dupleix, insista pour que Chunda-Sahib, au lieu de perdre son temps en vaines négociations obtînt, par force, satisfaction à sa demande. C'était sans aucun doute la seule marche à adopter. Chunda-Sahib qui ne voulait que l'argent et croyait le rajah disposé à payer, supplia Duquesne de s'abstenir de toute hostilité pendant la durée des négociations. Mais il avait en Pertab-Singh un adversaire plus rusé que lui, et par lequel il se laissa leurrer pendant six semaines sans arriver à aucun résultat. En vain Dupleix lui représentait les avantages devant résulter de la prise de Trichinopoly.et les dangers d'une temporisation qui donnait à Mahomed-Ali le temps de se fortifier, et à Nazir-Jung celui de couper ses communications. Chunda-Sahib était si infatué de ses négociations qu'il ne tenait aucun compte de ces avis. Enfin Dupleix, voyant grossir l'orage et craignant, non-seulement le renversement de ses espérances mais encore de graves dangers pour les intérêts français,fit parvenir à Duquesne l'ordre positif de couper court aux négociations par une attaque sur Tanjore. Duquesne obéit, et ses mesures énergiques eurent un effet décisif. Le 26 décembre, il s'empara de trois redoutes placées à six cents mètres de la ville ; après trois jours de pour parlers aussi inutiles que les précédents, il assaillit et enleva une des portes de la ville. Le rajah fut tellement intimidé qu'il céda aussitôt, et le 31, il signa un traité par lequel il prenait entre autres engagements, celui de payer à Chunda-Sahib et à Mozuffer-Jung sept millions de roupies, de faire remise à la Compagnie française d'une rente annuelle de sept mille roupies qu'elle lui payait ; d'ajouter aux possessions françaises de Karical, un territoire comprenant quatre-vingt-un aldées ; et enfin de distribuer aux troupes françaises deux cent mille roupies. D'un autre côté, Nazir-Jung avait eu le temps de rassembler une armée considérable et s'était mis en marche pour aller châtier son neveu. Par l'intermédiaire des Anglais, le rajah de Tanjore en avait reçu quelque avis, aussi avait-il recours à tous les artifices pour retarder le payement. Ainsi comme à-compte sur la somme convenue, il envoyait tantôt de la vaisselle plate, tantôt de la monnaie hors cours, ou des bijoux et des pierres précieuses, et par ce moyen il retint encore Chunda-Sahib sous ses murs pendant plusieurs semaines. Enfin ce ne fut qu'après avoir appris par un message pressant de Dupleix l'entrée de Nazir-Jung dans le Carnate, que Chunda-Sahib dut renoncer à l'espoir d'obtenir, même par portions, la rançon promise. Dupleix lui recommandait encore les mesures les plus énergiques : il le pressait de pénétrer immédiatement dans Tanjore, afin de punir le rajah sans foi et de se ménager en même temps un refuge. Chunda-Sahib se laissa persuader enfin, mais trop tard ; ses troupes refusèrent de le suivre ; le bruit de l'approche de Nazir-Jung avec une armée soi-disant innombrable était aussi parvenu jusqu'à elles et frappées d'une terreur panique, elles se désorganisèrent et s'enfuirent vers Pondichéry.

Ainsi une fois encore, Dupleix voyait la réalisation de ses vastes projets empêchée, ou au moins ajournée, par la faiblesse de ceux en qui il avait mis sa confiance ; et ces indigènes, dont le manque d'énergie, cause de leur propre ruine, l'avait entraîné avec eux dans le malheur, eurent de nouveau recours à lui pour sortir d'embarras. Il voulut bien faire un nouvel effort pour les en tirer ; ne pouvant compter sur le secours de l'amiral, il ne dut songer qu'à tirer parti de ses propres ressources ; mais il le fit avec tant d'énergie et d'habileté, qu'aujourd'hui encore, après tant d'années écoulées, nous devons lui payer un tribut d'admiration. S'il ne réussit pas tout d'abord, cependant son activité, sa patience, sa persévérance ne furent pas longtemps stériles. Avant d'entamer le récit de ce qu'il sut accomplir, jetons un coup d'œil sur la situation générale.

L'armée réunie de Mozuffer et de Chunda, effrayée et mutinée faute de paye était sous les murs de Pondichéry ; elle avait été suivie d'un détachement de huit cents Français commandés par Goupil qui avait remplacé Duquesne, mort de la fièvre à Tanjore. D'un autre côté, l'immense armée de Nazir-Jung forte de trois cent mille hommes, dont moitié était de la cavalerie, de huit cents pièces de canon et de treize cents éléphants, était partie d'Arcate. En route, elle fut rejointe par Morari-Rao à la tête de dix mille chevaux ; il était sorti victorieux d'une rencontre avec l'armée alliée à Chillumbrun ; en arrivant à Valdaour à quinze milles de Pondichéry, l'armée se grossit encore de six mille chevaux amenés par Mahomed-Ali, le prétendant du Carnate ; et ce qui était bien plus important, le 2 avril, le major Lawrence arriva avec huit cents Européens. Les Anglais avaient résolu de prendre avantage de l'échec éprouvé par les protégés des Français, et de soutenir de tout leur pouvoir les rivaux de ces princes.

Que pouvait faire Dupleix en face de forces semblables ? Il n'y avait qu'un parti à adopter, et une pareille conception ne pouvait naître que dans le cerveau d'un homme doué d'une intelligence profonde et hardie. Pour rencontrer une armée aussi considérable, il fallait que, malgré la disproportion du nombre et l'insuffisance du matériel, l'armée opposante fît preuve de courage et de détermination. Et comment créer ces sentiments chez les soldats effrayés et révoltés des deux alliés ? Tel était le problème à résoudre. Malgré la difficulté, Dupleix tenta l'épreuve ; d'abord il calma l'esprit de révolte en avançant personnellement les fonds nécessaires au payement de la solde arriérée ; puis il chercha à ranimer leur courage en leur affirmant qu'il ne craindrait pas de les appuyer par toute la garnison de Pondichéry. Goupil, retenu par la maladie, fut remplacé par M. d'Auteuil, maintenant guéri des blessures qu'il avait reçues à Ambour, et le détachement fut porté à deux mille hommes. Les forces indigènes, ainsi encouragées, quittèrent Pondichéry, se dirigeant vers le Nord-Ouest, et à la fin de mars, occupèrent une forte position en face du camp ennemi de Valdaour. Dupleix ne négligeait aucun des petits moyens qui souvent lui avaient si bien réussi ; il cherchait par des communications secrètes à agir sur l'esprit de Nazir-Jung en faveur des intérêts français. Il paraissait à la veille de réussir, quand des événements inattendus, impossibles à prévoir, neutralisèrent l'effet de ses négociations et firent crouler tout l'édifice de ses projets.

Pour son malheur, il régnait un mauvais esprit parmi les officiers qu'il avait mis au service des princes. La somme reçue du rajah de Tanjore n'avait été partagée qu'entre les officiers qui avaient pris part à cette expédition ; beaucoup avaient ensuite été congédiés, et ceux qui les avaient remplacés aussi bien que ceux qui arrivaient avec des troupes nouvelles, murmuraient, sans raison, de ce qu'on leur assignait un service qui les exposerait à beaucoup de dangers, sans chances de butin. Dupleix avait alors si peu d'officiers à sa disposition, qu'il ne pouvait penser à châtier les mécontents. Il fit donc appel à leur honneur, en leur demandant de se conduire comme des soldats et des Français devant l'ennemi. Cet appel ne trouva pas d'écho. Dans la soirée du même jour où les deux armées avaient échangé leur première canonnade, le 3 avril, treize officiers se rendirent en corps près de M. d'Auteuil, et déposant leurs commissions, refusèrent le service. Mais là ne se bornait pas le mal. Non contents de se refuser au combat, ces officiers avaient engagé les soldats qu'ils commandaient à suivre leur exemple. Par une bassesse qui heureusement n'a pas eu sa pareille, ils avaient aussi réussi à semer parmi les soldats des germes de désaffection et de méfiance. Les Cipayes à la solde de la France ne purent voir sans émotion la défection de ceux qu'ils étaient habitués à regarder comme leurs chefs de file ; le doute, l'hésitation s'étaient répandus dans leurs rangs, et à la veille d'une bataille qui, si elle était perdue, aurait les plus funestes conséquences pour l'établissement français, d'Auteuil se trouva commander une armée complètement démoralisée, et en laquelle il ne pouvait avoir aucune confiance s'il la conduisait en face de l'ennemi.

Peu d'hommes se sont trouvés dans des circonstances plus difficiles et exigeant une décision plus prompte. Conserver sa position et rencontrer, avec une armée aussi mal disposée et les troupes de ses alliés, l'innombrable armée de Nazir-Jung, des Mahrattes et des Anglais, c'était courir à une perte certaine. Ses hommes ne voulaient pas se battre, et en se retirant, ils entraîneraient les indigènes. Il n'était que trop probable qu'une semblable déroute encouragerait l'ennemi à faire une nouvelle tentative sur Pondichéry. Au contraire, si les troupes se retiraient de nuit, l'armée serait conservée pour l'avenir, et garantirait la sécurité de la capitale. Cependant, avant de prendre une résolution définitive, d'Auteuil voulut tenter un dernier effort pour ramener l'armée dans le devoir. Ses remontrances et ses menaces n'eurent pas plus de succès que ses sollicitations. Le poison de la méfiance s'était répandu dans les rangs ; les officiers mutinés avaient persuadé à leurs soldats qu'ils seraient inévitablement sacrifiés en luttant contre une armée bien supérieure en nombre et ils avaient si bien réussi que tous les raisonnements de leur commandant furent inutiles. Ils ne voulaient pas combattre. Convaincu alors que la retraite était le seul parti à prendre, il convoqua ses deux alliés pour leur exposer les circonstances dans lesquelles il se trouvait : il leur expliqua qu'il était forcé de se retirer, et leur laissa le choix de suivre sa fortune ou de se tirer d'affaire par eux-mêmes. Ici, comme précédemment, leurs différents caractères furent mis au grand jour. L'expérience et la confiance que Chunda-Sahib avait acquises par ses constantes relations avec les Français le portèrent à déclarer sans hésitation qu'il partagerait le sort de ses alliés européens. Mozuffer-Jung, d'une nature plus faible, comptant peu sur lui-même et ne pouvant croire que d'Auteuil n'avait pas quelque autre motif caché, se décida à s'en remettre à la merci de son oncle.

D'après les résolutions prises, le contingent français commença sa retraite à minuit, suivi de Chunda-Sahib, qui insista pour occuper, avec sa cavalerie, le poste d'honneur à l'arrière-garde. Le désordre était si grand, la démoralisation si complète, que nul n'informa les canonniers de la retraite, et que quarante d'entre eux furent oubliés et abandonnés avec les onze canons qu'ils servaient.

Quand le jour parut, la retraite des Français n'avait pas encore été découverte, mais alors Morari-Rao, à la tête de dix mille cavaliers mahrattes s'élança à leur poursuite. Il les rejoignit au moment où ils atteignaient le bois de poivriers épineux qui formait la défense extérieure de Pondichéry. D'Auteuil, informé de son approche, forma sa troupe en un carré, vide au milieu, tandis que Chunda-Sahib se prépara à l'attaquer au moment opportun avec sa cavalerie. Morari était un excellent cavalier, mais fort peu versé dans la tactique européenne; aussi se trouva-t-il enveloppé dans le carré français. Chunda-Sahib s'était jeté sur ses cavaliers qui, à l'exception d'une quinzaine, se trouvèrent empêchés de suivre leur chef. A ce moment Morari-Rao, seul avec ses quinze hommes au milieu des Français, semblait perdu sans ressources : son intrépidité et la mollesse des Français furent les causes de son salut. Il attaqua l'autre face du carré, et réussit, en perdant neuf des siens, à forcer sa sortie. Il rejoignit sa cavalerie aux prises avec Chunda-Sahib et les Français ; le combat continua jusqu'à ce qu'on eût atteint l'enceinte boisée, mais arrivé là, Morari-Rao jugea prudent de se retirer.

Dans cette action, les Français perdirent dix-neuf hommes, en outre des quarante abandonnés lors de la retraite, et un assez grand nombre furent sabrés par les indigènes; ceux qui purent s'échapper de leurs mains tombèrent au pouvoir des Anglais. Dupleix fut encore moins affligé de ces pertes en hommes et en canons, que de la ruine de ses projets. Nous avons dit qu'il était sur le point d'amener Nazir-Jung à entrer en arrangement avec lui; il ne s'était pas laissé arrêter par la sédition de ses officiers ni par le mauvais esprit qui s'était répandu dans ses troupes, et il est probable que si l'armée avait conservé sa position un seul jour de plus, Nazir-Jung aurait signé le traité ; mais cette révolte perdit tout.

« Il est aisé d'imaginer, dit-il dans ses Mémoires en s'exprimant à la troisième personne, quelle fut la douleur du sieur Dupleix, en apprenant tous les détails de la conduite de nos lâches officiers et pour surcroît de malheur le désastre de Monzaferzingue qui, ayant négligé de suivre notre armée, était tombé avec la majeure partie de ses troupes aux mains de Nazir-Jung. » La nouvelle n'était que trop vraie. Quoique Nazir-Jung eût juré sur le Coran de rendre à son neveu les gouvernements qu'il avait jadis occupés, cependant, suivant une coutume usitée en Europe au treizième et au quatorzième siècle, comme dans l'Inde au dix-huitième, il le chargea de fers. Il devint ainsi le soubab sans rival du Décan, et l'un des premiers actes de son autorité fut de nommer Mahomed-Ali nabab du Carnate. C'est ainsi que furent déjouées les combinaisons au moyen desquelles Dupleix espérait amener l'Inde méridionale à se dévouer complétement au service des intérêts de la France. Ah! sans doute, sa douleur dut être profonde, mais quelle qu'en fut l'étendue, elle ne put le réduire au désespoir ni l'entraîner à abandonner ses plans. Au contraire, il sembla qu'il en recevait une nouvelle impulsion pour se mettre à la recherche d'expédients nouveaux et plus hardis.

Ce furent les officiers révoltés qui répandirent eux-mêmes dans

Pondichéry les premières nouvelles de la fâcheuse retraite des Français. Dès le matin, ils s'étaient hâtés d'entrer dans la ville et d'y semer l'alarme par le bruit que l'armée était battue et poursuivie par les Mahrattes. En recevant des nouvelles aussi différentes de celles qu'il attendait, le premier soin de Dupleix fut de faire arrêter ces poltrons. Il se hâta ensuite d'aller à l'armée pour tâcher de la purger des officiers désaffectionnés et de ranimer le courage des autres. Pour cela, il ne recula pas devant les mesures énergiques ; il fit arrêter tous les officiers dont la fidélité était douteuse : d'Auteuil lui-même fut mis en jugement pour s'être retiré sans ordres. Il représenta aux soldats que ce n'était pas l'ennemi qui était cause de leur retraite, mais bien la lâche conduite de leurs propres officiers. La confiance qu'il montrait produisit son effet, Les soldats français, inspirés par sa présence sympathique, reconnurent leur crime, et à l'insubordination succéda un insatiable désir de réparer la faute passée.

Mais, pendant qu'il s'occupait ainsi de rétablir la discipline, Dupleix n'était pas moins actif en ce qui regardait l'ennemi. Il dut, en premier lieu, adopter la voie des négociations, et nous verrons quelle habileté il y apporta. Au lieu de laisser voir par quelque abaissement dans ses prétentions combien la situation de Pondichéry était amoindrie, il ordonna à ses envoyés de formuler des demandes fort peu inférieures à ce qu'elles auraient pu être après une victoire de l'armée française. Ils insistèrent, en son nom, pour qu'aucun membre de la famille d'Anwaroudin ne fût nommé nabab du Carnate, et que les enfants de Mozuffer-Jung fussent rétablis dans les États et les gouvernements de leur père. Ils ne s'en tinrent pas là : pour appuyer les négociations, ils eurent recours à ces ruses que leur avaient enseignées les princes asiatiques, et dans lesquelles ils se montrèrent bientôt supérieurs à leurs maîtres. Ainsi ils exagérèrent les pertes éprouvées par Morari dans la tentative faite par lui pour empêcher les Français de rentrer à Pondichéry. D'un autre côté, ces mêmes agents intriguèrent auprès des chefs de l'armée du Nizam, et particulièrement des nababs de Kuddapah, de Kurnood et de Savanore, et réussirent à établir avec eux et d'autres encore des relations secrètes.

Nazir-Jung ayant refusé d'agréer les conditions proposées par MM. du Bausset et de Larche, les députés de Dupleix, ceux-ci durent revenir à Pondichéry au bout de sept jours. L'armée était revenue à un meilleur esprit ; les officiers qui s'étaient déshonorés avaient été sévèrement punis ; d'autres, moins coupables, ne demandaient qu'une occasion favorable de laver la tache dont ils avaient souillé leur honneur. D'Auteuil, après avoir prouvé qu'en de telles circonstances il n'avait pu agir autrement, avait été réintégré dans son commandement. Il était temps de frapper un grand coup et de montrer au prince qui avait refusé leurs propositions que les Français étaient encore des ennemis redoutables. Aussitôt après le retour des envoyés, Dupleix envoya l'ordre à d'Auteuil d'attaquer le camp de Morari-Rao, placé entre Pondichéry et le principal corps d'armée de Nazir-Jung. Dans la nuit du 12 avril, huit jours seulement après la retraite de Valdaour, d'Auteuil détacha trois cents hommes sous les ordres de M. de la Touche, pour aller surprendre l'ennemi. Ils partirent vers minuit, arrivèrent au camp, y pénétrèrent sans être découverts, profitèrent de la surprise et de la frayeur de l'ennemi pour lui tuer douze cents hommes, et au point du jour rentrèrent à Pondichéry n'ayant perdu que trois des leurs. Cette attaque hardie produisit un tel effet sur Nazir-Jung que, ne pensant plus qu'à sa propre sûreté, il se hâta de lever son camp et de se retirer au plus vite sur Arcate, tandis que les Anglais regagnaient le fort Saint-David.

Ayant ainsi rendu à son drapeau le prestige du succès, Dupleix résolut de ne pas s'arrêter là. Nazir-Jung, arrivé à Arcate, avait projeté de se venger de ses ennemis tout en restant tranquillement renfermé dans sa capitale. Dans ce but, il s'empara par la force des loges et factoreries que les Français avaient établies à Mazulipatam, sur la côte d'Orissa, et à Yanaon, au confluent de la Coringa et du Godavéry.

Mais il ne les garda pas longtemps ; deux vaisseaux, *le Henry* et *le d'Argenson*, à destination du Bengale, avaient touché peu de jours auparavant à Pondichéry, pour y décharger une partie de leurs cargaisons et y reprendre d'autres marchandises. Quand Dupleix apprit la conduite de Nazir-Jung, il fit, sans mettre personne dans sa confidence, les préparatifs nécessaires pour embarquer dans la nuit deux cents Européens et trois cents soldats indigènes avec une batterie d'artillerie, puis il donna l'ordre au commandant de faire voile directement pour Mazulipatam et d'en reprendre possession. Les navires arrivèrent à ce port le troisième jour au soir. Les troupes débarquèrent, surprirent la ville, et s'en emparèrent sans la moindre opposition et sans qu'une seule goutte de sang eût été versée. Les couleurs françaises flottèrent de nouveau sur la ville, et l'on prit les mesures nécessaires à sa conservation.

Mais c'était dans le voisinage même de Pondichéry que Dupleix voulait agir le plus efficacement. Peu de temps après que Nazir-Jung fut reparti pour Arcate et les Anglais pour le fort Saint-David, il ordonna à d'Auteuil de traverser avec cinq cents hommes le Pounar pour s'emparer de la pagode fortifiée de Tiruvadi, à treize milles seulement de Cuddalore, et presque en vue de Mahomed-Ali. Son but était de se procurer sur le Pounar un point d'appui qui lui assurerait la haute main sur les pays environnants et sur leurs productions. L'expédition réussit parfaitement : d'Auteuil, après avoir pris la ville sans rencontrer de résistance et y avoir placé une garnison de vingt Européens, vingt Topasses et cinquante Cipayes, s'occupa de poursuivre le cours de ses conquêtes. Mais Nazir-Jung, effrayé par la prise de Tiruvadi, céda enfin aux sollicitations de Mahomed-Ali, et lui accorda un secours de vingt mille hommes. Les Anglais, voyant dans la possession de ce lieu par les Français une menace continuelle, envoyèrent aussi à Mahomed-Ali quatre cents Européens et cinq cents Cipayes, commandés par le capitaine Cope. Cette armée combinée se porta le 30 juillet dans le voisinage des forces françaises, qu'elle trouva campées sur le Pounar, à environ sept milles de Cuddalore.

Malgré la grande supériorité numérique de l'ennemi, d'Auteuil résolut de maintenir sa position. Non-seulement la nature l'avait fortifiée, mais la main de l'homme y avait encore ajouté. Hasarder une attaque contre des Français défendus par des retranchements, n'était pas une entreprise qui convînt au caractère faible de Mahomed-Ali ; aussi, s'inspirant des conseils du capitaine Cope, il fit une démonstration sur Tiruvadi, dans l'espoir d'attirer d'Auteuil sur ce point. Mais d'Auteuil était trop clairvoyant pour se laisser prendre à une ruse aussi transparente, et, quand Mahomed-Ali voulut tenter réellement l'attaque qui, d'abord, n'avait été qu'une feinte, il découvrit que ses soldats avaient autant de répugnance pour les murs de pierre que pour les retranchements, quand les uns ou les autres étaient défendus par des Européens. En conséquence, il reprit la position qu'il avait quittée en face du camp français, et, encouragé par le capitaine Cope, il ouvrit une violente canonnade. Mais le feu des Français était si bien nourri et leurs canonniers pointaient si juste, qu'au bout de dix heures les alliés, découragés, se retirèrent, après avoir essuyé des pertes considérables en tués et blessés. Celles des Français furent peu importantes; mais ils étaient trop peu nombreux pour se risquer à poursuivre les fuyards : ils se contentèrent de se maintenir sur leur terrain, et de se tenir prêts à profiter de la mésintelligence qui, après cet échec, éclaterait probablement entre Mahomed-Ali et ses alliés anglais.

C'est en effet ce qui eut lieu. Aussi porté à se décourager à l'excès dans l'adversité qu'à se laisser enfler par la prospérité, Mahomed-Ali ne se jugeait pas à l'abri des attaques des Français tant qu'il se trouvait dans un pays découvert. Il proposa donc de se retirer sur Arcate. Les Anglais, qui avaient en vue de couper aux Français les communications avec Pondichéry, voyant que Mahomed-Ali ne voulait plus écouter leurs conseils ni avancer d'autres fonds, s'en retournèrent au fort Saint-David. Aussitôt que Dupleix eut connaissance de ce mouvement, il fit marcher d'Auteuil sur Tiruvadi ; il lui adjoignit un corps de treize cents Européens et de deux mille cinq cents Cipayes, commandés par de la Touche, et mille chevaux sous les ordres de Chunda-Sahib. Avec ces forces réunies, il devait surprendre le corps de Mahomed-Ali. Ce nabab, avec une armée de plus de vingt mille hommes, composée surtout de cavaliers, avait pris position entre Tiruvadi et le fort Saint-David, adossé au Pounar, qui coulait derrière le camp, et attendant les instructions qu'il avait demandées à Nazir-Jung. Mais le lendemain du jour où les Anglais étaient partis, le 1er septembre, il fut attaqué par d'Auteuil. Les Français marchèrent en bon ordre, l'artillerie en tête, la cavalerie sur les deux ailes. Dans cette disposition, cette poignée d'hommes s'avança droit à l'ennemi, ne faisant de courtes haltes que pour mettre le feu aux canons. Tant qu'ils furent à une certaine distance, les canons du nabab furent assez inoffensifs, et quand d'Auteuil, arrivé à deux cents mètres des retranchements, fit avancer son infanterie et commanda une décharge générale, le courage des Asiatiques leur fit défaut. Ils ne tentèrent pas un effort pour défendre l'entrée du camp ; les retranchements furent abandonnés aussitôt que les Français y parurent ; ceux-ci y transportèrent leurs canons, et de l'une des extrémités du camp commencèrent un feu épouvantable sur les masses entassées entre eux et la rivière.

Bien différent de Chunda-Sahib, Mahomed-Ali ne fit preuve ni de courage ni de présence d'esprit ; ici comme à Ambour, il ne pensa qu'à sa propre sûreté. Ses hommes, livrés à eux-mêmes, se conduisirent, ainsi qu'on devait s'y attendre, comme un troupeau sans berger. Les quinze mille cavaliers qui étaient dans le camp, ne firent rien pour sauver leur maître : arriver à se mettre en sûreté derrière le Pounar était la seule préoccupation de chacun des fugitifs. Non-seulement ils n'avaient jamais rêvé la victoire, mais encore une retraite en bon ordre était hors de question. Par bonheur pour eux, la rivière était guéable ; mais avant d'y arriver, ils avaient perdu au moins un millier d'hommes. En outre, ils abandonnèrent aux Français une grande quantité de munitions, d'immenses approvisionnements de grains et de fourrages, trente pièces de canon et deux mortiers anglais. Les Français ne perdirent aucun des leurs dans cet engagement ; quelques Cipayes seuls furent blessés par l'explosion d'une charrette de poudre.

Si les batailles peuvent être classées selon leurs résultats, celle-ci peut être appelée une grande victoire. Grâce à elle, les Français firent plus que de regagner l'ascendant que leur avait enlevé la désastreuse retraite de Valdaour ; et elle replaça Chunda-Sahib dans une situation qui lui permettait de faire valoir ses droits légitimes à la possession du Carnate, tandis que son rival Mahomed-Ali qui, deux mois auparavant, s'était vu le maître de cette province, à l'exception des territoires cédés aux Anglais et aux Français, se trouvait par cette défaite réduit à fuir avec ses deux compagnons, et à chercher un refuge dans Arcate. De leur côté, les Anglais de Mahomed-Ali, sur le point de perdre leur commandant, le major Lawrence, qui allait retourner en Angleterre, étaient, par cette même bataille, réduits à une inaction forcée; car, n'étant pas en guerre avec la France, ils se voyaient enlever, par la dispersion de l'armée de Mahomed-Ali, le prétexte de secourir un allié indigène.

Il est vrai cependant que Nazir-Jung exerçait encore les fonctions de soubab du Décan et qu'il était leur allié ; mais, plongé dans la débauche et se livrant sans bornes au plaisir de la chasse, il abandonnait la direction des affaires à ses ministres et à ses nobles, dont les principaux étaient déjà, par les intrigues de Dupleix, gagnés aux intérêts de la France. Tandis que l'armée qu'il avait donnée à Mahomed-Ali était détruite sur le champ de bataille, il demeurait inactif dans Arcate, ne soupçonnant pas qu'il fût en danger, et ne voulant pas croire à la possibilité de se retrouver en face de cette même armée qu'il avait vue fuir à Valdaour. Dupleix voulait mettre à profit cette molle oisiveté qu'il avait favorisée par tous les moyens et la consternation qu'avait inspirée aux partisans de Mahomed-Ali la victoire de d'Auteuil. Il envoya à celui-ci l'ordre de détacher, sous les ordres de M. de Bussy, une force suffisante pour s'emparer de la forteresse de Gingi, située à cinquante milles dans les terres, et dont la possession devait, selon lui, décider du sort du Carnate.

La ville de Gingi, entourée d'épais murs et flanquée de tours, est située au pied de trois montagnes qui forment les faces d'un triangle équilatéral ; chacune de ces montagnes était défendue par une citadelle élevée à son sommet, et les côtés étaient protégés par des rochers à pic, dans lesquels la main des hommes avait pratiqué des sentiers, seuls passages qui donnassent accès dans la ville. Une ceinture d'ouvrages avancés contribuait encore à en rendre l'approche extrêmement difficile, et il n'y avait rien d'étonnant à ce que les indigènes regardassent Gingi comme imprenable. Cette réputation en avait fait le lieu de refuge de toutes les armées vaincues, et les débris de l'armée de Mahomed-Ali, au nombre de dix à douze mille hommes, y avaient été chercher la protection qu'une position aussi forte semblait devoir assurer. Ce fut contre cette forteresse, la plus importante de toutes celles du Carnate, que Dupleix ordonna à d'Auteuil d'envoyer un détachement, et en même temps il désigna de Bussy comme l'officier auquel il préférait que cette opération fût confiée. Nous avons vu que les troupes françaises ayant à deux reprises reculé devant les retranchements créés à Ambour par Anwaroudin, de Bussy, lorsque le commandant d'Auteuil eut été blessé, rallia l'infanterie débandée et la conduisit à une troisième attaque, cette fois victorieuse. Chose étonnante ! quand on se rappelle qu'il a joué l'un des principaux rôles dans l'histoire de l'Inde française, nous ne savons presque rien des commencements de sa carrière. Ce qu'il y a de certain, c'est qu'il naquit en 1718, à Bucy, près Soissons. Il perdit son père dès ses premières années, et n'eut guère d'autre héritage que sa généalogie[1]. Il partit de France pour l'Inde à l'époque où La Bourdonnais était Gouverneur, et fit partie, en 1746, de l'expédition commandée par cet amiral. Quand celui-ci revint en France, à la fin de cette même année, de Bussy demeura dans l'Inde comme officier dans l'armée de Pondichéry. Il se trouva ainsi en contact continuel avec Dupleix, et, dans leurs fréquents entretiens, s'il fut frappé du brillant génie et des vues larges du Gouverneur général, celui-ci ne le fut pas moins du naturel franc, de la soif d'instruction, surtout en ce qui touchait l'Inde et ses habitants, et des brillantes qualités qui distinguaient ce jeune officier ; de Bussy avait prouvé qu'il possédait en outre un courage, une intrépidité, une présence d'esprit qui, jointes à son instruction militaire, devaient inévitablement le conduire à la fortune ; c'était cet ensemble de qualités et de talents qui avait appelé sur lui le choix de Dupleix, pour commander un détachement lors de cette expédition, la plus brillante de toutes celles que les Français entreprirent dans l'Inde.

De Bussy avait sous ses ordres deux cent cinquante Européens et douze cents Cipayes, avec quatre pièces de campagne. Il quitta le champ de bataille où l'on avait combattu Mahomed-Ali le 3 septembre et aperçut Gingi le 11. De Bussy campa à trois milles

---

1. Il se nommait Charles-Joseph Patissier, marquis de Bussy-Castelnau.

en avant de la ville, et reçut l'avis que les restes de l'armée de Mahomed-Ali, s'élevant à dix ou douze mille hommes, plus mille Cipayes disciplinés par les Anglais, et quelques canonniers européens, avec huit pièces de campagne, étaient campés sur les glacis et devaient profiter de leur supériorité numérique pour l'attaquer. En effet, l'ennemi ne tarda pas à s'avancer ; de Bussy, attendant qu'il fût arrivé à portée du pistolet, commanda le feu ; au même moment les quatre canons tirèrent à la fois sur la cavalerie ennemie. Comme d'usage, cette décharge, non-seulement arrêta la marche des Indiens, mais répandit la confusion dans leurs rangs. Ils étaient déjà débandés quand on vit paraître le gros de l'armée que commandait d'Auteuil. Une panique générale se répandit alors dans toutes les troupes ennemies ; de Bussy en profita pour s'emparer de leurs canons et tuer ou faire prisonniers les Européens qui les servaient. Il continua à poursuivre les fugitifs jusque sous les murs de Gingi, où ils se trouvaient protégés par le feu de la ville.

Cet obstacle n'arrêta pas de Bussy ; il les suivit jusqu'à l'une des principales portes, qu'il fit sauter ; puis, l'épée à la main et suivi de ses hommes, il engagea un combat désespéré, corps à corps. Rien ne put résister à la valeur des Français : avant la fin du jour la ville était à eux, et dans la nuit elle fut occupée par les autres troupes que commandait d'Auteuil. Néanmoins leur situation était encore des plus dangereuses. Nous avons dit que Gingi était situé à la base de trois montagnes, au sommet desquelles se trouvaient trois forteresses, qui firent pleuvoir une grêle de projectiles sur les Français dans l'intérieur de la ville : la mitraille, les boulets, les fusées se succédaient. Pendant quelque temps, de Bussy, tenant ses hommes à couvert, répondit par le feu de ses mortiers. Mais, aussitôt que la lune fut couchée, il fit marcher trois détachements d'élite pour escalader simultanément les trois citadelles. Cette opération était difficile : une redoute après une autre s'opposait aux progrès des assaillants, une épouvantable grêle de feu les accablait de tous côtés ; mais il n'y avait pas d'obstacles si grands qui ne pussent être vaincus par de Bussy et ses compagnons. La prise d'assaut d'une forteresse les remplissait d'une nouvelle ardeur pour tenter la conquête d'une autre ; plus ils avançaient, plus ils devenaient terribles, tandis que leurs ennemis se décourageaient. A force de monter, ils arrivèrent aux citadelles qui, à la pointe du jour, tombèrent aussi en leur pouvoir, et les vainqueurs purent alors contempler tant d'obstacles presque insurmontables et s'émerveiller d'avoir réussi à s'en rendre maîtres.

En effet, ce fait d'armes était admirable, non-seulement par lui-même, mais encore par l'effet immense qu'il ne pouvait manquer de produire sur les peuples indiens. Ce n'étaient pas des guerriers de second ordre que ceux qui pouvaient, en moins de vingt-quatre heures, défaire une armée bien supérieure en forces, prendre d'assaut une ville forte réputée imprenable, et qui avait défié pendant trois années la meilleure armée et le meilleur général de l'illustre Aurengzeb. Une victoire si marquante ne pouvait passer inaperçue : des villes du midi, la renommée s'en étendit d'un côté jusqu'à la ville impériale de Delhi, de l'autre jusqu'au palais de Pounah. C'était un fait qui, par les avantages matériels qui en découlaient et par le renom qu'il donnerait à ceux qui l'avaient accompli, ferait une vive impression sur Mahomed-Ali et aussi sur Nazir-Jung, établirait les protégés de Dupleix à Golconde et à Arcate, et mettrait Delhi lui-même presque à portée des entreprises du gouvernement français. Désormais Dupleix pouvait se flatter qu'en mettant à profit avec prudence, mais en même temps avec vigueur, chacune des occasions qui naîtraient, la prise de Gingi serait pour lui une base assurée du progrès des Français dans l'Inde.

L'effet immédiat de cette capture sur l'esprit des indigènes fut tel qu'on devait s'y attendre. Nazir-Jung, jusque-là plongé dans les plaisirs, se réveilla de sa léthargie et fut, lui vice-roi du Mogol, lui qui commandait trois cent mille hommes, foudroyé par ce récit. Il sentait qu'il fallait être ou le vainqueur ou l'allié des Français ; il avait à choisir entre deux partis : ou tenter de conquérir la première de ces conditions, ou négocier pour obtenir la seconde ; car il apprit simultanément que Gingi avait succombé et que d'Auteuil marchait sur Arcate, au moment même où il recevait de Dupleix des propositions pacifiques. Les trois principales conditions étaient celles-ci : la mise en liberté de Mozuffer-Jung et son rétablissement dans les gouvernements qu'il occupait du vivant de son grand-père ; la nomination de Chunda-Sahib à la nababie d'Arcate, et la cession irrévocable de Mazulipatam aux Français. Il est probable que Nazir-Jung n'aurait pas été fort récalcitrant pour les deux dernières, mais la délivrance de Mozuffer-Jung équivalait à une reprise de guerre civile, et plutôt que d'y consentir, il préféra tenter la fortune. Ayant réuni ses officiers à Arcate, il se mit à la tête de soixante mille fantassins, quarante-cinq mille chevaux, sept cents éléphants et cinq cents canons, et marcha dans la direction de Gingi. Mais quand il arriva à douze milles des Français qui, après avoir fait une ou deux étapes sur la route d'Arcate, étaient revenus sur leurs pas en apprenant que l'ennemi approchait de Gingi, les pluies périodiques commencèrent à tomber avec une telle violence, qu'il devint impossible de faire aucune manœuvre utile en présence de l'ennemi. Il en résulta une inaction forcée qui dura jusqu'au commencement de décembre ; l'armée française demeura campée à environ trois milles de Gingi d'où, pendant plusieurs semaines, elle tira ses vivres. Quand ses approvisionnements furent épuisés, elle en reçut directement de Pondichéry, grâce aux sages arrangements pris par Dupleix et en dépit de l'état du pays. Nazir-Jung, de son côté, fut obligé de rester dans une position des plus incommodes, resserré entre des cours d'eau grossis par les pluies, et ne pouvant se procurer qu'à grand'peine les vivres nécessaires.

Ces deux mois de trêve forcée furent utilement employés par Dupleix. Il entretenait des correspondances secrètes avec les chefs de l'armée de Nazir-Jung et avait réussi à en persuader un grand nombre, surtout parmi les Patans et les Mahrattes dont l'intérêt était de traiter les Français en amis plutôt qu'en ennemis. Les officiers de ces deux peuples avaient plusieurs raisons d'être indisposés contre Nazir-Jung. Ses débauches sans nombre, sa conduite perfide à l'égard de Mozuffer-Jung après sa promesse solennelle de lui accorder la liberté, ses refus réitérés de prêter l'oreille à des propositions de paix, la persuasion qu'avec Mozuffer-Jung pour vice-roi ils jouiraient non-seulement de la paix et d'une alliance avec les Français, mais acquerraient beaucoup d'honneurs et de dignités, toutes ces causes se réunissaient pour aiguiser leur désir d'être débarrassés de ce prince sans honneur et sans foi. D'un autre côté, leur admiration mêlée de crainte pour la nation française, et en particulier pour ce vaillant homme d'État qui en dirigeait si habilement les affaires, donnait aux propositions de Dupleix une influence à laquelle ils ne purent résister. Les deux partis en arrivèrent donc à une convention secrète stipulant que, si Nazir-Jung persistait à fermer l'oreille aux propositions de Dupleix et se décidait à marcher contre les Français, les nobles mécontents s'éloigneraient avec leurs troupes de leur seigneur suzerain et se rangeraient à peu de distance sous l'étendard de la France. Les moindres détails furent si bien prévus, qu'un drapeau français fut secrètement remis aux conspirateurs pour être hissé en temps opportun, sur le dos d'un éléphant, dans la partie la plus en évidence du camp. D'autres arrangements cachés furent encore conclus entre Mozuffer-Jung et les conjurés, mais sans que Dupleix y eût part. Il n'est guère douteux que la mort du soubab était chose convenue entre eux, ainsi que le partage de ses trésors entre Mozuffer-Jung d'une part et les conjurés de l'autre.

Cependant Nazir-Jung avait fait des réflexions. Les embarras que pouvait lui causer son armée, la crainte de se trouver engagé dans une guerre qui pouvait se prolonger et dont l'issue était douteuse contre un ennemi qu'il craignait, et, pardessus tout, l'interruption de ses plaisirs favoris que cette campagne entraînerait nécessairement, l'amenèrent à examiner de nouveau les conditions proposées à plusieurs reprises par Dupleix. Jusqu'ici il n'y avait fait aucune réponse ; mais, quand les beaux jours du commencement de décembre lui annoncèrent que le moment arrivait où il ne serait plus possible d'éviter une rencontre, il se détermina à tout abandonner, à mettre Mozuffer-Jung en liberté, à céder Mazulipatam, à nommer Chunda-Sahib, à faire en un mot toutes les concessions qui lui rendraient la liberté de s'abandonner aux plaisirs. Il écrivit à Dupleix qu'il acceptait ses conditions, et fit porter sa lettre par trois de ses officiers munis de pleins pouvoirs pour négocier et signer le traité. Dupleix, qui se souciait peu avec qui il concluait le traité pourvu que ses propositions fussent acceptées, reçut les offres de Nazir-Jung et envoya au commandant de l'armée française l'ordre de suspendre les hostilités jusqu'à de nouvelles instructions. Mais ses ordres arrivèrent trop tard, M. de la Touche, à qui était échu le commandement en l'absence de d'Auteuil, retenu par la goutte, ayant reçu des conspirateurs le signal auquel il devait marcher. Ceux-ci avaient eu connaissance de la lettre adressée à Dupleix, et avaient craint, avec raison, de voir anéantir tous leurs projets si l'on différait d'agir. De là, cette soudaine résolution d'en venir à un éclat et l'appel au général français pour qu'il jouât son rôle. De la Touche, ignorant les négociations qui se renouaient à Pondichéry, n'hésita pas. Conformément aux instructions qu'il avait reçues pour agir, au cas où il serait prévenu par les conjurés, il partit de Gingi dans la nuit du 15 décembre, à la tête de huit cents Européens, trois mille Cipayes et dix canons, et guidé par un indigène, que lui avaient envoyé les conjurés, il se dirigea vers le camp du soubab. Après une marche de seize milles, de la Touche arriva à quatre heures du matin en vue de l'ennemi. Les postes avancés qui donnèrent l'alarme furent bientôt dispersés et de la Touche se trouva, avec ses trois mille hommes, en face d'une armée qui en comptait plus de vingt-cinq mille. En manœuvrant habilement ses canons, il réussit d'abord à tenir l'ennemi en respect, puis à jeter le désordre dans les masses de cavalerie qui menaçaient sans cesse de le charger. Il ne les eut pas plus tôt dispersées qu'il fit avancer son infanterie et, après un combat acharné, resta maître du terrain. A peine avait-il obtenu ce résultat, qu'il vit s'avancer vers son flanc gauche un corps d'environ vingt mille hommes. A cette vue les Français commencèrent à désespérer du succès, mais bientôt ils éprouvèrent une grande joie en reconnaissant le drapeau français porté par un éléphant qui marchait en avant, et peu d'instants après de la Touche reçut, par un messager de Mozuffer-Jung, la nouvelle que le complot avait parfaitement réussi.

Nazir-Jung, se reposant sur les pleins pouvoirs dont il avait muni ses députés auprès de Dupleix, ne voulait d'abord pas croire à une attaque des Français. Quand il ne put conserver de doutes, il chargea ses généraux de repousser « cette folle équipée de Français ivres, » tandis que, monté sur son éléphant, il se plaçait au milieu de ses canons. Près de lui, sur un autre éléphant, se tenait Mozuffer-Jung, sous la garde d'un officier qui avait pour consigne de le décapiter à la moindre apparence de trahison. Au milieu du combat, le soubab vit quelques-uns de ses officiers se retirer ; il s'informa, et apprit que les nababs patanes, le rajah de Mysore et les Mahrattes avaient ordonné à leurs troupes de s'abstenir de prendre part à l'action. Transporté de colère, il partit sur son éléphant pour aller les menacer, ayant préalablement donné l'ordre de couper la tête à Mozuffer-Jung [1]. Le nabab de Kuddapah, le premier auquel il adressa des reproches, lui répondit avec insolence et ordonna à l'un de ses gens de faire feu sur le soubab. Le coup n'ayant pas porté, le nabab tira lui-même et le frappa au cœur. La tête du soubab fut immédiatement coupée, et mise aux pieds de Mozuffer-Jung, qui avait échappé de si près à un pareil sort.

Telles étaient les nouvelles qu'apportait à M. de la Touche le messager de Mozuffer-Jung, au moment où les Français reconnaissaient avec bonheur leurs couleurs portées par un éléphant qui précédait le corps de troupes pris d'abord pour des ennemis. Le premier soin de M. de la Touche fut d'envoyer aussitôt M. de Bussy, quoique blessé dans le combat, pour féliciter le nouveau soubab de son élévation. De Bussy trouva Mozuffer-Jung monté sur l'éléphant, richement caparaçonné, qui avait appartenu à son rival. Il était déjà reconnu comme vice-roi du Mogol, non-seulement par les nobles conjurés, mais, sauf une insignifiante minorité, par tous ceux qui, quelques heures auparavant, obéissaient encore aux ordres de Nazir-Jung. Dans la soirée du même jour, M. de la Touche se rendit lui-même, suivi des principaux officiers, auprès de Mozuffer-Jung, pour lui offrir ses félicitations; il fut chargé par lui d'informer Dupleix qu'il n'entreprendrait rien sans ses conseils, et que pour les obtenir il projetait de se rendre immédiatement à Pondichéry.

Pendant que les affaires avaient ainsi marché, Dupleix attendait le retour de l'envoyé qui avait porté l'ordre de suspendre les hosti-

---

[1]. Il ne dut son salut qu'à cette particularité que l'officier chargé de l'exécution était un membre des conspirateurs. — DUPLEIX.

lités. Mais avant qu'il fût revenu, la nouvelle de la grande victoire se répandait dans la ville [1]. On peut se figurer quels furent les réjouissances, les transports de joie et l'enthousiasme produits par cette nouvelle. Les Français avaient bien espéré qu'ils arriveraient à conclure un arrangement satisfaisant avec Nazir-Jung, mais il était au delà de toute croyance, et pourtant cela était réel, que, grâce à la valeur de huit cents Européens et de trois mille Cipayes disciplinés par eux, le protégé de la France fût devenu le souverain de l'Inde méridionale et de trente-cinq millions de sujets. L'enthousiasme s'accrut encore quand on apprit, par une courte dépêche de M. de la Touche, avec quelle modération Mozuffer-Jung agissait dans son triomphe, avec quelle modestie il reconnaissait ses obligations envers les enfants de la France, et avec quelle soumission il annonçait ne vouloir rien entreprendre avant d'en avoir conféré personnellement avec le grand Gouverneur français. Le feu de l'artillerie, le chant des *Te Deum*, les illuminations, les processions témoignèrent la joie que causaient ces heureux événements.

Il n'était que trop juste que les Français fussent fiers de leurs succès. A peine soixante-seize années s'étaient écoulées depuis que le Français Martin et ses soixante hommes avaient acheté le coin de terre sur lequel s'était depuis lors élevée la ville de Pondichéry, et nous voyons son successeur appelé à donner des lois à trente-cinq millions d'hommes! Cette capitale avait été jadis assiégée et prise par les Hollandais; puis c'étaient les Anglais qui, avec des forces de beaucoup supérieures, l'avaient en vain assiégée; il n'y avait que deux ans de cela, et depuis lors Pondichéry avait grandi pour voir la décadence de cette nation rivale sur le sol indien, et l'inaction forcée, l'avilissement de son autre ennemi, quoique à la vérité cette décadence, cette impuissance, cet avilissement ne dussent être que temporaires. Le génie des Français avait si bien su s'approprier au tempérament naturel des enfants du sol, que partout ils étaient regardés comme des amis; l'accroissement de leur territoire ne causait aucune jalousie. Leur politique avait été

---

1. M. Orme rapporte qu'elle fut portée à Dupleix par Chunda-Sahib en personne.

toute de fidélité et de confiance. L'intimité qui avait régné entre Martin et Shere Khan Lodi s'était perpétuée entre les successeurs du Gouverneur et la famille de Dost-Ali ; ni la mort de ce nabab, ni la captivité de son successeur n'avaient pu y porter atteinte. Pour soutenir cette alliance, Dumas avait osé affronter les menaces de Raghogi-Bhonsla et de ses Mahrattes jusqu'alors invincibles ; Dupleix avait, pendant les cinq années de la captivité de Chunda-Sahib, entretenu ses espérances de remonter sur le trône. Et maintenant que cette politique avait porté ses fruits, Chunda-Sahib, rendu à la liberté par les efforts de Dupleix, avait fait cause commune avec le prétendant à la vice-royauté du Sud ; et après bien des revers, les deux amis, grâce aux généraux et à la valeur des Français, paraissaient toucher au but de leurs plus grandes espérances.

La gloire que Dupleix s'était acquise par le succès qui couronnait son habile politique, atteignit son apogée par l'arrivée de Mozuffer-Jung, avec sa suite, à Pondichéry. Ce souverain de trente-cinq millions de sujets, en faisant son entrée dans le même palanquin que le Gouverneur français, semblait lui rendre ainsi l'hommage et le respect dus à son supérieur féodal. Il lui remit tous les trésors, les joyaux et les ornements d'or et d'argent trouvés dans le camp de son rival défunt, et le pria d'accepter le rôle d'arbitre pour juger les différends qui avaient déjà éclaté entre lui et les nababs patanes ses confédérés. Dupleix fut, en cette occasion, fidèle aux traditions de la politique française dans l'Inde. Un des principes de cette politique était de respecter les coutumes des indigènes, de se concilier leurs opinions et de gouverner par ces moyens, plutôt que par la force, d'être libéral, généreux, et de s'attirer la confiance. Tout en se tenant au second plan, Dupleix était le réel souverain du Décan ; Mozuffer-Jung était le moyen par lequel il profitait de toutes les ressources du pays, ce qui lui donnait une position beaucoup plus forte et plus puissante que s'il avait réclamé pour lui-même une dignité ostensible ou une extension de territoire qui aurait excité la jalousie de ceux-là mêmes qui l'auraient accordée. Son premier soin fut de refuser toute part personnelle dans le partage du butin recueilli après la victoire. En sa qualité d'arbitre, il décida qu'il serait divisé également entre Mozuffer-Jung d'une part, et ses nababs confédérés de l'autre ; les bijoux seuls appartiendraient sans partage à Mozuffer-Jung. Il laissait à sa reconnaissance et à sa générosité le soin de fixer quelle part de ces dernières valeurs il serait juste d'attribuer aux Français dont le concours l'avait rétabli dans toutes ses dignités.

Après avoir ainsi réglé à l'amiable les différends survenus, Dupleix prépara la reconnaissance solennelle de Mozuffer-Jung par ses titulaires et ses vassaux. Cette imposante cérémonie, qui, par sa date, indique l'époque où les Français étaient presque arrivés au faîte du pouvoir, eut lieu dans une magnifique tente élevée sur la grande place de Pondichéry.

Les splendeurs de cette journée, les honneurs conférés à Dupleix, le haut rang qu'il y occupa, ne sont pas effacés des traditions de l'Inde méridionale. Nous pouvons aisément nous faire une idée de la pompe qui y fut déployée. La noblesse du Décan, sous les armes, était rangée sur deux côtés de la tente, dont l'intérieur était richement drapé. Mozuffer-Jung fait son entrée, et prend place au fond de la salle. Aussitôt paraît Dupleix qui, le saluant, lui présente l'offrande due à son rang. Mozuffer-Jung s'avance à la rencontre du Gouverneur général, et le conduit au siége qui lui était destiné et qui indiquait un rang égal au sien. On voit alors s'avancer vers eux les nobles, porteurs de présents qui, cependant, n'étaient dus qu'au soubab. Cette formalité accomplie, le soubab se lève, et proclame les distinctions qu'il veut offrir à son allié français. Il le nomme nabab ou gouverneur de tout le pays au Sud du Kistna jusqu'au cap Comorin, y compris Mysore et tout le Carnate. Il lui fait un don personnel et spécial de la forteresse de Valdaour, avec tous les villages et les terres qui en dépendent et d'une rente de cent mille roupies. Il lui confère le titre de munsub, ou commandant de sept mille chevaux, avec permission de porter les insignes de l'ordre du Poisson, une des plus hautes dignités de l'empire du Mogol. Il établit que la monnaie de Pondichéry sera la seule ayant cours dans l'Inde méridionale ; il confirme la souveraineté de la Compagnie française sur les districts de Mazulipatam et de Yanaon, nouvellement acquis, et une extension de territoire du côté de Karical.

Se tournant ensuite vers Dupleix, comme le ferait un vassal à l'égard de son seigneur, il s'engage à ne jamais rien accorder, même une faveur, sans son approbation préalable, et à être en tous points guidé par ses avis. Dans une occasion si tentante, Dupleix sut demeurer fidèle à lui-même et à sa politique. Après une générosité qui, même si elle eût été feinte, ne pouvait que faire une fois de plus éclater son habileté, il fait venir Chunda-Sahib à ses côtés, présente au soubab son ancien ami depuis si longtemps éprouvé, et lui fait observer que, s'il doit être revêtu de la dignité nominale de nabab de tout le pays au Sud du Kistna, l'autorité réelle sur le pays appelé le Carnate et les émoluments y afférents, pourraient être accordés à un prince qui avait montré tant de fermeté et de fidélité. On peut se figurer l'impression qu'une démarche aussi généreuse et aussi désintéressée dut produire sur l'esprit des Orientaux. Celui qui pouvait ainsi distribuer des royaumes, qui du faîte de la prospérité se souvenait de ceux qui lui avaient toujours été fidèles et les en récompensait, faisait preuve de qualités que, même à cette époque barbare, les princes d'Asie savaient admirer s'ils ne savaient les pratiquer. Ils n'avaient, pensaient-ils, rien à redouter d'un homme qui professait des sentiments aussi élevés. Cet acte d'abnégation était suffisant pour les faire acquiescer, sans envie et sans la moindre hésitation, aux concessions accordées à Dupleix, qui se trouvait en réalité le héros du jour ; quand il sortit de cette tente, il était reconnu comme le supérieur du souverain à qui l'Inde méridionale obéissait.

Mais nous n'avons pas énuméré tous les avantages que les Français devaient recueillir de cette visite. Outre ce que Mozuffer-Jung avait promis lors de son installation, il chargea Dupleix de distribuer cinq cent mille roupies aux troupes qui avaient livré la dernière bataille. Une autre somme, également de cinq cent mille roupies, fut versée à la Compagnie comme à-compte sur les fonds dont elle avait fait l'avance ; des sûretés furent données pour le reste. L'augmentation de revenu que procuraient à la Compagnie tous ces arrangements, ne s'élevait pas à moins de quatre cent mille roupies. Pour perpétuer le souvenir de tous ces événements, Dupleix ordonna que, sur le lieu même de la bataille qui les avait amenés, il s'élèverait une ville qui s'appellerait Dupleix-Futtey-Abad [1]. Ce dessein, inspiré non par une ridicule vanité, comme l'envie ignorante a voulu le faire croire, mais bien par une politique en parfait accord avec les mœurs du pays, et qui devait produire un effet profond et salutaire sur les Indiens, n'était pas destiné à se réaliser. Les événements furent encore plus grands que ce grand homme. Ce pionnier de la conquête et de la civilisation européenne, dont les plans n'étaient pas, ainsi que le crurent beaucoup de ses compatriotes, trop vastes pour être accomplis, était destiné à les voir tourner au profit de la puissance de ses rivaux. Nous n'aurons que trop tôt à indiquer quel était le seul point faible de cette armure si fortement trempée, le seul défaut de cet immense génie au moyen duquel un grand adversaire, doué de la qualité qui manquait à Dupleix, sut renverser l'édifice de ses projets avant qu'il eût pu le mettre à l'épreuve de l'attaque.

La Compagnie fit parvenir à Dupleix de pressantes instructions pour qu'il consolidât ses conquêtes par une paix définitive, recommandation superflue, car personne n'était plus convaincu que lui-même de la nécessité d'y arriver. Mais cette paix était impossible tant que Mahomed-Ali, le compétiteur de Mozuffer, serait libre de renouveler ses prétentions. Ce prince, après avoir vu anéantir ses chances de succès par la mort de Nazir-Jung, abandonné des Anglais et de ses adhérents, s'était enfui seul, et avait cherché un refuge dans les murs de Trichinopoly. Dupleix, qui savait combien étaient lentes et embarrassées les opérations d'une armée indigène attaquant une ville fortifiée, désirait vivement entrer en arrangement avec le noble fugitif, et l'amener au moyen de quelques concessions à reconnaître le nouvel état de choses. Il avait d'autant plus de raisons d'espérer qu'il pourrait arriver au but désiré, que Mahomed-Ali était littéralement abandonné de tous. Sa satisfaction fut donc grande, lorsque Mahomed-Ali lui fit faire des propositions par le rajah Janogi, officier mahratte qui avait été au service de Nazir-Jung, et avait passé à celui de Mahomed-Ali; il venait offrir de reconnaître Chunda-Sahib, et de lui remettre la ville de

---

1. Lieu de la victoire de Dupleix.

Trichinopoly et ses dépendances, à condition qu'il serait mis en possession des trésors laissés par son père, sans qu'aucune enquête fût faite sur son administration, et que le soubab s'engagerait à lui donner un autre gouvernement dans le Décan. Dupleix fit bon accueil à ces offres, et chargea l'envoyé d'informer Mahomed qu'il les acceptait. Il en résulta entre Dupleix et Mahomed-Ali une correspondance, dans laquelle celui-ci exprima un ardent désir de se réconcilier avec le soubab.

Cette importante affaire paraissant prendre une tournure satisfaisante, Mozuffer-Jung ne douta pas que la paix ne fût durable dans le Carnate, et il informa Dupleix de son désir de visiter sa capitale et le Nord du Décan, afin d'y consolider son pouvoir et d'y régler des affaires qui, par suite de la guerre, étaient dans un grand désordre ; mais en même temps il représenta que, pour accomplir ce voyage avec sûreté et succès dans des provinces qui, naguère encore, lui étaient hostiles, il lui serait fort utile d'être accompagné par un corps de troupes françaises sur lesquelles il pût compter. Il se chargerait de toutes les dépenses concernant ces troupes, et ajoutait qu'il ne les renverrait pas sans leur avoir donné, ainsi qu'à la Compagnie, des marques réelles de sa reconnaissance.

Cette demande entrait parfaitement dans les vues de Dupleix. Elle le garantissait contre tout revirement de politique dans les conseils du soubab. Il devenait ainsi officieusement maître du Décan, gouvernant l'Inde méridionale par l'intermédiaire du représentant du Mogol. Il consentit donc à ce qui lui était demandé, d'autant plus volontiers que tout était à la paix du côté de Mahomed-Ali. D'autre part, il était enchanté de saisir l'occasion qui s'offrait de décharger sa caisse de l'entretien d'une partie de ses troupes, et il convint d'envoyer avec le soubab, jusqu'à Aurungabad, sa capitale, un corps de trois cents Européens et deux mille Cipayes dont il donna le commandement à de Bussy. Pour une telle entreprise, et du reste pour n'importe quelle opération, politique ou militaire, il ne pouvait faire un meilleur choix ; mais d'Auteuil était encore retenu par la maladie, et de la Touche était retourné en France, de sorte que le départ de Bussy privait

Dupleix du seul homme sur lequel il pût compter en cas d'un désastre militaire imprévu.

Le 7 janvier 1751, Mozuffer quitta Pondichéry pour aller retrouver son armée, et le 15 il fut rejoint par de Bussy à la tête de son contingent. Au bout de trois semaines ils entrèrent dans les domaines du nabab de Kuddapah, qui était avec l'armée. Un tumulte, fortuit en apparence, mais en réalité bien prémédité, éclata entre les soldats du soubab et les paysans. Le nabab prit aussitôt le parti de ses tenanciers, et attaqua l'arrière-garde qui servait d'escorte aux femmes du harem.

Mozuffer-Jung, irrité de cette insolence, résolut d'en tirer vengeance, mais désira avant tout s'assurer de l'attitude que prendrait de Bussy. Les instructions de cet officier portaient d'éviter autant que possible toute apparence d'hostilité ; il voulut s'y conformer en essayant de rétablir la bonne harmonie entre les deux chefs. Mais on reconnut bientôt qu'il existait un accord entre le nabab de Kuddapah et ceux de Kurnoul et de Savanore, et que, malgré leur désir de rester en paix avec les Français, ils étaient décidés à saisir cette occasion pour écraser le soubab. Aussitôt que Mozuffer-Jung fut bien renseigné sur leurs plans, il ordonna à ses troupes d'attaquer et appela de Bussy à son secours. Celui-ci, jugeant que son devoir était de le défendre contre les traîtres, répondit à son appel. Mais Mozuffer-Jung, sans donner à l'infanterie le temps de s'avancer, commença l'attaque avec sa cavalerie ; il s'en suivit un combat acharné qui causa de grandes pertes de part et d'autre. Cependant les confédérés conservèrent leur position jusqu'à l'arrivée de Bussy. Quelques décharges d'artillerie et une charge d'infanterie décidèrent le sort de la journée. L'armée rebelle fut enfoncée et s'enfuit en se dispersant, laissant le nabab de Sanavore sur le champ de bataille, et emportant celui de Kuddapah grièvement blessé. Mozuffer-Jung, rendu furieux par la pensée que le principal conspirateur allait lui échapper, laissa les Français en arrière et partit seul sur son éléphant pour le poursuivre. Dans cette course dangereuse, il se rencontra avec le troisième nabab, celui de Kurnoul. Dans le terrible combat corps à corps qui eut lieu entre les deux adversaires, le nouveau soubab eut la cervelle emportée d'un coup de lance, et l'instant d'après son antagoniste fut mis en pièces.

La mort de Mozuffer-Jung était un coup terrible, peut-être fatal, pour la politique de Dupleix. En sa personne était frappé le principal soutien de l'alliance française ; l'homme qui avait fait personnellement l'expérience des avantages que pouvaient procurer la sagesse et la valeur des Français, Dupleix perdait son protégé, son ami personnel. Nul autre après lui ne se trouverait dans les mêmes conditions à l'égard de l'Inde française. Si le gouvernement des vastes provinces qu'il n'avait possédées qu'un instant passait aux mains d'un mineur ou d'un ennemi déclaré de la France, tous les engagements pris par Mozuffer-Jung et les avantages qu'il avait promis pouvaient être désavoués et mis à néant. C'est alors que fut mise en évidence la sagesse qui avait dirigé le choix de Dupleix sur de Bussy Cet officier distingué comprit aussitôt que, pour préserver les intérêts français, il fallait agir et agir sur-le-champ ; qu'il ne fallait pas laisser aux chefs le temps de délibérer sur le choix de leur souverain ; et qu'on devait appeler à ce poste un homme qui leur agréât aussi bien qu'aux Français. Pour arriver à ce résultat, il se mit d'accord avec les principaux officiers de l'armée, pour laisser de côté le fils encore au berceau de Mozuffer-Jung et proclamer vice-roi du Décan Salabut-Jung, frère de Nazir-Jung. Passer du trône à la prison, de la prison au trône, était alors un événement ordinaire dans la vie des princes. C'est ce qui eut lieu pour Salabut-Jung. Il quitta la prison pour devenir le chef de trente-cinq millions de ses semblables !

Le premier acte du nouveau vice-roi fut de confirmer les concessions accordées aux Français par son prédécesseur ; le second fut d'en ajouter de nouvelles. Comme témoignage de sa reconnaissance pour son élévation, il ajouta aux possessions françaises de Masulipatam les territoires dépendant des aldées de Nizampatnam, de Crindavir, d'Alemanava et de Noasapour. Il ordonna le rétablissement des factoreries de Yanaon que Nazir-Jung avait détruites, et enfin il offrit à Dupleix le territoire de Mofousbondur dans le district de Chicacole. Peu de jours après, l'armée se remit en marche, prit d'assaut la forteresse de Kurnoul, résidence du nabab décédé ; Salabut-Jung prévint par un présent de deux lakhs de roupies les hostilités dont le menaçait le Mahratte Ballagi-Badgi-Rao ; atteignit Hydérabad le 12 avril, y resta un mois, et fit enfin une entrée triomphale à Aurungabad le 20 juin. Là, en présence de Bussy et de tous les nobles de la province, Salabut-Jung fut solennellement proclamé soubab du Décan, en vertu d'un firman qu'on déclara avoir reçu de la cour impériale de Delhi mais dont l'authenticité a toujours paru douteuse. Nous allons le quitter ici et lui laisser pour quelque temps l'infatigable Bussy, nourrissant de grands projets qui, si les choses avaient bien tourné dans le Carnate, auraient, en leur temps, produit des résultats considérables.

Arrêtons-nous ici un moment pour admirer le développement de la domination française dans l'Inde, arrivée alors à son apogée grâce à l'influence du génie de Dupleix. Un coup d'œil sur la carte de l'Inde nous fera voir quelle immense étendue de pays reconnaissait, au printemps de 1751, la suprématie morale de Pondichéry. Toute la région comprise entre le Vindya et le Kistna, excédant les limites de ce qu'on appelle aujourd'hui le Nizam, était véritablement gouverné par un général français, car une armée française occupait la capitale et l'influence française présidait dans les conseils du soubab. Au Sud du Kistna, le Gouverneur général avait été établi par le vice-roi, nabab de tout le pays et on se rappelle que le Carnate y était compris : son pouvoir moral s'étendait sur Mysore, sur les royaumes de Tanjore, Trichinopoly, Cochin et sur les provinces de Madura et de Tinivelly. S'il n'était pas le souverain déclaré de toutes ces villes, c'est qu'un des principes de sa politique était de toujours se tenir au second plan et de gouverner par les princes du pays. C'était pour cette raison qu'il avait cédé la nababie du Carnate à Chunda-Sahib, se contentant d'exercer sur les autres une influence morale qui équivalait bien à une suprématie ouverte.

Au commencement de 1751, son pouvoir était si bien bien établi, qu'il ne rencontrait nulle part la moindre apparence d'opposition. Mahomed-Ali avait promis obéissance et s'était engagé à se retirer de Trichinopoly, les Anglais n'ayant plus aucun prétexte d'intervention, étaient réduits à bouder à Madras et au fort Saint-David. Leur présence, il est vrai, était bien une épée de Damoclès pour Dupleix, mais il se gardait de les attaquer, et sa seule prétention était d'amener les affaires de l'Inde à ce point que la France y fût universellement invoquée et acceptée comme arbitre, ce qui ôterait à ses rivaux tout pouvoir et toute considération ; or, à l'époque qui nous occupe, ce but semblait être atteint.

Pendant que de Bussy, le dictateur du Décan, marche sur Aurungabad, pendant que tout semble sourire au vaillant diplomate qui en dix ans a fait de Pondichéry la métropole de l'Inde, et du fond de son palais dirige toutes choses, offrons l'hommage de notre admiration à ce sublime génie, à cette infatigable énergie, à cette intelligence si vaste et si puissante.

CHAPITRE VII

DUPLEIX AUX PRISES AVEC L'ADVERSITÉ

Les mesures énergiques prises, par de Bussy après la mort de Mozuffer-Jung, avaient affermi l'ascendant acquis par les Français dans les conseils du soubab. Tous les engagements pris par le prince défunt avaient été ratifiés par son successeur ; le plus important était la convention en vertu de laquelle Mahomed-Ali devait remettre Trichinopoly en échange d'un gouvernement et des trésors laissés par son père. C'était dans la ferme confiance que tout était réglé sous ce rapport, que Dupleix avait envoyé de Bussy à Aurungabad.

Quoique Mahomed-Ali eût, avant le départ de Bussy, souscrit à toutes les conditions, et que, de son côté, Dupleix eût obtenu la sanction du soubab en ce qui le concernait pour leur pleine exécution, toutefois il semblait qu'il y eût là un danger caché. Soit méfiance de Mahomed-Ali à l'égard des promesses de Dupleix, soit qu'il comptât sur le chapitre des accidents, il usait tantôt d'un prétexte, tantôt d'un autre, pour différer de jour en jour l'accomplissement des conventions. Enfin, serré de plus près par Dupleix, il déclara qu'il ne cèderait pas Trichinopoly avant d'avoir obtenu de nouvelles concessions. Dupleix était si désireux d'arriver à une solution pacifique, que cette nouvelle prétention ne put lasser sa patience. Il transmit la demande de Mahomed-Ali à de Bussy, avec mission d'obtenir du soubab l'autorité nécessaire pour conclure ce nouveau traité. Malgré toute leur importance, les prétentions de Mahomed-Ali lui paraissaient de peu de valeur relativement aux conséquences qui, selon lui, devaient en découler ; savoir l'évacuation de Trichinopoly, et par suite la pacification du Carnate. De Bussy obtint sans peine l'approbation du soubab, et les documents nécessaires furent expédiés à Mahomed-Ali à la condition expresse qu'ils ne seraient rendus valables que par une signature immédiate. Mahomed hésitait encore. Le fait est qu'il avait employé tous ces délais en pressantes instances auprès des Anglais pour qu'ils le secourussent, et ce ne fut que quatre mois après avoir reçu notification du consentement du soubab, qu'ayant enfin arraché une promesse aux Anglais, il jeta décidément le masque et refusa de livrer Trichinopoly à quelque condition que ce fût.

Dupleix se vit donc encore une fois, et aussi contrairement à ses désirs qu'à ceux de ses supérieurs de Paris, forcé de faire la guerre, et, de nouveau, la question de la puissance française dans l'Inde se trouva subordonnée à la capture de Trichinopoly. L'armée qui, en novembre 1749, était partie de Pondichéry dans ce but, avait été détournée de sa destination ; mais cette fois Dupleix résolut de prévenir une pareille faute. A l'armée indigène de Chunda-Sahib, forte de sept à huit mille hommes, il ajouta un détachement de quatre cents Européens, un petit nombre d'Africains et quelques canons, le tout commandé par d'Auteuil. Ces forces quittèrent Pondichéry au mois de mars 1751.

Les Anglais, qui avaient reconnu avec raison que leur seule chance de sécurité était de soutenir contre la France le prétendant à la souveraineté du Carnate, s'étaient déterminés à employer à cet effet tous les moyens dont ils pouvaient disposer. Au commencement de mars, le capitaine Cope partit avec deux cent quatre-vingts Européens et trois cents Cipayes pour aller concourir à la défense de Trichinopoly, et, à la fin du même mois, on expédia du fort Saint-David cinq cents Européens, cent Cafres, mille Cipayes et huit pièces de campagne, avec mission de se joindre aux troupes que Mahomed devait envoyer de Trichinopoly, et de tenir la campagne. Ce nouveau corps était sous les ordres du capitaine Gingen, et nous retrouvons, occupant le poste du commissariat, le lieutenant Robert Clive.

Le premier détachement, celui du capitaine Cope, avait dans ce même mois, fait une tentative infructueuse contre la ville de Madura, défendue par Allim-Khan pour le compte de Chunda-Sahib, et était revenu, découragé de cet échec, à Trichinopoly. Le capitaine Gingen, de son côté, ayant été rejoint au milieu de mai par les troupes de Mahomed-Ali, au nombre de seize cents hommes, s'était dirigé sur la pagode de Veradachelum, qui était à quarante milles de la côte et commandait les communications entre le fort Saint-David et Trichinopoly. Après s'en être emparé et y avoir mis une garnison, il fut rejoint par quatre mille hommes envoyés par Mahomed-Ali, et cent Européens que lui fournissait le capitaine Cope, et s'avança pour barrer la route à Chunda-Sahib et aux Français dont il avait appris la marche sur Volconde, ville située à quarante-cinq milles de Trichinopoly, sur la grande route conduisant à cette ville.

Volconde est une place importante, forte par sa position naturelle, et de plus très-bien fortifiée pour une ville indigène. Le gouverneur y représentait le nabab du Carnate; mais quand il vit s'avancer de divers côtés les forces rivales, il se demanda lequel des deux antagonistes avait les meilleurs droits au titre de nabab. Il était évident qu'une bataille était imminente, et dans son incertitude sur ses résultats, il craignait de se prononcer prématurément pour un parti qui aurait peut-être le dessous, et de s'aliéner ainsi les vainqueurs. Il déclara donc judicieusement que la cession de la place dépendrait de l'issue du combat; mais en attendant, il prêta une oreille complaisante aux propositions que lui firent les deux partis.

La marche de Chunda-Sahib avait été si lente qu'avant son arrivée devant Volconde, les Anglais avaient eu le temps de s'emparer d'une position avantageuse au Sud-Ouest de cette ville; il lui devenait maintenant indispensable, ou de l'occuper, ou, en gagnant le gouverneur, de faire quitter le voisinage aux Anglais. Il n'épargna ni la persuasion ni les promesses pour parvenir à ce dernier résultat. On ne peut savoir s'il eût réussi dans d'autres circonstances, mais ce qui est certain, c'est que le commandant anglais, qui avait aussi tenté les moyens persuasifs, se lassa de la conduite ambiguë du gouverneur, et, après quinze jours de négociations sans fruits, résolut d'obtenir par la force ce qu'il ne pouvait obtenir de bonne volonté. Le 19 juillet, sans avoir informé le gouverneur de ses intentions, le capitaine Gingen s'avança vers la ville avec la plus grande partie de ses troupes, afin de s'en emparer.

Les défenses extérieures et la ville elle-même furent bientôt au pouvoir des assaillants; mais cette attaque et l'incendie de quelques maisons attirèrent l'attention de la garnison du fort, et les Anglais furent forcés de se retirer avec des pertes considérables. Le gouverneur se décida alors à se jeter dans les bras de Chunda-Sahib et à appeler les Français à son aide. En conséquence, d'Auteuil, sans attendre que le jour parût, pénétra dans le fort, et accabla les Anglais d'un feu si violent que, malgré les efforts des officiers, les soldats abandonnèrent leurs alliés indigènes, et laissèrent sur le champ de bataille six pièces de canon, tous leurs équipages de campagne, des mousquets et beaucoup de munitions. Si les Français les avaient poursuivis avec quelque vigueur, la guerre eût été terminée le jour même. Mais, comme tant d'autres fois déjà, il sembla que la fatalité prît à tâche d'entraver les opérations qui auraient pu être décisives. D'Auteuil, repris de la goutte, et hors d'état de s'occuper d'aucun détail, n'avait pas un seul officier par qui il pût être convenablement remplacé. Au lieu donc de tirer parti de la panique des Anglais et de convertir leur défaite en une déroute complète, les Français et leurs alliés se contentèrent d'entretenir une vive canonnade de la rive Nord de la petite rivière de Vellaur, que les Anglais avaient traversée en se retirant. On a dit que la défection d'un de ses généraux, entraînant avec lui quatre mille cavaliers, avait empêché Chunda-Sahib de s'avancer. Déserter le parti vainqueur pour passer au vaincu n'est pas chose extraordinaire, surtout parmi les nations orientales, et quand même ceci aurait eu lieu, cela ne devait pas influencer la conduite des Français. Il leur appartenait, ainsi qu'ils l'avaient fait dans de précédentes occasions, de donner l'exemple à leurs alliés indigènes. Tous les récits des historiens et les *Mémoires* de Dupleix s'accordent à reconnaître qu'ils manquèrent à ce devoir, et que la faute doit en être attribuée à la maladie ou à l'apathie du général et au défaut d'initiative des officiers.

Jamais une occasion favorable ne s'était offerte à eux sans qu'ils en tirassent quelque parti, et celle-ci devait moins que toute autre être négligée. Les troupes sous les ordres du capitaine Gingen composaient, sauf cent quatre-vingts hommes que le capitaine Cope avait à Trichinopoly et quelques-uns laissés pour garder Madras et le fort Saint-David, toutes les forces anglaises sur la côte de Coromandel [1]. Quelque peu d'énergie de la part de d'Auteuil et de ses officiers aurait non-seulement assuré la destruction de ces forces, mais entraîné, comme conséquence nécessaire, la chute de Trichinopoly, et forcé les Anglais qui auraient pu survivre à se renfermer dans les limites des possessions anglaises de la côte. Ceci n'est pas une vaine supposition et il est facile d'en donner des preuves positives. La panique dont fut saisie la petite armée du capitaine Gingen fut telle, que les soldats laissèrent à leurs alliés le soin de combattre, pendant qu'ils fuyaient en désordre. Ils entendirent sans honte les railleries du frère de Mahomed-Ali sur leur lâcheté, et quoiqu'ils ne fussent pas poursuivis, ils abandonnèrent artillerie, armes et munitions au milieu de la nuit, et prirent, sans s'arrêter, la direction de Trichinopoly. Est-il possible de douter qu'une rigoureuse poursuite de l'ennemi eût produit un effet décisif sur des hommes frappés de terreur à ce point? Il est permis de croire que la ruine des Anglais en eût été le résultat inévitable.

Mais aucune poursuite ne fut tentée le même jour : d'Auteuil se contenta de s'assurer la possession de Volconde, et, le lendemain matin, voyant que l'ennemi avait disparu, il suivit sa trace et fit halte à quelques milles en deçà de la position qu'occupaient les Anglais dans le pays montagneux qui environne Ootatoor, à environ vingt milles au Nord de Trichinopoly. Pendant cette halte de trois

---

1. Les renforts dont nous parlerons bientôt n'arrivèrent au fort Saint-David qu'à la fin de juillet.

jours, il y eut plusieurs escarmouches, et les Anglais étant tombés dans une embuscade en éprouvèrent un grand dommage. Le troisième jour, Chunda-Sahib attaqua la position des Anglais, et quoiqu'il fût repoussé par suite de la non-arrivée des Français au temps convenu, cette attaque fit une si grande impression sur les Anglais que, dans la même nuit, ils se retirèrent sur les bords du Coleron. Le 25, ayant à leur suite Chunda-Sahib et les Français, ils traversèrent la rivière et prirent possession de l'île de Seringham, formée par le Coleron et le Cauveri ; mais ne s'y croyant pas encore en sûreté, ils abandonnèrent cette île et la pagode qui y est élevée, position très-forte dans laquelle ils auraient pu, avec l'aide des troupes de la ville, se défendre contre des forces cinq fois plus considérables que les leurs : ils se réfugièrent le 28 juillet sous les murs de Trichinopoly.

Les Français et leurs alliés avançaient toujours, et après avoir passé le Coleron, prenaient possession de Seringham. Ils complétèrent leur conquête par la capture du fort de Coilady, construit en terre, à l'extrémité Est, puis passèrent le Cauveri, et campèrent dans la plaine à l'Est de la ville, près d'une position appelée aujourd'hui le Rocher des Français. De là ils commencèrent une sorte de bombardement de la ville.

Trichinopoly est situé dans une plaine jadis couverte de riches villages et de belles plantations. La ville forme un carré long dont les côtés regardent l'Est et l'Ouest : au Nord, le Cauveri coule à un demi-mille du fort ; la ville, à l'époque qui nous occupe, avait près de quatre milles de circonférence et une double enceinte de murailles flanquées régulièrement de tours ; le fossé avait environ trente pieds de large et moitié moins en profondeur ; selon la saison, il était plus ou moins rempli d'eau. Le mur extérieur, de pierre grise, était épais de quatre ou cinq pieds et haut de dix-huit, sans aucun parapet ni abri ; le mur intérieur, séparé du précédent par une distance de vingt-cinq pieds, était beaucoup plus fort ; sa hauteur était de trente pieds, son épaisseur de même dimension à la base, allait se rétrécissant en gradins jusqu'au sommet, où il n'avait plus que dix pieds de large. Au milieu de cette ville, s'élevait un rocher fort extraordinaire, haut de trois cents pieds, portant au sommet une pagode qui, dit le colonel Lawrence, fut d'une grande utilité pendant la guerre. Un homme, muni d'un télescope, y était continuellement posté, et par signes ou par écrit, nous tenait au courant des mouvements de l'ennemi [1]. Il faut ajouter que la ville est éloignée de la côte d'environ quatre-vingt-dix milles ; comme nous l'avons dit, le Cauveri coule au Nord-Ouest ; un peu plus bas, à un mille du Cauveri, est la pagode de Seringham, puis encore un peu au-dessous passe la branche du Cauveri appelée Coleron.

Ainsi que nous l'avons vu, les Français avaient pris position à l'Est de la ville, et avaient ouvert le feu. Avant qu'ils eussent pu avancer beaucoup le siége, d'Auteuil, que la goutte rendait absolument incapable d'agir fut, sur sa demande, relevé de son commandement et retourna à Pondichéry. Il eut pour successeur Law, le neveu du financier écossais, revenu tout récemment de France avec de chaudes recommandations des Directeurs. Nous l'avons déjà vu, lors de l'attaque de Pondichéry par Boscawen, chargé de la défense de l'avant-poste d'Ariancopan, dans lequel il fit preuve d'énergie et de vigueur. Ses services passés et la réputation dont il jouissait alors étaient bien de nature à inspirer à Dupleix les espérances qu'il fonda sur cette nomination. Un cruel désappointement lui était, hélas ! réservé. Le capitaine Law fut un nouvel exemple de ces qualités apparentes qui voilent un jugement faux, de cette confiance de soi-même qu'on prend à tort pour l'indice de la capacité sur le champ de bataille.

Néanmoins, au commencement de ses opérations, Law ne parut pas manquer d'énergie. Lorsqu'il vit que les Anglais étaient résolus à défendre Trichinopoly jusqu'au bout, et que, par la nature de ses défenses extérieures, la ville était à l'abri d'un assaut, il résolut de tirer parti de la possession du pays environnant que lui donnait la récente victoire des Français, pour soumettre la ville à un étroit blocus. Tout semblait favoriser ce plan. La majeure partie des troupes anglaises était enfermée dans Trichinopoly ; le peu qui tenait encore la campagne ne pouvait lutter avec les Français sur

---

1. Cette description est tirée d'un récit de la guerre par le colonel Lawrence.

un champ de bataille, encore moins tenter de secourir la place ; dans tout le Carnate, la petite place de Veradachelum, sur la route de Saint-David à Trichinopoly, restait seule au pouvoir de Mahomed-Ali. La cause des Anglais semblait sans espoir et la chute de Trichinopoly assurée, s'il était strictement bloqué et pressé vigoureusement.

Mais au milieu de ces circonstances désespérées, dans cette lutte critique entre la France et l'Angleterre, parut sur la scène un de ces hommes dont le génie audacieux et la puissante intelligence suppléent à l'insuffisance des armées ; nous avons déjà nommé le lieutenant Robert Clive, qui servait sous les ordres du capitaine Gingen lorsque celui-ci fut chargé d'intercepter la route de Trichinopoly aux Français et à Chunda-Sahib. Cet officier était venu aux Indes en 1744, comme écrivain au service civil de la Compagnie, et se trouvait dans Madras au moment où La Bourdonnais s'en empara. Lorsque, au départ de cet amiral, Dupleix désavoua les termes de la capitulation conclue sans son approbation, Clive se réfugia au fort Saint-David. Là il eut maintes occasions d'étudier la manière de faire la guerre adoptée en Orient, lors des diverses attaques tentées sur le fort Saint-David par Dupleix et ses alliés, ainsi que dans les opérations d'Anwaroudin et de ses deux fils pour s'opposer à leur succès. Quand plus tard l'arrivée de l'amiral Boscawen garantit aux Anglais la prépondérance sur la côte de Coromandel et que le siége de Pondichéry fut résolu, Clive obtint la permission de se joindre à l'armée assiégeante avec le rang d'enseigne. Il s'y distingua par sa valeur ; mais les talents déployés du côté de l'attaque n'étaient pas à la hauteur de ceux qui présidaient à la défense : l'entreprise échoua. Nous retrouvons Clive s'efforçant en vain, avec les capitaines Gingen, Dalton et Killpatrick, de rallier les Anglais, en proie à une terreur panique, devant Volconde, et montrant en cette circonstance une grande présence d'esprit. Les forces anglaises se retirant le lendemain vers Trichinopoly, Clive retourna au fort Saint-David, et y arriva au moment où débarquait un renfort de quatre cents hommes venant d'Angleterre. Il en accompagna un détachement à Veradachelum, puis un autre à Trichinopoly, afin de porter cette garnison à six cents hommes. Clive ne resta pas à Trichinopoly, ce qu'il vit n'était pas encourageant ; les hommes étaient démoralisés et avaient perdu toute confiance en leurs officiers, dont pas un ne se faisait remarquer par la capacité ni par le sang-froid. Les Français étaient supérieurs en nombre, et paraissaient décidés à pousser l'attaque avec résolution. La reddition de cette dernière place forte de Mahomed-Ali lui semblait inévitable, à moins qu'on ne réussît à infuser dans les conseils des Anglais une sorte d'énergie révolutionnaire. Il reconnaissait qu'il serait inutile de faire un pareil essai à Trichinopoly ; le sort des Anglais dépendait donc de la manière d'agir qu'adopterait la Présidence ; mû par un désir d'y exercer une influence salutaire, Clive quitta Trichinopoly pour retourner au fort Saint-David.

Le plan conçu par Clive, et qu'il regardait comme pouvant seul assurer aux Anglais la sécurité, était, sans aucun doute, le fruit de son génie plutôt que de ses études ; par le fait, il dérivait d'un principe adopté par les plus grands capitaines, et dont l'application, réalisée par un homme réunissant la prudence à l'audace, ne peut guère manquer de réussir, sauf pourtant dans le cas où l'adversaire est doué lui-même d'un génie exceptionnel ou dispose de forces très-supérieures. Ce principe consiste à déplacer le théâtre de la guerre et à le porter chez l'ennemi. Un général médiocre hésite à prendre un tel parti, malgré les avantages que cela lui promet ; il ne se rend pas assez compte de l'effet moral qu'il ne peut manquer de produire sur les troupes alliées, surtout lorsqu'elles constituent la force principale de son adversaire, souvent même la totalité des ressources dont il dispose. Il ne considère pas que la marche aggressive de l'ennemi est aussitôt paralysée : l'histoire est cependant féconde en exemples de ce genre. Le grand Frédéric lui-même abandonna toutes ses opérations en Saxe au moment critique où il vit les Autrichiens marcher sur Berlin ; si un maître aussi consommé en l'art de la guerre se vit forcé d'agir ainsi, que ne devons-nous pas augurer de l'impression produite en pareil cas sur un homme d'un mérite secondaire ? Si l'effet n'est pas décisif, au moins arrive-t-on ainsi à troubler les plans de l'ennemi, et à lui inspirer de sérieuses inquiétudes.

Clive, nous l'avons dit, en était venu à cette conclusion par le seul effort de son génie, et il avait la faculté de lire dans l'avenir et d'y apercevoir les résultats probables. En conséquence, aussitôt après son retour de Trichinopoly, il se rendit auprès de M. Saunders, le Gouverneur ; il lui démontra que, si les affaires continuaient à être conduites d'une façon aussi apathique, Trichinopoly ne pouvait manquer de succomber en entraînant la ruine des intérêts anglais ; il exposa que Chunda-Sahib, ayant amené presque toutes ses forces pour concourir au siège, avait laissé sa capitale fort dégarnie ; qu'on ne rencontrerait donc aucune de ses troupes, pas plus que celles des Français, qui se trouvaient avec Law devant Trichinopoly, ou avec de Bussy à Aurungabad ; qu'on pouvait par conséquent attaquer l'ennemi au centre de ses possessions, et que le succès d'une pareille tentative aurait pour conséquence, ou la délivrance de Trichinopoly, ou au moins le transport des opérations militaires sur un nouveau théâtre assez avantageux pour compenser la perte de cette ville. Afin de donner plus de poids à ses propositions, il offrit de conduire lui-même les troupes destinées à les mettre à exécution. Si M. Saunders, nommé Gouverneur l'année précédente, n'était pas doué du génie des grandes combinaisons, il avait au moins le mérite réel de savoir apprécier les conceptions des autres. Il accueillit avec bienveillance les propositions de Clive, ordonna de mettre sur pied de campagne deux cents Européens et trois cents Cipayes, réduisant ainsi au minimum les garnisons de Saint-David et de Madras, et couronna le tout par la nomination de Clive au commandement de l'expédition, avec le grade de capitaine, muni de pouvoirs illimités.

Arcate, le point de mire de Clive, capitale du Carnate et résidence du nabab, était à cette époque une ville ouverte de cent mille habitants. Il existait, il est vrai, un fort et quelque apparence extérieure de fortifications, mais celles-ci étaient depuis longtemps en fort mauvais état, et tombaient en ruines faute d'entretien. La garnison se composait de mille indigènes, dont moitié de cavalerie ; aux canonniers indigènes avaient été adjoints deux ou trois artilleurs français, dans le but de leur apprendre à faire feu rapidement.

Clive, à la tête de sa troupe [1], quitta Madras le 6 septembre, avec l'intention d'attaquer cette place et l'espoir d'en prendre possession ; le 11, après une halte d'un jour à Conjévéram, il était à dix milles de la capitale ; il poursuivit sa marche, malgré l'inclémence du temps, et arriva le même jour aux portes d'Arcate, pendant un ouragan d'une violence sans exemple. La nouvelle de son approche l'avait précédé, et la garnison indigène, terrifiée par l'idée de s'opposer à un homme qui osait ainsi défier les éléments, se hâta d'évacuer la ville. Clive y entra donc sans opposition, et prévoyant bien l'effet que produirait cette capture sur l'ennemi, s'occupa aussitôt de relever et d'améliorer les fortifications.

Cette prise de possession, par les Anglais, de la capitale d'un allié, d'un protégé, surprit et contraria le Gouverneur de Pondichéry, mais ne déconcerta cependant pas son esprit actif et énergique. Si Clive avait compté que son succès amènerait l'abandon immédiat du siége de Trichinopoly, il dut alors reconnaître qu'il s'était trompé. Dupleix vit, de son regard de diplomate et de général, que, malgré cette diversion, il avait encore pour lui dix chances contre une. Il comprit immédiatement que c'était en pressant vivement le siége du dernier refuge de Mahomed-Ali, de ce Trichinopoly si bien fortifié, qu'il vaincrait Clive dans Arcate. Il employa donc toutes les ressources de son esprit à augmenter en nombre et en force le corps aux ordres de Law. Il lui envoya de Pondichéry des Européens ; de Karical une batterie d'artillerie, et lui représenta, ainsi qu'à Chunda-Sahib, que son devoir urgent était de ne se laisser arrêter par aucune considération devant la nécessité pressante de conquérir Trichinopoly. C'était bien là le vrai moyen de réduire à néant l'acte audacieux de Clive.

Mais malheureusement pour Dupleix, il était mal servi, et nous verrons plus tard quel fut le triste rôle joué par Law. Quant à Chunda-Sahib, il n'eut pas plus tôt appris la prise d'Arcate, qu'il voulut détacher quatre mille hommes de ses meilleures troupes pour aller reprendre sa capitale perdue. Dupleix, tout en regrettant d'apprendre qu'il eût ainsi réduit les forces assiégeantes, lui

---

1. Orme rapporte qu'avec Clive il n'y avait que huit officiers, dont six n'avaient jamais vu le feu, et quatre de ces six sortaient des comptoirs du commerce.

accorda cependant un petit renfort de cent Européens lorsqu'il passa par Pondichéry. Ce détachement s'accrut encore de levées indigènes, qui le portèrent à dix mille hommes. Ainsi augmenté, il s'avança vers Arcate, sous la conduite de Rajah-Sahib, fils de Chunda-Sahib.

Le siége qui eut lieu alors, offre non-seulement une des plus glorieuses pages de l'histoire anglaise dans l'Inde, mais il peut être regardé comme le point de départ de la carrière des Anglais en Orient et la première pierre de leur empire actuel. Ce fut à Arcate que les officiers anglais apprirent à leurs Cipayes à les suivre avec cette confiance absolue que les talents supérieurs et le génie peuvent seuls inspirer ; ce fut à Arcate qu'ils apprirent cette leçon, bientôt confirmée par les magnifiques résultats qu'obtint leur chef, que dans les guerres d'Asie, la question du nombre n'est que secondaire ; que la discipline et la confiance qui en résulte sont d'une bien plus grande importance ; qu'il n'y a rien qu'un général habile, prudent et maître de l'esprit de ses soldats, ne puisse tenter contre une armée indisciplinée. Enfin ce fut à Arcate que l'armée anglo-indienne reçut son baptême de victoire.

Les incidents de ce siége fameux sont bien connus des lecteurs de l'histoire de l'Inde anglaise [1]. Le 4 octobre, Rajah-Sahib prit possession de la ville et commença à investir le fort. Le 5, les assiégeants essuyèrent une sortie commandée par Clive en personne. Quinze jours plus tard arriva le train d'artillerie, et le 4 novembre on reçut de Pondichéry deux pièces de dix-huit. La garnison était réduite à cent vingt Européens et à deux cents Cipayes. Un renfort de cent Européens et de deux cents Cipayes, envoyés de Madras sous la conduite du lieutenant Innis, fut attaqué le 5 à Tripatore et forcé de se réfugier à Pounamali. La garnison ne pouvait donc compter que sur elle-même. Ses vivres, qui avaient été calculés pour soixante jours, étaient presque réduits de moitié. Le 10, une brèche ayant été ouverte dans les murs, Rajah-Sahib envoya proposer à Clive de se rendre, offrant des conditions honorables pour la garnison et une somme considérable pour lui-même. Il ajouta la

---

[1]. Le récit détaillé de M. Orme et la brillante esquisse de Macaulay ne laissent rien à désirer à cet égard.

menace de prendre la ville d'assaut et de passer la garnison au fil de l'épée, si ses propositions n'étaient pas acceptées. La réponse de Clive fut un refus accompagné de mépris quant à l'argent, et de raillerie à l'égard des menaces.

Rajah-Sahib hésita encore pendant quelques jours. Il aurait pu, si les choses étaient restées dans le même état, forcer l'évacuation du fort par un blocus sévère, car il savait que les approvisionnements étaient fort réduits; mais pendant tout ce temps le gouverneur de Madras avait déployé une grande énergie pour délivrer son jeune officier de sa position difficile. D'abord il avait envoyé au lieutenant Innis un renfort commandé par un officier plus expérimenté, le capitaine Killpatrick, qui avait mis le détachement en état de quitter Pounamali pour marcher sur Arcate. Ensuite, ce qui fit une plus vive impression sur Rajah-Sahib, il avait persuadé aux Mahrattes de prendre les armes dans l'intérêt de Mahomed-Ali. Un corps de six mille Mahrattes, commandés par Morari-Rao, était posté depuis quelque temps dans le passage de Damalcherry, attendant les événements ; mais quoiqu'ils fussent de nom les alliés de ce prince, ils voyaient sa fortune descendue si bas qu'ils hésitaient à se déclarer en sa faveur. La défense hardie d'Arcate n'était pas restée sans produire son effet sur ces robustes guerriers. Dans cette poignée d'hommes qui avaient défendu ses fortifications ruinées contre des forces si supérieures, ils reconnaissaient des soldats dignes de leur alliance, et sans plus d'hésitation ils se décidèrent à partager la fortune des Anglais.

Rajah-Sahib en fut bientôt informé. Il ne lui restait que le choix entre deux partis : soit un assaut immédiat, soit une rencontre avec Morari-Rao que soutiendrait une sortie de la garnison. Son jugement droit le fit pencher pour l'assaut, et dans la soirée du 24 novembre il fit ses préparatifs. Mais il eut le malheur qu'un déserteur découvrit ses plans à Clive; de sorte que quand, à la pointe du jour, ses troupes s'avancèrent, tous les préparatifs possibles avaient été faits pour les recevoir ; les canons étaient pointés sur la brèche, les mousquets de rechange étaient prêts, tout chargés, et la petite garnison avait été, grâce à l'habileté de son commandant, utilisée de manière à compenser son petit nombre par sa disposition intelligente. Néanmoins, les troupes de Rajah-Sahib s'avancèrent hardiment, précédées d'éléphants pour forcer les portes de la ville; quoiqu'elles ne fussent pas appuyées par le contingent français, qui se tenait étrangement à l'écart, elles montèrent à la brèche Nord-Ouest, franchirent la première tranchée, et chargèrent les Anglais rangés en bataille pour les recevoir. Elles furent accueillies par un feu si terrible et si continu, grâce aux mousquets de rechange, qu'après avoir perdu leur vaillant chef mahométan, elles durent reculer. L'attaque du Sud-Ouest, faite au moyen d'un radeau jeté sur le fossé, fut également infructueuse, et après une heure de vains efforts, il fut évident pour Rajah-Sahib qu'il avait échoué. Sa perte s'élevait à quatre cents hommes, frappés dans leur vaillante tentative contre une forteresse défendue par des Européens peu nombreux, il est vrai, mais que leur discipline rendait forts sous le commandement d'un héros. On aura une juste idée des moyens dont disposaient les assiégés et de la valeur qu'ils déployèrent, quand nous aurons dit que, quoiqu'ils ne fussent pas plus de deux cents, y compris les Cipayes, et qu'ils eussent à desservir cinq pièces de canon, ils n'en brûlèrent pas moins douze mille cartouches à mousquet dans ce combat d'une heure.

Le lendemain matin, Rajah-Sahib leva le siége, et se retira sur Vellore, accompagné seulement des Français et des troupes venues de Trichinopoly, les autres l'ayant abandonné.

Nous avons déjà dit que Dupleix n'avait jamais regardé l'attaque contre Clive que comme une partie fort secondaire de ses plans. Il s'était fortement opposé à ce que, pour une semblable entreprise, on affaiblît les forces qui assiégeaient Trichinopoly, et quand, par suite des craintes de Chunda-Sahib, la partie indigène de ses troupes eut été temporairement réduite, il lui avait donné un renfort de cent Européens, dans le but unique de le mettre en état de combattre les Anglais autrement qu'avec la certitude d'une défaite. Son espoir avait été qu'ainsi renforcé, Rajah-Sahib pourrait retenir Clive dans Arcate jusqu'à ce que Trichinopoly fût pris. C'était une politique bien entendue et qui devait réussir, pourvu que les opérations du siége fussent habilement et énergiquement dirigées. Dans cette crise, nous voyons Dupleix avoir l'œil à tous les dangers, découvrir les projets de Clive, et prescrire les mesures qui, bien exécutées, devaient les déjouer. Nous le voyons, loin de se laisser détourner du siége de Trichinopoly par la marche de Clive sur Arcate, presser au contraire ce siége avec d'autant plus d'ardeur, et en même temps opposer aux mouvements de Clive une résistance suffisante pour se donner le temps de mener à bonne fin et sans entraves la grande affaire du moment.

Nous avons laissé Law devant Trichinopoly, à la tête de quatre cents Européens. Dupleix, dès le début de la campagne, avait mis tous ses soins à augmenter ce nombre pour arriver à en faire une force irrésistible ; chaque détachement qui arrivait d'Europe était immédiatement incorporé et dirigé avec tous les individus isolés qu'il pouvait rassembler, devant Trichinopoly. Dupleix était si entreprenant, si ardent et si enthousiaste dans tout ce qu'il faisait, que, dans un espace de temps incroyablement court, Law s'était vu à la tête d'une troupe disciplinée la plus considérable qui eût jamais opéré dans l'intérieur du Carnate, car elle s'élevait, en différentes armes, à près de neuf cents Européens et de deux mille Cipayes disciplinés, tandis que près de lui, campait, prête à le seconder dans ses entreprises, l'armée de Chunda-Sahib, forte de trente mille hommes dont la moitié était de la cavalerie. Il avait, en outre, un parc de cinquante canons, dont plusieurs étaient d'un fort calibre. Les ordres les plus pressants se succédaient de Pondichéry pour qu'il attaquât les ouvrages extérieurs, afin de capturer la place avant que les opérations de Clive se fussent rapprochées. Law s'y conforma, et mit beaucoup d'activité à resserrer le blocus ; mais il se borna là. Cet homme si hardi, si sûr de lui dans le conseil, dont la vie semblait n'avoir d'autre but que de convaincre les autres de sa grande capacité, se montra, à la tête d'une armée, d'une complète ineptie. Tyrannique avec ses officiers, soupçonneux à l'égard de tout le monde, hautain, vaniteux, obstiné, sans initiative par lui-même, et entravant celle des autres, Law ne sut s'attirer ni confiance, ni sympathie. Comme le fait un commandant obstiné qui, ne pouvant voir par lui-même, refuse d'en croire les yeux d'autrui, il laissa échapper toutes les occasions de s'emparer de la ville assiégée ; entêté et incapable, il persista dans des mesures sans utilité, et rejeta les conseils qui l'eussent infailliblement conduit à la victoire. Les Anglais enfermés dans Trichinopoly étaient sous les ordres du capitaine Gingen, dont l'infériorité nous est connue. Ils n'étaient pas animés d'un esprit aussi bouillant que celui qui avait fait surmonter aux soldats de Clive tant de dangers et de difficultés. Ils étaient, au contraire, découragés par la défaite, la retraite et leur réclusion dans une forteresse qu'ils n'avaient plus beaucoup de chances de défendre utilement. Il est à peu près certain qu'un assaut de Law aurait été couronné de succès. Dupleix et Chunda-Sahib ne se lassaient pas de le lui répéter chacun de leur côté. Mais, ne se confiant qu'en sa propre sagesse, et méprisant ou affectant de mépriser les opinions des autres, Law s'attachait aux siennes propres et s'en tenait au blocus qui, selon lui, devait à la longue le faire entrer dans la place. Il faisait preuve d'ailleurs dans la discipline des troupes et la tenue de son camp, d'une négligence et d'une incapacité impardonnables.

Le nabab de Mysore, encouragé par la défense prolongée de Trichinopoly et la diversion de Clive, avait envoyé un détachement de cinq cents cavaliers pour harceler les assiégeants. Non-seulement ils défirent un petit corps de cavalerie indigène, mais ils réussirent aussi, grâce au défaut d'ordre et de discipline qui régnait dans le camp français, et au manque d'activité et de vigilance de son chef, à attirer soixante dragons dans une embuscade, d'où dix seulement purent se sauver. Ce succès les enflamma tellement, que leur chef, Innis-Khan, engagea le capitaine Gingen à marcher avec les Anglais pour attaquer l'armée assiégeante. Si Gingen voulait se charger de combattre les Français, il promettait, pour sa part, de tenir tête à toute la cavalerie de Chunda-Sahib, qui devait lui être supérieure en nombre dans la proportion de douze contre un. Ces propositions furent d'abord repoussées; mais Innis-Khan, ayant reçu un renfort de mille hommes, revint à la charge et le capitaine Gingen ne se montrant pas disposé à répondre à ce nouvel appel, le commandant mahratte osa lui dire que lui et ses soldats étaient d'une nature bien différente de ceux qu'il avait vus se battre si valeureusement à Arcate [1]. L'opposition du capitaine Gin-

---

1. Orme.

gen à des mesures offensives parut justifiée par l'échec qu'éprouva un faible détachement contre la petite ville de Kistinwaram, que les Français occupaient à trente milles de Trichinopoly : il avait été repoussé avec perte, et son commandant le capitaine Cope avait été mortellement blessé.

Grâce donc à l'insuffisance de son antagoniste, il semblait vraiment que les mesures de Law, toutes défectueuses qu'elles fussent, allaient réussir. Mais il oubliait qu'il n'était pas seul sur la scène, et que le temps qu'il gaspillait était mis à profit par ses adversaires, il oubliait ou feignait d'oublier que son armée et la forteresse de Trichinopoly n'étaient pas uniques au monde, et que s'il regardait cette capture comme le sceau définitif de la domination française, d'autres étaient déterminés à faire usage de tous les moyens pour la prévenir. C'est ainsi qu'il sommeillait pendant que les autres agissaient. Lorsqu'un peu d'énergie aurait suffi pour le mettre en possession de cette proie si ardemment convoitée, il se contenta d'agir avec plus de précaution et de prudence qu'on n'en aurait attendu d'un Nicias, et il laissa échapper les chances favorables, s'exposa à la défaite, et, par sa conduite ultérieure donna à ses rivaux l'empire de l'Orient qui, sans lui, aurait été, au moins pour un temps acquis aux Français. Car, tandis que, au mépris de toutes les instances de Dupleix, Law s'endormait dans une fausse sécurité, l'énergie de Clive assurait à l'Angleterre les avantages et les ressources dont la France se voyait dépouillée. Le jeune vainqueur d'Arcate n'eut pas plus tôt vu l'armée de Rajah-Sahib se fondre devant lui, que, renforcé par le capitaine Killpatrick et ayant pris les arrangements nécessaires pour la défense de la ville qu'il avait conquise, il se mit à la poursuite de l'ennemi à la tête de deux cents Européens, sept cents Cipayes, et trois pièces de campagne. Quoique ses alliés mahrattes, s'étant aventurés trop près de Vellore, eussent essuyé une sévère défaite de la part des Français qui étaient avec Rajah-Sahib, et que ceux-ci eussent reçu de Pondichéry un renfort de compatriotes portant leur nombre à trois cents, Clive n'hésita pas à se porter de leur côté. Après une marche forcée de vingt milles, il les atteignit au moment où ils allaient traverser l'Arni. Avec leur bravoure habituelle, les Français se retournèrent pour faire face à l'ennemi. Ils comptaient trois cents Européens, deux mille cinq cents fantassins et deux mille chevaux. Les Anglais n'avaient que deux cents Européens, sept cents Cipayes et six cents cavaliers mahrattes. Ils étaient donc inférieurs en nombre ; mais Clive était à leur tête, tandis que les Français n'avaient pas de général, ce qui compensait, et au delà, la différence du nombre. Les Français, mal postés, mal commandés, firent de mauvaises manœuvres ; à un moment critique, ils furent chargés en flanc, et forcés de lâcher pied, en abandonnant leurs canons. Ils se retirèrent sur Gingi, avec une perte de cinquante Européens et de cent cinquante indigènes tués ou blessés. Les Anglais ne perdirent aucun de leurs compatriotes, et seulement huit Cipayes ; cinquante Mahrattes ne reparurent plus.

Encouragé par ce succès, Clive marcha sur Conjévéram, que les Français avaient repris, s'en empara après une vive résistance, puis retourna au fort Saint-David pour combiner les mesures qui devaient délivrer Trichinopoly. Pendant qu'il s'en occupait, on reçut à la Présidence l'avis que Rajah-Sahib, se prévalant de l'absence de Clive, avait repris Conjévéram et ravageait tout le pays jusqu'à quelques milles de Madras. Clive, résolu à délivrer le pays d'un pareil ennemi avant de s'engager dans une plus grande entreprise, quitta le fort Saint-David avec une troupe moins nombreuse que celle de l'ennemi, mais cependant encore considérable : la terreur de son nom le devança. Rajah-Sahib et ses alliés français abandonnèrent le voisinage de Madras, et se retirèrent dans un camp retranché à Vendalore. De là, ils formèrent le projet de surprendre Arcate, pendant que Clive serait occupé devant Conjévéram ; dans ce but, ils renforcèrent cette dernière ville, puis se dirigèrent à marches forcées sur Arcate. Mais Clive, soupçonnant leur dessein, s'arrangea pour obtenir la soumission de Conjévéram dès la première sommation, et se mit ensuite en toute hâte à la poursuite de l'ennemi. Il l'atteignit un peu après le coucher du soleil, le trouva possesseur de la forte position de Covrebank, aux deux tiers environ de la route d'Arcate, et évidemment déterminé à s'opposer au passage des Anglais. L'artillerie française était cette fois si bien placée et fit un tel ravage parmi les canonniers anglais, qu'il sembla que Clive serait pour la première fois obligé de se retirer. Mais, au moyen d'un de ses officiers qui savait le français, il réussit, au moment où tout était désespéré, à tromper les sentinelles, et à amener ainsi une force considérable derrière le camp. Une décharge soudaine surprit tellement les Français, qu'ils s'enfuirent, abandonnant leur position et leurs canons. Beaucoup furent faits prisonniers, et cet artifice changea une défaite imminente en une victoire, la plus grande jusqu'ici ; nouvelle preuve, s'il en était besoin, que la valeur et les fortes positions sont impuissantes devant l'attaque d'un bon général, si elles n'en ont également un pour les défendre.

Du lieu témoin de sa victoire, Clive marcha sur Arcate, et de là dans la direction de Vellore. Pendant qu'il méditait la prise de cette ville, occupée par Mortiz-Ali au nom de Chunda-Sahib, il reçut l'ordre de retourner immédiatement au fort Saint-David, afin de prendre d'urgence des mesures pour la délivrance de Trichinopoly, dont la garnison souffrait beaucoup du blocus persistant de Law. Dans sa route, il passa par le lieu où M. de la Touche avait été victorieux de Nazir-Jung et où la ville naissante de Dupleix-Futteh-Abad[1] commençait à s'élever. Clive, laissant pour un moment sa haine contre l'illustre français dominer ses instincts généreux, rasa la ville jusqu'à ses fondements. Il se rendit ensuite rapidement à Saint-David. Là, il reconnut que le Gouverneur n'avait négligé aucun des préparatifs nécessaires à la prochaine expédition. Il y avait mis tant d'activité, qu'au bout de trois jours Clive fut prêt à s'avancer vers Trichinopoly.

On était alors au 25 mars 1752. Le lendemain vit paraître sur les rivages indiens un vétéran éprouvé, le major Lawrence, dont l'arrivée eut pour conséquence un retard de deux jours et quelques modifications dans l'organisation des affaires. Enfin, le 28, tout était prêt : un corps composé de quatre cents Européens et de onze

---

1. M. Orme parle de cette ville comme ayant été fondée pour rappeler le souvenir de l'acte détestable de la mort de Nazir-Jung. Les préjugés et les passions du temps ont pu disposer les contemporains anglais à parler ainsi, mais ce jugement est inexact. La ville fut bâtie pour perpétuer le souvenir du triomphe de la politique de Dupleix, porté à son comble par la victoire de M. de la Touche. La mort de Nazir-Jung est un des incidents de cette victoire, mais les Français n'en étaient pas responsables.

cents Cipayes, avec huit pièces de campagne et tous les approvisionnements nécessaires, partit pour Trichinopoly ; Lawrence en était bien le commandant, mais Clive était son bras droit.

Il est temps de revenir à Dupleix. C'était lui qui, au moment où il apprit que Clive était allé au fort Saint-David pour préparer la délivrance de Trichinopoly, jugeant qu'il n'y avait pas de honte à apprendre quelque chose même d'un ennemi, avait poussé Rajah-Sahib à faire, dans les territoires anglais, la diversion dont nous avons rapporté les résultats. Quoiqu'elle n'eût pas eu de succès, on ne peut nier qu'elle méritait de réussir et qu'elle en était bien près lorsque, au moment de remporter la victoire, le commandant français avait, par sa négligence, permis qu'elle lui échappât. Dupleix fut profondément affecté de cette défaite, qui renversait tous ses plans : non-seulement elle le privait de soldats dont il ne pouvait guère se passer et d'une artillerie de campagne qui était sans prix, mais encore elle avait abattu les esprits de ses alliés indigènes d'une façon fort dangereuse et qui n'avait pas encore eu d'exemple. Les indigènes désertaient en masse le drapeau français pour se ranger sous l'étendard de l'Angleterre. Plus d'un satrape puissant avait retiré son adhésion à Chunda-Sahib, et prêté serment de fidélité à Mahomed-Ali assiégé. Telles étaient les conséquences de la victoire de Clive, des défaites répétées des Français, et surtout du désastre de Covrebank. Voir abandonner avec une pareille négligence les avantages qu'on était au moment de s'assurer, c'en était trop, même pour une nature aussi ferme que celle de Dupleix. Ceux de ses officiers qu'il aurait pu rendre responsables de ces revers étaient ou prisonniers, ou tués. Le poids de sa colère tomba donc sur Rajah-Sahib, dont la pusillanimité et l'incapacité avaient été évidentes. Il refusa pendant plusieurs jours de le voir, et quand enfin une entrevue eut lieu, il ne put, malgré l'habitude qu'il avait des rapports avec les princes indigènes, déguiser le mépris qu'il ressentait.

Mais, quoique profondément mortifié par le mauvais succès de plans si bien conçus, Dupleix restait fidèle à cette politique hardie et audacieuse qu'il regardait avec raison comme plus nécessaire que jamais. Ce qui avait été perdu dans le Nord du Carnate pouvait être regagné dans le Sud. Trichinopoly pouvait compenser Arcate et Covrebank; or, Trichinopoly était à sa dernière extrémité; sans argent, presque sans munitions, à peu près à bout de vivres, cette place était commandée par un Européen peu capable; enfin la discorde, précurseur infaillible d'un désastre, régnait entre les troupes anglaises et mogoles dont se composait la garnison. Que Law déployât un peu d'énergie, et la place était à lui. Les choses en étaient là, lorsque Dupleix eut connaissance des préparatifs qui se faisaient au fort Saint-David. Le nombre des hommes destinés à la délivrance de Trichinopoly, la nature des approvisionnements qu'ils devaient escorter et la date probable de leur départ, tout lui fut révélé. Il prit aussitôt une résolution digne de lui. Il envoya à Law le récit détaillé de ce qu'il avait appris, et y joignit l'ordre le plus formel de ne laisser que quelques troupes au blocus de Trichinopoly, et de masser le plus grand nombre afin d'attaquer et d'enlever le convoi ennemi. Ces ordres furent réitérés et confirmés par des dépêches successives. La manière dont ils devaient être exécutés y était tracée dans le plus grand détail et avec une clarté qui ne laissait rien à désirer. Il lui envoya en outre toutes les troupes rendues disponibles par la cessation de la campagne dans le Nord du Carnate, lui faisant observer que de cette action dépendrait le sort de la guerre; que les Anglais battus et leur convoi capturé, Trichinopoly devait forcément tomber et l'influence de la France triompher; mais qu'un échec donnerait à la France la mortification de voir passer aux mains de ses rivaux cette influence, ce pouvoir, cette autorité chèrement achetés et maintenus par tant de persévérance.

La situation était réellement très-grave. Si, au lieu de Law, de Bussy avait commandé les troupes françaises, qui peut avoir des doutes sur la manière dont il aurait exécuté les ordres de Dupleix? Mais, par malheur pour les vrais intérêts de la France, c'était Law, le soi-disant militaire, et non de Bussy, le véritable capitaine, qui était devant Trichinopoly. Il serait oiseux de rechercher quel eût été le vainqueur probable dans une rencontre entre ces deux rivaux de talents et de mérite semblables. Ce qui est cependant digne de remarque, c'est que le jeune héros qui posa les premiers fondements de la puissance anglaise et fit en toute occasion preuve de talents militaires du premier ordre, ne rencontra jamais sur les champs de batailles un adversaire d'un mérite même ordinaire.

Voyons maintenant quel parti Law sut tirer des circonstances favorables où il se trouvait. La distance qui sépare Trichinopoly du fort Saint-David est d'environ cent cinquante milles, et la route traverse huit rivières considérables, dont les principales sont : le Valaru, le Coleron, le Veller, le Pudu-Cauveri et le Cauveri ; ce dernier est même traversé à trois reprises ; Law pouvait donc calculer, à peu de chose près, le moment et les moyens d'attaquer un ennemi avec chance de l'écraser. Le passage de ces rivières, larges et rapides, lui fournissait autant d'occasion d'arrêter l'ennemi. Mais il jugea, avec quelque apparence de raison, qu'il courrait moins de risques et amènerait plus sûrement la destruction de l'ennemi, s'il le laissait s'avancer jusqu'à une petite distance de Trichinopoly, afin de l'engager dans une position où sa défaite serait certaine.

Jusqu'ici, Law avait jugé sainement ; mais dans l'exécution il en fut tout autrement. Au lieu de détacher de son armée un corps assez important pour garantir le succès, il n'envoya, à la rencontre de quatre cents Européens et onze cents Cipayes commandés par un Lawrence et un Clive, que deux cents Européens et trois ou quatre cents indigènes, et cela lorsque, sans compter les troupes de Chunda-Sahib, il avait sous ses ordres neuf cents Européens et deux mille Cipayes. Il aurait pu parfaitement disposer de la moitié de ses forces pour l'opération importante dont il s'agissait. Il aurait été plus à propos de courir le risque d'une sortie de la garnison, commandée, on le savait, par un homme sans initiative, que d'aller au-devant d'une défaite en envoyant contre Lawrence un corps trop faible pour n'être pas vaincu. Il pouvait, dans les circonstances présentes, laisser avec sécurité son camp sous la garde d'un quart de son armée, et marcher avec le reste pour écarter Lawrence. C'est ainsi qu'eût agi un vrai général[1] ; mais

---

1. La conduite de lord Strathnairn devant Jhansie, en 1857, dans des circonstances analogues, offre un exemple frappant de la manière dont un corps marchant au secours d'une place assiégée peut être abordé et détruit.

l'expérience nous a démontré que le contentement de soi-même a généralement l'incapacité pour compagne inséparable.

Law, persuadé qu'il ne pouvait enlever à son armée que deux cent cinquante Européens et trois ou quatre cents Cipayes, se contenta d'envoyer ce petit corps de troupes pour occuper le poste fortifié de Coiladdy sur la rive Nord du Cauveri, et se flatta qu'il pourrait vaincre quatre cents Anglais et onze cents Cipayes commandés et électrisés par des hommes comme Lawrence et Clive. La position de Coiladdy n'était pas mal choisie ; si elle avait été assez fortement occupée, elle aurait été indubitablement un obstacle insurmontable au passage des Anglais. Un coup d'œil sur la carte permet d'apprécier quelle force lui donnaient ses environs. Le major Lawrence devait naturellement s'avancer entre les deux branches du Cauveri ; la branche supérieure était défendue sur sa rive Nord par le fort Coiladdy et pouvait être attaquée par les Anglais. La distance entre les deux branches était de moins d'un demi-mille. Possédant Coiladdy et pouvant disposer d'une force égale ou supérieure pour occuper l'intervalle, le commandant français aurait dû facilement infliger à l'ennemi une défaite ; mais les forces dont il disposait n'étaient plus égales à celles qui s'avançaient, et il résolut de ne faire aucune tentative hasardeuse. Il jugea que, comme la route ordinaire passait à portée du canon de Coiladdy, les Anglais la suivraient probablement, et qu'il pourrait ainsi leur causer des pertes considérables en hommes, peut-être même capturer ou détruire la plus grande partie du convoi. Au début, la fortune sembla favoriser ses desseins. Le 7 avril, le major Lawrence, égaré par les guides, s'approcha avec ses troupes beaucoup plus près qu'il n'aurait dû le faire, et se trouva tout à coup sous le canon de Coiladdy ; il en essuya de sérieux dommages, et avant qu'il eût pu se mettre hors de portée, il avait perdu vingt Européens. Son convoi et ses bagages étaient en grand désordre. C'était le moment pour les Français, s'ils avaient été en nombre suffisant, d'écraser l'ennemi ; mais il paraît que le commandant était imbu des mêmes principes que son supérieur ; soit par cette cause, soit parce qu'il se sentait lié par les ordres reçus, il demeura immobile dans sa forteresse. Le major put donc non-seulement échapper à cette situation périlleuse, mais encore transporter en sécurité, à dix milles de Trichinopoly, la partie du convoi qu'il avait avec lui [1].

C'est ainsi qu'échoua Law, et il le méritait bien, dans son premier essai pour arrêter la marche des Anglais. Comme le font les hommes faibles, il avait pris une demi-mesure, et elle fut sans résultat. Dans la crainte de s'exposer à une sortie de la garnison en éloignant une portion notable de son armée, il ne diposa que d'une faible partie, et courut ainsi le danger bien plus grand de la perdre tout entière, car il risquait d'abord d'être battu en détail, et ensuite d'être enveloppé par les forces combinées de Lawrence et de Gingen. Pour éviter un petit danger, il attira sur ses troupes le sort qu'une conduite plus hardie aurait réservé aux Anglais.

C'est dans une crise de cette nature qu'un homme peut être jugé et fait connaître sa valeur. Law échoua parce que, avec toute sa hauteur et son arrogance, il n'avait qu'une intelligence limitée et des vues étroites [2]. Les mesures qu'il prit ensuite ne nous paraissent pas avoir été conçues dans un meilleur esprit. Lorsqu'il reçut du commandant de Coiladdy l'avis qu'il avait été impuissant à arrêter la marche des Anglais, il pouvait encore, puisqu'il commandait la route de Trichinopoly et le pays environnant, réparer, par une attaque combinée son inaction passée ; mais quoiqu'il fût bien renseigné sur les mouvements du major Lawrence, il ne fit rien pour masser ses forces ; elles restèrent dispersées dans les divers postes qu'il leur avait assignées, et quand il apprit que les Anglais avaient dépassé Coiladdy, il se trouva, par sa propre négligence, dépourvu de tous moyens d'opposer de nouveaux obstacles à leur progrès. Cependant, ayant reconnu quel grand avantage acquerraient les Anglais s'ils pouvaient opérer leur jonction

---

1. La veille il en avait laissé une portion à Trictapolly, au Sud du Cauveri supérieur, poste appartenant au roi de Tanjore.
2. Nous savons bien que Law, dans sa *Plainte contre le sieur Dupleix*, cherche à se justifier ; mais en admettant les faits qu'il allègue, on le condamnerait encore, quand même il n'aurait eu, comme il le dit, que six cents Européens. Il devait, ou pousser le siége, ou marcher à leur tête contre Lawrence. Tout autre parti était préférable à celui qu'il adopta, mais il est clair que puisque, à l'époque de sa soumission, il avait encore huit cents Européens, il devait bien en avoir neuf cents au 7 avril.

avec la garnison de Trichinopoly, il rappela à la hâte ses détachements disséminés et se prépara trop tardivement à risquer une affaire sérieuse. Cette résolution, prise vingt-quatre heures plus tôt, pouvait sauver son armée, et même lui faire gagner Trichinopoly.

Toute la nuit, les détachements furent en marche pour se rendre au camp; au point du jour, ils se réunirent pour aller occuper la position qui leur était assignée et par laquelle Law aimait à croire que le général anglais se dirigerait. Le choix de cette position était obligé; mais malgré les avantages qu'elle présentait, il eut lieu de le regretter. Law était trop près de Trichinopoly pour pouvoir placer ses hommes de manière à barrer la route que devait suivre Lawrence; cette disposition l'aurait, en effet, exposé à être pris à revers par les troupes de la garnison. Il fut donc obligé de se placer de manière à ne pouvoir être attaqué que de front par ses deux antagonistes. En conséquence, il rangea ses troupes sur une ligne oblique, tirée du village de Chucklepollam sur le Cauveri jusqu'au Rocher-Français, et plus oblique encore en se prolongeant jusqu'au roc inaccessible d'Elmiséram. La route directe passait entre ces deux positions, et Law pouvait espérer que les Anglais la suivraient avant de tenter une jonction avec la garnison de Trichinopoly.

Mais le major Lawrence était trop prudent pour agir ainsi. Étant parti de grand matin de Killycottah, où il avait passé la nuit, il n'avait pas encore fait un mille, quand il rencontra un officier que lui envoyait le capitaine Gingen pour le mettre au fait des dispositions prises par les Français. Trouvant qu'il avait en main un trop beau jeu pour risquer de le perdre par une attaque prématurée sur une position forte, il prit le parti de contourner Elmiséram dans la direction du rocher appelé le Pain-de-Sucre, et arrivé là, il fut rejoint par deux cents hommes de la garnison, ayant à leur tête les capitaines Clarke et Dalton. Dès lors, la jonction avec la garnison pouvait être considérée comme opérée.

Ce fut à ce moment — où les Anglais ne pouvaient plus être assaillis avec avantage et où ils avaient d'ailleurs, en cas de défaite, la ressource de s'abriter sous les canons du fort — que Law se décida à attaquer. Il le fit faiblement, et malgré l'entrain que les troupes de Chunda-Sahib mirent à le soutenir, il ne réussit pas. La supériorité de l'artillerie française fut neutralisée par l'énergie de Clive ; et, après une canonnade réciproque, plus terrible que tout ce qu'on avait encore vu dans l'Indoustan, les Français se retirèrent sur leur rocher, ayant perdu quarante des leurs et trois cents indigènes. Ces pertes eussent été plus grandes encore, si l'intensité de la chaleur n'eût forcé le major Lawrence d'abandonner la poursuite[1]. Après avoir repoussé cette attaque, les Anglais atteignirent sans encombre Trichinopoly.

Il n'est pas de mots pour peindre la colère et l'humiliation de Dupleix à la nouvelle de ces événements. C'était donc là le résultat qu'il recueillait pour avoir confié la conduite d'une armée à un officier dont les lettres de créance n'avaient eu pour base réelle que la très-haute opinion qu'il s'était faite de ses propres talents, et qu'il avait su faire partager à tout le monde ! Il voyait toutes ses recommandations méconnues, une prudence inopportune prévaloir quand la nécessité du moment exigeait impérieusement une tactique active et hardie, l'armée anglaise libre, malgré l'encombrement d'un énorme convoi, d'entrer sans opposition sérieuse dans la ville assiégée, car aucun effort puissant n'avait été fait pour l'arrêter avant son arrivée sous les murs de Trichinopoly ! Était-ce pour de semblables résultats qu'il avait formé tant de projets et de si habiles combinaisons ? Les ressources naissantes de l'Inde française n'auraient-elles donc été profitables qu'à l'élévation des princes indigènes ? Ses efforts ne devaient-ils aboutir qu'à laisser passer la supériorité des armes de ses mains à celles de ses rivaux, à se voir enlever la capitale du Carnate, et à être vaincu près du dernier refuge de Mahomed-Ali ? Il était destiné à éprouver encore de plus amers désappointements. Jusqu'ici l'espérance l'avait soutenu au milieu de tant de traverses ; il avait si bien espéré qu'au moment d'agir Law se montrerait réellement ce qu'il se vantait d'être ; il avait surtout si bien compté sur la capture du convoi et la destruction ou au moins sur l'échec du corps destiné à secourir la ville ! Il avait concentré toutes ses facultés vers ce but. Il avait été pour Law l'œil qui voit, l'oreille

1. Les Anglais, qui étaient abrités, ne perdirent que quatorze hommes par le canon tandis que sept furent frappés par l'ardeur du soleil.

qui entend; mais, hélas ! il n'était pas en son pouvoir d'être tout à la fois l'esprit qui conçoit et le bras qui exécute. Il avait donné à Law tous les renseignements possibles, mais il avait laissé au militaire le soin d'accomplir son devoir. Ces résultats montrèrent que le seul port des épaulettes ne fait pas d'un homme un soldat, que s'il est dépourvu de cette intelligence qui doit être le don de Dieu et ne s'infuse pas, comme certaines personnes paraissent le croire, par l'habit qu'il porte, cet habit même et la soi-disant science qui s'y attache, ne servent qu'à rendre le pédant plus pédant, l'esprit étroit plus vaniteux, plus obstiné, plus dédaigneux de l'opinion des hommes plus sages que lui qui n'en sont pas revêtus.

Law était venu à Dupleix recommandé par les Directeurs et par ses propres affirmations. Il se vantait d'être un militaire : s'il avait seulement agi comme un homme de simple bon sens, on aurait pu lui pardonner d'être vaincu par le génie d'un Clive ou la persévérance d'un Lawrence; mais il est clair qu'il eût échoué également devant des adversaires d'un mérite très-inférieur. Il suffisait que son antagoniste sût marcher en avant, qualité plus rare qu'on ne le croit généralement, pour que Law succombât. Il faisait tout hors de saison, et cela parce qu'il n'y avait en lui du militaire que l'habit.

Il n'est pas possible de décrire la douleur de Dupleix, et nous n'essayerons pas de le faire. Nous nous occuperons plutôt des mesures que, malgré tout son désappointement, il adopta sans hésitation, pour remédier autant que possible à ce désastre. Sa position n'était pas facile; où trouverait-il un général ? De Bussy, le seul commandant capable, était à Aurungabad avec le soubab; Law étant sans ressources à Trichinopoly; il avait bien encore d'Auteuil, mais infirme, épuisé par le climat, l'âge, la goutte, et certainement incapable de tenir tête à la vigoureuse énergie de Clive. Il lui sembla encore préférable de conserver Law, qui au moins était jeune, plutôt que de confier à d'Auteuil les débris d'une armée.

Mais deux jours après qu'il eut appris l'entrée de Lawrence dans Trichinopoly, et avant qu'il eût eu le temps d'agir, Dupleix reçut de Law une dépêche qui le jeta dans le plus grand étonnement. Elle lui annonçait que, menacé par les Anglais et n'ayant plus aucun espoir de posséder Trichinopoly, il avait résolu de se retirer dans l'île de Seringham. La folie d'un tel projet sauta aux yeux de Dupleix. Il lui sembla que la décision librement prise par un général de conduire ses troupes dans une île où il serait privé de toute communication avec ses compatriotes, était un acte dont personne, à moins d'avoir perdu la tête, ne pouvait se rendre coupable. Il reconnaissait une fois de plus qu'une armée ne pouvait avoir un chef plus dangereux, plus incapable, que celui qui formait un tel projet. Sous cette impression, il agit immédiatement. Dans l'espoir qu'il ne serait pas encore trop tard pour conjurer une grande calamité, il envoya à Law les ordres les plus positifs pour qu'il se retirât, s'il y avait nécessité de retraite, non pas sur Seringham, mais bien sur Pondichéry. Afin de l'aider en ce sens, et pour le préparer à tout événement, il mit tout en œuvre pour lever de nouvelles recrues, qu'il voulait diriger sur Trichinopoly, afin qu'elles s'efforçassent de faire leur jonction avec Law. Ses propres fonds, une partie importante de la fortune qu'il avait amassée depuis qu'il était au service, furent prodigués pour arriver à ce but. Jamais son intérêt personnel ne l'arrêta dans l'accomplissement de ce qu'il regardait comme son devoir envers la Compagnie et la France. Il réussit par des efforts incroyables à réunir cent vingt Européens, cinq cents Cipayes et quatre pièces de campagne. Il dut en donner la conduite à d'Auteuil, le seul officier dont il pût disposer, avec l'ordre de prendre le commandement supérieur des forces combinées, après avoir opéré la jonction avec Law. D'Auteuil quitta Pondichéry dans la seconde semaine d'avril.

Pendant ce temps, il se passait à Trichinopoly des événements surprenants. Law, quoiqu'il eût été repoussé le 8 avril dans la tentative faite pour empêcher les Anglais d'arriver à cette forteresse, occupait encore une position extrêmement forte. Sa droite, s'appuyant sur le Cauveri, entretenait ses communications avec Seringham et le pays situé sur la rive Nord du Coleron; son centre était protégé par le Rocher-Français, tandis que sa gauche s'étendait jusqu'au poste extrêmement fort d'Elmiseram, sur le sommet duquel avait été établie de l'artillerie. Chunda-Sahib occupait avec ses troupes la ligne du Cauveri, et formait un angle obtus avec les Français. Si la résolution de Law s'était bornée à des paroles, il pouvait avec sécurité attendre là l'attaque des forces anglaises, car quoiqu'il fût adossé à une rivière, position des plus fâcheuses, le terrain qu'il occupait était cependant si favorable que, s'il était défendu assez vigoureusement, l'attaque ne pouvait se terminer que par la défaite des assaillants. Il semble que le major Lawrence se fût parfaitement rendu compte de ce fait, car il rapporte dans ses *Mémoires* qu'ayant sondé ses alliés indigènes et constaté, sous un prétexte quelconque, qu'ils ne consentiraient pas à le seconder dans un assaut contre la position française, il fut fort embarrassé sur la marche à suivre pour contraindre Law à la retraite.

Les Anglais ne se jugeant pas assez forts pour attaquer s'ils n'étaient soutenus par les alliés, avaient résolu de se tourner contre les quartiers de Chunda-Sahib. Dans ce but, un détachement de quatre cents hommes, sous les ordres du capitaine Dalton, sortit de Trichinopoly dans la nuit du 12 avril, avec l'espoir de surprendre l'ennemi. Mais ne connaissant pas assez bien la route à suivre, Dalton se trouva, au lever du soleil, en face du point le plus fort des Français, entre le Rocher-Français et Elmiseram. Découvrant tout à coup le danger qu'il courait d'être écrasé par les forces françaises, il s'efforça de se retirer sans être aperçu ; mais les Français découvrirent la présence de l'ennemi avant qu'il fût hors de danger et tout semblait présager sa destruction. Cette perspective, qui aurait créé la vigueur et l'énergie chez un homme ordinaire et aurait pu être pour Law un moyen de faire triompher sa cause, ne fit qu'augmenter sa terreur et le trouble de ses facultés. Au lieu de voir chez les Anglais en retraite, des hommes qu'il lui était facile de détruire par un mouvement énergique, il regarda leur présence comme un indice que lui et ses troupes avaient été exposés à un péril imminent auquel ils n'avaient échappé que par miracle. Au lieu de penser à les poursuivre, il se réjouit de leur retraite volontaire. Les craintes le poussèrent jusqu'à donner l'ordre de faire, aussitôt que les Anglais seraient hors de vue, les préparatifs du passage du Cauveri, afin de se retirer dans l'île de Seringham.

Il y a tout lieu de croire que Law nourrissait depuis longtemps ce projet, car il en avait souvent représenté la nécessité à Chunda-Sahib, et en avait entretenu Dupleix dans sa correspondance. Chunda-Sahib lui avait non-seulement démontré la folie d'un parti semblable, mais encore avait refusé de se joindre à lui, et Dupleix, quoique s'étant longtemps refusé à croire un tel projet sérieux et possible, lui avait cependant fait observer, dans les termes les plus clairs, qu'il compromettrait ainsi gravement les troupes qui lui étaient confiées et les intérêts de l'Inde française. En apprenant que du projet il allait passer à l'exécution, Dupleix avait répondu par l'ordre impératif de se retirer sur Pondichéry, et la substitution de d'Auteuil à Law. Il est vraiment difficile de comprendre qu'un homme en possession de toutes ses facultés ait jamais pu croire que Seringham fût un lieu convenable pour s'y retirer. D'abord il était à portée du canon de Trichinopoly ; en second lieu, un ennemi entreprenant devait naturellement être tenté de poursuivre une petite armée qui se retirait devant lui dans une île entourée de rivières faciles à traverser, et si cette armée ne recevait pas de renforts il lui serait aisé de la forcer à se soumettre. Une telle détermination, prise en face d'un Clive, révélait, nous l'avons dit, une prostration complète dans les facultés de celui qui s'en rendait coupable. De tous les lieux de retraite qu'on aurait pu choisir, Seringham était sans comparaison celui qui devait le plus complétement détruire toute espérance de salut pour les troupes qui y étaient renfermées, et se trouvaient en face d'un ennemi assez fort pour agir sur les deux rives. Et c'était là que Law avait résolu, non par une aberration subite, mais après de longues réflexions, de conduire l'armée qu'il commandait. Et encore, avec cette préméditation, ne s'était-il occupé d'aucun des préparatifs nécessaires. Peut-être espérait-il après tout qu'il en serait dispensé. Ce qui est certain, c'est que jusqu'au moment où la vue des Anglais s'éloignant de lui fit apparaître si fortement à son esprit l'idée des dangers qui pouvaient lui être réservés sur la rive droite, il n'avait préparé quoi que ce soit pour la retraite qu'il méditait. Cependant, bien décidé à l'effectuer, informa Chunda-Sahib de ce projet. Ce fut avec colère et désappointement que ce fidèle allié des Français reçut une telle communication ; ses principaux officiers se joignirent à lui pour s'y opposer de toutes leurs forces. Ils allèrent jusqu'à dire qu'ils préféraient s'exposer à une défaite et même à la mort dans un combat régulier, que de se retirer dans une position où ils seraient assurément forcés de se rendre à l'ennemi.

Mais toutes ces remontrances demeurèrent sans effet sur Law. Ils étaient libres, disait-il, de faire ce qu'ils voudraient ; quant à lui, il voulait se retirer, et il donna ses ordres en conséquence. Chunda-Sahib ne se laissa pas convaincre, mais quoique plein de mépris pour le commandant qui agissait ainsi, il ne voulut pas, dans cette heure terrible, abandonner la nation qui l'avait si longtemps protégé. Il pouvait encore s'éloigner, mais il résolut de suivre la fortune des Français, et passa avec eux le Cauveri. Rien n'étant préparé, la retraite s'opéra avec la plus grande confusion. Les vivres, qui devaient être si utiles aux troupes à Seringham, furent abandonnés ou brûlés ; beaucoup de bagages furent laissés en arrière, et le transport des canons ne se fit qu'avec de grandes difficultés. Enfin, après des labeurs infinis, les troupes de Law et celles de Chunda-Sahib prirent possession de l'île de Seringham. Le premier s'était affaibli en laissant un détachement pour garder le roc d'Elmiséram, qu'il eût été plus sage d'abandonner en même temps que le reste.

Les conséquences de cette retraite ne tardèrent pas à se produire. Ce fut d'abord la prise d'Elmiséram, que le capitaine Dalton opéra le 13 avril après une faible résistance. Ensuite, ainsi que Dupleix l'avait bien prévu, une partie de l'armée anglaise se détacha sur la rive Nord du Coleron, afin de couper toutes les communications aux Français, surtout avec Pondichéry. Ce fut Clive qui suggéra cette ligne de conduite à Lawrence qui, ayant consulté ses alliés à ce sujet, vit avec satisfaction qu'ils y donnaient leur adhésion, pourvu que le commandement des troupes anglaises fût confié au vainqueur d'Arcate. Ceci ayant été convenu, un corps, composé de quatre cents Européens, sept cents Cipayes, trois mille Mahrattes, mille chevaux de Tanjore avec huit pièces d'artillerie, traversa le Cauveri et le Coleron dans la nuit du 17 avril, et, le lendemain matin, prit position au village de Samiavéram, à neuf ou dix milles de Seringham, sur la route directe de ce lieu à Pondichéry. Ce mouvement, bien conçu, dut son succès autant à la faiblesse et à l'indolence du vaincu qu'au courage du vainqueur. Si Law avait eu le mérite de Clive, avec quel empressement n'aurait-il pas saisi l'occasion qui se présentait de mettre les Anglais dans la position où ceux-ci allaient placer les Français ? il pouvait traverser le Coleron, et les envelopper entre Seringham d'un côté et d'Auteuil de l'autre. Mais le bon sens et l'intelligence manquaient complétement dans les conseils de Law, et il agissait comme s'il n'avait qu'un but, celui de se livrer avec ses alliés, pieds et poings liés, à son ennemi.

D'Auteuil, qui avait quitté Pondichéry le 10 avril, arriva le 25 à Octatoor, à quinze milles Nord de Samiavéram. Là il apprit l'état des affaires : que Law était claquemuré dans Seringham, et qu'entre Law et lui, se trouvait Clive avec des forces imposantes. Quoique vieux, infirme, goutteux, d'Auteuil avait conservé assez d'énergie morale pour ne pas se laisser décourager par ces nouvelles. Il avait été envoyé expressément pour secourir Law, et il ne pouvait l'abandonner à lui-même sans avoir du moins tenté un effort en sa faveur. Il résolut de faire un circuit pour éviter Samiavéram, afin de gagner le Coleron sans être inquiété par l'ennemi. Il fit prévenir Law de la marche qu'il adoptait ; par malheur, un de ses messagers fut capturé par Clive.

D'Auteuil, ignorant ce contre-temps, partit dans la soirée du 25, se dirigeant vers le Nord-Ouest ; mais il n'avait encore fait que peu de chemin, lorsqu'il apprit que Clive, ayant eu connaissance de ses mouvements, était en marche pour l'intercepter. Il dut alors se replier sur Octatoor. Law avait bien reçu d'un autre envoyé l'avis expédié par d'Auteuil, mais en même temps il avait appris le dessein de Clive. Une occasion magnifique s'offrait à lui. En faisant avec toutes ses troupes une marche forcée de dix milles, il pouvait surprendre Samiavéram pendant que d'Auteuil serait occupé avec Clive, et prendre ensuite ce dernier entre deux feux. De toutes les chances qui s'offraient au général français, celle-ci était bien la plus tentante, et paraissait devoir être la plus féconde en résultats importants. Mais, pour qu'il y eût la moindre probabilité de succès, il fallait que Law agît avec toutes ses troupes et avec la rapidité de l'éclair ; or, ce malheureux commandant, quoique un peu réconforté par l'assurance que d'Auteuil s'avançait, n'avait pas retrouvé assez d'activité pour être à la hauteur de la situation. Au lieu de marcher lui-même à la tête de ses troupes, il détacha quatre-vingts Européens, dont quarante déserteurs anglais et sept cents Cipayes, pour cette action dont le succès ou l'échec devait donner l'empire de l'Inde soit à l'Angleterre, soit à la France.

Quand ce détachement arriva à Samiavéram, Clive était de retour de son inutile expédition à la recherche de d'Auteuil. Sachant par l'expérience qu'il avait acquise du caractère de Law, qu'il n'y avait guère lieu de redouter une attaque du côté de Seringham, Clive n'avait fait aucuns préparatifs de défense, et s'était tranquillement mis au lit. Au moyen des déserteurs qu'il renfermait, le détachement avait réussi à persuader aux Cipayes anglais qu'il était envoyé par le major Lawrence pour renforcer Clive ; c'est ainsi que ces hommes réussirent à s'introduire dans le camp anglais avant que leur présence pût être soupçonnée, et que Clive eût même été réveillé ; mais, malgré son sommeil, sa présence fit encore pencher la balance en faveur des Anglais : car, s'il avait été à la tête des Français, il n'y a aucun doute que ceux-ci n'eussent, dans cette nuit, écrasé l'ennemi dans son propre camp, et recouvré ainsi tous les avantages perdus si volontairement. Mais, au lieu d'être leur chef, Clive était celui de leurs adversaires, et jamais il ne joua mieux que dans cette nuit terrible le rôle de chef, ou plutôt de prince, au milieu de ses hommes ; jamais, dans des circonstances aussi graves, on ne fit preuve d'un plus parfait sang-froid, d'un courage plus brillant et plus prompt. Les forces anglaises de Samiavéram occupaient deux pagodes, distantes l'une de l'autre d'un quart de mille ; les indigènes étaient campés à l'entour. Les Français s'étaient avancés au milieu des indigènes jusqu'à la plus petite pagode, et près d'un hangar ouvert sous lequel Clive dormait dans son palanquin. Arrivés là, ils rencontrèrent quelque résistance, et firent deux décharges. Clive fut providentiellement épargné, mais réveillé fort à propos. Les Français s'avancèrent encore, occupèrent la pagode, et rangèrent les Cipayes, qui entretenaient un feu continuel dans la direction de l'ennemi. A la première alarme, Clive avait couru à la grande pagode avec deux cents Européens, pour voir d'où pouvait venir ce désordre, supposant une fausse alerte de ses propres Cipayes, mais ne soupçonnant pas la présence des Français. En arrivant tout auprès de la petite pagode, il se trouva au milieu des Cipayes français, qu'il crut être les siens, et auxquels il ordonna de cesser le feu. Il ne découvrit son erreur que lorsque l'un d'eux, l'ayant reconnu pour un Anglais, lui fit deux blessures, puis, ayant essuyé son feu, s'enfuit vers la petite pagode. Clive le poursuivit, et se trouva en présence de six soldats français, qui le sommèrent de se rendre. Alors, et pour la première fois, il comprit toute la vérité. Aussitôt il somma à son tour les Français de mettre bas les armes, dit qu'il n'était venu que pour leur proposer des conditions et les invita à voir par eux-mêmes toute son armée prête à les attaquer. Complétement abusés par ces audacieux artifices, trois Français déposèrent leurs armes, les autres allèrent à la pagode pour communiquer à leurs compagnons les propositions de Clive. Ceux-ci refusèrent de se rendre; ce ne fut qu'après un combat sanglant, dans le cours duquel Clive échappa plusieurs fois à la mort et où les déserteurs se défendaient avec l'ardeur du désespoir, qu'ils finirent par se soumettre. Pendant le combat, les Cipayes avaient réussi à sortir du camp, mais ayant été poursuivis par la cavalerie mahratte, ils furent, jusqu'au dernier, littéralement taillés en pièces.

Après ce nouvel échec, la situation des Français à Seringham devint réellement désespérée. Afin de leur ôter tout moyen de secours et toute espérance de salut, Coiladdy fut occupé le 7 mai par les alliés de Tanjore au nom des Anglais. Il ne restait plus qu'à se débarrasser de d'Auteuil. Le 20 avril, le capitaine Dalton partit à la tête de cent Européens, quatre cents Cipayes, cinq cents Mahrattes et quatre pièces de campagne, laissant intact à Samiavéram le corps de Clive.

D'Auteuil, effrayé du mauvais succès de sa tentative de tourner Samiavéram, et de l'entreprise, bien conçue, mais mal exécutée de

Séringham, était resté à Octatoor, attendant tranquillement les événements. L'événement arriva, mais il n'était pas prêt à en tirer parti. Le capitaine Dalton, après une escarmouche sans résultat devant Octatoor, s'avança contre cette ville. Les exemples récents avaient montré aux Anglais que le moyen le plus sûr d'arriver à la victoire était de marcher droit en avant, afin de frapper le moral de l'ennemi, qui est ainsi à demi vaincu avant d'avoir combattu. Dans cette pensée, Dalton, ne laissant que peu de troupes avec les canons, et envoyant l'infanterie pour attaquer d'Auteuil en flanc, fit un tel déploiement de ses forces, que d'Auteuil se figura avoir en face de lui, non pas un détachement, mais bien toute l'armée de Clive. Sous cette impression, sa présence d'esprit l'abandonna. S'il avait été aussi hardi que Dalton, il aurait pu, en attaquant les canons, décider l'action en sa faveur, mais, l'esprit troublé par la crainte, il se laissa tromper par cet artifice grossier ; et, quoiqu'il eût d'abord repoussé les Anglais d'Octatoor, il abandonna cette place dans la nuit, et s'enfuit sans être inquiété, dans la direction de Pondichéry, laissant Law à lui-même, et procurant ainsi à l'Angleterre un triomphe inespéré.

Pendant que ceci se passait, Law, guettant de la tour de Seringham la marche des troupes de Dalton, conclut que ce devait être l'armée de Clive, et, agissant cette fois avec hardiesse, traversa la rivière avec le gros de ses forces, dans l'espoir de gagner Samiavéram. Mais Clive n'était pas homme à s'exposer deux fois au danger d'être surpris. Il marcha aussitôt à sa rencontre, et le joignit au moment où il venait de passer le Coleron. Ce n'était pas à Clive de rechercher le combat : l'ennemi était déjà dans ses filets ; une bataille seule aurait pu l'en délivrer. De l'autre côté, tout devait pousser Law à engager une action ; c'était, nous l'avons dit, sa seule ressource, et cette fois il avait l'avantage du nombre. Mais il ne se battit pas, et, malheureusement pour la cause de la France, il ne rentra à Seringham que pour capituler.

La prise de Pitchandah, pagode fortifiée sur la rive Nord du Coleron, en face de Seringham, compléta sa défaite, et lui enleva les moyens qu'il avait encore de communiquer directement avec Pondichéry. Après cette capture, Clive, pour ôter aux Français tout espoir de voir d'Auteuil leur amener des renforts, se mit à la recherche de cet officier, et, l'ayant rencontré à Volconde, dont le gouverneur avait été secrètement acheté par les Anglais, le contraignit de se rendre avec ses troupes.

Ainsi dépouillé de sa dernière espérance, que pouvait désormais faire l'infortuné Law ? Il savait bien dans son for intérieur où tendaient les derniers événements, et depuis plusieurs jours il était bien convaincu qu'il n'avait le choix qu'entre deux partis, ou forcer le passage pour se retirer, ou se rendre. Dans des circonstances semblables, les hommes de cœur agissent; mais les petits esprits se laissent influencer par la moindre rumeur, quelle qu'en soit la source, et sont toujours enclins à se persuader que, peut-être, sans qu'on sache comment, tout finira bien. Tel était le cas avec Law. Il se laissait abuser par toutes sortes d'illusions ; pendant longtemps il compta sur l'arrivée de d'Auteuil, puis il espéra des renforts de France, puis une chose, puis une autre. Il semble qu'il ne se soit jamais douté que l'énergie a été donnée à l'homme pour qu'il en fasse usage ; qu'il n'y a pas de conjoncture si critique dont cette qualité ne fasse trouver l'issue, et que celui qui s'en remet au hasard n'est pas digne du nom d'homme. S'il avait osé regarder la situation en face, il aurait compris plus tôt que, s'il ne s'échappait pas, il faudrait se rendre. Ses provisions diminuaient rapidement, ses alliés indigènes désertaient par centaines, mais il lui restait ses Européens. Au commencement de juin, il en avait encore huit cents, plus deux mille Cipayes disciplinés et trois ou quatre mille hommes de levées indigènes demeurés fidèles à Chunda-Sahib. Avec ces forces, bien supérieures à celles du major Lawrence, il pouvait facilement profiter de cette supériorité pour attaquer le camp de cet officier, et après s'en être emparé, il pouvait sans être inquiété se frayer la route de Karical. Ce fut en vain que Chunda-Sahib le conjura à plusieurs reprises d'avoir recours à ces moyens. Tout fut inutile : Law ne put prendre un parti ; il attendit les événements, se confia au hasard, et.... fut perdu.

Il ne faut cependant pas supposer qu'il restât indifférent à la pensée du sort qui attendait ce fidèle allié des Français. Law savait bien que sa soumission au triomphant Mahomed-Ali aurait une conséquence inévitable pour Chunda-Sahib. Se rendre aux Anglais était hors de question, puisque la France et l'Angleterre n'étaient pas en guerre. Les Anglais et les Français n'étaient que de simples mercenaires à la solde des parties belligérantes, et quels que fussent les vainqueurs, il ne leur appartenait pas d'intervenir ouvertement dans la direction des affaires. La proposition de se soumettre aux Anglais ne pouvant donc être écoutée, ne devait pas même être faite. Quant à Mahomed-Ali, habitué à regarder comme légitimes tous les moyens de se délivrer de son rival, on ne devait pas s'attendre qu'il hésitât sur le châtiment à infliger à un adversaire aussi persévérant, aussi hardi et aussi fertile en expédients que le protégé des Français. Tout en rejetant les conseils et en se déterminant à capituler, Law cherchait les moyens de sauver la vie de son allié. Dans ce but, il ouvrit des négociations avec Manokdgi, général de l'armée du rajah de Tanjore. Ce chef accepta avec empressement les offres qui lui étaient faites, reçut une partie de la somme stipulée, jura solennellement de protéger la vie du nabab fugitif, et envoya dans la nuit du 11 juin un détachement chargé d'escorter le palanquin de Chunda-Sahib. Mais cet infortuné ne fut pas plus tôt arrivé dans le camp, qu'il fut violemment saisi, chargé de fers et remis à des gardes. Le lendemain, le major Lawrence fut présent à une conférence dans laquelle on discuta sur le sort du prisonnier. Il n'était pas douteux qu'en prenant une attitude ferme, surtout le jour suivant lorsque les Anglais furent devenus par la reddition de Law les maîtres absolus de la situation, le major aurait sauvé la vie de Chunda-Sahib. Il raconta lui-même que, dans la discussion, il garda d'abord le silence, puis proposa que le nabab fût remis aux Anglais. Cet avis fut combattu, et l'on se sépara sans avoir pris de résolution. Le lendemain, Manokdgi ayant demandé à Lawrence s'il désirait sérieusement être chargé du prisonnier, le commandant anglais déclara qu'il ne se souciait pas de s'en mêler davantage [1]. Ce fut un arrêt de mort, et quelques heures plus tard

---

1. Cette légèreté et cette indifférence, pour ne pas dire plus, du commandant anglais, ont été traitées avec beaucoup d'indulgence par la plupart des historiens de sa nation. Le récit d'Orme, cet écrivain si opposé aux Français, montre qu'il était complétement au pouvoir de Lawrence de sauver Chunda-Sahib ; il lui aurait suffi d'étendre la main. Orme, après avoir fait allusion à la querelle qui s'éleva entre Mahomed-Ali, les Myso-

Chunda-Sahib fut frappé au cœur par ordre de Manokdgi, et sa tête fut portée au triomphant Mahomed-Ali.

Mais avant la consommation de cette tragédie, Law avait capitulé. Se reposant sur le roseau de ses trompeuses illusions, il avait laissé échappé toutes les chances favorables, jusqu'au moment où l'arrivée d'un train d'artillerie, venant de Dévicotta, mit les Anglais à même de le contraindre à accepter leurs conditions. Après une suite de protestations qu'il se défendrait jusqu'à la dernière extrémité, il fut enfin convenu que l'armée française se reconnaissait prisonnière de guerre; que les officiers seraient libres sur leur parole de ne pas servir contre Mahomed-Ali et ses alliés; qu'il serait pardonné aux déserteurs; que les armes, l'artillerie et les munitions de guerre seraient, ainsi que l'île, fidèlement livrées aux Anglais. Ces conditions furent ponctuellement exécutées. Le 13 juin au matin, trente-cinq officiers, sept cent quatre-vingt-cinq soldats, deux mille Cipayes, mirent bas les armes, et se constituèrent prisonniers du commandant anglais, agissant au nom de Mahomed-Ali. Quarante et une pièces de canon et une quantité considérable de munitions furent livrées en même temps [1].

Telle fut l'issue funeste de cette expédition qui, onze mois auparavant, était partie de Pondichéry avec tant de chances de succès, et avait été pour son organisateur, la source de tant de labeurs et

---

riens et les Mahrattes au sujet de la possession de Chunda-Sahib s'exprime, ainsi : « Manokdgi, terrifié à la pensée des collisions qui allaient avoir lieu s'il donnait la préférence à l'un des compétiteurs, ne trouva pas de meilleur moyen de mettre fin à la querelle que d'ôter la vie à son prisonnier ; cependant, comme le major avait exprimé le désir qu'il fût remis aux Anglais, *il crut nécessaire de s'assurer s'ils comptaient sérieusement sur cette déférence ;* en conséquence, dans la matinée même de la reddition de la pagode, il se rendit auprès du major, *avec lequel il eut une conférence, qui le convainquit que les Anglais étaient ses amis, et qu'ils étaient résolus à ne pas se mêler davantage de cette dispute. Immédiatement après son retour à Chucklypollam, il mit son dessein à exécution en ordonnant que la tête de Chunda-Sahib fût abattue.* » (Ces passages sont soulignés par nous.) Il est, hélas, clairement démontré par ce qui précède, que le major Lawrence participa à la mort de l'infortuné prince. Le professeur Wilson, pour atténuer ce verdict, avance qu'à cette époque le pouvoir des Anglais n'était pas si bien affermi qu'ils prétendissent dicter des lois aux princes indigènes avec lesquels ils s'alliaient. Il est évident qu'ici il n'y avait pas de lois à dicter, et qu'un mot de Lawrence à Manokdgi aurait changé le sort de la victime. Comment pourrions-nous éviter d'en arriver à cette conclusion positive, quand nous voyons que Manokdgi, assuré que les Anglais n'interviendraient pas pour sauver la vie de Chunda-Sahib, ne quitte le major Lawrence que pour aller ordonner son exécution.

1. Nos autorités, pour le récit de cette campagne, ont été l'*Histoire* de M. Orme, le *Journal* de Lawrence, les *Mémoires et les lettres officielles* de Dupleix.

de tant d'inquiétudes. Quelle fin pour des projets si brillants au début, quelle issue pour des plans si bien calculés, semblait-il, pour être à l'abri de tout échec ! Alors une seule barrière s'opposait à la domination des Français dans le Carnate. Ils possédaient des forces imposantes, un Gouverneur dont l'influence sur les indigèges était sans exemple, et, pardessus tout, ils avaient le prestige de la victoire. Leur antagoniste était un prétendant abandonné de ses alliés, n'occupant plus qu'une ville fortifiée, avec une poignée d'Anglais démoralisés. Mais, en onze mois, combien la scène avait changé ! Le prétendant est devenu souverain de fait ; les Anglais démoralisés sont les arbitres du Carnate ; l'armée française, naguère victorieuse, est maintenant prisonnière de guerre. D'où est venue cette révolution? Pouvons-nous découvrir dans la ferme intelligence de Dupleix quelques symptômes d'affaiblissement, de décrépitude? Loin de là ; jamais il n'a montré plus de constance et de résolution, dans aucune circonstance il n'a manifesté plus de zèle et d'énergie. Ses ordres à Law, ses encouragements à Chunda-Sabib, ses efforts pour communiquer de l'énergie à d'Auteuil, témoignent de l'ardeur de son esprit, du but bien arrêté auquel tendaient toutes ses démarches. Si ses ordres eussent été suivis, si ses commandants avaient agi avec la prudence et l'activité les plus ordinaires, sa politique triomphait, et le génie de la France était victorieux.

Si nous voulons trouver les causes du résultat contraire, il faut tourner nos regards d'un autre côté. Dupleix était un Gouverneur civil qui avait, pour concevoir des plans même militaires, car le génie peut se prêter à tout, des talents tels que peu d'hommes en ont jamais possédé. Il voyait, il concevait ; mais il était forcé de s'en rapporter à d'autres pour exécuter, et il arriva malheureusement que, tandis que les hommes dont il pouvait disposer n'avaient qu'une intelligence secondaire, manquaient d'énergie et d'initiative, redoutaient la responsabilité, fuyaient les petits dangers et par là s'exposaient à de plus grands, son principal adversaire était doué d'un génie vaste et prompt, d'une aptitude guerrière qui surpassait celle de tous ses contemporains, d'une conception hardie, d'une exécution rapide qui n'ont jamais été égalées. Les plans de campagne qu'enfantait le cerveau de Dupleix étaient de premier ordre, mais ils échouaient à l'exécution, parce qu'ils devaient être confiés à des lieutenants. Ses ordres, ses lettres, ses prières témoignent encore de nos jours de la rectitude de son jugement. Il eut été facile de s'y conformer ; la chute de Trichinopoly en serait inévitablement résultée pendant que Clive était encore assiégé à Arcate, ou si quelque circonstance imprévue avait entravé ce grand triomphe, en obéissant ponctuellement aux instructions de Dupleix, on aurait intercepté et détruit sur les bords du Cauveri les corps envoyés à son secours par Lawrence. Mais on ne saurait concevoir une inertie et une pusillanimité comparables à celles de Law ; elles étaient telles, que M. Orme, cet historien que nous trouvons toujours si jaloux de la réputation des commandants anglais, est amené à dire qu'il est difficile de déterminer si, après l'arrivée de Clive et de Lawrence à Trichinopoly, les Anglais se conduisirent avec plus de capacité et de bravoure, ou les Français avec plus d'irrésolution et d'ignorance qu'auparavant.

Pour apprécier Dupleix à sa juste valeur, il faut examiner ce que fut sa conduite après les revers que nous venons de raconter. Quelle était alors sa situation ? Law et ses troupes sont battus et prisonniers ; d'Auteuil a subi le même sort avec tous les soldats disponibles pour les garnisons ; Bussy avec ses forces est à Aurungabad ; enfin Chunda-Sahib, son fidèle allié, a eu la tête tranchée, et son armée n'existe plus. Il ne restait à Dupleix que Pondichéry, Gingi et les possessions de la côte, sans garnisons pour les défendre et encore moins de troupes pour occuper la campagne. Ses ennemis triomphants, en possession de l'influence et des avantages matériels vers lesquels avaient tendu tous ses travaux et ses désirs, étaient en position de l'accabler s'ils le voulaient. Non-seulement ils avaient des alliés, mais deux excellents officiers à leur tête. Dupleix n'avait plus une armée, plus un allié et, depuis le départ de Bussy, plus un général ; il ne devait plus compter que sur lui-même et sur un second lui-même, sa vaillante femme, qui fut sa digne aide, sa conseillère infatigable. Voyons comment cet homme, ainsi accablé, en face d'une puissance si supérieure, sut tenir tête à l'ennemi.

Par sa propre expérience, par ses relations intimes avec les princes indigènes, Dupleix savait que l'arme la plus sûre pour désorganiser leurs alliances, était la victoire : vaincus, ils sont en apparence tout prêts à sacrifier leurs plus justes prétentions s'ils peuvent arriver ainsi à se ménager quelques espérances pour l'avenir; mais si la fortune vient à changer, ils montrent un oubli complet de leurs concessions passées, et élèvent leurs demandes jusqu'à l'exagération. Si tel était le cas lorsqu'un seul chef était allié avec un pouvoir européen, que serait-ce maintenant que trois ou quatre de ces princes jouissaient de cette position avantageuse? Chaque allié mesurait ses exigences sur celles de son rival, et il était indubitable qu'il en résulterait de fréquentes collisions. Dans la guerre qui venait de finir, Mahomed-Ali, rival de Chunda-Sahib, avait été secouru par trois alliés, le rajah de Mysore, celui de Tanjore et les Mahrattes ; aussi longtemps qu'il parut certain que Mahomed-Ali et ses alliés les Anglais triompheraient, — conclusion que l'intelligence déliée des indigènes tira de l'incapacité manifeste de Law dès les premiers temps de la lutte,—il fut évident pour Dupleix que toutes les tentatives qu'il pourrait faire pour les ramener à lui seraient sans effet. Quoi qu'il en fût, il conserva des représentants indigènes dans leurs cours, et leur envoya de temps à autre des instructions sur la conduite à tenir selon les circonstances. Ce fut alors, quand la fortune se déclara contre lui, qu'il n'eut plus de troupes et pas un allié, qu'il mit en œuvre ces artifices dont mieux que personne il connaissait l'emploi. Il ne s'attaqua pas tout d'abord à Mahomed-Ali. Les Anglais agissaient au nom de ce prince, et il savait bien qu'ils s'attacheraient particulièrement à la défense de ses intérêts. Parmi les autres membres de l'alliance, les Mahrattes étaient les plus influents, et c'est avec eux que Dupleix entama de secrètes négociations, au moment même où le gouvernement qu'il représentait était descendu au plus bas dans l'estime du monde.

Il réussit si bien, qu'en peu de temps Mahomed-Ali, et ses alliés les Anglais, reconnurent que la reddition de Law était l'unique résultat qu'ils eussent retiré de leur victoire. Ils virent que l'animosité des Mysoriens contre Mahomed-Ali et celle de Morari-

Rao contre les uns et les autres, mettrait obstacle à cette entente qu'on avait espéré obtenir sur le champ de bataille ; d'un autre côté, les Tanjoriens, fatigués d'un service qui leur promettait si peu de profit, se mutinaient pour retourner dans leur pays. Les intrigues secrètes furent si actives et la méfiance réciproque était si mal déguisée que, quoique Law se fût rendu le 11 juin, ce ne fut que le 9 du mois suivant que le nabab et les Anglais purent quitter Trichinopoly, et même alors on dut y laisser deux cents de ces derniers et quinze cents Cipayes, pour y tenir garnison et protéger la ville contre les Mysoriens et les Mahrattes, ses alliés de la veille.

Le temps que Dupleix gagna ainsi et la discorde qu'il avait semée dans le camp ennemi, lui furent extrêmement utiles. Cette époque coïncida avec l'arrivée à Pondichéry des renforts envoyés annuellement de France. Il est vrai que les hommes qui arrivèrent cette année n'étaient pas de premier choix : Dupleix lui-même affirme que c'était de la plus vile racaille ; mais enfin c'était un noyau qu'on pouvait augmenter, et dans ce but on débarqua les marins de la flotte et on les remplaça par des Lascars. Par ces moyens, il se trouva pourvu d'un corps de cinq cents soldats européens capables de figurer convenablement aux yeux des pouvoirs indigènes. Pour arriver à ces résultats, il avait puisé dans sa caisse particulière et utilisé toute sa fortune pour la cause de sa patrie. Une occasion se présenta bientôt de grandir encore l'opinion des indigènes quant à l'importance de ses ressources, et de montrer clairement aux princes voisins que Pondichéry n'était pas encore conquis. Harcelés par les alliés indigènes et par les intrigues fomentées autour d'eux, les Anglais n'avaient fait que peu de progrès depuis qu'ils avaient quitté Trichinopoly. Ils prirent bien Tiruvadi, défendu par une petite garnison de Cipayes français ; mais depuis ce moment, leurs conseils devinrent aussi incertains que l'avaient été ceux des Français deux mois auparavant. Le major Lawrence était parti pour cause de santé ; Clive était retourné pour la même cause au fort Saint-David, et le commandement des troupes était dévolu à l'incapable Gingen. Cet officier restant inactif à Tiruvadi, le gouverneur Saunders lui envoya, contrairement à l'avis de Lawrence, l'ordre de détacher une partie de ses forces contre Gingi. Le major Gingen se conforma à cet ordre, en envoyant, le 3 août, deux cents Européens, treize cents Cipayes et six cents cavaliers du nabab, sous les ordres du major Kinneer, qui venait d'arriver d'Europe.

La nouvelle de ce mouvement ayant été promptement apportée à Dupleix, il se décida à en faire usage pour porter un grand coup, et rétablir le prestige des armes de la France. Ayant donc envoyé au commandant de Gingi l'ordre de se défendre jusqu'à la dernière extrémité, il prit à même ses nouvelles levées trois cents Européens et cinq cents Cipayes, qu'il envoya avec sept pièces de campagne occuper une position à moitié route de Pondichéry à Gingi et dominant le passage que venaient de traverser les Anglais en marchant contre cette dernière ville.

Gingi était une forteresse chère à plusieurs titres aux Français; sa prise merveilleuse par de Bussy, le 11 septembre 1750, avait placé bien haut dans l'Inde la réputation de ses compatriotes; la victoire que M. de la Touche avait remportée à peu de distance sur les forces de Nazir-Jung, avait paru consolider et cimenter le pouvoir des Français dans le Carnate. La possession de Gingi leur donna, à elle seule, aux yeux des indigènes, un prestige difficile à effacer. Dupleix savait bien que sa position inaccessible permettrait à une garnison bien commandée de vaincre une force quintuple de celle de Kinneer. Il savait aussi que cet officier était étranger au pays, qu'il n'en connaissait pas les populations, et qu'il était bien peu probable que, dans cette loterie du commandement, les Anglais eussent encore mis la main sur un autre Lawrence et encore moins sur un génie de l'étoffe de Clive. Son plan paraissait donc avoir des chances de succès. En attaquant les derrières de l'ennemi, qui ne pouvait réussir à rien contre Gingi, il l'inviterait à attaquer les Français dans une position choisie et fortifiée à l'avance, et alors il prendrait assurément sa revanche de Seringham.

Il en arriva justement comme il l'avait prévu. Kinneer parut le 6 août devant Gingi, le somma de se rendre, et reçut un refus positif. Intimidé par la force de cette ville, il hésitait sur la conduite à tenir, quand il fut informé que les Français avaient pris possession de Vicravandi, en arrière de lui, et lui coupaient les communications avec Tiruvadi. Kinneer, agissant en vrai soldat, se retourna aussitôt pour attaquer ce nouvel ennemi, et enhardi par les succès répétés des Anglais, ne prit pas le temps de faire une reconnaissance, mais marcha droit à la position française. Pour attirer les Anglais devant le point le plus fort, l'officier français, M. de Kerjean, neveu de Dupleix, commanda un semblant de retraite. Les Anglais, avançant résolûment, se trouvèrent bientôt sous le feu des canons ennemis, que leur masquait un mur extrêmement fort. Kinneer fut blessé, les Cipayes anglais reculèrent, et les troupes blanches elles-mêmes commencèrent à chanceler. A ce moment, Kerjean les attaqua par le flanc avec cent soldats français ; cette manœuvre fut décisive. Les Anglais se retirèrent après une courte résistance, laissant quarante morts sur le champ de bataille.

A peine deux mois s'étaient écoulés depuis les revers terribles et en apparence irréparables causés par l'incapacité de Law, et déjà Dupleix ramenait la victoire sous les étendards français, et recouvrait son influence auprès des princes indigènes du Carnate. Cet effet s'augmenta encore par la capture faite, peu de temps après, d'une compagnie de Suisses mercenaires employés dans les hautes mers par les Anglais, sous les ordres du capitaine Schauf. Les Anglais dénoncèrent cet acte comme contraire au droit des nations, les deux pays n'étant pas en guerre ; mais Dupleix répliqua avec hauteur qu'il usait du même droit en capturant les soldats anglais sur les mers, que les Anglais en prenant des soldats français sur terre ; que d'ailleurs ici il n'agissait que pour sa propre défense, puisque ces soldats n'avaient été envoyés sur mer que pour être plus à portée d'attaquer les possessions françaises de la côte. La justesse de cette réponse ne pouvait être mise en doute.

Ce fut vers cette époque que Dupleix reçut du soubab du Décan, Salabut-Jung, une patente contenant la nomination officielle de nabab du Carnate et de toute la contrée au Sud du Kistna, et le reconnaissant comme possesseur de tous les autres honneurs qui lui avaient été conférés par Mozuffer-Jung. Salabut-Jung l'informait en même temps que l'empereur Ahmed-Shah lui enverrait incessamment une ambassade avec le firman impérial de confirmation. En vertu de l'autorité qui lui était ainsi reconnue, Dupleix nomma Rajah-Sahib, le fils de Chunda-Sahib, pour occuper ce poste sous lui ; mais ayant bientôt reconnu que ce jeune homme avait plus de penchant pour les plaisirs et la fainéantise que de goût pour la guerre, il entra en pourparlers avec Mortiz-Ali, le gendre et le plus proche parent de Dost-Ali. Mortiz-Ali répondit à ces ouvertures ; il consentit à faire une avance considérable d'argent, et à lever des troupes pour soutenir son titre. Ce fut aussi dans ce même mois que les Directeurs de la Compagnie écrivirent à Dupleix pour lui exprimer leur complète satisfaction de sa conduite, et l'informer que, sur leurs sollicitations, il avait plu au roi de lui conférer le titre de marquis, reversible en ligne directe sur ses descendants. Le même navire lui apportait les félicitations de tous les hauts fonctionnaires sur cette distinction bien méritée, et l'assurance de leur adhésion à la politique adoptée par lui. Tandis que ses espérances renaissaient par le succès de Vicravandi, Dupleix reprenait ses négociations avec les Mysoriens et Morari-Rao, et les pressait de se déclarer ouvertement en sa faveur. Ils y consentirent, à la condition qu'il occuperait le gros de l'armée des Anglais, afin qu'ils pussent être libres de poursuivre leurs projets sur Trichinopoly. Pour ce but, Dupleix donna à Kerjean tous les renforts qu'il put, et l'envoya resserrer le blocus du fort David, de manière à empêcher toute coopération possible des Anglais avec leur détachement de Trichinopoly. De cette façon, Kerjean se trouva à la tête de quatre cents Européens, quinze cents Cipayes et cinq cents cavaliers indigènes.

La nouvelle de ce mouvement hardi arracha le major Lawrence de son lit de douleur. Il se rendit par mer au fort, et y arriva le 27 août ; le lendemain matin, il marcha avec quatre cents Européens, dix-sept cents Cipayes et quatre cents hommes des troupes de Mahomed-Ali pour reconnaître la position française. Malgré sa force, il résolut de l'attaquer le jour suivant. Mais Kerjean, ne se sentant pas assez certain du résultat probable du combat, se replia pendant la nuit sur Bahour, à deux milles du fort Saint-David, et le lendemain soir Lawrence ayant continué à s'avancer, il regagna Villanore à trois milles de Pondichéry.

Dupleix attendait de jour en jour l'arrivée du navire *le Prince* ayant à bord sept cents hommes, et ce qui était au moins aussi important, un officier qui avait fait ses preuves sur le sol indien, M. de la Touche. Comme les instructions du major Lawrence lui interdisaient d'attaquer les Français dans leurs positions sur le sol français, il aurait été d'une saine politique que le commandant français demeurât où il était jusqu'à l'arrivée des renforts. Mais il sembla que le major Lawrence fût instruit des espérances fondées sur l'arrivée du vaisseau *le Prince*, et qu'il eût habilement résolu de stimuler l'ambition de Kerjean, qui ne pouvait espérer de garder le commandement après l'arrivée d'un officier d'aussi haute réputation que M. de la Touche. Il décida donc de rétrograder sur Bahour, espérant que Kerjean l'y suivrait ; ses prévisions se réalisèrent[1] : Kerjean suivit le major, et, dès le matin du 6, il reçut le choc de son adversaire. Le combat fut opiniâtre et sanglant. Les Français reçurent l'assaut avec beaucoup d'intrépidité, et croisèrent la baïonnette avec l'ennemi. Leurs Cipayes, qui étaient au centre, ne purent soutenir la charge des Anglais, et lâchèrent pied. Le centre ainsi dégarni, la ligne entière fléchit et s'enfuit en désordre. Kerjean lui-même, quinze officiers et cent hommes furent faits prisonniers. Nous ne connaissons pas le nombre des victimes du côté des Français ; les Anglais eurent un officier tué, quatre blessés et soixante-dix-huit hommes tués ou blessés[2].

Le résultat le plus fâcheux qu'eut cette défaite pour les Français, ce fut l'effet défavorable qu'elle produisit sur les chefs mysoriens et mahrattes. Trois mille guerriers de cette dernière nation, qui, sous la conduite d'Innis-Khan, étaient en marche pour se réunir aux Français, tournèrent leurs pas vers Mahomed-Ali, et les

---

1. Le major Lawrence affirme que Kerjean fut contraint d'agir ainsi par les ordres répétés de Dupleix et par la menace d'être remplacé par de la Touche. Mais il ne cite aucune autorité à l'appui de son assertion, et on peut s'imaginer que Kerjean, qui fut fait prisonnier dans l'action, chercha à se justifier aux dépens de son oncle. Ce mouvement était précisément celui que Dupleix cherchait à différer.

2. Orme, *Lawrence's Memoirs*.

Mysoriens différèrent de quelque temps leur attaque contre Trichinopoly. L'œuvre de Dupleix était trop bien conçue pour qu'un échec de cette nature en compromît le succès. Il promit aux Mysoriens que, s'ils voulaient prendre Trichinopoly, cette ville leur appartiendrait. La magie de son influence, qui subsistait encore dans l'esprit des indigènes, s'accrut encore par l'inaction de Lawrence après sa victoire, et en moins de six semaines, les Mysoriens et les Mahrattes abandonnèrent l'alliance anglaise et se joignirent ouvertement aux Français.

Le Gouverneur recueillit encore un autre avantage : avant la fin de la campagne de 1752, Clive, son plus redoutable adversaire, fut obligé par sa santé de quitter le champ de ses victoires et de retourner en Europe. Mais il employa les derniers mois de son séjour dans l'Inde à deux entreprises où brillèrent encore l'énergie, la valeur et les talents militaires qui avaient caractérisé ses précédents triomphes. Nous voulons parler de la capture des forts Covelong et de Chingleput ; le premier, sur le bord de la mer à égale distance de Saint-Thomé et de Sadras, à seize milles Sud de Madras ; le second, sur le Palaour, commandait la route du fort Saint-Georges à Pondichéry, et était éloigné de quarante milles de la résidence anglaise. La capture de ces deux places est mémorable par ce fait que les deux cents hommes qui composaient la partie européenne de la petite armée de Clive étaient des recrues nouvelles[1], l'écume des prisons anglaises, et si mal disciplinées que l'un des leurs étant tombé sous le canon du fort, tous les autres s'enfuirent. Mais Clive exerçait, même sur cette vile canaille, un tel prestige par son mépris pour le danger ; il s'acquit à un tel point le respect de ces hommes, que, malgré sa santé défaillante, il sut les ramener, et leur communiqua assez d'énergie pour réduire Covelong et vaincre sept cents Cipayes et quarante Européens que Dupleix avait envoyés au secours du fort ; puis, marchant sur Chinglepat, la place la plus forte après Gingi dans cette partie du pays, il força la

---

1. Lord Macaulay dit, dans son *Essai sur Clive*, que cette troupe était d'une nature telle que nul autre que Clive n'aurait voulu risquer sa réputation en la commandant. Cependant Orme, qui a été l'autorité de lord Macaulay, remarque simplement qu'il n'était guère à espérer qu'un officier jouissant d'une réputation acquise eût voulu la risquer en se chargeant de la commander.

garnison française, composée de quarante Européens et cinq cents Cipayes, à l'évacuer. De là, il retourna à Madras, puis fit voile pour l'Angleterre.

Cependant, malgré ces échecs, un examen soigneux de la position de Dupleix à la fin de 1752, mise en regard de l'état où il avait été réduit six mois auparavant par la reddition de Law et de d'Auteuil, nous fera apprécier tout ce que son vaste génie avait su accomplir dans un aussi court intervalle. Pour faire utilement cet examen, il faut avoir présentes à l'esprit ses relations avec les Directeurs de la Compagnie des Indes. Cette Compagnie qui, ne possédait pas le quart des richesses de la Compagnie anglaise, s'était flattée de l'espoir que Dupleix, maître du Carnate, était dans une position trop bien assurée pour qu'il eût désormais besoin de l'aide de la France. Les Directeurs s'attendaient même à ce que Dupleix leur envoyât bientôt de fortes sommes d'argent. Il est vrai que, jusqu'à la fin de 1751, sa situation autorisait les hommes d'État français à concevoir les plus grandes espérances sur l'avenir de l'Inde française. Mais c'était justement la raison qui aurait inspiré à des politiques habiles la volonté de l'aider et de le soutenir par tous les moyens dont ils pouvaient disposer. En 1751, l'envoi de deux ou trois mille hommes à Pondichéry aurait incontestablement assuré à la France la possession absolue de l'Inde méridionale. Elle ne se serait pas ressentie de leur absence, et ils ne pouvaient manquer de lui acquérir cette proie si précieuse. Au lieu de secourir ainsi Dupleix, la Compagnie lui coupait les vivres; elle lui envoyait fort peu de navires et pas du tout de fonds; les quelques hommes dont il fallait faire des soldats et qui devaient donner à la France un empire plus grand qu'elle-même, étaient le rebut des prisons et des galères. Quand il demandait un général capable, on lui envoyait Law ! Il est vrai que, sous l'impression des espérances que lui inspirait le succès de ses vastes plans, on lui adressait des lettres flatteuses et un marquisat : mais Dupleix aurait fait bon marché de récompenses aussi creuses pour obtenir quelques centaines de ces soldats qui gaspillaient leur temps dans les garnisons. Ainsi abandonné à ses propres ressources, nous le voyons tirer du néant les forces matérielles, et attirer à lui des alliés lorsqu'il semblait voué à une destruction certaine.

Il réussit, d'abord parce qu'il possédait au plus haut degré le génie organisateur, et en second lieu parce qu'aucun sacrifice ne lui paraissait trop grand quand il s'agissait de la gloire et des intérêts de la France. Quelle que fût l'amertume de la haine personnelle qui animait contre lui, ses contemporains anglais et leur faisait saisir toutes les occasions de lui imputer des motifs personnels d'ambition et de vanité, ils furent forcés de rendre hommage à son génie et à son dévouement patriotique. « Pour rendre à Dupleix la justice qui lui est due, écrit le major Lawrence dans ses *Mémoires*, je dois dire qu'il ne se laissait pas aisément abattre; son orgueil le soutenait, et en même temps son esprit était plein de ressources. » M. Orme admet également que les Français auraient été forcés « de cesser les hostilités après la prise de Seringham, si M. Dupleix n'avait été doué (ce qui du moins lui fait honneur) d'une persévérance qui allait jusqu'à lui faire oublier l'intérêt de sa fortune; il avait déjà déboursé trois millions cinq cent mille francs, de ses propres fonds, et il continua à agir de même. » Ce fut ce désintéressement, cette abnégation de ses propres intérêts quand ceux de la France étaient en jeu qui lui donna tant d'influence et d'autorité sur ses compatriotes, et lui acquit le respect et l'admiration de tous les princes indigènes avec lesquels il se trouva en contact. En Dupleix, ils trouvaient non-seulement l'homme profondément sérieux, mais encore à l'épreuve des conséquences d'un désastre. Il n'était jamais plus fertile en expédients qu'au moment où la source en semblait tarie. Ses ennemis ne se sentaient jamais en sûreté lorsqu'ils se voyaient en face de cette intelligence mobile, de ce génie inventif, et, même lorsqu'ils se trouvaient dans le camp de ses ennemis, ils ne cessaient de correspondre avec lui. Les Anglais reconnaissaient si bien ce pouvoir persuasif, qu'ils tenaient leur pupille Mahomed-Ali dans la réclusion la plus étroite. Malgré cette précaution, Dupleix parvint à correspondre avec lui, mais dans la réponse qu'il en reçut, Mahomed-Ali le suppliait de ne pas lui imputer sa conduite, car ajoutait-il, « vous savez que je ne suis plus maître de mes actions. »

Jamais peut-être son génie ne brilla d'un plus vif éclat qu'après la prise de Seringham. Il était sans troupes, exposé à la merci de l'armée victorieuse de Lawrence et de Clive ; malgré l'interdiction d'attaquer Pondichéry, ceux-ci paraissaient posséder le pouvoir de réduire l'établissement français à sa plus simple expression, de le dépouiller de toute puissance dans le pays et de toute influence sur les indigènes. Or, en leur suscitant des ennemis jusque dans leur camp, Dupleix retarda leur marche sur Trichinopoly, leur rendit impossible toute action décisive, gagna, ce qui lui était le plus nécessaire, du temps, et réussit en moins de deux mois à prendre sa revanche sur les Anglais et à amener leurs plus puissants alliés à transporter leur concours à la colonie française. Sans la précipitation de Kerjean, les avantages gagnés par les Anglais de Trichinopoly allaient être neutralisés.

Ce fut un immense malheur pour Dupleix que, précisément à l'époque où parmi ses officiers subalternes il y en avait tant d'incapables, ses adversaires eussent à leur tête le plus habile capitaine du temps. Les coups hardis de Clive étaient d'autant plus puissants qu'ils ne rencontraient qu'une faiblesse et une indécision incapables de les contre-balancer. De sa main puissante et ferme, Clive avait sapé les fondements de la domination française, inspiré aux soldats anglais une confiance en eux-mêmes qui ne les abandonna plus, et montré au monde que les indigènes bien dirigés et ayant confiance en leurs chefs peuvent faire preuve des qualités qui distinguent les meilleurs soldats, telles que le courage, la constance, l'héroïsme et l'abnégation. Il est certain que, sans lui, aucune diversion n'aurait été tentée sur Arcate ; la garnison anglaise serait demeurée sans courage dans Trichinopoly, ou, ce qui est plus probable, aurait livré la ville aux forces supérieures de Law. Mais ce fut Clive qui brisa le charme de l'invincibilité française, ce fut lui qui le premier apprit à ses troupes et aux natifs du Carnate qu'on pouvait vaincre même les soldats de Dupleix. Il transféra aux troupes anglaises cet amour-propre et cette confiance qui jusque-là avaient été le monopole des Français. Ce fut un grand malheur pour Dupleix que de rencontrer, pour entraver ses conceptions, un génie aussi guerrier et aussi entreprenant.

Mais, quoique les Français n'eussent pas le dessus dans le Carnate, les victoires qu'ils remportèrent dans les autres parties du sol indien firent plus que compenser, dans l'esprit de Dupleix, les calamités qui l'assaillaient sur la côte. L'influence française conservait sa prépondérance, la réputation des Français gardait son prestige, et le pouvoir du Gouverneur était sans partage à la cour du soubab. Pour gagner cette influence, maintenir cette réputation, accroître ce pouvoir, Dupleix n'avait pas hésité à se priver des services de son meilleur, de son seul général, et même à risquer sa suprématie sur la côte de Coromandel. A cette époque, les ennemis mêmes de Dupleix considéraient le gain d'Aurungabad comme bien supérieur aux pertes du Carnate. Pour nous rendre compte comment cet avantage fut obtenu, comment l'influence française fut si bien consolidée qu'elle put résister encore longtemps après le renversement du pouvoir français à Pondichéry, nous allons consacrer quelques pages à la carrière romanesque de l'énergique et vaillant de Bussy.

CHAPITRE VIII

DE BUSSY JUSQU'EN 1754

Nous avons montré en leur temps la vigueur et l'énergie déployées par de Bussy à Ambour et à Gingi, son action prompte à Kuddapah, comme sur le champ de bataille après la mort de Mozuffer-Jung, sa marche à travers tout le Décan, et son entrée triomphale à Aurungabad, le 29 juin 1751. Il nous reste à rapporter ce qu'il y accomplit, et comment il l'accomplit.

Mais afin de nous procurer une vue complète et exacte de la situation, et en transportant nos esprits dans le passé, de contempler le panorama de l'Inde telle qu'elle était alors, et non pas éclairée par la lumière de notre époque, il est nécessaire que nous donnions une esquisse rétrospective de la contrée connue sous le nom de Décan, en définissant sa connexion originelle avec l'empire mogol et sa dépendance à l'égard de cette puissance.

Le nom de Décan, quoiqu'il s'étendît en réalité à toute l'Inde méridionale, ne fut jamais employé par les Mahométans, et plus tard par nous-mêmes, que pour désigner la partie comprise entre le Nerbudda au Nord, et le Kistna au Sud. Après l'extinction de la dynastie des Toghluck, en 1399, il s'éleva sur les ruines de la monarchie de Delhi six souverainetés indépendantes au Sud de Nerbudda. C'étaient les États de Golconde, de Bijapour, Aurungabad, Beder, Béran [1] et Khaudesh. Avec le temps, Béran se fondit dans Aurungabad; la plus grande partie de Beder fut réunie à Golconde, et le reste fut absorbé par Bijapore. Mais, lors de l'avènement au trône du Mogol de la maison de Timour, ses représentants entreprirent de recouvrer ces anciens apanages de leur empire. Leurs efforts réussirent au point qu'en 1599, Khaudesh fut incorporé dans les domaines d'Akbar. Trente-huit ans plus tard, Aurungabad, gouverné jusqu'alors par la dynastie de Nizam-Shahi, et dont la capitale avait été prise par Akbar en 1600, fut définitivement conquise par Shah-Jehan. Aurengzeb, son fils et successeur, mit fin, en 1686, à la dynastie d'Adel-Shah à Bijapore. A Golconde, la dynastie de Koutub-Shah ne lui résista qu'un an de plus. Il arriva ainsi que, vingt ans avant de mourir, Aurengzeb avait vu rentrer sous sa suprématie tout le pays perdu par la cour de Delhi lors de la dissolution de l'empire sous Mahomed-Toghluck.

On ne doit cependant pas se figurer que les trois monarchies déchues de Golconde, Bijapore et Aurungabad, s'étendant originairement à l'Ouest jusqu'à la mer, et comprenant les villes de Pounah et de Sattara, aussi bien que celles de Bijapore et de Golconde, fussent également soumises à l'Empereur. Avant même que la conquête en fût complétement achevée, avaient apparu les germes d'un pouvoir destiné à rivaliser avec celui du Mogol, et finalement même à le dominer. Après avoir débuté comme un brigand et un flibustier, Sévadgi réussit à entraver et quelquefois même à battre les armées impériales. Laissant aux dynasties musulmanes l'occupation des capitales, il escamotait à son profit des districts entiers. Il fut si heureux dans ses entreprises qu'à sa mort, arrivée en 1679, son fils hérita toute la partie maritime des territoires tributaires d'Aurungabad et de Bijapore. Il résulta de ceci et de la querelle subséquente des Mahrattes avec Aurengzeb que, lorsque ce prince mourut, en 1707, le Décan dépendant de Delhi comprenait l'antique royaume d'Aurungabad et sa capitale,

---

1. Le Bérar de cette époque était loin de comprendre autant de territoire que le royaume du même nom gouverné par la famille des Bhonsla. La capitale était Ellichpore, et Nachpore n'en faisait pas partie. Il était la capitale de la province voisine, Gundwana.

plus une très-petite partie de Bijapore ; la langue de terre, longue de cent cinquante milles qui borde la côte orientale et est connue sous le nom de Carnate était dans sa dépendance. La côte occidentale était au pouvoir des Mahrattes, à l'exception des possessions anglaises et portugaises.

Aurengzeb exerçait les fonctions royales du Décan, lorsqu'il fut atteint de la maladie qui causa sa mort, le 21 février 1707. L'autorité passa alors aux mains de son fils Azim-Shah, qui avait auprès de lui Zoulfikar-Khan, le meilleur officier du dernier empereur. Quand Shah eut été défait et tué à Agra par son frère, le sultan Moazzim, ce dernier apprécia si bien les talents du général qu'il avait combattu, qu'il le nomma aussitôt nabab du Décan, et lui conféra en même temps le titre d'émir Oul-Amra. Mais Zoulfikar préférait les intrigues de la cour de Delhi à une paisible vice-royauté. Il accepta bien l'emploi ; puis, en ayant confié les fonctions à Daoud-Khan-Puni, il vécut à la cour de Moazzim, qui avait pris le titre de Bahadour-Shah. Ce prince étant mort en 1712, Zoulfikar trouva une occasion d'utiliser la basse adresse qui lui était habituelle. Il la saisit aussitôt, et si ardemment, qu'il éprouva bientôt le sort ordinairement réservé aux intrigants sans principes. Il livra par trahison l'empereur Jehandar-Shah entre les mains de son neveu Farokhsir, et ce nouveau souverain le fit aussitôt étrangler. Zoulfikar fut remplacé dans le gouvernement du Décan par Cheyn-Koulich-Khan, qui reçut à cette occasion le titre de Nizam-oul-Moulk, perpétué parmi ses descendants qui gouvernent encore aujourd'hui le Décan.

Nizam-oul-Moulk, connu aussi sous le nom de Asof-Jah, était encore soubab du Carnate lorsque commença la première lutte de suprématie entre les Français et les Anglais dans cette contrée. Nous avons vu comment au début il imposa sa loi aux parties belligérantes, en nommant, après le meurtre de Seid-Mahomed-Khan, son fidèle lieutenant Anwaroudin, nabab du Carnate. Nous avons raconté sa mort, les conséquences qui en résultèrent, l'avénement de son fils Nazir-Jung, son alliance avec les Anglais, sa mort à la bataille de Gingi, l'installation de son neveu Mozuffer-Jung, sa mort au moment où il venait de vaincre les nababs révoltés ; et enfin l'élévation de son oncle Salabut-Jung [1], l'aîné des fils survivants de Nizam-oul-Moulk. Il nous reste à voir quel héritage était celui dont Salabut-Jung prit possession, les obstacles qu'il rencontra et les difficultés qui semblaient se multiplier à chaque mouvement qu'il faisait. La dignité de soubab n'était pas héréditaire ; la nomination en appartenait à l'empereur de Delhi. Or, à la mort de Nizam-oul-Moulk, le trône impérial échéait à Ahmed-Shah, qui se trouva trop absorbé par ses propres affaires pour donner une grande attention à celles du Décan ; ceci, joint à l'anarchie croissante des règnes suivants, fut cause que la satrapie d'Hydérabad finit par être considérée comme l'apanage de la famille de Nizam-oul-Moulk. Les prétendants de la dynastie de Nizam avaient soin d'appuyer leurs prétentions par la publication de firmans réels ou supposés, et ce fut en vertu d'un semblable rescrit qu'à sa mort son fils Nazir-Jung fit valoir ses droits à lui succéder. De son côté, Mozuffer-Jung s'appuyait, pour les lui disputer, sur un acte dont la validité était également douteuse. Quand la mort eut fait disparaître les deux compétiteurs, et que le général français de Bussy eut proclamé soubab le troisième fils de Nizam, « ce prince, raconte M. Orme, ne crut pas prudent de paraître en vue de la capitale avant d'avoir accompli l'antique et pompeuse cérémonie qui consistait à recevoir des mains d'un ambassadeur, se disant envoyé par le grand Mogol, des lettres patentes le nommant vice-roi de toutes les contrées qui avaient été sous la domination de son père. »

Salabut-Jung n'était cependant que le troisième fils du fameux vice-roi. L'aîné, Gazi-Oudin, avait préféré donner un morne aquiescement à l'avénement de son frère Nazir-Jung à la dignité de soubab, plutôt que d'entrer en lutte ouverte avec celui qui avait pris soin de s'assurer du trésor paternel. Mais le temps avait bien changé l'aspect des affaires : Nazir-Jung, Mozuffer-Jung étaient morts ; à leur place régnait Salabut-Jung, élevé au milieu des excès ; efféminé, fainéant, ne sachant pas gouverner, et possédant un trésor à peu près vide. Cet état de chose offrait une occasion bien

---

1. Chap. III et VI.

tentante, et, en face du déclin de l'empire mogol, il aurait fallu une grande vertu pour résister à cette tentation : Gazi-Oudin n'eut pas cette vertu.

Par l'intermédiaire de Mulhar-Rao-Holkar, il entra en négociation avec le Peshwa Balladgi-Badgi-Rao, et réussit à persuader au grand chef des Mahrattes de soutenir sa cause. Nous avons vu comment l'obstacle que créait cette alliance avait été levé. Un présent de deux lakhs[1] de roupies avait arrêté dans sa marche sur Golconde le général mahratte qui avait consenti à se retirer. De tels moyens ont ordinairement pour résultat de susciter de nouveaux dangers, mais, depuis le 29 juin 1751, jour de son entrée triomphale dans Aurungabad jusqu'à l'automne suivant, Salabut-Jung n'avait été inquiété d'aucun côté. Cependant Gazi-Oudin avait déterminé le Peshwa Balladgi à saisir la première occasion favorable pour attaquer le Décan d'une manière formidable. En voyant de ce côté les affaires prendre une tournure aussi menaçante, il est à propos de s'enquérir quelle influence elles reçurent de la conduite de Bussy, et comment sa présence dans la capitale de cette partie de l'empire devait peser sur les projets que Dupleix nourrissait pour la création d'un empire français.

La marche de Bussy sur Aurungabad à la tête d'une troupe de trois cents Européens et de deux mille Cipayes, la victoire que chemin faisant il avait remportée sur les trois nababs et la prompte nomination qu'il avait faite de Salabut-Jung à l'emploi et à la dignité de soubab, avaient eu pour premier résultat de rendre les Français maîtres absolus de la situation. De Bussy avait consenti, il est vrai, au payement des deux lakhs de roupies à Balladgi-Badgi-Rao comme prix de sa retraite, mais il ne l'avait fait que parce qu'il considérait avec raison la possession de la capitale et l'occupation paisible du pays comme des avantages qu'on ne pouvait payer trop cher.

En arrivant à Aurungabad, il adopta une ligne de conduite par laquelle, en paraissant le fidèle allié du soubab, il devenait en réalité son maître. En conséquence, il choisit pour sa propre rési-

---

[1]. Le lakh de roupies vaut deux cent cinquante mille.

dence et celle de ses troupes une forteresse qui, située à l'une des extrémités de la ville, la commandait complètement. Il y fit monter ses canons et organisa tout pour qu'au besoin le service fût immédiat. Il établit la plus sévère discipline : aucun soldat ne pouvait sortir de la forteresse qu'à un jour et à une heure fixes, et jamais sans une permission écrite du commandant. Les infractions à cette discipline étaient suivies de punitions plus ou moins sévères, selon la gravité de la faute. Le résultat fut tel qu'on pouvait le prévoir : il n'y avait ni excès de boisson parmi les soldats, ni querelles, ni rixes avec les habitants de la ville. Les marchandises les plus précieuses et les plus riches étaient journellement placées sous la protection des soldats français. Leur conduite à Aurungabad fut si exemplaire, que les indigènes en vinrent bientôt à les admirer pour leur courtoisie autant qu'ils les avaient craints et estimés pour leur valeur [1].

Pendant longtemps de Bussy ne fut pas favorisé dans ses relations avec le soubab et ses courtisans. Il était impossible qu'un homme aussi perspicace vécût auprès de Salabut-Jung sans reconnaître la frivolité et la faiblesse de sa nature. Il sautait aux yeux que, dans un gouvernement comme celui du Décan, quasi-indépendant, mais que pourtant le puissant empereur de Delhi pouvait à tout moment revendiquer, gouvernement qui, n'ayant ainsi aucune base solide ni permanente, était exposé aux attaques incessantes du pouvoir envahissant des Mahrattes, tout devait dépendre du caractère du prince qui gouvernait.

Si ce prince était faible, incertain, qu'il n'eût pas de ressources en lui-même, pas d'énergie morale pour se diriger, il est clair qu'il devait être le jouet de la fortune, l'instrument d'un esprit supérieur qui aurait accès auprès de lui. De Bussy ayant donc reconnu la nature faible de Salabut-Jung, résolut d'être l'esprit qui devait le conseiller et le dominer. La force qu'il commandait serait l'instrument dont il ferait usage pour arriver à son but. Ce n'était pas qu'il comptât faire prendre à ses troupes une attitude menaçante, il était bien trop sage et avait un jugement trop

---

1. Ce récit relatif à de Bussy est puisé dans les *Mémoires* et la *Correspondance* de Dupleix, les *Histoires* de Orme, Wilks, Grant Duff et Seïr-Mutakherin.

droit pour agir ainsi. Il s'enferma, au contraire, avec ses troupes dans la forteresse, et entreprit de les former à la courtoisie et à des mœurs douces : c'était un moyen de décupler leur puissance. Ils n'excitaient aucune jalousie, et chacun savait ce qu'ils avaient fait, ce qu'ils étaient capables de faire, et ce qu'ils seraient prêts à entreprendre sur un signe de Bussy. Sa présence était d'autant plus influente, qu'on le voyait exercer plus facilement son autorité sur ses troupes.

Mais ce n'était pas seulement sur la force qu'il comptait : elle n'était pas la base sur laquelle il fondait des plans dont il voulait trouver le succès dans sa profonde connaissance du caractère indigène. Quoique franc, ouvert et conciliant, il était, à cette époque où l'âge et la goutte n'avaient pas encore commencé à ruiner ses facultés, un modèle de résolution et de tact. Il avait passé plusieurs années dans l'Inde en contact incessant avec les indigènes, surtout avec ceux d'un rang élevé, et il les comprenait parfaitement. Il avait aussi l'avantage d'avoir un plan bien arrêté. Avant de quitter Pondichéry, il s'était concerté avec Dupleix sur la nature des relations qu'il devait entretenir avec Mozuffer-Jung, et il ne prévoyait pas d'empêchement à suivre ses instructions à la lettre, en face d'un caractère mou comme celui de Salabut. La carte de l'Inde et l'histoire de l'époque nous montreront combien son plan était vaste, gigantesque, et cependant praticable ; séparé par la chaîne du Vindya de l'empire désorganisé du Mogol, le possesseur de la province mahométane du Décan semblait en position de dicter des lois à toute l'Inde méridionale. Il commandait à une grande armée et régnait sur une population guerrière; il était seigneur suzerain du nabab du Carnate, et exerçait dans cette province l'autorité du Mogol. Il possédait ainsi la puissance morale et le pouvoir physique. Il avait, et le droit d'employer la force, et la force prête à être employée. Or, dans ces temps où le nom du Mogol était tout et la réputation des colons comparativement rien, ce double pouvoir était un levier en réalité très-puissant et en apparence irrésistible.

Telle étant la position de la province appelée le Carnate, et tel étant le pouvoir de son prince, pouvons-nous infliger un grand blâme à la politique qui, au moment où la France n'avait plus à vaincre ses rivaux détestés, résolut de rendre sans coup férir cette puissance et cette influence complétement françaises ? Quel attrait n'était-ce pas pour une ambition patriotique ! Quels rêves d'empire, quelles visions de domination impériale lui étaient permis ! En possession du Carnate, gagnant par cette politique le Décan, les minarets de Jumma-Mussid et les pierreries qui ornaient le trône du Paon semblaient assez rapprochés pour exciter l'imagination et pousser irrésistiblement à l'action !

Cette vision tentatrice avait encore un autre attrait : la réalisation en paraissait si facile ! Connaissant à fond le caractère indigène, Dupleix savait parfaitement que, quelles que fussent les obligations que le vice-roi régnant avait à l'égard des Français, elles seraient toutes oubliées s'il n'avait soin de lui rappeler sans cesse leur pouvoir comme nation, et d'entretenir sous ses yeux la preuve de leur supériorité. C'était donc tout autant pour conserver l'influence française à la cour du soubab, que pour appuyer les prétentions de Mozuffer-Jung, que de Bussy avait été chargé d'accompagner ce prince à Aurungabad. Dupleix ne pouvait douter que, ses troupes occupant la capitale sous les ordres d'un militaire diplomate engagé à soutenir le soubab, et, ce qui était plus important, le soubab lui-même sentant bien qu'il ne pouvait compter sur d'autre appui que le leur, Dupleix, disons-nous, ne pouvait mettre en doute que de Bussy, s'il était habile, ne sût inévitablement attirer à lui toute l'influence, n'inspirât la politique étrangère et ne fût l'âme de son action ; en un mot, il deviendrait le tout-puissant maire du palais et le soubab ne serait qu'un automate sans valeur.

Diviser ainsi ses forces et se priver des services du meilleur de ses généraux ; en présence d'ennemis tels que les Anglais, qui avaient la mer pour base de leurs opérations, c'était à vrai dire courir un grand risque. Cependant, avant de condamner trop sévèrement Dupleix pour s'être exposé à un danger semblable, il faut voir quel était à ce moment l'état des affaires sur la côte. La paix régnait officiellement entre les deux nations ; les provinces du Carnate et de Trichinopoly avaient, à l'exception de la ville de ce nom, reconnu Chunda-Sahib comme nabab. Les Anglais avaient positivement refusé de secourir Mahomed-Ali dans la défense de cette ville ; mais quand même il aurait réussi à leur persuader de le faire, il ne semblait pas que Dupleix pût avoir rien à craindre de leurs efforts, car Lawrence, leur ancien commandant, était absent, le génie de Clive ne s'était pas encore révélé, et Dupleix connaissait et appréciait à leur juste valeur des hommes comme Gingen et Cope. Pouvait-il prévoir que, du sein de cette misérable colonie d'ennemis démoralisés qui, n'osant même pas transférer le siège de leur gouvernement à Madras, restaient claquemurés dans le fort Saint-David, spectateurs immobiles de son audacieuse entreprise, surgirait un des grands capitaines du siècle ? Était-il tenu d'agir comme si cet événement était présumable ? Oui, sans doute, si nous devons juger les hommes d'après un type parfait, si nous ne faisons aucune part aux passions humaines, nous devons déclarer que son devoir était d'agir en vue de cette prévision. Avant d'envoyer de Bussy à Aurungabad, il aurait au moins dû, par mesure de sage précaution, s'assurer de Trichinopoly et écraser le dernier rival de Chunda-Sahib. S'il l'avait fait, il aurait enlevé aux Anglais tout prétexte d'intervention, et aurait pu avec sécurité envoyer de Bussy à Aurungabad. Possesseur déjà du Carnate, il le serait bientôt devenu du Décan, et toute l'Inde au Sud du Vindya aurait reconnu la suprématie française.

Toutefois, quelque grande et par la suite quelque fatale qu'ait été cette faute, qui pourra affirmer qu'on dût en faire un crime à cet illustre Français, quand on se rappellera quelle immense tentation s'offrait à lui, au moment où la paix du Carnate semblait assurée ? Car on se souvient que Mahomed avait calmé les soupçons de Dupleix par des promesses de soumission. Le moment était si opportun, la nécessité si urgente que Mozuffer-Jung, allant prendre possession de son gouvernement, fût accompagné d'un corps de Français, que les services de Bussy semblèrent peu nécessaires à Pondichéry. Dupleix dut considérer que le danger à courir était peu important, et probablement fort éloigné, tandis que le profit à recueillir était considérable, et devait être d'un poids important dans les luttes possibles du Carnate. Pouvons-nous le condamner si, considérant l'avenir avec la vue humaine, il se décida à affronter un danger au moins problématique? En présence d'une perspective si attrayante, Dupleix n'aurait pas été lui-même s'il fût demeuré inactif.

Au premier abord, tout sembla favoriser les plans du Gouverneur français. Il ne pouvait être mieux représenté que par l'habile et souple de Bussy. Nous avons indiqué de quelle manière adroite mais inoffensive il avait disposé ses troupes à Aurungabad. Toute sa conduite était dictée par le même principe : ne paraître rien dans l'État, et y être tout ; n'être aux yeux du monde que le commandant du contingent français, mais relever la dignité de cet emploi aux yeux des indigènes par une somptueuse étiquette; diriger en secret toutes les relations extérieures du gouvernement, et faire concourir tous ses actes au profit des intérêts français. De cette manière il fondait une influence qui devrait survivre à la perte du pouvoir et du prestige de Pondichéry, et qui, sans la chute de ce pouvoir et de ce prestige, aurait selon toute probabilité produit l'effet le plus décisif dans les événements qui devaient se réaliser. Tous les efforts de Bussy, depuis son arrivée à Aurungabad, tendirent à l'établissement de cette autorité occulte. Il réussit complétement, et il ne s'écoula que bien peu de temps avant que Salabut fût convaincu que sa sûreté personnelle dépendait de la présence des troupes françaises dans la capitale, et que la sécurité de l'empire ne pouvait être plus assurée qu'en suivant les conseils du général français. Celui-ci se tenait toujours soigneusement au second plan. Il employait activement son influence cachée à faire choisir, pour ministres du soubab, des hommes sur le dévouement desquels il croyait pouvoir compter, et nous verrons que si plus d'une fois il fut joué par la finesse des intrigants asiatiques, il ne manqua jamais de hardiesse et de promptitude pour réparer une erreur, et même pour faire tourner à l'avantage de son pays les tentatives faites pour amoindrir son influence.

Tandis que de Bussy s'occupait ainsi d'implanter le pouvoir français dans la cour du soubab, il reçut avis de l'alliance conclue entre Anwaroudin et les Mahrattes, dans le but d'expulser le nabab qu'il avait nommé. Quoique de Bussy eût probablement préféré poursuivre l'œuvre de consolidation qui devait le mettre à même d'employer les ressources du Décan à seconder les projets français dans le Carnate, il ne dut cependant pas regretter l'occasion que cette menace d'invasion lui offrait d'enseigner aux habitants guerroyeurs de l'Inde occidentale à respecter la discipline et la valeur françaises. Quand la nouvelle que Gazi-Oudin venait du Nord à la tête de cent cinquante mille hommes, et Balladgi-Badgi-Rao de l'Ouest avec cent mille, répandit la terreur et la consternation dans le cœur d'Aurungabad, les uns conseillèrent de se retirer, et d'autres entrèrent même en pourparlers avec les envahisseurs, mais de Bussy demeura calme et ne manifesta aucune émotion. Quand le soubab l'appela à faire connaître son opinion, il lui donna un conseil semblable à celui qu'un peu plus tard le Gouverneur Saunders reçut de Clive, et qui fit juger la valeur de cet officier : « Ne vous inquiétez pas, dit-il, de l'armée qui envahit ; vous préserverez mieux le Décan en marchant sur Pounah. » Ce qui prouve bien quelle était l'influence de Bussy à la cour, c'est l'empressement que l'on mit à suivre cet avis hardi. Pour mieux faire ses préparatifs, le soubab quitta Aurungabad pour Golconde, et quand, après un certain temps, il fut bien assuré que les ennemis avaient commencé leur mouvement en sens opposé, mais avec Aurungabad pour but, il partit de Golconde avec de Bussy, et afin de suivre les plans proposés par ce dernier, il abandonna Aurungabad à son sort pour marcher sur Béder [1], jadis la capitale de l'ancien royaume du même nom. Outre l'armée considérable mais irrégulière de Salabut-Jung, de Bussy avait avec lui cinq cents Français des mieux disciplinés et cinq mille Cipayes bien exercés. Dès la fin de la saison pluvieuse, Balladgi-Badgi-Rao entra dans le

---

1. Grant Duff, et l'auteur du *Seir Mutakherin*, affirment l'un et l'autre que ce fut sur Ahmed-Nugger que le soubab marcha en quittant Golconde. M. Orme, au contraire, indique Béder ; nous sommes portés à croire que c'est ce dernier auteur qui est dans le vrai. Les Mahrattes se dirigeaient de Pounah sur Aurungabad et devaient naturellement passer par Ahmed-Nugger. Gazi-Oudin marchant vers le même but, un mouvement fait par de Bussy sur Ahmed-Nugger n'aurait pu avoir pour résultat d'alarmer Balladgi-Badgi-Rao pour la sûreté de Pounah. Au contraire, Béder se trouve sur la route directe de Golconde, où était de Bussy, à Pounah, et c'était le lieu le plus propice pour une attaque sur le territoire mahratte. Il est aisé de s'imaginer que Balladgi, apprenant qu'une expédition se dirigeait de Béder sur Pounah, n'aurait rien de plus pressé que de quitter le Nord pour aller protéger sa capitale.

Décan, et suivant le principe mahratte de faire payer la guerre par la guerre, ravagea tout le pays. Il ne faut pas croire qu'il eût aucune affection particulière pour Gazi-Oudin ou quelque haine invétérée contre Salabut-Jung ; pour lui, il ne s'agissait que d'une affaire : tandis que les deux Mahométans se disputeraient sur la souveraineté de la province, il se tiendrait sur la réserve jusqu'à ce que l'un d'eux fût complétement battu et tous les deux fort affaiblis ; alors il agirait, et gagnerait pour les Mahrattes une partie du Décan. Ne croyant avoir à craindre aucun mouvement de la part de Salabut-Jung, il se proposait d'enrichir lui et ses troupes par le pillage des provinces limitrophes du Décan. La marche hardie de Bussy sur Béder déconcerta entièrement ses projets, et son trouble s'accrut encore quand il vit que l'ennemi n'avait nulle intention de rester à Béder, mais qu'il s'avançait en droite ligne sur sa capitale. Renonçant alors à tout projet d'envahir le Décan, Balladgi fit diligence pour aller défendre ses États. Il était à la tête d'une puissante armée, et entre elle et son chef régnait une confiance réciproque. Il l'avait plus d'une fois conduite à la victoire contre cette même armée du Décan qui avait maintenant la présomption d'envahir le sol sacré des Mahrattes. Le résultat final ne pouvait lui paraître douteux. Il avait bien entendu parler des étrangers qui accompagnaient l'armée de Salabut-Jung, mais leur nombre était si restreint que cela leur ôtait tout caractère redoutable. D'ailleurs, ils ne s'étaient jamais trouvés en contact avec une armée régulière de Mahrattes, n'avaient jamais eu à résister à leurs charges de cavalerie qui, balayant tout, avaient été si souvent funestes aux armes mahométanes.

Après avoir choisi quarante mille de ses meilleurs cavaliers, et laissant le reste en arrière, Balladgi courut barrer la route de Pounah, s'il était possible, afin de détruire tout d'un coup l'ennemi. Le soubab, avec ses alliés français, venait de quitter Béder, en route pour Pounah, quand il apprit l'approche des Mahrattes. Suivant la tactique mahométane, il se forma pour attendre l'attaque. De Bussy posta ses dix pièces de campagne de manière à commander le terrain sur lequel l'ennemi devait charger. Ayant pris ces dispositions et placé son infanterie en ligne de soutien, il attendit tranquillement l'approche de Balladgi.

C'était véritablement pour la première fois qu'une armée mahratte régulière allait se rencontrer sur le champ de bataille avec un ennemi européen, car le contingent mahratte qui avait combattu dans le Carnate ne se composait que d'une poignée d'hommes, et ils ne s'étaient livrés comme auxiliaires qu'à une guerre d'escarmouches qui ne pouvait donner une idée de leur pouvoir comme force indépendante ; mais ici, de Bussy allait se trouver en face de l'élite du corps le plus puissant de l'armée. Les Mahrattes étaient, à cette époque, la force qui grandissait dans l'Indoustan. Les guerriers de ce peuple n'avaient pas encore abandonné les traditions dont l'observance avait fait d'eux une nation. Leur splendide cavalerie, la longanimité avec laquelle ils supportaient les souffrances et les privations, leur habitude de voyager sans tentes, sans bagage d'aucune sorte, sans autres provisions que ce que chaque homme pouvait porter sur son cheval, avaient concouru, avec leur tactique hardie, à les rendre supérieurs à ces armées mahométanes minées par un mauvais gouvernement et l'absence de toute science militaire. Le luxueux équipement de l'armée d'Aurengzeb offrait un contraste frappant avec le rude camp d'Akbar, et depuis la mort d'Aurengzeb, toute apparence de discipline avait complétement disparu. Les armées mogoles n'espérant pas la victoire, connaissant l'incapacité de leurs chefs, à demi vaincues avant d'avoir combattu, se sentaient parfaitement hors d'état de tenir tête au nouveau pouvoir qui, petit à petit, absorbait l'Indoustan.

De Bussy savait tout cela ; il savait que l'issue de la lutte qui allait avoir lieu dépendait de lui et de ses soldats, avec lesquels il avait traversé presque tout le continent, du golfe du Bengale à la mer d'Arabie. Ce fut cependant avec une pleine confiance qu'il attendit l'attaque ; elle vint enfin. Les nuages de poussière soulevés par les pieds d'innombrables chevaux ne pouvaient annoncer autre chose. Il était clair que quarante mille hommes d'une cavalerie choisie et commandée par son Peshwa allaient, dans ce jour même, s'efforcer de surpasser leur valeur accoutumée. Elle chargea à fond, quoique sans ordre, la lance en arrêt, et poussant des cris de victoire. Mais les Français, malgré leur petit nombre, ne se laissèrent ni émouvoir ni troubler, et immobiles près de leurs canons, ils attendirent avec sang-froid l'ordre de leur commandant. Aussitôt qu'il fut donné, ils commencèrent à lancer, non pas des décharges isolées, mais par un feu continu, une grêle de mitraille qui, combinée avec le feu de file incessant de l'infanterie, apprit aux cavaliers mahrattes quelle sorte d'ennemi allait leur disputer la victoire. Le résultat ne fut pas un instant douteux : après quelques décharges d'artillerie, les Mahrattes ne purent tenir, et, faisant volte-face, eurent bientôt disparu. De Bussy n'était pas homme à laisser une victoire stérile. Il persuada au soubab de partir immédiatement et de marcher droit sur Pounah, sans s'arrêter à écouter les offres d'accommodement du Peshwa.

Il y avait, comme cela arrive souvent dans toute armée orientales, des complications. Balladgi-Badgi-Rao était en mauvaise intelligence avec Tara-Bae, la grand'mère du jeune rajah de Sattara, qui lui contestait le droit de gouverner pour son petit-fils. Afin d'affaiblir Balladgi, les conseillers de Salabut-Jung étaient entrés en communication avec elle. De son côté Balladgi, reconnaissant de quelle importance étaient les services rendus au soubab par le contingent français, employait tous les moyens en usage dans les cours orientales pour exciter la jalousie contre l'officier français en lui attribuant des motifs secrets et une ambition personnelle. Nous verrons quels fruits portèrent en leur saison ces diverses menées.

De Bussy se souciant peu de ces intrigues, peut-être même les ignorant, et agissant toujours sur l'esprit du soubab, marcha jusqu'à ce qu'il se retrouvât dans le voisinage de l'armée mahratte, à Rajapore, sur la rivière Ghore. Une éclipse de lune appelait les Indous à leurs dévotions, et de Bussy résolut de profiter de leur superstition pour les battre jusque dans leurs campements. Ce fut chose nouvelle pour ses alliés mahométans que de le voir tenter de combattre les Mahrattes avec leurs propres armes, et chercher à surprendre ceux dont la vigilance et la promptitude avaient fait le succès. Quoiqu'ils eussent vu fuir en rase campagne la cavalerie mahratte, ils l'avaient encore en telle estime, que cette attaque leur semblait dictée par la témérité plutôt que par la prudence. Néanmoins de Bussy la tenta. Prenant avantage du moment où l'éclipse absorbait, pensait-il, toute l'attention des ennemis, il marcha droit au camp, en faisant usage de sa mousqueterie et de son artillerie. La suprise fut complète, et Balladgi lui-même, qui était occupé de ses dévotions et sans vêtements, n'eut que le temps de s'élancer sur une jument sans selle, dont la rapidité seule lui sauva la vie[1]. Son exemple fut suivi par l'armée entière; et quant au carnage, si les rapports ne s'accordent pas[2], il est toujours certain que les Mahrattes perdirent un butin considérable, et que leur prestige comme guerriers reçut un rude échec. La réputation de Bussy grandit en proportion de sa victoire, pour ne pas dire plus. Il est aisé de comprendre sur quel haut piédestal ceux qui redoutaient les Mahrattes devaient élever l'homme qui avait su profiter de leurs faiblesses pour les vaincre avec des forces aussi disproportionnées.

Le lendemain de cet exploit, le 23 novembre 1751, de Bussy marcha sur Pounah, l'ennemi se contentant de le harceler sur ses flancs, en cherchant à entraver sa marche. Le 24, il attaqua et détruisit la ville de Tullygaom. Deux jours plus tard, Balladgi fit encore une tentative désespérée pour recouvrer son prestige. Quelques-uns des plus fameux chefs mahrattes, parmi lesquels les deux fils de Ranodgi Sindia et Konir-Trimbuck Yekbouti, furent choisis pour diriger une attaque contre le camp des alliés. Le 27 novembre, cette attaque eut lieu : l'ennemi chargea les troupes indigènes de Salabut-Jung, et, renversant tous les obstacles, les culbuta complétement; pendant un instant, il sembla que la fortune allait tourner : la petite troupe française avait conservé sa position; elle menaçait, mais n'attaquait pas. Enfin de Bussy, remarquant l'échec de ses alliés, fit agir ses canons avec un tel effet sur les masses compactes de la cavalerie ennemie, qu'elle se retira du terrain qu'elle

---

1. Grant Duff rapporte, sur l'autorité des récits mahrattes, que la surprise ne fut pas complète et que les Mahrattes n'eurent pas de pertes matérielles. D'un autre côté l'auteur du *Seir Mutakherin* prétend que « les Mahrattes furent surpris pendant la nuit et qu'ils perdirent un grand nombre d'hommes; que les Français réduisirent en cendres par le feu leur artillerie. » Grant Duff reconnaît que cette victoire eut pour effet d'accroître beaucoup la réputation de Bussy.

2. *Seir Mutakherin.*

avait gagné et donna ainsi aux troupes du soubab le temps de se rallier. Le lendemain, de Bussy occupa la ville de Korygaom sur le Bhima, et se trouva ainsi à vingt milles de la capitale du Peshwa.

Mais il n'entrait pas dans les plans du soubab de faire de conquêtes sur les Mahrattes. Ses intérêts lui dictaient plutôt de rompre la confédération existant entre ce peuple et Gazi-Oudin, et même, s'il était possible, de former une alliance avec ceux qu'il aurait séparés de son rival. Guidé par les sages conseils de Bussy, non-seulement il avait réussi à empêcher la jonction des deux armées dont chacune était supérieure à la sienne, mais il avait forcé l'une d'elles à une rencontre sur le terrain de son choix, et l'avait traitée de manière à convaincre son chef qu'il avait intérêt à devenir son allié, plutôt qu'à être celui de son compétiteur. Après la dernière bataille, le Peshwa avait commencé à se demander s'il était nécessaire ou profitable de continuer plus longtemps la lutte. Il sentait que, si l'ennemi s'approchait plus près de Pounah ou de Sattara, cela donnerait aux partisans de Tara-Baé un poids suffisant pour mettre en danger le pouvoir et l'influence qu'il possédait. Il ouvrit donc des négociations avec Salabut-Jung, et, quoiqu'elles traînassent en longueur par suite de quelques difficultés que souleva ce prince, un armistice fut cependant conclu au commencement de 1752.

Salabut-Jung était d'autant plus désireux d'en venir à un arrangement que son armée, mal organisée et mal commandée, était presque révoltée. Ses hommes avaient des sujets de mécontentement, car leur solde était fort arriérée, et les officiers supérieurs particulièrement, étant pour la plupart fort peu instruits dans leur profession, étaient jaloux du crédit que les Français s'étaient acquis. Ils insinuaient continuellement que de Bussy avait des vues ultérieures, que la prolongation des hostilités pouvait seule lui permettre de réaliser. Salabut-Jung avait encore un autre motif non moins puissant de désirer la paix : Gazi-Oudin marchait sur Aurungabad, et il importait de traiter avec lui pendant que le souvenir de la dernière campagne était encore présent à la mémoire des Mahrattes. L'avis donné par de Bussy, dans ces circonstances, était donc digne de sa réputation de tact et d'habileté. Cet officier n'avait pas été sans s'apercevoir des signes de mécontentement qui se produisaient, mais il lui avait paru qu'il était moins désirable pour les intérêts français que pour ceux du soubab qu'on marchât sur Pounah. Il résolut donc d'agir d'une façon qui, tout à la fois, apaiserait les mécontents et satisferait les intérêts de ses compatriotes. Soit ouvertement, soit en secret, il appuya donc les propositions de paix, afin de désarmer ainsi ses ennemis et de gagner encore plus complétement la confiance du soubab.

L'armistice conclu, l'armée retourna vers Golconde, châtiant sur sa route quelques rajahs qui refusaient le tribut. Mais pendant qu'elle était en marche, il se produisit un fait qui nécessita une prompte intervention de la part de Bussy. Le premier ministre du soubab, Rajah-Rugounath-Dass, homme dévoué aux intérêts français, fut assassiné par quelques soldats afghans dont il avait insulté l'officier. Il fallait diriger le choix du soubab sur quelque personnage convenable pour le remplacer. Pour la première fois, de Bussy se laissa duper : il avait rencontré à la cour du soubab un noble appelé Syud-Lushkur-Khan, homme fort adroit et d'une grande habileté, qui avait deviné les projets des Français, haïssait leurs personnes et redoutait leur influence. Afin de contre-carrer leurs plans, il dissimula ses sentiments, et affecta, pour de Bussy en particulier, une grande estime et un profond dévouement. Il espérait obtenir ainsi un emploi sous le soubab, et, une fois arrivé à ce poste, déjouer la politique française et miner la position du commandant. De Bussy s'y laissa prendre; il crut que Syud-Lushkur était ce qu'il paraissait être, le recommanda au soubab comme un homme apte à remplacer le rajah décédé, et obtint pour lui cet emploi.

De Bussy avait beaucoup à faire avant que les intrigues mises en œuvre par le premier ministre eussent pu produire quelque effet. Gazi-Oudin était encore menaçant. Bien loin d'avoir réduit ses prétentions après la défaite de Balladgi, il avait invité Bhonsla à attaquer le Décan au Nord-Ouest, tandis que, avec l'aide de Multhar-Rao, Holkar y entrerait par la porte d'Aurungabad. L'invasion dont Amed-Shah-Abdali menaçait l'Indoustan, concourait, avec l'attitude hostile des Rohillas et les intrigues de la cour de Delhi, à retenir Gazi-Oudin dans cette capitale plus longtemps qu'il n'avait compté. Petit à petit les obstacles qui s'opposaient à son départ furent écartés, et en septembre 1754, il arriva à Aurungabad avec une armée évaluée à cent cinquante mille hommes.

Alors commença un de ces tissus d'intrigues qu'on ne voit que dans les cours orientales. A Aurungabad se trouvaient réunis Gazi-Oudin, dont le but réel et avoué était d'obtenir la souveraineté du Décan, qu'il ne croyait pas acheter trop cher par le sacrifice d'une portion de son territoire aux Mahrattes; le représentant de ce dernier peuple, Balladgi, appuyé par Holkar et le Bhonsla, s'efforçait de persuader à chacun des rivaux de lui offrir un plus haut prix que l'autre. Salabut-Jung n'avait là aucun représentant officiel, quoique son ministre Syud-Lushkur fût présent aux conférences, car cet homme rusé, pour mieux exécuter ses plans, avait persuadé à son maître de se prêter à un subterfuge qui consistait à répandre le bruit qu'il avait été destitué de son emploi de dewan, et s'était en conséquence joint comme noble mécontent aux confédérés : de cette manière, disait-il, il pourrait mieux surprendre leur secret. Son but véritable était de cimenter de tout son pouvoir l'alliance des Mahrattes avec Gazi-Oudin, dans l'espoir d'expulser Salabut-Jung, et avec lui le général français et ses troupes.

Le droit de Gazi-Oudin, comme fils aîné de Nizam-oul-Moulk, lui donnait une influence morale qui n'était pas sans poids sur les nobles du Décan et qui inquiétait fort Salabut-Jung lui-même. Il est possible que, dans les circonstances présentes et en face de l'alliance mahratte que Gazi-Oudin avait enfin assurée par l'offre d'un territoire considérable, il eût été disposé à écouter des propositions, quand survint un événement qui ôta toute utilité à de plus amples négociations. Dans l'ancien palais des soubabs à Aurungabad, vivait l'une des veuves de Nazam-oul-Moulk, celle qui ne lui avait donné qu'un fils, Nizam-Ali, né après Salabut-Jung. Tous les désirs de cette mère se concentraient dans une ardente espérance de voir son fils assis sur le trône vice-royal de son père : l'un des compétiteurs, Salabut-Jung, était hors de son atteinte; l'autre, Gazi-Oudin, était dans Aurungabad même. Elle n'avait aucun scrupule quant aux moyens qu'elle pourrait employer pour l'ôter du chemin qu'elle voulait faire parcourir à son fils; elle invita donc Gazi-Oudin à une fête, et lui persuada d'accepter un mets qu'elle lui dit apprêté de ses propres mains. Dans la nuit même, Gazi-Oudin mourut empoisonné.

Délivré par ce crime de son principal rival, Salabut-Jung, étant le premier par ordre de succession, fut aussitôt reconnu soubab du Décan. Cependant il avait encore devant lui toute l'armée des Mahrattes; car aux forces du Peshwa s'étaient jointes celles de Holkar et du Bhonsla. Le chef de l'État mahométan de Burham, qui s'était précédemment déclaré pour Gazi-Oudin, annonça alors son intention de remplir ses engagements envers les Mahrattes. Il ne restait à Salabut-Jung d'autre alternative qu'une guerre meurtrière et d'une issue douteuse, ou l'abandon aux Mahrattes du territoire de Bérar, que Gazi-Oudin leur avait promis, depuis le Tapti jusqu'au Godavery. Il laissa le soin de prendre une décision à de Bussy qui, regardant une paix solide basée sur de telles conditions comme plus favorable aux intérêts français et à ceux du soubab qu'une guerre incertaine, lui conseilla d'accepter les conditions offertes, parmi lesquelles était la retraite du Bhonsla au delà du Wyn-Gunga. La convention fut conclue et la paix proclamée.

Ces arrangements terminés, Syud-Lushkur reprit son emploi de dewan sans avoir été soupçonné, et le soubab qui, avec de Bussy et son armée, était en marche sur Aurungabad, se rendit à Hydérabad, qui devait être désormais sa capitale. Ceci se passait au commencement de 1753. Pendant l'année précédente, de Bussy, qui avait, en outre de son service, entretenu une correspondance active avec Dupleix, avait vu et déploré l'incapacité de Law sans être à même de le secourir dans aucun de ses embarras, et avait montré dans toutes ses lettres un grand empressement à s'employer pour le plus grand bien de la France. Il avait appris le déclin et la mort de Chunda-Sahib, en même temps que Dupleix l'informait de la nullité de celui qui devait lui succéder. Toutes ces circonstances ne faisaient que lui inspirer un nouveau zèle à utiliser sa position auprès du soubab, dans un sens favorable à la France. Il jugea que la mesure la plus utile serait la nomination de Dupleix lui-même à la nababie du Carnate. Cette dignité lui avait déjà été conférée par

Mozuffer-Jung; mais, pour des raisons politiques, il l'avait transmise à Chunda-Sahib.

A la mort de ce dernier, devait-elle revenir à Dupleix, soit pour l'exercer par lui-même, soit pour y mettre un représentant; ou bien devait-on admettre la possibilité d'y voir nommer quelque ennemi du pouvoir français ? A cette question il n'y avait qu'une réponse. La cour de Delhi n'ayant qu'un droit de confirmation, de Bussy profita de son influence auprès du soubab, à qui appartenait légalement le droit de nomination, pour obtenir de lui une patente qui nommait Dupleix à cet emploi. Dans notre dernier chapitre, nous avons parlé de la réception de ce document à Pondichéry.

Nos lecteurs sont maintenant bien au fait de la manière dont de Bussy avait été occupé pendant que Dupleix luttait seul contre Clive et Lawrence. Quoique le théâtre de son activité continuât à être fort éloigné de Pondichéry, tous ses actes étaient si intimement liés à la politique de Dupleix, que nous nous proposons d'en continuer maintenant le récit jusqu'à l'heure fatale où le grand proconsul fut rappelé pour être une nouvelle victime du gouvernement qu'il n'avait que trop bien servi.

L'année qui commençait alors, grosse d'événements et d'épreuves pour de Bussy, devait le voir sortir vainqueur de dangers et d'embûches de nature à éprouver les qualités d'un homme d'État et montrer de quelle inutilité sont les troupes et les forteresses sans commandants capables. Au mois de janvier, aussitôt que la paix eut été conclue avec les Mahrattes et pendant le voyage d'Hydérabad, de Bussy, épuisé par les fatigues et les dangers, fut subitement frappé de maladie. L'attaque fut si violente, que malgré la volonté de ne pas lâcher dans un moment si critique les fils de toutes les négociations dans lesquelles il était engagé, il dut forcément céder à l'avis de ses médecins, et consentir à être transporté à Mazulipatam, pour changer d'air et prendre du repos. La répugnance qu'il témoignait à se laisser persuader, était principalement due à sa conviction que l'influence de la France dépendait presque entièrement de sa présence à la cour du soubab; il n'avait auprès de lui personne à qui il pût confier le secret de toutes ses négociations délicates; pas un seul officier dont le jugement ou même le talent de maintenir la discipline lui inspirât quelque confiance. Son second dans le commandement, M. Goupil, était d'une capacité des plus ordinaires, un de ces hommes que leur simplicité expose continuellement aux machinations des intrigants. Lui confier les troupes était déjà un danger, si Syud-Lushkur avait été, comme le croyait de Bussy, un ami dévoué ; mais sachant qu'il était un ennemi aussi déterminé que secret, c'était s'exposer à des malheurs inévitables. Il était heureux pour de Bussy que, dans la faiblesse où la maladie l'avait réduit, il n'eût jamais soupçonné quel était le but secret vers lequel tendaient toutes les ruses du dewan. La secousse qui en serait résultée et les efforts qu'il aurait faits pour le combattre, lui auraient probablement porté un coup fatal. Malgré son ignorance à ce sujet, il n'envisageait la pensée de son départ qu'avec une extrême inquiétude. Mais il n'y avait pas à reculer : il lui fallait du repos et du calme, ou se résigner à mourir. Il partit donc, le cœur abattu, laissant sa place à Goupil, ses conseils au soubab et à Syud-Lushkur, et promit un prompt retour, se doutant peu de quelle manière se ferait ce retour.

Le soubab n'eut pas plutôt atteint Hydérabad, que le dewan commença les secrètes intrigues par lesquelles il espérait arriver à une rupture définitive entre le soubab et les Français, afin de purger le pays de ces derniers. La faiblesse et l'indécision de Goupil vinrent à son aide. Nous avons précédemment fait mention de la sévère discipline que, dès l'époque de son arrivée à Aurungabad, de Bussy avait introduite dans son armée, et nous avons indiqué comment l'ordre qu'il avait rigoureusement maintenu avait contribué à augmenter la confiance et même l'affection de la nation pour les alliés européens. Si ces sentiments étaient généralement répandus dans le peuple, à plus forte raison ils étaient profondément implantés dans le cœur du soubab lui-même. Salabut-Jung n'avait pas été indifférent au sort de ses parents. En voyant son frère Nazir-Jung et son neveu Mozuffer-Jung frappés par des traîtres cachés parmi leurs partisans, il avait été pénétré de l'avantage d'avoir pour entourage immédiat un corps d'hommes n'ayant aucun lien avec les nobles, sur lequel il pût donc complètement et entièrement compter, et dont l'appui lui donnât la force de résister victorieusement à la rébellion, sous quelque forme qu'elle pût se manifester. Il prit donc, dès le début, la résolution de ne jamais se séparer des Français ; c'était à eux qu'il était redevable de sa position, et il reconnaissait que ce n'était que par eux qu'il pourrait la conserver. Ces résolutions avaient été confirmées et fortifiées par les services signalés que lui avait rendus de Bussy dans la guerre des Mahrattes, et aussi par l'excellente discipline au moyen de laquelle il avait contenu ses soldats.

Par le départ de Bussy, le soubab se trouva privé du seul homme avec lequel il eût l'habitude de rapports et d'entretiens confidentiels, et il observa bientôt après quel changement se produisait dans la conduite des officiers et des soldats. Goupil n'entendait rien à la discipline, il était bon et faible. Les règlements que de Bussy avait si bien fait respecter furent, l'un après l'autre, mis de côté. Il en résulta tout naturellement que les troupes qui sous l'un avaient été gardiennes de l'ordre public, le troublèrent sans cesse sous l'autre. L'ivrognerie et la licence remplacèrent la sobriété et la discipline. Ce changement dans leur conduite en produisit un dans les sentiments du peuple, jusqu'à ce que, par degrés, l'aversion devint marquée et se transforma en une haine croissante. Non-seulement Syud avait observé ce changement d'un œil satisfait, mais, autant qu'il avait dépendu de lui, il l'avait excité et encouragé. Un des moyens les plus efficaces qu'il mit en œuvre fut de différer la paye mensuelle des Français. Il espérait les pousser ainsi à quelque acte d'indiscipline, qui les brouillerait tout à fait avec le peuple, et les présenterait sous un jour odieux au soubab ; il se flattait que ce serait la baguette magique au moyen de laquelle il opérerait d'abord leur éloignement du quartier général d'Hydérabad, puis leur expulsion définitive du Décan. Quand il informa les officiers qu'il n'avait pas les fonds nécessaires pour leur paye, il accompagna cet aveu de protestations sans fin de ses profonds regrets, rejetant le blâme sur les tributaires qui n'avaient pas envoyé leurs impôts. Quand, au bout de quelque temps, les officiers, obsédés par leurs soldats dans la détresse, et eux-mêmes fort gênés sous ce rapport, revinrent lui apporter leurs réclamations, il fit un pas de plus. L'état des affaires, dit-il, était demeuré le même; mais il ajouta qu'il donnait aux Français la liberté de faire respecter la loi, en marchant contre les tributaires réfractaires. Il indiqua quels étaient ceux-ci, disséminés à d'assez grandes distances les uns des autres ; il ne négligea pas de signaler quels avantages pécuniaires ils trouveraient à ce mode de percevoir les revenus. L'apparence de droiture et de sagesse de cette proposition abusa Goupil et ses officiers, et l'on fit partir quelques détachements. Dans d'autres circonstances, il aurait peut-être été difficile d'obtenir que le soubab consentît à leur départ, mais les actes de violence et de désordre récemment commis, avaient indisposé Salabut-Jung, et il ne fit aucune opposition.

Mais quoique les forces françaises se trouvassent ainsi amoindries, Syud-Lushkur était résolu à les diviser et à les affaiblir encore plus. Aurungabad était la ville la plus éloignée de Pondichéry. Il persuada à Salabut-Jung d'y retourner, accompagné seulement d'un petit détachement de Français et de Cipayes, laissant le reste à Hydérabad, dont le gouverneur reçut pour instructions positives de ne leur faire aucune avance. Il se détermina en même temps à débarrasser la cour et lui-même de la présence de Goupil qui, tout nul qu'il était, occupait, en vertu de sa commission de commandant par intérim des troupes françaises, une position qui, le complot étant arrivé à maturité, lui laissait auprès du soubab une influence suffisante pour le faire avorter. Il conduisit cette partie de son projet avec une adresse et un sang-froid dignes de remarque. Il alla trouver Goupil, lui fit part des mouvements projetés, lui communiqua l'intention du soubab de ne prendre avec lui qu'une petite escorte de troupes françaises, et lui demanda de la commander. Goupil, quoique sans soupçons, répondit que son devoir était de rester avec le gros de ses forces, et que l'escorte étant si peu importante, il suffirait de la mettre sous les ordres d'un officier d'un rang inférieur. Il demeura donc à Hydérabad, et envoya M. de Janville, officier de peu de poids et d'expérience, pour commander l'escorte du soubab.

Décidé dès longtemps à ne laisser dans son chemin aucune pierre qui pût l'obstruer, Syud-Lushkur était entré en correspondance occulte avec les Anglais, leur offrant de les aider de toute la puissance du Décan, s'ils voulaient lui prêter assistance dans ses entreprises pour l'expulsion des Français. Cette proposition entrait parfaitement dans les vues de M. Saunders, mais en ce moment il était engagé dans une lutte à mort avec les Français devant Trichinipoly et ne pouvait prêter qu'un appui moral. Cependant il entra en correspondance active avec Syud-Lushkur, et l'engagea à persévérer dans ses grands projets. Vers la fin d'avril 1753, le complot semblait à la veille du succès. Les Français étaient dispersés dans tous les pays ; à Hydérabad, le principal corps était réduit par la misère à se révolter ; le jeune officier qui accompagnait le soubab était sans influence comme sans talent. Il parut naturel à Syud-Lushkur que des troupes aussi énergiques que l'étaient celles des Français, se voyant négligées et affamées, aient volontiers accepté leur congé d'un pays où leur présence était si mal venue. Syud comptait si fermement sur le succès de cette politique, qu'il écrivit à M. Saunders de ne rien craindre pour le résultat, car disait-il, « je me suis arrangé de manière à me délivrer de vos ennemis : le plan est en voie d'exécution, le résultat sera tel que vous le désirez. Je compte être avec vous vers la fin des pluies et arranger toutes choses d'une manière satisfaisante. »

Pendant ce temps, les Français d'Hydérabad manquaient de tout. Le gouverneur de cette ville exécutait à la lettre les ordres qu'il avait reçus, et refusait aux troupes françaises et aux Cipayes jusqu'aux moindres provisions. Les détachements n'étaient pas plus heureux dans les provinces. Séparés entre eux et du corps principal, ils n'étaient pas en position de rien effectuer en face de l'opposition muette, qui, de toutes parts, s'élevait contre eux. Le désespoir s'empara de leur esprit, et toutes leurs pensées se tournèrent vers de Bussy; s'il eût été là, disaient-ils, jamais cela ne serait arrivé, et lui seul pourrait les sortir de ce dilemme. Dans ces idées, ils envoyaient messager sur messager à leur chef adoré.

Lorsque de Bussy reçut les messagers et les lettres dont ils étaient porteurs, il était encore retenu au lit à Mazulipatam. Les brises de mer avaient déjà contribué à rétablir sa santé, mais la prudence lui aurait conseillé une plus longue abstention des devoirs fatigants de la vie officielle. Il reçut presque simultanément les lettres d'Hydérabad et une communication de Pondichéry qui acheva de le décider. La lettre confidentielle, écrite par Syud-Lushkur à M. Saunders, avait été interceptée par les agents français, qui l'avaient remise à Dupleix.

Celui-ci la reçut au moment où il méditait les propositions de paix qu'il fit au mois de juillet de la même année, et dont nous reparlerons en temps convenable. De Bussy le pressait depuis longtemps, et même depuis qu'il était malade à Mazulipatam, d'adopter cette marche et de renoncer à la politique de domination qu'il suivait depuis tant d'années. Mais pour que Dupleix fît des propositions de paix avec quelques chances de succès, il était cependant nécessaire qu'il fût souverain d'au moins une province de l'Inde. Jusqu'ici il avait compté que son prestige dans le Décan compenserait ses pertes dans le Carnate. Mais maintenant il apprenait par cette lettre que, dans le Décan, son prestige s'évanouissait et que son pouvoir était à la veille d'être anéanti. Il comprit tout ; en un instant il vit comment cela était arrivé, et comment on y pouvait remédier. Pour lui, penser et agir ce n'était qu'un. Il adressa aussitôt à de Bussy une lettre conçue en termes des plus emphatiques, le pressant de partir pour Hydérabad, quand même sa santé ne serait pas complétement rétablie. La manière dont de Bussy agit à la réception de cette lettre, est ainsi racontée par Dupleix lui-même. « Le sieur de Bussy, écrit-il, était un trop zélé patriote pour ne pas sacrifier même sa santé pour le bien de l'État. » Sans perdre un jour, il envoya à tous les détachements du district l'ordre de se réunir à un lieu désigné près d'Hydérabad, où il les rejoindrait à la fin du mois (mai 1753). S'y étant rendu, il trouva réunies toutes ses troupes, s'élevant à cinq cents hommes blancs et quatre mille Cipayes. Son premier acte fut de rétablir la discipline dans sa petite armée et de lui rendre la confiance. Ceci fait, il marcha vers Hydérabad ; le gouverneur de cette ville, intimidé par cette action si rapide et voyant que le plan de son chef n'avait pas réussi, consentit, après quelques difficultés, à liquider l'arriéré de la solde, sans vouloir toutefois prendre d'engagements pour l'avenir.

Une lettre de Dupleix au soubab avait appris à Syud-Lushkur le sort de sa missive à M. Saunders ; il savait désormais que son masque était tombé, et que le regard perçant du Gouverneur de Pondichéry avait lu jusqu'au fond de son cœur les sentiments qui l'animaient. Il résolut alors de s'en remettre à la destinée pour le conduire à bien dans ce jeu hasardeux. Il se refusait encore à payer la solde du détachement de Janville. Il ordonnait à Mahomed-Hoosen de gagner du temps. Il pensait probablement qu'à Aurungabad, à l'extrémité du Décan, dans le voisinage de la forteresse imprenable de Dowlutabad, il était à l'abri du mépris de Dupleix et de la vengeance de Bussy. Mais il n'en était pas ainsi.

Les communications de Bussy avec Mahomed-Hoosen et la conduite fourbe et prévaricatrice de ce dernier, convainquirent bientôt l'officier français que, dans de telles conjonctures, il ne lui restait qu'un parti à prendre : c'était de marcher au plus tôt sur la ville où les conseillers de Salabut-Jung se tenaient embusqués pour diriger leurs insultes réitérées sur lui-même et sur ses troupes ; il fallait précipiter ces traîtres de leurs siéges et renouer avec le soubab les anciens liens de confiance et d'amitié. Tous les préparatifs furent donc ordonnés pour partir à la fin des pluies.

Il n'est pas facile de concevoir une entreprise plus hasardeuse et plus difficile, et qui demandât plus d'audace. La distance entre Hydérabad et Aurungabad est de cinq cents milles. Les autorités de tout le pays étaient sous le pouvoir de Syud-Lushkur. Ce n'était pas peu de chose que d'équiper son armée pour un tel voyage. On ne pouvait compter sur aucun argent de Mahomed-Hoosen, et il fallait faire face aux dépenses, non-seulement de l'équipement, mais encore des approvisionnements. En outre, il fallait prévoir quelle attitude prendraient le soubab et ses conseillers. On ne pouvait savoir ce que serait capable de tenter Syud-Lushkur, qui avait en main toutes les ressources de la province. Il pouvait arriver que cette poignée de Français eût à se frayer par leurs armes leur route jusqu'à Aurungabad, entourés d'ennemis et n'ayant pour tout aide que leur bravoure, leur courage et la capacité de leur commandant.

Néanmoins, de Bussy sut trouver les moyens d'équiper ses troupes, et aussitôt que les pluies cessèrent, il se mit en route. Cette nouvelle mit le comble au trouble qui envahissait déjà l'esprit de Syud-Lushkur : il se laissa abattre et décourager ; devenu aussi vil et aussi bas qu'il avait été fier et hautain, il adressa à de Bussy des lettres de soumission, offrant sa démission, confessant sa faute, et priant le général français d'en nommer un autre à sa place. De Bussy ne se laissa pas arrêter par cette soumission ; il continua à marcher jusqu'à ce qu'il fût à quelques milles d'Aurungabad. Alors il changea de tactique. Se voyant maître de la situation, il ne voulut pas que les conditions qu'il était décidé à imposer pussent avoir l'air d'être le résultat de la force ou de la contrainte. Il reprit son ancienne apparence d'allié soumis du soubab, ne demanda rien, mais se laissa donner. Quelquefois il flattait Syud-Lushkur, en d'autres moments il lui faisait à l'oreille l'indication d'une menace. Le résultat répondait à son attente. Ayant laissé percer ses désirs, il se vit accorder tout ce qu'il convoitait, et Syud-Lushkur, qui avait épuisé toutes les intrigues pour chasser du Décan l'officier français, se vit forcer d'apposer sa signature à un traité qui rendait ce même Français indépendant de toute influence ministérielle, et qui enlevait du Décan, pour les ajouter au gouvernement de Pondichéry, quatre des plus belles provinces de la côte orientale de l'Indoustan.

Tous les préliminaires étant arrêtés, de Bussy fut conduit par Syud-Lushkur et tous les nobles en présence de Salabut-Jung ; après cette entrevue, qui n'était qu'une simple formalité, de Bussy signa avec Syud-Lushkur la convention qui réglait pour l'avenir les conditions de l'alliance française. Le principal article portait que les quatre provinces de Mustafanagar, Ellore, Rajamundry et Chicacole seraient abandonnées aux Français pour l'entretien de leur armée, aussi longtemps que sa présence serait jugée utile dans le Décan, et qu'ils en recevraient les revenus arriérés ; que les troupes françaises auraient seules la garde de la personne du soubab ; qu'il n'interviendrait pas dans les affaires du Carnate ; que les autres affaires seraient conduites avec le concours et l'avis de Bussy. En retour, Bussy s'engageait à maintenir Syud-Lushkur dans le poste de dewan

Par ce traité, les Français s'enrichissaient d'un territoire long de quatre cent soixante-dix milles sur le bord de la mer (depuis le lac de Chilka jusqu'à Motupuly), d'une largeur variant de trente à cent milles ; arrosé par des rivières telles que le Kistna, le Gondecama et le Godavéry, comprenant l'île de Divi et les territoires précédemment cédés. Il renfermait les villes importantes de Ganjam, de Chicacole, Vizianagram, Vizagapatam, Coringa, Yanon, Mazulipatam, Ellore et Nizampatnam. Ce territoire réuni, qui reçut plus tard le nom de Circars du Nord, offrait une superficie de dix-sept mille milles géographiques, et produisait un revenu annuel d'environ dix millions de francs. Ses forêts abondaient en bois de Teck ; une partie de ce pays était renommée pour ses manufactures d'étoffes, et une autre pour la culture du riz. Il n'était pas dépourvu de moyens de défense ; d'un côté, il était bordé par la mer, et du côté de l'intérieur, il était protégé par une chaîne de montagnes qui serpentait presque parallèlement à la mer. Ces montagnes étaient couvertes de forêts impénétrables, dans lesquelles il n'existait que trois ou quatre passages que cent hommes pouvaient défendre contre une armée entière. Pour employer le langage d'un historien anglais, « ces territoires rendirent les Français maîtres des plus grands domaines, en étendue et en valeur, qui eussent jamais été possédés par des Européens, sans excepter les Portugais, lors de leur plus grande prospérité [1]. »

Un tel prix n'était-il pas digne de la lutte ? Cette cession d'un territoire important, riche et pouvant être aisément défendu, ne justifiait-il pas l'opiniâtreté avec laquelle Dupleix poursuivait ses plans, et le long séjour de Bussy dans le Décan ? Quel est l'observateur impartial qui, considérant la position des Français et celle des Anglais à la fin de 1753, hésiterait à affirmer que les principaux avantages avaient été remportés par les Français ? Les Anglais contemporains ne purent s'empêcher de le reconnaître. Si à cette époque il eût été possible à Dupleix de sacrifier quelques-unes de ses hautes prétentions, d'abandonner un peu les dehors grandioses pour rendre plus certains les avantages matériels, sa politique au-

---

1. C'est à Orme qu'est en grande partie empruntée cette description des Circars du Nord.

rait encore pu finir par triompher; mais il ne le pouvait. Nous craignons d'être forcé, quand nous reprendrons le récit des vastes négociations qu'il entreprit, de reconnaître que la sentence portée par l'historien français [1] sur celui dont Dupleix, par la grandeur et la flexibilité de son génie, fut en quelque sorte le type et l'avant-coureur, peut aussi lui être appliqué, et nous devrons admettre que si dans la guerre il fut guidé par son génie, en politique il se laissa quelquefois trop dominer par ses passions.

Le premier soin de Dupleix, après avoir reçu les lettres patentes par lesquelles ces quatre provinces étaient transférées aux Français, fut d'y envoyer cent cinquante blancs et deux mille cinq cents Cipayes pour en prendre possession et les protéger; ces troupes furent placées sous l'autorité de M. Moracin, l'agent français à Mazulipatam. Des données positives établissent que les provinces furent administrées de manière à faire grand honneur aux Français. « L'impôt était modéré, perçu sans rigueur, les comptes tenus avec ordre, et beaucoup des propriétaires héréditaires (sinon même ceux qui avaient des terres exemptes d'impôts) furent confirmés dans leur possession [2]. » Mais, malgré sa défaite et quoique ses efforts pour expulser les Français n'eussent servi qu'à leur agrandissement, Syud-Lushkur ne ralentit cependant pas ses manœuvres. Il demeurait ministre et, comme tel, avait de nombreuses occasions de glisser dans l'oreille d'un prince crédule de secrètes calomnies. Il résolut d'agir encore une fois par la crainte sur Salabut-Jung. Il lui représenta que la politique des Français avait toujours été de faire de l'avénement d'un nouveau prince une occasion de profit pour eux; que dans ce but, ils avaient soutenu Mozuffer-Jung contre Nazir-Jung, et qu'à la mort du premier, ils l'avaient préféré, lui, Salabut-Jung, à l'héritier légitime de Mozuffer-Jung; il ajoutait que les Français avaient trouvé leur profit à toutes ces transactions, et que maintenant qu'ils avaient obtenu tout ce qui était possible du prince régnant, ils seraient disposés à prêter l'oreille aux offres que l'ambition dicterait à ses frères, alors en prison. Son espérance était que Bussy, connaissant l'innocence des deux princes, inter-

---

[1]. Thiers.
[2]. Grant Duff.

cèderait en leur faveur, et que cette intervention, interprétée en mal par le soubab, ferait naître dans son esprit des soupçons qui amèneraient en peu de temps la disgrâce des Français.

Avec le soubab, ce plan eut le succès désiré : il donna des ordres immédiats pour l'arrestation de ses frères; mais Syud-Lushkur s'était mépris sur le caractère de Bussy. Cet officier reconnut aussitôt le droit du soubab à exercer une suprématie sans contrôle dans sa famille. L'emprisonnement des deux princes ne blessait en rien les intérêts français, et, quoiqu'il fût pressé par plusieurs des nobles et par beaucoup des amis de Syud-Lushkur d'intercéder en leur faveur, il se récusa et se tint soigneusement à l'écart. A toutes leurs importunités, il répondait qu'il respectait les ordres et les secrets du soubab et de ses ministres, et qu'il ne voulait pas se mêler des affaires de l'État qui n'avaient pas de rapports avec les intérêts de sa nation. Cette conduite prudente convainquit le soubab que les soupçons dont le ministre avait voulu empoisonner son esprit n'avaient aucun fondement, et Syud-Lushkur fut si déconcerté d'avoir échoué dans cette nouvelle intrigue, qu'il donna sa démission et rentra dans la vie privée[1].- Il fut remplacé dans son emploi par Shah-Nawaz-Khan, noble d'une intelligence et d'un rang élevé, que de Bussy considérait comme attaché aux Français; on saisit cette occasion de remplacer tous les employés dépendant du ministre déchu par d'autres qui étaient réellement dévoués à la France.

Ce changement eut les plus heureux résultats. Depuis l'époque où il eut lieu jusqu'au rappel de Dupleix, en août de la même année, la situation des troupes françaises ne fut troublée en rien. Il est vrai que Janodgi Bhonsla, fils du fameux Raghodgi, fit une tentative pour s'emparer des États du soubab, mais il n'eut pas plus tôt appris que de Bussy marchait contre lui, qu'il se hâta de faire la paix. Une autre tentative faite par quelques bandes disséminées de Mahrattes pour troubler l'occupation française des Circars du Nord, fut repoussée par l'artillerie française, et le noble mécontent qui l'avait suggérée fut obligé d'implorer merci de Salabut-Jung; partout ailleurs la tranquillité régnait, grâce à la prudence de Bussy et

---

1. Avril 1754.

à la confiance qu'il inspirait à tous. Les troupes françaises, bien logées et régulièrement payées, étaient rentrées dans leur ancienne discipline et avaient regagné l'affection du peuple.

Au mois d'avril, de Bussy accompagna le soubab à Hydérabad. Après y avoir passé deux mois avec lui, il partit pour Mazulipatam, afin d'y établir sur des bases régulières les affaires des quatre provinces qu'il avait obtenues pour la France. La veille de son départ fut marquée par un incident digne de remarque. Le soubab ayant convoqué un grand conseil de ses ministres, invita de Bussy à y assister. Dès qu'il fut entré, le soubab et ses ministres s'empressèrent de lui assurer que, comme ils reconnaissaient tous qu'ils ne devaient la paix et la prospérité dont ils jouissaient qu'à lui et à la valeur française, ils désiraient, avant qu'il partît pour la côte, lui jurer un inviolable attachement et une éternelle gratitude ; ils lui demandèrent de s'engager par un serment solennel, sur le livre sacré des Chrétiens, à leur continuer sa protection, et à venir à leur secours si un ennemi les menaçait. Une Bible fut apportée, et de Bussy, en présence de tous, prêta le serment demandé. Il partit pour Mazulipatam, laissant derrière lui des officiers sur lesquels il pouvait compter. Il était déjà rendu dans cette ville, lorsque l'arrivée de Godehen à Pondichéry, le 1er août, lui donna la première nouvelle du coup fatal que la France avait porté à ses enfants militant en Orient.

CHAPITRE IX

CHUTE DE DUPLEIX

Revenons maintenant à Dupleix. Nous l'avons quitté à la fin de 1752, désappointé dans ses vues sur le Carnate, mais conservant son attitude à l'égard de ses ennemis ; il fondait encore des espérances sur l'amour et surtout sur l'œuvre de Bussy dans le Décan; il n'avait abandonné aucun de ses projets hardis, ni faibli dans la poursuite d'aucun de ses brillants rêves d'empire ; toujours calme, déterminé, confiant en lui-même et en la fortune de la France, il avait cette consolation de penser que le grand génie qui avait sauvé les Anglais à Trichinopoly avait quitté l'Inde pour retourner en Europe, et chaque jour il s'attendait à voir arriver un renfort de sept cents hommes, sous les ordres d'un chef qui avait fait ses preuves. Il ne pouvait, hélas ! prévoir que ces troupes, et leur vaillant commandant M. de la Touche rencontreraient sur l'Océan le trépas le plus terrible [1], et qu'avec des ressources réduites et sans général, il devait encore faire face aux puissantes attaques de Saunders et de Lawrence.

Le nombre de soldats européens que Dupleix avait à sa disposition au commencement de 1753, ne dépassait pas trois cent

---

1. Le navire *le Prince*, ayant à bord sept cents hommes et M. de la Touche, partit de l'Ile de France pour Pondichéry en 1752. Il brûla en mer avec presque tous ses passagers.

soixante. Pour les seconder, il avait encore deux mille Cipayes disciplinés et quatre mille cavaliers mahrattes que commandait Morari-Rao. Le major Lawrence, de son côté, disposait de sept cents Européens, deux mille Cipayes et quinze cents cavaliers au service de Mahomed-Ali. La cavalerie des Français avait donc la supériorité du nombre; elle était d'ailleurs composée des meilleurs éléments. Mais quant au chiffre des soldats européens, l'âme d'une armée, les Anglais avaient un avantage immense [1].

Dupleix résolut de compenser par la rapidité de son action son infériorité numérique. Il trouva dans Morari-Rao un homme capable de le seconder et disposé à le faire dans ce genre de guerre. Tous deux se concertèrent, et convinrent que, tandis que les Mysoriens, sous le régent Mundéraj, l'oncle de leur rajah enfant, presseraient la ville de Trichinopoly, sur laquelle Dupleix n'avait abandonné aucun de ses plans, Morari-Rao, avec sa cavalerie mahratte et toute l'infanterie française disponible, tout en évitant une bataille rangée, occuperait Lawrence et les Anglais, de manière à ce qu'ils ne pussent donner aucun secours à la garnison assiégée. La reddition de la ville, achèverait, espérait-on, la défaite de Mahomed-Ali et assurerait la supériorité des Français.

Pour exécuter ce plan, les forces combinées des Français sous M. Maissin, et des Mahrattes sous Morari-Rao, quittèrent Valdour le 14 janvier, et se retranchèrent sur le Pounar près Tiruvadi, à sept milles du fort Saint-David, et à une très-petite distance du lieu où d'Auteuil avait défait Cope et Mahomed-Ali en juillet 1750. De ce lieu, qu'ils fortifièrent soigneusement, ils harcelèrent les Anglais, interceptant leurs convois, capturant leurs fourrageurs et rendant très-difficiles les communications de la garnison de Tiruvadi avec celle du fort Saint-David et les habitants du pays environnant. Ce fut en vain que Lawrence chercha à les attirer dans un combat : aussitôt qu'il paraissait, les alliés se retiraient derrière leurs retranchements. Il fut enfin réduit à une telle détresse, qu'il dût employer toutes ses troupes à escorter les convois de vivres indispensables à

---

1. C'est dans les *Mémoires* et la *Correspondance* de Dupleix, le récit du capitaine Lawrence, les *Mémoires* de M. Orme et du capitaine Wilks, que nous avons puisé les renseignements donnés dans ce chapitre.

leur subsistance. Ce service fatiguait son armée, découragée d'ailleurs par les pertes que lui causaient les escarmouches continuelles avec les Mahrattes.

Pendant trois mois, cet état de choses ne subit guère de changement; les Français et les Mahrattes sortaient continuellement de leur poste inexpugnable pour surprendre l'ennemi. Le 12 avril en particulier, les forces anglaises revenaient du fort Saint-David à Tiruvadi, accompagnant un convoi; elles furent entourées par l'ennemi, et n'échappèrent à un grand danger que par l'habileté de Lawrence et la faute que commit le bataillon français en abandonnant à la hâte un défilé qu'il aurait dû garder. Le même jour, Lawrence ayant reçu de Madras cent Anglais et cent Suisses, résolut de tenter de mettre un terme à cette déplorable situation en attaquant le retranchement français. Le lendemain, il fit une reconnaissance dans cette direction, et éleva, en face de l'ouvrage français, une batterie où il établit deux pièces de vingt-quatre. Mais voyant le peu de dommage qu'elles causaient, et s'étant rendu compte de la force du retranchement, Lawrence renonça à une entreprise qu'il jugeait au-dessus de ses forces.

Ces trois mois, pendant lesquels les principales forces anglaises étaient ainsi employées à un service d'escortes, avaient été utilisés tout différemment par les parties belligérantes à Trichinopoly. Cette ville, après la soumission de Law, avait été laissée par le commandant anglais à la garde du capitaine Dalton, ayant sous ses ordres deux cents Européens et quinze cents Cipayes. Le régent de Mysore ayant échoué dans une tentative pour surprendre la ville, après le départ de Lawrence, s'était retiré avec ses troupes à Seringham. De là il entra en correspondance avec Dupleix, tout en continuant de témoigner son amitié à Mahomed-Ali et aux Anglais. Mais quand la jonction de Morari-Rao avec les Français et sa participation à l'attaque des convois de vivres ne laissèrent plus de doutes aux Anglais sur ses intentions hostiles, M. Saunders résolut de ne plus le ménager, et envoya à Dalton des instructions pour qu'il le traitât en ennemi.

Les douze mois d'opérations militaires devant Trichinopoly, dont nous allons donner un récit succinct, furent féconds en conséquences importantes pour l'une et l'autre des nations rivales qui étaient aux prises dans l'Inde. Nous verrons le génie de ces deux peuples se reproduire sous la forme qui, depuis des siècles, est particulière à chacun d'eux. La témérité des Français, leur activité, leur courage, leur dévouement ne seront pas moins remarquables que l'opiniâtreté, la persévérance, le sang-froid et l'intrépidité que déployèrent les Anglais dans les circonstances difficiles. Nous n'aurons pas moins à admirer l'adresse, la flexibilité de Dalton, ou la vigueur et la présence d'esprit de Lawrence, que les talents d'Astruc ou l'impétuosité de Mainville. Au début, les Anglais avaient l'avantage sur un seul point, mais il était essentiel : leurs soldats européens étaient plus nombreux ; ils avaient pris part à ces combats qui se terminèrent par la capitulation de Law ; ils avaient servi avec Clive et Lawrence et avaient appris sous leur habile commandement à se regarder comme invincibles. Les soldats français étaient non-seulement moins nombreux, mais depuis plusieurs mois ils étaient découragés par leurs défaites et n'avaient plus de confiance dans les officiers qui les commandaient.

La campagne s'ouvrit le 3 janvier par une tentative de Dalton pour attirer, de nuit, les Mysoriens et les Mahrattes hors de Seringham et les envelopper. Les surprises de nuit faites avec des troupes où dominent les indigènes, sont toujours plus ou moins hasardeuses, et celle-ci ne fit pas exception à la règle. Dalton fut d'abord victorieux, mais l'obscurité causa parmi ses troupes une confusion à laquelle les charges répétées des Mahrattes mirent le comble. L'attaque fut donc repoussée et Dalton fut forcé de rentrer dans Trichinopoly avec une perte, en tués ou blessés, de soixante-dix Européens et de trois cents indigènes. Cet officier, sans se laisser abattre par cet échec, s'assura d'abord de l'état des magasins ; il reconnut qu'il n'y avait plus que pour trois semaines de vivres dans Trichinopoly. Il expédia un exprès à Lawrence pour lui demander de secourir la ville, que les ennemis privaient de toute communication. Le régent de Mysore avait réussi à établir huit mille hommes de ses meilleures troupes dans une forte position appelée le bois du Derviche, à quatre milles de Trichinopoly ; Dalton, connaissant le caractère craintif de Virana, leur chef, parvint si bien à l'inquiéter, que celui-ci, effrayé, abandonna volontairement une position impénétrable et laissa ainsi à Dalton la liberté de communiquer avec le pays.

Lawrence reçut la dépêche de Dalton moins de trois semaines après avoir acquis la preuve de l'inutilité d'une attaque contre la position des Français sur le Pounar. Son parti fut pris immédiatement : laissant cent cinquante Européens et cinq cents Cipayes sous le capitaine Chace, pour défendre Tiruvadi, il marcha avec le reste de ses troupes, soit six cent cinquante Européens[1] et quinze cents Cipayes, sur Trichinopoly, par la route de Chillumbrum, Condore et Tanjore. Il ne prit avec lui aucunes tentes, et seulement le bagage absolument nécessaire. En approchant de Trichinopoly, il vit la plaine couverte des cinq mille cavaliers et des trois mille fantassins qui composaient la troupe de Virana ; mais, à sa grande satisfaction, ils ne lui firent aucune opposition, et se retirèrent dans Seringham pendant qu'il entrait dans Trichinopoly, le 17 mai !

Cependant le mouvement des Anglais n'avait pas échappé à l'œil pénétrant de Dupleix. Présumant que leur destination ne pouvait être que Trichinopoly, il envoya deux cents Européens et cinq cents Cipayes rejoindre à Seringham les cent hommes qu'il y avait détachés au commencement de l'année. Il en confia le commandement à M. Astruc, officier plein d'espérances, quoiqu'il n'eût pas encore fait ses preuves comme commandant, et lui ordonna de se diriger par la route de Volconde et d'Octatoor, qui nous est déjà connue par les opérations de l'année précédente. Dans le camp retranché du Pounar, il restait cent soixante Européens et quinze cents Cipayes sous les ordres de Maissin.

Le 21 mai, les hostilités commencèrent devant Trichinopoly, par un effort hardi du major Lawrence pour attirer l'ennemi hors de Seringham ; après vingt heures de manœuvres infructueuses il se retira[2] avec ses troupes, qui n'avaient que peu souffert, et

---

1. Le major Lawrence avait avec lui, au commencement de l'année, sept cents Européens ; deux cents autres le rejoignirent en avril ; si nous en déduisons cent cinquante laissés derrière lui et cent retenus par diverses causes, il lui en devait donc rester six cent cinquante. Là-dessus, il en envoya cent à l'hôpital en arrivant à Trichinopoly et fut encore affaibli par la désertion.
2. M. Orme attribue cet échec moins à l'habileté d'Astruc qu'au défaut de jugement du capitaine Polier, officier suisse au service anglais. Il reconnaissait cependant les talents militaires d'Astruc.

marcha sur le bois du Derviche, l'ancienne position de Virana, à quatre milles Sud de la ville. Désespérant d'attirer les Français hors de Seringham, il s'occupa de réunir des approvisionnements dans la ville : la nombreuse cavalerie mahratte et les intrigues de l'ennemi avec ses alliés lui rendirent cette entreprise plus difficile qu'il ne l'avait présumé. Néanmoins, comme cette mesure était de la plus haute importance, il y consacra toute son énergie, s'abstenant forcément de toute hostilité pendant les cinq semaines qui suivirent son échec de Seringham.

Ce temps avait été bien employé par Dupleix. Il n'avait pas plus tôt su quel petit nombre d'hommes Lawrence avait laissé à Tiruvadi, nombre qui devait encore être réduit par la nécessité d'escorter les vivres qu'on apportait du fort Saint-David, qu'il avait envoyé à Maissin l'ordre de ne rien négliger pour s'emparer de la ville. Maissin attaqua sans succès le 3 mai. Il renouvela sa tentative quelques jours plus tard, et fut encore une fois repoussé ; mais quand les Anglais, non contents d'avoir résisté à l'attaque, firent une sortie au nombre de soixante Européens et de trois cents Cipayes, ils furent entourés dans la plaine par la cavalerie mahratte et taillés en pièces jusqu'au dernier. Cet événement amena la capitulation de Tiruvadi, la capture de Chillumbrum, et un mouvement de Mortiz-Ali (le nabab nommé par Dupleix) pour reprendre possession des places fortes du Carnate. Accompagné de cinquante soldats français et d'une force indigène considérable, ce chef donna de grandes inquiétudes aux partisans de Mahomed-Ali, défit même une fois les troupes de ce nabab, commandées par son frère et aidées de quarante Anglais dont la plupart furent tués dans le combat, après une vaillante résistance.

Le Carnate délivré encore une fois de ses ennemis, Dupleix tourna de nouveau tous ses efforts vers la capture de Trichinopoly. Les troupes qui avaient été employées sur le Pounar furent envoyées pour renforcer Seringham, ce qui porta les forces françaises dans cette île à quatre cent cinquante Européens et quinze cents Cipayes disciplinés. Leur arrivée concourut, avec l'inaction de Lawrence, à pousser Astruc aux mesures vigoureuses. Étant sorti de Seringham, il traversa le Cauvéri et prit position au Sud de Trichinopoly, un peu au Nord du camp anglais. Astruc ayant appris le lendemain matin que Lawrence était retenu dans la ville par la maladie, profita de son absence pour s'emparer de quelques hauteurs qui commandaient le camp anglais à un mille au Sud. Ces hauteurs, appelées les Cinq-Rochers, n'étaient gardées que par quelques Cipayes, et Astruc s'en rendit maître en peu de temps. Il mit tant de diligence à les fortifier et y réussit si bien, que quand Lawrence, instruit de leur perte, voulut chercher à les reprendre, il fut repoussé et forcé de se retirer dans une position plus rapprochée de la ville, pour être hors de la portée du feu de l'ennemi.

Le succès de cette manœuvre hardie fut pour Astruc un immense avantage. Non-seulement sa position aux Cinq-Rochers était inattaquable, mais elle était la clef du pays environnant. Elle le mettait dans le cas d'intercepter toutes les provisions de l'ennemi en barrant le passage à ses convois. La supériorité numérique de la cavalerie française semblait rendre tout mouvement impossible à Lawrence. L'idée ne lui vint même pas, qu'une action générale pourrait améliorer sa position. La maladie et les fatigues avaient produit de tels ravages dans la garnison, qu'il ne pouvait mettre en campagne plus de cinq cents Européens, appuyés de treize cents Cipayes et de cent chevaux; le reste des alliés demeurait dans la ville de crainte d'une rencontre avec les Mahrattes. Astruc avait, de son côté, quatre cents soldats français, quinze cents Cipayes soutenus de huit mille cavaliers mysoriens, douze cents fantassins, trois mille cinq cents cavaliers mahrattes et quinze cents hommes d'infanterie irrégulière. Était-il probable, était-il même vraisemblable que cent Européens qu'il avait en plus, et la supériorité des talents personnels de Lawrence, pussent compenser cet immense avantage numérique des Français et de leurs alliés ?

La situation des Anglais était véritablement déplorable. Il semblait que quelques jours de patience de la part d'Astruc suffiraient pour les mettre dans la nécessité absolue, ou d'attaquer la position imprenable des Français, ou de capituler. Mais pour hâter le dénoûment, Astruc résolut de contraindre l'ennemi à rentrer dans la ville même. Il considérait que tel serait le résultat inévitable qu'entraînerait la capture d'une autre éminence appelée le

Rocher-d'Or, qui était d'un mille plus rapproché que son camp de la ville, et n'était gardé que par des Cipayes. Cette éminence prise, il ne restait aucune autre position où les Anglais pussent trouver un abri en deçà de Trichinopoly.

Nous voyons clairement la position des armées en présence. D'un côté, Astruc, avec des forces immensément supérieures par le nombre de ses alliés, mais inférieures d'un cinquième en soldats européens ; Astruc, en possession d'un poste presque inaccessible, interceptant les convois et n'ayant à s'emparer que d'une autre hauteur plus rapprochée de la ville, pour assurer la route de celle-ci. De l'autre côté, Lawrence, malade et affaibli, dans une position purement défensive, incapable d'attaquer avec quelques chances de succès, sans alliés indigènes, ne pouvant compter que sur ses Européens, et sachant bien que sa ruine serait consommée par la prise du Rocher-d'Or dont les Français n'étaient plus qu'à un mille. Il est évident que, dans un tel état de choses, le commandant anglais n'avait qu'à attendre avec calme l'attaque des Français.

Après quelques jours d'anxiété et d'attente, cette attaque eut lieu. Le 7 juillet au matin, Astruc ayant guetté le moment où une grande partie des Cipayes étaient allés recevoir leurs rations, détacha un corps choisi de grenadiers et de ses meilleurs Cipayes pour attaquer le Rocher-d'Or, tandis qu'il soutiendrait leur action avec toute son armée. Ce détachement, s'avançant avec l'impétuosité et la célérité particulières aux soldats français, gravit les hauteurs, et après une vive résistance, enleva le poste. Lawrence, qui était au camp, ayant aperçu les mouvements de l'ennemi, se hâta de réunir tout ce dont il pouvait disposer, c'est-à-dire quatre cent vingt Européens, et courut au secours de ses hommes sur le Rocher. Mais il avait perdu du temps, et avant qu'il eût franchi la moitié de la distance, la position était perdue. A peine avait-il eu la douleur de voir flotter les couleurs ennemies au sommet du Rocher, que le feu de l'artillerie française, partant des deux côtés de sa base, lui apprit que toutes les forces de l'ennemi étaient prêtes à repousser toute tentative qu'il pourrait faire pour le reprendre.

La perte du Rocher-d'Or et l'extrême danger frappèrent en même temps les yeux de Lawrence. Que devait-il faire? Se retirer, c'était courir à une destruction totale, car, dans sa retraite, il serait harcelé et entravé par les Mahrattes qui menaçaient déjà son bataillon ; s'avancer, c'était aller à la rencontre d'un ennemi triomphant, possédant une forte position et très-supérieur en nombre. Il semblait ne lui rester que le choix entre deux morts. Lawrence parut en juger ainsi; il s'arrêta, mais ce ne fut qu'un instant. Ce court repos suffit pour lui inspirer une résolution digne de lui et de la nation à laquelle il appartenait. Il y a un principe qui devrait être gravé dans l'esprit de tout commandant : c'est que dans toutes les circonstances douteuses, il faut attaquer. Surtout lorsque l'attaque et la retraite se présentent sous des aspects également sinistres, le général doit se rappeler que la première encourage et que la seconde démoralise ; l'une rend la défaite certaine, l'autre laisse au moins quelques chances de succès. Au pis aller, il vaut mieux mourir en avançant qu'en reculant ; il vaut mieux commander le respect de l'ennemi que de lui offrir une occasion de témoigner son mépris.

Il est probable que ces pensées se présentèrent à l'esprit de Lawrence, car après cette halte momentanée, il détacha un corps choisi de grenadiers et de Cipayes pour attaquer de front la colline, tandis qu'il marcherait lui-même sur le gros des Français rangés à gauche ou à la base. C'était une résolution héroïque, qui fut héroïquement exécutée. Les grenadiers et les Cipayes gravirent l'escarpement sans coup férir, et parvenus au sommet, chargèrent les Français qui s'y trouvaient avec tant de vigueur et d'impétuosité, qu'ils les précipitèrent sur le versant opposé. Pendant ce temps Astruc, qui avait vu le mouvement de Lawrence, mais non celui des grenadiers, avait rangé ses hommes, la droite appuyée sur l'éperon de gauche du Rocher qui, pensait-il, couvrait son flanc. S'opposant aussi aux Anglais qui n'étaient plus qu'à cinquante mètres de lui, il ordonna à la cavalerie mahratte et aux alliés indigènes de marcher pour les prendre en arrière et en flanc. La victoire lui semblait hors de toute question ; mais au moment où ses manœuvres allaient produire leur effet, sa ligne fut brisée sur le flanc droit, par le feu inattendu des grenadiers parvenus sur le Rocher ; et avant que les soldats eussent eu le temps de revenir de leur surprise, une nouvelle décharge, suivie d'une charge à la baïonnette, mit le comble à leur désordre. Les officiers français, et plus que tout autre le vaillant Astruc lui-même, firent tous leurs efforts pour les ramener au combat : ce fut en vain. Frappés de terreur panique par la soudaineté de l'attaque, au moment où la victoire paraissait assurée, les soldats français s'éloignèrent du champ de bataille, laissant à Morari-Rao et à ses Mahrattes le soin de couvrir leur retraite. Ces célèbres cavaliers s'acquittèrent de ce soin avec leur bravoure habituelle. Ils cherchèrent même à disputer le champ de bataille aux anglais, lorsque Lawrence reprit sa position avec les trophées de la journée, deux canons qu'il avait capturés. Mais le petit corps anglais, formé en carré mouvant, repoussa toute attaque ; puis, faisant halte, dirigea un feu si continu sur les masses, qu'elles se débandèrent et prirent la fuite dans toutes les directions.

Il est impossible d'attribuer une trop grande valeur au service que Lawrence rendit à sa patrie dans cette journée mémorable. Sans son incomparable sang-froid et sa présence d'esprit, Trichinopoly ne pouvait manquer d'être perdu, avec toutes les conquêtes si chèrement payées par les Anglais l'année précédente. Il aurait dû s'estimer heureux si, en face de l'innombrable cavalerie mahratte et des troupes françaises enhardies par la victoire, il avait pu échapper au sort de Law. Son mérite fut d'autant plus grand, que le commandant français ne commit aucune faute importante. Son plan avait été bien conçu, bien exécuté. Il ne pouvait prévoir que ses soldats lâcheraient pied dans le lieu même où ils avaient naguère vaincu sans coup férir. Il agit, dans toute cette journée, avec autant de courage que de jugement, et s'il succomba, ce fut par suite d'un événement qui défiait toutes les prévisions et contre lequel il n'avait pu se prémunir. Le plus grand honneur appartient donc à l'officier anglais, qui sut tout oser en face d'un ennemi supérieur plutôt que de lui céder le champ de bataille.

Il ne nous est pas possible de quitter ce sujet sans faire un juste éloge de ces braves troupes qui le suivirent si vaillamment. Ces hommes, formés par Clive et Lawrence lui-même, avaient dès lors atteint ce degré de perfection qui plus tard distingua les vétérans de Wellington ; c'étaient des hommes dignes qu'on leur confiât toute espèce de service, qui ne considéraient ni les difficultés ni le nombre, auxquels il suffisait de montrer la position de l'ennemi en donnant l'ordre de l'attaquer. Il n'y eut jamais de plus haut fait d'armes que cet assaut, livré par une poignée de grenadiers, à ce Rocher-d'Or occupé par un ennemi qui venait de s'en emparer et dont l'armée était rangée autour de sa base ! La tentative seule eût suffit pour intimider un ennemi qui n'aurait pas su par expérience que le seul moyen de vaincre est de toujours marcher de l'avant. Ce fut un de ces actes d'héroïsme qui méritent d'être inscrits dans l'histoire d'une nation, afin de ne jamais être ensevelis, comme ce fut le cas, dans l'oubli [1].

Après leur défaite, les Français se retirèrent au bois du Derviche, pour, de là, reprendre le système de blocus qu'ils avaient adopté, et Astruc s'étant démis du commandement, retourna à Pondichéry. Son successeur, Brennier, résolut de faire par le blocus ce que la force n'avait pas réussi à effectuer. Il arriva à réduire la ville aux plus dures extrémités ; le riz atteignit en peu de temps le prix d'une roupie la livre. Le bois à brûler vint à manquer complétement ; la ville fut bientôt désertée par ses habitants, qui préféraient s'exposer à être attaqués par l'ennemi plutôt que de mourir de faim. Mais Brennier ne réussit pas mieux que son prédécesseur à atteindre son but, car Lawrence, déterminé à recourir à tous les moyens pour éviter un désastre, partit pour Tanjore avec le gros de son armée, laissant Dalton pour défendre la ville.

Brennier, en apprenant la marche de Lawrence, conçut deux plans : le premier était d'attaquer Trichinopoly pendant qu'il était si faiblement gardé ; le second était d'aller avec toutes ses

---

1. Cette histoire est racontée en détail par Orme, le colonel Wilks et le major Lawrence ; mais leurs œuvres qui datent, les unes de quatre-vingt-dix ans, les autres d'au moins cinquante, ne sont plus guère lues. Mill raconte la campagne de 1753 en dix-neuf lignes, et ne fait aucune mention spéciale de cette action. Barchou de Penhoën, plus juste pour ses adversaires que Mill pour ses amis, s'exprime ainsi : « Lawrence, sachant combien il pouvait compter sur ses troupes, marche hardiment contre les Français, et après un combat sanglant et opiniâtre, demeure maître du champ de bataille. » On peut donc dire que nos historiens modernes ont laissé tomber dans l'oubli une action si brillante.

forces surprendre Lawrence et le détruire. Mais malheureusement il partagea son attention entre ces deux projets, au lieu de concentrer toute son énergie sur un seul. Ainsi, pour mieux effectuer le premier, il envoya dans la ville un Français dévoué, nommé Cattans, qui s'engagea à jouer le rôle de déserteur et à profiter de son séjour dans la place pour faire le dessin des défenses intérieures, en indiquant les points faibles dans les fortifications. Il arriva que Cattans fut découvert, et ne conserva la vie [1] qu'à la condition qu'il indiquerait aux Français les points les plus forts comme étant les plus faibles et les plus mal gardés, et cela fut exécuté. Mais il s'était passé tant de temps avant l'arrivée des dessins que, dans l'intervalle, Brennier avait été absorbé par l'exécution de son autre projet d'attaquer Lawrence et de lui enlever un gros convoi de provisions qu'il amenait de son camp près de Tanjore vers Trichinopoly. Il était de la plus grande conséquence pour les Français d'empêcher l'arrivée des vivres.

En conséquence, le matin du 18 août, Brennier quitta son camp et occupa une position qui s'étendait depuis Veyconde, au Sud-Ouest de la ville, jusqu'au Rocher-Français au Nord-Est. Les points occupés déjà par les Français étaient : Weyconde, le Rocher-d'Or, lieu de la défaite d'Astruc, mais dont ils avaient repris possession en l'absence de Lawrence; à un mille et demi plus loin, le Pain-de-Sucre, et enfin le Rocher-Français. Leur artillerie et leur infanterie étaient fortement postées au Rocher-d'Or et au Pain-de-Sucre ; l'espace qui séparait le Rocher-d'Or du Rocher-Français était couvert d'escadrons de cavalerie ; il y avait un petit détachement à Elmiséram; Weyconde était tenu par des Cipayes ; les intervalles étaient occupés par des masses de troupes irrégulières dont la ligne s'étendait jusqu'au bord du Cauvéri. Dans cette position, et occupant tous les postes importants, Brennier croyait pouvoir intercepter et détruire les troupes anglaises, encombrées comme elles l'étaient par un grand convoi.

Mais les Anglais avaient des avantages qu'il ne connaissait pas. Ils étaient, il est vrai, embarrassés d'un convoi; mais pendant qu'il

---

1. Ce Cattans fut néanmoins pendu comme espion en vue des forces françaises, au retour de Lawrence dans la ville. (ORME.)

campait auprès de Tanjore, Lawrence avait reçu du fort Saint-David un renfort, non-seulement de cinq mille Tanjoriens, mais encore de cent soixante-dix Européens et de trois cents Cipayes. Ce n'était pas tout encore : la haute tour élevée au centre de la ville donnait à Dalton les moyens de guetter les mouvements des Français et d'en informer Lawrence. Il ne manqua pas d'en faire usage dans la présente occurrence. Le commandant anglais se mit donc en marche à la tête d'un corps d'Européens beaucoup plus considérable que celui de son adversaire, et, de plus, avec une connaissance de ses mouvements presque aussi complète que s'il avait fait partie de l'état-major de Brennier.

On se rappelle que les deux rochers appelés le Rocher-d'Or et le Pain-de-Sucre formaient la clef de voûte de la position française. Le premier était de beaucoup plus important, puisqu'il commandait tout le pays jusqu'à la ville, et Brennier devait s'attacher à le conserver à tout prix. Lawrence, qui en connaissait toute l'importance, résolut, après avoir mis son convoi en sûreté, de le prendre pour but de sa principale attaque. Pour mieux abuser Brénnier, il arrêta ses troupes en face du Pain-de-Sucre et fit toutes ses dispositions comme pour l'attaquer. Brennier, complétement abusé par ce stratagème et croyant qu'il allait être attaqué sur ce point par toutes les forces du général anglais, expédia au Rocher-d'Or l'ordre pressant de lui envoyer la plus grande partie des troupes pour le renforcer. Lawrence donna tout le temps nécessaire pour cette manœuvre, mais aussitôt qu'elle fut effectuée, il détacha ses grenadiers et huit cents Cipayes pour surprendre le Rocher-d'Or, ce qu'ils firent sans beaucoup de difficulté. Brennier avait vu ce mouvement, mais trop tard ; il avait immédiatement envoyé un détachement pour secourir ou reprendre la hauteur, mais ce corps trouvant la position perdue, ne tenta pas de la reprendre, et s'étant placé sur une éminence entre les deux rocs, ouvrit un feu très-vif sur les Anglais. Alors Lawrence conçut l'idée d'anéantir ce petit détachement avant qu'il pût être secouru par un plus fort qui, après avoir fait un léger mouvement en avant, demeurait comme paralysé sur les pentes du Pain-de-Sucre. Dans ce but, il détacha cinq cents Européens et indigènes. Ils s'avancèrent sans canons sous le feu bien nourri de l'ennemi, qui en abattit un grand nombre. Lawrence voyant que cela causait de l'hésitation à leur chef, s'élança lui-même à leur tête, et les conduisit à la charge. Dans ce moment Dalton qui, de la tour de Trichinopoly, avait observé la marche du combat, se rendit au plus vite sur le terrain avec deux bouches à feu, et attaqua l'ennemi par derrière. Séparé de son corps principal, qui, pendant ce temps, était resté dans une inaction inexplicable, le petit détachement français se retira sur Weyconde, mais non sans avoir causé et éprouvé de grandes pertes. Brennier qui, en agissant plus tôt, aurait sauvé la journée, sembla revenir à lui quand il vit son détachement battre en retraite, et s'avança pour attaquer les Anglais victorieux. Il était trop tard, car ses troupes, découragées par la retraite de leurs camarades et la vue des forces anglaises sur leurs deux flancs, refusèrent le combat et retournèrent avec toute la vitesse possible aux Cinq-Rochers, puis de là suivirent leurs camarades en désordre jusqu'à Weyconde. Les cavaliers tanjoriens, qui auraient pu leur faire beaucoup de mal, craignirent d'attaquer les soldats de la France, même pendant une retraite. Ils se contentèrent de réduire Elmiséram, qui n'avait qu'une faible garde.

Cette seconde bataille de Trichinopoly coûta aux Anglais quarante Européens, cent aux Français, et ne prouva pas moins que la première la supériorité qui distinguait le commandant anglais, et le meilleur état moral de ses troupes. Il est difficile d'imaginer une conduite plus inepte que celle de Brennier. Il se laissa duper par une ruse grossière, dont le succès le confondit tellement qu'il parut incapable de donner aucun ordre jusqu'à ce qu'il fût trop tard pour ressaisir la fortune qui lui échappait. On ne doit pas être surpris que les soldats eussent perdu toute confiance en un tel chef.

Pendant cette action, les Français, concentrés dans Weyconde, y avaient élevé des retranchements, comme pour se préparer à le défendre. Lawrence dont les provisions commençaient de nouveau à s'épuiser, s'avança quelques jours plus tard jusqu'aux Cinq-Rochers, et le 4 septembre parut se préparer à attaquer Weyconde. Brennier, complétement démoralisé, ne tenta même pas de défendre la place, et se retira en toute hâte et en désordre sur Montachellinour, sur les bords du Cauvéri, position qui assurait ses communications avec Seringham. Ici, et à sa grande surprise, il fut rejoint par Astruc et un important renfort de quatre cents Européens, deux mille Cipayes, six bouches à feu, plus trois mille hommes d'élite de la cavalerie mahratte. Astruc reprit alors le commandement des troupes françaises.

Ce renfort aurait dû changer le sort de la campagne. Les soldats français qui en faisaient partie, récemment arrivés de l'Ile de de France, avaient en quelques semaines parcouru le Carnate. Ils n'étaient pas atteints du découragement qui avait envahi leurs frères d'armes, et auraient dû être employés à des manœuvres offensives, avant que l'abattement qui régnait dans le camp leur eût été communiqué. Mais le mauvais succès avait rendu Astruc prudent jusqu'à l'excès. Trois jours après sa jonction, il conduisit vers le Sud ses forces combinées, et reprit possession des Cinq-Rochers, du Rocher-d'Or et du Pain-de-Sucre, pour revenir au système de blocus qui avait deux fois déjà mis les Anglais dans une position difficile. Lawrence, de son côté, marcha sur Elmiséram, dans le double but de couvrir ses convois et d'effectuer sa jonction avec un nouveau renfort européen attendu incessamment. Dans cette situation, la politique des Français était de se prévaloir de leur nombre supérieur pour attaquer les Anglais. L'occasion était favorable; Morari-Rao les pressait d'en profiter; mais la division régnait dans leurs conseils, et Astruc lui-même était opposé à prendre l'épée pour arbitre. Il se consacra donc à intercepter les vivres, à attaquer les convois, tandis qu'il pressait les travaux de fortifications qu'il élevait au Rocher-d'Or et au Pain-de-Sucre; il servait en ceci la politique de Lawrence. Celui-ci demeura en rase campagne, amusant les Français par de feintes attaques, jusqu'au 27 septembre. A cette époque, il fut rejoint par cent quatre-vingt-sept [1] Européens et trois cents Cipayes. Aussi hardi que son adversaire était prudent, il résolut aussitôt de tenter l'assaut des retranchements français, avant qu'ils fussent complétés.

---

[1]. De ce nombre était le capitaine Calliaud, qui s'illustra plus tard dans les guerres Anglo-Indiennes.

Astruc avait, comme Brennier avant lui, placé la majeure partie de ses forces sur le Pain-de-Sucre, dont les retranchements étaient achevés de trois côtés ; sur le Rocher-d'Or, qu'il comptait fortifier aussi, se trouvaient cent Européens, six cents Cipayes et deux pièces de canon. Toute la campagne, aux alentours des hauteurs, était occupée par les Mahrattes et les Mysoriens. Astruc espérait, en occupant là une position imprenable, bloquer les Anglais de trois côtés, tandis que Dupleix détacherait le rajah de Tanjore de leur alliance. Ceci compléterait l'investissement de Trichinopoly et en amènerait inévitablement la chute.

Tel était l'état des affaires, lorsque, le 27 septembre, le détachement des capitaines Ridge et Calliaud joignit Lawrence, qui décida d'attaquer dans le plus bref délai. En conséquence, il marcha le matin du 1er octobre sur le bois du Derviche, y rangea ses hommes et offrit la bataille. Astruc l'ayant refusée, il campa sur le terrain même, et le lendemain, dès l'aurore, s'avança à la tête de six cents Européens, six canons et deux mille Cipayes, vers le Rocher-d'Or, l'assaillit par trois colonnes avant d'avoir été aperçu, et l'emporta, sans que les Français eussent eu le temps de tirer leurs deux canons, qui furent pris tout chargés. Ne prenant que le temps de se reformer, Lawrence s'avança rapidement vers le Pain-de-Sucre au son du tambour et des cris de ses hommes, tandis que les Mysoriens fuyaient devant eux. Là, il fut reçu par les Français, rangés en bataille devant le côté non fortifié, et soutenus, sur leur gauche, par un corps considérable de Cipayes. Ces hommes furent sans doute découragés par la fuite des Mysoriens et les cris des Anglais, car ils cédèrent sans avoir tiré un seul coup. La division de droite des Anglais, se précipitant à leur poursuite, découvrit la gauche des Français, qui n'était pas gardée. Ils tournèrent alors à gauche, et les prirent en flanc, pendant que les deux autres les chargeaient de front. Immobiles, comme l'étaient les Français, ils ne purent résister à cette double attaque ; les efforts d'Astruc furent vains ; les Anglais les serraient de si près qu'il était impossible de se rallier ; les restes dispersés des forces françaises ne s'arrêtèrent qu'après avoir mis les eaux du Cauvéri entre eux et ceux qui les poursuivaient.

Cette grande victoire, due à l'audace et au courage du commandant anglais, fut décisive. Onze pièces de canon, cent onze prisonniers au nombre desquels étaient Astruc et dix officiers, deux cents tués ou blessés, en attestèrent l'importance. Les Anglais ne perdirent que quarante des leurs. L'influence de ce succès sur la situation de Trichinopoly ne fut pas moins favorable aux Anglais : Cette ville se trouva délivrée des horreurs de la famine, car, tandis que la plus grande partie des Français se réfugiait dans l'île de Seringham, le major Lawrence, balayant leurs détachements au Sud du Cauvéri, fit abonder les vivres dans la ville, puis se dirigea avec le gros de ses troupes vers Coiladdy, sur la rive Nord du Cauvéri, dans le territoire de Tanjore. Mais laissons pour quelque temps les parties belligérantes dans leurs situations respectives : les Français vaincus et humiliés, n'ayant confiance ni en eux-mêmes ni en leurs officiers ; les Anglais fiers de leurs succès, confiants dans leur général, qui les avait trois fois conduits à la victoire, et assurés de l'avenir.

Nous les quittons pour retourner auprès du Gouverneur, dont les grands projets avaient été si étrangement déjoués.

Pendant que se passaient devant Trichinopoly les événements que nous venons de raconter, Dupleix, tout en continuant à nourrir et à renforcer ses armées, avait fait tous les efforts imaginables pour rétablir la paix dans le Carnate. Il avait plusieurs raisons pour agir ainsi. Les Directeurs de la Compagnie des Indes et les ministres n'avaient jamais cessé d'en faire ressortir la nécessité. La guerre prolongée dont il avait tant espéré, vidait la caisse des actionnaires, résultat peu propre à satisfaire ceux qui recherchaient avant tout des dividendes. La lutte que Dupleix avait tant et tant de fois déclaré ne pouvoir durer longtemps, et qui, suivant lui, devait procurer à la France une gloire sans précédent, semblait aux Directeurs destinée à durer indéfiniment et à n'avoir pour terme que l'humiliation et non la grandeur de leur pays. Le succès des plans de Dupleix, qui devait être immédiat, tardant trop à se réaliser, il en résulta ce qu'on devait naturellement attendre. Ceux des Directeurs qui depuis longtemps étaient jaloux de ses succès, se joignirent à la faction qui était réellemement alarmée, pour demander la fin d'un tel état de choses. Plus la guerre durait, plus les partisans de la paix à tout prix acquéraient d'influence et devenaient pressants.

Mais ces motifs n'étaient pas les seuls : Dupleix lui-même désirait ardemment la paix avec les Anglais, autant pour gagner le temps de consolider ses arrangements avec les puissances indigènes que pour obtenir de ses rivaux européens la reconnaissance de ses droits de possession sur les territoires que lui avaient concédés les représentants du Mogol. Il s'était, en février 1752, adressé à M. Saunders à ce sujet ; mais la réponse qu'il en reçut n'ayant pas été de nature à entretenir l'espoir d'un résultat satisfaisant, il avait laissé tomber la chose. Au mois de juillet 1753, mu par les raisons que nous avons citées et, de plus, pressé par les sollicitations instantes de Bussy, qui allait devenir son gendre et acquérait ainsi un nouveau droit à sa confiance, Dupleix tenta de reprendre les négociations. Saunders l'accueillit avec des dispositions conciliatrices, du moins quant au but en lui-même. Mais leur correspondance prouva bientôt que, quoique les puissances rivales désirassent également la paix, elles avaient des notions fort différentes quant aux conditions par lesquelles on arriverait à ce résultat. Dupleix insistait pour être reconnu par les Anglais comme nabab du Carnate, titre que lui avait conféré le soubab, et qui avait été confirmé, affirmait-il, par l'empereur du Mogol. Le Gouverneur anglais, de son côté, affirmait hautement les droits de Mahomed-Ali. Dans de pareilles circonstances, il semblait que les deux Gouverneurs, tout en continuant à négocier, sentissent aussi bien l'un que l'autre que les conditions du traité seraient décidées bien moins par leurs arguments, leurs protestations ou la validité des parchemins et des lettres patentes publiées en leur faveur, que par les armées qui se disputaient la possession de Trichinopoly. Nous trouvons la meilleure preuve de ce que nous avançons dans la persévérance, la constance, l'énergie que mettait Saunders à envoyer des renforts à Lawrence, et Dupleix à expédier chaque soldat dont il pouvait disposer à Brennier ou à Astruc.

On admettra facilement, nous le pensons du moins, que, eu égard au nombre de troupes européennes envoyées sur le théâtre de la lutte et à la supériorité des alliés indigènes, aussi bien sous le rapport du nombre que sous celui de la valeur éprouvée, on admettra, disons-nous, que Dupleix eût toute raison d'espérer le succès définitif devant Trichinopoly. Il avait mis en œuvre toutes les ressources de Pondichéry pour s'assurer du résultat, et il ne pouvait prévoir que la fatalité était désormais inséparable des opérations françaises devant cette ville. Il n'était pas homme à se laisser facilement décourager; aux deux premières batailles du Rocher-d'Or, il avait répondu par de nouveaux renforts et des encouragements à ses généraux. Lorsqu'il apprit le troisième et fatal combat livré sur ce funeste terrain, il ne se laissa pas encore vaincre par le désespoir. Cette nouvelle ne servit qu'à lui inspirer une nouvelle résolution, exécutée avec encore plus de hardiesse et d'habileté que les précédentes. Son plan était, pendant qu'il continuerait toujours à négocier avec Saunders, d'envoyer secrètement à Seringham les renforts arrivés récemment d'Europe, en donnant pour instructions à leur commandant de tenter aussitôt l'assaut de Trichinopoly, tandis que Lawrence se reposait avec la majeure partie de ses forces à Coiladdy, distant de quinze milles.

Pour exécuter cette détermination, trois cents Européens et douze cents Cipayes partirent de Pondichéry au commencement de novembre, sous le commandement de Mainville[1]; ils arrivèrent à Seringham le 21. Pour mieux cacher ses intentions, Mainville eut soin de laisser ignorer son arrivée aux Anglais et à Lawrence. Il ne s'occupa même pas d'intercepter les convois de vivres, et employa tout son temps à préparer l'entreprise projetée. Enfin, le 8 décembre, tous les arrangements étant pris, et rien n'ayant éveillé les soupçons des Anglais, Mainville résolut d'agir. Ses ordres étaient clairs et précis : six cents Européens, appuyés par deux cents de leurs frères et les Cipayes, devaient attaquer et emporter l'ouvrage qui couvrait la porte appelée batterie Dalton. Comme il n'y avait en cet endroit que cinquante Cipayes, Mainville prévoyait que ce résultat pourrait être atteint aisément et sans faire usage des armes à feu. Il donna donc les ordres les plus sévères

---

1. Tous les écrivains anglais disent que Maissin commandait en cette occasion ; mais les rapports montrent qu'il ne prit le commandement qu'après l'arrivée de Godeheu.

de ne pas tirer. Une fois cet ouvrage emporté sans avoir alarmé la garnison, on devait appliquer des pétards, au nombre de deux, et faire sauter la porte de la ville ; ou, si la mine ne réussissait pas, tenter l'escalade, les murs n'ayant que dix-huit pieds de haut au-dessus du roc ; les échelles étaient prêtes.

Mainville passa le Cauvéri le 9 novembre, à trois heures du matin, et réussit à arriver au pied de l'ouvrage extérieur sans avoir été aperçu. Les six cents Français montèrent, et surprirent les Cipayes pour la plupart endormis. Si, en ce moment, ils avaient poussé en avant, et obéissant aux instructions de Mainville s'étaient abstenus de toute détonation, rien au monde ne pouvait sauver Trichinopoly. Mais au lieu d'agir ainsi ils se laissèrent pousser par leur mauvais génie à tourner contre la ville deux canons de douze qu'ils avaient chargés. En même temps qu'ils y mirent le feu, ils déchargèrent leurs armes et poussèrent le cri de : *Vive le Roi !*

Ces détonations eurent pour résultat d'éveiller la garnison. Par ordre du capitaine Kilpatrick, qui la commandait, des détachements se rendirent immédiatement aux postes avancés pour être prêts à recevoir l'ennemi. Pendant ce temps les Français, après leur malencontreuse décharge, se pressaient dans le passage, et, guidés par un déserteur, que suivaient deux hommes munis de pétards, étaient arrivés tout près de la porte dont la disposition exacte n'était connue que du déserteur. Pendant qu'ils arrivaient, les Anglais s'étaient précipités en foule vers la porte, et l'obscurité les empêchant de viser, ils tiraient au hasard dans le passage. Malgré cela leurs premiers coups tuèrent le déserteur et les deux artificiers qui n'étaient plus qu'à quelques pas. Les autres Français, ne sachant pas exactement ce qui s'était passé, commencèrent avec quelque confusion, causée par la nuit, à tenter l'escalade. Les échelles avaient souffert par le feu et par d'autres causes, et il n'en restait qu'un petit nombre en état de servir. Enfin ils les dressèrent, et un officier, précédé d'un tambour et suivi de ses hommes, monta à la première ; le tambour fut tué, l'officier attiré dans la ville et l'échelle renversée. Les suivantes furent traitées de même, jusqu'à ce qu'enfin, les ayant toutes perdues, les Français, exposés à un feu auquel ils ne pouvaient répondre, n'ayant ni cordes ni moyens de redescendre du roc sur lequel ils se trouvaient, se virent réduits au désespoir. Ils n'avaient même pu faire connaître à la garnison leur désir de se rendre. Pendant quelques heures ils s'abritèrent de leur mieux, mais le moindre mouvement les exposait au feu continu de l'ennemi, et ils furent bientôt réduits à la plus pitoyable situation. Quand le jour parut enfin, ce ne fut que pour éclairer la capitulation en masse de ces forces imposantes qui, parties avec de si grandes espérances de succès, avaient tenu la victoire entre leurs mains et l'avaient laissée échapper. Sur six cents hommes, huit officiers et trois cent soixante-quatre soldats étaient prisonniers de guerre, beaucoup étaient blessés ; un officier et quarante hommes étaient tués ; les autres, au nombre de près de deux cents, s'élancèrent du rocher dans le fossé, et quoique quelques-uns fussent mutilés dans la chute, ils furent tous emportés par leurs camarades.

Il semblait vraiment, comme nous l'avons dit, qu'il y eût une fatalité attachée aux opérations françaises de Trichinopoly ! Pourquoi cette entreprise, bien conçue, bien exécutée au début, qui, dans des conditions ordinaires de prudence, devait réussir, échoua-t-elle ? Qu'est-ce qui causa cette décharge intempestive et inutile ? La seconde question répond à la première ; mais il est hors de notre pouvoir de trouver une réponse à cette seconde. Qu'il nous suffise de remarquer que cet acte de folie changea entièrement la marche des événements. Non-seulement ses conséquences enlevèrent aux Français l'espérance de jamais posséder Trichinopoly [1], non-seulement il donna aux Anglais tous les fruits de la campagne, mais il fut la cause de cet humiliant traité par lequel, au bout de quelques mois, la France abandonna ce qu'il lui avait fallu tant d'années pour acquérir, et renonça même au droit d'aspirer à la domination dans les territoires de l'Indoustan. Quelle leçon pour les soldats renferme cette histoire ! quelle leçon pour

---

1. Le major Lawrence dit : « Ce projet était bien conçu, et si la pétulance des Français ne les avait pas poussés à révéler leur présence, ils auraient peut-être eu le temps d'exécuter leur dessein. » M. Orme écrit « que l'assaut exposa la ville aux plus grands dangers qu'elle eût courus pendant la guerre. » Le colonel Wilks : « Si les ordres défendant de faire feu eussent été obéis, quelques minutes plus tard la ville était au pouvoir des Français. »

le genre humain en général! quel enseignement de ne jamais, lorsqu'on se dirige vers un but important, regarder ni à droite ni à gauche, de ne jamais se laisser détourner par des pensées légères ou des idées de vaine gloire, du sentier qui, seul, nous conduit au but désiré!

Ce coup fut fatal aux vues de Dupleix, qui n'aurait dû cependant avoir aucune responsabilité dans leur mauvaise exécution. Et ce désastre ne fut pas isolé; il y avait peu de temps que Mortiz-Ali avait été défait devant Trinomali, et Mahomed-Ali, autre partisan des Français, devant la pagode de Tripetti; mais ce coup-ci était décisif, et ce fut lui qui convainquit Dupleix de la nécessité de tenter au moins des négociations avec le Gouverneur anglais. Il était bien préférable pour lui d'en arriver à un accommodement même désavantageux, que de voir ses plans les mieux combinés, ruinés, parce que ceux auxquels l'exécution en était confiée manquaient d'une prudence même ordinaire et de tout empire sur eux-mêmes.

Ce fut donc avec plus de désir que d'espoir d'arriver, dans une entrevue, à un résultat pratique, que Dupleix proposa de nommer des commissaires munis de pleins pouvoirs pour discuter un traité. Le Gouverneur anglais accéda à cette proposition, et la petite ville de Sadras, appartenant aux Hollandais et située à égale distance de Madras et de Pondichéry, fut choisie pour siége des conférences.

Les commissaires anglais, MM. Palk et Vansittart y arrivèrent le 30 décembre; les Français, MM. de Kerjean, Bausset et le père Lavaur, principal des Jésuites, retardés par la négligence que mit Saunders à leur expédier leurs passeports, n'y arrivèrent que le 17 janvier. Le 22 eut lieu la première séance. Les commissaires anglais commencèrent à déclarer qu'ils n'avaient aucunes propositions à faire ni à entendre, si elles n'avaient pour base la reconnaissance de Mahomed-Ali pour seul et légitime maître et nabab du Carnate: que le roi de Tanjore serait maintenu et conservé dans la pleine et entière possession de ses États. Les propositions des commissaires français étaient beaucoup plus modérées, du moins dans leurs termes. Elles portaient que Madras serait déchargé du tribut annuel de douze cents pagodes qu'il devait au gouvernement du Carnate ; que Pondémaly et ses dépendances (cent mille écus de revenu) seraient cédés à la Compagnie anglaise, que celle-ci serait remboursée de tous les frais de la guerre, que la Compagnie française donnerait à la Compagnie anglaise toutes les sûretés pour la liberté de son commerce ; qu'en conséquence de ces concessions, la Compagnie anglaise évacuerait les places et pays du Carnate dont elle s'était emparée pendant les troubles ; que Mahomed-Ali serait pourvu d'un gouvernement honorable, dans quelque partie du Décan, sous la garantie mutuelle des deux Compagnies ; qu'il serait déclaré quitte de toutes les sommes dues par lui au trésor du Décan ; que le roi de Tanjore serait maintenu dans la possession de ses États sous la garantie des deux Compagnies. Telles étaient les propositions françaises, extrêmement modérées, même conciliantes dans leur forme extérieure, mais en réalité non moins favorables aux intérêts français que celles des Anglais ne l'étaient pour les leurs propres. Le projet français doit être examiné bien plus dans ce qu'il omettait que dans ce qu'il mentionnait. Il n'y est question ni du soubab, ni du Décan, ni du nabab du Carnate, mais le prétendant à ce dernier emploi étant pourvu ailleurs, l'intention était clairement de sous-entendre que Salabut-Jung était reconnu pour soubab, ainsi que Dupleix nommé par lui nabab du Carnate. De même que la proposition anglaise réclamait tout ce que les Anglais avaient voulu obtenir en combattant, de même Dupleix demandait exactement ce qu'il avait réclamé au début. Les Anglais reçurent les propositions des Français en silence et ne donnèrent aucun signe d'approbation ni d'improbation, mais dans la séance suivante, ils déclarèrent que leurs instructions leur interdisaient de discuter aucun article, avant que ceux qu'ils avaient eux-mêmes présentés eussent été admis par les députés français. Ceux-ci ne voulurent en aucune façon accéder à leur demande. Ils défièrent MM. Vansittart et Palk de leur montrer aucune lettre patente conférant à Mahomed-Ali le titre de nabab du Carnate ; ils leur représentèrent que ce n'était pas un emploi héréditaire ; que le père de Mahomed-Ali avait été nommé par le soubab de son temps, dont les successeurs avaient à sa mort donné cet emploi à

Chunda-Sahib d'abord, et ensuite à Dupleix ; ils produisaient plusieurs lettres patentes accordées à ce dernier, et une lettre du Grand-Mogol confirmant tout ce que Salabut-Jung avait fait en sa faveur. Les Anglais répondirent que Mahomed-Ali avait reçu sa nomination de Nazir-Jung et ensuite de Gazi-Oudin, mais que les lettres patentes étaient à Trichinopoly ; et ils traitèrent de fausse la lettre du Grand-Mogol. Tout ce qui fut encore dit n'avança en rien les affaires. Ce fut la dernière conférence, car, voyant qu'il était impossible de s'accorder même sur les préliminaires, les commissaires anglais partirent pour Madras le 5 février, et les Français trois jours après pour Pondichéry.

Dupleix était alors d'autant moins disposé à rien retrancher de ses prétentions, que, pendant la réunion de la conférence, il avait appris par de Bussy le don des quatre Circars fait aux Français par Salabut-Jung et que nous avons rapporté. La possession de ces riches provinces le rendait indépendant des Anglais et de leurs désirs : désormais il valait mieux continuer la guerre que d'abandonner un seul iota de ses justes prétentions. Il n'apporta donc aucun obstacle à la rupture de la conférence et dans toutes ses communications écrites, il s'attacha au programme tel qu'il l'avait dès l'abord dicté à ses commissaires. Quand Saunders en vint à concéder en substance toutes les prétentions des Français, à l'exception de ce qui concernait la nababie du Carnate, quand il arriva même à modifier ses demandes à ce sujet et proposa que l'emploi demeurât vacant en sous-entendant que Mahomed-Ali y serait nommé, sous la protection des deux Compagnies, par Salabut-Jung, que les Anglais reconnaîtraient en ce cas, Dupleix rejeta avec hauteur ces avances et n'en insista que plus hardiment sur la validité de ses titres.

Dans le cours de notre Histoire, nous avons eu bien des occasions de faire ressortir la flexibilité d'intelligence, l'infatigable énergie, les ressources variant selon les occcasions, l'abnégation, la persévérance et le dévouement patriotique de cet illustre Français. Toutes ces qualités étaient réunies en lui à un degré fort rare chez les hommes. Mais la même véracité avec laquelle nous avons reconnu et admiré ses grandes vertus, nous force à déplorer la fatale opiniâtreté qui influença sa conduite dans cette mémorable négociation. Il est hélas ! trop évident qu'en ceci il fut guidé, non plus par son génie, mais par ses passions. Son orgueil ne lui permit pas de faire cet unique pas rétrograde dont plus tard il aurait bien su se faire un point d'appui pour, de nouveau, s'élancer en avant. Il avait si longtemps, si ouvertement combattu pour son titre honorifique, qu'il ne voulut pas alors s'abaisser jusqu'à l'abandonner, surtout lorsque l'influence de Bussy à Hydérabad et la possession des quatre Circars semblait le rendre virtuellement l'arbitre du Décan. Raisonnement aveugle et fatal ! Ses succès dans le Nord auraient dû le rendre plus facile, plus conciliant, plus disposé à céder. Il aurait dû se contenter d'agir selon le temps. Il n'y aurait pas toujours à Madras un Saunders et un Lawrence, l'Angleterre avait eu des Morse, des Floyer, des Cope et des Gingen ; elle pouvait bien en avoir encore. Lui qui avait exercé tant d'influence sur les indigènes qu'il avait courbé sous sa volonté un Mozuffer-Jung, un Chunda-Sahib, un Mortiz-Ali jusqu'à les rendre semblables à l'argile que manie le potier ; lui qui avait dompté l'esprit audacieux d'un Morari-Rao, devait-il désespérer de subjuguer un Mahomed-Ali ? Une fois rendu indépendant, délivré par ce traité des entraves anglaises, Mahomed-Ali serait bientôt tombé sous le joug de sa puissante influence, de son irrésistible volonté. Tandis que, comme Anglais, nous ne devons que nous réjouir de cet orgueil superbe qui préféra risquer tout plutôt que d'abandonner une seule de ses prétentions, nous ne pouvons que déplorer, si nous nous plaçons sur un terrain neutre, de voir un si vaste génie entaché par cette grande faute. Napoléon agit de même dans des circonstances semblables. Lui aussi, en 1813 et 1814, préféra risquer son trône plutôt que de sacrifier la moindre de ses exigences. Les deux grands hommes furent inspirés par les mêmes motifs. Ce fut uniquement, nous le répétons, parce que, dans des circonstances qui requéraient également un jugement froid et une juste appréciation, ils se laissèrent, l'un comme l'autre, dominer par leurs passions !

Mais les hostilités ne cessaient toujours pas dans le Carnate. Le succès temporaire des armes françaises semblait presque justifier la hautaine persistance de Dupleix devant Trichinopoly.

Après l'échec de sa tentative sur Trichinopoly, Mainville avait reconduit ses troupes dans Seringham et attendait des renforts. Dupleix les lui envoya avec sa promptitude ordinaire. Dès leur arrivée, Mainville résolut de porter un nouveau coup à l'ennemi. Il avait observé que les escortes qui accompagnaient les convois périodiquement amenés dans la ville avaient graduellement diminué d'importance. Dans un temps, Lawrence s'était fait un devoir de les protéger avec toutes ses troupes, mais rendu sans doute plus confiant par l'inaction des Français, il s'était depuis quelque temps borné à envoyer un petit détachement, tandis que lui-même restait au camp. Mainville, qui avait remarqué ce changement, était décidé à surprendre le premier convoi qui lui serait signalé. Il reçut bientôt l'avis qu'un convoi plus considérable que d'usage, escorté seulement par cent quatre-vingts Européens, huit cents Cipayes et quatre bouches à feu, cherchait à pénétrer dans la ville ; il venait de Killahcottah, à douze milles environ de Trichinopoly. Dès le 26 février au matin, Mainville se prépara à l'intercepter. Entre Killahcottah et le village de Coutapara, le terrain, couvert dans une étendue de cinq milles de bois et de broussailles, offrait une retraite pour un assez grand nombre d'hommes. Ce fut là qu'il envoya douze mille chevaux, sous les ordres de Morari-Rao et Innis-Khan, avec l'ordre de se mettre en embuscade à environ deux milles de Coutapara, mais de n'inquiéter le convoi que lorsqu'il y en aurait au moins la moitié de passé devant eux, et que les Français l'auraient attaqué de front. Lui-même, à la tête de quatre cents Français et de six mille Cipayes, se posta devant Coutapara, au point où le bois touchait à la plaine. Ces dispositions ayant été prises dans la soirée du 25, il en attendit impatiemment le résultat.

Le matin du 26 arriva sans qu'aucun convoi eût été signalé ; mais bientôt cependant un petit peloton fut aperçu ; il était suivi de charrettes et de bêtes de somme marchant à la file : les soldats cheminaient aussi un à un et sans inquiétude, des deux côtés du convoi. Ils atteignirent le point où Morari-Rao était posté, le dépassèrent même, et quoiqu'ils eussent aperçu quelques indigènes dans les bois, ne modifièrent en rien leur disposition. Les Français étaient encore à deux milles, et Morari-Rao, qui désirait que la surprise fut complète, ayant remarqué la négligence de la marche des Anglais et craignant que quelque chose ne vînt leur donner l'alarme avant qu'ils fussent arrivés assez près des Français, se décida à devancer ses ordres. En conséquence, il fit prévenir les petits détachements qu'il avait postés dans les bois de se tenir prêts. Puis il donna le signal. L'effet fut électrique. Les Anglais, qui étaient échelonnés tout le long du convoi, incapables de se rassembler assez vite pour opposer une résistance efficace, ne pouvaient que mourir à leur poste. Les Mahrattes, en galopant au milieu d'eux, en avaient déjà tué cinquante au moment où les Français arrivèrent sur le lieu. Ils offrirent au reste de se rendre ; il n'y en avait plus que cent trente-huit, dont cent blessés [1].

Ils firent leur soumission ; mais ce ne fut là qu'un éclair passager de gloire. Le 27 mai, un corps de sept cents Français, appuyés d'un nombre considérable de Cipayes et de Mahrattes, fut repoussé près du Pain-de-Sucre par les Anglais, inférieurs en nombre, dans une de ces positions où une victoire des Français aurait terminé la guerre dans cette partie du pays. Cependant la chance parut tourner. Mainville, inspiré par Dupleix, résolut d'abandonner sa position devant Trichinopoly, pour porter la guerre dans le pays ennemi. S'étant aventuré vers l'Est, il attaqua et prit Killahcottah, puis Coiladdy. Là, il détourna les eaux du Cauvéri et les jeta dans le lit du Coleron, ce qui devait causer un grand embarras aux habitants de Tanjore. Après cela il retourna vers Trichinopoly, et se plaça aux Cinq-Rochers, d'où il pouvait le mieux intercepter les approvisionnements destinés à la ville. Vers la même époque, Morari-Rao défit complétement l'armée du rajah de Tanjore. Pour couvrir cette capitale, Lawrence avait quitté son poste près de Trichinopoly, ce qui avait permis à Mainville d'effectuer le mouvement que nous avons rapporté. Au moment même où nous sommes arrivés, Lawrence observait attentivement de Tanjore les manœuvres de Mainville aux Cinq-Rochers, tandis que, — telle est la diplomatie orientale, — les agents secrets de Dupleix avaient plus d'à

---

1. De ce nombre était le fameux bataillon de grenadiers qui avait supporté le choc de toutes les batailles de Lawrence.

moitié réussi à détacher de son alliance le rajah dont il défendait le pays.

On verra ici que Dupleix avait bien quelque raison de maintenir ses exigences dans les négociations avec les Anglais. S'il avait été un prince absolu, nous ne pouvons douter que sa politique n'eût fini par triompher. Le dernier allié des Anglais, le rajah de Tanjore, était prêt à les abandonner, et malgré les revers de l'année précédente, au milieu de 1754, Dupleix avait devant Trichinopoly une position plus forte que jamais. Les fameux grenadiers qui avaient tant contribué au succès de Lawrence, avaient été tués ou faits prisonniers ; les troupes françaises reprenaient l'offensive et, victorieuses dans plusieurs escarmouches, menaçaient les possessions des Anglais et de leurs alliés sur tous les points vulnérables. Ces derniers étaient venus à mettre en question si l'alliance anglaise valait d'être conservée, quand elle les exposait à tant de dangers et était une charge si lourde pour le pays.

Mais au moment où les affaires prenaient ainsi une tournure favorable, il se présenta des circonstances auxquelles Dupleix aurait dû s'attendre, mais qu'il n'avait pas suffisamment prévues.

Les succès de Bussy au Nord, ceux de Mainville et de ses partisans au Sud-Ouest, n'avaient plus grande valeur du moment que le Gouverneur ne possédait plus la confiance de ses supérieurs en France. Dans ces temps où une communication ne pouvait arriver dans la mère-patrie en moins de six à huit mois, Dupleix aurait dû être préparé à l'impression que devaient produire les désastres de 1753 sur une corporation dont il savait bien que la grande minorité lui était hostile. La prévision des conséquences qui devaient naturellement suivre la nouvelle de revers si préjudiciables aux finances de la Compagnie, aurait dû l'influencer puissamment et le disposer à conclure la paix avec le gouvernement anglais. Il est d'autant plus étrange que cette considération n'ait pas eu plus de poids sur lui, qu'il connaissait la jalousie excitée par ses actes et savait bien que le succès seul dans l'Inde pourrait maintenir sa position à l'égard des Directeurs. Peut-être, et de nos jours nous avons eu un mémorable exemple de cette politique, éprouvait-il le mépris qu'un grand génie ressent pour des hommes qui lui sont si inférieurs à tous égards. Peut-être aussi ne se rendait-il pas compte des extrémités auxquelles pourraient se porter la petitesse et l'ingratitude humaines. Il est évident que, fort de sa conscience, il ne redoutait le résultat d'aucun examen. Il avait malheureusement affaire, comme nous le verrons, à des hommes pour qui la conscience du mérite n'était qu'un mot, si la conduite qui l'accompagnait ne cadrait complétement avec leurs conceptions mesquines et leurs idées étroites.

Il y avait, au sein de la Direction en France, un parti qui, pendant longtemps, s'efforça de préparer sa chute. Dès 1752, les plaintes adressées par le Gouverneur Saunders et ses amis à leur Compagnie au sujet de l'ambition sans bornes et des immenses projets de Dupleix, avaient trouvé de l'écho dans le sein de la Direction française. Ce fut la cause qui fit, dans cette même année, envoyer à Londres M. Duvalaer, muni de pleins pouvoirs pour négocier, de concert avec l'ambassadeur français près la cour de Saint-James, avec les ministres anglais, au sujet d'une base à adopter pour régler les affaires d'Orient. Les deux parties protestaient qu'elles désiraient conclure la paix pour se consacrer uniquement aux affaires commerciales et s'abstenir de toute intervention dans les affaires des indigènes.

Dans le cours des négociations, le ministre anglais, influencé par la direction de la Compagnie anglaise, qui recevait ses inspirations du Gouverneur Saunders et de ses amis, ne cessa d'attribuer tous les maux dont les deux Compagnies se plaignaient, à celui-là seul qui gouvernait à Pondichéry. Ils prétendaient tous que, sans lui, il n'y aurait eu ni luttes ni dépenses ruineuses, ni entraves dans les opérations commerciales. Lui seul devrait être responsable de tout. Ces plaintes, sans cesse répétées, ne pouvaient manquer d'agir à la fin sur la crédulité des Directeurs français. Ils furent assez simples pour croire que leurs rivaux, leurs plus mortels ennemis étaient capables de leur donner un avis purement désintéressé, qu'ils désiraient le rappel de Dupleix autant dans l'intérêt de la France que dans celui de l'Angleterre. Avons-nous besoin de faire observer qu'une semblable tactique aurait dû rendre les Français plus récalcitrants à se séparer d'un homme que leurs rivaux désiraient voir rappeler? Mais la passion ne raisonne pas; elle ne cherche que des prétextes pour couvrir d'un manteau ses projets favoris. Dans cette occasion, elle agit si puissamment sur les Directeurs français, que la majorité fut, par degrés, amenée à la croyance que les intérêts de la France et de l'Angleterre seraient également bien servis si l'on relevait de son poste l'homme qui était le plus ferme appui des premiers, et l'ennemi le plus déterminé des seconds.

Cependant, ce ne fut pas tout d'un coup qu'ils tombèrent dans le piége : pendant longtemps Duvalaer défendit Dupleix et rétorqua contre Saunders les accusations que l'on accumulait sur la tête du Gouverneur français. Mais le poison n'en produisait pas moins insidieusement son action. L'opinion que Dupleix était le seul obstacle à une bonne entente gagnait du terrain. La prudente assurance du ministère anglais favorisait ce bruit, sans déclarer ouvertement qu'il ne voyait aucun espoir de faire cesser les hostilités aussi longtemps que Dupleix serait Gouverneur, mais laissant clairement entendre que telle était sa conviction. Il équipa quatre navires de guerre, sur lesquels il embarqua un régiment tout entier, et les expédia ostensiblement aux Indes-Orientales sous les ordres de l'amiral Watson.

Il aurait été heureux pour Dupleix, et pour la France elle-même, que la Compagnie française eût pu répondre à cette démonstration par l'assurance que la paix était déjà conclue par les deux gouvernements locaux ; que par conséquent de plus longues négociations devenaient sans but. Or, depuis juillet jusqu'à décembre 1753, il avait été possible à Dupleix d'avoir un pareil message à expédier. Mais il n'en arriva aucun, et les Directeurs français furent amenés à prendre la détermination de sacrifier un seul homme pour le bien, croyaient-ils, de toute la nation. Ils acceptèrent donc la proposition faite par les commissaires anglais; il s'agissait de rappeler les deux Gouverneurs en même temps et de les remplacer par deux commissaires, un pour chaque nation, qui se rendraient directement dans l'Inde, afin d'y établir les affaires sur un pied qui rendît la guerre impossible entre les deux établissements tant que les deux puissances seraient en paix. Pour exécuter cette convention, le ministère français nomma l'un des directeurs, M. Godeheu, qui avait été jadis membre du Conseil de Chandernagor, pour commissaire du Roi, à l'effet de conclure la paix, et de vérifier les comptes de son prédécesseur. Le même Godeheu reçut aussi de la Compagnie la commission de Gouverneur-Général des établissements français. Les Anglais, plus rusés, ne firent aucune nomination, et envoyèrent les pouvoirs nécessaires au Gouverneur Saunders et aux membres du conseil.

La première nouvelle que reçut Dupleix de ces événements était contenue dans une lettre de Godeheu lui-même, datée de l'île de France, lui annonçant qu'il partait prochainement pour Pondichéry, pour agir de concert avec lui comme commissaire du Roi et de la Compagnie des Indes. La lettre était conçue en termes très-modestes et très-humbles; le signataire déplorait sa propre inexpérience, et exprimait l'ardent désir d'être guidé par son ancien ami. Quels qu'aient pu être les sentiments de Dupleix en recevant cette communication, il n'est pas douteux qu'il ait été rassuré par le ton amical de cette lettre et la connaissance personnelle qu'il avait de celui qui l'avait écrite. Il connaissait Godeheu depuis sa tendre jeunesse, et l'avait toujours aimé. Il avait été son supérieur à Chandernagor et n'en avait reçu que des témoignages de déférence et de respect. Il avait même eu une fois l'occasion de lui sauver la vie. Après son retour de Chandernagor, Godeheu était devenu l'un des Directeurs de la Compagnie, et à ce titre avait entretenu avec Dupleix une correspondance suivie et intime. Il lui avait toujours montré un dévouement et une admiration sans bornes.

Le choix d'un homme si affectueux et si dévoué, devant agir, Dupleix le croyait alors, uniquement comme commissaire pour arriver à la paix, ne pouvait avoir rien d'alarmant pour lui. Il ne savait pas, il n'avait pas eu l'occasion d'apprendre que cet homme, en apparence si dévoué, n'était qu'un de ces misérables qui cherchent à s'élever en flattant bassement les grands hommes. Il ne savait pas que, pendant tout le temps que Godeheu lui écrivait des lettres pleines de protestations d'amitié, il avait, par ses intrigues, amené sa chute dans l'espoir d'être nommé pour lui succéder. Il ne savait pas que, loin de désirer lui aider ou profiter de ses avis, ce Godeheu avait demandé le pouvoir de le renvoyer en France en disgrâce et en état d'arrestation; mais sa démarche avait été repoussée par les Directeurs, qui lui avaient formellement interdit d'user de violence ou de contrainte, sauf le cas improbable où Dupleix opposerait de la résistance à l'autorité légitime. Comment aurait-il pu savoir tout cela? Comment aurait-il seulement pu le soupçonner? Le seul soupçon de bassesse suffit pour révolter une nature noble et généreuse. Doué lui-même d'un sentiment sublime de l'honneur et d'une nature ardente et sympathique, comment Dupleix aurait-il pu imaginer que celui qu'il avait traité en ami et en confident userait de cette amitié et de cette confiance pour le trahir?

Mais Dupleix ne devait pas demeurer longtemps dans son erreur. Le 1er août, le vaisseau *le Duc-de-Bourgogne*, ayant Godeheu à bord, arriva en rade de Pondichéry. Dupleix en fut informé par une lettre, lui annonçant aussi qu'il était accompagné d'un autre vaisseau, et que trois autres, amenant deux mille hommes de troupes, suivraient prochainement. Dupleix partit aussitôt pour aller à la rencontre de son ancien ami. La réception fut des plus froides. Godeheu refusa son hospitalité, et ne voulut même pas aller à terre avant qu'une maison lui eût été préparée. Il remit à Dupleix trois documents : le premier était une lettre de lui-même, où il avait répété à satiété son désir de rendre la situation de son prédécesseur aussi peu pénible que possible ; le second demandait un rapport détaillé de l'état des affaires dans l'Inde française ; le troisième un ordre du Roi contenant son rappel. La première lettre était probablement écrite dans le but de dissuader Dupleix d'opposer, comme Godeheu le craignait, une résistance armée à son autorité, car, en débarquant le lendemain et étant reçu sur le quai avec beaucoup de pompe et de splendeur, il l'informa brièvement qu'il comptait sur son départ immédiat pour l'Europe avec sa famille. Il se transporta ensuite à la chambre du Conseil, où sa commission fut lue à haute voix. Le silence qui suivit cette lecture ne fut interrompu que par Dupleix lui-même, non pour protester ou proférer des plaintes indignes de lui, mais pour faire entendre le cri de : *Vive le Roi!*

Ce fut le 2 août 1754 que Dupleix remit à Godeheu le commandement du vaste sol indien qu'il avait acquis à sa Compagnie, soit par son habile diplomatie, soit par son influence personnelle. Dix semaines plus tard, Dupleix, suivi de sa famille, adressait un dernier adieu à la terre à laquelle il avait consacré la plus belle partie de sa vie ! Les actes publics qui marquèrent cet intervalle appartiennent à la carrière de Godeheu, et c'est à ce titre que nous en traiterons. Quant à la conduite de Dupleix dans cette période, tout ce que nous dirons, c'est qu'elle se distingua par une loyauté, une abnégation, un dévouement aux intérêts de la Compagnie qui l'avait répudié, dont l'histoire nous offre peu d'exemples. Au contraire, nous voyons, du côté de Godeheu, une arrogance méprisante, un ardent désir de blesser et de vexer, une détermination de ruiner, s'il était possible, et de déshonorer l'ex-Gouverneur, telle qu'il n'en peut émaner que d'un esprit étroit et misérable ! Non-seulement il rejeta, ainsi que nous le verrons en discutant ses actes publics, les avis qui, s'il les avait écoutés, l'auraient conduit à établir la domination française sur une base solide, mais il ordonna à ses commandants de se tenir dans une inaction qui préserva l'ennemi de la destruction, et cela tout simplement parce que l'activité aurait justifié la politique si longtemps suivie par Dupleix. Mais ce fut surtout dans sa manière d'agir à l'égard des réclamations financières de Dupleix qu'éclata toute sa malveillance. Ne pouvant découvrir la moindre irrégularité dans ses comptes, voyant que nul ne répondait à ses invitations secrètes de porter des accusations contre l'ex-Gouverneur, désappointé dans les espérances qu'il avait nourries de le renvoyer en France chargé de chaînes, il résolut de le dépouiller au moins de sa fortune privée et le réduire à l'indigence. Les moyens ne manquaient pas à un homme aussi dépourvu de scrupules. L'examen des comptes de la Compagnie de Pondichéry démontrait qu'il était dû à Dupleix de six à sept millions de francs. Aussitôt que Godeheu se fut assuré de ce fait, il défendit aux employés qu'il avait chargés de s'occuper des comptes de continuer leur travail et les contraignit à signer seulement un certificat attestant que toutes les pièces justificatives fournies par Dupleix n'avaient rapport qu'aux comptes publics. Par ce subterfuge, il évita de faire aucune mention dans son rapport des sommes dues à Dupleix. Mais ce n'était pas tout : nous avons rapporté que Dupleix faisait aux alliés des avances pour les dépenses de la guerre, et cela à même ses propres fonds. Ces avances étaient garanties sur certains districts du Carnate dont les revenus le remboursaient. Il est établi que Papiapoulé, l'agent des princes indigènes, avait en sa possession un ordre de verser à Dupleix les revenus de ces districts, à valoir sur les sommes qui lui étaient dues. A l'époque de l'arrivée de Godeheu, une partie de ces sommes avait déjà été remboursée, mais il en restait environ pour vingt-deux millions de dues qui, en continuant de la même manière, devaient être complétement éteintes en 1755 ; Godeheu, voyant là un moyen d'enrichir l'État aux dépens de Dupleix, préféra considérer ces avances comme faites irrégulièrement par Dupleix, pour son propre avantage personnel, et non pour le bien de l'État. Il fit saisir Papiapoulé dans sa propre maison, le mit en prison[1] avec les circonstances les plus injurieuses pour Dupleix, lui enleva tous ses papiers, et afferma les revenus de ces districts à un autre indigène au seul profit de la Compagnie. En outre, il refusa de laisser payer à Pondichéry un billet de quatre cent vingt-deux mille six cent six francs, souscrit par la Compagnie elle-même au profit de Dupleix. L'ayant ainsi ruiné, l'ayant exposé aux réclamations de ceux qui n'étaient ses créanciers que parce que, pleins de confiance en sa loyauté, ils avaient prêté leur argent à l'État, Godeheu permit le départ de cet homme illustre entre ceux que la France de Louis XV ne produisit, semble-t-il, que pour montrer combien son abaissement la rendait indigne d'enfants si glorieux[2].

Nous nous associons aux lignes suivantes, que nous empruntons à un écrivain français de nos jours[3] : « On admire beaucoup et l'on cite l'Angleterre pour avoir résolu ce grand problème de gouverner à quatre mille lieues de distance, avec quelques centaines d'employés civils et quelques milliers

---

1. Il demeura dans les fers jusqu'en 1758, qu'il fut délivré par Lally.
2. Ce récit de la manière dont Dupleix fut traité par Godeheu est puisé dans les rapports officiels des témoins oculaires et dans ceux que Dupleix a publiés.
3. Xavier Raymond.

d'employés militaires, ses immenses possessions de l'Inde. S'il y a quelque nouveauté, quelque hardiesse et quelque génie politique dans cette idée, il faut reconnaître que l'honneur en revient à Dupleix, et que l'Angleterre, qui en recueille aujourd'hui le profit et la gloire, n'a eu qu'à suivre les voies que le génie de la France lui avait ouvertes. » Oui, en vérité, maintenant qu'un siècle, en nous séparant de cette époque brûlante, l'a dégagée de ses passions et de ses préjugés; maintenant qu'appuyés sur les faits accomplis nous pouvons contempler, étudier les idées et les conceptions de ces hommes qui furent les pionniers de la conquête des Européens sur le sol indien; maintenant qu'il n'existe pas un Anglais sincère qui refuse au célèbre Gouverneur français l'honneur d'avoir été le premier à comprendre la nécessité d'établir la prépondérance de l'Europe dans l'Indoustan et à montrer par la pratique que cette prééminence pouvait être établie et maintenue, si l'œuvre de Dupleix n'a pas été durable, c'est qu'il eut le malheur de naître à une époque où son pays était plongé dans le profond abîme de la débauche et d'un mauvais gouvernement, où tous les emplois de l'État étaient sous le patronage d'une courtisane en titre; où, trop souvent, la vertu, l'honneur, la vérité étaient bafoués et tournés en dérision. Elle ne fut pas durable parce que le faible gouvernement qu'il servait le rappela, à l'instigation de ceux qui, depuis un temps immémorial, étaient les ennemis de la France, et juste au moment où ses entreprises allaient produire leurs fruits d'or. Mais les résultats de ses conceptions lui ont survécu : le terrain qu'il avait si bien arrosé et fertilisé, dont il avait si bien prouvé la richesse, fut, presque immédiatement après son départ, occupé par ses rivaux, et occupé avec l'immense résultat qui est l'une des merveilles du siècle présent.

Nous ne pouvons douter que si. Dupleix eût encore joui deux ans de l'autorité nécessaire pour amener à maturité tous ses projets, c'eût été à lui, et non à ses rivaux, que serait échu le riche héritage du Bengale. La possession des Circars lui fournissait une excellente base pour ses opérations avec Nazim, le nabab du Bengale. Qui peut supposer que si Chandernagor avait été sous son contrôle en 1757, il eût hésité à s'unir à Surajoud-Doulah pour anéantir l'établissement anglais sur l'Oûgli et que cette entreprise n'eût réussi. Clive ne fit alors que ce qu'aurait fait Dupleix s'il avait encore été là. Dans cette occasion, comme dans beaucoup d'autres, ce fut l'esprit de l'illustre Français qui souffla dans le camp de ses rivaux.

Il est impossible de nier que Dupleix réunît en lui le plus complet assemblage des grandes qualités dont un homme ait jamais été doué. C'était un grand administrateur, un diplomate de premier ordre, un habile organisateur, un homme qui possédait au suprême degré le pouvoir d'influencer les autres. Son intelligence était prompte et subtile, quoique étendue, et susceptible de s'attacher. Il était doué d'une énergie que rien ne pouvait abattre, d'une persévérance, d'une résolution à l'épreuve de tous les coups de la fortune. Il avait une nature noble, généreuse, sympathique ; il était absolument incapable de concevoir de la jalousie et de l'envie [1] ; il était, au contraire, doué d'une égalité d'humeur qui lui permit de supporter avec résignation et dignité les plus grands revers et, en dernier lieu, la plus cruelle injustice. S'il est vrai qu'il ne fût pas un grand capitaine et n'eût pas le talent de conduire une armée sur le champ de bataille, cependant il montra en bien des occasions, et notamment lors du siége de Pondichéry par Boscawen, qu'il savait non-seulement résister au feu, mais encore vaincre sans secours et par son seul talent personnel tous les efforts de l'ennemi. Sa manière de gouverner et l'influence de sa personne sont attestées par l'historien anglais de cette époque, quoiqu'il subît le joug des préjugés d'alors. « Tous ses compatriotes, écrivait M. Orme, s'accordèrent à penser que sa destitution du gouvernement de Pondichéry fut le plus grand malheur qui pût arriver pour les intérêts français dans l'Inde. »

Et vraiment, quand nous réfléchissons à tout ce qu'il avait accompli, comment il avait élevé le pouvoir français, comment il lui avait acquis une influence sans contre-poids et une immense

---

1. Nous croyons avoir placé sous son vrai jour la querelle de Dupleix et de La Bourdonnais et avoir justifié le premier de toutes les accusations que la haine et les préjugés avaient amoncelées contre lui, et que les écrivains postérieurs avaient répétées sans les avoir contrôlées. Il n'a jamais été accusé de jalousie envers de Bussy, qui avait cependant une bien plus grande influence que La Bourdonnais.

extension de territoire ; quand nous songeons qu'avec la moitié de ces deux mille hommes que Godeheu amena avec lui, il pouvait écraser les Anglais, déjà réduits à toute extrémité dans Trichinopoly, nous ne pouvons trop nous étonner de l'esprit d'aveuglement, de vertige, de folie qui présida à son rappel. La première cause fut sans aucun doute, ainsi que nous l'avons indiqué, la décadence de la France sous Louis XV. Mais il y en avait encore une autre qui ne se rattachait pas complétement à l'état de la France, car nous l'avons vue se produire sous d'autres règnes que celui de Louis XV et dans d'autres pays que la France. Ainsi que l'avance l'historien français, Barchou de Penhoen, le crime de Dupleix c'était son génie, crime que tant d'autres grands hommes expièrent comme lui, soit par la misère, soit par l'exil ou la mort[1] ! Ce fut donc le 14 août 1754 que Dupleix dit adieu au sol sur lequel il s'était illustré. Quoiqu'il eût été désappointé dans ses plus chères espérances ; quoiqu'on le sût ruiné par les manœuvres de Godeheu ; quoiqu'il fût en butte à l'hostilité déclarée de ce puissant personnage, il fut accompagné sur le port par les principaux officiers et les employés de la Compagnie à Pondichéry, et suivi par tout le peuple. Un sentiment unanime de douleur envahissait tous les cœurs généreux. Leur affliction était de beaucoup plus éloquente, plus expressive que n'auraient pu l'être les sourires d'une Pompadour !

Quelques pages nous suffiront pour conduire le Gouverneur disgracié jusqu'à sa dernière heure. Avant qu'il fût arrivé en France, le ministre Machault, craignant pour l'Inde le résultat du rappel de Dupleix, dans l'état actuel de la politique européenne, et se flattant qu'il pouvait n'être pas encore réalisé, lui avait expédié une dépêche où il affectait de le traiter comme Gouverneur, et Godeheu uniquement comme commissaire du Roi pour faire la paix. Cette dépêche parvint à Pondichéry après que Dupleix en était parti, quoique le ministre l'eût envoyée avec l'espoir qu'elle l'y retiendrait. Son arrivée en France fut donc regardée comme un malheur, et pendant quelque temps il ne parut pas impossible qu'il

---

1. *Histoire de la Conquête de l'Inde par l'Angleterre.*

fût réintégré dans son commandement. Il fut bien reçu, et on lui donna l'espoir de voir admettre ses réclamations. Mais aussitôt que la paix désavantageuse faite par Godeheu fut connue en France, le ministre commença à le traiter comme un homme dont on n'avait plus rien à attendre et qui allait l'importuner de ses demandes. Les ministres, ou plutôt, de concert avec eux, les Directeurs de la Compagnie changèrent d'attitude à son égard et refusèrent positivement de prendre ses comptes en considération. Ses remontrances demeurèrent sans effet ; ce fut en vain qu'il affirma que les créanciers qui le poursuivaient n'étaient créanciers que parce que, sur sa garantie, ils avaient avancé des fonds pour le gouvernement de Pondichéry. Ce fut en vain qu'il rédigea un mémoire établissant dans un style modeste et explicatif tout ce qu'il avait fait et les sommes qu'il avait avancées. Pendant sept ans, il réclama de la manière la plus pressante et fournit les preuves les plus incontestables de ses droits. Il ne reçut pas même l'ombre d'une satisfaction, et, de plus, il vit ceux de ses amis qui avaient avancé des fonds au gouvernement de Pondichéry l'attaquer pour être remboursés ; de Bussy lui-même, qui devait être son gendre, le délaissa dans cette extrémité, rompit son mariage et ajouta son nom à la liste de ceux qui le poursuivaient. Le malheureux Dupleix fut réduit à un tel état de misère que, trois mois avant sa mort, sa maison était envahie par les recors. Voici ce qu'il écrivait dans ses *Mémoires* lorsqu'il n'avait plus que trois jours à vivre : « J'ai sacrifié ma jeunesse, ma fortune, ma vie pour
« enrichir ma nation en Asie. D'infortunés amis, de trop fai-
« bles parents consacrèrent leurs biens au succès de mes projets.
« Ils sont maintenant dans la misère et le besoin. Je me suis sou-
« mis à toutes les formes judiciaires ; j'ai demandé comme le der-
« nier des créanciers ce qui m'est dû. Mes services sont traités
« de fables ; ma demande est dénoncée comme ridicule ; je suis
« traité comme l'être le plus vil du genre humain. Je suis dans la
« plus déplorable indigence : la petite propriété qui me restait
« vient d'être saisie : je suis contraint de demander une sentence
« de délai pour éviter d'être traîné en prison. » Telles étaient, à la veille de sa mort, les doléances de l'homme qui avait tant fait

pour la France, et dont les services égalaient ceux de ses Condé, de ses Villars, de ses Turenne. Le fondateur d'un empire est traité comme l'être le plus vil du genre humain ; on refuse d'entendre ses justes réclamations, qui jusqu'ici n'ont pas encore été satisfaites [1] ! L'homme qui, en Orient, avait acquis à la France des territoires plus étendus qu'elle ne l'est elle-même, fut traité comme un imposteur, un intrigant ! Cette organisation si belle, si brave ne put longtemps supporter une telle lutte. Il mourut le 10 novembre 1764 [2].

Malgré tout, il occupera toujours dans la postérité un haut rang parmi les plus grands hommes français, et les descendants de ses rivaux dans l'Indoustan le placeront sur le même piédestal que les plus grands d'entre leurs héros, le piédestal des Clive, des Warren, des Hasting et des Wellesley !

1. Il est étrange de voir que, parmi tous les changements que la France a subis dans son gouvernement, jamais il n'a été fait droit aux demandes de Dupleix. La République, l'Empire, la Restauration, les d'Orléans, la seconde République, le second Empire, doivent partager avec Louis XV le blâme dû à ce grand scandale. Nous rapportons ici une lettre écrite au *Globe*, par son correspondant de Paris, en date du 17 mai 1866, et qui fait voir que le dernier descendant de Dupleix est mort sans avoir vu reconnaître les droits de son ancêtre. « Une mort digne d'être mentionnée est celle du dernier descendant du grand nabab Dupleix, le célèbre Gouverneur de Pondichéry. La cotte d'armes dont Louis XV récompensa les triomphes diplomatiques qu'il avait remportés sur les Anglais dans l'Inde, a été exhibée pour la dernière fois au-dessus du portail de Saint-Philippe-du-Roule, tandis qu'on transportait au cimetière le modeste cercueil contenant les restes du dernier Dupleix. Le grand siége de Pondichéry, la gloire et la magnificence de Dupleix, ses richesses et sa disgrâce, son humiliation, sa pauvreté, sa mort misérable, tout cela est oublié ; il n'en reste plus de souvenir. La fête qu'il avait instituée à Pernan, lieu de sa naissance, en mémoire de la levée du siége de Pondichéry, a, depuis longtemps, cessé d'être célébrée, faute des fonds qu'il avait destinés à doter annuellement une villageoise. Il est mort dans la misère la plus profonde, après avoir eu à sa disposition des multitudes d'hommes, et des millions de roupies; et l'agent infidèle qu'il avait chargé de placer le capital dont le revenu devait à perpétuité être appliqué à l'œuvre de bienfaisance qu'il avait conçue et rêvée sous le brûlant soleil de l'Inde, au milieu des luttes et des combats, n'ayant jamais versé les fonds, la commémoration du plus glorieux souvenir de sa vie ne s'est pas perpétuée. Son nom même n'existe plus. Lorsqu'en 1830, le ministère des finances fut envahi par la populace, le dernier placet par lequel Dupleix avait sollicité le règlement d'un compte de 13 millions, fut, comme d'autres papiers, jeté au dehors et emporté par le vent. Il tomba entre les mains d'un professeur de philosophie de Louis-le-Grand qui le fit encadrer et mettre sous verre, puis le suspendit dans sa classe et en fit le sujet de plus d'une leçon sur la vanité des richesses et sur les diverses natures d'ailes dont elles se revêtent pour s'envoler loin de nous. »

2. Il mourut dans une maison de la rue Neuve-des-Capucines, sur l'emplacement où était encore, il y a peu d'années, le ministère des affaires étrangères, à quelques pas de la résidence officielle de la Compagnie.

CHAPITRE X

GODEHEU & DE LEYRIT

Avant de quitter Pondichéry, Dupleix avait remis à son successeur un compte-rendu détaillé des opérations, militaires ou autres, qui avaient eu lieu, soit dans le Décan, soit dans le Carnate ou devant Trichinopoly, et avait indiqué minutieusement les mesures qu'il aurait adoptées pour assurer le triomphe des armes françaises, s'il était resté à la tête des affaires. Il lui conseilla de maintenir de Bussy à la cour du soubab, Moracin dans les districts cédés, et Mainville à la tête de l'armée de Trichinopoly. Il était d'avis que les renforts récemment débarqués fussent envoyés sans délai à ce dernier, et qu'il reçût l'ordre de s'en servir utilement avant que la flotte de l'amiral Watson, attendue très-prochainement, fût arrivée devant Madras. Il insista particulièrement sur le maintien de Mainville au commandement de l'armée, non-seulement parce que cet officier avait montré de l'énergie et de la capacité, mais aussi parce qu'il avait complétement gagné la confiance des alliés, le régent de Mysore et Morari-Rao.

Pendant quelque temps Godeheu ne fit rien. Puis il adressa au gouverneur Saunders des propositions, et pour gage de sa sincérité, lui rendit, comme pour qu'ils pussent être employés contre la France, les soldats suisses capturés pendant l'année précédente. Mais il ne donna aucune indication de sa politique, ni à de Bussy ni à Moracin, ni à Mainville. Il se contenta de supprimer à Mainville les subsides que Dupleix lui avait jusqu'alors libéralement fournis pour l'entretien de son armée.

Cette politique de négation, si tant est que ce fût une politique et non l'inaction naturelle à un esprit indécis, eut les plus mauvais résultats. Partout circulèrent les rumeurs les plus injurieuses pour les Français. Les Anglais, transportés de joie par le rappel de Dupleix, ne gardèrent pas le secret sur les moyens par lesquels ce rappel avait été obtenu et sur les conséquences qui devaient en résulter. Les histoires répandues de tous côtés par leurs agents étaient crues, et partout les partisans de l'alliance française étaient couverts de honte, de mortifications et remplis de crainte.

Ces sentiments éclatèrent dans toute leur force à la cour du soubab. « Votre nation, écrivait Salabut-Jung, m'a soutenu et secouru jusqu'à présent [1]. J'ai donné à mon oncle Zafer-Zing (nom d'amitié que le soubab donnait à Dupleix) le gouvernement du Carnate. Les troubles que mes ennemis y ont occasionnés m'ont causé de grandes pertes. J'ai toujours eu espérance que mon oncle aurait le dessus. C'est avec le dernier chagrin que j'apprends qu'il vient d'être révoqué ; des messagers que j'avais envoyés pour lui porter des lettres ont été conduits devant le Gouverneur, qui leur a dit, ainsi qu'ils me l'ont rapporté : *Dites au soubab, votre maître, que je suis envoyé de la part de mon Roi, qui m'a défendu de me mêler du gouvernement Mogol, qu'il peut se pourvoir comme il lui plaira.* Ces mêmes messagers m'ont aussi rapporté qu'on avait renvoyé à Mahomed-Ali les prisonniers. J'apprends aussi que Morari-Rao vous a quitté, que les Mysoriens en font autant. Tout cela prouve que les Anglais ont le dessus de votre nation. » — Le dewan Shah-Nawaz-Khan, écrivant au gouverneur mahométan d'Hydérabad, s'exprimait ainsi : « Je ne reviens point de la surprise où me jette la nouvelle de la révocation du gouverneur Bahodour (le sieur Dupleix). Je ne sais à quoi ont pensé les Français ; ils perdent par là leur honneur et leur bien ; car je ne puis vous cacher que nous

---

1. La correspondance citée dans ce chapitre a été extraite des pièces jointes au *Mémoire* de Dupleix. Tous les renseignements qu'il renferme sont puisés dans cette même correspondance, dans les *Histoires* de Orme, de Wilks et de Grant Duff, les récits du capitaine Lawrence et du Seïr-Mutakherin.

ne pouvons rien traiter avec le nouveau Gouverneur, qui n'entend point nos affaires comme M. Dupleix. D'ailleurs, il paraît que les Français ne sont ni si puissants, ni si généreux qu'ils voulaient nous le faire entendre, et que les Anglais ont absolument le dessus sur eux. Je ne vous cache donc pas que je vais traiter avec les Anglais et Mahomed-Ali, pour avoir des secours des uns et des autres. »

Les lettres des officiers français eux-mêmes n'avaient rien de plus consolant. Moracin, gouverneur de Mazulipatam, écrivait à de Bussy : « J'ai prévu dans le même sens que vous l'effet que produirait l'arrivée de M. le commissaire du Roi dans l'Inde. Je lui ai écrit il y a quinze jours, et je compte avoir donné à M. Godeheu les mêmes avis que vous ; car il est bon de vous dire que nos banquiers m'ont fait part des lettres qu'ils ont reçues de Madras, par lesquelles on leur marque que le Roi d'Angleterre avait fait dire au Roi de France de retirer M. Dupleix de Pondichéry ou bien qu'il lui déclarerait la guerre ; à quoi les mêmes lettres ajoutent que le Roi de France, en expédiant un nouveau Gouverneur, lui avait dit : Allez faire la paix dans l'Inde ; rendez au nabab toutes les terres qu'il a données à la Compagnie ; je ne veux pas qu'on les garde, parce que cela fâcherait mon frère le Roi d'Angleterre. » Bussy et Moracin sentirent si vivement combien la position était désespérée, qu'il n'y eut que les sollicitations instantes que Dupleix leur adressa de continuer à servir la France, n'importe par qui elle fût représentée, qui pussent les déterminer à rester à leurs postes. La réponse de Bussy à cette exhortation mérite d'être rapportée. « Je réponds à la lettre que vous m'avez fait la grâce de m'écrire du 4 août ; votre départ pour l'Europe est un coup de foudre qui m'a atterré et consterné. Vous m'exhortez, en partant, à continuer de servir la nation et à soutenir un ouvrage qui est sur le penchant de sa ruine. Croyez-vous sincèrement que je ne serai pas enveloppé dans la même disgrâce que vous? Le coup n'est peut-être différé ou suspendu que pour être frappé avec plus d'éclat. Quoi qu'il en soit, je me suis toujours fait un devoir de déférer à vos conseils et de suivre vos lumières. Je ne me départirai, en aucune conjoncture, de ce respectueux et inviolable attachement qui a fait jusqu'ici mon bonheur et ma gloire et qui la fera toujours. J'attends les réponses de M. Godeheu pour me déterminer, quoique je sois persuadé, comme vous, qu'il est à propos que j'attende dans l'Inde les réponses de M. de Conflans. Si cependant je n'ai pas, dans le poste que j'occupe, la liberté d'agir, et qu'on veuille me gouverner par les idées de gens ignorants et sans expérience, mon propre ouvrage dépérira entre mes mains, et l'on en conclura, ou que je l'ai détruit moi-même par pique, ou qu'il n'était ni si beau ni si bien établi que vous et moi l'avions fait entendre. D'un autre côté, si la confiance dont vous m'avez honorée est la même dans M. Godeheu, j'avoue que je ne puis me dispenser de me prêter encore aux besoins de la Nation et de la Compagnie ; ce n'est pas que je m'attende que mes services seront récompensés, ni même avoués ; mais j'aurai comme vous l'avantage d'avoir servi la Patrie, sans autres émoluments que la gloire de lui avoir été utile et la consolation de n'attribuer ses mépris et son ingratitude qu'à la faction des envieux, trop dépourvus eux-mêmes de mérite pour ne pas chercher à obscurcir celui des autres..... Faites-moi part, s'il vous plaît, de ce que vous aurez découvert de ses vues et dispositions par rapport aux affaires du Décan. Je roule toujours le projet de tout abandonner et de passer en France. J'attends vos réponses et vos avis. Je suis si accablé que je ne puis vaquer aux affaires. L'armée crie la faim, personne ne paye, et l'on ne veut point que j'agisse. »

Voilà quel était l'état des affaires dans le Décan. Devant Trichinopoly, c'était bien pire. Nous avons laissé l'armée française sous Mainville, occupant les Cinq-Rochers et fermant toutes communications à la ville ; Lawrence était à Tanjore, dont le roi entretint jusqu'au bout de secrètes négociations avec Dupleix. Peu après l'arrivée de Godeheu, les troupes parties de France avec lui arrivèrent à Pondichéry. Elles auraient dû être envoyées, ainsi que Dupleix l'avait si bien recommandé, pour renforcer Mainville, qui alors était certain de prendre la ville pour laquelle les Français avaient tant combattu. Mais loin d'agir ainsi, Godeheu n'envoya que des renforts insignifiants ; il supprima à l'armée les envois d'argent qu'elle était habituée à recevoir ; il arrêta tous transports de provisions, et n'envoya pas d'ordres. Les lettres et les remontrances de Mainville demeurèrent sans réponse. La conséquence, facile à prévoir, fut qu'une portion de l'armée se révolta, et que les officiers ne rétablirent l'ordre qu'en fournissant des fonds. La lettre écrite par Godeheu à Dupleix, en apprenant cette rébellion, peint le caractère du nouveau Gouverneur, et montre dans tout son jour le crime commis par le Gouvernement français en envoyant un pareil homme pour supplanter Dupleix : *Vous avez été dans le cas de faire des avances par votre bourse et votre crédit ; je n'ai ici ni l'un ni l'autre.*

Mais ce n'était pas tout. Le nouveau Gouverneur semblait résolu à tout sacrifier, non-seulement les territoires acquis par Dupleix, mais même l'honneur de la France, dans ce grand, cet unique but de faire la paix avec l'Angleterre. Ses intentions étaient si transparentes, si évidentes pour tout le monde, qu'elles produisirent dans la colonie et dans l'armée un découragement, un abattement fatal à la vie d'un peuple. Ce n'est pas trop dire que d'avancer que, si le gouverneur Saunders lui-même avait été désigné comme successeur de Dupleix, il n'aurait pu nuire plus efficacement aux intérêts français que ne le fit cet homme nommé par la Direction française et la couronne de France. Il commença par changer le commandant en chef de l'armée. Mainville lui avait été recommandé par Dupleix comme le plus capable de ses officiers, comme celui qui, entre tous, pouvait entretenir de bons rapports avec les alliés : Godeheu saisit la première occasion de le remplacer par M. de Maissin, qui ne s'était fait remarquer que par son peu de capacité et son manque de résolution. Il n'en était que plus convenable pour les vues de Godeheu. On ne pourrait croire, s'il n'en existait des preuves positives [1], que, au moment où la garnison anglaise de Trichinopoly était extrêmement pressée par la famine, où l'armée française n'avait plus qu'à occuper les Cinq-Rochers et les postes qui les défendaient pour leur ôter toute possibilité de faire entrer des convois, Godeheu donna à son nouveau général des instructions pour qu'il se prêtât au ravitaillement, et qu'il ne mît aucun obstacle réel à

---

1. Rapport de Mainville. Lettre de Nunderaj, régent de Mysore, à son agent à Pondichéry. (Voyez aussi Orme.)

ce que les Anglais conservassent cette ville, dont l'importance était unique. Comme à ce moment le résultat de la négociation avec les Anglais dépendait encore entièrement du succès de la campagne, on peut aisément comprendre à quel point les intérêts français étaient en souffrance dans les mains de son représentant. C'est de cette campagne que nous allons maintenant nous occuper.

Mainville remit le commandement à de Maissin le 16 août 1754. On savait depuis longtemps que le major Lawrence n'attendait que la conclusion d'un arrangement avec le frère aîné de Mahomed-Ali, Maphuz-Khan, qui lui donnerait son aide, pour tenter de faire entrer sous escorte un convoi dans Trichinopoly. Mainville avait les avis les plus positifs sur les mouvements de ce convoi, et il avait pris tous ses arrangements pour l'intercepter. Trois jours avant de quitter le commandement, il apprit que le convoi, escorté de douze cents Anglais, trois mille Cipayes et quatorze pièces de campagne, était arrivé à un village à six milles à l'Est d'Elmiséram, et qu'il chercherait à forcer le passage le lendemain matin entre le Pain-de-Sucre et le Rocher-Français. Mainville, qui avait employé les deux derniers mois à reconnaître le terrain, informa aussitôt son successeur du mouvement projeté, et le pressa fortement d'aller immédiatement prendre possession du cours d'eau qui sortait du Cauvéri, dont la rive la plus rapprochée commandait tout le pays au delà. Il lui indiqua aussi deux officiers, MM. Gaudart et Aumont, qui connaissaient parfaitement le pays, et auxquels il avait confié ses projets. Maissin reçut ces communications avec un plaisir apparent, et se mit en marche dans le but ostensible d'en tirer parti. Mais il ne fut pas plus tôt arrivé au Pain-de-Sucre, qu'obéissant à ses instructions secrètes, il rangea ses troupes en avant auprès d'une fontaine, et, laissant libre le cours d'eau, attendit l'approche de l'ennemi. Quand parut Lawrence, dont le convoi défilait à sa droite, aussi tranquillement qu'en un jour d'exercice, et qu'il ouvrit le feu d'une batterie élevée par lui sur la rive escarpée du cours d'eau, Maissin refusa le combat, et se retira sans avoir brûlé une amorce [1]. Pendant que ceci se passait, un officier mysorien, Hyder-

---

1. MAINVILLE.

Naïk (devenu plus tard si fameux sous le nom de Hyder-Ali), tournant les forces anglaises, tomba sur les derrières du convoi, et captura trente-cinq voitures chargées de munitions et de vivres. Cette opération détournait l'attention et offrait aux Français une occasion favorable d'attaquer avec des chances de succès. Ce fut en vain que le régent pressa Maissin de le faire, qu'il démontra que la campagne pouvait être terminée par une seule charge; Maissin fut sourd à toutes les représentations : se reposant sur les secrètes instructions de son supérieur, il alla tranquillement reprendre sa position sur les Cinq-Rochers. Les Anglais mirent à profit ce temps pour faire arriver à Trichinopoly non-seulement le convoi de Lawrence, mais d'autres encore, venus de diverses parties du pays.

Peu de jours après, Maissin, abandonnant tous les postes autour de Trichinopoly, se retira à Mouta-Chellinour, sur le Cauvéri. Il n'eut même pas assez de fermeté pour s'y maintenir lorsqu'au bout de quelques jours Lawrence parut devant cette ville, qui était cependant bien fortifiée, et il recula précipitamment jusque dans Seringham. Les Anglais, satisfaits de ce succès, s'établirent pour passer la saison des pluies dans les pagodes du Guerrier, à l'Ouest de Trichinopoly.

Godeheu, de son côté, par ses maladroits efforts pour amener à tout prix la paix avec les Anglais, avait fait le plus grand tort aux intérêts français auprès des alliés indigènes. Partout il laissait ses lieutenants dans la plus pénible incertitude. Après une longue hésitation sur le point de savoir s'il fallait retirer son appui au soubab, ou lui laisser de Bussy avec une influence réduite et des pouvoirs restreints, il écrivit enfin, le 16 septembre 1754, qu'il était convaincu de la nécessité de ne pas abandonner Salabut-Jung. Et cependant, dans cette même lettre à Moracin, il laissait pressentir son projet de renonciation aux acquisitions territoriales de la Compagnie, sous le prétexte qu'il préférait un commerce sûr et étendu à tout autre avantage[1]. Ce fut en vain qu'en lui répondant, Moracin l'assura que quiconque lui avait persuadé que la paix et la sécurité d'une partie des possessions françaises seraient mieux ga-

---

1. Lettre à Moracin du 16 septembre 1754.

ranties par l'abandon d'une autre, ne connaissait pas la carte et ne savait rien de la disposition des lieux, ni des intérêts de la Compagnie. Ce fut en vain qu'il le prévint qu'un acte semblable ne serait que le prélude « de notre expulsion prochaine et totale de cette partie du Décan [1]. » La résolution de Godeheu était arrêtée. Pour défaire l'œuvre de Dupleix et faire la paix avec les Anglais, il ferait bon marché de l'honneur et des intérêts de la France.

Les négociations se continuaient toujours avec le gouvernement de Madras. Saunders avait été renforcé par la récente arrivée de la flotte de l'amiral Watson, ayant à bord le 49e régiment de Sa Majesté et des recrues pour la Compagnie. Mais cet avantage était fort amoindri aux yeux du Gouverneur par ce fait que le vétéran éprouvé et vaillant qui avait tant de fois conduit les forces anglaises à la victoire avait été remplacé par le colonel Adlercron. Comme les Français venaient de recevoir des renforts non moins importants, c'était encore une question de savoir laquelle des parties belligérantes aurait le dessus, dans le cas où la guerre continuerait. Mais la sottise de Godeheu donna à Saunders une supériorité morale dont il ne négligea pas de tirer bon parti. La sage prévoyance qui avait porté le gouvernement anglais à envoyer une flotte qui influençât par sa présence les négociations relatives à la paix, produisit un effet merveilleux. Saunders ne resta pas indifférent aux avantages qu'il pouvait retirer de la fiévreuse impatience de Godeheu, et le 26 octobre, il consentit volontiers à une trêve de trois mois, pendant lesquels des commissaires s'assembleraient à Pondichéry pour discuter les conditions d'une paix permanente. Les principaux articles de cette convention portaient que, jusqu'au 11 janvier 1755, aucun acte d'hostilité n'aurait lieu entre les Français et les Anglais, ni entre leurs alliés; que le commerce serait libre pour les deux nations dans le Carnate; qu'il y aurait un échange mutuel, mais *ad valorem*, des prisonniers, et que des commissaires seraient nommés des deux parts pour veiller à ce que les conditions de la trêve ne fussent pas enfreintes.

---

1. Réponse de Moracin, 9 octobre 1754.

Deux mois plus tard, on conclut un traité de paix ; mais il n'était que conditionnel, et exigeait la ratification des Compagnies de France et d'Angleterre. Le premier article du traité établissait que « les deux Compagnies renonceront à jamais à toutes dignités maures et ne se mêleront jamais dans les différends qui pourroient survenir entre les princes du pays ; toutes les places, excepté celles qui seront dénommées dans le traité définitif pour rester en possession de chacune des dites nations Angloise et Françoise, seront rendues aux Maures. » Le deuxième et le troisième, que les Anglais possèderont le fort Saint-David, le fort Saint-Georges et Devicotta. Les Français, Pondichéry et un établissement limité entre Nizampatnam et la rivière Gondecama, pour compenser l'infériorité de Karical à l'égard de Devicotta, ou que les districts de Pondichéry seraient rendus égaux à ceux du fort Saint-Georges et du fort Saint-David, et, en ce cas, les Français abandonneraient le pays aux environs de Nizampatnam. La quatrième clause établissait la neutralité de Mazulipatam et de Devicotta ; leurs territoires seraient égalisés, et, si les Français gardaient Mazulipatam, les Anglais auraient Devicotta *et vice versâ*. La cinquième, la sixième et la septième réglaient la navigation de certaines rivières et la possession de certains territoires moins importants, toujours sur les mêmes bases. La huitième prorogeait la trève jusqu'à ce que la confirmation du traité arrivât d'Europe. La neuvième interdisait, pendant la durée de la trève, toute construction de forts ou toute nouvelle concession de territoire. La dixième reconnaissait le principe d'*uti possedetis* jusqu'à la ratification. La douzième réservait la question d'une indemnité de guerre.

Quand nous avons commenté les conditions de paix que les agents de Dupleix soumirent à la conférence de Sadras, dans l'automne de l'année précédente, nous avons fait remarquer que les propositions françaises étaient bien plus importantes par ce qu'elles omettaient que par ce qu'elles mentionnaient. La même observation est applicable, sur un point particulier, au traité dont nous venons de donner un résumé. Il n'y est fait aucune mention de Mahomed-Ali ; on n'y trouve pas la moindre allusion à la nababie du

Carnate. Il n'en était que plus clair, par cette omission, que les Anglais avaient gagné à ce sujet tout ce qu'ils voulaient. La clause qui interdisait aux deux nations d'accepter aucun emploi ou gouvernement des autorités indigènes était une renonciation formelle de la part de Godeheu à toutes les dignités et aux gouvernements que le soubab avait conférés à son prédécesseur. Le compétiteur français à l'emploi de nabab ayant ainsi abandonné ses droits, à qui incomberait le gouvernement vacant, si ce n'était à son rival Mahomed-Ali ? Depuis cinq ans les Français et les Anglais bataillaient pour ce seul point ; pour le maintenir, Dupleix avait refusé des territoires avantageux qui ne comprenaient pas cette reconnaissance, et avait perdu son poste quasi royal dans le Conseil de Pondichéry. Son successeur y renonça timidement, sans même avoir en échange les avantages qui pouvaient offrir une compensation.

La troisième et la quatrième clause, surtout cette dernière, contenaient des concessions, non-seulement désavantageuses aux intérêts français, mais encore dégradantes pour l'honneur de la France. La troisième, qui prétendait donner à chaque nation des possessions équivalentes sur la côte de Coromandel, était loin de remplir ce but. Karical n'était pas l'équivalent de Devicotta comme ville commerçante. Mais ce qui était pire, ce qui était même insultant, les Anglais, pour étendre cette prétendue égalité sur une autre partie de la côte, proposaient de prendre un district qui appartenait alors à la France, à qui ils laisseraient une petite portion, et dont ils rendraient le reste aux indigènes ; et les Français y consentaient ! Nous voulons parler de la convention de former un établissement qui serait confiné strictement entre Nizampatnam et la rivière Gondecama, à une époque où toute la côte de Nizampatnam à Juggernaut était française. L'alternative proposée d'égaliser les districts de Pondichéry à ceux du fort Saint-Georges et du fort Saint-David, était encore plus déshonorante et plus insidieuse, car elle avait pour effet d'abandonner à jamais, et sans en faire aucune mention spéciale, les districts ou Circars que le génie de Dupleix avait fait gagner à la France.

Mais, de toutes ces clauses, la quatrième était la plus injurieuse pour les intérêts français ; elle proposait que la ville de Mazulipatam avec certains districts à l'entour et l'île de Divi, appartenant l'une et l'autre aux Français, fussent indivises entre les deux puissances rivales. La réalisation de cette seule proposition entraînait de la part des Français le sacrifice d'un revenu annuel fixe de quatre millions de francs. Les articles 5, 6 et 7 disposaient également du territoire français à l'avantage de leurs rivaux.

Dans les autres articles, surtout dans ceux qui étaient relatifs aux alliés des deux puissances, la balance penchait toujours du même côté. Les Anglais n'avaient qu'un allié : le rajah de Tanjore ; car Mahomed-Ali n'était qu'un instrument, un prétexte au nom duquel ils avaient cherché, en s'abritant à l'ombre de son autorité usurpée, à détruire l'influence française. Les Français, au contraire, avaient les Mahrattes, les Mysoriens et le soubab. Ceux-ci n'avaient aucune connaissance du traité, et il aurait cependant pour résultat d'imposer la loi anglaise, non-seulement aux Français, mais encore aux princes indiens indépendants ; de forcer Salabut-Jung à accepter pour nabab du Carnate l'homme qu'il avait à plusieurs reprises déclaré rebelle et hors la loi ; de contraindre les Mysoriens et les Mahrattes à se désister de leurs prétentions sur une ville qu'ils regardaient déjà comme la leur. Comme complément à cette condition, les Français alliés de ces princes devaient garantir qu'ils l'exécuteraient.

Tel était le traité de Godeheu ! traité par lequel les Français renonçaient à tout ce qui leur avait coûté tant de contestations. Il abandonnait la nababie du Carnate, il abandonnait ses alliés, il abandonnait l'influence française et l'honneur français. Pouvait-on voir un contraste plus frappant avec Dupleix ? Les Anglais lui avaient offert de lui garantir la possession de tous ces territoires pourvu qu'il résignât le titre et l'emploi de nabab du Carnate. Son successeur renonçait, non-seulement à cette dignité, mais encore à tous les avantages matériels que la France s'était assurée et dont la possession incontestée suffisait en tout état de choses pour lui conserver une puissance bien supérieure à celle de ses rivaux. Ce n'est certes pas prononcer une sentence trop sévère ou une critique exagérée que de dire : qu'au point de vue français, un semblable traité était honteux au dernier degré. Il était honteux pour la France, honteux pour celui qui le faisait. Godeheu sacrifia, avec connaissance de cause, les fondements d'un empire indo-français à son craintif désir de la paix, excité par le misérable et indigne besoin de défaire tout ce qu'avait fait son prédécesseur.

Car, en vérité, quelle que fût la grandeur des avantages matériels abandonnés, ils étaient encore moins importants que la perte de l'influence morale et du prestige de supériorité qu'entraînait leur renonciation. Le traité annonçait aux princes indigènes de l'Inde méridionale que dorénavant la France n'était pas assez forte pour résister à l'Angleterre sur le sol de l'Indoustan, qu'elle se retirait de la lutte, et qu'elle abandonnait ses alliés à eux-mêmes. Nous avons déjà mentionné l'impression fâcheuse produite sur les banquiers de Mazulipatam par l'arrivée de Godeheu. La confirmation donnée à ces bruits, que Moracin et autres avaient démentis comme fort exagérés, fut cent fois pire. Nous verrons, à mesure que nous avancerons, quels funestes effets eut sur les princes indiens cette politique d'abnégation.

En regard de la conduite du Gouverneur français, il faut observer celle du gouverneur anglais Saunders ; si l'empire de l'Indoustan est un apanage dont les Anglais ont raison d'être fiers; si la possession de l'Inde a apporté avec elle de solides avantages pour la Grande-Bretagne, les compatriotes de Saunders doivent reconnaître qu'ils sont encore redevables envers sa mémoire de la dette qui n'a pas été acquittée de son vivant. Ce fut sa constance, sa résolution et sa persévérance à supporter Mahomed, pour s'en faire un prétexte d'entraver les projets de Dupleix, quand même la fortune des Anglais était au plus bas; ce fut cela, plus que toute autre circonstance, qui changea la face des événements, qui tendit, d'une manière lente mais certaine, à abaisser l'orgueil de la France, à exalter la fortune de l'Angleterre. Jamais il ne désespéra, jamais il ne chancela dans sa détermination de s'opposer à ces prétentions qui, si on les admettait, devaient causer la ruine de l'établissement anglais. Il est vrai qu'il fut favorisé ; il eut le rare avantage d'avoir sous ses ordres un Clive et un Lawrence. Ce n'est pas trop dire que d'affirmer que, sans sa politique opiniâtre, ces avantages eussent été de peu de valeur ; sans sa promptitude à reconnaître et à employer le mérite, Clive eût peut-être langui dans l'obscurité ; son tact ne le cédait en rien à sa détermination. Il aurait traité avec Dupleix, maître absolu de sa présidence, à des conditions meilleures que celles qu'il offrit à Godeheu, car il ne pouvait manquer de sentir que si la France soutenait Dupleix, une prolongation des hostilités amènerait encore une augmentation de territoire pour la France. Il était préparé à céder tout, excepté sur un point qu'il regardait comme essentiel à la sûreté des Anglais, savoir que le nabab du Carnate ne fût pas à la nomination des Français. Mais avec Godeheu il adopta une autre marche : il vit qu'il pouvait tout obtenir de la haine et de la crainte qui dominaient celui-ci, et il le pressura au point de le laisser sans pouvoir et sans force.

Les sentiments que Godeheu montra par la suite prouvent jusqu'à l'évidence qu'en rendant justice aux mérites de Saunders et en défendant la politique de Dupleix, nous ne calomnions pas la mémoire du Gouverneur que la France avait eu le malheur de donner à l'Inde. Quel autre motif qu'un fiévreux désir de paix à tout prix et une basse jalousie envers Dupleix aurait pu, le 11 février, le pousser à signer le traité ignominieux que nous avons analysé, quand, le 17 décembre précédent, les termes du traité ayant été virtuellement arrêtés et l'armistice subsistant encore, il avait écrit à Moracin à Mazulipatam : « Préparez tout avec toute la célérité dont vous êtes capable, afin de vous mettre à l'abri d'un coup de main, car il est très-possible que vous soyez attaqué avant la fin de janvier. C'est ainsi, par de soudaines entreprises, que les Anglais déclarent la guerre [1]. » Ainsi, à la fin de décembre, il préparait Moracin à repousser une attaque sur les Circars, et le 11 janvier, il les abandonnait aux Anglais !

Il ne demeura pas assez longtemps dans l'Inde pour apprécier les résultats de ce traité. Le 16 février 1755, après avoir exercé ses

---

1. Cette correspondance est jointe au *Mémoire* de Dupleix.

fonctions un peu moins de six mois, il s'embarqua pour l'Europe, laissant les affaires de l'établissement aux soins d'un Comité secret composé de MM. Barthèlemy, Boileau et Guillard, jusqu'à l'arrivée de son successeur, M. Duval de Leyrit. Son départ fut salué par la colonie comme un bienfait public. Ce fut de tous ses actes le seul qui produisit dans l'Inde Méridionale un bon effet pour les intérêts français, car il fit circuler le bruit, habilement encouragé par de Bussy, d'un retour probable de Dupleix.

Mais le rappel de cet éminent homme d'État devait être plus durable. Les membres du Comité secret, instruits par l'exemple de Godeheu, et ignorant quelles seraient les vues de M. de Leyrit, ne voulurent rien faire. Répondant à de Bussy, qui pressait le gouvernement de Pondichéry de lui donner des instructions sur la marche qu'il devait adopter dans les circonstances difficiles qui se préparaient, ils lui disaient simplement qu'ils avaient reçu toutes les lettres qu'il avait adressées à M. Godeheu, qu'il n'y avait pas répondu lui-même parce que certains points étaient trop délicats pour qu'il pût prendre une décision, mais qu'à son arrivée, M. de Leyrit s'expliquerait probablement en détail sur toutes les questions pendantes [1]. La même conduite fut suivie sur tous les sujets de quelque importance, de sorte que du 16 février, jour du départ de Godeheu, jusqu'à l'arrivée de M. de Leyrit, c'est-à-dire au 25 mars, le gouvernement de Pondichéry fut complétement nul.

Quoiqu'il ne fût qu'un homme fort ordinaire, de Leyrit était une bonne acquisition pour le Comité secret. Il avait déjà été employé dans le service civil de l'Inde du temps de Dupleix. Lors de l'expédition de La Bourdonnais, il était agent français à Mahé, et il avait remplacé Dupleix comme Directeur-Général de Chandernagor en 1741. Il aurait probablement été un excellent chef pour une Compagnie purement commerciale, car il était bien au fait des opérations mercantiles : mais il était parfaitement impropre à la politique délicate qui devait guider les relations de Pondichéry avec les chefs indigènes : il manquait aussi de cette stabilité dans les projets et de cette volonté ferme qui pouvaient seules enrayer

---

1. M. Barthèlemy à de Bussy, 28 février 1755.

la politique agressive des Anglais. En un mot, quoique laborieux et voulant le bien, il était lent, indécis, et manquait de prévoyance et d'énergie. Or, si jamais ces qualités avaient été nécessaires chez un Gouverneur français, c'était bien et surtout dans les circonstances présentes.

Godeheu avait à peine quitté le théâtre de ses travaux sans gloire; sa signature était à peine séchée sur le traité dont une des clauses établissait que les Anglais et les Français n'interviendraient jamais dans aucun différend entre les princes du pays, que les Anglais équipaient déjà une armée pour seconder leur allié, Mahomed-Ali, dans ses efforts pour se rendre maître des Poligares de Madura et de Tinivelly, sur lesquels il ne pouvait alléguer aucun droit que celui de la force. Quoique les Anglais ne fussent mus que par des motifs purement pécuniaires et l'espérance de tirer de ces districts les moyens de s'indemniser des frais de la dernière guerre, on ne peut révoquer en doute que ce ne fût une infraction positive au traité. La seule tentative montrait à quel mépris on en était arrivé à l'égard du pouvoir français sur la côte de Coromandel.

Au commencement de février, un corps anglais commandé par le colonel Héron, du 49ᵉ d'infanterie, fut détaché de Trichinopoly pour cette expédition. Quel qu'ait pu être le succès apparent de l'entreprise, car le colonel occupa Madura et Tinivelly, elle ne doit pas moins être regardée comme désavantageuse. L'officier connaissait peu les mœurs du pays, et il laissa insulter par ses soldats la religion et les préjugés des habitants; de plus, le produit du butin fut insuffisant pour couvrir les frais de l'expédition [1] : et ce qui était le plus fâcheux, le gouvernement du fort Saint-Georges avait donné une preuve de son peu de respect pour les plus solennels engagements, quand ses intérêts étaient en jeu. De Leyrit n'avait pas été un spectateur inattentif de cette manière d'agir de la part des Anglais. Il ne fut pas plus tôt débarqué, qu'il adressa au Gouvernement de Madras de vives remontrances sur cette infraction au traité. On lui répondit que l'expédition du colonel Héron n'était en aucune sorte un acte de guerre, mais que le nabab s'occupait sim-

---

[1]. A son retour à Trichinopoly le colonel Héron fut mandé à Madras pour y être jugé par une cour martiale, qui le déclara coupable de malversation.

plement à faire rentrer ses revenus. Quelque spécieuse que pût paraître cette réponse, de Leyrit dut, pour le moment, s'en montrer satisfait, car l'amiral Watson était sur la côte ; et le Gouverneur, quoiqu'il fût encore novice, sentit bien qu'il serait impolitique d'inaugurer son début par un renouvellement d'hostilités. Il résolut donc de se borner à protester, bien décidé intérieurement, à suivre à l'occasion l'exemple qui venait de lui être imprudemment donné. Quelques semaines plus tard, quand il reconnut qu'on n'avait pas versé à Pondichéry les tributs dus par les territoires à l'Ouest d'Outatour et au Sud du Valaru, pays connu sous le nom de Terriore et sur lequel le rajah de Mysore avait donné aux Français le droit d'agir comme ses agents, il envoya Maissin à la tête de cinq cents Européens et de mille Cipayes pour prendre des arrangements qui garantissent l'avenir. Les Anglais ne firent aucune opposition, mais quand ils virent que les Français, vainqueurs dans le Terriore, se dirigeaient vers le pays voisin de Pallamcottah, qui s'étend presque du Valaru au Coleron, et qu'il leur plaisait de regarder comme féodalement dépendant du nabab, l'ordre fut envoyé à Calliaud de s'opposer à ce mouvement, même par la force s'il était nécessaire. Si les Français persistaient, la guerre était imminente ; mais de Leyrit n'y étant pas préparé, céda et rappela ses troupes. Néanmoins le précédent était établi de part et d'autre, et quand Godeheu arriva en Europe, le traité qu'il emportait était violé dans sa partie principale (la seule qui pût servir à le justifier), par les Anglais, comme alliés de Mahomed-Ali, par les Français, comme agents des Mysoriens.

Après un court séjour à Pondichéry, de Leyrit fut bien convaincu que la théorie de la non-intervention, sur laquelle Godeheu avait basé sa politique, était, dans l'état actuel de l'Inde, tout simplement impraticable. Les deux pouvoirs rivaux sur la côte de Coromandel ayant des armées et des places fortes, étaient continuellement mis en contact avec des voisins dont ils connaissaient la faiblesse et qui les tentaient continuellement par leurs offres ; il était impossible qu'ils eussent toujours l'un et l'autre assez de vertu pour résister à la tentation. Il fallait trouver des excuses à faire valoir, au moins à l'égard de leurs Directeurs en Europe, pour justifier chaque infraction au traité. Il est clair, d'après la correspondance de Leyrit avec Bussy et Dupleix [1] que, de jour en jour, il devenait plus convaincu de cette impossibilité comme de l'insigne folie qui avait porté Godeheu à consentir au partage des Circars avec les Anglais. Mais les Français possédaient encore les Circars et devaient les garder jusqu'à ce qu'on eût reçu la ratification du traité, c'est-à-dire jusque vers la moitié de 1756. Comme de Leyrit voyait que la guerre ne pouvait être évitée, il apporta tous ses soins à accroître les ressources de Pondichéry et à éviter toute contestation jusqu'au moment où, instruit de la ratification du traité, il jugerait à propos de provoquer les hostilités sous quelque autre prétexte. Si le traité n'était pas ratifié, la guerre s'en suivait tout naturellement.

Cet exposé des vues de Leyrit nous met à même de comprendre et d'expliquer la politique qu'il continua d'observer pendant quelque temps. Nous pouvons apprécier pourquoi il continua d'entretenir de Bussy à Hydérabad ; pourquoi, lorsque les Anglais violèrent de nouveau le traité, il se borna à des menaces et à des protestations, jusqu'au jour où, apprenant que le traité avait été ratifié par ses Directeurs, il fit de l'agression des Anglais un prétexte pour reprendre les hostilités, s'efforçant ainsi de conserver à la France la possession des Circars cédés. En théorie, c'était indubitablement une politique habile et intelligente, mais pour la faire réussir il aurait fallu des hommes doués de plus de vigueur et d'énergie dans la pratique que de Leyrit et ses subordonnés, sauf toutefois de Bussy, n'en possédaient.

Les occasions de protester ne manquaient jamais de part ni d'autre ; dans l'automne de cette même année 1755, les Français ayant pris possession de quelques terrains contigus à Sadras, à peu près à moitié chemin entre Pondichéry et le fort Saint-Georges, les Anglais réclamèrent, et la contestation ne se termina que par un partage égal du territoire en litige [2]. Mais l'année suivante les affaires prirent un tour qui ne pouvait manquer d'amener un conflit entre les deux nations.

---

1. De Leyrit à de Bussy, 29 juillet et 17 août 1755; à Dupleix le 16 octobre 1755, etc.
2. C'était bien la manière européenne de trancher la difficulté, les terres en question appartenant à des princes indigènes ayant pris part au traité.

Les Anglais avaient toujours vu d'un œil jaloux la position qu'occupait de Bussy à la cour du soubab. L'influence qui en résultait pour les Français ne pouvait manquer de se faire sentir sur les deux côtes de l'Indoustan, à la cour du Peshwa aussi bien que parmi les petits princes du Carnate. Dans le traité conclu avec Godeheu, il n'avait été fait aucune mention particulière de Bussy, il y avait donc une reconnaissance tacite qu'il n'avait aucun rapport avec les affaires du soubab qui, par le fait, n'avait jamais commis d'hostilités envers les Anglais. Ceux-ci n'ayant aucun droit de demander l'expulsion de Bussy, désiraient cependant affaiblir l'influence que lui donnait sa position à Hydérabad, soit en le desservant auprès du soubab, soit en acquérant pour eux-mêmes de nouvelles possessions sur la côte occidentale. Quand nous étudierons les opérations de Bussy, nous verrons comment le premier de ces plans fut tenté et réussit : mais avant cela, le retour dans l'Inde de Clive, nommé lieutenant-colonel et gouverneur du fort Saint-David, donna aux Anglais le moyen de tenter le second. Par l'ordre de la cour des Directeurs, Clive avait d'abord été envoyé à Bombay afin d'être prêt à coopérer à une expédition projetée, de concert avec le Peshwa, contre le Nord du Décan. Le colonel Scott, qui commandait le contingent anglais étant mort à Bombay, Clive le remplaça, et on n'attendait plus que les ordres du gouvernement de Bombay pour se mettre en marche. Les membres de ce Gouvernement jugeant que le traité conclu avec Godeheu interdisait toute entreprise de ce genre, hésitaient à s'y embarquer, ou du moins attendaient l'avis des autorités de Madras. Celles-ci n'avaient aucun scrupule de ce genre ; et quoiqu'elles ignorassent les vues du Gouvernement de la métropole sur l'emploi à faire des forces de Clive (le navire qui portait les dépêches au gouvernement de Bombay avait fait naufrage), elles lui envoyèrent un message immédiatement après son arrivée, pour lui suggérer l'emploi le plus utile, selon elles, à faire de ses forces ; leurs conseils se trouvèrent presque complétement identiques avec le plan de la Cour des Directeurs. Mais avant que cette dépêche fût arrivée à Bombay, le gouvernement de cette présidence, plus prudent que celui de Madras, avait résolu d'employer les troupes de

Clive et la flotte de l'amiral Watson pour réduire, avec l'aide des Mahrattes, le fort Guéria, le principal repaire du fameux pirate Angria.

Le cadre de cette histoire ne nous permet pas d'entrer dans le détail de cette expédition, puisqu'elle ne touche en rien aux intérêts français ; qu'il nous suffise de dire qu'elle fut couronnée d'un plein succès : Guéria fut pris, la flotte d'Angria détruite, et les prises, montant à dix lakhs, réparties entre les Anglais à l'exclusion des Mahrattes [1], quoique ce fût à eux et non aux Anglais que Angria s'était rendu. Cette expédition étant terminée, Clive et Watson retournèrent à la côte de Coromandel, le premier pour prendre le commandement du fort Saint-David, l'autre pour rentrer à Madras. Il y arriva le 16 mai, et se concerta aussitôt avec le gouverneur Pigott [2], dans le dessein de remplacer l'influence des Français par celle des Anglais dans le Décan et l'expulsion de de Bussy par Salabut-Jung semblait devoir concourir à leurs projets. Mais deux mois après, on reçut la nouvelle de la prise de Kassimbazar, et trois semaines plus tard, celle de Calcutta par le nabab Nazim du Bengale. Clive fut immédiatement appelé du fort Saint-David pour prendre part aux délibérations sur les moyens de rentrer en possession de cet établissement anglais. En présence d'une telle calamité, il semblait urgent d'abandonner les projets d'expédition dans le Décan, et même de laisser Madras se suffire, afin de concentrer toutes les ressources de la présidence à la reprise de Calcutta et à la punition du nabab Nazim. Après quelques discussions, Clive fut chargé du commandement, avec des pouvoirs illimités. Il partit le 18 octobre avec neuf cents Européens et quinze cents Cipayes pour cette entreprise, dont nous devons nous occuper un peu, à cause de sa connexité avec Chandernagor.

Les Anglais n'étaient pas restés inactifs dans le Carnate. Leur protégé, le nabab, manquant toujours de fonds, était par conséquent incapable de satisfaire aux réclamations qui lui étaient

---

1. Avant que l'expédition quittât Bombay, les Anglais avaient résolu entre eux que les Mahrattes seraient exclus du partage du butin ; et, qui plus est, quoiqu'il eût été préalablement arrêté que Guéria serait abandonné aux Mahrattes, les Anglais se déterminèrent à le garder. Ce n'était sans doute pas prendre le moyen le plus efficace d'obtenir une sincère coopération contre le soubab. — GRANT DUFF.

2. Le gouverneur Pigott succéda au gouverneur Saunders à Madras, en 1755.

adressées ; on résolut à Madras de faire une nouvelle tentative pour soutirer de l'argent à quelques-uns des petits princes soumis du Carnate. Mortiz-Ali, gouverneur de Vellore, fut choisi pour cette mission. On se rappelle qu'après la renonciation de Chunda-Sahib, Mortiz-Ali avait été fait nabab du Carnate par Dupleix. Dès que la chute du Gouverneur français lui parut imminente, il se hâta d'abandonner toutes prétentions à ce titre, et fit sa soumission à Mahomed. Il espérait par ce moyen n'être pas troublé dans ses possessions, mais il n'en devait pas être ainsi. Il avait le malheur de passer pour l'homme le plus riche du Carnate, crime qu'on ne peut expier qu'en livrant sa fortune. Il était facile de trouver un prétexte pour l'attaquer : quelques vieilles histoires de tributs arriérés furent exhumées et, presque sans avertissement préalable, un corps de cinq cents Européens et de quinze cents Cipayes, sous les ordres du major Killpatrick, parut le 30 janvier devant Vellore.

Cette ville passait pour être la plus solide forteresse du Carnate. Ses murailles étaient formées d'immenses pierres et étaient renforcées par des bastions et des tours. Elle était entourée d'un fossé large et profond creusé dans le roc ; ce fossé était toujours rempli d'eau, et les alligators y abondaient. Elle commandait la grande route de Mysore, et était, sous d'autres rapports encore, la position la plus importante du Carnate supérieur. De Leyrit aurait fait une faute grave en permettant aux Anglais de s'en emparer ; il s'en garda bien. Il n'eut pas plus tôt connaissance du mouvement de Killpatrick, qu'il dépêcha un messager à Madras pour prévenir le Gouvernement qu'il regardait toute attaque sur Vellore comme une infraction au traité, et qu'il s'y opposerait de toutes ses forces. Il ne se borna pas à cette démarche, et dirigea immédiatement vers cette forteresse un corps de trois cents Européens et trois cents Cipayes, suivis deux jours après de quatre cents Européens et de douze cents Cipayes; ces troupes avaient ordre de prendre position entre Gingi et Chittaput. Cette démonstration suffit à prévenir l'attaque projetée. Mais, hélas ! il n'y avait plus à Pondichéry un Dupleix pour faire tourner cette affaire au profit de la France; plus d'éloquence persuasive qui sût convaincre Mortiz-Ali d'admettre des troupes françaises dans Vellore. Ce prince redoutait problablement ses amis autant que ses ennemis; et après trois semaines de négociations, il s'estima heureux d'acheter l'éloignement de ces derniers par le payement d'une somme de quatre cent mille roupies.

Trois cent vingt Français avaient été envoyés à de Bussy dans le mois de juillet, et en octobre la flotte anglaise partit pour le Bengale, de sorte que les deux antagonistes se trouvèrent trop faibles pour qu'il y eût apparence de voir les hostilités se renouveler. Mais les Anglais eurent l'occasion d'apprécier quel inconvénient il y avait eu à mettre à la tête des affaires du Carnate un homme tel que Mahomed-Ali, sans capacité et sans valeur personnelle. Dès janvier 1757, ils se trouvèrent dans la nécessité de lever de nouvelles contributions sur Madura et Tinivelly; et Calliaud, qui commandait alors Trichinopoly, reçut l'ordre de se rendre dans ces districts avec la plus grande partie de sa garnison. Il partit pour Tanjore à la tête de cent quatre-vingts Européens, mille Cipayes et six pièces de canon, dans le but de demander au rajah son appui pour cette expédition. Le rajah et ses ministres, fatigués de contribuer à des succès qui ne profitaient qu'à leurs alliés, refusèrent leur coopération, et Calliaud, apprenant que les Polygares révoltés ravageaient le district, marcha sans délai sur Tinivelly. Il y fut retenu quelque temps par des difficultés d'argent et de vivres et ce ne fut que le 10 avril qu'il repartit pour Madura. Le 1er mai, à trois heures du matin, il tenta de prendre la ville par surprise; mais ayant été repoussé, il campa au Sud-Ouest pour attendre l'arrivée de deux pièces de dix-huit qu'il avait envoyé demander à Trichinopoly. Au lieu de voir arriver ces canons, il reçut, dans l'après-midi du 11, l'étonnante nouvelle que les Français, profitant de son absence, attaquaient Trichinopoly ! Une dépêche semblable rappelait à Madras le colonel Forde, qui, à la tête de cent Européens, cinquante-six Africains, trois cents Cipayes et dix mille auxiliaires, avait, jusqu'alors sans succès, tenté de prendre Nellore, que le frère de Mahomed-Ali défendait contre ce prince.

Le moment été arrivé où de Leyrit allait se sentir le pouvoir d'exécuter les plans qu'il méditait depuis longtemps déjà. La guerre, qui depuis deux ans semblait imminente entre la France et l'Angleterre, avait été formellement déclarée le 17 mai 1756, et de Leyrit en fut informé à la fin de l'année. Il reçut en même temps l'avis que la France voulait faire un puissant effort pour ressaisir l'influence qui lui échappait dans l'Inde ; il ne devait rien tenter jusqu'à l'arrivée de la flotte qui se préparait. Mais de Leyrit, qui savait que les troupes anglaises, d'ailleurs peu nombreuses, étaient occupées devant Madura et Nellore, et qui venait de recevoir son contingent annuel sous les ordres du vétéran d'Auteuil, jugea l'occasion d'attaquer trop favorable pour ne pas en profiter. Le 6 avril, il envoya dans l'intérieur deux cents Européens et seize cents Cipayes commandés par d'Auteuil, dont les instructions secrètes portaient de paraître uniquement occupé d'attaquer le fort d'Elvasanore, à quelques milles Nord du Pounar, sur la grande route de Gingi à Trichinopoly, et quelques autres forteresses des environs, tandis qu'il réunissait en secret toutes ses forces pour une attaque générale contre la ville qui défiait depuis si longtemps les armes françaises.

De Leyrit jugeait avec raison que les Anglais, occupés ailleurs, ne s'inquiéteraient guère d'une place aussi peu importante qu'Elvasanore, et qu'ils croiraient d'autant moins à la possibilité d'un danger pour Trichinopoly. Ses prévisions se réalisèrent. Sans être inquiété, sans être même soupçonné, d'Auteuil s'empara d'Elvasanore et des forteresses environnantes. Ses opérations réussirent, ainsi que l'avait espéré de Leyrit, à entretenir la sécurité des Anglais à l'égard de Trichinopoly. Soudain cependant, d'Auteuil massa ses forces, qui se composaient de onze cent cinquante Européens, trois mille Cipayes et dix pièces de campagne et occupa, le 12 mai, l'île de Seringham. Pour placer sous ses ordres un nombre aussi considérable d'Européens, on n'avait pas gardé à Pondichéry un seul soldat valide.

La garnison de Trichinopoly n'était formée à ce moment que de cent soixante-cinq Européens, sept cents Cipayes et mille auxiliaires indigènes, et était commandée par le capitaine Joseph Smith ; mais cinq cents prisonniers français étaient gardés dans ses murs, et d'Auteuil espérait naturellement que s'ils ne pouvaient lui apporter un secours effectif, ils pourraient en tout cas donner de la besogne à une partie de la garnison. Le 14 au matin, l'officier français traversa la rivière, se posta à la pagode, à trois milles à l'Ouest de la ville, et de là ouvrit un feu nourri, qui continua sans interruption jusqu'au 20 ; puis il envoya au capitaine Smith, une sommation de se rendre : un défi fut la seule réponse.

L'intention de d'Auteuil était de tenter l'assaut le 21 au matin ; mais, dans la journée du 20, il reçut avis que Calliaud s'avançait rapidement à la tête de cent vingt Européens et de douze cents Cipayes, pour délivrer Trichinopoly : il jugea qu'il valait mieux différer son attaque afin d'intercepter le corps de Calliaud, et cependant, au lieu de masser la plus grande partie de ses troupes pour écarter celui-ci sur la route tandis qu'un petit contingent suffirait pour surveiller Smith, il résolut d'adopter l'ancienne tactique, que ses insuccès répétés semblaient avoir rendue chère aux officiers français, d'occuper les forts au Sud et à l'Est de la ville. Comme Astruc et Brennier l'avaient fait avant lui, il prit une position qui s'étendait des Cinq-Rochers au Rocher-Français, et occupa fortement en outre le bois du Derviche, ainsi que les Rochers-Jaune, Doré et du Pain-de-Sucre. Il fermait ainsi à Calliaud le seul côté par lequel il pût arriver à Trichinopoly. Il comptait écraser facilement les Anglais s'ils tentaient de forcer le passage entre les forts. Pour se tenir au courant des mouvements de l'ennemi, il s'était entendu avec quelques espions qui s'étaient joints aux Anglais et avec lesquels il avait établi des moyens de communications.

Cette façon de faire la guerre était bien digne d'un goutteux. Se tenir tranquille et compter sur des espions pour être renseigné, c'était donner beau jeu à l'activité d'un adversaire qui avait montré sa fécondité en fait d'expédients. Si d'Auteuil avait mûrement réfléchi, il n'aurait pu se flatter que Calliaud serait assez dépourvu de bon sens et de raison pour aller donner tête baissée dans les positions qu'il occupait. Une forte reconnaissance sur la route de Madura aurait forcé Calliaud au combat. Mais quand les gouvernements, confient le commandement de leurs armées à des octogénaires goutteux, ils ne doivent pas espérer cette activité dans l'action et cette vigueur à la fois hardie et prudente qui sont presque synonymes du succès.

D'Auteuil, satisfait de ses arrangements, fut averti, dans la soirée du 25, que Calliaud venait d'atteindre Aour, village à dix milles Sud-Est de Trichinopoly, et qu'il comptait dans quelques heures profiter de l'obscurité pour se frayer un passage entre les Cinq-Rochers et le Pain-de-Sucre. Aussi il réunit ses forces à un demi-mille en avant du Rocher-Doré, dégarnissant ainsi ses autres positions afin d'opposer à l'ennemi jusqu'à son dernier homme. Il passa toute la nuit dans une attente inquiète ; le jour parut sans qu'on eût aperçu d'ennemis ; le soleil commença à dorer l'horizon, rien encore ; mais à peine était-il entièrement levé, qu'un triomphant feu de joie sur les murailles de Pondichéry apprit à d'Auteuil la terrible réalité ; il avait été joué, et Trichinopoly était délivré !

Il n'était que trop vrai. Heureusement pour les Anglais, leur commandant était encore jeune, plein de force, d'activité, et pleinement convaincu de la nécessité d'utiliser toutes ses facultés intellectuelles et physiques, quand il avait un grand but à atteindre. En partant le 11 novembre de Madura avec sa petite troupe, il ne s'était embarrassé ni de tentes, ni de bagages, ni d'artillerie. En arrivant le 25 à Éliapour, il avait appris du capitaine Smith les dispositions prises par d'Auteuil. Dans la soirée du même jour, il avait marché, ainsi que l'avaient rapporté les espions, vers Aour. Il avait fait halte, annonçant que dans une demi-heure il comptait forcer le passage entre les Cinq-Rochers et le Pain-de-Sucre. Le temps pressait, et les espions se hâtèrent de gagner le camp français. Ainsi qu'il l'avait dit, une demi-heure après il se mit en marche, mais arrivé à deux milles des Cinq-Rochers, il obliqua brusquement à droite, jusqu'à ce qu'il arrivât devant Elmiseram. Les terres, de ce côté, étaient couvertes d'eau pour la culture du riz, et les Français, les croyant impraticables, avaient négligé de les surveiller. Le sol était en effet détrempé, mais c'était la meilleure chance de Calliaud, et après avoir strictement recommandé le silence à ses hommes, il résolut de tenter l'aventure. La distance était de neuf milles ; en sept heures il n'en avait franchi que sept, mais le jour commençait à poindre, et la vue des murs de la ville inspira un nouveau courage à la vaillante troupe. Calliaud lui-même, épuisé de fatigue, arriva soutenu par deux grenadiers, et on entra dans Trichinopoly à temps pour assister au lever du soleil. Un salut apprit au commandant français que ses projets avaient échoué.

Nous ne voulons pas nous appesantir sur la mortification de d'Auteuil, mais il avait si mal calculé et concentré ses troupes dans un si petit espace, qu'il aurait été possible pour Calliaud de passer à l'ombre même du Pain-de-Sucre. Un corps de Cipayes, qu'il avait envoyé dans cette direction pour tromper d'Auteuil et lui faire croire que le corps principal s'avançait, passa effectivement sans avoir été inquiété. D'Auteuil, après cet échec stratégique, ne montra pas plus de sagacité qu'auparavant. Du reste, il est toujours inutile de chercher à analyser les motifs d'un homme qui n'est pas capable de penser. Si d'Auteuil avait été autre, il se serait rappelé que, malgré le renfort amené par Calliaud, les Français étaient encore supérieurs en nombre dans la proportion de quatre contre un ; mais il ne semble pas que cette pensée lui soit venue à l'esprit ; profondément découragé, il traversa le jour même le Cauvéri, et se dirigea le lendemain sur Pondichéry.

Pendant ces événements, le Gouvernement de Madras, n'osant se fier uniquement aux efforts de Calliaud, avait levé tous les hommes valides, et réuni ainsi quatre cent trente Européens et huit cents Cipayes sous le colonel Adlercron. Ce corps avait déjà atteint Outramatour et s'en était emparé, lorsqu'on apprit la délivrance de Trichinopoly. Comme la garnison française d'Outramatour s'était réfugiée à Wandewash, l'une des plus fortes places du Carnate, à soixante-quatre milles Sud-Ouest de Madras, le colonel Adlercron marcha dans cette direction, avec le projet apparent d'assiéger cette ville.

Pendant ce temps, de Leyrit n'était pas resté inactif sur les autres parties de la côte. Il n'eut pas plus tôt appris la chute de Chandernagor, dont le récit viendra à sa place, qu'il ordonna à Moracin de s'emparer des factoreries anglaises sur le Godavéry, et envoya à de Bussy l'ordre d'attaquer Mazulipatam. Ces deux officiers accomplirent leur mission sans difficulté, et la garnison de Visapatam se rendit à de Bussy le 25 juin. Pendant que, par sa politique habile, de Leyrit s'assurait ainsi la possession ininterrompue de la côte depuis Mazulipatam jusqu'à Ganjam, il ne négligeait pas le Sud. Il avait espéré venger la chute de Chandernagor par la prise de Trichinopoly, et malgré le désappointement que lui causa l'inexplicable stratégie de d'Auteuil, il cherchait encore à employer utilement les troupes qu'il commandait. Lorsque d'Auteuil rentra à Pondichéry, il fut remplacé par M. Saubinet, homme de beaucoup d'énergie et de capacité, qui reçut de Leyrit l'ordre de concentrer son armée, qui était dispersée à Gingi, à Tiruvadi et à Pondichéry, afin de marcher au secours de Wandewash, menacé par Adlercron.

Quand Saubinet, à la tête de six cents Européens et deux cents Cipayes, arriva devant cette ville, le 1er juin, il la trouva tombée au pouvoir d'Adlercron, qui se préparait à démanteler le fort. L'approche des Français d'un côté, et, de l'autre, les ordres de retour qu'il reçut de la présidence déterminèrent cet officier à abandonner subitement son entreprise et à reprendre la route de Madras. Avant toutefois d'exécuter ces résolutions, il eût la barbarie de mettre, sans aucune nécessité, le feu à la ville, et ruina ainsi d'inoffensifs habitants. Saubinet le suivit immédiatement sur la route de Chingleput, tandis qu'il expédiait deux cents Européens et cinq cents Cipayes pour attaquer Conjeveram, ville fort importante, pourvue d'une pagode très-bien fortifiée, à quarante-six milles seulement de Madras. Ce détachement fut repoussé, et suivit, en se retirant, l'exemple que lui avaient donné les Anglais : il incendia la ville. Le corps principal, après avoir repris Outramatour, se retira à Wandewash et se retrancha à environ un mille en avant de la ville. Il fut poursuivi jusqu'à environ quatre milles par Adlercron, sous les ordres duquel Lawrence avait consenti à servir comme volontaire. Pendant six semaines, les armées à peu près d'égale force, demeurèrent ainsi en face l'une de l'autre : les Anglais désireux de hâter une action décisive avant que les Français eussent reçu leurs renforts, et ceux-ci différant toujours, par la même raison, d'engager le combat. Voyant que leurs efforts étaient impuissants à provoquer la lutte, les Anglais levèrent le camp, le 26 juillet, et se retirèrent, partie sur Conjeveram, et partie sur Chingleput et Carangoly. Saubinet, demeuré maître de la campagne, resta à Wandewash jusqu'au milieu de septembre. Il apprit alors l'arrivée à Pondichéry d'une escadre considérable, ayant à bord le chevalier de Soupire, le régiment de Lorraine, cinquante artilleurs et vingt pièces de siége ; c'était l'avant-garde des forces destinées à la conquête de l'Inde par le comte de Lally. Saubinet se décida aussitôt à attaquer immédiatement Chittaput, qu'il captura après une résistance désespérée, puis il marcha sur Trinomale. Non-seulement ce fort, mais encore plusieurs autres du Carnate, tombèrent au pouvoir des Français, qui furent par là mis en état de lever des contributions dans toutes les parties de la province. Ce ne fut toutefois qu'après l'arrivée du comte de Lally que les Français s'aventurèrent à exécuter le grand projet dont le chevalier de Soupire avait primitivement dû accomplir les premiers actes. Ce plan devait débuter par la prise du fort Saint-David, comme préliminaires de la complète expulsion des Anglais du Carnate. Nous verrons, lorsque nous serons arrivés à cette période émouvante de notre histoire, pourquoi Soupire différa l'attaque, et nous ferons remarquer la prompte et énergique impulsion donnée aux événements par Lally lui-même. A la veille de son arrivée, quittons le Carnate, inondé de troupes françaises. A l'exception d'Arcate, Vellore, Conjeveram, Chingleput et des deux siéges du gouvernement anglais, toutes les places fortes du Carnate sont aux mains des Français. Les Anglais, confinés dans Madras et Trichinopoly, voient l'orage prêt à fondre sur leur tête, et sentent qu'ils n'ont aucun moyen efficace de s'en préserver ; nous les laisserons dans cette situation précaire, pendant que nous retracerons, d'une part, le sort de l'établissement français du Bengale, et de l'autre, la marche de Bussy, cueillant toujours de nouveaux lauriers, jusqu'au moment où il fut rappelé du théâtre de ses succès par le nouveau lieutenant-général des armées françaises, pour participer à une entreprise qui devait, il l'espérait ardemment, balayer les Anglais jusque dans la mer.

CHAPITRE XI

CHANDERNAGOR ET LE DÉCAN

Lorsque Dupleix eut quitté Chandernagor en 1741 pour remplir les fonctions de Gouverneur-Général de l'Inde française, cette ville ne conserva pas longtemps l'impulsion qu'elle avait reçue de lui : soit que ses successeurs eussent des pouvoirs plus restreints ou qu'ils fussent trop indolents ; soit que les droits sur les entreprises commerciales fussent si élevés qu'ils équivalaient presque à une prohibition ; soit que l'établissement fût négligé par la métropole, ou, plus probablement encore, par toutes ces causes réunies, il est certain que son commerce, naguère si florissant, avait déchu, était accablé de dettes et qu'on ne l'entretenait qu'avec perte. En 1756, le chef de l'établissement était M. Renault de Saint-Germain, et dès le commencement de cette même année la factorerie de Kassimbazar fut confiée à l'administration de M. Law. La garnison de Chandernagor était d'environ cent quarante-six Européens et trois cents Cipayes. Celle dont Law pouvait disposer était d'une vingtaine d'Européens et de soixante soldats indigènes.

La calamité qui avait frappé Calcutta en 1756 n'avait nullement atteint Chandernagor. Lorsque la première de ces deux villes fut menacée par Suraj-Oud-Doula, les Anglais, n'espérant pas de secours de leur pays, avaient pressé les Hollandais de Chinsura et les Français de Chandernagor de faire cause commune avec eux contre l'ennemi. Les Hollandais avaient refusé net, mais les Français, plus courtois, avaient offert un refuge aux Anglais dans les murs de Chandernagor. Cette offre, qui semble avoir été faite de bonne foi, offensa cependant les Anglais ; ils la déclinèrent avec dédain. Les Français ne leur en gardèrent pas rancune, et ne consentirent pas, malgré les menaces du nabab, à le seconder dans ses opérations contre les Anglais ; ils refusèrent avec fermeté de lui donner aucune aide, et cela, quoiqu'ils sussent bien qu'une fois les Anglais anéantis, le prince indien tournerait inévitablement ses armes contre les établissements français. Il est à remarquer qu'en réalité, après la capture de Calcutta et la fuite dans Fulta des Anglais qui avaient survécu, le nabab, reconnaissant la perte de revenu que leur expulsion lui faisait éprouver, parut abandonner toute intention hostile à l'égard des autres établissements européens de l'Oûgli. Il se contenta de punir la désaffection qui s'était manifestée dans quelques autres parties de son gouvernement, et paraissant oublier ses ennemis européens, s'endormit dans une trop confiante sécurité.

Tel était l'état du Bengale, lorsque la flotte et l'armée que commandaient Watson et Clive quittèrent Fulta, où elles étaient successivement arrivées du 2 août au 20 novembre. Elles en partirent le 27 décembre, dans le but d'aller reprendre Calcutta. Mais les instructions des deux officiers leur laissaient entrevoir la possibilité de quelque chose de mieux à faire que la simple reprise de cette ville. Ils devaient, s'ils le jugeaient nécessaire, attaquer le nabab jusque dans sa propre capitale, et il leur était recommandé, si la déclaration de guerre leur parvenait pendant qu'ils disposaient d'un armement aussi considérable dans le Bengale, d'en faire usage pour détruire l'établissement de Chandernagor [1].

La reddition de Calcutta, le 2 janvier 1757, la capture et le sac d'Oûgli, huit jours plus tard, sont des événements qui rentrent dans l'histoire des établissements anglais : nous nous bornons donc à en faire une simple mention. Ce fut pendant sa marche de Cal-

[1]. Tous les détails relatifs à la chute de Chandernagor sont puisés dans les *Histoires* de Orme, Broome, le *Journal* du docteur Ives, le rapport officiel de M. Renault et les extraits de documents officiels communiqués à l'auteur par M. Derussat, chef actuel des établissements français dans le Bengale.

cutta à Oûgli, que Clive reçut la nouvelle, si longtemps attendue, que la France avait déclaré la guerre à l'Angleterre. Il pensa, comme tous les membres du Conseil de Calcutta, qu'elle ne pouvait lui arriver à un moment plus opportun. Il s'applaudit comme eux de ce que les Français n'en avaient pas eu connaissance avant le succès de l'attaque de Calcutta. La nouvelle ne leur parvenait que quand les difficultés de la navigation dans la rivière étaient surmontées, que Calcutta s'était rendu, et qu'ils ne pouvaient mettre en doute l'important effet moral que l'attaque d'Oûgli devait avoir sur les indigènes du Bengale.

Il était important que Clive ne compromît pas, en montrant des intentions hostiles contre l'établissement français du Bengale, une situation d'ailleurs pleine de difficultés. Il ne pouvait croire que le nabab laisserait impunie la prise de Calcutta, et il aurait fallu qu'il fermât les yeux pour ne pas voir la probabilité que les Français, apprenant la déclaration de guerre, s'uniraient au nabab et déjoueraient ainsi, non-seulement ses projets contre eux, mais encore anéantiraient son espoir de réoccuper Calcutta d'une manière permanente. Il ne devait donc pas laisser découvrir à ses ennemis ce qu'il avait dans le cœur; son jeu était plutôt, dans ces circonstances, de temporiser, d'observer attentivement le cours des événements et de ne laisser échapper aucune occasion favorable.

Le nabab, furieux de la perte de Calcutta et de la destruction d'Oûgli, réunit à la hâte une armée de dix mille hommes d'infanterie et de quinze mille de cavalerie, et se mit en marche pour reconquérir la ville prise par les Anglais. Il envoya en même temps vers Renault, le commandant de Chandernagor, pour l'inviter, de la manière la plus pressante, à se joindre à lui pour anéantir la nation qui était l'ennemie des Français autant que de lui-même.

Renault, de son côté, était dans une situation fort perplexe. Il savait bien que la guerre était déclarée, mais il avait à résoudre une question fort difficile, c'était de savoir si avec ses cent quarante-six Européens, dont quarante-cinq invalides, il devait secourir le nabab, ou chercher à conclure un traité de neutralité avec les Anglais. Dans le premier cas, si le nabab essuyait un échec, la perte de Chandernagor était certaine. Il avait d'ailleurs reçu de de Leyrit les ordres les plus positifs de n'attaquer les Anglais en aucun cas. Il se demandait si la politique la plus sage ne serait pas d'exploiter les craintes que causaient aux Anglais la colère du nabab et la possibilité d'une alliance entre lui et les Français, pour leur arracher une convention de neutralité qui mettrait Chandernagor à l'abri du danger. Après beaucoup d'hésitations, et sentant vivement le tort que de Leyrit lui causait par son indolence et son manque d'initiative [1], Renault envoya au Conseil de Calcutta une proposition de neutralité pendant la guerre européenne.

Cette proposition parut un message venant du ciel à Clive et à Watson, qui supposaient l'existence de trois cents Européens dans Chandernagor et de cent dans Kassimbazar, sous les ordres de Law. Ils avaient pu, en remontant l'Oûgli, constater que les soldats du nabab étaient infiniment supérieurs, dans le combat, aux recrues de Mahomed-Ali et de Chunda-Sahib. Ils savaient que le nabab, animé par la vengeance, marchait contre eux; et ils ne se regardaient pas comme certains que la bataille aurait une issue favorable pour eux. Si le nabab devait être renforcé par les trois cents soldats français qu'ils croyaient à Chandernagor, ils ne devaient plus compter sur le succès. Ce fut donc avec un grand soulagement qu'ils reçurent les propositions de Renault.

Ils y accédèrent aussitôt, et l'invitèrent à envoyer des députés à Calcutta pour discuter les conditions. Renault y consentit; les conditions furent discutées et arrêtées; le traité, rédigé et copié, n'attendait plus que les signatures, lorsque Clive et Watson, au lieu de le signer, notifièrent aux députés leur intention de marcher avec toutes leurs forces pour détruire l'établissement dont ils avaient ainsi leurré les envoyés!

Il est certain que Clive n'avait, au premier moment, accueilli les propositions de Renault que parce qu'il y voyait un moyen d'empêcher sa jonction avec le nabab; mais, le 4 février, il avait attaqué

---

1. De Leyrit s'est faiblement excusé en alléguant la difficulté d'envoyer des renforts au Bengale, au moment où il attendait l'arrivée d'une flotte anglaise; cependant Law et ses soixante et un hommes, qui ne partirent qu'en novembre ou décembre, y arrivèrent bien; pourquoi trois cents hommes n'en auraient-ils pu faire autant ?

l'armée de ce dernier devant Calcutta et lui avait porté un coup qui avait démoralisé ce chef et l'avait amené à conclure un traité. Se voyant ainsi délivré de son principal ennemi, il pensa que peut-être il ne retrouverait jamais une occasion aussi favorable pour anéantir les Français de Chandernagor ; qu'il serait impolitique de la laisser échapper ; qu'il était encore temps, car quoique les conditions fussent arrêtées, le traité n'était pas signé. Un seul obstacle l'arrêtait : il ne se croyait pas assez fort pour attaquer Chandernagor tant qu'il restait quelque chance pour que le nabab revînt à la charge. Il avait donc usé de divers subterfuges pour traîner les négociations en longueur et retenir les députés à Calcutta, tandis qu'il cherchait à obtenir du nabab la permission d'attaquer leur établissement.

Le nabab refusa son autorisation ; mais la fortune favorisait Clive. Ce refus du nabab pouvant rendre l'entreprise trop dangereuse, il était sur le point de signer le traité, lorsqu'il se trouva en face d'un scrupule imprévu de la part de l'amiral Watson, qui refusa sa signature, se fondant sur ce que Chandernagor n'étant pas un établissement indépendant, était soumis aux autorités de Pondichéry, ce qui nécessiterait une ratification. Le gouvernement de Calcutta, disait-il, était une présidence indépendante qui, en concluant un traité avec un établissement dépendant, s'exposait à le voir déclaré nul. En conséquence, il refusait sa signature. Clive lui proposa alors la seule autre alternative, l'attaque de Chandernagor, mais il refusa de s'y risquer sans le consentement du nabab.

Il était sans doute écrit que Chandernagor devait succomber, car dès le jour suivant, un messager vint annoncer au nabab que Ahmed-Shah-Abdalli avait pris Delhi ; le nabab, atterré, croyant déjà voir les Afghans marcher sur le Bengale, écrivit aussitôt à Clive qu'il lui offrait cent mille roupies par mois pour venir à son secours. Deux jours plus tard, un navire arrivé de Hidgeli parut devant Calcutta pour annoncer que trois vaisseaux de guerre, portant trois compagnies d'infanterie et une d'artillerie, étaient mouillés à l'embouchure, et qu'un autre vaisseau, *le Cumberland,* était devant Balasore. Ces deux avis dissipèrent toutes les appréhensions [1] qu'éprouvait Clive au sujet du nabab. Ne devait-on pas considérer cette coïncidence de l'arrivée des renforts et de la diversion qui appelait ailleurs le nabab comme un avis providentiel, trop manifeste pour n'être pas écouté ?

Pendant ce temps, Renault, qui avait appris de ses agents l'acceptation des termes du traité, avait regardé la chose comme réglée, et avait cessé de s'inquiéter des mouvements des Anglais. On peut se figurer quelle fut sa surprise, lorsqu'à leur retour, ses députés, au lieu de lui remettre une ampliation du traité, lui apprirent que l'armée et la flotte s'avançaient vers Chandernagor. Quelle que fût son indignation et quoiqu'il fût en droit d'adresser de vives remontrances à son supérieur de Pondichéry pour l'avoir exposé à un pareil danger, Renault se prépara toutefois à l'affronter avec vigueur et courage. Chandernagor était bien pourvu de moyens de défense. Le fort carré appelé le Fort-d'Orléans, situé à une égale distance des deux extrémités de la ville sur le bord même de la rivière, était armé de dix pièces de trente-deux sur chacun de ses bastions. Il y avait sur les remparts, à intervalles égaux entre les bastions, du côté de la rivière et du Sud, des pièces de vingt-quatre. L'angle de courtine du Sud-Ouest était couvert par un ravelin, sur lequel étaient placés huit canons de trente-deux. La terrasse de l'église, qui dépassait les murs du fort, avait été convertie en batterie et armée de six canons. On se mit à faire un fossé extérieur et un glacis, quoique les maisons ne fussent pas encore abattues sur l'emplacement où il devait être établi. Au-dessus de ce glacis, et surtout vers la rivière et le Sud, on avait élevé des batteries qui commandaient toutes les approches du fort. La garnison se composait, comme nous l'avons dit, de cent quarante-six soldats européens et de trois cents Cipayes : de plus, environ trois cents Européens furent armés parmi les habitants et les marins. A la tête de ceux-ci était le capitaine de Vigne, commandant l'un des vaisseaux français, auquel Renault avait confié la défense des bastions.

---

1. Nous savons que le consentement final de Watson fut basé sur une lettre tout orientale du nabab, et qu'il interpréta comme une autorisation de faire ce qu'il lui plairait. Mais une autre lettre, arrivée le lendemain, et qui lui défendait formellement l'attaque de Chandernagor, ne fit pas cesser ses préparatifs, quoiqu'elle lui fît bien connaître la volonté du nabab.

Mais les Français ne mettaient pas tout leur espoir dans leurs fortifications. Même à cette époque, l'Oûgli n'était pas, à Chandernagor, d'une navigation facile pour des vaisseaux d'un grand tonnage. Il n'y avait réellement qu'un seul canal praticable, et il pouvait être obstrué par des vaisseaux coulés. En conséquence, Renault ordonna d'en couler plusieurs à environ cent cinquante mètres du fort, et les canons de l'une des batteries extérieures furent dirigés sur ce point. On employa, entre autres, un officier d'artillerie nommé Terraneau pour cette opération.

Les forces anglaises, s'élevant à sept cents Européens et mille cinq cents indigènes, partirent de Howra le 7 mars ; cent cinquante artilleurs, avec leurs pièces, suivaient dans des navires escortés par la flotte de l'amiral Watson. Le 14, Clive parut avec sa petite troupe en vue de la ville. Évitant les batteries de l'Ouest et du Sud, il prit possession de la grand'route du côté Nord, puis changeant de direction, il occupa les maisons du Nord-Ouest, tandis qu'à son approche les Français les abandonnaient pour se retirer dans une batterie sur la route commandée par le bastion du Nord-Ouest. Des maisons qu'il occupait, Clive entretint toute la nuit un feu assez fort pour contraindre les Français à évacuer la batterie et à rentrer dans le fort. L'abandon de cette batterie entraîna l'abandon de toutes les autres, excepté celles du côté de la rivière. Le jour suivant, les Anglais se fortifièrent dans les maisons et souffrirent peu du feu du fort. Le 16, les canons furent débarqués, et pendant les cinq jours suivants la canonnade fut vive et réciproque, mais tout à l'avantage de la garnison ; le feu de ses gros canons produisait un effet terrible sur les maisons de briques où les Anglais avaient improvisé leurs batteries.

Renault savait bien que ce n'était pas sur terre que se déciderait le sort de Chandernagor. S'il avait seulement pu chasser ces puissants navires de guerre qui poursuivaient, lentement et prudemment, leur route à travers les inextricables canaux de l'Oûgli, il ne se serait guère occupé de tous les efforts des troupes anglaises sur la terre ferme. Il pouvait du moins espérer que le nabab, auquel il avait adressé une pressante demande de secours et dont une armée marchait sur la ville d'Oûgli, opèrerait rapidement sur leurs derrières. Les vaisseaux anglais approchaient toujours ; le 20, ils atteignirent le lieu où des vaisseaux avaient été coulés, mais leur passage ne fut pas entravé ; l'artilleur Terraneau, que nous avons déjà nommé comme ayant participé à l'opération, avait, à la suite d'une querelle avec Renault, passé aux Anglais, et leur avait vendu le secret que le chenal n'étant pas complétement obstrué, il y avait un passage libre sur l'un des bords [1]. L'exactitude de son assertion fut vérifiée ; la tâche était désormais facile. Le 24, *le Tiger*, que montait l'amiral Pocock, naviguá jusqu'en face du ravelin et en força l'évacuation ; puis il s'avança plus loin, et jeta l'ancre en face du bastion Nord-Est. Le vaisseau de l'amiral Watson, *le Kent*, ne fut pas aussi heureux : au moment où il allait s'avancer en face du ravelin, il fut assailli par un feu terrible du bastion Sud-Est, eut son capitaine tué, et fut si maltraité qu'il ne put aller plus loin, ce qui intercepta le passage du *Salisbury*, qui ne put être que de peu de secours dans l'attaque.

Les Français avaient dû abandonner leurs batteries extérieures et se renfermer dans le fort sous les ordres de Vigne. Mais, quels que fussent son courage et son énergie, il n'avait qu'une garnison fort restreinte et composée, pour la majeure partie, de civils, qui voyaient le feu pour la première fois, et, de plus, il avait à défendre le côté de terre contre Clive, tout en répondant au feu des vaisseaux du côté de la rivière. Il devint bientôt évident que la résistance était désormais sans espoir. Après s'être encore vaillamment défendu [2] pendant trois heures et avoir perdu cent dix hommes tués ou blessés, Renault se résigna à capituler. Il hissa le drapeau blanc : le feu cessa aussitôt, et à trois heures du matin les termes de la capitulation étaient signés.

---

1. Terraneau envoya une partie du prix de sa trahison en France, à son père vieux et pauvre ; mais lorsque celui-ci connut la source d'où provenait cet argent il refusa d'y toucher, et écrivit à son fils en des termes tels, qu'à la réception de cette lettre, celui-ci se pendit à sa propre porte.

2. Le docteur Édouard Ives, chirurgien à bord du vaisseau de l'amiral Watson, et qui était présent à l'attaque, s'exprime ainsi sur le compte des Français dans son *Journal* : « Il faut reconnaître que les Français se défendirent vaillamment, car ils restèrent à leurs pièces tant qu'ils en eurent à servir. Nous ne pûmes jamais savoir combien ils avaient perdu de monde, quoiqu'ils avouassent avoir emporté quarante morts du bastion Sud-Est. Les défenseurs du bastion Nord-Ouest furent anéantis à deux reprises. »

On stipula que le Gouverneur, les conseillers et les officiers civils seraient libres d'aller où bon leur semblerait, en emportant leurs propriétés mobilières ; les Jésuites emporteraient leurs ornements d'église; mais la garnison était prisonnière de guerre. Peu de jours après, la garnison de Kassimbazar, renforcée de cinquante hommes qui avaient réussi à s'échappper de Chandernagor lorsque la reddition était devenue imminente, se retira à Bhagalpore, sous la conduite de Law. Dès lors, ces hommes durent être considérés plutôt comme des aventuriers prenant du service sous les princes indigènes, que comme partie intégrante du pouvoir français dans l'Inde. Qu'il nous suffise d'établir que Law montra jusqu'au bout le même caractère de faiblesse; qu'il resta à Bhagalpore pendant qu'on se battait à Plassey ; que quand, après la bataille, un mouvement en avant aurait sauvé Suraj-oud-Dowlah, il ne le fit pas, et qu'il fut fait prisonnier, en 1761, après la bataille de Gyah, où il avait combattu avec bravoure, rachetant ainsi, jusqu'à un certain point, ses nombreuses fautes comme général et comme commandant.

La capture de Chandernagor mit fin à la domination française au Bengale, et fut le point de départ de la suprématie anglaise dans cette province. Elle était indispensable pour les projets de Clive. Avec son expérience de l'état de guerre permanent entre les Français et les Anglais dans le Carnate, il ne crut pas devoir hésiter à profiter des moyens qu'il avait en son pouvoir, pour détruire à tout jamais la possibilité de semblables contestations dans le Bengale. Il traita Chandernagor comme l'aurait fait Dupleix, uni au nabab, s'il eût été à sa place. Ce fut déplorable pour la France que, dans de telles conjonctures, ses intérêts fussent si faiblement défendus et que son représentant à Pondichéry ne possédât ni la prévoyance, ni l'énergie nécessaire pour mettre Chandernagor à l'abri d'un coup de main toujours à craindre. Clive, délivré de toute crainte quant à la rivalité des Français, renversa successivement tous les pouvoirs indigènes de la contrée, et n'arrêta le cours de ses victoires qu'après avoir complété la conquête de la plus riche province de l'Indoustan et proclamé l'autorité des lois anglaises de Calcutta à Allahabad. Chandernagor avait reçu le coup mortel, et quoique plus tard il ait été restitué à la France, il n'a pu que vivre du souvenir de sa grandeur passée, et être un spectateur impuissant de l'élévation de la nation à laquelle il avait disputé le commerce du Bengale depuis quatre-vingt-un ans, c'est-à-dire de 1676 jusqu'en 1757. Tel était un des résultats de la politique d'un gouvernement assez mal inspiré pour remplacer Dupleix par un homme qui ne réussit que trop à communiquer à ses subordonnés son esprit timide et faible.

Nous avons laissé de Bussy à Mazulipatam, occupé à régler les affaires des quatre Circars que l'habileté de Dupleix avait ajoutés aux districts cédés antérieurement aux Français. Il y resta jusqu'à la fin de 1754. Après bien des hésitations, Godeheu s'était déterminé à suivre les projets de Dupleix, quant au maintien de Bussy avec un contingent à Hydérabad. « Je sens, écrivait-il à Moracin, la nécessité de ne pas abandonner Salabut-Jung dans la position où il se trouve, et, en conséquence, je viens d'ordonner à M. de Bussy de le rejoindre aussi promptement que possible. » Ce fut pour obéir à ces instructions que de Bussy, après avoir réglé l'administration des revenus des districts cédés et affermi l'autorité française du Nord au Sud, retourna près de Salabut-Jung pour y reprendre sa place ordinaire.

On put bientôt apprécier quelle profonde impression avaient causée aux nobles mahométans du Décan le rappel de Dupleix et son remplacement par un homme aussi nul, aussi incapable que l'était Godeheu. Jusqu'à ce moment, le nom seul de Dupleix produisait un effet magique. A leurs yeux, il réunissait toute l'énergie et l'audace de la race du Nord, et le tact, la souplesse et l'habileté des Orientaux. Ils sentaient qu'il était leur maître, et ne se roidissaient pas contre son joug. Leur affection était mêlée de respect, et leur crainte était tempérée par la vénération.

Le soubab lui-même l'appelait son oncle en lui écrivant ou en lui parlant, et tous le regardaient comme un chef qui ne pouvait faillir. Et voilà qu'il était destitué avec toutes les marques possibles d'ignominie, destitué pour être remplacé par un gouverneur qui déclamait ouvertement contre ses entreprises guerrières et déclarait que la mission de la nation française dans l'Indoustan était purement commerciale ! Cette déclaration résonnait étrangement, en vérité, aux oreilles des fiers nobles du Décan, les descendants de ceux qui avaient suivi Akbar, et qui considéraient le commerce comme le partage d'une race inférieure. Il était peu probable qu'ils consentissent à demeurer longtemps soumis aux représentants d'une semblable politique. Si l'on se rappelle qu'avec ces nouvelles arrivèrent aussi les détails des victoires remportées par les Anglais, soit sur le champ de bataille, soit dans les négociations, on comprendra aisément qu'un sentiment de doute et de méfiance ait commencé à miner la confiance et l'estime que de Bussy avait su faire naître pour sa patrie et pour lui-même. La communication que fit de Bussy au soubab, aussitôt après son retour d'Hydérabad, en janvier 1755, concernant le traité conclu entre Godeheu et Saunders, n'était pas de nature à conjurer ce sentiment. Le soubab, dans l'audience qu'il lui accorda à cette occasion, s'exprima avec amertume sur la nouvelle politique qui venait d'être inaugurée à Pondichéry. « Votre souverain, dit-il, a promis de me soutenir contre mes ennemis, d'établir mon autorité et de la faire respecter: vous m'en avez vous-même donné des assurances sur lesquelles je me suis reposé. Et maintenant voilà que j'entends dire que c'est le roi d'Angleterre qui s'occupe spécialement des affaires de l'Inde et même de celles qui me concernent. » De Bussy chercha à expliquer les actes de Godeheu, mais le soubab et ses ministres l'écoutèrent sans être convaincus. Ils étaient indignés qu'on eût décidé du sort du Carnate sans en référer au soubab, son souverain seigneur. « Vous m'avez mis dans la balance avec Mahomed-Ali, disait Salabut-Jung ; vous avez permis qu'on plaçât à la tête d'une de mes provinces tributaires un homme que je n'aurais jamais employé, et qui s'est toujours révolté contre mon autorité. De plus, si je m'avançais pour le chasser du Carnate, les Anglais le soutiendraient, et d'après cette convention vous vous tiendriez en arrière ; vous, qui vous êtes engagé à me soutenir, vous ne m'aideriez ni contre les Anglais ni contre Mohamed-Ali ! » Le soubab conclut son discours par ces paroles prophétiques sur la nécessité pour le souverain du Décan de s'appuyer sur un pouvoir plus fort que le sien ; cette nécessité, clairement reconnue depuis et admise par tous ses successeurs, a été la base de cette politique grâce à laquelle la province qu'ils gouvernaient acquit une force et une vitalité toujours altérées quand ces conditions ont été négligées : « Vous savez, dit-il, que l'état de mes affaires exige impérieusement l'appui d'un pouvoir européen ; il faut que vous restiez ici ou que je mette les Anglais dans mes intérêts. Êtes-vous disposé à me rendre les services que j'ai reçus de vous jusqu'ici? Je ne serai que juste en vous disant que j'en suis reconnaissant ; mais il semblerait que maintenant vous n'en avez ni le pouvoir ni l'inclination. »

A ces questions, naturellement inspirées par l'impression que produisait, sur un esprit indigène, la politique d'inertie inaugurée par Godeheu, de Bussy ne put répondre que par des généralités. Il dit au soubab que la nation française avait le pouvoir de lui être utile et serait toujours influencée par cet ardent désir ; il lui promit d'avance de le satisfaire par ses services dans l'avenir comme par le passé. Une occasion se présenta bientôt à de Bussy de donner une preuve pratique de sa sincérité et de chercher, par ce moyen, à chasser de l'esprit de Salabut-Jung les pensées qu'il avait exprimées au sujet des Anglais. Comme représentant du Mogol, le soubab du Décan possédait, en théorie, une autorité féodale sur tous les pays au Sud de la chaîne du Vindya. Cette souveraineté ne comportait, du reste, rien de plus que le droit de lever un tribut annuel, gage de la suprématie de l'empereur de Delhi. Mais, pour exercer ce droit ou même le faire reconnaître, il fallait que le soubab fût en mesure d'user de moyens coercitifs. Ainsi, en droit, son autorité s'étendait sur le pays des Mahrattes ; mais, loin qu'elle fût exercée dans aucun des territoires occupés par eux, ce peuple pillard, non-seulement gardait ses revenus pour lui-même, mais encore était dans l'habitude d'extorquer, dans beaucoup de villages et de districts du Décan, le quart des revenus du Mogol. Mysore était également tenu à une contribution, mais elle n'était jamais payée ou reconnue que quand le soubab pouvait l'exiger par la force. Depuis bien des années, Mysore, soutenu par les Mahrattes, était fort, comparativement au Décan qui, déchiré à l'intérieur par les factions et menacé par les invasions du dehors, n'avait pu se livrer à aucune agression. Mais, en 1755, Salabut-Jung se trouvait chef incontesté, en paix avec ses voisins, et avait un corps de Français à sa solde. Le régent de Mysore, au contraire, avait envoyé toutes ses forces disponibles devant Trichinopoly, qu'il avait juré de détruire. Il importait peu au soubab que les Mysoriens fussent aussi alliés aux Français, puisque de Bussy était engagé à le seconder dans toutes ses entreprises. L'occasion était trop tentante pour être négligée. Peu de jours après l'entrevue que nous avons rapportée, le soubab fit part de ses projets à l'officier français, ajoutant qu'il réclamait sa coopération.

De Bussy sentit toute la difficulté de sa situation : marcher contre les Mysoriens, c'était rompre l'alliance existante, et augmenter considérablement l'influence des Anglais en poussant dans leurs bras les Mysoriens ; refuser de marcher, c'était réduire à néant celle des Français à Hydérabad, en donnant au soubab un motif d'appeler les Anglais à son aide. Mais dans cette conjoncture, le tact et l'habileté qui distinguaient de Bussy ne lui firent pas défaut. Il parut entrer de tout cœur dans les plans du soubab, et écrivit en même temps au régent de Mysore pour l'avertir du danger et lui conseiller de le conjurer en satisfaisant aux réclamations de Salabut-Jung. L'armée se mit toutefois en marche, et de Bussy, à la tête de ses cinq cents hommes, en était le véritable commandant.

Deo-Raï, frère du régent Nunderaï, qui commandait les Mysoriens devant Trichinopoly, aurait volontiers payé le tribut ; mais son trésor était vide, et il ne pouvait même promettre une prochaine satisfaction. Comptant sur la lenteur probable des mouvements de l'armée mogole, il envoya un exprès à son frère, le priant de prendre l'ennemi en flanc pendant qu'il marcherait sur Seringapatam. Cette manœuvre fut rendue impossible par la célérité des mouvements de Bussy. Son nom seul frappa de terreur les soldats de Mysore, et leur fit regarder toute opposition comme parfaitement inutile. Le seul fort qui ne lui ouvrit pas ses portes fut pris d'assaut. Entre cette place et Seringapatam, distante de cinquante-quatre milles, rien ne s'opposa à sa marche ; il fit rapidement ce trajet, et paraissant le troisième jour devant cette ville, la somma de se rendre. Il est digne de remarque que, pendant cette marche, toute rapide qu'elle fût, il sauvegarda soigneusement les intérêts des Mysoriens, les préservant, autant qu'il était possible, du pillage et des dommages inséparables de la guerre. Son but principal était de paralyser, par sa célérité, toute chance d'opposition, et de terminer les opérations dans le plus court délai possible. Une circonstance vint encore concourir à ce résultat désiré.

Le Peshwa Balladgi-Badgi-Rao n'avait pas assisté sans émotion à l'invasion de Mysore par les Mahométans, mais il avait jugé plus profitable de partager les dépouilles de ce pays vaincu, plutôt que d'aventurer ses escadrons contre l'invincible de Bussy. Il investit donc Mysore du côté de Pounah. Aussitôt que cette nouvelle parvint à Deo-Raï, il craignit d'être entièrement écrasé entre ses deux adversaires, et se hâta de céder aux demandes de Salabut-Jung. Après quelques discussions, il fut arrêté que le rajah de Mysore se reconnaîtrait tributaire du Mogol, par l'intermédiaire de son agent, le soubab du Décan, et que, comme arrérages de ce tribut, il payerait à cet officier cinquante-deux lakhs de roupies. Salabut, de son côté, s'engageait à délivrer Mysore des Mahrattes. Pour exécuter sa part du traité, Deo-Raï, dont le trésor était vide, dut dépouiller les temples indous de leurs ornements, et livrer tous les joyaux de la famille royale. Il ne put encore fournir par ces moyens que le tiers de la somme due, et pour le reste, le soubab fut forcé d'accepter des traites [1]. De Bussy persuada à Balladgi de se retirer avec le butin qu'il avait recueilli. L'armée du soubab quitta Seringapatam en avril, et fut de retour à Hydérabad en juillet suivant.

Le Décan jouit de la paix pendant le reste de cette année. Tandis que Leyrit s'occupait, ainsi que nous l'avons dit, et non sans quelque succès, de maintenir la suprématie française dans le Carnate, la position de Moracin dans les districts cédés et celle de Bussy à Hydérabad devint beaucoup plus facile qu'ils n'auraient osé l'espérer au commencement de l'année. Cette amélioration devait, sans aucun doute, être attribuée au succès des armes françaises

---

1. Ces traites ne furent jamais payées : les banquiers qui en étaient garants languirent et moururent pour la plupart en prison.

contre Mysore. Dans une lettre du 16 octobre 1755, Leyrit, écrivant à Dupleix, s'exprime ainsi sur la conduite de Bussy : « La position de M. de Bussy dans le Décan est aussi brillante que jamais. On peut même affirmer que son influence s'est accrue depuis l'expédition de Mysore. Il a accompagné Salabut-Jung dans ce pays, et a si bien conduit les affaires entre lui et le rajah de Mysore, qui était aussi notre allié, que, même en faisant payer à ce dernier cinquante-deux lakhs de roupies, il les a satisfaits l'un et l'autre. Il est maintenant en correspondance avec le grand visir, et a récemment reçu des lettres très-flatteuses du grand Mogol. » On peut découvrir, dans la même lettre, la détermination qu'avait Leyrit de recourir à tous les expédients plutôt que de suivre la voie de division que Godeheu avait tracée. Cependant, malgré cette détermination et la situation favorable de Moracin et de Bussy, il fut bientôt évident que le rappel de Dupleix, le triomphe des Anglais, qui réussirent à faire installer Mahomed-Ali comme nabab, et la politique de non-intervention créée par Godeheu, avaient produit un effet funeste sur l'esprit des fiers princes mahométans du Décan. Parmi ceux qui regardaient les derniers événements comme précurseurs de la prééminence des Anglais, le plus considérable était le premier ministre, Shah-Nawaz-Khan, qui devait son élévation à de Bussy et sur qui celui-ci croyait pouvoir compter en toute sûreté. Mais ce grand personnage avait un autre mobile que la reconnaissance. Il devint, comme Syud-Lushkur l'avait été avant lui, jaloux de l'influence exercée par de Bussy dans les conseils du maître ; il n'ignorait pas que les désirs des Français étaient consultés dans toutes les affaires importantes, et que leurs intérêts étaient soigneusement ménagés. Il s'appliqua, avec son calme oriental, à présenter sous ce jour au soubab les transactions qui se faisaient, et n'épargna pas les insinuations pour donner une apparence d'intrigue à toutes les mesures proposées par de Bussy.

L'occasion se présenta bientôt à lui de confirmer dans l'esprit du soubab les vagues impressions qu'il y avait habilement fait naître. Au mois de février 1756, le gouvernement d'Hydérabad résolut d'envoyer une expédition contre le nabab de Savanore, le successeur de l'un des quatre chefs Afghans qui avaient conspiré contre Nazir-Jung, à Gingi, et contre Mozuffer-Jung, à Kuddapah. Ce nabab, encouragé par l'amitié des Mahrattes, avait obstinément refusé de reconnaître la souveraineté de Salabut-Jung. A la même époque, Morari-Rao, le mahratte, avait occupé l'état de Gouti, et s'appuyant sur le secours de Salabut-Jung, il s'était maintenu contre l'autorité de son supérieur le Peshwa. Mais dans le cours de l'année, la bonne intelligence s'étant établie entre le soubab et le Peshwa, ils résolurent de retirer leur protection à leurs tributaires réciproques et de les forcer à rentrer dans la soumission de l'autorité légale. En conséquence de cet accord, les deux armées et de Bussy, accompagnant le soubab, marchèrent sur Savanore.

Morari-Rao montra alors qu'il réunissait en lui la capacité du guerrier et les talents de l'homme d'État. Sachant bien que la prise de Savanore aurait pour suite inévitable une attaque sur Gouti, il résolut de faire cause commune avec le nabab, et de défendre ainsi ses propres États derrière les murailles de la ville principale de son allié mahométan. Il se jeta donc dans Savanore. Mais il n'eut pas plus tôt vu de Bussy et ses Français précédant l'armée de Salabut-Jung, que suivait de près celle du Peshwa, qu'il reconnut l'inutilité de la résistance. Après avoir fait ses conditions avec le nabab, il entama secrètement des négociations avec de Bussy. Or, il faut que le lecteur sache qu'en récompense de ses services devant Trichinopoly, Morari-Rao avait reçu des Français une obligation à laquelle les actes de Godeheu les avaient mis dans l'impossibilité de faire honneur. Il offrait maintenant à de Bussy de lui livrer cette obligation, à la condition que le général emploierait ses bons offices pour obtenir du Peshwa la cession perpétuelle en sa faveur du district de Gouti, avec soumission toutefois au chef des Mahrattes; par les mêmes conventions le nabab reconnaissait la suprématie du soubab. De Bussy, qui avait les pleins pouvoirs de Salabut-Jung pour traiter, accepta ces conditions, les exécuta pour sa part, et reçut le document français. Mais un arrangement de cette nature ne pouvait être longtemps caché aux vigilants ennemis du commandant français, et quelque secrètes qu'eussent été les négociations, elles étaient à peine terminées que Shah-Nawaz-Khan en connaissait tous les détails. Il les communiqua immédiatement à Salabut-Jung, en colorant des plus noires couleurs le *crime* commis par de Bussy ; il mit en avant qu'il avait privé le nabab des trésors que la prise de Savanore lui aurait fait gagner, et cela uniquement pour rentrer en possession de l'obligation ; il appela son attention sur ce que, quoiqu'un Français eût été nommé nabab du Décan, les Français n'avaient cependant payé aucune des redevances. Il insinua que le moment était venu de les expulser, maintenant qu'on était en paix avec les Mahrattes, et que Balladgi le soutiendrait dans son entreprise ; il fallait, selon lui, profiter de ce que de Bussy était éloigné des districts cédés, d'Hydérabad et de Pondichéry. Tous ces arguments, habilement présentés et soutenus par une partie considérable de la noblesse, agirent tellement sur l'esprit faible de Salabut-Jung, qu'on réussit enfin à lui faire signer un ordre destituant de Bussy et son corps de son service, et lui ordonnant de quitter sans délai son territoire. A cela était ajoutée une clause, destinée à n'être pas observée, par laquelle ils ne devaient pas être inquiétés dans leur retraite, à moins qu'ils ne commençassent les hostilités.

Le premier coup une fois porté, Shah-Nawaz ne s'arrêta pas en si beau chemin : il dépêcha un message spécial au gouvernement de Madras pour lui donner tous les détails de ce qu'il avait fait, et presser les Anglais d'envoyer un corps de troupes pour concourir à l'expulsion des Français. Au Peshwa, il fit une proposition d'une nature différente : il suggéra l'assassinat de Bussy.

Ces deux tentatives échouèrent par des causes diverses. Les Anglais, qui n'avaient rien de plus à cœur que l'expulsion des Français du Décan, et qui, au commencement de l'année, avaient envoyé sur la côte de Bombay un corps qu'ils espéraient voir employé par Balladgi contre le soubab, reçurent avec la plus grande joie la requête de Salabut et de son ministre, et leur transmirent aussitôt une réponse favorable. Ils donnèrent donc ordre de tenir trois cents Européens et quinze cents Cipayes prêts à entrer en campagne ; mais à la veille du départ, on reçut la désastreuse nouvelle de la prise de Calcutta, et l'on fut forcé d'envoyer dans cette direction tous les hommes dont on pouvait disposer. Il en résulta que Shah-Nawaz ne reçut aucun secours des Anglais.

Il ne fut pas plus heureux auprès du Peshwa. Balladgi reçut avec dédain la proposition d'assassiner Bussy ; mais, dans un but personnel, il encouragea Shah-Nawaz à consommer la disgrâce de Bussy. Il sentait bien que, aussi longtemps que le soubab aurait à son service un officier de cette capacité et des troupes aussi braves et aussi bien disciplinées, le Décan serait à l'abri des desseins ambitieux qu'il avait formés contre lui. Il désirait non-seulement voir Bussy destitué par le soubab, mais encore il voulait chercher à se l'attacher. Il se borna donc à conseiller la destitution, mais n'alla pas plus loin.

La conduite de Bussy à la réception de cette brutale et hautaine destitution, mérite d'être étudiée et admirée. De toutes les voies ouvertes devant lui, il choisit la plus sage et la plus prudente et montra qu'il savait réprimer complétement ses passions. Il connaissait sa force ; il savait qu'avec ses six cents fantassins, ses deux cents cavaliers européens et les cinq mille Cipayes disciplinés dont il disposait, il pouvait défier tous les efforts du soubab ; qu'il pouvait le contraindre à disgracier et à punir d'un châtiment ignominieux tous ceux qui avaient trempé dans le complot formé contre lui ; il savait que, sur un mot de lui, Balladgi inonderait le Décan d'une armée mahratte. Mais il était mû par d'autres mobiles qu'un simple désir de se venger, ou de reprendre sa place par la force. Il ne pouvait oublier que sa position à Hydérabad n'avait été que la conséquence des vives instances du soubab, qu'il avait toujours été considéré, du moins par le monde extérieur, comme conférant une faveur en demeurant auprès du soubab ; en recourant à la force pour se réintégrer dans son emploi, de protecteur sollicité il deviendrait conquérant détesté, et, après avoir perdu tout son prestige, il se verrait, tôt ou tard, mais inévitablement, renversé ! Il savait d'ailleurs que le soubab étant d'un caractère faible, n'agissait que sous l'influence de son entourage, et qu'avant peu il sentirait l'absence des conseils qu'il était habitué à recevoir de lui et la nullité de ses nouveaux conseillers. Dans ces circonstances, il jugea qu'il était d'une saine politique d'agir comme par le passé, en serviteur du soubab ; d'obéir à ses ordres et à ses instructions, en laissant au temps le soin de sa vengeance. Aussitôt donc qu'il eut reçu le décret qui le relevait de ses fonctions, il se prépara à se rendre à Hydérabad, pour y attendre le cours des événements.

A peine était-il en marche (25 mai 1756), qu'il fut rejoint par un envoyé de Balladgi, lui apportant ses félicitations d'avoir quitté une nation « aussi perfide et aussi ingrate » que les Mogols, et lui offrant à sa propre cour la même position et les mêmes émoluments qu'il recevait du soubab, avec la même solde pour ses troupes. Mais de Bussy savait bien apprécier la différence qu'il y aurait entre agir comme l'auxiliaire d'un prince habile et capable, ou être l'arbitre et l'instigateur de toutes les affaires publiques du Décan ; il se serait, par son acceptation, isolé de ses compatriotes de Pondichéry, et aurait définitivement jeté le soubab entre les bras des Anglais. Prétextant donc la nécessité où il était de recevoir préalablement des ordres de Pondichéry, de Bussy, tout en témoignant beaucoup d'amitié et de bonne volonté, déclina l'alliance proposée et continua sa route vers Hydérabad. Balladgi, afin de se lier davantage avec un homme qu'il avait en si grande estime et connaissant d'ailleurs les espérances et les intentions de Shah-Nawaz, envoya six mille chevaux sous la conduite de Mulhar-Rao-Holkar, l'un des plus grands chefs mahrattes, pour escorter les troupes françaises jusqu'à ce qu'elles fussent à l'abri de la poursuite du soubab. Sans aucun doute, il avait en ceci un double but, car toute attaque dont les Français seraient l'objet pendant que Mulhar-Rao serait avec eux lui donnerait un prétexte plausible pour intervenir dans les affaires du Décan, et il serait amené à combattre côte à côte avec les Français.

Mais de Bussy ne voulait pas se laisser entraîner à des hostilités. Il accepta d'abord l'escorte, puis, au bout de huit jours, il la renvoya avec de nombreux présents et force protestations d'estime. Dès que cette dernière circonstance fut connue de Shah-Nawaz qui, par la crainte de se compromettre avec les Mahrattes, avait jusque-là réprimé ses impatients désirs, il fit partir vingt-cinq mille hommes sous un de ses meilleurs généraux, Meer-Jaffier-Ali, avec ordre d'attaquer et de détruire les Français. Des instructions furent en même temps envoyées à tous les gouverneurs et officiers des provinces, d'entraver par tous les moyens possibles la marche des Français, de les harceler, d'enlever les vivres sur leur passage ; en un mot de rendre leur retraite impossible dans un pays soulevé.

La position de Bussy était ainsi devenue difficile, et même dangereuse. Il avait à se frayer une route depuis l'extrémité Sud-Ouest du Décan jusqu'à Hydérabad, situé au centre, et de là, s'il était possible, aux districts cédés sur la côte occidentale ; et ce trajet devait s'opérer au milieu d'une population hostile, dans un pays accidenté, avec le Kistna à traverser et une armée considérable à sa poursuite. Il ne se laissa pas abattre par toutes ces difficultés. Son grand but était d'accélérer sa marche de manière à atteindre le Kistna pendant qu'il était encore guéable. Ce point une fois gagné, il ne doutait pas d'arriver à Hydérabad. La fortune lui fut favorable, comme elle l'est toujours à ceux qui sont hardis, courageux et qui ne comptent que sur eux-mêmes. Après maintes escarmouches avec les troupes qui se levaient partout aux ordres du ministre, il eut la joie, en arrivant au bord du Kistna, de voir que les pluies, qui menaçaient depuis longtemps déjà, n'avaient pas encore commencé à tomber, et que la rivière était encore guéable. A peine l'eut-il traversée, qu'elle commença à grossir, et, pendant quinze jours, elle opposa à ses ennemis une barrière infranchissable. Grâce à cet avantage, il put ralentir sa marche et ménager ses hommes. Arrivé à Hydérabad, à une distance raisonnable de Pondichéry et en communication facile avec Mazulipatam, il résolut d'y séjourner ; la raison lui conseillait de ne pas se retirer plus loin ; aller à Mazulipatam, c'eût été consommer l'abandon du Décan. Le temps aussi était pour lui : il ne pouvait douter que le craintif et timide soubab, entouré de conseillers dont il se méfiait, ne sentît bientôt combien lui manquait cet appui solide qui ne lui avait jamais fait défaut au moment du besoin. Pressé par diverses considérations, il résolut d'attendre à Hydérabad les renforts qui lui seraient, il n'en doutait pas, envoyés de Pondichéry. La ville étant trop étendue pour qu'il pût la défendre avec aussi peu de forces, il prit position dans le jardin vice-royal de Char-Mahal, terrain entouré de murs, situé à l'angle Nord-Ouest de la ville, sur les bords de la rivière Moussi. Ce jardin renfermait des bâtiments où il pouvait loger ses soldats, il y avait une source au milieu, et de Bussy y réunit les provisions nécessaires à un séjour de quelque temps. Une preuve éclatante de l'ascendant qu'il possédait sur les indigènes, c'est que, avant même d'avoir pénétré dans la ville et lorsqu'on savait déjà que le gouverneur avait notifié partout son hostilité à l'égard des Français, les banquiers de la ville lui versèrent, sur sa seule garantie, une somme suffisante pour régler l'arriéré de la solde et garder quelques fonds en réserve. Nous devons noter en passant que ses Cipayes, sur lesquels il pensait bien ne pas devoir faire grand fonds, commencèrent après son arrivée à Hydérabad à déserter en grand nombre. Néanmoins, de Bussy resta dans la plaine ouverte, escarmouchant toujours avec l'ennemi, dont les détachements étaient arrivés quinze jours après lui, jusqu'à ce qu'il eût complété ses préparatifs dans Char-Mahal, où il s'établit le 5 juillet.

Quatre jours plus tard, Jaffier-Ali arriva avec le gros de l'armée, et, pendant cinq semaines, de Bussy fut en butte à de continuelles attaques. Les Cipayes l'avaient presque tous abandonné. Shah-Nawaz avait soudoyé, pour les embaucher, un officier de fortune indigène, Murzuffer-Beg, qui avait, dans les précédentes campagnes, commandé les Cipayes sous de Bussy, et avait acquis sur eux une grande influence. Il ne réussit que trop bien ; dans chaque sortie, des corps entiers passaient à l'ennemi. Cette conduite détermina de Bussy, quoiqu'il eût remporté quelques avantages réels sur le champ de bataille, à concentrer sa défense dans le jardin.

Moracin et de Leyrit, l'un à Mazulipatam et l'autre à Pondichéry, avaient reçu la nouvelle de ces événements. Leurs actes furent aussi prompts qu'énergiques. De Leyrit embarqua trois cent vingt Européens, quatre cents Cipayes et six pièces de campagne sur *la Favorite*, à destination de Mazulipatam. Mais avant qu'ils eussent pu arriver, Moracin avait convoqué les garnisons disséminées dans les districts cédés, et réuni ainsi cent soixante Européens et sept cents Cipayes ; il les avait mis sous les ordres de Law, avec ordre de forcer le passage jusqu'à Hydérabad pour y opérer leur jonction avec de Bussy.

C'était le même Law[1] que nous avons vu, six ans plus tôt, combattre Clive et Lawrence devant Trichinopoly, et être réduit, par son incapacité et son mauvais commandement, à se constituer prisonnier de guerre avec ses troupes. Échangé par la suite avec les Anglais, Law fut aussitôt mis aux arrêts, en attendant des ordres de France. Plus tard, on le remit en liberté, mais avec l'intention de ne plus lui confier de commandement important. A l'arrivée de Godeheu, il fut envoyé dans le Décan pour servir sous de Bussy qui, en partant pour Savanore avec le soubab, l'envoya à Moracin. Il est étrange de voir que les mesures prises pour ne pas lui confier de commandement eurent justement pour conséquence de lui faire donner l'importante mission de porter secours à de Bussy.

Law quitta Mazulipatam à la tête de cent soixante Européens, sept cents Cipayes et cinq canons, le 16 juillet, et arriva le 20 à Beizwarra, sur la rive septentrionale du Kistna : les pluies abondantes et le débordement de cette rivière l'y retinrent heureusement plusieurs jours, car pendant ce temps, la *Favorite* arriva à Mazulipatam, et les troupes qu'elle amenait purent, sous la conduite de M. d'Arambure, officier très-capable, le joindre avant qu'il se fût remis en marche. Law, comme le plus âgé, prit le commandement du corps entier, et ayant quitté Beizwarra le 3, il arriva le 10 à Mognapara, à environ cinquante-deux milles d'Hydérabad.

Jusqu'ici Law n'avait pas rencontré d'ennemis, mais il n'en devait pas être toujours ainsi. Salabut-Jung était de retour à Hydérabad, et les Français retranchés dans Char-Mahal s'attendaient à ce qu'une attaque suivît de près son arrivée. Mais le soubab écouta de plus sages conseils et au lieu de chercher à enlever la position des Français, il résolut d'intercepter et de détruire le corps qui venait au secours de Bussy, ce qui, pensait-il, entraînerait inévitablement la perte de celui-ci.

Dans des circonstances ordinaires et avec la connaissance du caractère de l'officier qui commandait le renfort, ce plan avait des chances de réussite, et il faut avouer que Shah-Nawaz fit preuve de sagesse en le préférant au projet plus brillant de tenter

---

1. Le lecteur voudra bien se rappeler que les événements que nous rapportons sont antérieurs à l'époque de la reddition de Law dans Gyah.

l'assaut de Char-Mahal. Mais il rencontra en de Bussy un homme qui ne se laissait pas jouer et avait en lui-même des ressources inépuisables. Quand Shah-Nawaz avait formé le dessein de perdre de Bussy auprès du soubab, il pouvait compter, il est vrai, sur l'appui d'une majorité numérique parmi la noblesse du Décan; mais dans la minorité, des hommes considérables étaient demeurés partisans fidèles de l'alliance française. La seule manière dont ils pussent servir de Bussy, c'était de le tenir au courant de tout ce qui se passait au camp du soubab ; il avait d'autres relations dont il pouvait recevoir des services encore plus efficaces : parmi les vassaux de Salabut-Jung étaient deux chefs mahrattes, Ramchunder-Jadow et Janodgi-Nimbalkur, tenus de le suivre en campagne et qui, à la tête de leurs six mille chevaux, s'étaient toujours jusqu'ici fait remarquer par leur intrépidité et leurs talents militaires. Ainsi Janodgi avait une fois intercepté un corps de six cents Arabes et Abyssiniens qui venait de Surate pour renforcer de Bussy ; il en avait tué cinquante et avait fait les autres prisonniers. De Bussy avait noué une intrigue avec ces deux hommes : il fut convenu qu'ils ne prendraient qu'une part apparente à l'attaque projetée contre Law, et ils promirent d'arborer des bannières particulières indiquant à cet officier qu'il n'avait rien à craindre de leur part. De Bussy envoya aussitôt avis de cette convention à Law.

Avant d'avoir reçu ces dépêches, celui-ci, ignorant le danger qui le menaçait et les moyens employés par de Bussy pour le sauver, était parti de Mognapara le 11, et était entré dans un pays montagneux et boisé dont les nombreux défilés offraient à ses ennemis de fréquentes occasions de retarder sa marche. Son avant-garde était formée de quatre cents Cipayes, commandés par Mahmoud-Khan ; puis venait un corps français, et le reste des Cipayes fermaient la marche. Après un parcours de neuf milles, on aperçut sur la route quelques détachements ennemis, et aussitôt les quatre cents Cipayes qui s'étaient laissé corrompre par les intrigues de Murzuffer-Beg, les joignirent comme un seul homme. Aussitôt les Français furent attaqués, et ils ne franchirent le défilé que harcelés par un feu continuel et en essuyant des charges meurtrières. Enfin ils arrivèrent à un terrain découvert où ils firent halte pour la nuit. L'ennemi, dont la poudre avait été mouillée par une pluie abondante, se retira dans un petit village au pied d'une colline. A la pointe du jour, les Français marchèrent contre le village, et quoiqu'entourés par la cavalerie mahratte, ils s'en approchèrent, les deux chefs que nous avons nommés n'opposant qu'une feinte résistance; mais un troisième, qui n'était pas ligué avec de Bussy, s'empara de leur bétail, ainsi que des bagages, et s'enfuit avec ce butin. C'était une perte sérieuse; néanmoins comme il n'y avait de chances de salut qu'en avançant, Law gagna le village et s'y reposa pendant toute la journée; dans la nuit suivante, quoiqu'il eût à traverser un pays fort difficile où il avait à lutter continuellement contre l'ennemi, il réussit à atteindre Méliapore; il y reçut le lendemain les dépêches par lesquelles Bussy l'instruisait de ses conventions avec les officiers mahrattes; il était alors à soixante-dix milles d'Hydérabad, et s'établit dans un vieux fort construit en terre et à demi ruiné, auprès de Méliapore.

Jusqu'ici Law déployait une audace et une énergie que son passé n'aurait pu faire prévoir : tant qu'il fut en marche, il fut soutenu par le vif désir d'avancer et aussi par l'entrain de d'Arambure, son lieutenant; mais à peine vit-il ses hommes abrités dans le fort de Méliapore, que les sentiments qui l'avaient inspiré à Seringham l'envahirent de nouveau. Ses pertes n'avaient pas été considérables ; il n'avait eu que deux hommes tués et trois blessés, mais son détachement était épuisé de fatigue ; le troupeau et les bagages avaient été la proie des Mahrattes. Le trajet qui restait à faire était encore plus difficile que ce qui avait été accompli. Law prit le parti de camper dans le fort jusqu'à ce que ses troupes fussent remises de leurs fatigues ; ce fut une faute. Les troupes asiatiques ne résistent pas à la marche en avant des Européens : elles en sont aussitôt démoralisées. Si ces derniers font halte, le pouvoir des Asiatiques grandit d'un quart; s'ils paraissent faiblir ou montrent quelque disposition à se retirer, les Asiatiques leur deviennent égaux en valeur, s'ils le sont en nombre. Les plus grands généraux européens qui ont servi dans l'Inde y ont réussi, parce qu'ils ont compris cette vérité et qu'ils n'ont jamais hésité à agir en conséquence. Law n'était pas, il est vrai, un grand général, et ne comprenant pas cette loi, il ne s'y conforma pas.

Law s'arrêta donc, et, pendant cette halte, les dangers de sa position, dont il aurait été distrait par l'excitation de la marche, grandirent et se décuplèrent devant son imagination. Il commença à perdre de vue le grand but pour lequel on lui avait fait quitter Mazulipatam, et peu à peu la conviction se forma dans son esprit que c'était de Bussy qui devait le délivrer, et non lui qui devait secourir de Bussy. Sa situation se colora des teintes les plus tristes : il crut tout perdu ; la contagion gagna ses inférieurs, et, dans un conseil de guerre, on résolut de notifier à de Bussy l'impossibilité absolue où l'on était d'avancer.

Ce fut dans la nuit du 12 août, au retour d'une attaque nocturne que, seul avec ses Européens, il avait tentée avec succès contre le camp ennemi, de Bussy reçut cette lettre. Il fut vivement affecté ; mais sachant que le détachement était assez fort pour se frayer la route jusqu'à Hydérabad puisque les deux principaux chefs mahrattes devaient rester à peu près neutres, il envoya à Law un ordre catégorique, « au nom du Roi, » de se mettre immédiatement en marche, sans se laisser arrêter par aucune considération. En même temps, et pour paralyser les mouvements de l'ennemi, il sortit de Char-Mahal à la tête de cent cinquante Européens et trois cents Cipayes, traversa le pont sur le Moussi, et plantant sur l'autre rive sa tente si bien connue de tous, il y campa.

Par ce seul acte, il prouvait non moins de courage et d'audace que de connaissance intime et profonde du caractère indigène. Il savait à quel degré la nature faible et crédule du peuple du Décan est impressionnable. Il savait que la vue seule de sa tente dressée hors du Char-Mahal, multiplierait au décuple le nombre d'hommes dont il était accompagné, que cela tiendrait sur le qui-vive toutes les forces de l'ennemi qui, s'attendant à une attaque, n'oserait pas prendre l'offensive. Il savait que cela suffirait pour empêcher l'envoi d'un seul homme pour renforcer le corps envoyé contre Law. Les événements se chargèront de prouver qu'il avait jugé sainement et sagement. Non-seulement Nawaz-Khan consacra tous ses soins à se mettre en état de défense, mais il rappela même les troupes qu'il avait fait partir la veille pour aider à la destruction de Law. Celui-ci, à la réception de l'ordre de Bussy, avait donné sur-le-champ le signal du départ, et le 14 à neuf heures du soir, il se mit en marche à la tête de sa troupe, laissant à d'Arambure le poste d'honneur à l'arrière-garde. Ils avaient à parcourir, de Méliapore à la petite rivière de Cingoram, un défilé long de quatre milles et d'un parcours d'autant plus difficile que, pendant les quatre jours de repos qu'il avait pris à Méliapore, l'ennemi y avait fait des travaux. Ce défilé aboutissait à un épais fourré; entre celui-ci et la rivière, le terrain était comparativement découvert. Il en était de même dans une étendue de six milles entre la rivière et la ville de Hyatnuggur. Une fois arrivés là, rien ne pourrait plus s'opposer à leur jonction avec de Bussy.

Pendant cette longue nuit, les Français firent de vigoureux efforts pour franchir ces quatre milles, mais d'Arambure eut à soutenir le choc de Kandagla, le chef mahratte que de Bussy n'avait pu mettre dans ses intérêts, et qui, s'étant engagé après l'arrière-garde dans la gorge, ne cessa de le harceler. Pendant ce temps, l'avant-garde surmontait, mais lentement et avec de grandes difficultés, les obstacles semés sur son chemin. C'étaient tantôt des arbres abattus, tantôt des positions où l'ennemi était embusqué, tantôt de brusques détours où il fallait manœuvrer les canons sous un feu incessant. Les difficultés étaient si grandes, qu'à l'aube les Français n'avaient avancé que de trois milles.

Il n'en restait plus qu'un à franchir ; avec le jour les attaques de l'ennemi redoublèrent d'intensité. D'Arambure faisait continuellement tirer ses deux pièces de campagne, mais les cavaliers ennemis s'avançaient avec une rare audace jusqu'à la bouche des canons. Enfin, le soleil, en se levant, éclaira l'entrée des Français dans la plaine ; s'étant alors formés, ils laissèrent le corps de Mahrattes déboucher après eux ; puis, quand ils jugèrent qu'il en était sorti un assez grand nombre, ils dirigèrent le feu de toutes leurs pièces sur l'entrée du défilé ; cette décharge eut pour résultat de disperser la plus grande partie des cavaliers ; quelques-uns cependant réussirent à passer outre pour devancer les Français sur le bord de la rivière et leur en disputer le passage. La petite rivière coule dans un ravin profond, dont le bord opposé était occupé par l'ennemi. Il était donc nécessaire que Law ne fût pas dépossédé de la rive la plus rapprochée, jusqu'à ce que ses hommes se fussent emparés de l'autre. Il fut convenu que, pendant qu'il traverserait avec son infanterie, d'Arambure, avec tous ses canons, couvrirait son passage, et tiendrait en échec l'ennemi qui se rassemblait en grand nombre à sa suite. D'Arambure exécuta cette manœuvre avec valeur et habileté. Quand Law eut effectué son passage, d'Arambure fit passer ses canons un à un, sans interrompre son feu; aussitôt qu'il y en avait un de replacé sur l'autre bord, il était chargé, et défendait ainsi le passage des autres; les Mahrattes n'osèrent ni ne purent s'opposer à cette manœuvre.

La rivière traversée, la route devenait facile. La vue d'Hydérabad rendit des forces aux soldats fatigués. Quoique entourés et harcelés sans cesse, ils avançaient toujours, très-favorisés par la quasi-abstention de Janodgi et de Ramchunder. Ce ne fut toutefois que vers cinq heures du soir qu'ils entrèrent à Hyatnuggur, après une marche non interrompue de vingt-deux heures, ayant surmonté des obstacles que les attaques continuelles de l'ennemi rendaient dix fois plus sérieux. Leurs pertes étaient assez importantes : vingt-cinq Européens, dont deux officiers, avaient été tués; soixante-cinq blessés ; les Cipayes, beaucoup plus nombreux, avaient souffert en proportion. On calcula que l'ennemi avait dû perdre deux mille hommes, ce dont on ne doit pas s'étonner, puisque les Français avaient brûlé quarante mille cartouches de mousquet, outre leurs munitions d'artillerie.

Quatre heures après, de Bussy apprenait l'arrivée du détachement à Hyatnuggur, et envoyait aussitôt un corps de cent quarante Européens et mille Cipayes, avec des provisions et des chariots pour les malades et les blessés. Pour prévenir toute attaque pendant la marche du convoi, il assaillit le camp du soubab avec les forces qui lui restaient. Toutes choses ayant tourné au gré de ses désirs, le lendemain à dix heures du matin, Law entra à Hydérabad, sans avoir vu un seul ennemi depuis Hyatnuggur.

Une heure plus tard, l'arrivée d'un envoyé du soubab, porteur de propositions d'accommodement, vint prouver à de Bussy qu'il n'avait pas été trop présomptueux en voulant maintenir sa position à Hydérabad. Comme en 1753, à Aurungabad, il se sentit de nouveau maître absolu de la situation. Cette fois encore, il montra un tact sans pareil et un jugement d'une grande justesse en n'étant pas trop sévère sur les concessions que la situation lui aurait permis d'exiger. Il désirait revenir à son poste sur l'invitation du soubab, et effacer par son attitude de déférence tout souvenir de ces trois mois, si ce n'est la conviction qui en devait résulter, pour le soubab, de l'invincibilité des Français et de l'absolue nécessité de leur appui pour le trône royal. Il n'exigea pas d'autres conditions que l'abandon de Murzuffer-Beg et du déserteur Mahmoud-Khan ; il ne stipula même pas la destitution de Shah-Nawaz-Khan ; il devait reprendre sa position passée, comme officier du Décan, n'ayant au-dessus de lui que Salabut-Jung. Ce fut dans ces termes que s'effectua la réconciliation, et le 20 août, juste trois mois après sa destitution, de Bussy fut publiquement réinstallé dans tous ses titres, dignités et honneurs.

Jamais peut-être un homme d'État ne s'est vu exposé à tant de difficultés et à d'aussi rudes épreuves en un laps de temps aussi court. Et nous ne croyons pas nous tromper en avançant qu'une seule fausse démarche eût suffi pour entraîner sa ruine. Mais, quelque minutieusement que nous examinions tous ses actes pendant cette période critique, il nous est impossible d'y découvrir la trace de la moindre erreur. Dès le début, et malgré toutes les tentatives qui pouvaient l'entraîner dans une mauvaise voie, jamais il ne fit que ce qui était juste et bien. Le refus qu'il fit de l'alliance et de l'aide des Mahrattes ; sa marche sur Hydérabad ; sa détermination d'y demeurer au lieu de se porter dans les provinces cédées ; sa demande au Gouvernement de Pondichéry et de Mazulipatam d'ordonner des renforts, non pour couvrir sa retraite, mais pour le rejoindre à Hydérabab ; son ordre formel à Law de marcher ; le choix qu'il fit de Char-Mahal ; les moyens qu'il employa pour occuper la principale armée ennemie pendant que Law se rapprochait ; son ferme refus de traiter à d'autres conditions qu'un rétablisssement absolu des choses dans leur état antérieur : tous ces actes prouvent qu'il était un général et un homme d'État de premier ordre. Nous n'avons plus à nous étonner de sa grande influence et de sa réputation plus grande encore ; nous ne serons pas surpris de voir évoquer son nom, comme un obstacle invincible, par les principaux personnages qui s'opposaient en Angleterre à un agrandissement dans le Bengale : il devait, selon eux, paralyser tous leurs mouvements, et, au moment où l'on s'y attendrait le moins, les précipiter dans la mer. Nous ne pouvons trop admirer le tact, le jugement, le sang-froid, l'adresse et la valeur dont cet homme fit preuve, non au faîte de la prospérité, mais dans les circonstances les plus difficiles et les plus graves ; non quand il avait tout le loisir de délibérer, mais quand la pression des événements était à son comble et que la gloire ou la honte dépendait de la décision d'un moment.

Après l'avoir vu vaincre des difficultés sans exemple et triompher d'obstacles qui paraissaient insurmontables, un observateur critique ne doit pas passer sous silence l'immense importance qu'eurent pour l'Angleterre les événements qui s'étaient succédé dans ces derniers trois mois. Nous avons dit que les Anglais se préparaient alors à reconquérir le Bengale ; que leurs opérations contre Calcutta commencèrent à la fin de décembre et contre Chandernagor au milieu de mars ; que pendant ce temps Madras était dépourvu de troupes et que beaucoup de places fortes de cette présidence durent tomber au pouvoir des Français ; que la nouvelle de la déclaration de guerre parvint à Pondichéry en novembre. Il est aisé de se figurer quel rôle de Bussy, en paix avec le soubab et sûr de sa position à Hydérabad et dans les provinces cédées, aurait pu jouer au Bengale ou à Madras. Rien n'aurait pu l'empêcher d'opérer contre Madras, même de concert avec les autorités de Pondichéry, ou de s'avancer rapidement avec huit cents ou mille vétérans européens, par Orissa, dans le Bengale. Sa campagne de trois mois au cœur du Décan put seule l'empêcher de tenter l'une ou l'autre de ces deux entreprises. Quoique, en fin de compte, il fût demeuré vainqueur, son union confidentielle avec le soubab et les liens qui l'attachaient aux autres chefs avaient été, pendant cet intervalle, profondément ébranlés, et outre ce fâcheux résultat, les officiers qu'il avait établis dans les provinces cédées, avaient saisi l'occasion d'essayer de secouer le joug de la France et de se déclarer indépendants. Au lieu donc d'opérer contre les principaux établissements anglais et de les anéantir, soit dans le Bengale, soit à Madras, de Bussy fut contraint, par les conséquences de sa brusque destitution, de renoncer à profiter du moment opportun pour concentrer tous ses efforts à rétablir le pouvoir français dans les provinces cédées à Pondichéry. Il est impossible de mesurer quels droits à la reconnaissance des Anglais Nawaz-Khan s'acquit par sa trahison, même avortée.

Du 26 août au 16 novembre, de Bussy demeura à Hydérabad, se mêlant le moins possible des affaires du soubab, mais prenant toutes les précautions que lui suggérait sa sagesse pour prévenir le retour possible de dangers comme ceux auxquels il venait de se soustraire. Il partit à cette dernière date, dans le but de rétablir son autorité dans les provinces. Il prit avec lui cinq cents Européens et quatre mille Cipayes, laissant au soubab deux cents Européens et cinq cents Cipayes, sous les ordres d'un officier sûr, pour l'accompagner à Aurungabad.

Nous ne suivrons pas de Bussy dans cette expédition, qui avait pour but de récompenser ceux qui lui étaient restés fidèles à l'heure difficile, et de punir les chefs qui s'étaient révoltés ou avaient montré de la désaffection. Il ne rencontra aucune résistance sérieuse, si ce n'est à Bobeli, dont le rajah avait eu une querelle personnelle avec l'un des vassaux fidèles à de Bussy. La défense fut si déterminée que les habitants tuèrent leurs femmes et leurs enfants, puis se jetèrent sur les baïonnettes françaises plutôt que de se rendre. Arrivé dans ces districts, il avait, par ordre de Leyrit, envoyé Law, avec soixante et un hommes, pour renforcer les garnisons de Chandernagor et de Kassimbazar. Il avait l'intention de s'y rendre lui-même dès que la pacification serait accomplie; mais ce résultat ne fut atteint qu'au mois d'avril, et il se disposait à partir quand il reçut la fatale nouvelle de la reddition de Chandernagor [1]. Jugeant

---

1. Il est évident que, sans ces trois mois de campagne, les événements que nous avons rapportés et leurs conséquences dans les provinces cédées, Bussy aurait marché sur le Bengale à temps pour prévenir la prise de Chandernagor par les Anglais. La grande lutte se serait alors livrée dans le Bengale.

qu'il était désormais trop tard pour rien tenter utilement de ce côté, il résolut d'aller attaquer la forteresse anglaise de Vizagapatam, et, le 25 juin, la garnison se rendait à discrétion. Les factoreries de Madapollam, Bunderbalanka et Ingeram, situées sur les trois bras du Godavéry, près de son embouchure, se soumirent également à ses détachements. Pendant qu'il était ainsi occupé, les intrigues de Shah-Nawaz-Khan mirent encore une fois le Décan à deux doigts d'une révolution. De Bussy reçut avis de l'état des choses vers la fin de l'année, au moment où il venait de compléter la pacification, et il dut, sans délai, partir pour Aurungabad. Avant de l'y suivre, nous donnerons un aperçu des événements qui l'appelaient ainsi loin de son poste.

On se souvient que le précédent dewan, Syud-Lushkur-Khan, avait cherché à inspirer au soubab des soupçons sur de Bussy, et qu'il lui avait fait emprisonner ses deux frères, dans la pensée que l'officier français, intercédant pour eux, donnerait un corps à ses soupçons. La conduite de Bussy mit à néant ces projets malveillants. La détention des princes ne se prolongea pas après la chute de Syud-Lushkur, car le soubab, complétement rassuré par de Bussy, et se conformant à ses avis, leur rendit la liberté, et leur assura un apanage honorable, mais sans aucun pouvoir administratif. Telle était encore leur situation en 1756, lors de la destitution de Bussy. A cette époque, Shah-Nawaz-Khan, qui connaissait le caractère faible de Salabut-Jung, craignant qu'il rappelât les Français et espérant tirer meilleur parti de son frère Nizam-Ali, qui paraissait plus déterminé, persuada au soubab de lui conférer le gouvernement de Bérar, et à Bussalut-Jung, le troisième, celui de la province d'Adoni. Il présumait que la possession d'un certain pouvoir leur inspirerait le désir d'en posséder un plus grand.

Le succès obtenu par de Bussy à Hydérabad retarda l'exécution des plans de Shah-Nawaz-Khan, mais comme, après son rétablissement, il n'intervint en rien dans les affaires de Salabut-Jung avec ses frères, Shah-Nawaz-Khan se prévalut de sa nouvelle absence pour les reprendre. Au mois de mai, tout semblait mûr pour un mouvement. Il prit occasion de la mort de son prédécesseur Syud-Lushkur pour sommer de se rendre la forteresse de Dowlutabad, dans laquelle étaient cachés des trésors évalués à un million sterling que Syud-Lushkur y avait amassés, et que le gouverneur refusait de livrer au soubab à qui ils revenaient de droit. Au bout d'un mois, Dowlutabad capitula. Shah-Nawaz-Khan en prit immédiatement possession, et en donna le gouvernement à une de ses créatures. Son intention était de saisir la première occasion pour y enfermer le soubab, de proclamer Nizam-Ali, et d'expulser les Français du Décan. Pour mieux exécuter son plan, il réclama le secours des Mahrattes qui, pour le servir, devaient prendre, comme d'ordinaire, l'apparence d'ennemis.

On n'eut pas plus tôt appris que les Mahrattes s'approchaient d'Aurungabad, sous la conduite du fils du Peshwa, Wiswas-Rao, que Nawaz-Khan, sous le prétexte de masser ses forces pour leur résister, appela Nizam-Ali dans cette ville; Bussalut-Jung les y avait précédés. Alors commença un tissu d'intrigues qui, faisant incliner tantôt à gauche, tantôt à droite, se termina par l'exercice de tous les pouvoirs administratifs remis à Nizam-Ali, le titre seul de soubab étant laissé à Salabut-Jung. Bussalut fut nommé garde du grand sceau. Salabut-Jung fut si complétement dépouillé de tout pouvoir, que, sans la présence des deux cents soldats français, la liberté lui aurait été certainement enlevée, sinon la vie.

Tel était l'état des affaires quand de Bussy arriva en toute hâte à Aurungabad. Nizam-Ali commandait les troupes; Bussalut était son ministre et Salabut-Jung ne comptait plus pour rien. Shah-Nawaz-Khan était en possession de la forteresse de Dowlutabad, et on était à la veille du mouvement dans lequel on devait enlever à Salabut-Jung les derniers vestiges du pouvoir. Il fut curieux de voir comment la présence de Bussy déconcerta toutes ces intrigues. S'étant, à l'aide d'un stratagème, rendu maître de Dowlutabad, il imposa sa loi aux frères de Salabut. Il se proposait d'attacher comme ministre Bussalut-Jung aux intérêts du soubab, et de donner à Nizam-Ali le gouvernement d'Hydérabad, où les Français lui feraient mieux subir leur influence. Tout était ainsi convenu, lorsque, dans la soirée qui précéda son départ pour Hydérabad, Nizam-Ali attira dans sa propre tente Hyder-Jung, le dewan de

Bussy, et le fit assassiner. Dans le tumulte qui s'en suivit, Shah-Nawaz-Khan fut tué, et Nizam-Ali ne sauva sa tête qu'en fuyant à Burhampour, à cent cinquante milles au Nord d'Aurungabad. La disparition de Nizam-Ali simplifiait les arrangements projetés: on tenta de le poursuivre, mais un contre ordre fut aussitôt donné, et de Bussy, plus affermi que jamais dans son poste, se prépara à accompagner le soubab et son nouveau ministre à Hydérabad. Il y arriva le 15 juillet, et y trouva une lettre en date du 13 juin, par laquelle le comte de Lally lui enjoignait de se rendre immédiatement à Arcate, en ne laissant aucun Français auprès du soubab : il n'en devait rester que le nombre strictement nécessaire pour maintenir l'ordre dans les provinces. Il devait céder le commandement de ces troupes à M. de Conflans, jeune officier récemment arrivé d'Europe, qui venait de le rejoindre pendant sa marche, et amener avec lui Moracin, qui avait jusqu'ici administré les affaires de Mazulipatam,

Cette lettre fut un coup de foudre pour de Bussy, et aussi pour Salabut-Jung. Le premier devait abandonner l'œuvre à laquelle il avait consacré sept années et demie de sa vie ; il fallait qu'il laissât aussi à elle-même cette province à laquelle Dupleix attachait tant de prix que, pour la conserver, il n'avait pas hésité à risquer la perte du Carnate. Et cela, après avoir déployé son infatigable énergie à un degré vraiment surhumain. Il n'avait cependant pas le choix ; il fallait obéir[1]. Mais le soubab, qui s'appuyait depuis si longtemps sur de Bussy et qui tout récemmement encore avait constaté l'avantage que lui offrait son alliance, ne pouvait s'empêcher de considérer son départ comme un événement funeste. Il prit congé de Bussy, écrit M. Orme, avec le plus grand désespoir, l'appela l'ange gardien de sa vie et de sa fortune, et prédit le triste sort auquel il serait exposé quand il aurait perdu ce fidèle allié. Mais il n'y avait pas de remède à ce malheur. De Bussy chercha toutefois à le consoler par la promesse d'un retour qu'à

---

1. Dans sa réponse, datée du 12 juillet, de Bussy s'exprime ainsi : « Je m'empresse de répondre aussitôt à la lettre que vous m'avez fait l'honneur de m'écrire le 13 juin et que j'ai reçue hier soir à neuf heures. Il y a une chose, Monsieur, que j'ai toujours su mieux faire que toute autre : c'est d'obéir; et quoique vos ordres me jettent dans la plus grande perplexité à cause de la terrible situation où je suis, je vais les exécuter avec la plus grande célérité. » (*Mémoires pour de Bussy.*)

cette époque il croyait possible. Cinq jours plus tard, il partit à la tête de ses troupes, et arriva à Weyour, au Nord du Kistna, le 3 août. Ayant alors été rejoint par Moracin, il remit le gouvernement de Mazulipatam à M. de Conflans, puis quitta pour jamais ces provinces qu'il avait gagnées à la France, pour rejoindre avec ses deux cent cinquante Européens et ses cinq cents Cipayes le nouveau commandant, dont les exploits feront le sujet du chapitre suivant.

CHAPITRE XII

DERNIÈRE LUTTE

Le nouveau commandant, Thomas Arthur, comte de Lally et baron de Tollendal, sur lequel allaient désormais reposer toutes les espérances de la France pendant qu'elle disputerait à l'Angleterre la suprématie en Orient, Lally, disons-nous, était considéré, lors de sa nomination, comme le plus éminent parmi les jeunes officiers de Louis XV, et celui qui promettait le plus. Fils d'un exilé irlandais, sir Gérard O'Lally, né en 1700, avait été, dès ses plus jeunes années, initié aux affaires de la guerre. Il n'était encore qu'un adolescent, que déjà il servait sous son père à Girone et à Barcelone, et avant d'avoir complété sa dix-neuvième année, il obtint une compagnie dans le régiment de Dillon, qui faisait partie de la brigade irlandaise. Pendant la guerre franco-autrichienne de 1734, il se distingua à Kehl et à Philipsbourg, et quand la paix fut faite, il ne montra pas moins de talents dans la diplomatie. Il fut envoyé en Russie pour y négocier une alliance secrète et s'acquitta de sa mission de manière à gagner les bonnes grâces de la Czarine, quoique la politique timide du cardinal dût rendre vains ses efforts. Lorsque éclata la guerre de succession, Lally y servit avec distinction, mais ce fut à Fontenoy qu'il gagna ses éperons. C'est à lui qu'on attribue la conception de la charge fameuse qui, prenant par le flanc la colonne anglaise, déjà fort incommodée par le feu terrible de l'artillerie, décida de la journée. Ce qui est certain, c'est qu'en récompense de sa conduite, Louis XV le nomma, sur le champ de bataille, colonel du régiment de Dillon, et qu'il fut complimenté par le maréchal de Saxe en personne. Dès ce moment sa réputation était fondée. Après Fontenoy, il passa en Angleterre, et y seconda de tous ses moyens la cause de Charles-Édouard ; mais, après avoir combattu à Falkirk, dans l'état-major du Prince, il fut envoyé dans le Sud, et bientôt contraint de rentrer en France par le désespoir et les dénonciations qui suivirent Culloden. Il rejoignit l'armée des Pays-Bas, fut présent à Lawfeldt et à Berg-op-Zoom, où il fut fait prisonnier. Il recouvra bientôt la liberté, et le grade de major-général fut le prix de ses services dans cette campagne.

Le traité d'Aix-la-Chapelle rendit la paix à l'Europe, et condamna Lally à une inaction momentanée. Il était déjà regardé comme appelé à de brillantes destinées, et comme devant incontestablement réussir là où le succès était seulement possible. Voltaire, qui rapporte cette opinion de son temps, ajoute qu'ayant, d'après le désir du ministre, travaillé avec Lally pendant près d'un mois, il avait trouvé en lui une inébranlable fermeté d'âme jointe à une grande douceur de mœurs. Il est hors de doute qu'à cette époque il jouissait d'une très-grande réputation, que son influence auprès du ministre était sans limites dans les questions militaires, et que le Gouvernement avait recours à son initiative pour fixer la marche qu'on devrait adopter dans le cas où la guerre se renouvellerait.

Lorsque, sept ans après la conclusion du traité d'Aix-la-Chapelle, de grandes complications se produisirent entre la France et l'Angleterre ; lorsque, en représailles de l'agression française au Canada, les Anglais capturèrent deux bâtiments français à Terre-Neuve et refusèrent opiniâtrement de les rendre, la guerre parut inévitable au ministre français, et Lally fut appelé à donner son opinion. L'avis qu'il émit est digne d'être cité. « Il y a, dit-il, trois voies ouvertes devant nous : la première est d'équiper une flotte et une armée, de prendre à bord Charles-Édouard, et de faire une descente en Angleterre ; la seconde, de chasser les Anglais du Canada, et la troisième de les expulser de l'Inde ; mais quel que soit le plan que vous adoptiez, il faut que la pensée et l'action soient simultanées. » Le ministère n'accepta pas alors ses conseils ; mais quand, l'année suivante, il vit que sa marine marchande était aux trois quarts anéantie, il conclut une alliance avec l'Autriche, la Russie et la Suède, et, le 17 mai 1754, le Roi de France déclara la guerre à l'Angleterre. Peu de temps après cette déclaration, on résolut de faire un grand effort pour débarrasser l'Inde des Anglais, et Lally fut choisi pour commander l'expédition qui se préparait dans ce but.

Dans le principe [1], elle devait se composer de trois mille hommes et de trois vaisseaux de guerre ; mais avant qu'elle fût prête à partir, il devint évident pour le ministère que les Anglais, plus prompts et plus expéditifs, s'étaient appropriés les plans de Lally et allaient tenter d'expulser les Français du Canada. Il en résulta qu'au dernier moment, on retira à Lally un tiers de ses troupes et deux de ses vaisseaux de guerre. Cet ordre n'aurait pas eu d'effet, car l'expédition avait déjà pris la mer, si le comte d'Aché, qui commandait la flotte, ne se fût obstiné, contre l'avis de tous ses capitaines, à rentrer à Brest, pour faire à deux de ses vaisseaux des réparations insignifiantes mais qu'il jugeait indispensables. Pendant qu'il était ainsi occupé, l'ordre de réduction arriva, et tandis que la moitié des troupes laissées aux ordres de Lally partait de Lorient le 30 décembre 1756, sous les ordres du chevalier de Soupire, l'autre moitié, commandée par Lally en personne, ne put quitter la France que le 2 mars de l'année suivante.

Le lecteur qui nous a suivi jusqu'ici dans l'histoire des efforts multipliés de la France pour créer un empire dans l'Inde a dû être frappé de la grande diversité de caractères qui se produisit parmi les chefs qui auraient dû agir de concert. Mais il n'y eut peut-être pas, dans cette histoire, d'exemple plus frappant de cette incompatibilité que dans Lally et ses coopérateurs. En apparence, Lally était d'un caractère très-emporté, mais il possédait un esprit vif, fertile en ressources quoique prompt à s'inquiéter ; il ne reculait

1. Ce récit des opérations de Lally est puisé dans la *Correspondance* officielle, jointe aux *Mémoires* de Lally, de Bussy, de Leyrit et Moracin dans ses *Mémoires*, les *Histoires* de Orme, Wilks, Broom et encore dans le *Seir Mutakherin*.

jamais devant la responsabilité, était rapide dans l'action, soldat audacieux et profondément convaincu que, dans les guerres d'Orient, le succès appartient à qui frappe vite et de toute sa force. Il avait une juste idée du point où tous ses coups devaient tendre, c'est-à-dire l'expulsion des Anglais de Coromandel. Il aurait été pour Pondichéry un commandant sans égal, si, à ses qualités, il avait joint la moindre expérience de la politique indienne. Mais cet avantage lui faisait complétement défaut, et comme, de plus, il professait un suprême dédain pour ceux qui le possédaient, il était destiné à tomber dans des erreurs qui devaient contre-balancer et même neutraliser ses brillantes qualités. Son second, Soupire, était tout l'opposé ; indolent, incapable, sans initiative, il gaspillait le temps que Lally aurait mis à profit et laissait échapper les occasions qu'il aurait fallu saisir avidement. D'Aché était encore moins capable. Il est probable que les forces navales qui accompagnaient Lally auraient obtenu un succès temporaire si elles eussent été commandées par un Suffren. Cet amiral sut, quelques vingt-cinq ans plus tard, acquérir sur les mers une supériorité qui, en 1758, eût donné à Lally la faculté de mener à bonne fin ses desseins sur la terre ferme. Mais d'Aché était le plus mou, le plus faible, le plus énervé des hommes ; c'était le dernier officier auquel on dût confier le commandement d'une flotte, et de tous le moins apte à être le collègue de Lally.

Le chevalier de Soupire ayant mis à la voile avec environ mille hommes du régiment de Lorraine, cinquante artilleurs et deux millions de livres, le 30 décembre 1756, mouilla devant Pondichéry le 9 septembre de l'année suivante. Il arriva à un moment qui aurait pu être décisif, s'il avait été un homme d'action : c'était lorsque les Anglais s'étaient retirés de presque toutes leurs conquêtes dans l'Inde méridionale, Trichinopoly, Arcate, Chingleput et Conjeveram seules exceptées; que Madras n'était pas encore fortifié ; que le fort Saint-David, presque tombé en ruines, n'avait pour garnison que soixante invalides ; que Saubinet, sans opposition de la part des Anglais et s'inquiétant peu des recrues indisciplinées de Mahomed-Ali, reprenait les places perdues par ses prédécesseurs. C'était juste le moment qu'un Dupleix, un La Bourdonnais, un Bussy, ou Lally lui-même, aurait utilisé pour anéantir les Anglais dans le Carnate ; car, non-seulement les Français étaient les maîtres sur terre, mais ils l'étaient aussi sur mer.

Il va sans dire que, dans une semblable conjoncture, le Gouvernement de Pondichéry devait diriger les forces réunies de Saubinet et de Soupire sur les principales possessions anglaises, le fort Saint-David et le fort Saint-Georges. Le fort Saint-David serait certainement tombé au premier coup de canon, et sa chute aurait tellement ébranlé l'influence anglaise dans le Carnate qu'il n'aurait pas été difficile, — nous dirons plus, sous un chef capable, il aurait été aisé — de porter à Madras le coup fatal, car toutes les troupes anglaises qui n'étaient pas indispensables, avaient été envoyées à Clive au Bengale et la flotte anglaise était encore dans les eaux de l'Oûgli.

Mais ni Leyrit, ni Soupire, ni Saubinet n'étaient à la hauteur de la situation. Le chevalier de Soupire, d'un caractère faible et facile, étranger au pays, se laissa entièrement guider par le Gouverneur. Saubinet était un soldat, brave sur le champ de bataille, mais lui aussi se soumit à l'autorité de Leyrit. Dans cette crise, si importante pour les destinées de la France, tout dépendait de la détermination que prendrait, sur les affaires militaires, le Gouverneur civil, animé, il est vrai, des meilleures intentions, mais complétement dépourvu des qualités éminentes qui caractérisent l'homme d'État pratique. Leyrit reconnut bien, ainsi que tous ceux qui l'entouraient, que, dans la position avantageuse où le plaçait l'arrivée des renforts commandés par Soupire, l'occasion d'attaquer le fort Saint-David était des plus tentantes. Mais d'autres considérations assiégèrent en même temps son esprit. Il ne pouvait oublier que le fort Saint-David avait victorieusement résisté aux attaques de Dupleix, et que les échecs qu'il y avait subis avaient servi d'encouragement aux Anglais pour atteindre graduellement à une situation au moins égale dans le Carnate. Il n'était pas non plus sans se laisser influencer par la réputation dont Lally était précédé ; on le dépeignait comme hautain, impérieux et fort prévenu contre tous les Franco-Indiens. Il ne pouvait prévoir que Lally serait près d'un an en route ; il ne savait même pas qu'il fût retourné à terre ; il croyait, au contraire, qu'il avait quitté la France six semaines après Soupire, et il pouvait penser qu'on l'accuserait de présomption et de témérité s'il tentait une entreprise importante avant l'arrivée du commandant en chef, qu'il devait supposer très-prochaine. Une troisième raison pesait encore sur son jugement : il craignait qu'à un moment donné la flotte anglaise de l'Oûgli ne reparût sur la côte de Coromandel et n'y reprît la suprématie ; il ne pouvait savoir alors quelles grandes conceptions la conquête de Chandernagor avait fait éclore dans le cerveau de Clive.

Au lieu donc de chercher à frapper un des points vitaux de l'autorité anglaise, Leyrit résolut de se contenter de réduire les divers forts du Carnate et de placer les territoires qui les environnaient sous la domination d'hommes dévoués au Gouvernement de Pondichéry. Dans ce but, il employa jusqu'à la fin de l'année les forces combinées de Soupire et de Saubinet à prendre Trinquemale et les autres places fortes dans le voisinage de Chittaput et de Gingi [1]. Mais, depuis le commencement de 1758 jusqu'au 28 avril, jour de l'arrivée de Lally, des jours, des mois précieux furent gaspillés dans l'inaction, en négociations illusoires avec Hyder-Ali, en tentatives avortées pour fomenter un soulèvement parmi les prisonniers français à Trichinopoly.

Pendant ce temps, l'escadre de d'Aché accomplissait lentement sa traversée ; durant tout le voyage cet amiral avait fait preuve d'incapacité et montré combien il était peu apte à un pareil commandement. Il avait en route capturé un petit bâtiment de commerce anglais, et pour conserver sa prise, qui ne valait pas quarante mille francs, il n'avait pas hésité, malgré les remontrances et même les menaces de Lally, à y aller coucher tous les soirs ; de plus, ayant touché à Rio-de-Janeiro, il y demeura six semaines pour y tirer parti de la cargaison de son navire et lui refaire un chargement ; pour éviter le Cap pendant l'équinoxe, il se détourna de sa direction pendant six semaines, et pour se garer de la seconde équinoxe, il prit la plus longue route de l'Ile de France à Pondichéry. Il était si craintif que, s'il apercevait dans le jour une voile, il changeait sa

[1]. Chapitre XI.

marche la nuit suivante, et, au moindre souffle de vent, sa prudence exagérée lui faisait carguer toutes ses voiles. Il suivit une tactique qu'il faut, selon l'expression si juste de M. Orme, « étudier pour la bien éviter. » Et cela au moment où la flotte anglaise suivait son sillage, et où la possession de l'Inde dépendait de la prompte arrivée des vaisseaux dont il entravait sans cesse la marche. S'il est quelqu'un sur qui doive peser plus lourdement la responsabilité du mauvais succès de l'expédition de Lally, c'est assurément sur d'Aché qu'en doit retomber tout le poids. S'il avait mis un peu plus de rapidité dans sa marche, qu'il eût perdu un peu moins de temps pour son navire et dans son séjour à Rio-de-Janeiro, Lally ne pouvait manquer, avec son aide, de s'emparer du fort Saint-David et de Madras. Lui-même reconnaissait qu'en de telles conjonctures il aurait eu le pouvoir d'expulser les Anglais du Bengale.

Enfin, le 28 avril, la flotte jeta l'ancre devant Pondichéry, et Lally arriva avec plusieurs de ses principaux officiers. Parmi eux étaient des représentants des plus grandes familles aristocratiques de la France monarchique. Il avait sous ses ordres un d'Estaing, descendant de celui qui sauva Philippe-Auguste à la bataille de Bouvines et qui transmit à sa famille la cotte d'armes portée par les rois de France ; un Crillon, arrière-petit-fils de Crillon surnommé le Brave et jugé digne de l'affection du grand Henri IV ; un Montmorency, un Conflans, un La Fare, et bien d'autres du plus haut rang[1]. On y trouvait encore Breteuil, Verdière, Landivisiau, et nombre d'officiers de bonne famille et du plus grand mérite. Une circonstance singulière, qui se produisit avant le débarquement, ne manqua pas d'être regardée par beaucoup de personnes, et surtout par les marins, comme un très-mauvais présage. Lorsque l'arrivée de Lally en rade de Pondichéry fut connue des autorités, elles ordonnèrent un salut d'artillerie en son honneur. Par accident, quelques-uns des canons dont on se servit étaient chargés à boulet ; par un hasard plus fâcheux encore, *le Comte-de-Provence*, que montait Lally, reçut cinq projectiles, dont trois percèrent sa coque et deux endommagèrent son gréement.

---

1. Fragments de Voltaire.

C'était un étrange accueil pour le nouveau commandant en chef, et il parut en avoir reçu une fâcheuse impression quant à l'hostilité qu'il pourrait rencontrer parmi les autorités.

Lally arrivait muni des pouvoirs les plus étendus. Il était nommé commandant en chef et commissaire du roi pour toutes les possessions françaises en Orient. Il devait commander aussi bien aux habitants de Pondichéry et des autres établissements français qu'aux officiers et clercs de la Compagnie, « comme aussi aux gouverneurs, commandants, officiers de forces de terre et de mer de la Compagnie, qui sont maintenant ou qui pourront être par la suite, présider tous les Conseils aussi bien supérieurs que provinciaux, soit ceux qui existent ou pourront exister, sans faire cependant aucune innovation dans l'ordre établi pour recueillir les votes. » Il était enjoint à tous les gouverneurs, conseillers, commandants, officiers, soldats, forces de terre et de mer, à tous les employés de la Compagnie et à tous les habitants des établissements français de reconnaître Lally comme commissaire du Roi et commandant en chef, « de lui obéir dans tout ce qu'il pourrait commander sans aucune contravention quelconque [1]. » On voit qu'en un sens, Lally était placé au-dessus de Leyrit, et cependant celui-ci conservait le rang et la position de Gouverneur. Cette position, combinée avec son influence locale et la restriction relative aux votes, lui donnait, ainsi que Lally eut lieu bientôt de le découvrir, un pouvoir très-considérable. Dès son départ de France, Lally était préparé à trouver les autres en défaut. Les Directeurs lui avaient remis un mémorandum dans lequel les principaux officiers de la côte de Coromandel, Bussy seul excepté, étaient peints sous les couleurs les plus désavantageuses. Mais ce n'était pas tout : les Directeurs, aussi bien que les ministres de la couronne, lui avaient affirmé que la corruption régnait à Pondichéry, et qu'ils comptaient sur lui pour la réprimer. Il avait été informé que le fermage des terres, la fourniture du bétail pour le transport de l'artillerie, l'approvisionnement des Cipayes, l'achat et la vente des marchandises renfermées dans les magasins de la Compagnie et, ce qui était le plus impor-

---

1. Cet ordre est daté du 31 octobre 1756, signé de Louis XV, et contre-signé du ministre Machault.

tant, les traités avec les princes indigènes étaient des matières sur lesquelles il devait se livrer aux plus sévères et aux plus minutieuses investigations, parce qu'elles étaient regardées comme une source de fortune pour les employés qui y participaient, au grand détriment des actionnaires de la Compagnie. Son attention avait été appelée sur ces points avec une telle insistance pendant qu'il était à Paris ; les preuves qui lui avaient été fournies paraissaient si incontestables, que Lally quitta la France avec la consciencieuse persuasion qu'il était envoyé pour détruire un repaire de voleurs et d'escrocs. Il avait, pensait-il, pour double mission de démasquer les voleurs et de jeter les Anglais à la mer.

Il débarqua donc, comme nous l'avons dit, le 28 avril, accompagné de quelques officiers. Il s'occupa aussitôt de se bien renseigner sur l'état de Madras et du fort Saint-David, sur les fortifications de Cuddalore et sur le nombre des forces anglaises sur la côte de Coromandel. A sa grande surprise, Leyrit ne put répondre d'une manière précise à aucune de ces questions ; il ne put pas davantage lui donner de renseignements positifs sur la route de Cuddalore et sur le nombre de rivières qu'il fallait traverser ; tout ce qu'il put faire, ce fut d'offrir des guides. Lally, impatient d'agir, ne se laissa pas décourager par cette ignorance et cette apparente indifférence ; il entreprit aussitôt la politique qui, selon lui, aurait dû être suivie huit mois plus tôt ; dès le même soir, il fit partir pour Cuddalore un détachement de sept cent cinquante Européens, avec quelques Cipayes, sous le commandement du comte d'Estaing, et le lendemain il prit lui-même cette direction. Pendant le trajet, il eut la mortification d'apprendre un des premiers résultats de la lenteur et de l'incapacité de son collègue, le commandant maritime. Le commodore Stevens, qui était parti d'Angleterre trois mois après que d'Aché eut quitté la France, avait, en suivant une route directe, gagné Madras cinq semaines avant que d'Aché arrivât à Pondichéry. Il s'était réuni là à l'amiral Pocock, qui était revenu du Bengale le 24 février : les deux escadres étaient parties de Madras le 17 avril pour intercepter la flotte française, et l'avaient rencontrée devant Négapatam, le 28 avril à midi.

La flotte anglaise se composait de sept vaisseaux de guerre [1], armés de cinquante à soixante-six canons chacun. Ces vaisseaux, appartenant tous à la marine royale, étaient dans les meilleures conditions pour prendre la mer, et n'étaient pas encombrés de troupes [2]. Sous ce rapport, ils avaient un avantage considérable sur l'escadre française, arrivée le matin même d'un long voyage, surchargée de troupes, et dont un seul vaisseau était de la marine royale [3]. Au moment où il fut aperçu par l'amiral anglais, d'Aché partait de Négapatam pour Pondichéry ; sept de ses vaisseaux étaient en ligne et deux croisaient au large. L'amiral anglais forma aussitôt sa ligne entre trois et quatre heures, et mit le cap sur *le Zodiaque ;* quand il fut à portée de mousquet, il donna à ses capitaines le signal de l'action. Pendant ce temps, les vaisseaux de d'Aché avaient ouvert un feu actif sur l'ennemi, qui ne répondait pas. Vers quatre heures, le combat devint général : les deux amiraux s'étaient rapprochés et tiraient l'un sur l'autre. Les vaisseaux français subirent alors tout le désavantage qui résulte de l'encombrement et du manque d'instruction ; leur feu était lent et mal dirigé, tandis que les vigoureuses bordées des Anglais faisaient un ravage terrible sur les ponts surchargés de monde. Il faut cependant rendre à d'Aché cette justice qu'il manœuvra son vaisseau *le Zodiaque* avec une grande habileté et une grande bravoure, et ce ne fut que quand *la Sylphide, le Condé, le Duc-de-Bourgogne, le Bien-Aimé* et *le Moras* eurent été forcés de s'éloigner, que d'Aché, avec le reste de l'escadre, manœuvra

1. *Le Yarmouth* . . . . . 64 canons   capitaine   John Harrison.
    L'Elizabeth 64   »   »   Kœmpenfelt.
    Le Cumberland. . . . 66   »   »   Breretov.
    Le Weymouth . . . 60   »   »   Vincent.
    Le Tiger 60   »   »   Latham.
    Le New-Castle . , . . 50   »   »   Legge.
    Le Salisbury. 50   »   »   Somerset.
    et deux transports.
2. Narration du colonel Lawrence.
3. *Le Zodiaque*. . . . . . 74 canons de la marine royale.
    Le Vengeur 54   »   ⎫
    Le Bien-Aimé. 58   »   ⎪
    Le Condé 44   »   ⎬ appartenant à la Compagnie et cons-
    Le Saint-Louis. . . . 50   »   ⎪ truits pour servir de vaisseaux de
    Le Moras 44   »   ⎬ guerre en cas de besoin.
    La Sylphide. 36   »   ⎪
    Le Duc-d'Orléans . . . 50   »   ⎪
    Le Duc-de-Bourgogne . . 60   »   ⎭

pour les suivre. Au bruit du canon, *le Comte-de-Provence* et *la Diligente* [1] étaient partis de Pondichéry pour aller au secours des Français ; ce fut vers eux que d'Aché se dirigea, espérant qu'avec cette aide il pourrait rènouveler le combat. Mais, malgré leur mauvais tir, les Français avaient causé un tel dommage à la mâture des vaisseaux anglais, que l'amiral Pocock, nonobstant son ardent désir de compléter sa victoire, dut renoncer à la poursuivre et amener le pavillon, signal du combat. En conséquence, l'escadre française, à l'exception du *Bien-Aimé*, qui, par suite de la rupture de son câble, avait été jeté à la côte, entra dans la rade d'Alumparva, et atteignit Pondichéry cinq ou six jours après. L'amiral anglais rentra à Madras pour y réparer ses avaries.

Telles étaient les nouvelles que reçut Lally le 29 avril, tandis qu'il était en marche pour rejoindre le comte d'Estaing, parti de la veille pour Cuddalore. Sans se laisser intimider par cette défaite maritime, il résolut d'y remédier autant que possible par la célérité de ses mouvements sur terre. Après avoir été égaré par ses guides, le détachement de d'Estaing arriva cependant le 29 devant Cuddalore : il fut rejoint le lendemain par une partie du régiment de Lally et quelques forts canons ; le 1er mai, Lally lui-même parut devant la place, et la somma de se rendre.

La négligence et l'indifférence avaient tellement envahi le gouvernement de Pondichéry, depuis le départ de Dupleix, que, quoiqu'on sût depuis plus d'un an que la France et l'Angleterre étaient en guerre, et que la question d'attaquer Cuddalore et le fort Saint-David eût été agitée par Leyrit et ses collègues, pas un d'eux n'avait pris la peine d'étudier la situation militaire de ces places et de s'assurer des préparatifs qui avaient pu être faits pour leur défense. Cette coupable indifférence des autorités franco-indiennes venait à l'appui de la fâcheuse opinion que les Directeurs avaient communiquée à Lally, et le mettait dans la nécessité de tout apprendre par ses propres officiers. Le comte d'Estaing, qui arriva le premier devant Cuddalore, reconnut qu'elle était fortifiée de trois côtés ; mais il ne savait pas, et personne ne pouvait lui dire, quoique les

---

1. *Le Comte-de-Provence* portait soixante-quatorze canons, et *la Diligente* vingt-quatre.

autorités de Pondichéry eussent dû le savoir, qu'elle était ouverte du côté de la mer. Lally n'en savait pas plus en arrivant. Il consentit donc à accepter la capitulation que la garnison offrit le troisième jour, tandis que, s'il eût connu l'état du quatrième côté, il l'aurait probablement forcée à se rendre sans conditions [1].

Ce fut donc le 4 mai que Cuddalore se rendit. Avec cette capitulation commencèrent les premières difficultés de Lally, difficultés qui ne venaient pas de son fait. Sans doute il était en droit de croire que Leyrit, qui, depuis huit mois, différait l'expédition du fort Saint-David sous le prétexte qu'il était convenable d'attendre l'arrivée du commandant en chef, aurait employé ce temps à préparer les moyens de transport qu'il savait bien être indispensables. Ce n'était pas pour se reposer dans l'oisiveté que les deux plus beaux régiments de l'armée française et le plus actif de ses généraux étaient venus à Pondichéry. Leyrit savait cela, et cependant il n'avait pas fait le moindre préparatif. Quoique de grosses sommes fussent portées dans les comptes de Pondichéry pour des bœufs et des chevaux de trait, il ne s'en trouvait pas. Il n'y avait ni coolies, ni moyens de transport, ni même de guides. Cette difficulté ne s'était pas autant fait sentir pendant la première marche sur Cuddalore, parce que Lally, décidé à marcher et ne recevant aucun secours de Leyrit, n'avait pas hésité à requérir les habitants indigènes de la ville. Mais la coupable négligence de Leyrit et de ses collègues porta ses fruits quand Cuddalore fut pris, que le siége de Saint-David devint imminent, et que l'armée dut camper là pour attendre de Pondichéry des vivres, des munitions et des transports.

Lally, voyant l'impossibilité absolue d'entreprendre un siége avant d'avoir organisé un service de transports, et convaincu, surtout par la présence de la flotte victorieuse à Madras, de la nécessité d'agir avec la plus grande promptitude, retourna à Pondichéry immédiatement après la prise de Cuddalore, dans le but d'éveiller chez les autorités le sentiment de leur devoir et de leur position, et

---

1. Cuddalore avait une garnison de trente fantassins européens, vingt-cinq artilleurs également européens, quatre cents Cipayes et quelques Lascars. Il lui fut permis de se retirer au fort Saint-David.

de faire à tout prix les arrangements nécessaires. A Pondichéry, hélas ! il ne trouva qu'apathie et indifférence. « C'est impossible » était la seule réponse qu'on fît à toutes ses demandes. Quoiqu'il eût envoyé cent mille francs, il ne trouva pas pour *cent sous* de ressources [1]. Doit-on s'étonner que Lally attribuât une pareille conduite à quelque chose de plus que de l'apathie et de l'indolence ? Il dit lui-même, dans ses *Mémoires*, qu'il vit très-clairement qu'il y avait au fond de tout cela un insigne mauvais vouloir. Il n'est pas étonnant que, ne connaissant pas l'Inde et ignorant complètement la distinction des castes, abandonné à lui-même par celui dont il devait attendre des secours de toute nature et qui aurait dû tout faire pour prévenir une pareille nécessité, Lally, plutôt que d'abandonner son entreprise, ait exigé une réquisition en masse des habitants indigènes pour faire les transports nécessaires à son armée. Il est vrai qu'une pareille mesure était une faute aussi bien qu'un crime ; il est vrai qu'il aurait été plus prudent d'abandonner ses projets, de se rembarquer même pour l'Europe, que de recourir à un procédé aussi opposé aux idées et aux sentiments de la classe sans la coopération volontaire de laquelle rien d'important et de durable ne pouvait être accompli ; tout en le blâmant à ce sujet, nous ne devons pas oublier les circonstances atténuantes qui militent en sa faveur, et les motifs sur lesquels il se fondait pour ne pas ajouter foi aux assertions des Franco-Indiens.

Après avoir créé une sorte de service par ces moyens peu sages, et par d'autres plus légitimes auxquels il contraignit Leyrit et ses collègues d'avoir recours, Lally retourna à Cuddalore et, le 16 mai, ouvrit le feu contre le fort Saint-David. Ce fort est situé à l'angle d'une île longue d'environ trois milles, et d'une largeur moitié moindre. Deux côtés de cet angle étaient protégés par la mer et une rivière nommée Tripopalore ; le troisième côté était défendu par quatre forts en maçonnerie, éloignés d'un quart de

---

[1]. On peut juger de ce que Lally devait éprouver par la lettre suivante qu'il adressa à Leyrit le 15 mai : « Le Ministre (à Paris) aura bien de la peine à croire que vous ayez attendu l'arrivée du premier bâtiment de notre escadre avant d'avoir employé l'argent à votre disposition pour les préparatifs d'une expédition qui vous était annoncée depuis huit mois. Je vous ai envoyé cent mille francs de mon argent pour faire face aux dépenses nécessaires, et en arrivant je ne trouve pas cent sous dans votre caisse ni celle du Conseil. »

mille du chemin couvert et se protégeant l'un l'autre. Il était nécessaire de se rendre maître de ces forts avant d'ouvrir des tranchées. La garnison du fort se composait de six cent dix-neuf Européens[1], dont quatre-vingt-trois pensionnés, et d'environ seize cents Cipayes et Lascars. Les fortifications, surtout celles des deux forts extérieurs, avaient été réparées et considérablement accrues pendant les huit mois qui s'étaient écoulés depuis l'arrivée de Soupire jusqu'à l'investissement. Les troupes que commandait Lally s'élevaient à seize cents Européens et six cents indigènes de toutes armes.

Les quatre forts dont nous avons parlé furent le but des premières attaques de Lally. Ils furent pris d'assaut l'épée à la main dans la nuit du 17, quoique, sans cause connue, les canons et les mortiers attendus de Pondichéry, et sur lesquels il comptait pour décider le succès, lui eussent fait défaut. Dans la soirée du lendemain les tranchées furent ouvertes à moins de quatre cents mètres du glacis. Dès ce jour jusqu'au 2 juin, le siége se poursuivit avec de grandes difficultés de part et d'autre. Dans le camp français il y avait pénurie d'argent, de vivres, de canons, de munitions et de transports. Lally et Leyrit échangèrent les lettres les plus aigres; l'un accusait et menaçait, l'autre affirmait constamment que ses ressources étaient épuisées. Dans le fort, la discipline était relâchée, les désertions fréquentes, la défense était devenue sans espoir si l'on ne recevait du secours de la flotte anglaise. Avec une telle situation, on peut se rendre compte des sentiments dont fut animé Lally, en apprenant, le 28 mai, que la flotte anglaise avait passé devant Pondichéry, paraissant se diriger sur le fort Saint-David; que les marins français avaient unanimement refusé de se rendre à leur bord sous prétexte qu'ils n'avaient pas reçu leur paye, et qu'alors d'Aché avait annoncé son intention d'ancrer ses vaisseaux en rade et sous la protection de Pondichéry.

Quoique Lally sentît à quel point sa présence était nécessaire devant la place assiégée lorsqu'il apprit cette détermination d'abandonner la mer aux Anglais, il se décida à retourner aussitôt

---

1. Parmi ceux-ci, il y avait deux cent cinquante marins.

à Pondichéry, en se faisant accompagner de quatre cents Européens et de deux cents Cipayes. A son arrivée, il assembla un conseil, ordonna de distribuer aux marins soixante mille livres sur ses propres fonds, les embarqua avec les six cents hommes qu'il avait ramenés, et persuada à d'Aché de prendre la mer. Il retourna ensuite à son poste devant le fort Saint-David. Le résultat répondit à ses prévisions : la présence de la flotte française empêcha toute communication entre l'amiral anglais et le fort ; ce dernier, abandonné à ses propres ressources et vigoureusement pressé par Lally, capitula le 2 juin, et sa garnison fut prisonnière de guerre. Les fortifications furent immédiatement rasées.

Ainsi, cinq semaines s'étaient à peine écoulées depuis son débarquement, et Lally, malgré des difficultés inouïes, presque incroyables, et certes impossibles à prévoir, avait accompli une des parties de son programme. Il avait chassé les Anglais d'un de leurs principaux établissements, celui qui était depuis longtemps le siége de leur gouvernement, qui avait résisté aux efforts de Dupleix, et dont Lawrence et Clive étaient sortis pour vaincre les armes françaises à Trichinopoly. Mais il ne s'arrêta pas là : le jour même de la reddition, le comte d'Estaing fut détaché à Devicotta, que la garnison anglaise, forte seulement de trente Européens et six cents Cipayes, abandonna à son approche sans avoir tenté de se défendre. Pendant le cours de ces opérations, d'Aché débarqua au fort Saint-David et dîna avec Lally, qui saisit ce moment pour lui communiquer ses nouveaux desseins. Le moment était venu, dit-il, d'attaquer Madras; la place n'était pas fortifiée, la garnison faible, et le conseil découragé par la prise du fort Saint-David. Si d'Aché consentait à agir de concert avec lui, à prendre ses troupes à bord pour les débarquer soit à Madras même, soit sur la côte élevée d'Alumparva, déjà au pouvoir des Français, le succès n'était pas douteux. Mais, à sa grande douleur, d'Aché refusa son concours. Mû par le même esprit qui lui avait fait différer si longtemps son voyage pour tirer parti du petit navire qu'il avait capturé, d'Aché allégua que son rôle était de croiser aux abords de Ceylan pour intercepter les bâtiments de commerce anglais qui s'aventureraient dans ces parages. A toutes les remontrances de Lally, il opposa son manque de provisions et l'état de maladie de ses troupes, obstacles qui ne subsisteraient pas moins dans la croisière de Ceylan. Impuissant à ébranler cette fâcheuse résolution, Lally, rejoint par le détachement d'Estaing, retourna à Pondichéry, y fit une entrée triomphale et assista au *Te Deum* célébré pour la prise du fort Saint-David. Toutefois, son esprit pratique ne lui laissa pas perdre de temps en vaines réjouissances : il convoqua un conseil, auquel il invita d'Aché. Il fit encore une fois valoir les raisons qui le pressaient d'agir immédiatement contre Madras, mais ses arguments se brisèrent contre la résistance opiniâtre et le refus obstiné de son collègue. Ce fut pour lui une rude épreuve que de se voir ainsi enlever les fruits de sa victoire par la stupidité d'un homme dont l'indécision et les retards lui avaient déjà été si préjudiciables, et qui se trouvait être le seul officier sur lequel il n'exerçât aucune autorité ; mais quelque rude qu'elle fût, il fallut la subir, et voir la flotte qui aurait dû le porter en triomphe à Madras, quitter les eaux de Pondichéry et emmener, pour une croisière incertaine et infructueuse, les six cents hommes qu'il avait prêtés à son amiral.

Cependant, malgré le refus de concours de d'Aché, Lally ne voulut en aucune façon renoncer à ses desseins sur Madras. Avec son coup d'œil vraiment militaire, il voyait, comme La Bourdonnais l'avait vu avant lui, que c'était là qu'il fallait porter le coup décisif. Mais il n'avait aucune aide à espérer, et point d'argent pour équiper des troupes ; Leyrit et ses collègues persistaient à soutenir qu'il leur était impossible d'en lever. Le supérieur des Jésuites, le Père Lavaur, fort influent parmi les résidents, proposa un expédient pour sortir de ce dilemme. Parmi les prisonniers de Saint-David, se trouvait ce même Sahodgi, l'ex-roi de Tanjore, que nous avons vu renverser deux fois en 1739. Rétabli en 1749 par les Anglais, dans un but d'intérêt personnel, il s'était vu détrôner de nouveau par eux quand il ne leur avait plus été utile, et depuis cette époque il était leur pensionnaire [1]. L'arrivée de Sahodgi à Pondichéry suggéra au Jésuite la pensée qu'on pourrait se servir de lui pour épouvanter son neveu le rajah de Tanjore, afin d'en extorquer le

---

1. Chapitre III et VI

payement du billet de cinquante-cinq lakhs de roupies donné à Chunda-Sahib et cédé par son fils, Rajah-Sahib, à Dupleix. « Vous obtiendrez ainsi, dit le Père Lavaur à Lally, les moyens d'équiper des troupes contre Madras, et vous accroîtrez considérablement votre influence. » Ce plan ne souriait pas à Lally ; ses yeux étaient fixés sur Madras ; tout ce qui pouvait en détourner sa pensée lui était antipathique. Une expédition contre Tanjore faisait une diversion à la ligne droite qu'il s'était tracée et qu'il ne perdait jamais de vue, celle qui tendait à l'expulsion des Anglais de l'Inde. Mais, encore une fois, il était sans secours. Si d'Aché et les autorités de Pondichéry ne le secondaient, il ne pouvait marcher sur Madras. Ce ne fut donc qu'à regret et dans le seul espoir de se procurer les ressources dont il manquait qu'il consentit à marcher sur Tanjore. D'Aché avait mis à la voile pour effectuer la croisière qu'il projetait et était arrrivé le 16 juin à Karical, devant en repartir le lendemain. Mais une incroyable fatalité semblait présider, à cette époque, à toutes les affaires de la France.

Si d'Aché était parti de Karical le 17, comme il le devait, il aurait, à coup sûr, intercepté deux navires anglais qui apportaient à Madras une partie des espèces que l'Angleterre envoyait annuellement. Cette prise aurait été plus que suffisante pour que Lally pût équiper son armée à destination de Madras. Malheureusement pour la cause française, les membres du Conseil de Pondichéry avaient éprouvé une telle terreur à l'idée de se trouver exposés à une attaque de la flotte anglaise pendant l'absence que projetait Lally, qu'ils envoyèrent un message pressant à d'Aché pour qu'il revînt les protéger. Il reçut cette dépêche le 16, et plus empressé de condescendre aux désirs du Conseil qu'à ceux de Lally, il se laissa persuader de renoncer à la croisière, et retourna à Pondichéry. Il en résulta que les navires anglais, qui n'auraient pu lui échapper s'il s'était dirigé vers le Sud, arrivèrent sans encombre à Madras.

Le lendemain, Lally partait pour Tanjore à la tête de seize cents Européens et d'un nombre proportionné de Cipayes, laissant six cents Européens et deux cents Cipayes dans un camp retranché que commandait Soupire, entre Pondichéry et Alumparva. Jamais les domaines d'un prince indigène n'avaient encore été envahis par un corps aussi fort, numériquement parlant ; mais il lui manquait tout ce qui rend une armée utile et efficace.

Celle-ci s'avançait sans transports organisés, sans provisions, sans argent, avec des munitions insuffisantes. Il fallait se créer toutes ces ressources en route, plan qui ne pouvait s'exécuter sans amener dans la discipline un relâchement dangereux, et, ce qui était encore plus important, sans aliéner les populations. Il serait difficile d'exagérer les souffrances que durent supporter ces malheureux soldats [1]. A Devicotta, ils ne trouvèrent à manger que du riz dans la coque, et ce ne fut qu'en arrivant à cent milles de Pondichéry qu'ils firent un véritable repas. Encore Lally n'y trouva-t-il que vingt-huit bœufs et peu de farine, la majeure partie de ces approvisionnements ayant été consommée par l'escadre. Enfin, le lendemain, il reçut des Hollandais de Tranquebar et de Négapatam des munitions et des vivres.

Les difficultés de la marche, les souffrances de ses troupes et les entraves qu'il rencontrait en toute occasion, avaient irrité son caractère à un point tel que, dès son entrée dans le royaume de Tanjore, il se livra à des actes d'une sévérité aussi irréfléchie que déraisonnable, et qui devaient être fort nuisibles à sa cause. Il pilla la ville de Nagore, rançonna tous les temples de Brahma qu'il rencontra, et ayant trouvé six brahmines rôdant autour de son camp, il les chassa à coups de canon. La licence qu'il permettait à son armée et la terreur qui se répandait à son approche étaient si grandes, qu'on ne doit pas s'étonner de lui voir écrire, « qu'il rencontrait à peine un habitant sur la route, et que le pays qu'il traversait ressemblait à un stérile désert [2]. »

Enfin, le 18 juillet, l'armée française se trouva sous Tanjore. Lally avait d'avance envoyé au roi une réquisition de payer cinquante-cinq lakhs de roupies, mais il n'en avait reçu qu'une

---

1. De Devicotta, où ils arrivèrent le lendemain, et où ils ne trouvèrent pas de quoi apaiser leur faim, Lally écrivit à Leyrit : « J'attends dans la nuit les bœufs qui traînent l'artillerie afin de les faire tuer... J'ai envoyé à Trinquebar, pour y acheter tous les chiens marrons et bœufs que l'on pourra rencontrer, ainsi que la raque, à quelque prix que ce soit ; voilà, à la lettre, l'horreur de la situation dans laquelle vous nous avez mis et le danger auquel vous exposez une armée, que je ne serais point surpris de voir passer à l'ennemi pour chercher à manger. »
(*Correspondance de Lally avec Pondichéry.*)

2. Mémoire pour Lally, page 67

réponse évasive, le but du rajah étant de gagner du temps pour obtenir des secours des Anglais. Il est probable que Lally eût recueilli quelques avantages dans ces négociations s'il y avait apporté une prudence seulement ordinaire ; mais la violence de son caractère le perdit. Quand il eut amené le rajah à un engagement de payer cinq lakhs de roupies en espèces et à fournir des vivres pour une valeur de trois ou quatre, ses soupçons le portèrent à considérer comme un manque de foi une légère infraction aux conventions. S'abandonnant alors à toute sa violence, il envoya au rajah la menace de le transporter comme esclave, avec sa famille, à l'Ile de France. Cet emportement dépassait toutes les bornes, et le rajah, encouragé par les promesses des Anglais et l'arrivée de quelques Cipayes disciplinés, que le capitaine Calliaud lui avait envoyés de Trichinopoly, résolut de le défier. Alors Lally se détermina à tenter l'effet d'un assaut. Deux batteries furent démasquées le 2 août, la brèche fut ouverte le 7, et l'attaque ordonnée pour le 8. Dans la matinée de ce jour, on apprit au camp que d'Aché avait été attaqué, battu et chassé de la côte par les Anglais qui menaçaient Karical, base des opérations françaises contre Tanjore. En même temps Soupire informait Lally que Pondichéry était menacé par un corps de huit cents Anglais de Madras, et que, comme il n'avait que six cents hommes, il se préparait à évacuer sa position.

Quand Lally reçut ces déplorables nouvelles, il n'avait au camp que deux jours de vivres, et la cavalerie tanjorienne lui ôtait tout moyen de s'en procurer d'autres ; ses munitions de mousqueterie étaient presque épuisées, et pour les canons il n'avait que les projectiles qu'il recevait de l'ennemi. Cependant la brèche était ouverte, et d'Estaing et Saubinet étaient impatients de livrer l'assaut ; mais il réfléchit que, après avoir pris le fort et y avoir épuisé ses munitions, il faudrait encore attaquer la ville qui était fortement défendue, et que si le fort n'était pas pris, ses hommes ne seraient qu'une multitude désarmée, exposée sans défense à la boucherie ; cette réflexion porta Lally, après avoir pris l'avis du conseil de guerre, à opérer la retraite. Au lieu donc de livrer l'assaut le 8, il expédia, le 9, à Karical un détachement de cent cinquante hommes escortant les malades, les blessés et le matériel de siége, se proposant de partir lui-même, avec le gros de ses forces, dans la soirée du 10.

Le 10, de grand matin, les Tanjoriens, ayant repris courage en apprenant les projets de Lally, attaquèrent son camp à l'improviste. Ils furent repoussés avec de grandes pertes; mais, pendant le combat, un Jemadar et cinquante cavaliers se portèrent au galop vers la pagode où Lally était couché, et s'annoncèrent comme déserteurs ; réveillé à leur approche, Lally, sans avoir eu le temps de se vêtir, s'élança vers la porte de la pagode. Mais, dès qu'il les eut rejoints, le Jemadar, au lieu de lui faire sa soumission, le frappa de son sabre. Le général para le coup avec un bâton, mais il était menacé de nouveau, lorsqu'un de ses hommes tua le Jemadar d'un coup de mousquet. Les conspirateurs firent en vain plusieurs charges sur la garde française qui avait pris les armes ; ils furent toujours repoussés et vingt-huit des leurs furent tués. Déconcertés par cette perte, les survivants tentèrent de fuir, mais ayant donné par mégarde dans un marais, ils y périrent jusqu'au dernier.

Dans la nuit suivante, Lally leva le camp, après avoir subsisté deux mois dans le pays. Quant aux espèces, son principal but, il n'en avait obtenu que peu du rajah. Faute de bétail pour traîner les trois pièces de canon qui avaient formé ses batteries de siége, il les encloua sur place et en brisa les trains. Il opéra sa retraite dans le plus bel ordre ; ses troupes furent divisées en deux colonnes, entre lesquelles s'avançaient les bagages et les transports de malades. Deux pièces de canon les précédaient, et deux autres fermaient la marche ; il ne laissa derrière lui que les trois pièces enclouées. Malheureusement, la faim était la constante hôtesse du camp. Il avait épuisé toutes ses provisions, et la cavalerie de Tanjore l'empêchait de se rien procurer dans le pays. Quand il fit sa première halte, après avoir marché depuis minuit jusqu'à neuf heures du matin, il n'avait rien que de l'eau à donner à ses soldats. Faibles et affamés, il reprirent la route de Trivalore, où des vivres venus de Karical les attendaient. L'ennemi, abandonnant la poursuite, était retourné à Tanjore. D'Estaing partit de Trivalore pour Pondichéry, afin de tenter encore une fois de persuader à d'Aché de participer à une attaque combinée sur Madras, au lieu de retourner à l'Ile de France. Après trois jours de repos à Trivalore, l'armée gagna, le 18, Karical, qu'elle trouva bloqué par la flotte anglaise. Lally arriva avec une partie de ses forces à Pondichéry le 28.

Pendant ce temps d'Aché, qui avait quitté la rade de Pondichéry le 28 juillet, avait rencontré la flotte anglaise le 1er août devant Tranquebar ; après deux heures d'un engagement sérieux, dans lequel il perdit beaucoup d'hommes, il fut lui-même blessé, et éprouva de graves avaries ; il ne dut son salut qu'à ce que ses navires étaient très-bons voiliers. Il arriva le lendemain à Pondichéry, et ayant appris que les Hollandais avaient laissé capturer un navire français dans leurs eaux par l'escadre anglaise, il saisit en représailles un navire hollandais qui naviguait aux environs de Pondichéry et à bord duquel il trouva trois lakhs de roupies en or ou marchandises. Ensuite, de crainte d'une attaque des Anglais, il se rapprocha de son escadre sous les canons de la ville.

Il était dans cette position lorsque Lally arriva le 28 ; la colère de celui-ci fut vivement excitée par ce qu'il appelait la conduite pusillanime de son collègue maritime ; mais elle s'accrut encore lorsqu'il apprit que les remontrances de d'Estaing avaient été inutiles, et que d'Aché était résolu, non-seulement à décliner toute nouvelle lutte avec les Anglais, mais encore à abandonner la côte. Ce fut en vain que Lally offrit de le renforcer d'autant de soldats qu'il voudrait, afin qu'il pût rencontrer de nouveau les Anglais, tandis que lui, Lally, marcherait sur Madras ; en vain le Conseil, unanime pour cette fois, entreprit de lui démontrer la nécessité de prolonger au moins son séjour sur la côte. Il s'obstina à ne plus vouloir courir aucun risque ; la seule concession à laquelle il consentit fut de débarquer cinq cents de ses marins pour augmenter les forces de l'établissement. Puis, le 2 septembre, il fit voile pour l'Ile de France. La flotte anglaise n'ayant plus d'antagoniste, séjourna encore trois semaines devant Pondichéry, pour retourner ensuite à Bombay.

La capture du bâtiment hollandais, quelque blâmable qu'elle pût être, avait cependant eu pour résultat satisfaisant de procurer quelque argent à Lally. Il s'employa, après son retour à Pondichéry, à faire les préparatifs de l'expédition de Madras, qui lui tenait tant au cœur. Pour y préluder, il envoya Saubinet recouvrer Trinquemale, qui avait été repris par les adhérents des Anglais : Soupire se porta contre Carangoli ; Crillon marcha contre Trivalore. Tous ces détachements avaient l'ordre de le retrouver à Wandewash. Ce fut là aussi que Bussy [1], auquel il avait écrit le 13 juin, le rejoignit, précédant ses troupes, que conduisait Moracin. Les trois expéditions ayant été couronnées de succès, et les troupes étant réunies, Lally marcha sur Arcate, que le commandant, gagné à l'avance, lui livra aussitôt. Il ne restait plus au pouvoir des Anglais que Chingleput et Conjeveram dans le pays que les Français avaient à parcourir pour arriver à Madras ; leurs garnisons étaient faibles, et tout invitait à attaquer. Le devoir positif de Lally était donc de marcher sur ces deux villes, et surtout sur Chingleput à laquelle sa position sur le Palaur donnait une grande importance pour les Anglais. Il déclare lui-même qu'il ne put opérer ce mouvement parce que l'argent lui manquait, et que les Cipayes refusèrent de marcher avant d'être payés. Il est cependant difficile de croire qu'il ne pût détacher la division de Saubinet ou celle de d'Estaing pour assiéger une place qui, au moment où il entra dans Arcate (le 4 octobre), n'était gardée que par deux compagnies de Cipayes, et dont la capture lui aurait procuré les vivres dont il manquait toujours. Il paraîtrait qu'il ne se rendit compte de l'importance de cette place que quand les Anglais l'eurent considérablement fortifiée et munie d'une garnison suffisante. Ce fut surtout en ce moment, dans la prévision d'un siége prolongé, qu'il sentit combien un secours d'argent lui était indispensable. Sachant qu'une lettre au Conseil de Pondichéry serait infructueuse, il laissa son armée dans des cantonnements, et partit avec Bussy et quelques autres officiers pour Pondichéry, dans l'espoir d'arriver à un arrangement qui rendît possible, non-seulement l'attaque de Chingleput, mais aussi l'expédition contre Madras.

1. Dans cette lettre, Lally ouvrait son cœur à Bussy. Après avoir expliqué ses desseins sur Madras, il ajoutait : « Je ne vous cacherai pas que Madras une fois pris, je suis déterminé à me rendre, par terre ou par mer, sur les bords du Gange. Je me borne à vous indiquer ma politique en ces cinq mots : *Plus d'Anglais dans la Péninsule.* »

Les délibérations de Pondichéry eurent une meilleure issue que Lally n'avait osé l'espérer ; l'expédition de Madras fut résolue. Dans la réunion d'un conseil mixte, les militaires et quelques membres civils exprimèrent l'opinion qu'il valait mieux courir le risque de périr d'un coup de mousquet sur le glacis de Madras que de mourir de faim dans les rues de Pondichéry. Leyrit fut seul dissident, alléguant qu'il ne pouvait fournir aucun argent. Mais ceci ne devait pas être un obstacle. Non-seulement Moracin avait amené deux cent cinquante Européens et cinq cents Cipayes, mais il avait apporté cent mille roupies. Les officiers supérieurs et les membres du Conseil, entraînés par l'exemple de Lally lui-même [1], mirent à contribution leurs propres bourses. Quelque considérable que fût la somme réunie ainsi, elle se trouva fort réduite quand on eut fait face aux préparatifs nécessaires, et quand, le 2 novembre, Lally partit pour rejoindre son armée, sa caisse ne renfermait plus que quatre-vingt-treize mille roupies. Or, l'entretien mensuel de ses troupes ne s'élevait pas à moins de quarante mille.

La rencontre entre Bussy et Lally avait été amicale en apparence. Non-seulement Lally avait exprimé l'opinion qu'il retirerait de grands avantages de l'expérience que son subordonné possédait dans les affaires de l'Inde, mais, en arrivant à Pondichéry, il lui avait fait l'honneur de lui offrir un siège dans le Conseil supérieur. Néanmoins, les sentiments secrets et réciproques de ces deux hommes étaient loin d'être cordiaux. Lally, dont l'idée fixe était l'expulsion des Anglais, ne put jamais s'associer au projet de fonder dans le Décan un empire qui aurait plus ou moins dépendu de la faiblesse ou de la tolérance des Anglais; sachant d'ailleurs que Bussy, tout en maintenant la gloire de la France à Hydérabad, s'était acquis, avec un grand nom, une fortune énorme, Lally ne pouvait s'empêcher de relier ces circonstances l'une à l'autre, et de classer en secret Bussy parmi ces intrigants qu'il avait trouvés en si grand nombre à Pondichéry [2]. D'un autre côté, Bussy se méfia, dès le début, de la capacité de Lally, et s'aperçut

---

1. Lally souscrivit pour cent quarante-quatre mille livres; le comte d'Estaing et d'autres pour quatre-vingt mille en vaisselle. Suivant Lally, Bussy ne donna rien.
2. Le Jésuite Lavaur avait plus d'une fois répété à Lally que, dans l'Inde, les fonctionnaires travaillaient pour quelque chose de mieux que la gloire du Roi.

de l'antipathie que l'autre ne pouvait cacher. Les liens d'amitié qu'un long service avait créés entre lui, Leyrit, Desvaux et les autres Conseillers de Pondichéry, l'entraînèrent graduellement et insensiblement dans l'opposition. Ses premiers procédés n'étaient pas calculés pour améliorer l'état des choses. Il mit tout en œuvre pour persuader à Lally de le renvoyer au Décan avec une augmentation de forces ; tous les jours il lui montrait des lettres du soubab tendant à ce but. Cette insistance était bien faite pour confirmer les soupçons et exciter l'indignation de Lally. Un esprit comme le sien, qui n'avait qu'un seul objet en vue, ne pouvait tolérer une proposition tendant à un but tout opposé et qui, au lieu d'augmenter ses forces, ne pouvait que les affaiblir. Il en vint donc à regarder les requêtes de Bussy et de Moracin comme faisant partie d'un plan général pour le traverser, et comme autant de preuves certaines qu'eux aussi s'occupaient plus de leurs propres intérêts que des intérêts de la France. Il insista de plus en plus pour que Bussy l'accompagnât. Pendant toutes ces négociations, il affectait une grande politesse extérieure à l'égard de Bussy ; mais, en réalité, il le regardait comme un homme fort ordinaire et d'une réputation usurpée [1].

Si Lally jugeait ainsi Bussy, le fidèle lieutenant de Dupleix produisait une tout autre impression sur les autres officiers. Ils ne furent pas longtemps à reconnaître son talent, ses vues larges, sa connaissance du pays et de la vraie manière de traiter avec les Orientaux. Six d'entre eux [2], et d'Estaing, dont la réputation était déjà faite, était du nombre, prouvèrent la confiance que leur inspiraient ses talents et son dévouement en signant, à la veille de l'expédition de Madras, une requête au commandant en chef pour que Bussy, le général de la Compagnie, fût mis à leur tête immédiatement au-dessous de Soupire. Lally était peu disposé à céder à leur demande : il attribuait même cette demande à l'or de Bussy [3] ; mais enfin il ne put l'éviter, et signa la nomination.

1. Les *Mémoires* de Lally et de Bussy abondent en preuves du peu d'estime qu'ils avaient l'un pour l'autre.
2. D'Estaing, Crillon, La Fare, Verdière, Breteuil, Landivisiau.
3. Lally affirme que, pour s'assurer les bons offices de quelques-uns de ces gentilshommes, Bussy leur prêta, offrit ou donna les sommes suivantes : au comte d'Es-

Au commencement de novembre, Lally réunit ses forces, composées de deux mille hommes d'infanterie européenne, trois cents de cavalerie et cinq mille Cipayes, et marcha sur Madras. Ces troupes étaient divisées en quatre brigades que commandaient Soupire, d'Estaing, Crillon et Saubinet. Bussy n'avait aucun commandement particulier, mais il avait le titre de général de brigade et une autorité supérieure à tous les autres officiers, Lally et Soupire exceptés. L'armée s'empara le 27 de Conjeveram, en repartit le 29, et atteignit la plaine devant Madras le 12 décembre. Lally dut, à son grand regret, laisser de côté la forte position de Chingleput, que deux mois auparavant il aurait pu prendre si aisément. En la conservant, les Anglais avaient gardé la faculté de se procurer d'abondantes provisions dans le pays environnant.

La garnison anglaise de Madras était formée de dix-sept cent cinquante-huit Européens, deux mille deux cents Cipayes et deux cents cavaliers; il y avait encore dans la ville cent cinquante Européens employés de diverses manières à la défense. Le Gouverneur était M. Georges Pigott, plus tard lord Pigott, homme capable et intelligent, qui eut le bon sens de remettre le soin de la défense au vétéran Lawrence qui se trouvait à Madras. Le colonel avait sous ses ordres le lieutenant-colonel Draper[1], le vainqueur de Manille; le major Calliaud, qui avait acquis sa réputation à Trichinopoly; le major Brereton, et d'autres bons officiers. Chingleput était gardé par cent Européens et douze cents Cipayes, commandés par l'énergique capitaine Preston. On voit qu'en fait d'Européens, l'âme d'une armée dans l'Inde, les Français n'avaient pas une grande supériorité sur l'ennemi qu'ils venaient assiéger. La défense était presque concentrée dans le fort Saint-Georges, quoiqu'il y eût encore trois points fortifiés dans la ville noire.

Lally, nous l'avons dit, arriva le 12 mars dans la plaine de Madras; son avant-garde, formée de trois cents hommes d'infanterie, trois cents cavaliers, avec deux canons, était commandée par le brave

---

taing cent mille écus; au chevalier de Crillon deux mille louis d'or. Crillon les refusa. Lally ajoute que Bussy lui offrit quatre cent mille livres pour être renvoyé dans le Décan, et annonça qu'il était prêt à avancer deux cent quarante mille livres pour le service de la Compagnie, pourvu que Lally se portât garant. Lally déclina les deux offres. (*Mémoires pour Lally.*)

1. Le même qui était engagé dans une controverse avec Junius.

d'Estaing, et Lally suivait de près avec le principal corps. Le 13, l'armée étant campée dans la plaine, Lally employa la journée à reconnaître le fort et la ville noire. Ayant réussi à sa satisfaction, il détacha le chevalier de Crillon, avec le régiment de Lally, pour s'emparer de la ville noire, ce qui fut accompli sans pertes importantes, les postes étant abandonnés à mesure que les Français s'avançaient. Ce succès donna lieu à une grande indiscipline, car la ville était riche, et Lally n'avait pas assez de troupes pour faire respecter ses ordres par dix mille maraudeurs dont l'armée était suivie. Il y eut un pillage effréné : on évalue à quinze millions de francs les valeurs dérobées[1]. Le seul profit qu'en retira la caisse militaire fut une contribution de quatre-vingt-douze mille francs, payée par un Arménien, que Lally avait sauvé du pillage, et par le chef indou d'Arni.

La ville étant occupée, la brigade de Lorraine et celle des troupes de la Compagnie furent postées sur sa droite, vers la mer ; la brigade de Lally et celle des marins s'établirent sur le terrain en pente, à gauche de la ville, dans quelques bâtiments appartenant aux Capucins. Le lendemain matin, vers dix heures, tandis que Lally, accompagné de Bussy et de d'Estaing, faisait une reconnaissance sur la gauche, il reçut l'avis, confirmé aussitôt par le bruit de la mousqueterie, que les Anglais faisaient une forte démonstration contre sa droite. Quoique séparé de ce point par un marécage large de deux cents mètres et un petit ruisseau, d'Estaing s'élança au galop vers le lieu du combat ; en s'approchant, il aperçut des troupes que leur uniforme écarlate lui fit prendre pour les volontaires de Bourbon qui portaient cette couleur. Il allait se mettre à leur tête et en prendre le commandement ; mais à peine avait-il reconnu son erreur, qu'il se trouva prisonnier des Anglais. Bussy, qui le suivait, n'eut que le temps de faire volte-face pour éviter le même sort et rejoignit le régiment de Lally, tandis que le général, accompagné d'un aide de camp et d'un officier de volontaires, réussissait à gagner le théâtre de l'action. Ils apprirent que les officiers du régiment de Lorraine avaient bien observé l'ap-

---

1. *Mémoires pour Lally*

proche de cinq cents hommes que commandait le colonel Draper, soutenus par cent cinquante autres sous le major Brereton, avec deux canons, mais que, étant tombés dans la même erreur que d'Estaing, ils n'avaient pris aucune attitude défensive. Ils n'avaient reconnu leur méprise que lorsque les canons anglais avaient ouvert le feu sur leur flanc gauche. La surprise avait produit la confusion dans leurs rangs, et, abandonnant leurs canons, ils s'étaient réfugiés à l'abri de quelques maisons peu éloignées. Si les Anglais avaient marché de l'avant, ils auraient pu s'emparer des canons et le siége aurait été mis à néant le jour même ; mais leurs troupes se répandirent en désordre dans les maisons, les recrues indigènes lâchèrent pied, et une partie des forces se trouva séparée du reste. Deux officiers du régiment de Lorraine ayant vu cet état de choses, rallièrent leurs hommes avec beaucoup d'entrain et s'avancèrent, la baïonnette au bout du fusil, pour seconder les canons. Ce fut alors au tour des Anglais de reculer : leur position était fort dangereuse. Non-seulement ils étaient en présence de forces supérieures maintenant revenues de leur surprise, mais pour regagner le fort, ils avaient à traverser le marais et à passer le petit pont du ruisseau dont le régiment de Lally, impatient de combattre, était plus près qu'eux. On voit que le sort des Anglais ne dépendait que de la conduite de l'officier qui commandait ce régiment. Il y a, dans la destinée des nations comme dans celle des individus, des moments critiques et décisifs qu'il faut savoir utiliser sans hésitation si l'on veut arriver au succès. C'était là un de ces instants. Si le régiment de Lally avançait, c'en était fait de Madras, car non-seulement ces six cent cinquante hommes auraient été pris ou tués, mais, selon le témoignage de leur commandant, l'effet produit sur les assiégés eût été décisif[1]. Voyons comment les Français tirèrent parti de cette conjoncture.

Nous avons dit qu'après la capture de d'Estaing Lally s'était porté à la droite de la position, où l'action devenait plus chaude,

---

1. Le colonel Lawrence établit dans ses *Mémoires* que la première reculade des Anglais avait jeté un grand découragement parmi ses hommes et que cette sortie avait été ordonnée parce que l'on trouvait nécessaire de faire immédiatement quelque chose pour relever le moral de la garnison. Si les troupes sorties avaient été tuées ou prises il est indubitable que celles qui restaient dans la ville auraient été complétement démoralisées.

tandis que Bussy allait de toute la vitesse de sa monture reprendre son poste sur la gauche. Lally arriva au moment où Guillermin et Secati venaient de rallier leurs hommes et où les Anglais commençaient à leur tour de battre en retraite.

Il commanda aussitôt un mouvement par suite duquel quatre-vingts de ces derniers furent enveloppés et faits prisonniers; puis il ordonna une vigoureuse poursuite du reste de la troupe. De l'autre côté, le chevalier de Crillon, à la tête de la brigade Lally, voyait les Anglais, poursuivis par la brigade de Lorraine et celle de l'Inde, se retirer en désordre vers le pont. La pensée lui vint aussitôt qu'en occupant le pont vers lequel le détachement se dirigeait, il le détruirait jusqu'au dernier homme. Comme il ne commandait pas en chef, puisque Bussy était présent, il dut aller demander à cet officier l'autorisation d'opérer ce mouvement. A son grand désappointement, Bussy refusa. Ce fut en vain que les autres officiers se réunirent autour de lui pour tenter de vaincre son obstination[1]. Crillon sentait si bien l'importance de ce mouvement qu'il s'élança néanmoins, suivi de cinquante hommes, et atteignit le pont; mais cette force n'était pas assez considérable pour arrêter complète-

---

1. La conduite de Bussy en cette occasion a été l'objet de vives contestations. Les points suivants, cependant, semblent évidents : 1° Si le pont avait été occupé par le régiment de Lally la retraite des Anglais était impossible; 2° le régiment de Lally pouvait facilement occuper le pont; 3° Bussy était alors avec le régiment ou dans le voisinage. Nous avons adopté dans ce récit le rapport de Lally. De son vivant, Bussy éluda de répondre, se bornant à affirmer : 1° que comme simple volontaire il n'avait aucun commandement; 2° que le Gouvernement de Pondichéry lui vota des remercîments pour sa conduite; 3° que Lally ne lui avait conféré que sur le champ de bataille le commandement de la brigade de Lorraine rendu vacant par la capture de d'Estaing. Il ajoutait qu'il se rappelait qu'en passant à côté de la brigade de Lally, après la prise de d'Estaing, il avait recommandé d'amener deux pièces de campagne, l'ennemi n'en ayant aucune; qu'il était ensuite passé à la brigade commandée par le chevalier de Poëte auquel il dit que n'ayant ni rang, ni commandement, il venait combattre à ses côtés, et enfin qu'il n'avait jamais entendu parler de cette histoire jusqu'à ce qu'il eût quitté l'Inde.

L'assertion de Bussy est controuvée, attendu : 1° Qu'il occupait dans l'armée le rang immédiatement après Soupire, et que ce rang lui avait été conféré avant le départ de Pondichéry; 2° que, revêtu de ce rang, il avait pour devoir d'en remplir les fonctions; 3° que l'affirmation de Lally fut, lors de son jugement, confirmée par la déposition de Crillon, le témoin le mieux placé pour éclairer la question; 4° que dans l'état des relations entre Lally et le Conseil de Pondichéry, les remercîments décernés par celui-ci à Bussy n'avaient que peu de valeur; 5° que le commandement d'un régiment conféré sur le champ de bataille était aussi valable que sur un autre terrain. Assurément la balance des témoignages est contre Bussy. M. Orme avance que Bussy allégua d'autres motifs; mais celui-ci ne les donne pas dans ses *Mémoires*, et nous les trouvons si peu satisfaisants que s'ils appartiennent réellement à Bussy ils ne feraient que confirmer notre opinion sur sa conduite blâmable.

ment les Anglais qui, toutefois, ne franchirent le pont qu'après avoir eu plusieurs hommes tués et trente-trois faits prisonniers.

Cette occasion ainsi perdue, le reste du corps anglais réussit à regagner le fort. Ses pertes étaient considérables ; elles s'élevaient, selon les rapports anglais, à six officiers et deux cents hommes dont cent trois prisonniers. Les pertes des Français étaient encore plus importantes, car s'ils n'avaient pas plus de deux cents tués ou blessés, ils étaient privés de deux de leurs meilleurs officiers; le brave d'Estaing était prisonnier, et Saubinet, non moins vaillant, était mortellement blessé. C'était un officier de la Compagnie des Indes, plein de talent, d'avenir et toujours des premiers à affronter le danger.

Le même jour, Lally établit son quartier général dans la ville noire, et attendit impatiemment ses canons de gros calibre. Mais avant qu'ils fussent arrivés, les dépenses de la campagne avaient presque épuisé les sommes réalisées par la prise de la ville. Ce fut à cette époque que la frégate la *Fidèle* arriva à Pondichéry, apportant un million de francs. Elle aurait dû en apporter deux, mais elle avait touché à l'Ile de France peu après le retour de d'Aché, et cet officier, dont le patriotisme égalait l'incapacité, n'avait pas craint de s'approprier un million pour le service de l'escadre, qu'il vouait à l'inactivité, et avait laissé la frégate continuer sa route avec l'autre million. Elle arriva à sa destination le 21 décembre, juste en temps pour décider Lally à ne pas se contenter de piller et de dévaster les environs de Madras et à commencer le siége régulier. L'arrivée de ses canons lui permit bientôt de compléter ses préparatifs. Son artillerie consistait alors en vingt pièces de douze, dix-huit et vingt-quatre, et dix mortiers de huit et de douze. Ces pièces furent mises en place, et une nouvelle parallèle fut ouverte à cinq cents mètres de la place. Il avait résolu d'attaquer le fort du côté opposé à celui qu'il occupait, quoique ce fût en apparence plus difficile ; mais il s'était assuré, sur le terrain, que les approches en seraient plus faciles, et d'ailleurs, comme il l'avait expérimenté le 14, les rues tortueuses de la ville noire lui offraient un véritable moyen de défense contre les sorties du fort.

Mais Lally reconnut bientôt l'impossibilité qu'il y avait à accomplir rien d'important avec une armée désorganisée, désaffectionnée et commandée par des officiers dont la majorité était mauvaise.

Ces difficultés et les obstacles qu'il rencontra pendant les vingt premiers jours du siége, auraient suffi pour décourager un homme ordinaire. Beaucoup de ses soldats abandonnaient le travail des tranchées pour chercher des richesses dans les maisons inhabitées de la ville noire et s'enivrer ensuite. Plusieurs officiers, loin d'arrêter leurs hommes, ou au moins de remplir leurs devoirs personnels, s'occupaient à garder les magasins qu'ils s'étaient appropriés. Il arrivait de Pondichéry une foule d'individus qui ne craignaient pas de contrefaire la signature du général afin d'obtenir des bateaux pour emporter leur butin. Les bêtes de somme du service de l'artillerie étaient même détournées de cet emploi par quelques officiers, pour transporter des denrées et du mobilier. Lally ne pouvait, à lui seul, réussir à mettre un frein à ces désordres. La pénurie d'officiers capables le forçait d'être constamment présent dans les tranchées. Des cinq ingénieurs venus de France avec lui, il n'en restait plus que deux; le plus âgé était paresseux et inutile, l'autre avait, sous la direction de Lally, le soin des tranchées. Sur six officiers d'artillerie, trois avaient été tués dans les trois premières semaines du siége, deux étaient dans le parc d'artillerie, et le dernier était presque un enfant. Quant aux officiers supérieurs, ils étaient retenus auprès de leurs brigades respectives. C'était donc sur Lally seul que retombait la lourde tâche de diriger toutes les opérations du siége, et il s'y dévoua avec un zèle et une énergie qui ne pouvaient être surpassées, car il ne faut pas oublier que son attention devait encore s'étendre sur d'autres matières. Les Anglais n'avaient perdu aucun temps pour tirer parti des avantages que leur offrait la position de Chingleput. Les troupes qui gardaient ce poste sortaient fréquemment pour harceler les Français par derrière et sur leurs flancs, et entraver leurs communications avec Pondichéry; le major Calliaud, envoyé à Tanjore, réussit à obtenir du rajah un secours de six cents hommes, qu'il amena sur le théâtre de la lutte, et dont un quart était de la cavalerie. Un partisan, Mahomed-Isouf, en amena deux mille autres. Ces divers détachements, manœuvrant autour de la position occupée par Lally, le tenaient continuellement sur le qui-vive. On les chassait, mais, semblables à des guêpes, ils revenaient aussitôt. Une des circonstances qui ajoutaient encore aux difficultés de la position, c'est que toute la poudre nécessaire pour le siége devait être apportée de Pondichéry à travers un pays qui fourmillait d'ennemis, dont les déprédations s'étendaient jusqu'aux portes mêmes de la ville. Outre ces ennemis extérieurs, il y avait dans les murs de Madras deux cents déserteurs français qui montaient sans cesse sur les remparts, portant d'une main une bouteille de vin et de l'autre une bourse, pour inviter les soldats français à suivre leur exemple. Il ne se passait guère de jour qu'il ne tombât dans le camp français des flèches auxquelles étaient attachés des messages, pressant les soldats de déserter. Enfin, le 2 janvier, après avoir rencontré et vaincu d'innombrables obstacles, on réussit à ouvrir le feu de deux batteries portant le nom des deux brigades de Lally et de Lorraine auxquelles elles appartenaient. Elles le continuèrent, d'une manière presque incessante, pendant quarante-deux jours ; durant ce temps, une grande partie de l'armée était journellement engagée dans des escarmouches, dont le succès variait, avec les partisans de l'ennemi ou avec les troupes que commandaient Calliaud, venu de Tanjore, et Preston de Chingleput, ou encore à repousser les fréquentes sorties de la garnison. Enfin la crise approchait. La garnison reçut avis, au commencement de février, que la flotte de l'amiral Pocock était partie de Bombay et arriverait infailliblement sous peu de jours. D'un autre côté, une brèche était ouverte dans la muraille, et Lally, qui connaissait le prix de la promptitude dans les actes, se détermina à livrer l'assaut. Mais à ce moment il eut la douleur de voir tous ses desseins traversés par la lenteur ou la négligence de ses officiers. Les ingénieurs et les officiers d'artillerie déclarèrent que, quoique la brèche fût tout à fait praticable, cependant, « eu égard à la situation des choses et à notre force comparée à celle de l'ennemi, » un assaut causerait la destruction de beaucoup de soldats, sans aboutir à rien. Ces officiers ne se contentèrent pas d'écrire ainsi au général, ils ne tinrent pas leur opinion secrète dans le camp, et affirmèrent que tenter l'assaut, c'était marcher à une mort certaine. Lally, quoique désappointé par cette manifestation et appréciant bien quelle immense responsabilité il assumait en agissant contre l'opinion écrite de ses officiers spéciaux, mais persuadé qu'ils étaient dans leur tort et que ses soldats le suivraient, ne changea pas de détermination. Il attendit seulement le déclin de la lune pour livrer l'assaut, et il avait déjà donné l'ordre à Crillon, qui était chargé de l'attaque principale, de se tenir prêt pour la soirée du 16 février, lorsqu'il eut la douleur de voir l'escadre de l'amiral Pocock naviguer en rade dans l'après-midi de ce même jour.

La situation de l'armée assiégeante était dès lors désespérée. Depuis vingt jours les troupes n'avaient pas reçu leur paye et les officiers n'avaient eu que les rations de soldat; il ne restait que deux mille livres de poudre dans le parc d'artillerie, et autant à Pondichéry. Les troupes indigènes, n'étant pas payées, s'étaient dispersées, et la cavalerie européenne menaçait elle-même de passer à l'ennemi. Pondichéry n'était plus gardé que par trois cents invalides. En de telles circonstances l'arrivée de la flotte anglaise, qui tout à la fois délivrait Madras et menaçait Pondichéry, rendit la levée du siége inévitable.

Cette opération s'accomplit dans la nuit du 17 février. Après avoir expédié par mer à Saint-Thomé tous les blessés transportables, Lally enterra ses boulets, et faute de bétail pour traîner son artillerie, il laissa cinq pièces de canon dans les tranchées, et dans une pagode, convertie en hôpital, trente-trois blessés qui ne pouvaient être transportés; il leur laissa un chirurgien, et les recommanda aux soins du gouverneur de Madras; puis, ayant pris avec lui tous ses bagages, il se retira sans être inquiété, mais le cœur plein de rage [1], par la route de Saint-Thomé à Conjeveram.

---

1. La rage de Lally était dirigée contre ceux qui, par intérêt personnel et par corruption, avaient, en entravant ou retenant les secours dont il avait si grand besoin, contribué au déplorable résultat de cette expédition. Dans une lettre écrite par lui à Leyrit le 14 février, il mentionne quelques-unes des iniquités qu'il voyait s'accomplir jusque sous ses yeux et émet avec énergie son opinion sur la conduite de quelques-uns de ses officiers. « Sur quinze cents Cipayes, disait-il, qui sont dans notre armée, je calcule que près de huit cents sont employés sur la route de Pondichéry à transporter du sucre, du poivre et d'autres denrées. Quant aux Coolies, ils ont été occupés de la même manière depuis que nous sommes ici. » En terminant cette lettre, il déclinait toute intervention avec l'administration civile de Pondichéry, « car, ajoutait-il,

Ainsi échoua la grande entreprise à laquelle Lally s'était consacré et à laquelle il avait voué toute son énergie de corps et d'esprit. On dit que cet échec était dû plus à ses défauts de caractère, et à la manière hautaine et blessante avec laquelle il traitait ses subordonnés, qu'à toute autre cause : cependant cela n'excuse pas les officiers coupables qui devaient n'écouter que la voix du devoir. Mais, après nous être livré à un examen sévère des faits de la cause, au moyen de la correspondance échangée entre lui et Leyrit, nous arrivons à cette conclusion que, quelque grandes que pussent être les imperfections de son caractère, quelque violent et irritable qu'il fût à l'égard d'autrui, ceux qui en prirent occasion pour trahir leur patrie en négligeant leur devoir furent, bien plus que Lally, les auteurs et les causes de la défaite. Lally, du moins, se conduisait en soldat : toutes ses pensées, tous ses efforts étaient pour son pays. Mais les Conseillers de Pondichéry firent tout le contraire. Révoltés d'avoir vu la main ferme de Lally déchirer le voile qui couvrait leurs dilapidations, aussi bien que du ton avec lequel il leur avait démontré que le premier de leurs devoirs était envers la patrie, ils ne lui donnèrent aucune aide et gaspillèrent entre eux les fonds qui leur étaient envoyés pour les besoins de la guerre. Disons plus : ils trouvaient un plaisir, qu'ils ne prenaient pas la peine de déguiser, à traverser tous ses projets. Leur mauvais vouloir était poussé au point que, dans leur haine contre un individu, ils perdirent tout reste de patriotisme, et la retraite de Madras fit éclater à Pondichéry les transports de la joie la plus indécente. Il n'est pas présumable que des hommes qui pouvaient se réjouir des revers de leur patrie, parce que ces revers humiliaient Lally, eussent voulu faire le moindre sacrifice pour atteindre à un résultat tout opposé. Non, assurément, et c'est bien plus sur eux que sur Lally que doit retomber la responsabilité de l'échec subi devant Madras.

Les armes françaises n'avaient pas été plus heureuses sur une autre partie de la côte. Nous avons dit que Bussy et Moracin,

j'aimerais mieux aller commander les Caffres de Madagascar, que de rester dans cette Sodome (Pondichéry) que tôt ou tard le feu des Anglais, à défaut de celui du ciel, détruira inévitablement. »

appelés à Pondichéry par Lally avaient dû, quoique avec un profond regret, quitter le Décan et les provinces nouvellement cédées en remettant au marquis de Conflans le gouvernement de Mazulipatam et de ses provinces, au mois d'août 1758. Ils laissaient sous les ordres de cet officier un corps d'environ cinq cents hommes, force bien suffisante pour maintenir tout le pays dans la soumission, si elle avait eu un chef expérimenté comme Bussy. Mais Conflans n'avait ni le talent, ni le tact, ni l'expérience de son prédécesseur. Il ne connaissait pas le pays, non plus que la manière de traiter avec les seigneurs féodaux. Beaucoup de ceux-ci, ne sentant plus la main d'un maître et voyant diminuer les troupes européennes, résolurent de frapper un grand coup pour briser le joug des Français ; ils ne se rendaient pas compte qu'ils ne feraient probablement que l'échanger contre celui des Anglais. Peut-être aussi, en voyant combien ces deux puissances étaient en balance dans le Carnate, crurent-ils d'une sage politique de sacrifier l'une pour l'autre. Quoi qu'il en pût être, trois mois après que Bussy eut quitté le Décan, le rajah Anunderaj, chef de Chicacole et de Rajamundry, levant l'étendard de la révolte, prit possession de Vizagapatam, pilla la factorerie, emprisonna l'agent français, hissa les couleurs anglaises, et demanda l'aide de Madras. Cette ville, menacée par Lally, ne pouvait envoyer aucun secours, et le rajah s'adressa, en désespoir de cause, à Clive. Personne n'était plus habile que Clive à saisir les occasions ; personne ne savait mieux que lui quels avantages découleraient infailliblement de la possession des Circars. Dédaignant l'avis de son conseil, qui regardait une intervention de ce côté comme un acte de folie, il écrivit au rajah, lui promettant un prompt secours, et, le 12 octobre, il expédia par mer le colonel Forde, à la tête de cinq cents Européens, deux mille Cipayes et seize canons. La vérité est qu'après cet envoi il ne lui restait guère au Bengale que trois cents Européens, et cela, à l'époque où des sentiments hostiles se manifestaient à la cour de Meer Jaffier et où Béhar était menacé par les forces réunies du fils de l'empereur de Delhi et du nabab d'Oude. Pour agir ainsi, il fallait toute l'énergie et l'intrépidité du fondateur de l'empire britannique dans l'Inde.

De son côté, Conflans agit comme pour faciliter les plans des Anglais : au lieu de marcher rapidement sur Vizagapatam, de vaincre la rébellion dès son début et avant que les rebelles eussent pu recevoir aucun secours, il se contenta d'adresser des demandes réitérées à Lally, et marcha sans se presser sur Rajamundry. Il occupa la ville et était encore campé sur la rive Nord de la rivière du même nom, quand il fut informé que les troupes anglaises avaient débarqué à Vizagapatam le 12 octobre. Une pareille nouvelle n'aurait pas dû lui causer de grandes alarmes, car il avait sous son commandement les troupes les mieux acclimatées et les mieux disciplinées de toutes celles qui avaient servi la Compagnie française dans l'Inde méridionale. C'étaient ces mêmes hommes qui avaient vu se disperser devant eux la célèbre cavalerie mahratte, et qui, depuis moins d'un an, avaient su se frayer une route au milieu de populations hostiles, pour aller secourir Bussy à Hydérabad. Ils n'avaient jamais tourné le dos à l'ennemi, et l'on pouvait compter sur eux. Avec de tels hommes, un chef capable pouvait défendre les provinces contre des forces plus importantes que celles qui les menaçaient; dans ces circonstances, et appuyé d'ailleurs par deux mille Cipayes et un grand nombre de princes indigènes, le devoir de Conflans était d'avancer et de donner ainsi à ses hommes cet esprit de confiance qu'inspire toujours la marche en avant, et qui se serait communiqué certainement à ses alliés indigènes. Il est d'autant plus étrange qu'il n'ait pas agi ainsi, qu'il sut que le colonel Forde n'avait que des troupes neuves à lui opposer, et qu'il eût été sage d'attaquer. Il préféra adopter une tactique qui, dans l'Inde, n'a jamais eu de succès et qui consiste à attendre l'attaque de l'ennemi dans une position qu'on a choisie. Il établit ses troupes au village de Condore, à quarante milles au Nord de Rajamundry. C'est près de ce lieu qu'il fut rencontré, le 8 décembre, par le colonel Forde, qui l'attira hors de sa position, l'en isola et le défit complétement; il perdit son camp, ses canons et quelques hommes ; il s'enfuit à cheval, et arriva le soir à Mazulipatam [1]. Forde, poursuivant sa victoire, occupa Rajamundry le 10

---

[1]. Le récit détaillé de ce fait d'armes, aussi brillant que bien réussi pour les Anglais, se trouve dans *the History of the Bengal Army*, par le colonel Broome, ouvrage qui

avec une partie de ses forces. Toutes les difficultés n'étaient cependant pas aplanies devant Forde. La longue alliance de Salabut-Jung avec les Français et la nouvelle que le principal établissement des Anglais était assiégé, se réunissaient pour rendre sa position difficile et dangereuse. Il fallut toute l'incapacité de son adversaire pour qu'elle ne devînt pas funeste. Quoique abandonné par les alliés indigènes, Forde, qui connaissait parfaitement la science de la guerre dans l'Inde, continua de s'avancer vers Conflans, et le commandant français, qui eût pu, en appelant des secours de ses garnisons, lui opposer une force supérieure, se trouva bientôt assiégé dans Mazulipatam. Jugeant sainement la valeur de la force morale dans la guerre, il ne se laissa entraîner à quitter sa position, ni par la reprise de Rajamundry, ni par la nouvelle que Salabut-Jung était en marche pour l'écraser, avec quinze mille chevaux et vingt mille hommes d'infanterie. Néanmoins, plus le temps s'avançait, plus sa position devenait embarrassante. Au commencement d'avril, elle était presque désespérée. Devant lui Conflans avait accru ses forces dans Mazulipatam, toujours assiégé; sur sa droite, à Beizwarra, à quarante milles de distance se trouvait l'armée du soubab, prête à l'anéantir. Plus loin, un corps de deux cents Français, commandés par M. du Rocher, s'occupait de lui couper les communications. Dans un pareil état de choses, un homme faible eût probablement tenté la retraite, quelque dangereuse qu'elle pût être; mais Forde, qui ne péchait pas par la faiblesse, à un mouvement rétrograde, préféra la chance de la mort, en livrant l'assaut. Sans même savoir si les brèches étaient praticables, et avec le seul espoir qu'elles pourraient l'être, il fit prendre les armes à ses troupes dans la nuit du 7, et, à minuit, il livra l'assaut avec trois divisions. Il obtint le succès qu'un capitaine audacieux et entreprenant peut toujours espérer remporter sur un ennemi indécis et hésitant, car, après un rude combat, il prit, non-seulement le fort, mais il força encore Conflans à se rendre avec toute son armée.

doit être considéré comme l'œuvre historique la plus précieuse sur l'Inde, qui ait paru dans ce siècle, soit que nous le considérions sous le rapport du style, clair et vigoureux, de la somme de renseignements qui y sont réunis et coordonnés, ou enfin de la science professionnelle.

Les conséquences de cette conduite intrépide furent importantes. Une semaine ne s'était pas écoulée que Moracin[1], envoyé à Mazulipatam par Lally à la première réquisition de Conflans, arrivait avec trois cents hommes devant cette place. La trouvant occupée par les Anglais, il se dirigea sur Ganjam, où il ne fit rien, la ville étant abandonnée, et bientôt après sa troupe se dispersa. Mais le résultat le plus marquant fut le traité conclu par les Anglais avec Salabut-Jung. Frappé de la défaite inattendue des Français et obsédé par les prétentions de Nizam-Ali, le protégé de Bussy et de Dupleix, il se hâta de conclure avec Forde un traité par lequel il renonçait à l'alliance française, — consentant à ne jamais admettre un contingent français dans le Décan, — et cédait aux Anglais un territoire produisant un revenu annuel de quatre lakhs de roupies. Avant la fin de l'année, ces districts cédés, dont la possession avait été un des triomphes de l'administration de Dupleix, passèrent entièrement aux mains des Anglais, et dès lors le sceau fut mis au sort de l'Inde française.

Lally, dans sa retraite de Madras, avait pris position à Conjeveram ; y laissant ses troupes, il partit pour Arcate, afin d'organiser les approvisionnements de son armée. Leyrit avait profité de l'absence de Lally avec son armée pour arrêter, malgré les protestations de quatre membres du Conseil[2], une enquête que Lally avait ordonnée sur les comptes de M. Desvaux, chef du fisc à Pondichéry, qui avait été accusé de malversations. D'autres abus, profitables aux serviteurs de la Compagnie, mais fort préjudiciables à la Compagnie elle-même et que Lally avait abolis, avaient repris leur cours. Le 8 mars, Lally quitta Arcate pour se rendre à Pondi-

1. Moracin avait immédiatement reçu l'ordre de se rendre à Mazulipatam, et s'il avait obéi, il serait arrivé à temps pour mettre Forde dans une situation telle que son habileté et son énergie auraient sans doute été impuissantes à la conjurer. Mais il trempait dans les intrigues de Pondichéry, et chercha longtemps à éluder l'ordre du départ ; il différa si bien qu'en arrivant il n'avait plus qu'à partager la ruine de Conflans.

2. Ceux qui protestèrent étaient MM. Barthèlemy, Boileau, la Selle et Nicolas. Par exemple, les membres de l'administration étaient dans l'habitude d'émettre des bons du Trésor pour solder leurs engagements ; mais, à dessein, ils en émettaient un nombre tel, que la valeur s'en trouvait très-dépréciée, et un bon de cent francs se rachetait pour vingt francs en espèces. Les membres de l'administration, après avoir payé les troupes et les fonctionnaires avec ce papier, le rachetaient ensuite pour leur compte, et réalisaient un bénéfice de quatre-vingt pour cent. (*Mémoires pour Lally.*)

chéry, dans le but de mettre un terme à ces désordres et aussi pour préparer une nouvelle campagne.

En son absence, l'armée commandée par Soupire avait été suivie à Conjeveram par un corps anglais, à peu près d'égale force, sous les ordres du major Brereton, qui avait été investi du commandement que le brave Lawrence venait de résigner. Les ordres de Soupire portaient de ne combattre que s'il était attaqué, et comme il occupait une forte position, l'officier anglais eut soin de ne pas s'exposer à une défaite en l'attaquant dans une situation désavantageuse. Depuis trois semaines, les armées demeuraient ainsi en observation, lorsque Brereton, jugeant avec raison que la meilleure façon de déloger l'ennemi serait d'inquiéter ses communications, leva le camp de Conjeveram et marcha sur Wandewash. Soupire, pressé par le besoin d'argent et de vivres, crut devoir se rendre à Arcate, qui n'est qu'à vingt milles de Wandewash, et se posta sur le Palaur. C'était précisément ce qu'attendait Brereton : il repartit brusquement, et marcha en toute hâte sur Conjeveram, qu'il enleva avant que Soupire eût eu le temps de soupçonner le danger. Lally en reçut la nouvelle au moment où, après une discussion fort orageuse avec le Conseil, il partait à la tête de trois cent cinquante hommes pour rejoindre son armée. Son désir eût été d'aller immédiatement reprendre Conjeveram, mais la pénurie de toutes les ressources nécessaires et le mauvais esprit des officiers ne lui permettaient pas de faire le moindre mouvement agressif. Il fut donc contraint de mettre son armée en cantonnements sur le Palaur, en attendant que l'arrivée prochaine de d'Aché, qui devait apporter des fonds et des approvisionnements, le mît en position de reprendre l'offensive. L'armée anglaise suivit son exemple. Lally était à peine de retour à Pondichéry qu'il tomba gravement malade, par suite sans doute de ses fatigues et de ses chagrins. Il n'en fit pas moins exécuter une expédition qu'il avait projetée contre Elmiseram ; M. Mariol, qui en avait été chargé, ayant réussi, marcha soudain sur Thiagar, importante forteresse éloignée de quinze milles. Les Anglais qui la gardaient furent surpris, et le fort fut capturé le 14 juillet. Parmi les prisonniers se trouvaient quarante soldats anglais.

Quoique Lally combinât ainsi de petites entreprises, l'état de son armée lui ôtait toute possibilité de rien entreprendre de vraiment grand. Ses soldats eurent souvent à supporter de rudes épreuves, mais ils les auraient endurées avec bonne volonté s'ils n'eussent été exposés à de fâcheuses influences. L'esprit d'antipathie qui régnait à l'égard de Lally, dans la chambre du Conseil de Pondichéry, avait pénétré dans la division franco-indienne qui était au service immédiat de la Compagnie des Indes, et son exemple s'était fait sentir parmi les troupes royales. Les choses furent amenées à un point critique par une mesure qui n'était en elle-même qu'un détail fort ordinaire. Il arriva qu'après la levée du siège de Madras, les deux gouvernements convinrent d'un échange de cinq cents prisonniers. Les Français échangés en vertu de cette convention appartenaient pour la plupart aux forces de la Compagnie, et avaient été pris devant Trichinopoly, lorsqu'ils servaient sous Astruc, Brennier, Mainville et Maissin. Quelques-uns avaient été prisonniers pendant cinq ans, bien soignés et bien nourris. Lally, pour remplir les vides de son régiment, y envoya deux cents de ces hommes ; mais après cinq ans d'oisiveté et d'inaction, ils n'étaient guère propres à la dure vie des camps, à la maigre chère et à la sévère discipline qui y régnait. Ils ne cachèrent pas leur mécontentement, et cherchèrent même à le communiquer à leurs camarades. La première manifestation de ce mauvais esprit eut lieu dans le fort de pierre de Covrebank ; au lieu de se défendre, ce qui était facile, le petit corps qui le gardait l'évacua à la première sommation des Anglais. Mais ce fut quatre semaines plus tard qu'eut lieu la grande explosion. A l'instigation de ces deux cents prisonniers échangés, le régiment de Lally, à l'exception des officiers, des sous-officiers et de cinquante vieux soldats, se mutina tout à coup, et, sortant de Chingleput, déclara qu'il allait passer aux Anglais. A l'avis de cette menace, les officiers s'élancèrent à leur poursuite, employèrent tour à tour la menace et la persuasion, payèrent une partie de l'arriéré, en promirent une autre, et les amenèrent à rentrer dans le devoir, sauf soixante des anciens prisonniers de Trichinopoly, qui persévérèrent dans leur lâche désertion[1]. Lally ne

---

1. Nous avons préféré le récit qu'a fait Lally de cette révolte à celui de M. Orme.

négligeait aucune démarche pour rassembler des vivres et du matériel. A bout de ressources, il avait envoyé un des Conseillers à Karical pour y acheter, de ses deniers à lui, Lally, pour trente-six mille francs de riz pour les troupes. Au moment où son courage était le plus abattu, il éprouva une grande consolation en apprenant l'arrivée de la frégate *la Gracieuse*. Elle apportait la bonne nouvelle de la prochaine arrivée de la flotte de d'Aché, renforcée de trois vaisseaux qui l'avaient rejointe à l'Ile de France. Les instructions dont la frégate était chargée pour le commandant français portaient d'exercer un contrôle encore plus sévère sur l'administration financière de Pondichéry, instructions qui eurent le mauvais effet d'envenimer encore les rapports déjà si tendus entre Lally, d'un côté, et Leyrit avec son Conseil, de l'autre.

Enfin d'Aché parut le 10 septembre; depuis le 3 septembre de l'année précédente qu'il avait quitté la côte de l'Indoustan, il était demeuré à l'Ile de France, y avait reçu les trois vaisseaux amenés par M. d'Éguille, avait pris un des deux millions qu'ils devaient porter à la colonie de Pondichéry, puis il avait réparé, réarmé et réapprovisionné les vaisseaux de son escadre. Quand il eut terminé, il mit à la voile, le 17 juillet, et arriva le 10 septembre devant le fort Saint-David, pour s'y trouver en face de la flotte anglaise qui avait également été renforcée.

D'Aché, auquel on ne peut du moins refuser le courage physique, ne montra aucune intention de décliner le combat que l'amiral Pocock lui offrit aussitôt. Il avait onze vaisseaux, dont quatre seulement appartenaient à la marine royale, tandis que Pocock avait neuf vaisseaux de guerre, deux de la Compagnie et un brûlot [1].

1. L'escadre anglaise se composait de :
   Le *Yarmouth* . . . . 66 canons   capitaine Harrison.
   Le *Grafton* 68   »   »   Kempenfelt.
   L'*Elizabeth* 64   »   »   Tiddeman.
   Le *Tiger* 60   »   »   Brereton.
   Le *Sunderland* . . . 60   »   »   Colville.
   Le *Weymouth* 60   »   »   Sir N. Baird.
   Le *Cumberland* . . . 66   »   »   Somerset.
   Le *Salisbury* 50   »   »   Dent.
   Le *New-Castle* . . . 50   »   »   Michel.
   Tous de la marine royale, et deux vaisseaux de la Compagnie dont la force ne nous est pas donnée. Les Français avaient :
   Le *Zodiaque* . . . . 74 canons   capitaine tué.   ⎫
   L'*Illustre* 64   »   »   de Ruis.   ⎬ marine
   L'*Actif* 64   »   »   de Beauchaire.   ⎨ royale.
   La *Fortune* 64   »   »   de Lobry.   ⎭

L'action commença vers deux heures de l'après-midi et dura environ deux heures, pendant lesquelles les équipages se tinrent à leurs pièces et se canonnèrent avec fureur. Mais au bout de ce temps plusieurs des navires des deux côtés étaient criblés de projectiles et quelques-uns de ceux des Français ayant quitté la ligne de combat pour réparer leurs avaries, l'officier qui commandait *le Zodiaque*, après la mort de son capitaine, vira de bord pour les suivre. D'Aché fut atteint à la cuisse par une décharge de mitraille et tomba sans connaissance au moment où il s'élançait pour contremander cette manœuvre. Personne ne pouvait deviner l'intention de l'amiral, et les autres bâtiments crurent obéir à ses ordres en abandonnant le combat et en se retirant aussi ; les Anglais étaient trop maltraités pour les poursuivre. Le 16, d'Aché jetait l'ancre en rade de Pondichéry ; il apportait, fort à propos, un secours de trois à quatre lakhs de roupies en diamants et en piastres ; mais la joie que causait son arrivée fut singulièrement tempérée lorsqu'on l'entendit annoncer son intention formelle de repartir immédiatement pour l'Ile de France. Sachant bien quel serait le résultat infaillible de cette désertion, la flotte anglaise étant encore sur la côte, Lally, que la maladie empêchait d'agir par lui-même, envoya MM. de Leyrit, de Bussy et Landivisiau, avec quelques conseillers, pour adresser des remontrances à l'amiral. Mais d'Aché, brave dans l'action, n'avait ni courage moral ni force de caractère. On ne put lui ôter de l'esprit qu'il avait été battu et qu'il ne pouvait manquer de l'être encore. Il avait rempli, croyait-il, tout son devoir en apportant à Pondichéry les subsides qui lui étaient nécessaires, et il ne voulait rien faire de plus. Ce fut en vain que les commissaires lui assurèrent, et que Lally lui-même lui écrivit, que la flotte anglaise avait souffert plus que la sienne, et que son départ amènerait infailliblement la perte de Pondichéry ; ce fut en vain qu'on le supplia de rester au moins jusqu'à ce que les opérations qui étaient en voie

Le Centaure	74 canons	capitaine	de Surville.	
Le Comte de Provence.	74 »	»	La Chaise.	
Le Vengeur.	54 »	»	Pallière.	vaisseaux
Le Duc-d'Orléans . .	50 »	»	Surville jeune.	de la
Le Saint-Louis . . .	50 »	»	Johanne.	Compagnie.
Le Duc-de-Bourgogne.	60 »	»	Beuvet.	
Le Minotaure . . .	74 »	»	d'Eyville.	

d'exécution autour de Wandewash fussent terminées ; ce fut en vain que le Conseil lui adressa une protestation signée de tous ses membres, rejetant sur lui la responsabilité de la perte de Pondichéry et menaçant de faire de sa conduite l'objet d'un rapport spécial à la couronne. Tout fut inutile. D'Aché, ordinairement si irrésolu et si faible, fut inébranlable sur ce point, et partit pour ne jamais revenir [1]. Les Anglais, renforcés par l'arrivée de trois cents hommes appartenant au bataillon du colonel Eyre Coote, amenés par les quatre navires que commandait le contre-amiral Cornish, décidèrent d'attaquer les cantonnements français sur le Palaur. Dans cette intention, le major Brereton, ayant massé environ deux mille Européens, tenta un coup de main sur Tripatore, le 16 septembre, y fit trente prisonniers, et se transporta rapidement à Wandewash. M. Geoghegan, officier de naissance irlandaise, qui y commandait, en apprenant les premiers mouvements de Brereton, se hâta de rassembler onze cents hommes et de les placer de la manière la plus favorable pour répondre à une attaque. Dans la nuit du 26, Brereton, à la tête de tous ses hommes, tenta d'emporter la place, et obtint, au premier abord, quelque succès. Bientôt cependant, ainsi que Geoghegan l'avait prévu, les troupes se trouvèrent embarrassées dans les rues étroites qui conduisaient de la ville au fort et furent exposées à un feu continu de ce dernier et des troupes françaises qui étaient à l'abri. Les voyant ainsi arrêtées, Geoghegan résolut de tourner leur échec en défaite. A la pointe du jour, il assaillit les Anglais dans les positions qu'ils avaient occupées pendant la nuit, et, après un combat de deux heures, il les en débusqua, en leur faisant subir une perte de onze officiers et de deux cents hommes. La perte des Français fut moins importante quant au nombre ; mais parmi les morts était M. de Mainville, qui avait commandé devant Trichinopoly. Cette victoire aurait pu avoir des résultats importants si la maladie de Lally, l'absence de d'Aché et aussi la prompte arrivée du colonel Coote avec le reste de

---

1. Il partit comme il l'avait dit le 17 ; la protestation qui lui fut envoyée le rejoignit en mer ; après l'avoir reçue, il revint à Pondichéry. Mais au bout de cinq jours il partit définitivement. Lally avance que, le lendemain de ce retour, la flotte anglaise passa devant Pondichéry, toute désemparée, et offrant une bonne occasion de l'attaquer ; mais d'Aché s'en abstint.

son régiment n'avaient coïncidé pour en atténuer les effets. Après avoir été repoussés, les Anglais se cantonnèrent dans le voisinage de Conjeveram pour y attendre des renforts.

Lally, sans espoir d'être secouru d'aucun côté, s'était vu amené à chercher des alliances là où il les avait d'abord méprisées. Depuis que Bussy avait quitté le Décan, les affaires avaient pris de ce côté une tournure très-défavorable aux intérêts français. D'abord, Nizam-Ali, le frère de Salabut-Jung, avait fait revivre ses prétentions et convoitait de nouveau le pouvoir suprême; Salabut-Jung, fidèle à ses anciennes alliances tant que les Français avaient le pouvoir de le secourir, avait, on se le rappelle, marché au secours des provinces cédées; les Français vaincus, on l'avait vu transférer ces provinces aux Anglais et conclure avec eux un traité durable. Nizam-Ali ayant toujours professé une grande haine contre les Français, et la force des choses neutralisant de plus en plus la puissance de Salabut-Jung [1], l'utilité qu'il y avait à rattacher le troisième frère, Bussalut-Jung, aux intérêts français, devint évidente pour Lally. Bussy, qui avait récemment reçu d'Europe sa commission de commandant en second, proposa à Lally de tenter Bussalut-Jung par l'offre de la nababie du Carnate. Lally, ayant déjà conféré cette dignité au fils de Chunda-Sahib, n'était pas très-disposé à suivre ce conseil; mais, dans son désir de ne négliger aucune chance favorable dans sa position si difficile, il dit à Bussy de se rendre aussitôt à Wandewash et d'y conclure le meilleur arrangement qu'il pourrait avec Bussalut-Jung.

Depuis le siége de Madras, Bussy, dont la santé était fort altérée, n'avait plus quitté Pondichéry. Cependant, en recevant les instructions de Lally, il partit pour Wandewash, où il arriva le lendemain du jour où les Anglais avaient été repoussés. Ses ordres portaient de se faire reconnaître comme commandant en second, de n'y demeurer que vingt-quatre heures, puis de prendre toute la cavalerie européenne et les trois compagnies d'infanterie, et de se rendre au camp de Bussalut-Jung pour y régler les conditions d'une alliance.

---

1. Il peut être intéressant pour ceux qui ont suivi jusqu'ici l'histoire de Salabut-Jung de savoir qu'il ne survécut pas longtemps à l'abandon de l'alliance française. Il fut emprisonné par Nizam-Ali en 1761, et assassiné par son ordre en 1763.

En arrivant, il apprit l'échec des Anglais, ce qui lui fit modifier quelque peu ses instructions. Il pensa que les Anglais pourraient bien être préparés à le rencontrer dans la plaine ouverte, et il salua la perspective de les combattre pour son propre compte. Ayant donc réuni toutes ses forces, il repartit, trois jours après son arrivée, pour Tripatore, qu'il prit. Mais ayant bientôt découvert que les Anglais s'étaient retirés à Conjeveram, il renvoya l'armée à Wandewash, ne gardant avec lui que l'escorte ordonnée pour se rendre à Arcate. Il y fut retenu pendant une semaine par les pluies et par diverses autres causes; puis il partit pour le camp de Bussalut-Jung qui, pendant tout ce temps, attendait avec anxiété son arrivée. A peine était-il en route, qu'il fut rappelé par la fâcheuse nouvelle que l'armée de Wandewash s'était révoltée. Ce n'était que trop vrai : le 17 octobre, à l'aube du jour, à un signal donné, la portion européenne de l'armée française s'était emparée de l'artillerie de campagne, avait abandonné ses officiers et ses étendards, et s'était avancée à six milles dans la direction de Madras. Là, les mutins firent halte et élirent des officiers parmi leurs sergents, en remplacement de ceux qu'ils avaient abandonnés. Un nommé La Joie, sergent-major du régiment de Lorraine, fut nommé commandant en chef. Les nouveaux officiers, après avoir pris toutes les dispositions nécessaires à l'ordre et à la défense du camp, rangèrent leur troupe en bataille et adressèrent une lettre à Lally pour l'informer qu'ils lui accordaient un délai de quatre jours pour réfléchir et payer leur solde arriérée ; qu'à l'expiration de ce délai, ils en arriveraient à des mesures extrêmes, si leurs demandes n'étaient pas satisfaites.

Le fait est que les soldats, qui ne touchaient pas de solde depuis dix mois, avaient été abusés par le bruit, répandu à dessein, que Lally venait d'expédier sur une frégate un trésor qu'il s'était amassé. Heureusement que le sergent-major La Joie était tout dévoué à son général, et n'avait accepté son grade que dans l'intention de faire promptement rentrer les révoltés dans le devoir. Ses efforts en ce sens furent secondés par la conduite prudente de Lally. Il était au Conseil lorsqu'il reçut la nouvelle de cette révolte ; il fit aussitôt appel au patriotisme de ses membres pour que, dans cette situation urgente, ils l'assistassent de leurs souscriptions, et s'inscrivit en tête de la liste pour vingt mille roupies. Beaucoup de ceux qui étaient présents, y compris le Père Lavaur, M. Boileau et le chevavalier de Crillon, répondirent avec empressement à cet appel. Leyrit, non content de se tenir personnellement à l'écart, affirma qu'il ne pouvait rien fournir sur les fonds publics, parce que les diamants et les piastres apportés par d'Aché n'étaient pas encore convertis en argent. Néanmoins, on réunit une somme suffisante pour distribuer la solde due pour six mois. Le vicomte de Jumel, adjudant-général de l'armée, porteur de ces fonds, partit afin de négocier avec les troupes. Les soldats révoltés ne voulant pas écouter les représentations de cet officier, Lally envoya, à sa place, Crillon, qui avait toujours exercé une très-grande influence sur eux. Après quelques pourparlers, ils consentirent à recevoir six mois de paye immédiatement et le complément au 10 novembre; ils demandèrent amnistie complète pour le passé et le retour de leurs officiers dans leurs postes. Ils ajoutèrent qu'ils étaient tous animés de sentiments très-français, qu'ils étaient prêts à se battre pour leur pays et l'honneur de leur Roi, en se soumettant à leurs supérieurs[1]. Les troupes rentrèrent ainsi dans le devoir; mais cette révolte eut pour effet de faire évanouir toute espérance d'une action combinée avec Bussalut-Jung, car ce prince, déjà impatient d'attendre si longtemps Bussy, se retira, lorsqu'il apprit la rébellion, dans la direction d'où il était venu. Bussy, après avoir apaisé le mécontentement qui s'était manifesté dans ses troupes, poursuivit sa route; quand il atteignit le camp de Bussalut-Jung, il trouva que la tournure prise par les affaires avait indisposé celui-ci à l'égard de l'alliance française. Bussy dut donc se borner à lever de l'argent et des troupes parmi ses anciens amis, et revint à Arcate.

Pendant ce temps, Lally, après avoir rétabli l'ordre dans ses troupes, résolut d'exécuter un projet que la plus impérieuse nécessité aurait pu seule justifier : c'était de diviser ses forces et d'en envoyer une partie pour inquiéter les Anglais sur Trichinopoly. Il semblait vraiment téméraire de diminuer ainsi le corps avec lequel il devait rencontrer, dans la saison rigoureuse qui s'approchait, l'armée

---

1. *Mémoire pour Lally*, p. 142.

renforcée des Anglais, et cette détermination fut jugée ainsi par Leyrit et d'autres membres du Conseil. Mais Lally était dans une grande perplexité : il n'avait pas assez d'argent pour payer toutes ses troupes, et il était fort convaincu qu'il y en avait une partie, les Européens, qui ne valaient pas la peine d'être payés. Il pensait donc faciliter ses mouvements en éloignant une force armée en laquelle il n'avait aucune confiance, tandis qu'il alarmait les Anglais pour la sûreté d'une ville qu'ils avaient tenue depuis si longtemps et dont la garnison allait se trouver ainsi confinée dans les murailles. Prenant avantage de ce que les Anglais avaient été repoussés devant Devicotta, il détacha Crillon à Seringham à la tête du bataillon de l'Inde et de trois compagnies de grenadiers. Crillon emporta d'assaut cette île, le 21 novembre; puis, laissant au bataillon de l'Inde le soin de maintenir la garnison dans le respect, il rejoignit Lally avec ses grenadiers.

Tandis que Crillon était engagé dans cette expédition, Lally, rétabli de sa maladie, s'était rendu à Wandewash et avait marché de là, avec son armée, sur Arcate. Il y fut rejoint, le 10 décembre, par Bussy avec trois cent cinquante Européens et deux mille irréguliers. Le commandant de ces derniers s'était muni de réclamations envers le gouvernement français, pour des arriérés de solde considérables. Il ne perdit pas de temps pour les présenter, et il le fit d'une façon telle, que, pour employer l'expression de Lally, ils ressemblaient plus à une troupe de créanciers qu'à un corps auxiliaire. Pour s'assurer la cavalerie indigène qui lui était indispensable dans cette campagne, Lally négocia avec Morari-Rao pour qu'il lui fournît deux mille cavaliers [1].

La campagne qui allait s'ouvrir entre les deux nations promettait de décider, au moins pour quelque temps, du sort du Carnate. La défaite devait entraîner d'autres désastres pour la nation vaincue, surtout pour les Français, qui n'étaient pas maîtres de la mer et dont les ressources étaient presque épuisées, tandis que les Anglais avaient la possibilité de se retirer sur le Bengale, ou tout au moins d'attendre le retour certain de leur flotte après la mousson. Dans

---

1. Ces hommes étaient engagés moyennant vingt-cinq roupies par mois.

de semblables circonstances, il semble qu'il eût été politique pour Lally d'attendre, d'éviter un engagement, d'entraver les communications des Anglais afin de les mettre dans une position désavantageuse pour combattre, s'ils y étaient déterminés. Telle était l'opinion de Bussy. Mais Lally se trouvait dans une situation où il ne pouvait plus guère agir selon les lois de la guerre. L'absence des troupes envoyées à Seringham l'avait forcé à être témoin impassible de la prise de Carangoly et de Wandewash par les Anglais. Cette inaction avait naturellement produit un mauvais effet sur ses soldats, et pour agir autrement, il aurait fallu des approvisionnements et des fonds ; il n'avait ni les uns ni les autres. Il lui parut absolument indispensable d'agir avec décision et vigueur ; aussi, le 10 janvier, dès que Crillon fut de retour de Seringham, Lally, feignant un mouvement de retraite sur Pondichéry, divisa son armée en deux colonnes. Il se plaça à la tête de l'une d'elles, et ayant, pendant la nuit, changé sa direction, il traversa le Palaur et marcha rapidement vers Conjeveram, sans s'arrêter à la Pagode ; il pilla la ville, s'empara de deux mille jeunes bœufs et d'autres provisions, puis ayant rejoint l'autre colonne qui s'était avancée pour le soutenir, il se dirigea le lendemain vers Tripatore. Ayant, par ce mouvement, attiré à Conjeveram le colonel Coote avec une portion de son armée, et obtenu des provisions pour ses hommes, il partit, le 14, à la tête de six cents Européens et de quelques troupes indigènes, pour reprendre Wandewash ; le gros de l'armée était resté à Tripatore sous Bussy.

Le fort de Wandewash était entouré de la ville du même nom, et celle-ci était protégée par un mur flanqué de petites tours et entouré d'une haie dont une grande partie était encore défendue par un fossé. Le plan de Lally était de surprendre et d'enlever la ville, puis de placer dans les rues étroites, à une petite distance du fort, une batterie qui y ferait une brèche et en faciliterait la prise, avant que les Anglais, qu'il avait détournés sur Conjeveram, pussent être revenus. Ce plan hardi était bien conçu et praticable ; mais il exigeait, dans son exécution, beaucoup de célérité et d'audace. Nous allons voir que ces deux conditions firent défaut.

Dans la nuit du 12, il forma son armée en deux colonnes dont l'une, sous les ordres de M. de Genlis, devait faire une fausse attaque pendant qu'il en ferait lui-même une réelle. Mais les soldats de Genlis, marins pour la plupart, furent saisis d'une panique, et se replièrent sur l'autre colonne qui, les prenant pour des ennemis, tira dessus. L'attaque nocturne fut ainsi manquée. Cet échec excita la colère de Lally, qui s'écria : « Puisqu'ils ont échoué de nuit, je leur apprendrai à le faire de jour. » Remplaçant M. de Genlis par M. de Verdière, il ordonna les mêmes dispositions que la veille au soir. Un corps s'avança jusqu'auprès du mur ; les soldats se couchèrent à terre pendant que les colonels de Crillon et de Poëte s'avançaient pour sonder le fossé ; le feu devint si vif que les soldats de la colonne hésitèrent un moment à s'avancer, mais Lally s'élança en avant, brandissant son épée, et criant que le moment était venu de lui montrer leur bon vouloir ; il les entraîna, et la ville fut prise.

Le moment était venu d'agir avec toute la célérité possible. Établir une batterie en barbette et ouvrir le feu dès que la construction en serait achevée, tel était le plan de Lally. Mais son ingénieur en chef, M. Durre, insista pour procéder comme dans un siège régulier. « Les soldats, écrivait Lally, disaient ouvertement qu'il leur semblait être devant Luxembourg. » Il résulta de cette belle tactique que quatre jours se passèrent à construire les batteries, deux autres à les rectifier, et le septième les Anglais arrivèrent au secours de la place.

Cette importante opération ayant ainsi échoué, pour avoir manqué des deux qualités les plus essentielles, et il ne restait plus à Lally que les chances d'une bataille. L'arrivée de Bussy dans la soirée du 20 le mit en état, après avoir laissé dans les batteries cent cinquante Européens et trois cents Cipayes, de conduire sur le champ de bataille cent cinquante cavaliers et treize cents cinquante fantassins européens, dont deux cents marins. Il avait en outre deux mille cavaliers mahrattes et mille huit cents Cipayes ; mais ceux-ci, sauf trois cents, refusèrent de marcher à un moment où il ne restait au camp que soixante Mahrattes, les autres étant partis pour fourrager. Les forces du colonel Coote se composaient de dix-neuf cents Européens, dont quatre-vingts cavaliers et mille trois cents cinquante indigènes [1]. En apprenant des vedettes mahrattes que les Anglais s'approchaient, Lally se hâta de ranger ses hommes sur une seule ligne ; sa gauche, appuyée à une fontaine, était protégée par un retranchement ; elle formait un angle obtus avec sa ligne, et commandait le terrain par lequel l'ennemi devait passer. Le retranchement était gardé par des marins et armé de deux pièces de canon ; son centre n'avait pas d'appui, mais à quatre cents mètres en arrière, il existait deux défilés protégés par une chaussée et gardés par cinquante hommes avec deux canons. Ces cinquante hommes étaient alignés devant l'entrée des défilés de manière à figurer une réserve destinée à soutenir la première ligne. Les pièces d'artillerie, au nombre de seize, étaient rangées entre les régiments, et la cavalerie était à droite ; Lally commandait le centre et Bussy la gauche. Coote, par une suite d'habiles opérations, avait réussi à se rendre maître d'une position qui lui permettait de forcer le combat. Dès qu'il eut reconnu les dispositions prises par les Français, il rangea ses troupes en ligne de bataille et marcha en avant. Il commandait lui-même la première ligne composée de son propre régiment et d'un bataillon de Cipayes : venaient ensuite les deux régiments de la Compagnie et celui du colonel Draper sur la gauche. Sa position était oblique par rapport à celle des Français, et quand il s'approcha, les canons voisins de la fontaine ouvrirent leur feu ; Lally, croyant remarquer quelque confusion produite par ce feu dans la gauche anglaise, jugea le moment opportun pour charger avec la cavalerie. Il lança son cheval au galop pour gagner la droite, et, se plaçant à la tête de la cavalerie, il commanda la charge. Pas un homme ne bougea ! Lally, attribuant cette inaction au mauvais vouloir de l'officier commandant, le cassa sur-le-champ, et donna l'ordre au commandant en second, d'Aumont, de le suivre. Celui-ci refusa également. Lally le mit aux arrêts et, s'adressant aux soldats eux-mêmes, leur commanda de charger. M. d'Héguerty s'avança aussitôt avec l'escadron de gauche, s'écriant qu'il serait honteux d'abandonner le général ;

---

1. Nous avons puisé ces renseignements dans les rapports de Lally pour les Français, et dans l'ouvrage de M. Orme pour les Anglais.

tous le suivirent alors. Lally fit un détour pour prendre en flanc le corps ennemi ; il n'en était plus qu'à cent mètres et chassait devant lui la cavalerie anglaise, lorsque Draper, averti du danger par le retard qu'avait causé dans la marche des Français le refus d'avancer, amena deux pièces chargées à mitraille, et en ouvrit le feu sur la cavalerie française ; il fut si bien dirigé que quinze hommes du premier rang tombèrent immédiatement ; les Anglais n'auraient certainement pas eu le temps de recharger si les Français avaient continué d'avancer ; mais la confusion se mit parmi eux, et ils s'enfuirent en abandonnant leur chef. Lally, ainsi laissé seul, se tourna vers l'infanterie du centre sur laquelle tiraient déjà les canons anglais de l'autre partie de la ligne ; il les trouva impatients d'avancer : se mettant à leur tête et les formant en colonne, il marcha contre les Anglais. Sans égard pour le feu qui éclaircissait ses rangs à mesure qu'elle avançait, la colonne française chargea, et son poids rompit la ligne anglaise qu'elle attaquait. La portion qui était restée entière se réunit sur le flanc de la colonne, où elle répandit le désordre. Les soldats se trouvèrent alors si rapprochés les uns des autres qu'il s'engagea un combat corps à corps, dont le résultat était encore douteux quand un funeste accident, arrivé sur la gauche de la ligne française, vint décider du sort de la journée.

Nous avons dit que la position de Lally avait pour point d'appui, à son extrême, gauche une fontaine devant laquelle se trouvait un retranchement formant angle obtus avec sa ligne de bataille. Sur ce retranchement avaient été placées deux pièces d'artillerie faisant un feu continuel sur les Anglais. Tant que Lally put s'y maintenir les opérations de l'autre partie de la ligne n'avaient qu'une importance secondaire, car les Anglais, même victorieux, n'eussent pu continuer le mouvement en avant sans exposer leur flanc. Mais un boulet tombé dans le retranchement fit sauter une voiture de poudre ; le chevalier de Poëte fut tué, et quatre-vingts hommes furent mis hors de combat. Cet accident causa une panique telle que les marins s'enfuirent, abandonnant leurs canons, et ne s'arrêtèrent que quand ils se virent à l'abri derrière la droite. Coote s'étant aperçu de ce qui se passait, ordonna à Brereton de s'emparer du retranchement ; avant que cet ordre eût pu être exécuté, Bussy, qui commandait la gauche, rallia en toute hâte cinquante ou soixante hommes du régiment de Lally, et occupa le retranchement : il arriva à temps pour faire une décharge sur les Anglais qui s'approchaient précipitamment ; Brereton fut tué, mais ses hommes ne s'arrêtèrent pas, et, par leur intrépidité, enlevèrent le poste. Tandis qu'ils s'emparaient ainsi de la clé de la position des Français, la gauche anglaise, délivrée de la cavalerie ennemie, avait marché au secours de son centre et était tombée sur la droite de la brigade de Lorraine. Ce corps, attaqué de front et de flanc, voyant la perte éprouvée sur la gauche, dut se replier en désordre, après avoir perdu son commandant et de nombreux officiers, mais après s'être couvert de gloire. Bussy avait rallié le régiment de Lally pour tenter de reprendre la position perdue et regagner la bataille ; mais, pendant qu'il faisait une charge à la baïonnette, il eut son cheval tué sous lui, et fut fait prisonnier. La brigade ayant ainsi perdu son chef, attaquée en face par une force supérieure, décimée par l'artillerie, menacée sur son flanc droit par la gauche et le centre de l'ennemi, finit par céder et abandonner le terrain. Sur ces entrefaites, la cavalerie française, revenue de sa panique, se plaça en avant et s'interposant entre l'infanterie qui reculait et les Anglais qui avançaient, suspendit la poursuite. Les Français purent alors se rallier à moins d'un mille du champ de bataille et se faire rejoindre par le corps qu'ils avaient laissé devant le fort de Wandewash.

Telle fut la bataille de Wandewash. Par le petit nombre des troupes engagées de part et d'autre, elle devrait être classée parmi les batailles de second ordre ; et cependant, à cause de ses conséquences, elle peut être mise au rang des batailles décisives, car elle porta un coup fatal à la domination française dans l'Inde. Elle ruina de fond en comble l'édifice important que Martin, Dumas et Dupleix avaient successivement élevé ; elle anéantit toutes les espérances de Lally, et scella la destinée de Pondichéry. Après elle, la supériorité sur le champ de bataille que les Français avaient conservée dans le Carnate pendant cette guerre, devint l'apanage des Anglais. Elle fut la cause que Lally, d'assiégeant qu'il était devant Madras, eut la douleur de devenir assiégé dans Pondichéry.

La conduite de Lally, dans cette affaire, les dispositions qu'il prit, le fait même d'avoir livré bataille, ont été sévèrement condamnés par ses détracteurs. Le critique militaire et impartiale doit lui rendre justice sur tous ces points : son plan était le meilleur qu'il pût adopter ; après avoir entraîné Coote, par une habile manœuvre, loin de la ligne de Palaur, il assaille Wandewash, prend la ville, et s'il eût été bien secondé, il prenait aussi le fort. Déçu de ce côté, il se détermine à accepter le combat sur un terrain qu'il avait étudié et choisi. Sans aucun doute, c'est une dangereuse politique que de livrer une bataille quand la ruine doit suivre une défaite ; mais, pour Lally, la bataille était inévitable. Avec des ressources aussi restreintes que les siennes, il n'avait pas les moyens de faire une guerre de manœuvres, dont le résultat inévitable devait être une retraite sur Pondichéry, suivie d'un siège de cette ville. Cette issue étant inévitable, il eut assurément raison de faire la tentative hardie de s'y soustraire.

Mais revenons à sa conduite dans l'action. Ce n'est certes pas lui qui doit être blâmé pour les fautes de sa cavalerie. Si elle l'avait suivi, il aurait, dit-il, causé un si grand désordre dans les rangs anglais, qu'une charge d'infanterie aurait certainement complété la déroute. Il ne peut non plus être responsable de l'explosion qu'il ne pouvait prévoir et qui, en faisant évacuer le fort, amena la perte de la bataille. Ses dispositions étaient bonnes ; le retranchement était une sorte de pivot autour duquel devait manœuvrer son armée, et s'il avait été conservé, Lally ne pouvait être battu. Ce n'est pas la première fois que de semblables accidents ont influé sur le sort des batailles, sans que pour cela la haine et la prévention aient déversé le blâme sur le commandant.

Le reste de la campagne peut se rapporter en un petit nombre de pages. Le lendemain, Lally rétrograda jusqu'à Chittaput, emportant tous ses blessés ; de là, il envoya à Arcate les Mahrattes et les troupes indigènes, puis se retira sur Gengi ; mais les Anglais étaient plus rapprochés que lui de Pondichéry ; il fit une contre-marche sur Valdour, qui n'en était éloigné que de quinze milles : de là, il pouvait couvrir Pondichéry et recevoir des approvisionnements du Sud. Il fut assez heureux pour mener à bien cette opération ; car les Anglais, s'ils avaient poursuivi vigoureusement leur victoire, auraient pu gagner Pondichéry avant lui, et cette place, dépourvue de munitions et de troupes, eût certainement capitulé à la première sommation. Le commandant anglais préféra la méthode plus lente de réduire successivement les places secondaires occupées par les Français, politique qu'il put mener à bien, grâce à l'absence de d'Aché et à l'abandon où la mère-patrie laissait Pondichéry. En suivant cette ligne de conduite, Coote prit successivement Chittaput le 28 janvier, et Arcate le 9 février ; Timéry, Dévicotta, Trinomale et Alumparva succombèrent l'une après l'autre. Karical se rendit le 5 avril : le 15, Lally fut contraint de se retirer de Valdaur jusqu'à la haie qui entourait Pondichéry ; le 20, Chillumbrum, et quelques jours après Cuddalore, tombèrent au pouvoir des Anglais ; il ne restait plus aux Français, dans le Carnate, que Thiagar et Gengi. Il ne faut pas supposer que toutes ces villes fussent prises sans combat. Pour quelques-unes, Lally aurait certainement mieux fait de les évacuer afin de réunir leurs garnisons; mais il devait faire, et il fit de grands efforts pour conserver Karical, le second port de mer des Français et qu'ils possédaient depuis si longtemps [1]. Mais que pouvait-il faire de plus? Les ennemis qu'il trouvait dans Pondichéry étaient pires que ceux qu'il avait à combattre au dehors. Il rencontrait l'égoïsme partout, le patriotisme nulle part. Les habitants se refusaient même à endosser l'uniforme militaire quand il ne s'agissait que d'en faire parade devant l'ennemi. La sédition, la cabale, l'intrigue s'agitaient de tous côtés; chacun s'efforçant d'écraser Lally sous le discrédit et la ruine inévitables qui le menaçait ; chacun traversait ses desseins et, contrecarrant en secret ses ordres, ne s'occupait plus que de s'approprier les épaves du naufrage. Voilà quelle était la condition intérieure de Pondichéry et quels étaient les hommes dont on peut dire qu'un appel à leur patriotisme était un appel à un sentiment depuis longtemps éteint. « De ce moment, dit Lally, Pondichéry, sans argent,

---

[1]. Le commandant de Karical était M. Renaud de Saint-Germain, le même qui avait rendu Chandernagor à Clive. La défense qu'il fit à Karical fut si pauvre et si faible qu'il fut mis en jugement, et condamné à être cassé. Lally dit qu'il méritait la mort.

sans navires et sans vivres, dut être regardé comme perdu. » Quoiqu'il ne s'abusât pas sur l'imminence de cette extrémité, Lally ne négligea cependant aucun effort pour conjurer cette catastrophe. Il traita avec le fameux Hyder-Ali, alors commandant des armées de Mysore, pour avoir les services de dix mille hommes, dont moitié de cavalerie; il lui remit immédiatement la forteresse de Thiagar et lui promit, dans le cas d'une issue favorable de la guerre, de lui céder Trichinopoly, Madura, Tirivelly et toutes les villes qu'il pourrait conquérir dans le Carnate. En raison de ces conventions, Muckdoum-Ali arriva à Thiagar le 6 juin, et à Pondichéry peu de jours après. Les intrigues des Conseillers rendirent ce traité à peu près illusoire ; mais cependant Muckdoum-Ali attaqua, le 18 juillet, un corps de cent cinquante Anglais, cinquante hussards et environ trois mille indigènes et le maltraita tellement que les survivants furent forcés de se réfugier à Tiruvadi ; mais Lally ne se borna pas à des tentatives d'alliances indigènes pour conjurer les dangers qui s'amoncelaient sur sa tête. Malgré sa faiblesse en infanterie européenne, il voulait frapper d'un grand coup l'ennemi qui l'assiégeait. Pour faire comprendre le plan qu'il adopta, il est nécessaire que nous expliquions qu'après l'entrée des Français au dedans de la haie dont Pondichéry était entouré, les Anglais avaient occupé une position d'une étendue d'environ un mille et demi; leur droite s'appuyait sur le fort de Villenour, et leur gauche à la base de la colline de Périmbé. De plus, ils avaient élevé devant Périmbé une redoute armée de trois pièces de canon ; leur centre était protégé par une maison située dans un jardin entouré d'une haie et relié à la ville par une avenue. Le plan de Lally, qui était assez habilement calculé pour mériter le succès, exigeait que, tandis que sa colonne de droite surprendrait la redoute en avant de Périmbé, et le centre protégé par la maison dont nous venons de parler, sa gauche, stationnée sur l'autre bord de la rivière Ariancopan, la traversât pour prendre l'ennemi par derrière, et il était bien présumable que cette attaque multiple lui causerait une grande confusion. Pour éviter les méprises, Lally se rendit la veille sur le terrain avec M. d'Arambure, le commandant de la colonne de gauche, lui indiqua le point où il devait traverser et la direction qu'il devait suivre. Pour être bien sûr d'éviter toute indiscrétion, Lally n'avait fait connaître son plan à aucun des Conseillers. L'assaut de droite réussit complétement; la redoute fut rapidement enlevée; l'attaque du centre fut sérieusement disputée; les Français ne pouvaient mieux se battre. Le colonel Coote, qui jugeait bien toute l'importance de la position, amena ses meilleures troupes pour la défendre; mais, malgré sa résistance, les Français, qui cependant avaient déjà perdu huit sergents et plusieurs soldats, tenaient bon, espérant à tout moment entendre le bruit de l'attaque confiée à d'Arambure. Mais la fatalité semblait être liée à toutes les opérations de Lally, car à l'instant où cet espoir devenait le plus pressant, d'Arambure parut avec ses hommes, non pas derrière l'ennemi, mais bien entre les colonnes assaillantes et la ville! Cet officier, qui en d'autres occasions s'était bien conduit, semblait avoir perdu la tête; il avait traversé la rivière beaucoup au-dessous du point qui lui avait été indiqué, et avait commencé l'attaque justement du côté opposé à celui que Lally avait indiqué. Par ce faux mouvement, il rendit impossible un succès qui aurait différé, s'il n'avait pas même conjuré, la catastrophe qui était si menaçante.

Le 16 septembre, Mouson, qui avait succédé à Coote dans le commandement des forces anglaises, attaqua le poste d'Outgarel, et contraignit les Français à abandonner la défense de la haie d'enceinte et à se retirer sous les murs de la ville. Cette attaque coûta toutefois beaucoup d'hommes aux Anglais; Mouson fut grièvement blessé. Malgré ce mouvement, qui coupait tout secours de la place, Lally résolut de continuer la défense et défendit de prononcer le mot de reddition. Il prit toutes les mesures possibles pour fournir à la subsistance des troupes; des contributions furent levées; on déterra le grain des lieux où il avait été enfoui; des impôts furent décrétés [1]; les indigènes inutiles furent expulsés, et on ne négligea aucune précaution pour prolonger la défense de la ville jusqu'à l'arrivée de d'Aché, dont l'escadre était attendue de jour en jour.

Mais, le 24 décembre, il ne restait dans les magasins que huit

---

1. Les Européens habitant Pondichéry en furent exemptés par le Conseil présidé par Leyrit.

jours de vivres pour les soldats ; il fallait de nouveau considérer la situation. Lally qui, depuis trois semaines, était retenu au lit par la maladie, convoqua un conseil mixte pour délibérer sur les propositions à faire aux Anglais. Les membres du parti opposé à Lally, ne voulant assumer en rien la responsabilité d'une capitulation, éludèrent cette convocation ; mais leur ruse n'eut pas de conséquence, par suite d'un accident imprévu. Le 31 vit éclater dans la rade de Pondichéry une de ces tempêtes qui ne sont pas très-rares sur la côte de Coromandel pendant cette saison. Les effets furent désastreux sur la flotte anglaise ; trois grands vaisseaux furent jetés à la côte à deux milles au-dessous de Pondichéry ; trois autres coulèrent avec quinze cents Européens qu'ils portaient et tous les autres eurent de graves avaries. Les ouvrages du siége ne furent pas épargnés : toutes les batteries et les redoutes élevées par l'armée furent détruites. Les soldats ne pouvant emporter leurs mousquets, les avaient jetés avec désespoir. Les munitions, sauf celles qui avaient été enfermées dans les magasins, furent mises hors d'état d'être employées ; toutes les tentes furent emportées. La confusion était telle que, si la garnison avait fait une sortie, elle n'aurait pas trouvé cent hommes pour s'y opposer. La question en fut réellement agitée dans Pondichéry, et quoique cette opération eût, à cause du vent furieux et de l'inondation causée par l'ouragan, rencontré de grandes difficultés, elle aurait certainement dû être tentée, ne fût-ce que comme dernière ressource. Mais qui pouvait organiser une semblable entreprise ? Lally gisait impuissant sur son lit ; tous ses ordres étaient épluchés, critiqués, mais non exécutés. Quoique l'ennemi fût à leurs portes, les citoyens de Pondichéry étaient encore plus occupés d'entraver le général qu'ils haïssaient, que de s'opposer à l'ennemi qui les menaçait de la destruction. Aucune sortie ne fut faite.

La tempête eut du moins pour résultat de rendre quelque espérance à Lally et à la garnison. Si d'Aché arrivait, ou à son défaut les cinq vaisseaux, la flotte anglaise qui avait déjà souffert, pouvait être détruite. Cette destruction entraînerait la délivrance de Pondichéry, et par suite la suprématie maritime serait obtenue pour au moins un an [1]. La grande préoccupation de Lally fut désormais de se procurer des vivres pour une nouvelle quinzaine. Dans ce but, il envoya prévenir le Père Lavaur qu'il allait faire fouiller son couvent pour y prendre le blé qu'il avait des raisons d'y croire caché. La réponse fut un engagement pris par ce religieux de pourvoir à la subsistance de la garnison jusqu'au 13 janvier.

Il est plus aisé de s'imaginer que de décrire quelles journées terribles se passèrent alors, et comment l'attente de l'arrivée de d'Aché qui, au début, était un stimulant, perdit graduellement sa puissance, et finit par s'anéantir. Les Anglais n'avaient pas perdu de temps, et huit jours après la tempête, ils avaient de nouveau neuf vaisseaux prêts au combat, et de nouvelles batteries remplaçaient celles qui avaient été détruites. La défense était désormais impossible. Les Français n'avaient plus qu'un jour de vivre, et le 14 janvier Lally convoqua un conseil de guerre pour discuter les conditions de la reddition. Leyrit y fut invité, mais il ne s'y rendit pas, et assembla de son côté le Conseil de Pondichéry pour dresser les articles de la capitulation relative aux habitants.

Le lendemain 15, une députation de Pondichéry fut envoyée au camp anglais. Les termes proposés par Lally étaient virtuellement ceux d'une reddition sans conditions, car quoiqu'il refusât de livrer la ville parce qu'il n'avait pas qualité d'en disposer, et parce que, selon lui, les arrangements entre les deux couronnes plaçaient Pondichéry hors du risque de capture, cependant il refusait de le défendre plus longtemps et consentait à se rendre prisonnier de guerre avec ses troupes. Il stipulait seulement un traitement convenable pour les habitants, le respect des maisons religieuses et la sûreté de la mère et de la sœur de Rajah-Sahib. En réponse à ces propositions, le colonel Coote, déclinant la question d'une convention entre les deux couronnes, offrit au commandant français

---

[1]. Il n'existe pas de preuve plus palpable de l'incapacité du gouvernement de Louis XV, que celle que donnait d'Aché par son oisiveté dans ces conjonctures. Sur la simple rumeur que le gouvernement anglais discutait un plan d'attaque contre Bourbon, le cabinet de Versailles envoya à d'Aché l'ordre de ne pas quitter cette île, ou de ne la quitter que pour fort peu de temps. Ainsi, sur un bruit vague, le ministère français n'hésita pas à sacrifier l'Inde. Il tint la flotte éloignée du point que menaçaient une armée et des vaisseaux de guerre, pour la maintenir dans un lieu qui n'était qu'hypothétiquement menacé !   (*Mémoire du comte de Lally; fragments de Voltaire.*)

des termes identiquement semblables à ceux qu'avaient offerts l'amiral Watson à Renaud, à Chandernagor, et Lally lui-même au commandant du fort David. Il stipula que la garnison et les habitants se rendraient, sans condition, prisonniers de guerre. Coote ajoutait seulement la promesse de donner à la famille de Rajah-Sahib une escorte sûre pour la conduire à Madras, et de traiter favorablement la garnison.

Le lendemain matin les troupes anglaises entrèrent dans la ville par la porte de Villenour, et le soir elles occupaient la citadelle. Les instants qui précédèrent cette prise de possession, sont ainsi racontés par l'historien anglais de cette guerre, alors membre du Conseil de Madras. Dans l'après-midi, écrit M. Orme, la garnison se rangea en armes sur l'esplanade devant la citadelle, et ayant les Anglais en face. Le colonel Coote passa la revue de cette ligne qui, en dehors des officiers commissionnés, des invalides et autres qui s'étaient cachés, s'élevait à onze cents hommes tous portant sur leurs traits l'empreinte de la famine et de la maladie. Les grenadiers de Lally et de Lorraine, jadis les hommes d'élite de l'armée, semblaient avoir le plus souffert, et cela se comprenait, car ils s'étaient prodigués à tous les services, et l'on se rappelait que depuis le jour de leur débarquement, malgré tous les dangers du champ de bataille et toutes les souffrances d'un siége, pas un n'avait déserté. En contemplant ce triste sort, qui aurait pu être le sien, le vainqueur laissa échapper un soupir de compassion. Un bandit seul eût pu y rester insensible.

Les scènes qui suivirent la reddition furent peu honorables pour les fonctionnaires franco-indiens de Pondichéry. Quand, sur l'ordre de Coote, Lally, porté sur un palanquin et entouré d'une escorte anglaise, partit pour Madras, il fut insulté par une troupe de quatre-vings individus dévoués à Leyrit, et parmi lesquels on put voir deux membres du Conseil. Ces misérables, qui avaient avoué ouvertement leur intention d'attenter à sa vie, ne furent empêchés d'exécuter leur dessein que par la présence de l'escorte. Mais quand, quelques instants après, Dubois, l'intendant du général, qui avait en sa possession de très-précieux documents prouvant la corruption qui régnait dans la ville, tenta de rejoindre son supérieur. Il fut l'objet des plus violentes menaces. Dubois, âgé de près de soixante-dix ans et presque aveugle, était courageux ; il se retourna pour répondre aux invectives de ceux qui le poursuivaient et mit l'épée à la main. Il fut aussitôt percé de part en part par un nommé Defer, et les conspirateurs se hâtèrent de s'emparer de ses papiers. C'est avec raison qu'un historien français en rapportent ce fait de deux épées françaises se croisant sur le seuil de la ville que des dissensions intestines faisaient perdre à la France, s'écrie « que c'est une image et un résumé frappant de l'histoire de ces trois dernières années dans l'Inde. »

On nous pardonnera si nous abandonnons un instant le fil de notre histoire pour suivre Lally jusqu'à la fin de sa carrière. Envoyé de Madras en Angleterre, il vit, en y arrivant, que la fureur et la haine auxquelles il avait été en butte dans l'Asie, l'avaient suivi en France. Ayant obtenu du gouvernement anglais la permission de se rendre sur parole à Paris, il tenta de produire contre Leyrit et les conseillers, les accusations dont il les avait menacés dans l'Inde. Cette tentative eut pour résultat de réunir contre lui tous ceux dont il incriminait la conduite. Bussy et d'Aché, Leyrit et Moracin, le Père Lavaur et les conseillers de Pondichéry firent cause commune contre lui. L'effet des assertions convergentes de ces divers ennemis fut tel que le duc de Choiseul lui donna le conseil de chercher le salut dans la fuite. Mais lui, sûr de son innocence, préféra répondre devant les tribunaux aux accusations dirigées contre lui.

Les procédures traînaient en longueur, lorsque le Père Lavaur mourut en 1763. On dit que, pour se garantir de toute éventualité, ce Père avait écrit deux mémoires sur les événements de Pondichéry : l'un favorable et l'autre hostile à Lally. Ces mémoires étant tombés entre les mains de ceux qui avaient été les promoteurs de l'accusation, ils auraient supprimé le mémoire favorable et publié l'autre [1]. Quelque étrange que cela puisse paraître à notre époque, le mémoire fut considéré par le Parlement de Paris comme une preuve, et influa beaucoup sur le sort de l'accusé [2]. Tout secours

---

1. VOLTAIRE, ORME.
2. « Personne, écrivit le colonel Coote après la victoire, n'a une plus haute opinion

légal lui fut refusé par ses juges, et après avoir langui pendant trois ans en prison, agonie qui n'était qu'une suite de l'adversité qui l'avait poursuivi dans l'Inde, il fut convaincu, à la majorité, d'avoir trahi les intérêts du Roi et de la Compagnie et condamné à être décapité. La requête en commutation de peine que présenta le maréchal de Soubise, au nom de l'armée, ne reçut qu'un froid refus et, le 9 mai 1766, Lally, bâillonné, fut conduit en charette de sa prison à l'échafaud ! Exemple terrible du sort qui, dans la France de Louis XV, attendait ceux dont les défauts n'étaient, après tout, que ceux du genre humain, et qui, après avoir consacré toute leur énergie à leur pays, avaient le malheur de ne pas réussir. La France révolutionnaire annula la sentence portée par la France des Bourbons sur Lally et rétablit son nom à sa place dans les annales de sa patrie. Il se trouve encore quelques personnes qui, tout en déplorant une fin si prématurée et si imméritée, ne reconnaissent pas la justice de la révision de la sentence prononcée contre Lally, mais personne ne songe à s'informer du sort de ceux qui, par leur incapacité, leur corruption et leur malveillance, forgèrent la massue sous laquelle il succomba. Quant à Bussy, chez lequel il y avait tant d'avenir, et dont, jusqu'à une certaine époque, les actes furent si brillants, mais qui déserta Dupleix au temps de ses malheurs et se joignit à la cabale contre Lally, après avoir vécu dans un grand luxe, grâce à l'immense fortune qu'il avait acquise dans l'Inde [1], il ne retourna vingt ans plus tard dans le Carnate, à la tête d'une belle armée, que pour y perdre sa réputation et y mourir. La Compagnie qui, en toute occasion, s'était montrée si pusillanime, si injuste et d'un esprit si étroit, qui avait ruiné et persécuté jusqu'à la mort le plus illustre des proconsuls qu'elle eût envoyés dans l'Inde ; la Compagnie qui avait été la complice du triste sort de Lally, ne survécut pas longtemps à son exécution. Elle mourut en 1769.

que moi de Lally. Il a lutté contre des obstacles que je croyais insurmontables, et il les a vaincus. Il n'a pas existé un autre homme dans l'Inde qui eût pu maintenir sur pied pendant aussi longtemps une armée sans solde et qui ne recevait de secours de nulle part. »

Un autre officier anglais écrivait à Madras à la même époque : « La preuve convaincante de sa capacité, c'est d'avoir organisé une défense aussi prolongée et aussi vigoureuse, dans une place où la haine à son égard était universelle. »

1. Non-seulement Bussy, mais Leyrit, et tous les conseillers de Pondichéry, rapportèrent des fortunes énormes.

La chute de Pondichéry n'était que l'avant-coureur de la capture des autres places que défendaient encore les Français dans l'Inde méridionale. Le 4 février, Thiagar se rendit au major Preston, et le 13, Mahé au major Munro. Gengi présenta de plus grandes difficultés, mais cependant, le 5 avril, la garnison jugeant la situation sans ressources se rendit à des conditions honorables au capitaine Stephen Smith. Parmi les troupes françaises au service de la Compagnie, trois cents hommes qui, pendant le siége, se trouvaient détachés sous les ordres de MM. Alain et Hugel, prirent du service sous Hyder-Ali ; cent furent incorporés dans l'armée anglaise, dans laquelle, du reste, ils se montrèrent aussi indisciplinés que lorsqu'ils étaient sous les ordres de leurs compatriotes ; les autres furent prisonniers de guerre.

Nous arrivons à la conclusion de l'histoire de cette époque féconde en épisodes et où les noms les plus illustres peuvent revendiquer une part dans les conceptions les plus remarquables, les plus grandioses qui aient jamais été exécutées sur le sol indien. Commençant avec des moyens fort restreints, puis soudain éblouissant le monde entier par ses hauts faits, l'entreprise française fut prématurément ensevelie dans l'humiliation et le malheur. Dans cette guerre, la plus fâcheuse de toutes celles que soutint la France, elle eut le triste sort d'être vaincue sur le continent à l'époque même où elle perdait ses possessions en Orient et en Occident. D'abord, en voulant sauver le Canada, elle perdit la meilleure chance qu'elle eût jamais eue de conquérir l'Inde méridionale, car on ne peut douter que Lally n'eût été partout victorieux sur la côte de Coromandel et n'eût été à même d'exécuter avec succès ses desseins sur le Bengale, s'il avait disposé des troupes, des vaisseaux et de l'argent que le Gouvernement lui retira au dernier moment. Cette diversion, tout en faisant échouer l'entreprise contre l'Inde anglaise, ne sauva cependant pas le Canada. Après sa chute, la vraie politique aurait exigé qu'on renforçât Lally dans le Carnate. Mais les troupes et les fonds qui lui auraient encore donné le pouvoir de réaliser les plans qu'il avait conçus, furent gaspillés parmi les légions de danseuses et de barbiers que commandaient les créatures de Mme de Pompadour, les Soubise, les Richelieu, les

Contade [1]. Pour entretenir ces armées si coûteuses qui n'étaient pas même en état de tenir tête à un lieutenant du roi de Prusse, et leurs états-majors encore plus ruineux, on abandonnait l'Inde, sans lui donner l'argent indispensable à une campagne, sans renforts et même sans quelques vaisseaux qui auraient pu suffire pour la sauver. A quelque point de vue que les Français d'aujourd'hui puissent déplorer la corruption qui avait gagné tous les fonctionnaires de Pondichéry, le manque d'unanimité du Conseil et les intrigues des conseillers; quelque condamnation qu'ils puissent porter contre l'absence de dévouement patriotique qui amena sa chute, ils devront toujours faire peser le blâme le plus sévère sur le Gouvernement français et sur le monarque sensuel sous l'autorité duquel les ressources du royaume étaient dissipées avec tant de prodigalité. Tandis que l'Inde anglaise recevait d'abondants renforts d'hommes et de vaisseaux et ne se trouvait pas encore bien traitée parce que, dans le cours de la dernière année, elle n'avait pas reçu son subside annuel en espèces, l'Inde française, depuis l'arrivée des troupes de Lally, n'avait guère reçu que deux millions de francs de la mère-patrie! Il ne pouvait y avoir qu'un résultat à ce mode de soutenir une colonie, et il se produisit le 16 janvier 1761.

Nous n'hésitons pas à assigner cette date à l'échec final qu'éprouvèrent les efforts de la France tendant à créer un empire dans l'Inde, parce que, jusqu'au moment de la capitulation de Pondichéry, il était toujours possible d'en différer la chute, et les Français conservaient des chances de regagner leur supériorité. Jusqu'au premier janvier 1761, l'action énergique de conseils bien unis, aurait encore pu anéantir l'armée assiégeante. D'Aché, arrivant le 6, eût forcé la levée du siége et peut-être consommé la destruction de la flotte anglaise. Mais les événements du 16 janvier rendirent à jamais impossible la suprématie française dans le Carnate. Il est vrai que la paix de Paris, signée en 1763, rendit à la France Pondichéry et les autres possessions dans le Sud, mais elles étaient démantelées et sans défenses; leur commerce était à peu près ruiné; leur influence détruite; la défaite et la ruine avaient laissé leur empreinte

---

1. Le lecteur trouvera dans le *Frédéric-le-Grand* de Carlyle, tous les renseignements désirables sur le personnel dont étaient suivies les armées de Soubise et de Richelieu

sur les habitations ; elles furent rendues quand l'Angleterre, mettant à profit un temps précieux, se fut solidement enracinée dans le sol. La différence qui existait dans la puissance et la force des établissements rivaux, se vit clairement en 1778 lorsqu'à la rupture de la paix entre la France et l'Angleterre, Pondichéry fut sur-le-champ investi et pris par une armée britannique [1]. Il est bien vrai que pendant cette guerre les Français firent un effort désespéré pour tirer parti des malheurs de l'Angleterre en Amérique, en envoyant dans l'Inde trois mille hommes sous Bussy et une flotte sous Suffren pour secourir Hyder-Ali, le seul véritable antagoniste qu'eussent encore les Anglais de Madras. Mais tandis que sur mer les hauts faits du plus grand des amiraux français couvrirent d'une auréole de gloire ce dernier effort fait par les Français pour expulser les Anglais du Carnate, sur terre, la campagne ne produisit que des désastres. A partir de cette époque ce but fut abandonné ; des partisans ou des aventuriers représentèrent la France à la cour des princes indigènes et s'efforcèrent, mais en vain, de tendre à un résultat qui depuis le 16 janvier était hors de toute atteinte.

Ne trouvera-t-on pas dans la différence de caractère des nations rivales une explication de cette issue fatale pour la France ? Dans mon opinion, la réponse doit être affirmative : cette différence exerça une grande influence. Sans aucun doute l'Angleterre possédait, dans les grandes richesses de sa Compagnie, dans la plus grande influence de ses Directeurs auprès du Gouvernement et dans le système librement parlementaire, des avantages dont la France était dépourvue. Nous croyons que les Directeurs de la Compagnie anglaise, étant souvent des membres du Parlement, jouissaient, à ce titre, d'une influence considérable sur le ministère et en usaient pour activer les décisions et veiller à la prompte expédition des flottes royales qui devaient défendre les possessions de la Compagnie. Cette célérité dans les opérations eut une grande importance pour les intérêts anglais. Au contraire, sous le régime despotique qui prévalait alors en France, l'action du Gouvernement se faisait rarement sentir d'une manière bienfaisante pour l'Inde, et sauf de

---

1. Pondichéry fut restitué à la France par la paix de 1783, repris en 1793, rendu à la paix d'Amiens, pris de nouveau en 1803 et finalement rendu en 1814 et 1815.

rares exceptions, la Compagnie n'eut que ses seuls vaisseaux pour défendre ses possessions. Tandis que l'Angleterre, agissant de concert avec sa Compagnie, comprenait que les intérêts de son empire exigeaient son souverain concours, la France de Louis XV, dans toute la période dont nous nous sommes occupé, ne s'éleva qu'une seule fois au niveau nécessaire pour considérer l'Inde à son vrai point de vue, et alors, ainsi que nous l'avons dit, sa politique irrésolue et sans suite fit avorter l'entreprise. Mais quoique ceci ait été la principale cause de la chute de l'Inde française, le caractère des agents qui y furent employés concourut puissamment aussi à la catastrophe. Nous confessons qu'avant d'avoir étudié sérieusement les documents officiels qui sont la base de cette histoire, nous ne pouvions comprendre comment des caractères aussi brillants, aussi énergiques, aussi entreprenants que ceux de Dupleix, La Bourdonnais, Bussy et Lally avaient pu échouer en face d'adversaires qui, sauf Clive, leur étaient inférieurs en capacité. Mais, après examen, la solution du problème est devenue facile. Ces quatre hommes célèbres ont brillé d'un éclat d'autant plus grand, qu'ils n'ont été le plus souvent entourés que de satellites désordonnés. Ce sont eux, ou plutôt, car il s'élève bien au-dessus des autres, c'est Dupleix qui projette l'éclat de son grand nom sur tout ce que ses compatriotes ont tenté en vue de créer l'empire français dans l'Inde. Il fit tout, et ne fut secondé par personne, si ce n'est par Bussy. Ce fut lui qui fit pénétrer la renommée de la nation française jusque dans les palais de Delhi, et qui conçut une politique dont ses rivaux s'emparèrent pour la suivre. Il ne réussit pas, parce que, dans sa patrie, il ne trouva pas d'appui, et que, dans l'Inde, il fut seul au milieu de ses compatriotes. Les combats livrés pour la possession de Trichinopoly montrent que ses soldats ne voulaient pas, même dans les circonstances les plus favorables, gagner des batailles. Il pouvait tout, excepté leur communiquer son esprit. Dans toutes les choses importantes, il était seul.

Si, d'un autre côté, nous examinons la conduite des Anglais, nous y trouverons de nombreux exemples du caractère persévérant de cette nation. A part Clive, qui ne parut que peu de temps sur la scène, il n'y eut pas, dans les établissements anglais, un homme dont le génie égalât celui de Dupleix ; mais aussi il y en eut beaucoup qui étaient bien supérieurs à ses subordonnés, Bussy toujours excepté. L'audace de Lawrence, l'opiniâtreté ferme de Saunders et de son Conseil, la vigueur et le talent de Calliaud, de Forde, de Joseph Smith, de Dalton et de bien d'autres, offrent un contraste frappant avec la faiblesse, l'indécision et l'incapacité des Law, des d'Auteuil, des Brennier, des Maissin, et autres que Dupleix fut forcé d'employer. Jamais, au contraire, l'Angleterre ne fut mieux servie que pendant ces luttes ; jamais on ne fit preuve, soit parmi les employés civils, soit parmi les militaires, de plus de dévouement patriotique au devoir, qui doit être le but le plus élevé d'un véritable serviteur de la patrie. Dans l'établissement français, peu de subalternes étaient dévorés de ce feu. Les efforts des plus grands commandants furent toujours contrariés et traversés par la jalousie et le mauvais vouloir de leurs inférieurs. Nous voyons La Bourdonnais, sacrifiant les plus grands intérêts de la France à sa jalousie à l'égard de Dupleix ; Godeheu, mû par le même sentiment, détruisant tout ce qu'avait élevé son prédécesseur ; Maissin refusant d'anéantir les Anglais à Trichinopoly ; Leyrit et son Conseil contre-carrant Lally ; jusqu'aux Conseillers se disputant des gains illicites, se souillant de péculat, et employant à se ruiner réciproquement toutes les facultés qu'ils auraient dû réunir pour lutter contre l'ennemi commun. Le résultat d'un tel concours de circonstances était facile à prévoir ; ce n'était qu'une question de temps, mais il était inévitable. Sans Dupleix, jamais les enjeux que les deux pays risquaient n'auraient été si considérables. Ce fut Dupleix qui créa l'Inde française, et ce fut la France qui la perdit.

A l'époque où nous vivons, bien des cœurs français doivent encore éprouver de justes regrets au souvenir de la perte d'un empire si vaste et si puissant, déjà peuplé d'hommes civilisés au temps où notre Europe ne l'était encore que de sauvages.

Mais, quelle que soit l'amertume inspirée par les fautes graves du gouvernement d'alors, et les immenses revers dus aux passions de ses représentants, elle doit être tempérée par un légitime orgueil à la pensée que c'est un enfant de la France qui osa le premier aspirer à cette domination, et que si les habitants de l'Indoustan font désormais partie de la grande famille européenne, c'est grâce à l'impulsion donnée par lui, et que ses rivaux heureux n'ont fait que suivre.

FIN.

TABLE DES CHAPITRES.

I. Les premiers Français dans l'Inde.	1
II. La Compagnie perpétuelle des Indes.	34
III. Élévation du pouvoir des Français dans l'Inde.	54
IV. La Bourdonnais et Dupleix.	110
V. Première lutte dans le Carnate.	160
VI. L'Inde française à son zénith.	194
VII. Dupleix aux prises avec l'adversité.	236
VIII. Bussy jusqu'en 1754.	287
IX. Chute de Dupleix.	318
X. Godeheu et de Leyrit.	357
XI. Chandernagor et le Décan.	384
XII. Dernière lutte.	418

TABLE ALPHABÉTIQUE DES MATIÈRES

ACH

Aché (comte d'). Nommé collègue naval de Lally, 420. Sa réputation, 421. Il perd du temps dans le passage, 423. Est battu devant Négapatam, 427. Refuse d'agir contre Madras, 432. Son indécision et sa mauvaise fortune, 434. Il est défait devant Tranquebar, 438. Fait voile pour l'Ile de France, 438. S'empare pour la flotte de l'argent destiné à Pondichéry, 446. Arrive dans les eaux indiennes, 457. Est battu par Pocock, 458. Abandonne Pondichéry, 459. Se fait l'accusateur de Lally, 476.

Adlercron (colonel). Commande une force dans le Carnate, 381. Se retire vers Madras, 382.

Ahmed-Shah-Abdalli. Effets produits sur les mouvements de Clive par son invasion dans l'Inde, 388.

Ahmed-Shah. Devient empereur de Delhi, 196.

Aix-la-Chapelle. Effets du traité d'— dans l'Inde, 193.

Alemanava. Acquis par les Français, 233.

Anglais (les). Leur flotte repoussée devant Négapatam, 124. Rendent Madras, 167. Se retirent au fort Saint-David, 167. Se déterminent à le défendre contre Dupleix, 168. Leurs plans dans ce but, 171. Leur succès, 172. Etrange inactivité de leur flotte, 174. Elle arrive à Cuddalore et force Paradis à se retirer, 177. Déjouent la tentative des Français pour surprendre Cuddalore, 181. Décident de prendre leur

ANG

revanche sur Pondichéry, 184. Assiégent les Français dans Pondichéry, 185. Sont repoussés, 189. Se déterminent à aider Sahodgi, 195. Repoussés à Devicotta, 203. Le prennent d'assaut, 204. Abandonnent Sahodgi, 204. Renforcent Mahomed-Ali à Trichinopoly, 206. Se retirent au fort Saint-David, 216. Chassés de Volconde, 239. Enfermés dans Trichinopoly, 241. Prennent Arcate, 246. Battent les Français sur l'Arni, 253. Et à Covrebank, 254. Délivrent Trichinopoly, 260. Forcent la reddition de Law, 273. Leur opinion des chefs français, 275. Battus à Vicravandi, 279. Dénoncent la capture de mercenaires suisses, 279. Battent les Français à Bahour, 281. Et au Rocher-d'Or, 327. Grandes qualités de leurs soldats, 328. Battent encore les Français au Rocher-d'Or, 333. Et au Pain-de-Sucre, 333. Repoussent les Français à Trichinopoly, 337. Sont taillés en pièces à Coutapara, 343. Repoussent les Français au Pain-de-Sucre, 344. Cherchent, de Londres, à provoquer le rappel de Dupleix, 346. Expédient l'amiral Watson en Orient, 347. Réussissent dans leurs desseins, 347. Concluent un traité avec les Français, 364. Enfreignent ses clauses, 371. Mauvais succès de leur expédition contre Madura, 371. Jaloux de l'influence de Bussy auprès du soubab, 374. Attaquent et prennent Gheria, 375. Envoient une expédition au Bengale, 377. Nécessi-

ANG

tés de leur position, 377. Invitent les Hollandais et les Français à les aider, 384. Marchent sur Chandernagor, 387. Le prennent, 392. Ne peuvent secourir Shah-Nawaz-Khan, 400. Leurs obligations envers lui, 473. Battent les Français devant Negapatam, 427. Encore devant Tranquebar, 438. A Condore, 452. Devant le fort Saint-David, 457. Capturent Carangoly et Wandewash, 465. Battent les Français à Wandewash, 467. Leur flotte fort endommagée par une tempête, 473. Est promptement réparée, 474. Capturent Pondichéry, 475. Réflexions sur le caractère de cette nation dans l'Inde, 481.

Angria. Se rend aux Anglais et aux Mahrattes, 375.

ANUNDERAJ (le Rajah). Se révolte contre les Français, 451.

ANWAROUDIN (le nabab). Nommé pour administrer le Carnate, 88. Est nommé nabab, 89. Dupleix lui fait eddel, 89. Sa réponse, 89. Refuse d'entraver les opérations des Français contre Madras, 122. Menace les Français, 127. Son impatience à l'égard de l'occupation de Madras par les Français, 161. Il y envoie des troupes sous Maphuz Khan, 162. Traite avec les Français, 173. Se déclare contre eux, 188. Résiste à Chunda-Sahib, 199. Est tué dans une bataille, 199.

ARAMBURE (d'). Renforce Law, 405. Soutient le choc du combat, 409. Son habileté et sa bravoure, 410. Sa fatale méprise à Pondichéry, 472.

Arcate. Sa capture par Clive, 246.

Ariancopan. Sa situation, 182. Est fortifié, 182. Les Anglais y sont repoussés, 186. Abandonné par les Français, 187.

Asiatiques (les). Considérés comme soldats, 407,

ASTRUC. Nommé au commandement devant Trichinopoly, 322. Repousse une attaque sur Seringham, 322. Traverse le Cauvéri et occupe les Cinq-Rochers, 324. Attaque et prend le Roc-d'Or, 325. La victoire est à sa portée, 326. Elle lui est enlevée par Lawrence, 327. Résigne son commandement, 328. Le reprend, 332. Sa prudence, 332. Est attaqué par Lawrence, 333. Est défait et fait prisonnier, 334.

BAL

AUMONT (d'). Sa conduite honteuse à Wandewash, 466.

Aurungabad. Entrée de Salabut-Jung et de Bussy à —, 234. Occupé par Gazi-Oudin, 303. Bussy marche sur —, 313.

AURENGZEB. Ses plans sur le Décan et sa mort, 289.

AUTEUIL (d'). Commande les forces françaises, 199. Est blessé, 199. Gagne la bataille d'Ambour, 200. Prend le commandement à Valdaour, 209. Essaie vainement de réprimer la révolte dans son armée, 210. Se résout à la retraite, 211. Repousse les Mahrattes, 212. Mis en accusation par Dupleix, 213. Est rétabli dans le commandement, 214. Détache un corps pour attaquer Nazir-Jung, 214. Marche sur Tiruvadi. 216. Défait Mahomed Ali, 217. Concourt à la prise de Gingi, 220. Conduit un corps vers Trichinopoly, 237. Défait Gingen à Volconde, 239. Sa goutte et son apathie, 239. Suit les Anglais, 241. Les enferme dans Trichinopoly, 241. Est relevé de son commandement, 242. Est envoyé pour remplacer Law, 263. Ses efforts pour atteindre le Coleron, 267. Se retire d'Octatoor, 270. Se rend à Clive, 271. Est nommé au commandement d'une force contre Trichinopoly, 378. Sa méthode défectueuse de faire la guerre, 379. Son mauvais succès, 380. Son remplacement par Saubinet, 382.

B

Balasore (factorerie de). Son abandon, 28.

BALLADGI BADGI RAO (le peshwa). Reçoit deux lakhs de Salabut-Jung, 234. Promet de soutenir Gazi-Oudin, 291. Entre dans le Décan, 297. Se hâte de barrer la route de Pounah, 298. Est défait par Bussy, 300. Ses intrigues, 300. Forcé à fuir pour sauver sa vie, 301. Est encore battu, 302. Entame des négociations avec Salabut-Jung, 302. Il conclut un armistice, 303. Propose de se donner au plus offrant, 304. Fait la paix avec Salabut, 305. Envahit Mysore, 307. Se retire, 307. Refuse d'assassiner Bussy, 401. Son anxiété de gagner Bussy, 401. Cherche à se le rendre favorable, 402,

BAR

BÁRA-SAHIB. Défait et tué par les Mahrattes, 76.
BARNET (commodore). Chargé de détruire les établissements français, 85. S'empare du plan de La Bourdonnais, 101, note. Il meurt, 105.
BARNEVAL (Mme), fille de Dupleix. Écrivit à La Bourdonnais, 124.
BARON. Directeur de Surate, 17. Assiégé dans Saint-Thomé, 18. Visite Martin à Pondichéry, 19, note. Retourne à Surate et rend compte à la Compagnie, 19, note.
BARTHÉLEMY. Nommé conseiller à Madras, 133. Sa protestation contre La Bourdonnais, 139. Nommé membre du comité secret, 370.
Batailles de Damalcherry, 68. Devant Négapatam, 106. Près de Madras, 164. Près de Saint-Thomé, 105. D'Ambour, 199. Sur le Pounar, 217. Près de Gingi, 224. De Volconde, 239. De l'Arni, 252. De Covrebank. 254. De Vicravandi, 279. De Bahaur, 281. Près de Beder, 300. De Rajapore, 301. Près de Koryguom, 302. Du Rocher-d'Or (1re), 325 ; (2me), 330. Du Pain-de-Sucre, 333. Devant Négapatam, 427. Devant Tranquebar, 438. De Condore, 452. Devant Saint-David, 457. De Wandewash, 467.
BAUSSET. Nommé commissaire de paix, 339.
BEAULIEU (le capitaine). Se joint au commodore de Nets dans une expédition, 6. En commande une lui-même, 6. Retourne en France, 7.
Béjapore. Succombe, 20.
BOILEAU. Nommé membre du comité secret, 370.
BONNESSAY CORNET. Fidèle au milieu de l'insubordination, 466.
BOSCAWEN (l'amiral). Sa généalogie, 184. Commande l'expédition contre Pondichéry, 184. Son attaque infructueuse sur les îles, 185. Est repoussé à Ariancopan, 186. L'occupe et se tourne contre Pondichéry, 187. Ses grands efforts et leur inutilité, 189. Lève le siége, 189. Part pour l'Angleterre, 204.
Bourbon. (Voyez Île-de-France.)
BOUVET, gouverneur de Bourbon. Fait voile pour Pondichéry, 179. Trompe l'amiral anglais par sa manœuvre, 180. Retourne à la côte, 191.
BRENNIER. Succède à Astruc dans le commandement, 328. Ses deux

BUS

plans, 328. Se détermine à intercepter Lawrence, 329. Ses erreurs et sa défaite, 330. Il se retire à Montachellinour, 332. Remet le commandement à Astruc, 332.
BRERETON (le major). Concourt à une sortie contre les Français, 444. Emporte Conjeveram, 455. Prend Tripatore, 459. Est repoussé à Wandewash, 459. Est mortellement blessé, 468.
BRUYÈRE. Commissaire sous Bury, 140.
BURY (général de). Nommé pour exécuter les ordres de Dupleix contre La Bourdonnais, 140. Remet à La Bourdonnais une lettre du conseil, 141. Est arrêté avec ses collègues, 142. Nommé pour commander contre le fort Saint-David, 170. Il y marche, 171. Est surpris et battu, 171.
BUSSALUT-JUNG. Nommé garde du grand-sceau par Salabut-Jung, 415. Nommé son ministre, 415. Repousse les ouvertures des Français, 462.
BUSSY (de). Est présent à la bataille d'Ambour, 199. Gagne la journée, 200. Sa généalogie, 219. Envoyé pour attaquer Gingi, 220. Son succès, 221. Est attaché à Mozuffer-Jung, 232. Sa conduite à Kuddapah, 232. Son adresse après la mort de Mozuffer-Jung, 233. Nomme Salabut-Jung soubab, 233. Accompagne Salabut-Jung à Aurungabab, 234. Ses sages mesures, 292. Il apprend les mouvements de Gazi-Oudin, 297. Son avis au soubab, 297. Marche sur Béder et menace Pounah, 298. Défait le peshwa, 300, 301. Dispose le soubab à faire la paix, 305. Amène la nomination de Dupleix comme nabab du Carnate, 306. Tombe malade et se rend à Mazulipatam, 306. Apprend la trahison de Syud-Lushkur, 311. Son action prompte, 311. Marche sur Aurungabad, 313. Obtient la cession de quatre provinces, 313. Consent à Maintenir Syud-Lushkur, 313. Prend possession des quatre Circars, 315. Accompagne le soubab à Hydérabad, 317. Ses adieux touchants en partant pour Mazulipatam, 317. Son affliction et sa noble résolution lors du rappel de Dupleix, 360. Reçoit l'ordre de Godeheu de rejoindre Salabut-Jung, 393. Paroles que

BUS

lui adresse le soubab, 394. Il marche contre Mysore, 397. Retourne à Hydérabad, 397. Marche contre Savanore, 399. Entre en arrangement secret avec Morari Rao, 399. Est destitué du service du soubab, 401. Sa conduite comme homme d'Etat, 401. Il reçoit des ouvertures de Balladgi, 402. Se détermine à faire une station à Hydérabad, 403. Il occupe Char Mahal, 403. Gagne deux chefs mahrattes, 406. En donne avis à Law, 406. Lui ordonne, au nom du Roi, d'avancer, 408. Sa conduite intrépide, 408. Il envoie chercher les malades, 410. Il se réconcilie avec le soubab, 411. Remarques sur sa conduite, 411. Il marche sur les districts cédés, 413. Expédie Law au Bengale, 413. Disperse les conspirateurs d Aurungabad, 414. Reçoit l'ordre de joindre Lally, 416. Remet son commandement à Conflans et part, 416. Rejoint Lally à Arcate, 439. Son opinion réelle sur Lally, 441. Haute opinion des autres commandants sur de Bussy, 441. Il est désigné pour prendre rang immédiatement après de Soupire, 441. Est avec Lally devant Madras, 442. Est sollicité de couper le passage aux Anglais, 445. Son refus, et ses conséquences, 445 et note. Va à Wandewash, 461. Sa négociation infructueuse avec Salabut-Jung, 462, Est fait prisonnier à Wandewash, 468. Cabale contre Lally, 476. Aperçu sur sa destinée, 477.

C

Calcutta. Pris par le nabab Nazim du Bengale, 375. Repris par Clive et Watson, 385.

CALLIAUD (le capitaine). Rejoint Lawrence à Trichinopoly, 333. Est envoyé à Madura, 377. Reçoit des nouvelles surprenantes, 377. Sa marche rapide sur Trichinopoly et son succès, 379. Il opère contre les Français devant Madras, 448.

CARON. Son origine, 12. Son traitement à Batavia, 12 et note. Il commande une expédition française, 13. Son succès, 13. Querelles avec Marcara, 14. Son attaque sur la pointe de Galles et Trinquemal, 15. Est rappelé, 16. Son vaisseau coule, 16.

CLI

CATTANS (de). Est employé comme espion, 329. Est pendu, 329, note.

CHACE (capitaine). Commandant à Tiruvadi, 322. Repousse deux fois les Français, 322. Est taillé en pièces avec tous ses hommes, 323.

Chandernagor. Fondé, 28. Son accroissement sous Dupleix, 60. Sa situation lorsqu'il le quitta, 80. Son déclin après son départ, 384. Ses défenses, 389. Est attaqué par Clive et Watson, 390. Capitule, 391. Réflexions sur sa capture, 392.

Chicacole. Cédé aux Français, 314.

CHUNDA-SAHIB. Sa réputation, 62. Prend Trichinopoly, 63. Offre son aide à Dumas, 166. Prend le fort de Kircan Gurrie, 67. Ses retardements, 68. Envoie sa famille à Pondichéry, 70. Visite Pondichéry, 74. Ses actes à Trichinopoly, 75. Rend la ville et est envoyé prisonnier à Sattara, 76. Sa délivrance, 198. S'allie avec Mozuffer-Jung, 198. Et avec Dupleix, 198. Prend part aux batailles d'Ambour, 199. Devient nabab du Carnate, 200. Ses raisons pour ne pas suivre Mahomed-Ali, 202. Il quitte Pondichéry, 205. Se dirige vers Tanjore, 206. Est sourd aux remontrances de Dupleix, 207. Se retire en désordre, 208. Attache sa fortune à celle des Français, 211. Sa brillante lutte avec Morari-Rao, 212. Reprend sa position 217. Marche vers Trichinopoly, 238. Sa lenteur, 236. Remporte une victoire à Volconde, 239. En tire peu de profit, 239. Est repoussé par les Anglais, prend possession de Seringham, 241. Détache un corps pour reprendre Arcate, 247. L'accompagne à Seringham, 266. Se soumet à Manockgi, 272. Est assassiné par son ordre, 273.

Circars (les quatre). Cédés aux Français, 314. Aux Anglais, 454.

CLIVE (Robert). S'échappe sous un déguisement de Madras, 167. Sa bravoure devant Pondichéry, 189. Sert sous le capitaine Gingen, 238. Esquisse du début de sa carrière, 243. Ses plans hardis, 244. Il les propose à M. Saunders, 245. Il marche sur Arcate et le prend, 246. Sa courageuse défense, 248. Il repousse l'ennemi, 249. Bat les Français à l'Arni, 253. Et à Covrebank, 253. Détruit la ville bâtie par Dupleix, 254. Marche au secours de

COL

Trichinopoly, 255. Est trompé par une lettre interceptée, 267. Est surpris à Samiaveram, 268. Sa belle conduite, 270. Evite une rencontre avec Law, 270. Oblige d'Auteuil à se rendre, 271. Se rend au fort Saint-David pour sa santé, 277. Prend Covelong et Chingleput, 282. Part pour l'Angleterre, 283. Retourne dans l'Inde, 374. Est employé à l'attaque de Gheria, 375. Apprend la capture de Calcutta, 375. Fait voile pour le Bengale, 375. Reprend Calcutta, 385. Ses desseins sur Chandernagor, 386. Il temporise, 387. Accepte la proposition de neutralité que lui fait Renault, 387. Se détermine à rompre cette convention, 387. Marche contre Chandernagor, 389. Le prend, 391. Résultats de cette capture, 392. Dépêche le colonel Forde dans les districts cédés, 451.

COLBERT (de). Sa capacité, 9. Crée une Compagnie des Indes, 10. Soutient l'entreprise contre la pointe de Galle, 15.

Comité secret nommé par Godeheu à son départ, 370. Ne veut rien faire, 370.

Compagnie des Indes. Fondée par Henri IV, 5. Se ligue avec quelques marchands de Rouen, 7. Envoie deux expéditions, 6. Richelieu forme une nouvelle Compagnie, 7. Efforts pour coloniser Madagascar, 8. Troisième compagnie formée par Colbert, 10. Ses tentatives sur Madagascar, 11. Envoie Caron en Orient, 15. Cède ses droits à la compagnie de Saint-Malo et autres, 34. Extension de ses priviléges, 36. Leur révocation, 40. Elle est réunie à la Compagnie occidentale, 40. Prend le nom de *Compagnie des Indes*, 41. Mode de sa formation, 41. Elle se charge de diverses fonctions de l'Etat, 42. Acquiert le monopole des tabacs, La Banque royale y est réunie, 46. Elle prend le titre de *Compagnie perpétuelle des Indes*, 47. Est séparée de la Banque royale, 47. Son capital, 50. Ses grandes dépenses, 51. Son action sur le gouvernement de Pondichéry, 58. Suspend et rétablit Dupleix, 82. Ses restrictions économiques, 82. Son approbation de la conduite de Dupleix. 83. L'informe des probabilités de guerre avec l'Angleterre, 84. Sa politique timide, 95. Refuse la démission de

DAL

La Bourdonnais, 100. Prévient Dupleix de la guerre entre la France et la Hollande, 146. Adresse une lettre de remercîments à Dupleix, 190. L'engage à la paix, 230. Exprime sa satisfaction de sa conduite, 280. Lui conseille de nouveau la paix, 334. Est mécontente de lui, 345. Envoie Duvalaer à Londres pour négocier, 346. Décide de sacrifier Dupleix, 347. Nomme Godeheu pour lui succéder, 348. Son injustice envers Dupleix, 355. Remarque sur sa destinée, 477.

Condavir. Acquis par les Français, 333.

Conférence pour la paix. Se réunit, 339. Se sépare, 341.

CONFLANS (de). Nommé pour remplacer Bussy, 416. Prend l'administration des provinces cédées, 417. Il n'est pas à la hauteur de sa mission, 451. Il attend l'attaque des Anglais, et est battu, 452. Se soumet à Forde, 453.

COOTE. Trompé par les manœuvres de Lally, 464. Il le bat à Wandewash. 467. Reprend toutes les places du Carnate, 470. Marche sur Pondichéry, 470. Repousse la sortie de Lally, 472. Résigne, puis reprend son commandement, 472. Capture Pondichéry, 475. Son opinion sur Lally 476 et note.

COPE (le capitaine). Conduit les Anglais contre Dévicotta, 202. Est forcé à la retraite, 203. Conseille Mahomed-Ali, 216. Marche à la défense de Trichinopoly, 237. Ne réussit pas à Madura, 238. Il est mortellement blessé, 252.

COURCHANT-BEAUVALLIER (de). Gouverneur de Pondichéry, 50. Accroît la ville, 51.

CRILLON (de). Arrive à Pondichéry, 424. Prend Trivatore, 439. Supplie Bussy d'exterminer les Anglais, 445. Ramène les soldats à leur devoir, 462. Envoyé par Lally à Seringham, 463. L'enlève et rejoint Lally, 463.

Cuddalore. Pillé par les Mahrattes, 77. Sa situation, 167. Tentative infructueuse des Français, 173. Les Français y sont repoussés, 181. Pris par Lally, 429. Repris par les Anglais, 470.

D

DALTON (le capitaine). Rejoint Law-

DAL

rence devant Trichinopoly, 260. Bat les quartiers de Law, 260. Capture Elmiseram, 266. Est envoyé pour attaquer d'Auteuil, 270. Commande à Trichinopoly, 320. Echoue dans sa tentative pour entraîner les Français de Seringham, 321. Agit sur les craintes de Virana, 321. Demande du secours à Lawrence, 321. Observe les mouvements des Français, 330.

DAOUD KHAN. Nabab du Carnate, sa réclamation sur M. Pitt, 120. Il l'appuie par la force, 122.

Dauphine (île). Nommée par les Français, 11. Massacre à l' —, 12.

DAY. Fonde Madras, 119.

Décan. Sa description, 287.

DEO RAJ. Son impuissance contre les Français, 396. Apaise le soubab, 397.

DESFORGES. Nommé conseiller à Madras, 133.

DESPRÉMESNIL. Nommé au commandement de Madras, 140. Proteste contre l'usurpation d'autorité de La Bourdonnais, 141. Le remplace à Madras, 153. Menacé par Maphuz-Khan, 162. Envoie un détachement pour le chasser, 163. Rappelé à Pondichéry, 167.

Devicotta. Les Anglais s'en retirent, 203. Attaqué par eux, 204. Pris par les Français, 432. Repris par les Anglais, 470.

DORDELIN. Doyen des officiers de marine à Pondichéry, 153. Envoyé à Paliacate, 154. Obéit à La Bourdonnais, 154. Fait voile avec quatre vaisseaux pour Achem, 156. Arrive à Pondichéry, 173. Se rend à Goa, 174. Et de là aux îles, 179.

DOST-ALI. Nabab du Carnate, accorde à Dumas la permission de battre monnaie, 62. Est défait et tué, 69.

DRAPER (colonel). Conquérant de Manille, 442. Commande une sortie contre les Français, 444. Est repoussé, 444. Sa conduite remarquable à Wandewash, 467.

DUBOIS. Intendant de l'armée française, est assassiné, 475.

DULAURENT. Nommé conseiller à Madras, 133. Proteste contre La Bourdonnais, 141.

DULIVIER. Succède à Martin comme gouverneur, 35, note. Est remplacé par Hébert, 35, note. Reprend son poste pour deux ans, 35.

DUMAS. Nommé gouverneur de Pon-

DUP

dichéry, 61. La première partie de sa carrière, 61. Il obtient la permission de battre monnaie, 62. Aide à Sahodgi, 64. Est trompé par lui, 65. Envoie des troupes pour occuper Karical, 67. En obtient la concession de Pertab-Sing, 68. Se prépare à défendre Pondichéry, 70. Reçoit les familles de Dost-Ali et de Chunda-Sahib, 71. Ses réponses à Raghogi Bhonsla, 72. Reçoit Sufder-Ali et Chunda-Sahib, 75. Demande de l'aide à l'Ile-de-France, 76. Sa conduite sage envers Raghogi, 78. Il est comblé d'honneurs, 78. Réputation de son administration, 79.

DUPLEIX. Sa jeunesse, 56. Nommé chef de Chandernagor, 58. Améliore son commerce, 59. Succède à Dumas comme gouverneur de Pondichéry, 79. Etat de la colonie à son arrivée, 81. Sa politique d'ostentation, 82. Il est entravé par la Compagnie, 82. Ses mesures hardies et la responsabilité qu'il assume, 83. Est remercié de sa désobéissance, 84. Propose à M. Morse d'être neutre pendant la guerre, 85. Sa situation sans défense, 86. S'adresse à Anwaroudin, 89. Sa correspondance amicale avec La Bourdonnais, 110. Il expose ses vues sur Madras, 112. Proteste contre le plan de La Bourdonnais, 114. Lui en donne avis à Madras, 123. Nouvel avis, 126. Sa convention avec Anwaroudin, 127. La communique à La Bourdonnais, 127. Motifs de sa politique, 131. Ecrit avec aigreur à La Bourdonnais, 133. Lui adresse une lettre touchante, 139. Nomme une commission pour exécuter ses ordres, 140. Ses sentiments en apprenant l'arrestation de ses députés, 142. Il proteste, 143. Reçoit des ouvertures de La Bourdonnais, 144. Son embarras, 144. Est renforcé par l'arrivée d'une escadre, 145. Les instructions qu'il reçoit, 146, note. Offre des conditions à La Bourdonnais, 147. Sa répugnance à écouter les nouvelles propositions de La Bourdonnais, 154. Motifs pour croire à sa sincérité, 161. Ses difficultés au sujet de Madras, 162. Il décide de le garder, 163. Envoie des instructions à Desprémesnil, 163. Ordonne à Paradis de secourir Madras, 164.

DUP

Le nommé gouverneur de Madras, 167. Décide de chasser les Anglais du fort Saint-David, 168. Est forcé de donner le commandement à de Bury, 170. Envoie Dordelin sur la côte, 173. Fait des ouvertures à Anwaroudin, 173. Ne réussit pas à surprendre Cuddalore, 174. Envoie Dordelin à Goa, 174. Sa méprise fatale en apparence, 175. Nomme Paradis au commandement, 175. Son inexplicable inaction, 177. Ses conséquences, 177. Perplexités, 178. Il envoie Dordelin aux îles, 178. Tente encore de surprendre Cuddalore, 180. Est repoussé, 181. Se fortifie encore contre une attaque, 182. Sa douleur à la mort de Paradis, 187. Prend sur lui la conduite de la défense, 188. Son habileté, 188. Force Boscawen à lever le siége, 189. Annonce par toute l'Inde son triomphe, 191. Est forcé de rendre Madras, 192. S'allie avec Chunda-Sahib et Mozuffer-Jung, 198. Exhorte le premier à marcher sur Trichinopoly, 201. Avances qui lui sont faites dans ce but, 205. Remontrances, 207. Ses plans sont déjoués, 208. Malgré ses perplexités il en prépare d'autres, 209. Mortification que lui cause la conduite de son armée, 212. Punition de ses officiers, 213. Intrigue avec les chefs indigènes, 213. Ordonne des mesures énergiques, 214. Envoie une expédition à Mazulipatam, 215. Négocie avec Nazir-Jung et ses chefs, 222. Envoie des ordres précis à de La Touche, qui arrive trop tard, 224. Sa joie de la victoire de Latouche, 224. Est visité par Mozuffer-Jung, 227. Fonde une ville, 230. Est disposé à la paix, 230. Négocie avec Mahomed Ali, 231. Décide d'envoyer de Bussy dans le Décan, 233. Ses acquisitions de Salabut-Jung, 234. Sa grande position, 234. Sa politique, 235. Sa dupe de Mahomed Ali, 237. Envoie un corps contre Trichinopoly, 237. Envoie des hommes contre Arcate, 247. Sa politique bien entendue, 249. Sa mortification devant les victoires de Clive, 255. Sa colère contre Rajah-Sahib, 255. Ses instructions graphiques à Law, 256. Sa colère en apprenant la sottise de Law, 261. Son étonnement encore plus grand, 262. Envoie d'Auteuil pour

ELL

reprendre le commandement, 263. Sa conduite en apprenant la capitulation de Law, 275. Négocie avec les alliés indigènes des Anglais, 276. Réussit à en gagner deux, 277. Ses plans pour détruire Kinneer, 278. Capture une compagnie de mercenaires suisses, 279. Est solennellement nommé nabab du Carnate, 279. Nomme Rajah-Sahib et ensuite Mortiz Ali comme son lieutenant, 280. Est créé marquis, 280. Envoie des forces pour bloquer le fort Saint-David, 280. Gagne l'alliance des Mysoriens et des Mahrattes, 282. Sa position à la fin de la campagne, 282. Ses desseins sur le Décan, 293. L'excuse de sa politique, 295. Ses ordres prompts à de Bussy, 311. Triomphe de sa politique, 314. Moyens dont il pouvait disposer, 318. Envoie Astruc à Trichinopoly, 322. S'efforce d'obtenir la paix, 334. Fait des propositions dans ce but à Saunders, 335. Sa secrète confiance dans la fortune de la guerre, 336. Coup fatal porté à ses vues, 339. Rouvre les négociations, 359. Ne veut pas abandonner ses prétentions, 341. Sa funeste méprise, 342. Il envoie des renforts à Mainville, 343. Est accusé d'être la cause des hostilités, 347. Est remplacé par Godeheu, 348. Son erreur sur Godeheu, 348. Conduite de celui-ci envers Dupleix, 348. La générosité de Dupleix, 349. Injustice dont il est l'objet, 351. Résultats probables de sa politique s'il avait été soutenu, 352. Sa réputation, 353. Il retourne en France, 354. Il y est ignominieusement traité, 355. Ses dernières paroles, 355. Sa mort et sa place dans l'histoire, 356. Sa supériorité sur tous ses compatriotes dans l'Inde, 482.

DUQUESNE. Commande les recrues françaises contre Trichinopoly, 205. Adopte de vigoureuses mesures contre Tanjore, 207. Meurt, 208.

DURRE. Traverse tous les plans de Lally par ses lenteurs, 465.

DUVALAER. Envoyé à Londres pour négocier de la paix, 346.

E

Elmiseram. Occupé par Law, 204. Pris par Dalton, 266. Occupé par les Français, 455. Seconde occupation, 455.

Ellore. Cédé aux Français, 313.

EST

Estaing (comte d'). Arrive à Pondichéry, 424. Est envoyé à Cuddalore, 426. Prend Devicotta, 432. Conseille une attaque sur Tanjore, 436. Est fait prisonnier par les Anglais, 443.

F

Fleury (cardinal). Sa conduite envers La Bourdonnais, 95. Il approuve son plan, 96.

Floyer, gouverneur du fort Saint-David. Reconnaît Chunda-Sahib comme nabab du Carnate, 200, note. Refuse de détenir Boscawen, 204.

Forde (colonel). Est envoyé dans les districts cédés, 451. Défait Conflans, 452. Sa conduite brillante et hardie, 453. Obtient les quatre Circars pour les Anglais, 454.

Fort Saint-Georges. Voyez *Madras*.

France. Déclare la guerre à l'Angleterre, 84. Guerre entre la France et l'Angleterre, 378. Déclare la guerre à l'Angleterre, 420. Réflexions sur son gouvernement, 478.

France et Bourbon (îles de). Importation des indigènes de Madagascar, 8. Découvertes par les Portugais, et occupées par les Hollandais et les Français, 11. Leur histoire jusqu'au temps de La Bourdonnais, 91. Améliorations, 93-94. Avantages de leur position, 179.

François Ier. Encourage ses sujets à faire le commerce, 5.

Français (les). Occupent Madagascar, et les Iles de France et de Bourbon, 11. Arrivent à Surate, 13. Forment une factorerie à Mazulipatam, 14-27. Sont repoussés de la pointe de Galle, 15-17. Prennent Trinquemale, 17. Le perdent, 17. S'établissent à Pondichéry, 20. Se rendent aux Hollandais, 24. Abandonnent Surate, 27. Fondent Chandernagor et ses dépendances, 28. Conquièrent Mahé, 55. Obtiennent Karical, 66. Repoussent la flotte anglaise devant Négapatam, 107. Prennent Madras, 126. Défont Maphuz-Khan près de Madras, 165. A Saint-Thomé, 166. Le repoussent à Sadras, 169. Sont surpris et repoussés à Cuddalore, 172. Vaine tentative pour le surprendre, 173. Font des prises et en manquent, 175. Marchent contre Cuddalore, 176. Sont forcés de se retirer, 177. Tentent encore de

GIN

surprendre Cuddalore, mais sont battus, 180. Sont assiégés dans Pondichéry, 185. Repoussent les assiégeants, 189. Leur position en 1749, 192. Gagnent la bataille d'Ambour, 199. Révolte des officiers à Valdaour, 209. Surprise du camp de Morari-Rao, 214. Repoussent Mahomed Ali, 216. Le défont, 217. Assaillent Gingi, 220. Battent Nazir-Jung, 224. Obtiennent un grand accroissement de territoire, 229. Battent les Anglais à Volconde, mais ne profitent pas de leur victoire, 240. Enferment les Anglais dans Trichinopoly, 241. Sont battus par Clive, 253-254. Se retirent dans Seringham, 265. Se rendent aux Anglais, 273. Battent les Anglais à Vicravandi, 279. Battus par eux à Bahour, 281. Défont les Mahrattes, 300-301. Poussés au désespoir à Hydérabad, 308. Obtiennent la cession de quatre provinces, 313. Défont le capitaine Chace à Tiruvadi, 322. Sont défaits au Rocher-d'Or, 327-330. Au Pain-de-Sucre, 333. Se réfugient à Seringham, 334. Sont repoussés à Trichinopoly, 337. Causes de leur échec, 337. Surprennent les Anglais à Contapara, 343. Repoussés près du Pain-de-Sucre, 344. Font la paix avec les Anglais, 364. Refusent d'aider Suraj-oud-Doulah contre les Anglais, 384. Battus devant Négapatam, 427. Prennent Cuddalore, 429. Et le fort Saint-David, 432. Repoussés de Tanjore, 436. Battus devant Tranquebar, 438. Battus à Condore, 452. Battus devant le fort Saint-David, 457. L'armée se soulève, 461. Rentre dans le devoir, 462. Battus à Wandewash, 467. Capitulation de Pondichéry, 474. Réflexions sur la réputation des Français dans l'Inde, 480-481.

G

Gazi-Oudin, fils aîné de Nizam-oul-Moulk. Préfère rester à Delhi, 197. S'allie avec les Mahrattes, 291. Menace le Décan, 303. Arrive à Aurungabad, 304. Est emprisonné, 305.

Geoghegan. Repousse Brereton à Wandewash, 459.

Gingi. Pris par Sevadgi, 21. Attaqué par Aurengzeb, 23. Sa force, 218. Est pris d'assaut par les Français, 219. Se rend aux Anglais, 478.

GINGEN (capitaine). Coopère avec les levées de Mahomed Ali, 238. Marche pour intercepter Chunda-Sahib, 238. Est repoussé de Volconde, 240. Panique de ses troupes, 240. Son peu d'initiative, 251. Est chargé du commandement des troupes, 277.

GODEHEU. Commissionné par Dupleix pour expliquer l'état des affaires, 80. Désigné pour succéder à Dupleix, 348. Son caractère réel, 348. Sa petitesse à l'égard de Dupleix à son débarquement, 349. Refuse de régler les comptes de Dupleix, 350. Rend les soldats suisses aux Anglais, 357. Coupe les communications à l'armée, 360. Remplace Mainville par Maissin, 361. Il lui donne ses instructions pour ne pas s'opposer aux mouvements des Anglais, 362. Veut la paix à tout prix, 363. L'obtient, 365. Conditions onéreuses. 365. Il abandonne toutes les conquêtes des Français, 367. Etrange avis donné à Moracin, 369. S'embarque pour l'Europe, 370. Bons résultats de son départ. 370.

GOENS (commodore Ryckloff van). Chasse les Français, 17. Reçoit l'ordre d'attaquer Saint-Thomé, 17. Le prend, 18.

GOLCONDE (roi de). Aide les Hollandais contre Saint-Thomé, 18. Est défait par Aurengzeb, 20.

GOUPIL. Commande un détachement français, 208. Agit pour Bussy à Hyderabad, 307. Sa faiblesse et son indécision, 307. Consent à diviser ses forces, 309.

GRIFFIN (l'amiral). Arrive avec sa flotte devant Cuddalore, 177. Joué par M. Bouvet, 180.

GUILLARD. Nommé membre du comité secret, 370.

H

HALLYBURTON. Offre de traiter pour la capitulation de Madras, 124. Son rôle dans cette reddition, 126, note.

HÉBERT. Gouverneur de Pondichéry, 35, note.

HÉGUERTY (d'). Donne l'exemple à la cavalerie française, 466.

HENRI III. Encourage ses sujets au commerce, 5.

HENRI IV. Forme une Compagnie pour commercer avec l'Inde, 5.

HÉRON (colonel). Commande une expédition contre Madura, 371. Est trouvé coupable de malversation 371, note.

Hollandais (les). Reprennent Trinquemale, 16. Prennent Saint-Thomé, 18. Capturent Pondichéry, 24. Le rendent, 29. Intriguent contre les Français, 64. Donnent aux Français des renseignements sur l'escadre de l'amiral Peyton, 115. Joignent l'amiral Boscawen, 185. Fournissent des provisions à Lally, 435.

HYDER ALI. Tombe sur les bagages anglais, 363. Entre en arrangement avec Lally, 471.

HYDER JUNG. Assassiné, 416.

Hydérabad. Séjour de Bussy à —, 403.

I

INNIS-KHAN. Est indigné de la conduite de Gingen, 251. Aide à surprendre les Anglais à Coutapara, 343.

J

JANODGI (rajah). Fait des ouvertures à Mahomed Ali, 230.

JANODGI (Bhonsla). Envahit les Circars et se retire, 316.

JANODGI (Nimbalkur). Gagné par Bussy, 406. Feint d'agir contre Law, 407.

JANVILLE (de). Commande l'escorte du soubab, 309.

K

KANDAGLA. Harcelle les Français, 409.

Karical. Pris par les Français, 67. Leur est livré, 67. Description, 68, note. Lally se retire sur —, 438. La ville se rend aux Anglais, 470.

Kassimbazar. Comptoir fondé à —, 28. Law y séjourne, 384.

KERJEAN (de). Accuse La Bourdonnais d'être suborné, 135. Défait les Anglais à Vicravandi, 279. Est envoyé pour bloquer le fort Saint-David, mais se retire vers Pondichéry, 280. Est tourné et battu, 281. Commissaire à la conférence, 339.

KILLPATRICK (capitaine). Marche pour aider Clive à Arcate, 248. Repousse les Français de Trichinopoly, 337. Paraît devant Vellore, 376. Se retire, 377.

KINNEER (major). Est envoyé pour attaquer Gingi, 278. Est blessé et défait, 279.

KUDDAPAH (nabab). Ses intrigues avec Dupleix, 206. Tue Nazir-Jung, 225. Conspire contre Mozuffer-Jung, 232.

KURNOUL (nabab de). Est gagné par Dupleix, 213. Sa trahison envers Nazir-Jung, 225. Conspire contre Mozuffer-Jung, 232, Est mis en pièces, 233.

Kurnoul (fort de). Est pris d'assaut, 233.

L

LA BOURDONNAIS. Ses débuts, 54. Son attaque sur Mahé, 56. Ses actes subséquents, 91. Nommé gouverneur des Iles, 91. Ses mesures énergiques, 93. Il retourne en France. 95. Ses propositions au cardinal Fleury, 96. Son départ pour les Iles, 98. Renversement de ses plans, 99. Il délivre Mahé, 99. Renvoie ses vaisseaux, 99. Donne sa démission qui n'est pas acceptée, 100. Se prépare à « conquérir l'impossible », 101. Difficultés, 102. Part pour Pondichéry, 103. Ses pertes et comment il les répare, 104. Rencontre les Anglais devant Ceylan, 106. Combat le commodore Peyton, 106. Le repousse, 106. Lui offre de nouveau la bataille, 107. Jette l'ancre devant Pondichéry, 108. Correspondance amicale avec Dupleix, 108. Ses desseins touchant Madras, 112. Demande d'autres canons, 113. Son irrésolution, 114. Il croise devant Karical, 115. Il établit le contraste entre les vaisseaux du roi et ceux de la Compagnie, 116. Fait appel au conseil, 116. Le sujet de toutes ses lettres, 117. Donne à l'escadre l'ordre de partir, 118. Part pour Madras, 119. Attaque Madras, 123. Son alarme, 124. Force la place à capituler, 124. Ecrit à Dupleix au sujet de cette capitulation, 125. Déclare qu'il avait été autorisé à disposer de cette place, 126. Explique ses raisons à Dupleix, 120. Fait honneur à Dupleix de son succès, 130. Sa véritable position, 131. Sa colère lorsque Dupleix veut faire valoir son autorité, 133. Lui refuse sa subordination et consent à recevoir une rançon pour Madras, 134. Motifs de sa conduite, 134. Accusé d'avoir été payé par les Anglais, 135, note. Autres motifs qui l'animèrent, 135. Son différend avec Paradis, 138. Reçoit la députation de Pondichéry, 141. Répond à la lettre du Conseil, 141. Assemble un conseil de guerre,141. Repousse les députés de Pondichéry, 142. Se débarrasse par une ruse du contingent de Pondichéry, 142. Arrête les députés et accuse Paradis, 142. Ses vrais sentiments, 143. Fait des ouvertures à Dupleix, 144. Se moque de ses instructions, 147. Reçoit sa réponse, 148. Sa flotte assaillie par une tempête,149. Ses pertes, 150. Annonce son intention de quitter la côte, 152. Signe le traité et l'envoie à Pondichéry, 152. Son énergie, 153. Il quitte Madras, 153. Influence Dordelin, 154. Fait des propositions à Dupleix, 155. Refuse de débarquer mais obéit au Conseil, 155. Quitte Pondichéry, 156. Revue rapide de ses actes, 157. Se rend aux Iles et de là, à la Martinique, 158. Sa réception en Angleterre et en France, sa mort, 158 et 159.

LAHAYE (amiral). Commande la flotte contre la pointe de Galle et Trinquemale, 15. Refuse le combat avec les Hollandais, 15. Assiégé dans Saint-Thomé, 18. Visite Martin à Pondichéry et retourne à Surate, 19.

LAJOIE (sergent-major). Nommé commandant en chef par les insurgés, 461. Sa conduite prudente, 461.

LALLY (comte de). Envoie Bussy à Arcate, 416. Ses antécédents, 417. Son conseil au ministère français, 419. Est envoyé dans l'Inde, 420. Sa réputation, 421. Etrange accueil à Pondichéry, 424. Ses pouvoirs étendus, 425. Son opinion des Franco-Indiens, 425. Marche sur Cuddalore, 426. Eprouve la négligence des autorités de Pondichéry, 426-428. Prend Cuddalore, 429. Assiége le fort Saint-David, 430. Requiert les indigènes, 430. La faute doit en retomber sur les autorités de Pondichéry, 430. Prend le fort Saint-David, 432. Exhorte

LAL

d'Aché à agir avec lui, 432. Consent à regret à marcher sur Tanjore, 434. Souffrances de ses soldats, 435. Sa violence et son manque de jugement, 436. Est attaqué par un Tanjoréen, 437. Se retire de Tanjore, 437. Sa lettre à Bussy, 439. Il ne peut marcher sur Chingleput. 439. Lève de l'argent à Pondichéry et rejoint l'armée, 440. Sa véritable opinion de Bussy, 441. Prend Conjeveram et attaque Madras, 442. Ses assertions à l'égard de Bussy, 442, note. Repousse la sortie des Anglais, 444. Ses difficultés, 447. Conduite blâmable de ses officiers, 448. Est forcé de lever le siège, et pourquoi, 449. Retourne à Pondichéry, 454. Ses grandes difficultés, 455. Apprend l'arrivée de d'Aché, 457. Ordonne à Bussy de traiter avec Bussalut-Jung, 460. Sa conduite prudente en apprenant la révolte de son armée, 461. La ramène à l'obéissance, 462. Divise ses forces, 462. Rejoint l'armée à Wandewash, 463. Perd Carangoly et Wandewash, 464. Reprend Wandewash, 465. La lenteur de son ingénieur en chef, 465. Combat à Wandewash, 467. Est battu, 468. Est justifié, 469. Négocie avec Hyder-Ali, 471. Son coup hardi, 471. Et son mauvais succès, 472. Se détermine à se défendre à Pondichéry, 473. Ne profite pas de la tempête, 473. Espère l'arrivée de d'Aché, 473. Se rend, 474. Comment il est traité par ses compatriotes, 475. Part pour la France, 476. Sa condamnation et sa mort, 477. Révision de sa sentence, 477.

LAVAUR (le Père), jésuite. Commissaire à la conférence, 339. Persuade à Lally d'agir contre Tanjore, 434. Souscrit pour payer la solde arriérée, 462. S'engage à nourrir les troupes, 474. Sa bassesse et sa mort, 476.

LAW DE LAURISTON (Jean). Crée la Banque générale, 37. Son succès, 37. Etablit une Compagnie occidentale, 38. Convertit la Banque générale en Banque royale, 39. Réunit toutes les compagnies en une compagnie des Indes, 39. Son système, 41. Emet au pair les bons du gouvernement, 42. Tente d'éteindre la dette publique, 43. Sommes considérables mises en circulation sous ses auspices, 44. Est nommé contrôleur général, 45. Tente de mettre ses plans à exécution, 45. Echoue, 45.

LAW

LAW (capitaine). Nommé au commandement d'Ariancopan, 182. Son succès au début, 186. Sa chute soudaine, 186. Succède à d'Auteuil devant Trichinopoly, 242. Son début énergique, 242. Son orgueil et son indécision. 250. Ses mauvais arrangements, 251. Son manque d'énergie, 252. Son insigne folie, 257. Ses plans, 258. Ils échouent, 259. Faiblesse de ses actes, 260. Leur mauvais succès, 261. Se décide à se retirer dans Seringham, 263. Sa panique lorsque les Anglais étaient en son pouvoir, 264. Rentre dans Seringham, 265. Tentative inutile de surprendre Clive, 270. Marche contre lui, mais ne combat pas, 270. Son désespoir, 271. Négocie pour Chunda-Sahib, 272. Se rend avec toutes ses troupes, 273. Est chargé de garder Kassimbazar, 384. Se retire à Bhagulpore, 392. Est pris, 392. Est détaché pour secourir Bussy, 405. Est renforcé par d'Arambure, 405. Montre quelque énergie, 407. Tombe et demande de l'aide à Bussy, 408. Reçoit l'ordre de marcher en avant, 408. Arrive à Hydérabad, 410. Est envoyé au Bengale, 413.

LAWRENCE (le major). Repousse les Français à Cuddalore, 181. Commande la seconde expédition à Devicotta, 203. Le prend, 204. Joint Nazir-Jung, 208. Part pour l'Angleterre, 218. En revient, 254. Déjoue les manœuvres de Law, 259. Opère sa jonction avec la garnison, 260. Repousse Law et entre dans Trichinopoly, 261. Sa participation au meurtre de Chunda-Sahib, 272, note. Force Law à se rendre, 273. Quitte le commandement, 277. Le reprend et marche contre Kerjean, 280. Le défait, 281. Son opinion sur Dupleix, 284. Moyens à sa disposition, 318. Il est harcelé par les Français et les Mahrattes, 319. Se désiste de ses projets contre eux, 320. Marche au secours de Trichinopoly, 322. Est repoussé de Seringham, 322. Est attaqué par Astruc, 325. Sa position périlleuse et sa résolution héroïque, 326. Sa grande victoire, 327. Marche sur Tanjore, 328. Défait Brennier, 330. Bat Astruc, 333. Ravitaille Trichinopoly, 363. Nommé au commandement de Madras pendant le siége, 422. Résigne son commandement, 455.

LENOIR. Gouverneur de Pondichéry, 48. Paye les dettes de la Compagnie, 49. Ses difficultés, 50. Gouverneur pour la seconde fois, 50. Son désaccord avec Dupleix, 58. Est remplacé par Dumas, 60.

LEROY (Gérard). Employé au service de la Compagnie française, 5.

LEYRIT (Duval de). Nommé pour remplacer Godeheu, 370. Son service et sa réputation, 370. Proteste contre les mouvements des Anglais et suit leur exemple, 370. Cède à leurs menaces, 372. Est convaincu de l'impossibilité d'une politique de non-intervention, 373. Sa politique adroite, 373. Force les Anglais à se retirer de Vellore, 376. Son dessein de capturer Trichinopoly, 378. Ordonne la saisie des factoreries anglaises de la côte, 381. Son excuse pour n'avoir pas renforcé Chandernagor, 387, note. Son opinion sur Bussy, 398. Détache des troupes pour le secourir, 404. Diffère l'action jusqu'à l'arrivée de Lally, 423. Sa conduite peu patriotique, 440. Soutient la corruption des conseillers et autres, 454. Complote contre Lally, 476. Mérite le mépris de la postérité, 477.

LOUIS XII. Deux vaisseaux armés pour l'Orient sous son règne, 5.

LOUIS XIV. Déclare que les nobles ne dérogent point en faisant le commerce avec l'Inde, 10, note. Il meurt, 36.

M

MACHAULT. Nommé contrôleur général, 145.

Madagascar. Découvert par les Portugais, 7. Visité par les Français, 8. Ils s'y établissent, 8. Visité par la compagnie de Colbert, 10. Abandonné par la Compagnie, 11.

Madras. Sa première occupation, 119. Son gouvernement, 120. Ses défenses, 121. Attaqué par La Bourdonnais, 123. Capitule, 125. Articles de sa capitulation, 125. Assaut, 149. Paradis est nommé pour l'administrer, 167. Saunders, gouverneur, 245. Remplacé par Pigot, 375, note. Investi par Lally, 443. Levée du siége, 449.

Mahé. Attaqué et pris, 56. Son nom est changé, 56. Secouru par La Bourdonnais, 99. Pris par les Anglais, 478.

MAHMOUD-KHAN. Est gagné par Murzuffer-Beg, 406.

MAHOMED-ALI. Sa défaite à Ambour et sa fuite, 200. Rejoint Nazir-Jung, 208. Est nommé par lui nabab du Carnate, 212. Renforcé par Nazir-Jung, 215. Repoussé par les Français, 216. Se sépare des Anglais et est défait par les Français, 217. S'enfuit à Trichinopoly, 230. Feint d'accéder aux conditions offertes par Dupleix, 231. Jette le masque, 238. Querelle avec ses alliés, 277. Sa réponse à Dupleix, 284. Embarras causé aux Anglais pour leur alliance avec lui, 377.

MAHOMED-HOUSIN-KHAN. Met les Français dans la détresse, 310. Il temporise, 312.

MAHOMED-YSOUF. Opère contre les Français devant Madras, 448.

MAHOMED-KOMAL. Défait à Tripeti, 339.

MAHOMED-SHAH, Empereur de Delhi. Confère des honneurs à Dumas, 78. Meurt, 196.

Mahrattes (les). Envahissent le Carnate et défont Dost-Ali, 69. Se retirent, 72. Prennent Trichinopoly, 76. Pillent Portonovo et Cuddalore, 77. Evacuent Trichinopoly, 88. Leur trahison envers Nazir-Jung, 225. Battus par Rajah-Sahib, 252. Négocient avec Dupleix, 276. Ils hésitent de nouveau, 282. Se joignent aux Français, 282. Leur pouvoir particulier, 299. Sont défaits par de Bussy, 300. Acquièrent du territoire, 305. Exclus du partage du butin d'Angria, 375, note.

MAINVILLE. Nommé au commandement de Seringham, 336. Tente de surprendre Trichinopoly, 337. Imprudence de ses troupes, son échec, 337. Surprend les Anglais, 344. Est repoussé près du Rocher du Pain-de Sucre, 344. Inonde le pays, 344. Ses ressources en argent arrêtées par Godeheu, 358. Il est remplacé par Maissin, 362. Ses pressantes

MAI

recommandations à son successeur, 426. Il est tué, 459.

Maissin. Commande un corps français et échoue dans deux entreprises contre Tiruvadi, 323. L'occupe, 323. Succède à Mainville, 362. Coopère au ravitaillement de Trichinopoly, 363. Se retire dans Seringham, 363.

Manockdgi. Promet d'épargner la vie de Chunda-Sahib, 272. Donne l'ordre de le mettre à mort, 273.

Maphuz-Khan. Fils aîné d'Anwaroudin, s'avance contre Madras, 162. Est défait par les Français, 165. Ses habiles mouvements ensuite, 164. Est battu par Paradis, 165. Attaque Paradis et est repoussé, 169. Surprend le général de Bury, 171. Visite Dupleix à Pondichéry, 173. Fait prisonnier à Ambour, 200.

Marcara. Associé avec Caron, 13. Se rend à Golconde, 13. Établit une factorerie à Mazulipatam, 13. Se querelle avec Caron, 14. Est soutenu par Colbert, 14. Va à Jana, 14, note.

Mariol. Prend Thiagar et Elmiseram, 455.

Martin (François). Ses débuts, 16. Est envoyé dans la province de Gingi, 17. Achète un morceau de terre sur la côte, 17. Retourne à Saint-Thomé, 17. Se rend avec soixante hommes dans la terre qu'il a acquise, 19. Prête de l'argent à Shere-Khan Lodi, 19. Fonde Pondichéry, 20. En fait la description aux Directeurs, 20. Demande l'autorisation d'enrôler des soldats indigènes, 21. Obtient de nouvelles cessions de Shere-Khan Lodi, 22. Est autorisé à fortifier Pondichéry, 22. Est attaqué par les Hollandais et se rend, 24. Se retire en France, 29. Revient et accroît Pondichéry, 30. Il meurt, 31. Son système, 31.

Masulipatam. Sa factorerie est fondée 13-27. Saisie par Nazir-Jung, 214. Reprise par Dupleix, 215. Les possessions françaises y sont augmentées, 233. Prise par Forde, 453.

Maurice. Voyez France (Ile de).

Meer-Assud. Fait prisonnier, 69. Conseil donné par lui à Sufder-Ali, 72.

Meer-Jaffier-Ali. Détaché pour attaquer Bussy, 402. Arrive à Hydérabad, 404.

Monson. Offre de traiter de la capitulation de Madras, 124.

MOZ

Monson (colonel). Prend le commandement devant Pondichéry et est blessé, 472.

Moracin. Nommé au commandement des districts cédés, 315. Son alarme en apprenant le rappel de Dupleix, 359. Adresse des remontrances à Godeheu, 364. Reçoit de lui un avertissement étrange, 369. Sa position devient plus facile qu'il ne l'avait prévu, 397. Envoie du secours à Bussy, 404. Le rejoint, 417. Sa désobéissance et ses conséquences, 454.

Morari-Rao. Accompagne Raghodgi Bhonsla, 68. Nommé gouverneur de Trichinopoly, 76. Joint Nazir-Jung, 208. Attaque les Français dans leur retraite, 211. Surpris par de la Touche, 214. Prend la résolution de joindre les Anglais, 248. Se concerte avec Dupleix, 319. Harcelle Lawrence, 320. Couvre la retraite des Français, 327. Surprend les Anglais à Coutapara, 344. Et, menacé par le soubab, 399. Entre en arrangement secret avec Bussy 499. Rallie avec Lally, 463.

Morse. Gouverneur de Madras, rejette les propositions de neutralité que lui fait Dupleix, 85. Sa réputation, 120. Demande du secours au nabab pour s'opposer aux Français, mais il est refusé, 122. Est abandonné par la flotte, 123. Signe une convention avec La Bourdonnais, 133. Puis une capitulation, 152.

Mortiz-Ali. Sa généalogie, 62. Assassine Sufder-Ali, 88. S'enfuit à Vellore, 89. Participe au meurtre de Seid Mahomed Khan, 88. Désigné pour agir sous Dupleix, 280. Fait diverses captures dans le Carnate, 323. Est défait à Trinomali, 339. Renonce à son titre et se soumet à Mahomed Ali, 376. Menacé par les Anglais, 376. Achète leur départ, 377.

Mozuffer-Jung. Successeur de Nizam oul Moulk, 197. Rencontre Chunda Sahib et fait alliance avec lui, 198. Nommé soubab du Décan, 200. Se tourne contre Tanjore, 206. Se rend à son oncle, 211. Relâché et reconnu comme soubab, 225. Visite Pondichéry, 227. Montre sa gratitude à Dupleix, 228. Sollicite un contingent de troupes françaises, 231. Conspiration contre lui, 223. Est tué, 232.

MUK

MUKHDOUM-ALI. Taille en pièces un corps Anglais, 471.
MULHAR-RAO-HOLKAR. Négocie avec Gazi-Oudin, 291. Le seconde, 303. Accompagne Bussy, 402.
MURZUFFER-BEG. Soldat de fortune soudoyé par shah Nawa-Khan, 404. Corrompt les cipayes français, 406.
Mustafanuggar. Cédé aux Français, 313.
MYSORE (rajah de). Ses généraux entrent en pourparlers avec Dupleix, 276. Hésitations, 282. Se joint décidément aux Français, 282.
MYSORE (régent de). Voyez NUNDERAJ.

N

Narsapore. Acquis par les Français, 233.
NAZIR-JUNG. Succède à Nizam-oul-Moulk, 197. Conduit une armée sur Pondichéry, 208. Nomme Mahomed-Ali nabab du Carnate, 212. Charge de fers Mozuffer-Jung, 212. Refuse les conditions proposées par Dupleix, 214. Surpris par les Français, se retire à Arcate, 216. S'empare de Mazulipatam et Yanaon, 214. Renforce Mahomed Ali, 215. Sa négligence, 218. Il se met en campagne, 222. Négocie avec Dupleix, 223. Conspiration contre lui, 224. Il est surpris et tué, 225.
NETS (commodore de). Commande une expédition en Orient, 6.
NIZAM-ALI. Frère cadet de Salabut-Jung, 304. Investi de l'administration du Décan, 415. Assassine Hyder-Jung et s'enfuit, 416. Est préféré à son frère, 460. Le dépose et le fait assassiner, 460, note.
NIZAM-OUL-MOULK. Confère des honneurs à Dumas, 78. Entre dans le Carnate, 88. Entre dans Trichinopoly, 88. Meurt, 196.
Nizampatam. Acquis par les Français, 233.
NUNDERAJ, régent de Mysore. Essaye en vain de surprendre Trichinopoly, 319.

O

ORLÉANS (duc d'). Régent de France, 30. Protége Law, 37.
ORRY. Contrôleur-général autorise La Bourdonnais à retenir sa flotte, 100. Est remplacé par Machault, 145.

P

PALK. Commissaire à la conférence, 339. La quitte, 340.
PARADIS. Commande à Karical, 115. Il est porteur d'une lettre pour Dupleix, 129. Nommé conseiller à Madras, 133. Son différend avec La Bourdonnais, 138. Nommé commissaire sous le général de Bury, 140. Est dénoncé et arrêté, 142. Délivré et envoyé pour sonder Dupleix, 144. Envoyé vers Madras, 164. Défait Maphuz-Khan à Saint-Thomé, 165. Nommé gouverneur général de Madras, 167. Escorte le butin de Madras à Pondichéry, 168. Repousse Maphuz-Khan, 169. Jalousie dont il est l'objet, 170. Nommé général, 175. Marche contre Cuddalore, 175. Est forcé de se retirer, 177. Envoyé pour fortifier Ariancopan, 183. Nommé ingénieur en chef à Pondichéry, 183. Commande une sortie et est tué, 187.
PARDAILLAN (de). Attaque Mahé, 54. Le prend, 56.
PEREIRA. Ses opérations à Karical, 67.
PERTAB-SINGH. Sa généalogie, 64. Devient rajah de Tanjore, 68. Livre Karical aux Français, 68. Et Devicotta aux Anglais, 204. Attaqué par Chunda-Sahib, 207. Sa fourberie, 207.
PEYTON (commodore). Combat La Bourdonnais et est repoussé, 106. Fait voile pour Trinquemale, 107. Abandonne Madras, 123.
PIGOTT. Succède à Saunders comme gouverneur de Madras, 375, note. Nomme le colonel Lawrence pour commander pendant le siége, 442.
PITT (Thomas), gouverneur de Madras. Demande exorbitante qui lui est faite, 120. Il est forcé de la satisfaire, 120.
POCOCK (amiral). Engagé dans les opérations contre Chandernagor, 391. Fait voile pour Madras, 426. Bat d'Aché, 427, 438, 458.
Pondichéry. Fondé par Martin, 20. Menacé par Sevadgi, 21. Par les Hollandais, 23. Capturé, 24. Rendu, 29. Fortifié, 29. Devient le siége du gouvernement français, 30. Des-

PON

cription de —, 31. Sa décadence sous les successeurs de Martin, 35. Réduit à des expédients financiers, 49. Nouveaux détails, 51. Accroissement de ses fortifications, 70. Visité par Sufder-Ali et Chunda-Sahib. 74. Son état lors de l'arrivée de Dupleix, 83. Ses nouvelles défenses, 183. Assiégé par l'amiral Boscawen, 187, qui lève le siége, 189. Grand Durbar tenu à—, 229. Assiégé par le colonel Coote, 470. Tempête en rade, 473. Capitulation, 475. Sort de la garnison, 478. Sa reddition est la sentence de condamnation des Français, 479.

Pondichéry (Conseil de). Sa constitution, 52. Appel qu'il reçoit de La Bourdonnais, 116. Sa réponse, 116. Sommation adressée à La Bourdonnais, 118. Nomme un conseil pour Madras, 139. Remplace La Bourdonnais par D'Esprémesnil, 139. Répond aux lettres de La Bourdonnais, 148. Envoie des ordres cachetés à Dordelin, 154. Refuse d'entrer dans le nouveau projet de La Bourdonnais, 155.

PORTEBARRÉ (de la). Conduit l'escadre française à Madras et revient, 118. Son manque de capacité, 122.

PRESTON (capitaine). Commande à Chingleput, 442. Opère contre les Français devant Madras, 448.

PROVOSTIÈRE (de la). Gouverneur de Pondichéry, 48.

R

RAGHODGI-BHONSLA. Envahit le Carnate, 68. Menace Dumas, 78. Marche soudain sur Trichinopoly, 75. Le prend après avoir défait Bara-Sahib, 76. Menace Dumas, 76. Goût de sa femme pour le *cordial de Nantes*, 77. Il se retire, 78. S'engage à soutenir Gazi-Oudin, 304. Consent à se retirer au delà du Wyn-Gunga 305.

RAJAH-SAHIB. Marche sur Arcate, 247. Propose à Clive de capituler, 247. Donne l'assaut à Arcate, 249. Est repoussé et se retire, 249. Défait les Mahrattes et est battu par Clive, 253. Battu de nouveau, 253. Est disgrâcié par Dupleix, 255. Est trop débauché pour entrer dans ses vues, 280.

SAL

Rajamundry. Cédé aux Français, 313.

RAMCHUNDER-JADOW. Gagné par Bussy, 406. Feint d'agir contre Law, 407.

RAM-RAJA. Sa réponse aux ouvertures des Hollandais, 23.

RENAULT DE SAINT-GERMAIN. Gouverneur de Chandernagor, 384. Invité à se joindre au nabab contre les Anglais, 386. Propose la neutralité aux Anglais, 387. Sa surprise de leur conduite, 389. Il se défend avec vigueur, 391. Il rend Chandernagor, 391. Rend Karical et est cassé, 470, note.

RICHELIEU (cardinal de). Forme une nouvelle compagnie des Indes. 7.

Rouen. Deux marchands de —, entreprennent le commerce avec les Indes, 5. Deux autres s'associent avec la compagnie, 5.

RUGOONATH-DASS, dewan du soubab. Est assassiné, 303.

Ryswick. Effets du traité de —, 29.

S

SAHODGI. Devient rajah de Tanjore, mais est expulsé, 64. S'allie avec Dumas, 64. Reprend Tanjore, 65. Refuse de remplir ses engagements, 65. Est de nouveau expulsé, 67. Appelle les Anglais à son secours, 195. Est soutenu par eux, 203. Est abandonné et pensionné, 204. Les Français se servent de son nom. 433.

SALABUT-JUNG. Nommé par Bussy soubab du Décan, 233. Ses concessions à Dupleix, 233. Est investi de la dignité de soubab à Aurungabad, 234. Ratifie les engagements de son prédécesseur, 236. Etat de sa vice-royauté, 290. Sa nature faible, 292. Accompagne Bussy dans son expédition contre Pounah, 298. Est désireux de la paix, 302. Conclut un armistice avec Balladgi, 303. Fait la paix avec lui, 305. Cède quatre provinces aux Français, 314. Jure une reconnaissance éternelle à Bussy, 317. Impression qu'il éprouve du rappel de Dupleix, 358. Déclame contre la politique de Godeheu, 391. Son langage prophétique, 391. Son autorité féodale dans l'Inde méridionale, 395. Requiert Bussy de marcher contre Mysore, 396. Destitue Bussy de son

SAU

service, 401. Arrive à Hydérabad, 405. Envoie proposer une réconciliation, 411. Son chagrin au départ de Bussy, 416. Marche au secours des Français, 453. Conclut un traité avec les Anglais, 454. Sa déposition et sa mort, 541, note.

SAUBINET. Nommé au commandement des forces françaises du Carnate, 382, Envahit le Carnate, 382. Son caractère, 497. Conseille une attaque sur Tanjore, 536. Prend Trinquemale, 439. Est blessé mortellement, 446.

SAUNDERS, gouverneur de Madras. Entre dans les plans de Clive, 245. S'efforce de délivrer Arcate, 248. Consent à une conférence, 339. Ses propositions libérales à Dupleix, 341. Influence le ministère anglais, 346. Accède au désir de Godeheu et conclut une trêve, 364. Et un traité, 365. Conditions, 366. Dette de l'Angleterre envers sa mémoire, 368. Remplacé par Pigott, 375. note.

SAVANORE (nabab de). Ouvertures faites par Dupleix, 213. Sa trahison, 225. Conspire contre Mozuffer-Jung, 232. Est tué, 233.

SAVANORE (nabab de). Fils du précédent, se révolte contre Salabut-Jung, puis se soumet, 399.

SEID MAHOMED-KHAN. Succède à Sufder-Ali, 88. Est assassiné, 88.

Seringham (île de). Occupée par les Français, 241. Les Français s'y retirent, 266. Y sont bloqués, 267. Le rendent aux Anglais, 273. Réoccupée par les Français, 336. Prise d'assaut par eux, 463.

SEVADGI. Prend Béjapore et Golconde, 21. Défait Shere-Khan Lodi, 21. Menace Pondichéry, 21. Prend Surate, note, 26.

SHAH NAWAZ-KKAN. Succède à Syud-Lushkur comme ministre du soubab, 316. Surprise que lui cause le rappel de Dupleix, 358. Dénonce Bussy au soubab, 400. Suggère son assassinat, 400. Soulève le pays contre lui, 402 Soudoie un officier de fortune, 404. Se détermine à intercepter Law. 405. Est intimidé par la hardiesse de Bussy, 409. Quoiqu'il perde la partie, ses mesures sont très-utiles aux Anglais, 413. Continue ses intrigues, 414. Appelle Nizam Ali à Aurungabad, 415. Est tué, 415.

TIR

SHERE-KHAN LODI. Vend un coin de terre à Martin, 17. Lui emprunte de l'argent, 19. Permet à Martin d'entretenir des soldats indigènes, 21. Est défait par Sevadgi, 21. Concède des terrains à Martin, 22.

SMITH (capitaine Joseph). Commande dans Trichinopoly, 379.

SOUPIRE (le chevalier de). Arrive à Pondichéry, 383. Son caractère, 421. Son indolence, 422. Prend Carangoly, 439. Est vaincu par les manœuvres du major Brereton, 455.

Saint-David (fort de). Les Anglais s'y retirent de Madras, 167. Sa situation et son histoire première, 167. Reçoit des renforts, 175, Assiégé et pris par Lally, 431.

Saint-Georges (fort). Voyez *Madras*.

Saint-Thomé. Pris par les Français, 15. Pris par les Hollandais, 18. Lally se retire de —, 449.

Saint-Malo. Vaisseaux de — saisis à Surate, 27. Compagnie de commerce avec l'Inde, 34.

STEVENS (commodore). Se joint à l'amiral Pocock, 426.

SUFDER-ALI. Son caractère; commande une expédition contre Trichinopoly, 62. Ses délais, 69. Envoie sa mère à Pondichéry, 71. Visite Pondichéry, 74. Accorde des priviléges à Dumas, 74. Se rend à Arcate, 75. Confère des honneurs à Dumas, 78. Est assassiné, 88.

Surate. Est visité par Caron, 14. Pris par Sevadgi, 26, note. Abandonné par la Compagnie française, 27. Vaisseaux saisis à —, 29. Lenoir y paye les dettes de la Compagnie française, 49.

SURAJ-OUD-DOULA (nabab). Menace Calcutta, 384. S'oppose à l'attaque contre les Français et les Hollandais, 385. Marche contre Calcutta, 386. Offre d'engager Clive à son service, 388.

T

Tanjore. Sa première histoire, 63. Attaqué par Chunda-Sahib, 207. Par Lally, 435, qui bat en retraite, 437.

TERRANEAU. Aide à obstruer le chenal de l'Oûgli, 390. Trahit le secret aux Anglais, 391. Son sort, 391, note.

Tiruvadi. Les Français en prennent

TOU

possession, 215. Combat de—, 126. Occupé par les Anglais, 320. Par les Français, 323. Par les Anglais, 471.

Touche (de la). Surprend le camp de Morari-Rao, 216. Surprend et défait Nazir-Jung, 224. Retourne en Europe, 231. Est brûlé avec sept cents hommes dans *le Prince*, 318, note.

Trinquemale. Pris par les Français, 15. Repris par les Hollandais, 16.

Trichinopoly. Pris par Chunda-Sahib, 73. Mahomed-Ali s'y réfugie, 230. Les Anglais y sont investis, 241. Description de — 241. Délivré par Lawrence, 261. Attaqué par Nunderaj, 319. Effets de la victoire de Lawrence, 334. Les Français tentant une surprise, sont repoussés, 337. Ravitaillé par Lawrence, 363. Tentative de d'Auteuil sur —, 378. Il est défait, 381.

V

Vansittart. Commissaire à la conférence de la paix, 339. Son départ, 340.

Vellore. Mortiz-Ali y cherche un refuge, 89, 90. Description de—, 376. Menacé par les Anglais, 376, qui se retirent, 377.

Vigne (capitaine de). Commande les

ZOO

défenses de Chandernagor, 389. Sa brave résistance, 391.

Virana (général mysorien). Est entraîné par la crainte hors d'une position imprenable, 321.

Volconde. Attaqué par les Anglais, 238, qui sont repoussés, 239. D'Auteuil capitule à —, 271.

W

Watson (amiral). Envoyé aux Indes avec quatre vaisseaux, 347. Y arrive, 364. Est employé dans l'attaque sur Gheria, 375. Reprend Calcutta, 385. Opine pour accepter la proposition de neutralité faite par les Français, 387. Refuse de signer la convention ou d'attaquer Chandernagor, 388. Ses scrupules sont réduits au silence, 388, note. Fait voile pour Chandernagor, 390. L'attaque, 391.

Wiswas-Rao, fils de Balladgi Badgi-Rao. S'avance sur Aurungabad, 415.

Y

Yanaon. Saisi par Nazir-Jung, 214. Rendu, 228.

Z

Zoolfikar-Kha. Sa capacité, 289. Sa mort, 289.

ERRATA

Pages	5	lignes	15	*au lieu de* épuisaient, *lisez* : épuisèrent.
—	6	—	30	— Achéen, *lisez* : Achem.
—	13	—	14	— sur, *lisez* : avec.
—	16	—	5	— n'étaient, *lisez* : n'étant.
—	30	—	5	— tellement modifié, *lisez* : s'était tellement modifié.
—	39	—	20	— au-dessous, *lisez* : au-dessus.
—	48	—	8	— cinquante, *lisez* : cinquante-six.
—	64	—	4 et 6	— Baba, *lisez* : Bara.
—	72	—	22	— Bassem, *lisez* : Bassein.
—	88	—	31	— Khaja, *lisez* : Khoja.
—	93	—	27	— ces, *lisez* : les.
—	104	—	10	— les pluies périodiques et qui, *lisez* : périodiques qui.
—	113	—	17	— à l'arsenal, *lisez* : de l'arsenal.
—	121		note	— chronik, *lisez* : chronicle.
—	127	—	2	— leurs intentions, *lisez* : leurs projets.
—	171	—	25	— trouvaient, *lisez* : trouvèrent.
—	172	—	11	— qu'à tenter, *lisez* : que de tenter.
—	174	—	13	— Hougli, *lisez* : Oûgli.
—	183	—	5	— poivriers, *lisez* : poiriers.
—	191	—	10	— Hydrabad, *lisez* : Hydérabad.
—	191	—	33	— la nouvelle, *lisez* : l'annonce.
—	193	—	10	— soupçonnaient, *lisez* : soupçonnèrent.
—	197	—	11	— Aurengabad, *lisez* : Aurungabad.
—	197	—	17	— Bizapore, *lisez* : Bijapore.
—	198	—	12	— Poona, *lisez* : Pounah.
—	200	—	2	— père, *lisez* : frère.
—	201		note	— 18, *lisez* : 28.
—	205		note	— France, *lisez* : Français.
—	206	—	20	— au delà, *lisez* : delta.
—	206	—	20	— Cavéry, *lisez* : Cauvéri.
—	211	—	25	— poivriers, *lisez* : poiriers.
—	212	—	19	— Monzaferzingue, *lisez* : Mouzaferzingue.
—	214	—	3	— revenir, *lisez* : rentrer.
—	230	—	34	— Janogi, *lisez* : Jânodgi.
—	233	—	32	— Crindavir, *lisez* : Condavir.
—	233	—	32	— Noasapour, *lisez* : Narsapore.
—	234	—	4	— 20, *lisez* : 29.

ERRATA

Pages	lignes	au lieu de
240	25	rigoureuse, *lisez* : vigoureuse.
241	17	Coilady, *lisez* : Coiladdy.
251	10	leur, *lisez* : son.
255	10	méritait, *lisez* : méritât.
262	29	étant, *lisez* : était.
263	13	grande, *lisez* : si grande.
265	36	effectuer, *lisez* : effectuer, il.
267	15	Octatoor, *lisez* : Ootatoor.
288	1	Béran, *lisez* : Bérar.
288	1 et 6	Khaudesh, *lisez* : Khandesh.
291	note	*ajoutez* : francs.
293	35	Carnate, *lisez* : Décan.
303	32	Multhar, *lisez* : Mulkar.
310	14	aient, *lisez* : eussent.
313	19	forcer, *lisez* : forcé.
313	29	Mustafanagar, *lisez* : Mustafanuggur.
314	7	Yanon, *lisez* : Yanaon.
316	35	implorer merci, *lisez* : implorer la merci.
322	23	Octatoor, *lisez* : Ootatoor.
332	2	Montachellinour, *lisez* : Moutachellinour.
339	9	Mahomed-Ali, *lisez* : Mahomed-Khomal.
346	22	ministre, *lisez* : ministère.
379	19	jaune, doré, *lisez* : jaune-doré.
392	7 et 12	Bhagalpore, *lisez* : Bhagulpore.
396	22	Raï et Nunderaï, *lisez* : Raj et Nunderaj.
397	12 et 19	Raï, *lisez* : Raj.
408	16	de Bussy, *lisez* : que Bussy.

Saint Quentin. Imp. Jules Moureau.

www.ingramcontent.com/pod-product-compliance
Lightning Source LLC
Chambersburg PA
CBHW051131230426
43670CB00007B/759